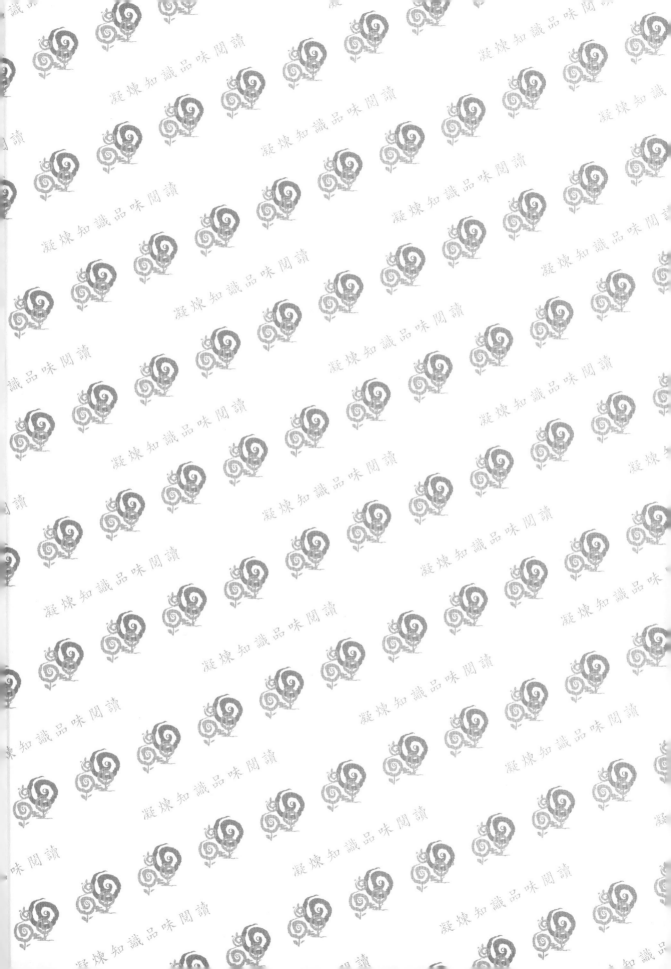

周易經傳通釋

象數為基礎解讀《周易》義理，引用管理學概念

宋家興———————————————————— 著

五南圖書出版公司 印行

學者推薦

《周易繫辭下》說道：「作《易》者，其有憂患乎？」《周易繫辭上》又說道：「仁者，樂天知命故不憂」。由此觀之，孔子強調：「仁者不憂」，並讚嘆顏淵「人不堪其憂，回也不改其樂」，此間義理說明，儒家真正關心的不是君主的權力興衰，而是如何能讓人們自在快樂而不憂。孟子繼承孔子思想，一方面呼籲君子：「憂以天下，樂以天下」，一方面提倡：「反身而誠，樂莫大焉。強恕而行，求仁莫近焉」。

孟子用意在具體實踐「仁學」，非但人人可學且便於推廣普及。北宋理學始祖周敦頤，他在《太極圖說》中說道：「聖人定之以中正仁義而主靜」便是融合孔孟仁義與《易傳》中正思想，嘗試提供人們在變動不居的現實環境中，尋得安定心靈的定海神針。在不以神道設教之當今社會，體會聖人之道而落實生活實踐，將是知命、造命之重要入手處。

今年九月初，「新世紀人文教育推廣協會」成立大會時，經由常務理事鍾秀芝推薦，而初識本書作者宋家興。宋先生頗有謙謙君子風範及憂樂天下之情操，精神相契，可說是世代既存之約定。宋先生早期在軍中擔任過軍事教育主管職多年，2001 年結束軍旅生涯後，便開始潛心研究《周易》，近六、七年來，在桃園、新竹地區的社會大學、樂齡中心開班授課，目前更是嘔心瀝血，將廿多年來的研究結果，整理成書並正式出版。見其精誠之至，後學當以欣喜感佩之心，樂見其成。

「新世紀人文教育推廣協會」成立宗旨，乃意識到現代人在疏離的社會現象裡，普遍存在著焦慮與不安，尤其近年人工智能 AI 之快速發展，將帶領人類進入另一高速變動之不可知世界。鑑此，本會試圖透過儒道「定靜」工夫實踐之推廣，藉以提供人類邁向新世紀過程，能為自己不安之處境，尋得自我療癒之解方。本會目前正積極爭取更多有形、無形之社會資源注入，除扮演學界與社會連繫橋梁之外，亦致力將中國儒道文化之底蘊、價值、實踐等層面，透過課程、演講、研習等活動帶入社會之中。有德之家，必有樂興。宋家興先生戮力於經典活化事業，可說是本會精神之試啼先聲。

當我詳閱本書首校文稿之後，深知宋先生是以《來註易經圖解》為基礎，靈活運用卦、爻象變化的規則，並以現今通用語言，用來解說各卦的卦辭、各爻的爻辭，並推演出其所要傳達的深遠意涵。這本書適合各個層面人士研讀，我也衷心期待，宋先生能夠在本會中發揮個人所知所見，協助本會回饋社會、為廣大群眾服務的創會目標。

最後，我特別向社會大眾、學校機構，推薦這本老少咸宜、雅俗共賞的新書，它不僅是一本可以用來當作教材的教科書，也可當作您遇到問題時，尋求解決的工具書，或者把它當成一本休閒時與人聊天的題材。我建議讀者參照本書導論之建議，按其要領、順序研讀，相信經過一段時間，您將會慢慢的發覺，《易經》原來是如此的簡明扼要、易懂易學，並非一般人想像中，那麼的神秘與艱澀難懂。精誠所至，樂在其中。

中央大學文學院哲學研究所 特聘教授兼所長
桃園市新世紀人文教育推廣協會 創會理事長
中央大學人本 AI 研究中心 主任
黃崇修
2023.10.10

自序

　　著書出版的動機，應與我個人家族背景有關。記得小時候，先父利用公餘經營有關鄉土文化的《閩光雜誌》，但只要規模愈大，虧損的也愈多，隨著大量滯銷的存貨無處堆積，我們只好讓出部分生活起居的空間，多年下來這些陳年舊書，卻得寸進尺占滿大小房間，結果丟也不是，留也不是。我們幾個兄弟都曾向父親建議：若非大眾青睞的雜誌，就不宜再花冤枉錢，但絲毫不能動搖他堅定不移的信念。

　　直到 1989 年政府開放公務人員返鄉探親，我的認知也隨著改變。時任職於中央研究院的李亦園院士，於該年 5 月回到泉州，發現當地民間收藏編印先曾祖父應祥公[1] 的著作，包括「溫陵近代詩鈔」等一些文獻，帶回台灣後，父親感到無比的感恩與激動，隨即摘錄要點影印分交子女，並勉勵要多加研讀，藉此了解我們宋家祖先不求科名，全力投入教育文化工作的風範。這時，我才體會到父親當年的用心良苦，原來著書出版發行最主要的目的，並非為名或為利，而是肩負文化傳承的使命。

　　我雖有心克紹箕裘，無奈國學根基不好，而且青壯時期都在軍中，即便下功夫進修，多半屬於休閒性質，僅僅一本《道德經講義》，我讀了十多年仍然一知半解。但凡事有其因緣巧合，我 50 歲那年，在國防大學圖書館裡，無意間翻閱到南懷瑾先生的大作《易經雜說》，令我對《周易》開始萌生興趣。2001 年結束軍旅生涯之後，可用時間相對充裕，因此只花半年工夫，就把六十四卦的卦序、卦象、卦名、以及六十四則《大象傳》的內容記得相當熟稔並且背誦得滾瓜爛熟，對於各卦卦旨的理解也有基本概念，於是我開始對《周易》著了迷。

　　此後人生下半場，幾乎無一日離開《周易》，尤其在工研院電光所八年工作期間，我得到施純協老師的鼓勵與指導，凡遇到重要人或事方面的問題，都會進入卦爻辭當中去印證或尋找解決辦法。同時也利用下班時間或假日上 YouTube 網站，

1　宋應祥，字雲五，號尚賓 (1855-1939)，清光緒 28 年高中舉人，兩年後清政府全面廢除科舉，便在泉州、廈門一帶興辦學校，辛亥革命前任崇正書院院長，1913 年創辦泉州中學堂，後改名為福建省立第十三中學，嗣又出任福建省建寧府教育局教諭，達十二年之久，年老歸鄉後再出任私立昭昧國學教授，終身從事教育文化工作。

全程收視幾位前輩學者的節目，包括施純協老師的《論易經的創易智慧》，曾仕強老師的《易經的智慧集》，傅佩榮老師的《易經新銓》以及鮮于文柱老師的《孔明大易神數講座》，當然，還有其他許多相關的開放課程，讓我足不出戶也能受益良多。離開工研院到最近這六、七年，我毛遂自薦，在桃園、新竹社大開課，也因同學們的鼓勵，終於讓我有信心鼓足勇氣，將多年來的筆記與上課講義整理成書，一方面提供給更多同好參考，另一方面也參與更廣泛的交流，接受更嚴峻、更艱難的挑戰。

至於書名的選定，是在新竹東區樂齡學習中心，得到幾位具有國文老師背景的同學，上課時交換意見給我的靈感。我們與人交往，可將此人當成一本書在閱讀，而閱讀一本書，也可視同在仔細觀察某人。假設我的名字與外觀就是《周易經傳通釋》，那麼只要遠遠看我，雖然有些嚴肅，但表現自然莊重令人望之儼然；若進一步話話家常，因所言皆屬日常生活點滴且平易近人，故即之也溫；當深入了解之後，深切體悟到卦爻辭所要傳達的訊息，居然句句都充滿憂患意識，故聽其言也厲。但願將來這本書能夠在大眾心目中，建立一個正人君子的形象，為傳承中華固有文化盡一分心力。同時也衷心的期盼對《周易》有研究的前輩們，不吝給我批評指正。

最後，我要表達誠摯的謝意，感謝多年來和我一起鑽研《周易》的同學們，我們不分年齡與工作背景，大夥共聚一堂，教學相長，相互提供寶貴意見，不過礙於篇幅，無法將「爻辭與爻象的連結」這一部分納入，將來如果有機會，我會陸續把比較專精的「觀象玩辭」這一部分合併整理，並斟酌情況再出版。

宋家興 謹識
2023.2.22 於桃園市 平鎮區自宅

前言

　　《易經》形成的年代久遠，相傳距今大約 7,000 年前，由伏羲氏創作八卦，直到距今約 3,100 年前，周文王推演出的六十四卦也叫做《周易》。對國學有基本常識的人都能理解，《易經》就是《周易》，只不過《周易》一辭相對生疏，古人多稱之為《易》或《周易》。孔子在《論語‧述而篇》：「加我數年，五十以學易，可以無大過矣。」宋代葉采《暮春即事》：「閒坐小窗讀周易，不知春去幾多時。」早在隋唐之前，各種典籍目錄，大體是採用甲、乙、丙、丁分類，但又顯得有些混亂，到了初唐由李延壽、敬播等史官首次採用經、史、子、集四部分類法，直到清初完成四庫全書的整理，才大致確定。當《周易》被納入經部之後，才被普遍的稱為《易經》，就如同被納入五經當中的《尚書》被稱之為《書經》，《詩》被稱之為《詩經》。近代國學大師南懷瑾說：《易經》包括《連山易》、《龜藏易》、《周易》，當代也有許多學者專家，把《周易》定位於孔子之前的《古經》，並與《易傳》合併統稱為《易經》，以上這些區分都有它的道理，都應給予尊重，但名稱之爭並非本書所要討論的重點。

　　其次，當孔子開始作《易傳》，使《周易》哲學化之後，從先秦到北宋約有 1,500 多年，學術化程度已相當成熟，並演變成儒家形而上學的理論依據，因此《周易》便順理成章占有「群經之首」的地位。但由於《周易》原本是占卜之書，含有一些神祕的色彩，在文化發展的進程，從神話傳說走向哲學批判的階段，自然存在象數讖緯的成分。在中國哲學史的地圖中，儒家的思想雖占有主導地位，但居群經之首的《周易》卻遍地開花，衍生出形形色色不同的學派，最明顯的區分就是「兩派六宗」[1]。

　　或許有人會問，當代研究《周易》的主流宗派為何？我認為無論是科學或哲學，都不應該有主流與非主流之別，就像 16 世紀中期前，在天文學領域當中是以

1　六宗是指占卜宗、機祥宗、造化宗、老莊宗、儒理宗、史事宗。其中前三者側重象數，屬於象數派，後三者側重義理，屬於義理派。

托勒密的「地心說」² 為主流，直到哥白尼提出「日心說」³ 之後，才慢慢被修正過來，但以今天的天文知識，太陽早就被否定為宇宙的中心。我們研究《周易》更應當以實事求是的精神，抱著與時俱進的態度，隨不同時代環境的需要，調整符合當代人的價值觀，以免淪落「攻其一點、不及其餘」的遺憾，或者陷入「牽於禁忌、泥於小數」的迷失。因此，**本書論述的立場是站在象、數的基礎上，然後在義理方面下工夫；換句話說，就是以象、數當做研究工具來解讀《周易》的義理，同時也引用許多管理學的概念，充分闡述當下經世致用與待人接物的道理。**

（本書另附習題與解答，請讀者至五南官網，輸入書號：1F2K 即可找到下載處。）

2　地心說也稱為天動說，認為地球是宇宙的中心，其他的日月星辰都環繞著地球在運行。

3　日心說是與地心說相對立的學說，它認為太陽是宇宙的中心，而不是地球。

目錄

第一篇 | 導論

第二篇 | 周易上經

第三篇 ｜ 周易下經

第四篇｜說卦傳

第一篇

導論

第一章

周易的結構

《周易》有明確嚴謹的結構，可以提供我們採取「先見林，後見樹」的學習途徑，而不致淪落到「見樹不見林」的困境。當周文王推演六十四卦之後，每卦六爻共 384 爻的爻辭由周公完成。後世儒家學者陸續補充《文言傳》、《彖傳上、下篇》、《象傳上、下篇》、《繫辭傳上、下篇》、《說卦傳》、《序卦傳》、《雜卦傳》等計七類十篇，統稱《易傳》或《十翼》，完成時間大致在漢昭帝，距今約 2,100 年前。今日坊間可以接觸到的版本，絕大多數皆為《古經》與《易傳》的合訂本，如圖 1-1。

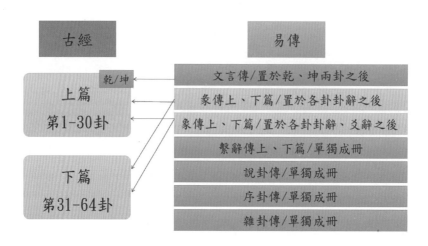

◆ 圖 1-1　周易的結構

資料來源：筆者自行整理。

　　《古經》包括卦象有 64 幅，卦辭 64 則、爻辭 384 則，共 5,016 字，其中上經自「01 乾卦」至「30 離卦」共 30 卦有 2,252 字，下經自「31 咸卦」至「64 未濟卦」共 34 卦有 2,764 字。每一卦的圖文排列順序如下：

　　1. 卦序與卦名。

　　2. 卦象一幅。

　　3. 卦辭一則。

　　4. 爻辭六則。(乾、坤兩卦在六則爻辭之後，增加用九、用六各一則)。

　　《易傳》又名十翼，猶言要讓《古經》增添十對翅膀，可協助《周易》大鵬展翅翱翔。由於其篇幅較多，也有許多不同的版本，大約 2 萬 4 千多字，簡介如下：

　　1.《文言傳》：分為兩小節，分別補充說明乾、坤兩卦的內容；著重君子進

入仕途之後，應有的進退應對之道，為典型儒家思想的特色。然唯獨乾、坤兩卦有文言，乃因此二卦為易經的門戶，其餘 62 卦，均根據乾、坤兩卦的精義，加以引申與推論。

2. 《彖傳》：是全面性的闡明某一卦的卦名、卦辭與卦義，也有對義理的扼要重點發揮。依其內容分別依附於各卦卦辭之後，共 64 則，所以是拆散開來安置。1-30 則為上篇，31-64 則為下篇。

3. 《象傳》：又分為《大象》與《小象》兩類：其中《大象》有 64 則，每卦一則，每一則緊接安排在《彖傳》之後，敘述方式相同，區分兩小段，第一小段是從該卦上下兩個三爻單卦的自然現象，衍生出該卦的卦名，第二小段則據以推論出人事上的作為。《小象》有 384 則，每卦 6 則，分別安排在各爻爻辭之後，對該爻的爻辭具有畫龍點睛般的補充。《象傳》與《彖傳》相同，凡置於上經者為上篇，置於下經者為下篇。

4. 《繫辭傳》：因篇幅較長，分為上、下兩篇，其中有相當程度的創造性發揮，充滿儒家中心思想的價值觀，並且全面性闡述《古經》的內容，有助於後人對經文的詮釋。另外，還特別選擇部分重要的爻辭，進一步擴大的註解，給後人研究爻辭立下一種示範作用。

5. 《說卦傳》：主要是解說八卦的卦象，一開始簡單介紹先天八卦與後天八卦，然後集中說明八卦取象的特點，文中大量羅列各種象例，協助後人了解卦象產生的由來，以及推理的重要依據。

6. 《序卦傳》：主要在解說六十四卦的編排順序，說明各卦之間相連接的意義，而解說的依據是根據卦名，用望文生義的概念編寫故事，同樣也是分為兩個段落，第一段，是針對上經，第二段，針對下經。《序卦傳》可以引發讀者的興趣與加深記憶，感覺到整部《周易》看起來，每一卦情境雖有不同，卻有邏輯上的關聯。

7. 《雜卦傳》：不依序卦傳的順序，將六十四卦區分為 32 組，用兩兩相對的形式，以極為簡明扼要的文字說明各卦的卦義，雖不能完全概括某一卦的宗旨，但可在最短的時間，了解各卦的大概輪廓。

學員學習心得分享與推薦 -1

我個人從事命理工作，包括教學、服務與文化推廣三十餘年，多次以個人名義或「中國五術風水命理學會」秘書長的身分，參與河南安陽「海峽兩岸周易文化論壇」並發表論文演說。2017 年 7 月，偶然的機會，看到新竹市東區樂齡學習中心的暑期班招生簡章，其中有一門很特別的課程，課名為「易經的智慧與應用」，基於好奇心便報名參加。

開課第一天，我發現宋老師所講述的內容，大半都在闡述孔子的儒家思想及後世儒生所撰寫的《易傳》註解，甚少談到《易經》經文本身，遑論與命理之間的關係，令我有些意外，雖然我對《易傳》並不陌生，但覺得對自己的工作幫助不大而萌生退課之念；下課後，宋老師與我彼此短暫的交談，老師表示他自己過去也曾涉獵一些簡單的面相學與姓名學，對命理並不排斥，只是基於對國學的偏好，二十多年來全力鑽研《易經》的「義理」，並且向我解說「義理」與「命理」之間有一定程度的連繫，建議我不妨先上幾堂課之後再說，我聽從他的建議，接著一上就是五年，而且從未缺課。

去年，我在校對本書初稿時發現，整本書的內容，就是五年來老師上課的重點，對我個人來說，最大的收穫可以用清代文學家張潮在《幽夢影》當中：「先讀經後讀史，則論事不謬於聖賢；既讀史復讀經，則觀書不徒為章句」，這句話來形容。以我從事命理工作多年的人，重新溫習《易經》的義理，便是「既讀史復讀經」的情境，我不會被卦象、爻象所困惑，也不會被艱澀難懂的卦辭、爻辭所侷限；至於計畫學習與從事命理工作的夥伴們，如果能先將《易經》的義理有一定程度的理解，則不容易走上偏門或誤入歧途，因為你給他人所推之理、所斷之言，都在古聖先賢的智慧當中。

我特別向從事命理工作者，或打算在這方面發展的夥伴，鄭重推薦這本書，它可以提供您非常多寶貴的見解，得到更深層次的辯證與思考。即便一般社會大眾，也可以藉由個人豐富的人生閱歷，在這本教科書上得到更多的印證，並得以發揮您的才華與能力。

中國五術風水命理學會（六屆）秘書長

周熠豐（易豐）

2023.10.2

第二章

研讀周易的
重要概念與步驟

1. 《周易》有既工整又繁瑣的體例

這裡所說的體例，並非編年體、紀傳體或紀事體，以今天的用語來說，是指書寫的格式、各種變化的規則，以及獨特的稱謂與術語，在第三章會有比較詳細的敘述，這裡先提出兩點說明：

第一，《周易》六十四卦每一卦的標題與書寫格式完全一致，字數也不會相差太多，多半在 60-90 個字。每一卦有卦象一幅，卦辭一則，在卦辭之後插入《彖傳》與《大象》各一則；接著有爻辭六則，每一則之後插入《小象》一則。這種整齊劃一的排列，可以清楚的分辨與記憶，不至於發生前後混淆，這一點非常獨特；對《周易》略有研究的人來說，只要舉出某一爻辭，就能概定判斷屬於哪一卦，甚至能指出在第幾個爻位。這方面與其他哲學典籍有明顯不同，譬如：《道德經》有 81 章，但章以下不再分節，而且各章字數相差甚遠，最少的僅 21 個字，多的有 137 個字。因此不容易熟記經文，若要查詢某一句話究竟出在哪一章？除非你特別熟悉，否則非得翻書才能找得到。

其次，解讀《周易》需要依靠各種變化的規則來加以推演，包括爻與爻之間當位或失位、正應或敵應、正比或逆比等關係，而卦與卦之間則有錯卦、綜卦、互卦、之卦與卦變等工具來解讀。這些繁瑣的變化規則，須先期熟練運用，以免在學習過程中，因疑惑不解而望之卻步。

2. 《周易》的卦爻辭是用直觀與具象的語氣陳述

《周易》卦爻辭的陳述方式與其他經文不同，一般哲學著作都是以抽象的概念來概括，而《周易》大多數是用直觀與具象的方式描述，用來象徵或類比；因此，卦爻辭所要傳達的本意，並非卦爻辭本身，必須因人、因時、因事而有不同的推測，否則，只看到表象，無法得到實際要傳達的訊息。

譬如：28 大過卦九二爻爻辭：「**老夫得其女妻，无不利**」，字面上的意思是說：老頭子娶個年輕的小妾將無往不利。如果哪天占到此爻，請別得意忘形，準備娶小老婆。其實它或許是在告訴你：**在特殊情況下，可以採用特別的手段，或大膽啟用新人，或獨排眾議，採取有計畫的冒險，或許能夠走出困境。**

又如：02 坤卦六五爻爻辭：「**黃裳，元吉**」，字面上的意思是說：穿著黃色

的下裳，可以得到最大的吉祥。如果哪天占到此爻，馬上穿上黃色的長褲跑去買彩券，肯定會被旁人當成精神病患。它所要傳達的意思或許是在告訴你：**身為重要的輔佐者，言行要保持謙卑低調，行事講求中庸之道，才能得到最大的吉祥。**

因此，學習《周易》不可拘泥於卦、爻辭而誤解古聖先賢創作《周易》的本意。我們必須依不同情境通權達變、取象類比並結合自己豐富的人生閱歷，才能找到最適合自己的解答。

3. 對卦爻辭顯示吉凶的判定，應著眼因果關係

《周易》當中所有的占辭，並非最終定論，而是一種「假設性的結果」，無論是人們最關心的吉、凶、悔、吝，或其他災、眚、厲、咎，元、亨、利、貞等，都是有附帶條件，當條件滿足之後，結果才能成立。

譬如：06 訟卦初六爻的爻辭：「不永所事，小有言，終吉」，其中「不永所事」是條件，而「終吉」則是結果。易言之：若做不到「不永所事」，就無法得到「終吉」。

又如：28 大過卦九三爻的爻辭：「棟橈，凶」，其中「棟橈」為條件，而「凶」則是結果。易言之：如果防範得宜而避免造成「棟橈」，可能就不會出現「凶」。

如果同一句爻辭當中，有兩個以上的占辭，卻未顯示可以做為條件的辭語，那麼兩個占辭其中之一也可以當成條件。

譬如：45 萃卦九四爻的爻辭：「大吉，無咎」，綜合萃卦卦旨與爻象，「大吉」是條件，而「無咎」則是結果。易言之：若做不到「大吉」，就無法得到「無咎」。

還有一種特殊的情況，就是在爻辭當中沒有顯示占辭，則可由讀者依該爻的時、位關係，並參考小象的提示，自行研判。

譬如：08 比卦六三爻的爻辭：「比之匪人」，因六三不中不正、無比無應且又居多凶之位，情況並不樂觀；加上《小象》有「比之匪人，不亦傷乎」的解說，故八九不離凶。

又如：48 井卦九五爻的爻辭：「井冽，寒泉，食」，其中「井冽，寒泉」是條件，而「食」則是結果，雖非占辭，但該爻既中且正，居多功尊位，加上《小

象》有「寒泉之食，中正也」的補充，故可判定必有吉相。

因此，我們可以理解，占到吉代表有好機會，必須及時把握與正確運用，以便能夠「趨吉」；若占到凶則代表有不良徵兆，應加以防範或避開，以便能夠「避凶」。

4. 《周易》是以圖文並茂的方式呈現

圖就是卦、爻象，文則指卦、爻辭，這兩者之間存在非常特殊的連繫，甚至一字一語都出自卦、爻象之間，但經文本身並未交待是如何連繫上！此乃《周易》作者留給後人想像的空間，因為人類大腦的思緒，相當細膩且快速，但可供溝通的語言卻顯得不足，因此言語很難完整傳達心中的意圖。即便在今天，有大量可供書寫的文字，但相較於日常使用的語言，也顯得十分貧乏，因此，很難用有限的文字，完整寫出所要陳述的語言。老祖先創造卦、爻象做為輔助工具，就是要彌補「書不盡言、言不盡意」的限制。因此，必須用選擇性的善用卦、爻象，避免把自己的思緒糾結在卦、爻象的泥淖當中。

5. 《周易》六十四卦每卦各自獨立，但又相互關聯

六十四卦的卦象卦卦不同，每一卦都象徵某一種特殊情境，此獨特的情境可視為該卦的宗旨，並主導該卦各爻的變化與詮釋，萬一論述若偏離此一宗旨，會造成系統的混亂。

譬如：01 乾卦：開創事業的宏觀格局。02 坤卦：鉅細靡遺的落實執行。03 屯卦：草創時期的艱苦歷程。04 蒙卦：啟迪蒙昧的各種訣竅。本書在各卦陳述時，皆以該卦的特殊情境做為標題，不過以上這些假設的情境，是筆者個人研究的心得，各位讀者也可依自己的觀點自行擬定。

其次，誠如前述，任何一卦的卦義，都可透過錯、綜、互、之卦等各種變化，變成其他 63 卦當中的任一卦或數卦，這意謂著雖然各卦各自獨立，但與其他各卦存在系統性的連結，因此，可利用有相對應的卦、爻辭來補充解釋。

譬如：本卦 03 屯卦，可以用它的錯卦 50 鼎卦、綜卦 04 蒙卦、互卦 23 剝卦等卦義來補充說明。

又如：03 屯卦初九爻，可以用它的錯卦 50 鼎卦的初六爻、綜卦 04 蒙卦的初六爻、互卦 23 剝卦的初六爻、之卦 08 比卦的初六爻來補充說明。

6. 同樣的爻辭出現在不同的地方，會有不同程度的意涵

這個道理很容易理解，如同漢字，同樣的一字一詞，在不同的地方，會有不同的解讀；或者是，一個人在不同的場合可扮演不同的角色。假定某甲在家裡是一家之主，到了公司上班是基層員工；或者某乙在士兵面前是威嚴十足的指揮官，到了父母面前則成為謙卑恭敬的兒子。因此，同樣的卦、爻辭在不同的時空環境與不同的角色，自然會有不同的解讀。

譬如：10 履卦六三爻的爻辭：「眇能視，跛能履」，而 54 歸妹卦初九爻的爻辭也有「眇能視」，九二爻的爻辭也有「跛能履」。

蓋因 10 履卦是在伴君如伴虎的情境下，六三爻的位階乃基層資深人員，且為陰爻能力不足，故應解讀為：能力不足的資深人員，不自量力而盲目表現，明明看不到卻強裝看得見，明明不能走卻強裝能夠走，如此行徑，不出問題才怪。

54 歸妹卦則屬輔助的一方在協力主導者的情況下，初九爻是有能力的基層員工，職位雖低，但有高度意願配合上司盡力而為，能把工作圓滿完成；而九二爻則屬有能力的基層主管，對高層的政策雖有不同的看法，但仍然堅守崗位做好該做的工作。

7. 各卦六爻代表在特定情境下的發展規律

《周易》本是一門強調變化的學說，但其中也有不變的原則。卦中六爻，可以想像自己設身處地在不同情境之下的六個階段、時機、層面、步驟，或六種策略。

譬如：04 蒙卦，從發蒙、包蒙、勿用取女、困蒙、童蒙到擊蒙，反映出不同角色，對於「教學方法」與「學習態度。」有不同的表現。

又如：05 需卦，從需于郊、需于沙、需于泥、需于血、需于酒食、到有不速之客，象徵在六種不同情境下的待機之道。

又如：48 井卦，從井泥、井谷、井渫、井甃、井冽到井收，象徵為了要服務群眾，在不同階段應如何充實自己與如何適切的表現。

又如：53 漸卦，從漸于干、漸于磐、漸于陸、漸于木、漸于陵、到漸于陸，則象徵循序漸進的六個過程。

8. 筆者對初學《周易》的要領與步驟之建議

學習《周易》可比照初學書法，先從「點橫豎折挑撇捺鈎」，一筆一畫苦練基本功之後，才開始寫完整的字。同理，研究《周易》也應該先從《易傳》奠定基礎，然後才逐卦研究，以下步驟與要領，請讀者參考：

(1) 首先應詳細了解《說卦傳》

透過《說卦傳》先熟悉基本術語，避免出現雞同鴨講的窘境。《說卦傳》對於《周易》來說，稱得上是一部百科全書，可查詢八卦所取象的內涵並可建立最基本的共同語言。

(2) 其次要研讀《繫辭傳》與《文言傳》

研讀《繫辭傳》可澄清《周易》許多重要的概念並建立共同價值觀，主要是站在儒家的基本核心思想，包括助人君，順陰陽，明教化等立場，以及著重務實的生活需要。研讀《繫辭傳》，等於先看過一本《周易》的使用說明書。

至於《文言傳》乃專門補充說明乾、坤兩卦的精義，在《繫辭傳》當中也有相當比例的篇幅都在探討乾卦與坤卦，包括《繫辭上傳第 1、5、6、11、12 章》與《繫辭下傳第 1、6、12 章》；因此也可將《文言傳》與《繫辭傳》合併研讀。

(3) 其次再研讀《雜卦傳》

研讀《雜卦傳》可將相對應各卦的一字一語，當成對該卦的破題或起講的材料。本書在第二、三篇逐卦陳述時，將《雜卦傳》置於每一卦的開頭，可彌補初學者不知從何講起的窘境。

(4) 其次再研讀《序卦傳》

研讀《序卦傳》宜將每一小段與相對應的某一卦結合，再把卦與卦之間做合理

的連結。本書在第二、三篇逐卦陳述時，將《序卦傳》置於每一卦的收尾當成該卦的小結論，並預告下一卦的內容，達到承上啟下的作用。

(5)《彖傳》與《象傳》應配合逐卦研究時進行

由於《彖傳》與《象傳》是分別插在各卦當中，類似今天我們在寫論文當中的「夾注」或「行間注」，故應在逐卦研究時，與各卦同步研究。

其中《彖傳》在綜合闡述該卦的卦名、卦辭與全卦宗旨，一般來說是從卦象的角度切入，並配合卦變原理進行詮釋，同時也會隱約指出各卦的主爻，最後再提出義理方面的發揮。

《象傳》中的《大象傳》，則是著重上下兩個八卦的結構，據以推演出該卦的卦名，並且引申人事上應有的作為。而《象傳》中的《小象傳》則應置重點在對該爻爻辭的補充解說。

※ 值得一提的是，《彖傳》與《小象傳》的體裁相當一致，研判很可能是出自同一時期或同一批人的作品。

譬如：

22 賁卦的《卦辭》：**賁：亨，小利有攸往。**

22 賁卦的《彖傳》：**賁：亨**，柔來而文剛，故**亨**；分剛上而文柔，故**小利有攸往**。

綜合賁卦的《卦辭》與《彖傳》兩者的關係可以看出：「柔來而文剛」是在解釋為何會「**亨**」；而「分剛上而文柔」則是在解釋為何會形成「**小利有攸往**」。

05 需卦九三爻的《爻辭》：**需于泥，致寇至。**

05 需卦九三爻的《小象》：**需于泥**，災在外也；**自我致寇**，敬慎不敗也。

綜合需卦九三爻的《爻辭》與《小象傳》兩者的關係可以看出：「災在外也」是在補充說明「**需于泥**」；而「敬慎不敗也」則是在提示應如何避開「**致寇至**」。

又如：

04 蒙卦的《卦辭》：**蒙，亨。匪我求童蒙，童蒙求我。初筮告，再三瀆，瀆則不告。**

04 蒙卦的《彖傳》：**蒙，亨**，以亨行時中也。**匪我求童蒙，童蒙求我**，志應

也。**初筮告**，以剛中也。**再三瀆，瀆則不告**，瀆蒙也。

綜合蒙卦的《卦辭》與《彖傳》兩者的關係可以看出：「以亨行時中也」是在解釋為何會「蒙，亨」；「志應也」則是在解釋為何是「匪我求童蒙，童蒙求我」；而「瀆蒙也」則是在解釋為何會「再三瀆，瀆則不告」。

49 革卦上六爻的《爻辭》：**君子豹變，小人革面**。

49 革卦上六爻的《小象》：**君子豹變**，其文蔚也；**小人革面**，順以從君也。

綜合革卦上六爻的《爻辭》與《小象傳》兩者的關係可以看出：「其文蔚也」是在解釋「君子豹變」；而「順以從君也」則是進一步補充說明「小人革面」。

第三章

常用術語及先備知識

1 八卦卦序、卦名、自然現象、卦象、口訣與五行的關係

表 1-1 八卦卦序、卦名、自然現象、卦象、口訣與五行的關係

卦序	01	02	03	04	05	06	07	08
卦名	乾	兌	離	震	巽	坎	艮	坤
自然現象	天	澤	火	雷	風	水	山	地
卦象	☰	☱	☲	☳	☴	☵	☶	☷
口訣	乾三連	兌上缺	離中虛	震仰盂	巽下斷	坎中滿	艮覆碗	坤六斷
五行	金	金	火	木	木	水	土	土

資料來源：筆者自行整理。

2. 六十四卦上下經卦名次序歌

表 1-2 六十四卦上下經卦名次序歌

01	02	03	04	05	06	07		08	09			10	11	12	
乾	坤	屯	蒙	需	訟	師	，	比	小	畜	兮	履	泰	否	。
13		14		15	16	17		18	19	20		21		22	
同	人	大	有	謙	豫	隨	，	蠱	臨	觀	兮	噬	嗑	賁	。
23	24	25		26		27		28		29	30	上	經	30	卦
剝	復	无	妄	大	畜	頤	，	大	過	坎	離	三	十	備	。
31	32	33			34			35		36		37		38	
咸	恆	遯	兮	及	大	壯	，	晉	與	明	夷	家	人	睽	。
39	40	41	42	43	44	45		46	47	48	49	50	51		
蹇	解	損	益	夬	姤	萃	，	升	困	井	革	鼎	震	繼	。

52	53	54		55	56	57		58	59	60		61		
艮	漸	歸	妹	豐	旅	巽	，	兌	渙	節	兮	中	孚	至	。
62		63		64		以	上	為	下	經	32	卦		
小	過	既	濟	兼	未	濟	，	是	為	下	經	三	十	四	。

資料來源：《周易本義》南宋朱熹著。

3. 卦象與讀法

　　卦象，包括三爻的卦象有 8 個 (如前述)，六爻的卦象有 64 個，每卦的卦象都不同，象徵不同的事物及特定的情境，通常藉由上下兩個單卦組成的意義來表示。譬如：11 泰卦，上卦坤為地，下卦乾為天，讀成「地天泰」。12 否卦，上卦乾為天，下卦坤為地，讀成「天地否」。04 蒙卦，上卦艮為山，下卦坎為水，讀成「山水蒙」。03 屯卦。上卦坎為水，下卦震為雷，讀成「水雷屯」。如圖 1-2。

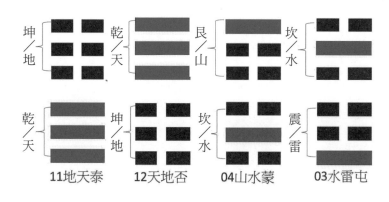

◆ 圖 1-2　卦象與讀法

資料來源：筆者自行整理。

4. 爻象 (或指爻際關係)

　　是指某一卦當中的某一爻，該爻是陰爻或陽爻？處在哪個爻位？與其他各爻的關係，包括承、乘、比、應以及是否當位？是否居中？該爻爻變後的所產生各種現象。以 04 蒙卦九二爻為例。如圖 1-3。

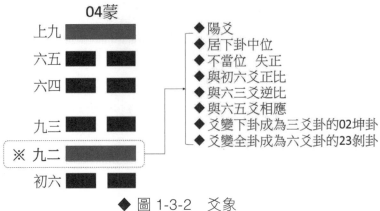

◆ 圖 1-3-2　爻象

資料來源：筆者自行整理

5. 二體

　　八卦兩兩相重得六十四卦，各卦均為兩個八卦的單卦所構成，下卦又稱內卦，上卦又稱外卦，此即「二體」。在事理上或事物的發展過程，上、下卦的關係，可引喻為高層與基層、初始階段與後續階段，以及遠近、親疏等等的情境。

6. 爻位

　　六十四卦每卦由六個爻組成，自下而上稱為初爻、二爻、三爻、四爻、五爻、上爻，統稱為爻位，不同爻位代表事物處於高下、尊卑等不同位階，通常依各卦特定的情境，將人或事或物區分等級，以乾卦為例，自初爻至上爻，可區分為元士、大夫、諸侯、天子、宗廟；或用一般員工、基層主管、資深員工、高階主管、領導中心、企業元老為引喻。除此之外，六十四卦當中每一卦，都有一些通例，如下表，可供解讀參考。

表 1-3　六爻爻位高低尊卑示意參考

爻位	三才	德行	空間		組織	階層	生涯	住宅	身體	關節	六度	官位	企業	其他含堪輿
上	天	易知	前方	外部	上層	宗廟	老年	曠野	頭	頸	般若	太上皇	資深元老	上
五	天	多功	前方	外部	上層	天子	壯年	近郊	胸背	脊	禪定	君王	企業主	前/朱雀
四	人	多懼	中間	外部	上層	三公	中年	門外	腹	腰	精進	近君大臣	高階主管	左/青龍
三	人	多凶	中間	內部	下層	諸侯	青年	門闕	股	胯	忍辱	遠臣	技術人員	右/白虎
二	地	多譽	後方	內部	下層	大夫	少年	庭院	足	膝	持戒	地方官吏	基層主管	後/玄武
初	地	難知	後方	內部	下層	元士	幼童	室內	趾	踝	布施	百姓	一般員工	下

資料來源：筆者自行整理。

7. 各爻的稱謂

陽爻以「九」，陰爻以「六」示之。各爻的讀法，包括「爻位」與「陰陽屬性」。初、上兩爻先讀爻位，後讀陰陽屬性；二、三、四、五爻，先讀陰陽屬性，後讀爻位。

譬如：

01 乾卦：初九、九二、九三、九四、九五、上九。

02 坤卦：初六、六二、六三、六四、六五、上六。

03 屯卦：初九、六二、六三、六四、九五、上六。

04 蒙卦：初六、九二、六三、六四、六五、上九。如圖 1-4。

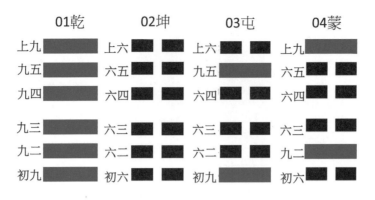

◆ 圖 1-4　各爻的稱謂

資料來源：筆者自行整理。

8. 中

　　各卦的五爻與二爻，分居上、下卦中位，這兩爻稱為「得中」，按易例，「得中」比「得正」更佳。各卦當中的九二、六二，九五、六五諸爻皆「得中」。

9. 正

　　初、三、五為陽位，二、四、上為陰位，凡陽爻居陽位，或陰爻居陰位，稱之為「當位」或「得正」；凡陽爻居陰位，或陰爻居陽位，稱之為「不當位」或「失正」。各卦當中的初九、九三、九五、六二、六四、上六皆「得正」，而初六、九二、六三、九四、六五、上九皆「失正」。以 31 咸卦為例，說明中與正。如圖 1-5。

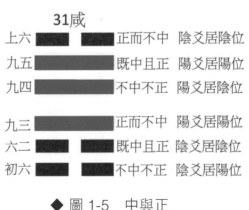

◆ 圖 1-5　中與正

資料來源：筆者自行整理。

10. 比

相互比鄰兩爻，若上為陽爻、下為陰爻，此時陰爻承順陽剛，稱之為「正比」；若上為陰爻、下為陽爻，此時陰爻凌乘陽剛，稱之為「逆比」；若上下爻皆屬同性，則稱之為「無比」。譬如：62 小過卦六二與九三為「正比」，九三與六四為「逆比」。

11. 應

初爻與四爻、二爻與五爻、三爻與上爻為三組上下對應關係，若兩者一陰一陽，則屬「正應」，兩者皆陰或皆陽，則屬「敵應」。譬如：62 小過卦初六與九四「正應」，六二與六五「敵應」，九三與上六「正應」。如圖 1-6。

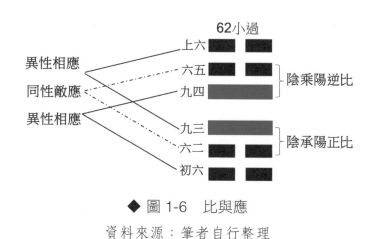

◆ 圖 1-6　比與應

資料來源：筆者自行整理

12. 錯卦 (又稱為旁通卦)

將該卦**所有**陽爻改變為陰爻，所有陰爻改變為陽爻，成為另一個卦。譬如：04 蒙卦的錯卦為 49 革卦。錯卦所傳達的是一種陰陽相反的對偶關係。如圖 1-7。

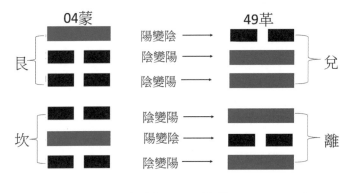

◆ 圖 1-7　錯卦

資料來源：筆者自行整理。

13. 綜卦 (又稱為反對卦、覆卦)

　　將該卦全卦旋轉 180 度，也就是倒過來看，成為另一個卦。譬如：04 蒙卦的綜卦為 03 屯卦，57 巽卦的綜卦為 58 兌卦，51 震卦的綜卦為 52 艮卦，31 咸卦的綜卦為 32 恆卦。綜卦所傳達的則是指位置上下或內外的對立關係。如圖 1-8。

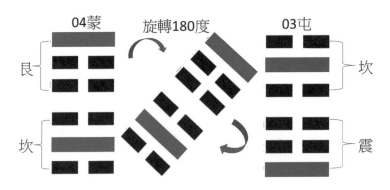

◆ 圖 1-8　綜卦

資料來源：筆者自行整理。

14. 互卦 (又稱為互體)

互卦的定義有些分歧，必須區分三爻單卦的互卦與六爻重卦的互卦兩種：

(1) 三爻單卦的互卦

把六十四卦當中某一卦六爻當中的二三四爻，或三四五爻，個別看成一個三爻的單卦，譬如：04 蒙，上卦三爻構成八卦當中的艮卦；下卦三爻構成八卦當中的坎卦。其中二三四爻構成八卦當中的震卦即互震；三四五爻構成八卦當中的坤卦為互坤。

(2) 六爻重卦的互卦

將該卦六個爻當中的二、三、四爻 (互震) 當成下卦；三、四、五爻 (互坤) 將其當成上卦，變成一個新的六爻卦，稱之為「互卦」。譬如：04 蒙卦的互卦為 24 復卦。互卦所傳達的是內在或隱性的訊息。如圖 1-9。

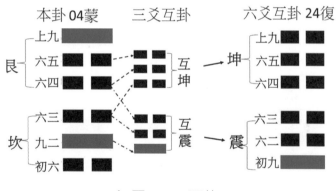

◆ 圖 1-9　互卦

資料來源：筆者自行整理。

15. 之卦 (或稱動爻變卦)

某一卦六爻當中任一爻或數爻，由陽變陰或由陰變陽 (簡稱變或動)，則成另一個新卦，此卦即之卦。以 01 乾卦為例，若初爻變動則成為 44 姤卦，若第二爻變

動則成 14 同人卦，若二三兩爻都變動則成 25 无妄卦，餘類推。之卦所傳達的訊息，有牽一髮動全身的意涵，如圖 1-10。

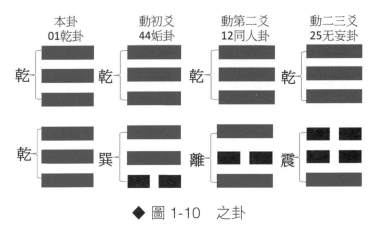

◆ 圖 1-10　之卦

資料來源：筆者自行整理。

16. 三才

每卦六爻，兼備天、地、人三才，各以兩爻配之，五、上兩爻為天格，三、四兩爻為人格，初、二兩爻為地格，或稱天道、地道、人道，如圖 1-11。

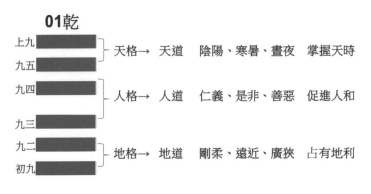

◆ 圖 1-11　三才

資料來源：筆者自行整理。

17. 主爻 (或稱為卦主)

每卦六爻當中有一主角，可主導全卦發展，稱之為「主爻」或「卦主」。主爻的理論依據源於《繫辭下篇第一章》：「天下之動，貞夫一者也」，魏晉學者王弼在《明象篇》中也有進一步補充；清人李光地在《周易折中》提出「雙主爻」理論，認為主爻有兩種，一是全卦賴以形成的某一爻，叫做成卦之主；另一是主導整卦的某一爻，叫做主卦之主。判斷主爻的原則如下：

方法一：檢視某一爻辭與該卦卦辭內容相似者。方法二：從象傳當中得到的啟示。方法三：以寡御眾，即循物以稀為貴之原則。

18. 消息卦 (又稱為辟卦)

六十四卦當中，有十二個卦為消息卦，其卦象特色是陰爻與陽爻不相錯雜，這十二個卦可代表 1 年 12 個月、24 節氣，或 1 天 12 時辰，如圖 1-12。

02 坤 10月 立冬 小雪 亥時	24 復 11月 大雪 冬至 子時	19 臨 12月 小寒 大寒 丑時	11 泰 1月 立春 雨水 寅時	34 大壯 2月 驚蟄 春分 卯時	43 夬 3月 清明 穀雨 辰時	01 乾 4月 立夏 小滿 巳時	44 姤 5月 芒種 夏至 午時	33 遯 6月 小暑 大暑 未時	12 否 7月 立秋 處暑 申時	20 觀 8月 白露 秋分 酉時	23 剝 9月 寒露 霜降 戌時

◆ 圖 1-12　消息卦與節氣、時令的關係

資料來源：筆者自行整理。

19. 五行與天干、地支、方位的關係

「五行」一詞，最早出現在《尚書・周書・洪範篇》。箕子乃言曰：「我聞在昔，鯀陻洪水，汨陳其五行……天乃錫禹洪範九疇，彝倫攸敘，初一曰五行，次二曰敬用五事……」。從這段古籍研判，「五行」當中的水、火、木、金、土，從今

天的用語去理解，是一套可以相互調節運用的言行機制，並非專指五種有形的物質。至於天干、地支，一直找不到它的明確的起源，但在實務上，無論是五行、天干、地支與方位，對於解讀《周易》，是有一定程度上的需要。只要把以下基本的口訣背熟，便可以運用自如。口訣如下：「東方甲乙寅卯木，南方丙丁巳午火，西方庚辛申酉金，北方壬癸亥子水，中央戊己丑辰未戌土」。有關天干、地支、五行與方位的關係，如圖 1-13。

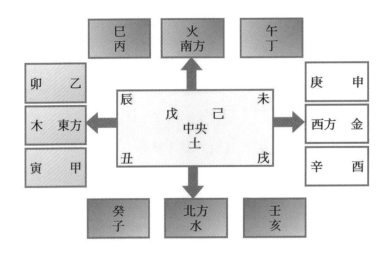

◆ 圖 1-13　五行與天干、地支、方位的關係

資料來源：筆者自行整理。

20. 卦變

是指本卦是從另外某一消息卦變化而來，將某卦當中某一個陽爻與另一陰爻對調一次而得來。如圖 1-14。

譬如：47 困卦，是由 12 否卦 (消息卦) 的上九爻和六二爻互換而來。

12 消息卦與其他各卦的卦變關係如下表[1]，統計如下：

1　本表係將南宋朱熹所著《周易本義》原始資料當中有四頁卦變圖，將其整理簡化成一頁。

13 同人、14 大有、10 履、09 小畜等四卦，來自 43 夬卦或 44 姤卦。(五陽一陰)
06 訟、57 巽、25 无妄、37 家人等四卦，另加上 49 革、50 鼎、28 大過、30 離、61 中孚等五卦，皆來自 33 遯卦。(四陽二陰)※61 中孚卦必須變動兩次
05 需、58 兌、26 大畜、38 睽等四卦，另加上 49 革、50 鼎、28 大過、30 離、61 中孚等五卦，皆來自 34 大壯卦。(四陽二陰)※61 中孚卦必須變動兩次
31 咸、42 益、17 隨、21 噬嗑、47 困、53 漸、56 旅、59 渙、64 未濟九卦來自 12 否卦。(三陽三陰)
32 恆、41 損、18 蠱、22 賁、48 井、54 歸妹、55 豐、60 渙、63 既濟九卦來自 11 泰卦。(三陽三陰)
35 晉、52 艮、45 萃、39 蹇等四卦，另加上 03 屯、04 蒙、27 頤、29 坎、62 小過等五卦，皆來自 20 觀卦。(二陽四陰)※62 小過卦必須變動兩次
36 明夷、51 震、46 升、40 解等四卦，另加上 03 屯、04 蒙、27 頤、29 坎、62 小過等五卦，皆來自 20 觀卦。(二陽四陰) ※62 小過卦必須變動兩次
08 比、07 師、16 豫、15 謙等四卦，來自 23 剝卦或 24 復卦。（ 一陽五陰 ）

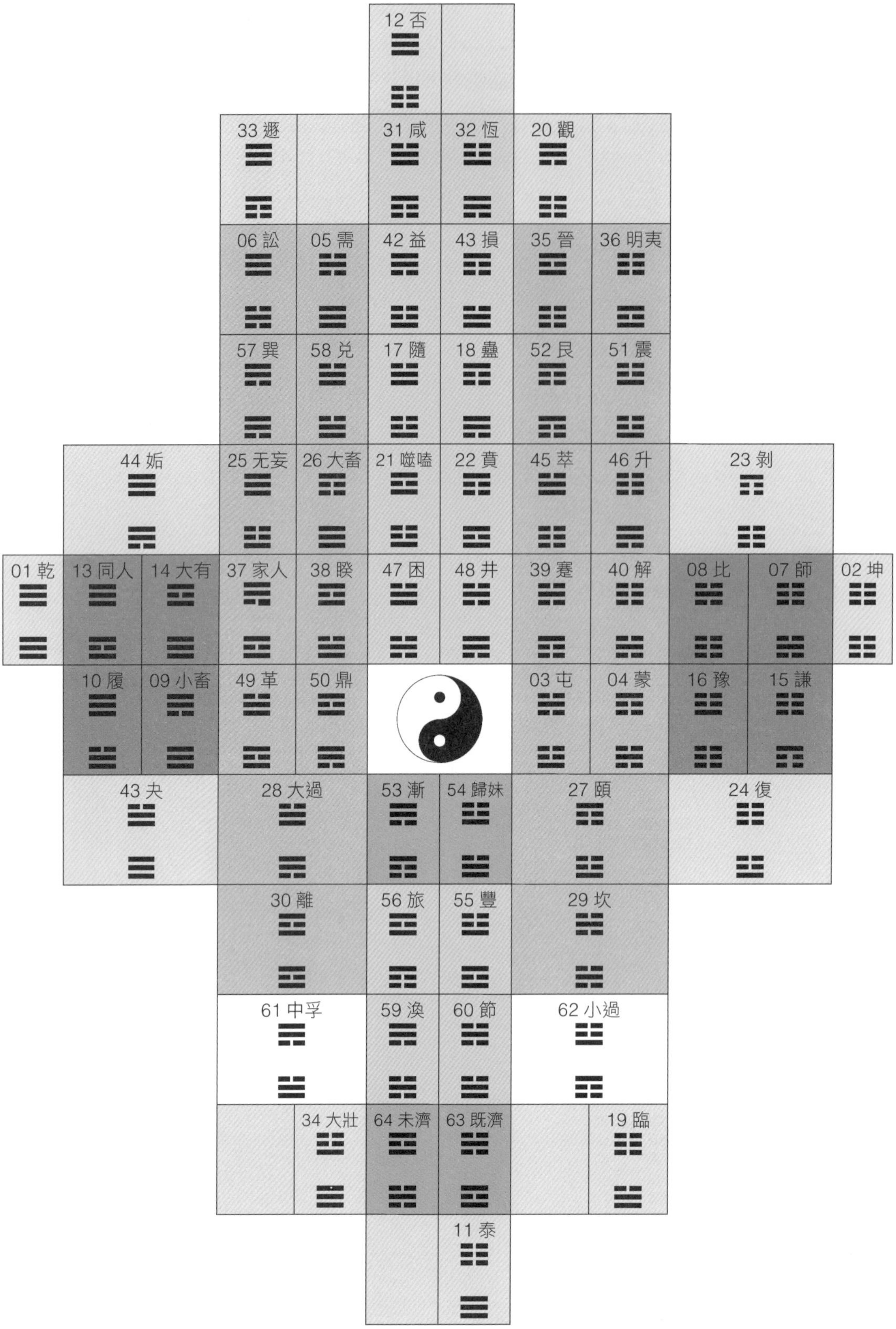

◆ 圖 1-14 卦變圖

　資料來源：朱熹所著《周易本義》
卦變圖（筆者重新整理）。

21. 太極、兩儀、四象、八卦、六十四卦的演化

如圖 1-15。

$(A+B)^0=1$：太極（道）（〇次元）

 太極

$(A+B)^1 = A + B$：兩儀（一次元）

陽　　　陰

$(A+B)^2=A^2+2AB+B^2$：四象（二次元）

展開：$(A+B)^2 = A^2 + AB + BA + B^2$

太陽　　少陰　　少陽　　太陰

$(A+B)^3=A^3+3A^2B+3AB^2+B^3$：八卦（三次元）

展開：$(A+B)^3= A^3 + AAB + ABA + BAA + ABB + BAB + BBA + B^3$

乾　　兌　　離　　巽　　震　　坎　　艮　　坤

$\{(A+B)^3\}^2 = (A+B)^6=A^6+6A^5B+15A^4B^2+20A^3B^3+15A^2B^4+6AB^5+B^6$：
六十四卦（萬物）（六次元）

展開：
$(A+B)^6=A^6+AAAAAB+AAAABA+AAABAA+AABAAA+ABAAAA+BAAAAA+\cdots\cdots B^6$

乾　　夬　　大有　　小畜　　履　　同人　　姤　（略）　坤

◆ 圖 1-15　太極、兩儀、四象、八卦、六十四卦的演化

資料來源：筆者自行整理。

22. 河圖

　　有關河圖的結構，是依循洪範九疇當中五行「水、火、木、金、土」的順序。參考《繫辭上傳》第九章：「天一、地二、天三、地四、天五、地六、天七、地八、天九、地十。天數五、地數五，五位相合而各有合。天數二十有五，地數三十，凡天地之數五十有五」的陰陽法則。如圖1-16、1-17。

　　其口訣為：「天一生水，地六成之；地二生火，天七成之；天三生木，地八成之，地四生金，天九成之，天五生土，地十成之」。

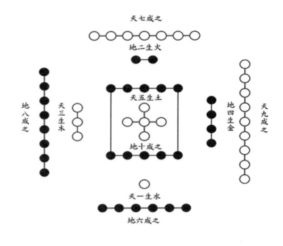

◆ 圖1-16　河圖

資料來源：筆者自行整理。

23. 洛書

　　洛書是以八個方位加上中央，用一至九的數字代表，後世演變成九宮格的運算，以及幻方的基本原理，如圖1-18、1-19。

　　其口訣為：「戴九履一，左三右七，二四為肩，六八為足」。

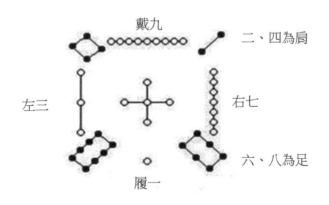

◆ 圖1-17　洛書

資料來源：筆者自行整理。

24.先天八卦(或稱伏羲八卦)
與後天八卦(或稱文王八卦)

　　相傳先天八卦，乃伏羲所創，直到北宋時期的邵雍。才根據說卦傳第三章的內容調製完成。而後天八卦，乃周文王體會伏羲八卦與洛書精義，並依當代情勢的需要而製定，如圖 1-18、1-19。

◆ 圖 1-18　先天八卦圖

資料來源：筆者自行整理。

◆ 圖 1-19　後天八卦圖

資料來源：筆者自行整理。

25. 六十四卦卦序、卦名與卦象

六十四卦的卦序是根據卦名與卦義，兩兩一對，上經 01 至 30 卦，其中互為錯卦有 3 組 (6 卦)，互為綜卦有 12 組 (24 卦)。下經 31 至 64 卦，其中互為錯卦有 1 組 (2 卦)，互為綜卦有 16 組 (32 卦)。如圖 1-20。

上經 (01-30 卦)

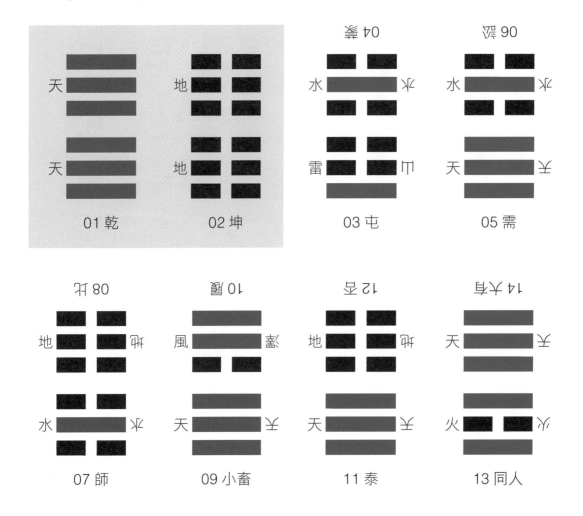

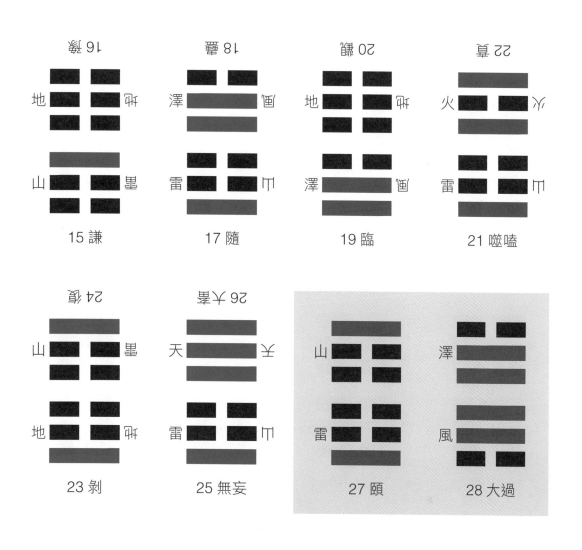

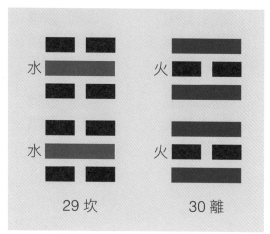

下經 (31-64 卦)

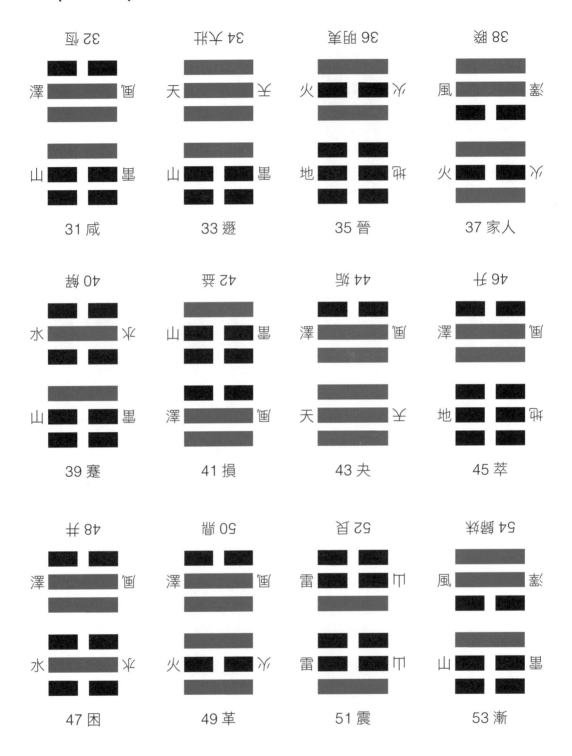

31 咸　　33 遯　　35 晉　　37 家人

39 蹇　　41 損　　43 夬　　45 萃

47 困　　49 革　　51 震　　53 漸

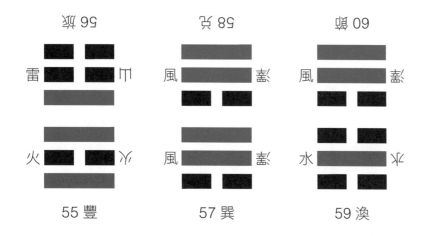

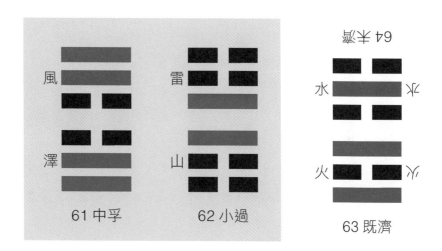

◆ 圖 1-20　六十四卦卦序、卦名與卦象

資料來源：筆者自行整理。

學員學習心得分享與推薦 -2

　　我原本是國文教師，有 29 年教學經驗，離開教職後，便在新竹市政府教育處下轄單位擔任志工，也因為有此機緣，跟隨宋老師學習「易經的智慧」，在為時三年多的學習期間，我發現班上同學來自各行各業，有幾位與我相同是國文教師，也有退休大學教授、公務人員，以及從事命理工作者、土地代書等其他社會人士，個個臥虎藏龍各具長才，而且對《易經》多少都有最基本的理解，同時也想知道老師是如何演繹推理，應用在職場與生活方面。

　　宋老師溫文儒雅，教學經驗豐富，對《易經》的理解，可說是「入乎其內而出乎其外」，瞭解通透卻不掛書袋，著重義理而不排斥命理。老師擅長舉例說明「易」與「不易」的變化，以及「一陰一陽之謂道」的取象類比，無論是職場上人事的傾軋，或生活上的煩惱現象，都有適當的卦義可以解釋。老師一再重覆強調：「懼以始終，其要無咎」這句話的重要性，以及平安和諧就是學習《易經》最高的境界，因此，能讓我走出一味追求「大吉大利」的迷思。

　　我雖是中文系畢業生，可是對文義的捕捉卻遠不及宋老師，他不但能精準闡述各卦的宗旨，用簡單的數學公式、插畫圖像、動手排列卦爻的變化、剖析卦與卦之間的連動關係、探索卦辭、爻辭所要傳達的深遠含義。除此以外，還安排同學們走進錄影室，個別發表自己的學習心得，錄製後放在 youtube 網路上嘉惠普羅大眾，果然嘉評如潮。

　　在 covid-19 疫情流行期間，配合市政府要求，改成線上教學，讓我有機會嘗試不同的互動方式，由於我們師生間已有高度默契，學習效果不但不受影響，甚至還節省更多的時間。老師也盡展所學，傾全力編寫《周易經傳通釋》，並分批請同學校對、配圖與修改，即使是門外漢也能心領神會，莞爾以對。

　　在此，我對宋老師「傳道、授業、解惑」的毅力，以及無比的愛心和耐心致上最高的敬意，並且祝福讀者能立足於時代的脈動當中，獨立自主、發揮創意，浸潤於我中華傳統文化的精髓，學習中國古聖先賢的智慧，並且能以開放、多元與包容的精神，傳承固有的優質的文化。

新竹市東區樂齡學習中心資深志工

李淑玲

2023.9.21

第四章

常用占辭釋義

1. 元、亨、利、貞

元，創始、萬物成長的源頭。亨，通達、各種條件的因緣聚合。利，合宜、合情合理的獲取。貞，正固、工作與事業圓滿的保障。(詳見第二篇乾文言)

2. 元亨

事業發展或進行某一計畫，一開始就能夠非常的順利；或指會得到最大程度的通達。

3. 利貞

可從兩方面解釋：(1) 當下的情況有利於守持正道。(2) 為取得正當利益，必先守持正道。.

4. 利涉大川

如此做將有利於排除萬難，並渡過艱險而成就盛大功業。

5. 利有攸往

動身前往採取適當行動，將會有利，否則逸失良機則不利。

6. 利見大人

大人一般是指具備君子高尚品格等特質，兼有君子所未具備的權勢、智慧與能力的人。通常有三種解釋：(1) 得到有權勢者的賞識與重用必將有利。(2) 得到具有大人潛力者的支持與擁戴必將有利。(3) 能與有權勢、有智慧、有能力者共事，必能成就大業。

7. 无攸利

如此作為，沒有任何好處。

8. 无不利

如此作為，將無所不利。

9. 厲

出現艱難、險峻、困厄等徵兆。

10. 貞厲

依不同情境有四種解釋：(1) 雖然堅守正道，但仍充滿危險。(2) 若繼續下去必然有危險。(3) 除要堅守正道之外，更需常懷戒懼之心。(4) 要堅守正道以防止發生艱難與困厄。

11. 貞疾

要堅守正道以防發生一些弊病，或指經常會出現一些弊病。

12. 可貞

通常是指可以堅守正道而不妄為，或指堅定意志而不動搖，亦可解釋為，可以預測未來發展。

13. 大吉

是指結果大為吉祥順利。

14. 元吉

指事情一開始就大為吉祥順利。

15. 征吉

若採取適當的行動前往，可以得到吉祥。

16. 往吉

與前者同義，泛指去了可以得到吉祥。

17. 居吉

應居安自守而不妄為，必能得到吉祥。

18. 厲吉

雖有危險，如保持戒慎恐懼之心，則有機會避凶而趨吉。

19. 貞吉

必須堅守正道，才有機會得到吉祥。

20. 終吉

最後的結局會得到吉祥。

21. 中吉

事情發展過程當中可以得到吉祥，或指堅守中道精神可以得到吉祥。

22. 終凶

若此事持續進行下去，最終必定會有凶險。

23 有凶

目前沒有危害，但預判將來可能會有凶險。

24. 見凶

馬上就會出現凶險之警語。

25. 起凶

因故興起爭執而造成凶險。

26. 貞凶

依不同情境有三種解釋：(1) 雖守正但仍會有凶險。(2) 必須守正才有機會避凶。(3) 堅持以往必有凶險。

27. 无悔

由於未造成任何過失，故無須悔改補過。

28. 有悔

既已發生過失，亦有悔改補過之意。

29. 悔亡

出現悔恨之事，但因其他有利因素出現，使得不利情況消失。

30. 吝

是指有問題、有毛病、有瑕疵、有遺憾等意涵。

31. 貞吝

依不同情境有三種解釋：(1) 即使堅守本分，也會造成遺憾。(2) 必須堅守本分，以免遭致遺憾。(3) 長此以往會造成更大的遺憾。

32. 小吝

是指比較輕微的小問題、小瑕疵、小遺憾。

33. 終吝

終究還是會出現一些不利的狀況。

34. 往吝

如果堅持要走下去會造成遺憾。

35. 咎

咎本指危害或過失，輕於凶，重於悔吝。

36. 无咎

无咎代表本就有咎害，但能善補過故能無咎，亦可解釋為不至於會有災害，或稱不上是災害。

37. 何咎

屬疑問句，是指如此做的話，怎麼還會有災害呢？

38. 无大咎

會有小問題，但沒有太大的咎害。

39. 災眚

災是指非人可預料的天災，眚則是指人為的災害。

40. 孚

誠信、信心。

41. 有孚

有兩種解釋：(1) 有誠信，有信用。(2) 肯定會如此。

42. 往來

由己處至他處稱之為往，由他處至己處稱之為來。凡卦中各個爻位由下至上稱之為往，若由上至下稱之為來。

第五章

其他閱讀時應留意事項

1. 每卦開頭有一張針對該卦的要點提示總表，包括卦畫一幅，並在各爻的爻面上將爻辭簡化，便於讀者快速識別。

2. 各爻若標有「※」者，表示該爻為本卦的主卦之主。若標有「○」者，表示該爻為本卦的成卦之主，若該卦諸爻只有某爻標上「※」的符號，則表示該爻兼具以上二者。但究竟哪一爻是主爻，乃後人自行判斷並非絕對，各位讀者應依研讀心得自行揣摩，並講出理由，自行認定。

3. 總表右側所陳述的重點提示，也是筆者研究的心得，將其化繁為簡的寫出來，提供讀者重點提示，唯恐有言不及義或未盡周延之處，尚祈讀者與各方先進不吝提供寶貴的補充意見。

4. 本書文字當中有將字體加粗且加淺灰底者，係周易《古經》與《易傳》的原文或摘錄。譬如：

   (1)《雜卦傳》：「**損、益，盛衰之始也**」，以及屯卦的卦辭「**屯：元亨、利貞。勿用有攸往，利建侯**」等字樣。標示的目的，一方面在避免閱讀當中發生原文與解說的混淆，也能保持視覺清晰與減少閱讀時的疲勞。

   (2)除前述將字體加粗與淺灰底，另有反白部分者，係卦爻辭當中的占辭，譬如：「**利用為大作，元吉，无咎**」，「**介于石，不終日，貞吉**」。標示的目的在提醒讀者，可對照參考第四章「常用占辭釋義」的解釋。

   (3)《古經》與《易傳》的原文當中，有些特殊字體保留使用原典之古字，其他自行陳述部分則以通用字體書寫。譬如：原文保留使用「**无**」字，通用字體則為「無」；原文保留使用「**于**」字，通用字體為「於」；原文保留使用「**彊**」字，通用字體則為「強」；原文保留使用「**匪**」字，通用字體則為「非」。

5. 《周易》和其他古籍同樣本無標點符號，所要傳達的內容自然會有多重意涵，內容相對比較豐富，後人加上標點符號之後，難免造成各有偏好，或語意受到一些侷限，即便是當代學者的研究作品，也有許多不同的版本。譬如：

   (1)乾卦九三爻，至少有三種不同版本的斷句。

   「君子終日乾乾，夕惕若，厲无咎」

   「君子終日乾乾，夕惕，若厲，无咎」

   「君子終日乾乾，夕惕若，厲，无咎」

(2)坤卦的卦辭，也有三種不同版本的斷句。

「君子有攸往，先迷，後得，主利」

「君子有攸往，先迷後得，主利」

「君子有攸往，先迷後得主，利」

因此，讀者不必拘泥本書所撰之意，可依自己的研究心得，自行創作。

6. 對各爻簡單的白話說明之後，有四到五則補充說明，利用該卦的錯卦、綜卦、互卦、之卦等相對之爻，引用其義來補充解釋並在結尾註明。譬如：

(錯，50 鼎初六)：本卦為 03 屯卦，在解釋初九爻時，用錯卦 50 鼎卦初六爻的爻辭語意加以補充。

(綜，04 蒙初六)：本卦為 03 屯卦，在解釋初九爻時，用綜卦 04 蒙卦初六爻的爻辭語意加以補充。

(互，23 剝初六)：本卦為 03 屯卦，在解釋初九爻時，用互卦 23 剝卦初六爻的爻辭語意加以補充。

(之，08 比初六)：本卦為 03 屯卦，在解釋初九爻時，採用本爻變動後所產之的之卦，也就是用 08 比卦初六爻的爻辭語意加以補充。

7. 第七篇 - 附錄 - 題庫設計的原則，本著由易而難區分六類（附光碟）：

(1)一般知識與基本符號。(單選題 96、複選題 16)

(2)卦名與卦象的理解。(簡答題 16)

(3)錯綜互之卦的變化。(簡答題 22)

(4)八卦與陰陽變化原理。(簡答題 15)

(5)卦變分析與推演。(簡答題 12)

(6)各卦宗旨的綜合研判。(單選題 40)

(7)對爻辭所傳達訊息的綜合研判。(自行創作題 60)

※ 以上 (1) 至 (6) 類均附有參考答案，讀者可以當成讀後總複習，若要對初學者進行測驗，則需依據實際情況，重新調整編排。

※ 第 (7) 類，無標準答案，可自行發揮所學心得，或自我評量。

學員學習心得分享與推薦 -3

我曾在國中擔任國文教師 30 年，過去我對學生介紹傳統中華文化的精髓大致不難，唯獨提到五經當中的《易經》時，難免會感到有些心虛，雖然我知道它原本就是一本卜筮之書，後來演變成為哲學探究的經典，並占有「群經之首」的地位，但我仍然對它一知半解，總覺得離我既遙遠又神秘。

2020 年 7 月經由朋友介紹，得知新竹市東區樂齡大學開設一門「易經的智慧與應用」課程，我抱著「好奇」的心情，加上假裝「好學」的模樣報了名，當我進入已開始多期課程的教室，映入眼簾盡是一群胸有成竹並能各抒己見的高手，心中開始膽怯起來，但宋老師很技巧的對於新進學員，在不影響其他學長學習的步調下，靈活調整進度，很快的引領我們進入狀況。

經過大約兩年的學習光景，我才恍然大悟，原來《易經》大部分所講的道理，都不外乎過去我對學生上課的內容。例如《論語·子罕》：「子絕四 - 毋意、毋必，毋固、毋我。」不就是乾卦「用九，見群龍無首，吉」的精義嗎？又如《論語·季氏》：「言未及之而言謂之躁，言及之而不言謂之隱，未見顏色而言謂之瞽。」不就是《易經》最重視的「時與位」原則嗎？另外，《論語·衛靈公》：「人能弘道，非道弘人」這句話，更可以從《繫辭下 12 章》：「天之所助者，順也；人之所助者，信也。」因有孔子的補充解釋，把人與天的定位釐清，而得到更深入的理解。類此情形不勝枚舉，從此我便對《易經》不再存有疑慮，感覺它離我愈來愈近，同時也似乎讓我步入「看山還是山」的境界。

如果時光可以倒流，讓我重回杏壇，我一定會把《易經》的奧義，融入教材，讓正在接受啟蒙教育的國中學生，也能早日擁有中國古人的智慧。雖然這只是在做白日夢，但是，當我校對本書初稿之後，等於在無形中又上過一遍老師的全部課程，讓我覺得更有信心；因此，我願意用最誠摯的態度，把我學習《易經》的心得，分享給更多的人，並推薦這本寶貴的新書，尤其是正在培育國家未來主人翁的國中教師們做參考。

新竹市 241 藝術空間志工（解說員）

楊玲珊

2023.9.28

第二篇

周易上經

01 ｜乾卦：開創事業的宏觀格局

表 2-1　乾卦要點提示

			宗廟	企業元老	盛極轉衰	知所進退	盈而不滿	確保晚節
乾／天	上九	亢　龍	宗廟	企業元老	盛極轉衰	知所進退	盈而不滿	確保晚節
	九五	飛※龍	天子	領導中心	鞏固班底	任賢用才	廣聚人心	培養接班
	九四	躍　龍	三公	高階主管	臨淵履薄	看準苗頭	知機審勢	放手一搏
乾／天	九三	惕　龍	諸侯	資深員工	戰戰兢兢	避開風頭	心事宜明	才華須韜
	九二	見　龍	大夫	基層主管	推動政令	廣結善緣	施展才華	爭取認同
	初九	潛　龍	元士	一般員工	韜光養晦	低調沉潛	養精蓄銳	待機而動

【卦象與讀法】

下卦乾，乾為天；上卦乾，乾為天。全卦亦讀成「乾為天」。

【卦時】

- 《說文解字》注：乾，健也。健之義，生於上出，而上出為乾，相對下注為溼，故乾與溼相對。自有文字以來，皆以乾為卦名，其義包括剛健、創新、主導等諸意涵。

- **《雜卦傳》：乾，剛。**乾卦至為剛健，為六十四卦之首，象徵宇宙萬物的起源，以及大自然變化的規律。乾卦六爻也代表事物發展的過程，通常用來比喻個人的成長，或事業發展的各個階段，應隨不同的時機與環境，進行階段性的策略調整。

- 乾卦也可用「為君之道」、「勇於任事」、「剛健永恆」、「主導全局」「靈活變通、不拘一格」與「積極主動的進取」等類似的概念來引申與推論，或者也可以用「抬頭看路，開創嶄新局勢」的情境來比擬。

【卦辭】

乾：元、亨、利、貞。

乾卦，具有創始、通達、合宜、正固等四種美德皆備。

【彖傳】

彖曰：大哉乾元，萬物資始，乃統天。雲行雨施，品物流形。大明終始，六位時成，時乘六龍以御天。乾道變化，各正性命，保合太和，乃利貞。首出庶物，萬國咸寧。

最雄偉的天生陽剛之氣，萬物賴以開創與萌芽，祂主宰著大自然的運行。像雲彩飄行聚散，像雨露甘霖普降大地，使萬物在自然環境中變動與成長，各自構成一定的型態與本質。日出日落周而復始，六爻按不同時位組成，就像陽剛之氣依不同時機展現六種不同的作風，駕馭著大自然。陽剛的天道引發自然變革，賦予萬物保存各自本性與生命，天地間調和之元氣得以保全，萬物得到和諧與正固。乾元首先創造世間萬物，並統一管理，使天下得到治理與安定。

【補充說明】

- 乾、坤兩卦為周易六十四卦之首，其餘各卦皆由其所從出，因此這兩卦可稱之為「父母卦」、「祖卦」或「共卦」，其餘六十二卦當中，多少都蘊含有乾、坤兩卦的精髓。

- 乾卦以天取象，廣義的天包括宇宙的總體。乾卦旨在說明大自然的種種現象，乃具備永恆與剛健的特質，可做為人類言行舉止的依循。兩千多年來的儒、道先聖先賢，即循此概念，發展出「天人合一」的思想，也就是我們引以為傲的「中華文化」源頭。

- 天人合一，或稱天人合德，或天人相應，是指人類的生理、倫理、政治與社會等現象，都是大自然的縮影；我們的一言一行與生活習性，必須效法天道，亦即「寄天道於人道」，或所謂「觀天象，論人事」。

- 一個人無論是否經驗老到，做任何事情都必須有始有終。首先要有正當明確的人生目標，並且選擇順利可行的途徑，合理安排進行的步驟，預測可能的發展，以及妥善維持與運用成果的策略。

【大象】

象曰：天行健，君子以自彊[1] 不息。

1　「彊」古字與「強」同音同義。

天道運行剛健永恆，所以正人君子應當善體天意、效法天道，並且要樂觀進取，勤奮不懈。

【補充說明】

- 上下均為三爻卦的乾卦，剛健又剛健，象徵天道運行持續不斷，君子要自我勉勵並效法這種精神，創造理想的人生，開創光明的前景。

- 有所作為的君子，應當日新又新、不斷精進，了解自己的性向，建構個人的工作願景，腳踏實地認真學習，以增進智慧、強固實力。

【爻辭 / 小象】

初九：潛龍勿用。象曰：潛龍勿用，陽在下也。

陽剛之氣初期蓄積，猶如潛伏在地下的龍，暫時不要有所作為。象曰：因為陽氣初生，暫時居於下位之故。

【補充說明】

- 初九象徵事業發展的初始階段，凡事應儘量低調，不可有較大的動作，才能安穩無虞，而自我充實與養精蓄銳。

- 雖有理想也有抱負，但在基礎不穩、時機不宜的情況下，不可冒然做出任何重大決定或承諾。

- 「三歲看大，五歲看老」，欲成大器者要有遠見，故應先向下深耕，奠定基礎；根扎得愈深，日後往上發展的空間也愈大。(錯，02 坤初六)

- 在時機未到、能力不足的情況下，可能有飢不擇食、荒不擇路的錯誤反應，以及目光短淺的選擇；因此，要保持心平氣和與格外慎重，避免躁動而誤事。(之，44 姤初六)

- 「不患人之不己知，患其不能也」[2]，故能遯世而無悶。「不患無位，患所以立」[3]，故能不易乎世、不成乎名，但求韜光養晦與厚植實力。《乾文言》

爻旨：陽剛之氣初生，徒有萬丈雄心但時機未到且屈居下位，對外界事物認知有限，應暫時沉潛而韜光養晦，以便充實能力。

2　出自《論語・憲問》。

3　出自《論語・里仁》。

九二：見[4]龍在田[5]，利見大人。象曰：見龍在田，德施普也。

陽剛之氣開始發展，如同出現在田野上的龍，有利於見到有美德且居上位的人物。象曰：因為所蓄積的陽剛之德，可以開始普遍的施展。

【補充說明】

- 九二象徵陽剛之德已開始展現，漸漸地為人們發掘其才能，故應適時適切的自我展現，開始建立必要的人際關係。

- 一個人總不能潛藏一輩子，在適當時機該自我展現，就要勇於自我展現才華，讓大家知道自己存在的價值，並且可以確認自己的能力與性向，以便順利調整職涯規劃的步調。

- 年輕人思想單純，只要心志端正，方向正確，對自己的所作所為，要有信心。因此，不必受到外界無端的干擾。(錯，02 坤六二)

- 此時展現的目的，主要是廣結善緣；因此，對於人際關係，千萬不可侷限於自己舊識、同窗或親信，以致被質疑在搞小團體，讓自己在團隊中變得孤立。(之，13 同人六二)

- 說話堅守誠信，做事小心謹慎，防範邪惡，保持內心的純真。確實做到「無伐善、無施勞」[6]，並善用美德建立友誼與美好名聲，爭取大家的認同。《乾文言》

爻旨：到了該展現才華的時候，就應適時適切的表現，讓別人認識自己，也讓將來能提拔自己的人，知道自己存在的價值。

九三：君子[7]終日乾乾，夕惕若，厲无咎。象曰：終日乾乾，反復道也。

陽剛之氣再度自我制約，就像立志向上進取的君子，整天勤奮不懈，即使到了夜晚，也像白天一樣的警惕戒懼；雖有危險，但終能避免而無災害。象曰：整天勤奮不懈，因為要反覆不斷磨鍊修正自己的言行。

4　「見」音「現」同音同義，出現之意。

5　「田」指地面，二爻為地格之上，地上為田。

6　出自《論語·公冶長》。

7　九三居人格下位，猶如檯面下力求上進的士人，故自稱君子而不敢以龍自居。

【補充說明】

- 九三處在不上不下的尷尬階段，只要暴露企圖，很可能招來競爭對手的掣肘，因此要有承受閒言閒語，以及遭受打擊的心理準備。然而，勤能補拙、惕可避咎，只要小心翼翼，人一能之，己百之；人十能之，己千之，則何咎之有？

- 「善行者無轍跡，善言者無瑕謫」[8]。一些邊做事邊敲鑼打鼓的人，也只能熱鬧一時，終不足取；而口無遮攔，話不投機的人，將給自己帶來無窮的麻煩。（錯，02 坤六三）

- 要了解「企者不立、跨者不行」[9]的道理，所以不貪功、不逞能，乃立身處世重要的警示。所以說，強不知而以為知，此乃大愚；本無事而生事，可謂薄福[10]。（之，10 履六三）

- 養成守信是增進美德的基礎，研習文辭、立定志向，是建功立業的條件。知道目標在何處並能貫徹執行的人，可與之共商大事；知道事情發展極限的人，可與之維護正道。居上位不驕，居下位不憂的人，才能做到勤奮不懈、居險而安。《乾文言》

爻旨：要懂得避開鋒頭，無論是受到重用或遭到冷落，都必須時時保持戰戰兢兢的態度低調行事。

九四：或躍在淵[11]，无咎。象曰：或躍在淵，進无咎也。

陽剛之氣蓄勢待發，就像暫居深水之中的龍，或騰躍而上，或暫時待機，只要依時而進就不會有災害。象曰：知機審勢、量力而進、適時而動故能无咎。

【補充說明】

- 到了決定進退的關鍵時刻，應衡量主客觀形勢，認真考慮是否該放手一搏，以實現夢寐以求的人生目標。但只要有所行動，就必須要有周詳的計畫與萬全的準備。

8　出自《道德經‧27章》。是指有事功的人不會留下痕跡；會講話的人謹言慎語而無瑕疵。

9　出自《道德經‧24章》。是指站得穩的人不會隨便出頭；走得穩的人總是慢慢的走。

10　《格言聯璧‧處事類》。《呂氏春秋》亦有言：不知而自以為知，百禍之宗也。

11　九四處人格之上，乃檯面上人物，處多懼之位，期能更上層樓，故連一聲君子都不敢自稱。

- 廢話少說，正事多做，只要言行光明正大，自然可以減少災害。剩下的就是盡人事聽天命了。有則我幸，無則我命，無論結果如何，都是完美的句點。(錯，02 坤六四)
- 即便能讓自己脫穎而出，都要以最大的誠信，展現正當、合理的行為。言行務必合乎組織的目標與團隊成員的利益，才能讓自己在奮鬥過程中不致遭受傷害。(之，09 小畜六四)
- 兵無常勢、水無常形，進退之間也無一定的常則；但不可因此偏離正道，也不可脫離人群而自利，要格外審慎布局，掌握有利時機，才不致招來災害。《乾文言》

爻旨：關鍵時刻，要學會看準苗頭，以敏銳的眼光，在適當的時機放手一搏，一舉躍過龍門，邁向夢寐以求的人生理想目標。

九五：飛龍在天，利見大人。象曰：飛龍在天，大人造也。

陽剛之氣充分發揮，如同翱翔天際的飛龍，象徵事業如日中天，此時應展現大人風範，有利於受眾人瞻仰與鞏固核心班底，培養下一代接班人才。象曰：之所以能永續發展，是因為有美德的大人即將接續興起。

【補充說明】

- 九五中正居君位，如蛟龍翱翔於萬里晴空，傲視群雄。當擁有如日中天的地位，以及眾星拱月之勢，所有功績將自動集中在自己身上；但為了永續經營，要禮賢下士、網羅人才，建立組織核心班底，培養接班團隊。
- 組織領導人能斂華就實，雖有榮觀卻燕處超然 [12]，如此方可順利處理繁雜艱鉅之工作，長長久久的維持最佳狀態。(錯，02 坤六五)
- 靠著權勢得到的威嚴只能維持一時，經不起時間考驗；若以誠信建立的威信，可得到群眾由衷的支持，地位長久，屹立不搖。(之，14 大有六五)
- 同聲容易相應，同氣便於相求；所以，要敬天地、畏鬼神、順應人心，秉承大自然的法則行事，才能如天長地久般的永續經營，維繫事業的最佳狀態。《乾文言》

---

12 出自《道德經・26 章》。是指雖有榮華富貴，但內心永保超然清靜，不為所動。

爻旨：事業到達高峰，要展現領導者的胸襟與風範，順天應人、承擔責任、廣聚人心，確保事業長久發展。

上九：亢龍有悔。象曰：亢龍有悔，盈不可久也。

陽剛之氣由盛極而衰退，就像高飛過亢的龍，將會有所悔恨。象曰：之所以會有悔恨，乃因過於盈滿，故難以長久保持。

【補充說明】

- 上九失位，有如龍飛於九天之外，因太過盈滿，好景難以長久維持。
- 事業到了飛黃騰達階段，應時時提醒自己，十全十美本身就是不完美，切勿犯下大頭症，凡事適可而止，要記取功成、名遂、身退的教訓。
- 再剛健的人也需要柔順的一面，為了顧全大局，必須包容不同的意見，但是，無止境的遷就，也會碰觸忍讓的底線，形成更強烈的反彈，所以，凡事要拿捏恰到好處，保持均衡狀態。(錯，02 坤上六)
- 位居要津，很容易為了一點小小的差錯而被放大解讀，若事前沒有做好防範，則無法避免事態的惡化，災難遲早臨頭。(之，43 夬上六)
- 高處不勝寒，低處納百川，發展到高處便開始轉折向下，故應行所當行、止所當止，若等危機出現再來力挽狂瀾，則難善其後。《乾文言》

爻旨：當事業發展到頂峰，應體認高處不勝寒的諍言，凡事適可而止，方可確保晚節，以及避免造成悔恨之事。

用九：見群龍無首，吉。象曰：用九，天德不可為首也。

妥善應用陽剛之道。每個強人都善盡職守，不強居首位，並隨著不同的情勢，快速靈活調整策略，必得吉祥。象曰：陽剛正氣如天道無私，常與善人，故不宜強居首位，也不必拘泥一格。

【補充說明】

- 因應不同時空背景，採取相對應策略，在沒有必要出手時，儘量保存實力；該出手時，則當機立斷，採取行動並能應付自如。
- 萬物都有適應新環境的能力，所謂「登山則情滿溢於山，觀海則意溢於

海 [13]」，故在變動不居的世界裡，唯有適應新環境的人最適合生存。

- 靈活調整、適應環境，以「毋意、毋必、毋固、毋我」[14] 的原則處世待人。所謂剛而能柔，是指剛強的本性，應含有柔順的成分，才能做到剛柔並濟，剛健而不剛愎。

- 為了出人頭地，必須以無為的立場而為，以無用的手段而用，以不爭的態度而爭，以不變的原則而變，創造非凡價值，達到理想目標。

爻旨：不可強居首位，也不可用一成不變的作風，必須因應不同時空背景，以剛而能柔的態度，扮演不同的角色。

《乾文言》

元者，善之長也；亨者，嘉之會也；利者，義之和也；貞者，事之幹也。

元乃創始，是完成一切正果的源頭，也是萬物成長的開始，所以要掌握適當的時機；亨為通達，是美好條件的聚合，也是促進互通有無的動力，所以要站穩適當的位置；利是合宜，是正當合理的行為，也是獲取有效收益的原則，所以要精確無誤的分辨；貞則是正固，是達成任務的保障，也是正確有效處世的條件，所以要堅定不移的守正。

君子體仁，足以長人；嘉會，足以合禮；利物，足以和義；貞固，足以幹事；君子行此四德者，故曰：乾。元、亨、利、貞。

君子身體力行展現仁德，足以領導眾人；尋求美好的會聚並融會貫通，故能合乎禮儀規範；利己利人，保持社會和諧，故能符合道義；堅守正道、固守根本，故能成就大業；君子能夠履行這些美德，所以說，乾卦的精神就是：創始、通達、合宜、正固。

---

13 出自《文心雕龍・神思》。

14 出自《論語・子罕》。是指不主觀臆測，不絕對肯定，不拘泥固執，不自以為是。

【補充說明】

　　元、亨、利、貞四德，是一種涵蓋範圍相當廣泛的抽象意涵，依文言本身的詮釋，可融入日常生活與自然現象當中，自行推廣運用，譬如：

- 元：少陽、春季、晨間、耕田、起跑、東方、少年、木、起。
- 亨：太陽、夏季、正午、耘鋤、加速、南方、青年、火、承。
- 利：少陰、秋季、傍晚、收割、超前、西方、壯年、金、轉。
- 貞：太陰、冬季、深夜、儲藏、衝刺、北方、老年、水、合。

或依實務方面的概念，自行類比推理，譬如：

- 元：要有好的開始，安排前置時間，充分準備與通盤考量。
- 亨：盡量互通有無，持續向前邁進，彼此協調與合作無間。
- 利：辨明適當獲益，合情合理分配，相互尊重與保持合諧。
- 貞：堅持正確收藏，長久穩定持用，永續發展與厚實能量。

初九曰：潛龍勿用何謂也？子曰：龍德而隱者也；不易乎世，不成乎名，遯世無悶，不見是而無悶，樂則行之，憂則違之，確乎其不可拔，潛龍也。

　　潛藏地下的龍暫時不要有所作為，所稱何指？孔子說：具有像龍一樣美德的君子，隱藏收斂自己的才華，不受世俗的影響而改變自我操守，也不汲汲營營於功成名就，離開俗世生活也不感到苦悶，不被世人認同也不感到苦悶，該做的事就去實踐，不該做的事就不去做，這種堅定的意志不可動搖，就是潛龍的品格。

【補充說明】

- 潛龍：有潛在能力的士人。
- 勿用：暫時不要展現才華。
- 為何要潛？地位卑微、能力不足、時機未到。
- 要如何潛？韜光養晦、隱忍待機。

九二曰：見龍在田，利見大人。何謂也？子曰：龍德而正中者也；庸言之信，庸行之謹，閑邪存其誠，善世而不伐，德博而化。易曰：見龍在田，利見大人。君德也。

　　龍已出現在地面上，有利於見到德高望重的大人，是什麼意涵？孔子說：具有龍的美德又有能力行中道的人；他用通俗的言語也能讓人感受到誠信，一般日常生

活的細節也能謹慎小心，防範邪惡的誘惑而永保誠摯的心，貢獻人群而從不自誇，德澤廣施融入社會並感化群眾。《周易》所說的「見龍在田，利見大人」，是指雖非君位，但已具備君主應有的美德。

【補充說明】

- 見龍：開始展現才華的士人。
- 在田：言行舉止已浮出檯面。
- 大人；有能力也有權勢的關鍵人物，指九五。
- 為何要現？讓別人知道自己存在的價值，讓可以提拔你的人認識你。
- 要如何現？適度表現、廣結善緣。

九三曰：君子終日乾乾，夕惕若，厲无咎，何謂也？子曰：君子進德修業。忠信，所以進德也；修辭立其誠，所以居業也。知至至之，可與幾也；知終終之，可與存義也。是故居上位而不驕，在下位而不憂，故乾乾因其時而惕，雖危，无咎矣。

君子整天都剛健勤勉，到了夜晚依然警惕慎行，如此行為，就算面臨危險也能避免災害，是何道理呢？孔子說：君子要增進美德與修養功業。忠誠而信實，可以增進美德；修飾言語與展現真摯的情感，就可以積蓄功業。知道正確的目標便努力去實現，這樣的人可以跟他討論事情發展的徵兆；知道什麼時候該停止就停止，這樣的人可以跟他一起保有事業發展的最佳狀態。因此，雖居高位卻不會驕傲，屈居下位也不感到憂慮；所以，能夠長久勤勉，隨時警惕慎行，即使面臨危險，也能避開咎害。

【補充說明】

- 乾乾：乾之又乾，剛健又剛健之意。
- 惕：小心謹慎，臨淵履薄。
- 厲：十分危殆。
- 為何要惕？身處凶境、不上不下。
- 要如何惕？眼睛放亮、避開鋒頭。

九四曰：或躍在淵，无咎，何謂也？子曰：上下無常，非為邪也；進退無恆，非離群也。君子進德修業，欲及時也，故无咎。

向上躍進或退居深淵，**都不會有災害，是何原因？**孔子說：上升或下貶沒有常則，只要不是心術不正，或動機不純就好；是進是退也難以預料，況且也不是要脫離群眾。君子勤修美德，涵養功業，只要及時抓住適當時機，就不會有災害。

【補充說明】

- 躍：放手一搏。
- 淵：回到原點。
- 為何要躍？光宗耀祖、施展抱負。
- 要如何躍？知機審勢、看準苗頭。

九五曰：飛龍在天，利見大人。何謂也？子曰：同聲相應，同氣相求；水流濕，火就燥；雲從龍，風從虎；聖人作而萬物睹；本乎天者親上，本乎地者親下，則各從其類也。

龍翱翔高飛在天上，利於發現有能力的大人，所指的是什麼呢？孔子說：相同的聲頻會互相呼應，相同的氣息會彼此協助，就如同水往低溼處流，火往乾燥處燒，更像雲隨龍吟而出，風隨虎嘯而起，聖人奮起治理天下而萬物跟著響應；依附於天上的就向上發展，依附於地下的就向下生根，萬物各隨類別而發揮各自的作用。

【補充說明】

- 飛：飛黃騰達。
- 天：傲視群雄。
- 大人：有能力也能成為接班的人選，指九二。
- 為何能飛？苦心經營、按部就班。
- 要如何飛？禮賢下士、鞏固核心團隊。

上九曰：亢龍有悔。何謂也？子曰：貴而無位，高而無民，賢人在下位而無輔，是以動而有悔也。

龍飛到極高處，必然發生遺憾的事，是什麼原因呢？孔子說：名望雖尊卻無實位，地位雖高卻脫離群眾，下有賢人卻得不到他們的輔佐，因此只要輕舉妄動，就將有遺憾的事情發生。

【補充說明】
- 亢：做得太過頭、太激進。
- 為何會亢：進退失據、貪得無厭。
- 如何防亢：適可而止、功成身退。

潛龍勿用，下也。見龍在田，時舍也。終日乾乾，行事也。或躍在淵，自試也。飛龍在天，上治也。亢龍有悔，窮之災也。乾元用九，天下治也。

潛藏在地下的龍，因地位卑下，暫時不要表現。已出現在地面上的龍，可隨時勢發展，調整步驟採取行動。君子整天都剛健勤勉，必須勤奮不懈的付諸行動。向上躍進或退居深淵，應能知機審勢並自我檢驗。翱翔高飛在天上的龍，由於獲得尊位，可居上而治。飛到極高處的龍，必然發生遺憾的事，是因為窮極而變，招來災禍。乾有元始之德，故能善用陽剛之氣的變化，可因時制宜管理得當，使天下得到有效的治理。

潛龍勿用，陽氣潛藏。見龍在田，天下文明。終日乾乾與時偕行。或躍在淵，乾道乃革。飛龍在天，乃位乎天德。亢龍有悔與時偕極。乾元用九，乃見天則。

潛藏在地下的龍，因陽氣始生，宜藏不宜用。出現在地面上的龍，因逢政治清明，世道昌盛可開始展現才華。整天都剛健勤勉，才能隨順自然客觀環境前進發展。向上躍進或退居深淵，應隨陽氣茁壯，趁勢準備變革。翱翔高飛在天上的龍，因高居尊位，得以施展等同天道的美德。飛到極高處而出現悔恨的龍，因隨時間的推移而走入盡頭。乾陽有元始之德，應當配合大自然的法則，正常運行。

乾元者，始而亨者也；利貞者，性情也。乾始，能以美利利天下，不言所利，大矣哉！大哉乾乎！剛健中正，純粹精也；六爻發揮，旁通情也；時乘六龍，以御天也；雲行雨施，天下平也。

乾卦所象徵的陽剛之氣，是首創天地萬物，使萬物亨通的本元；合情合理的施惠於萬物又能固守正道，乃陽剛之氣所蘊含的本性與情志。初始階段就用美好的利益施惠恩澤於天下，卻不說出所施的恩惠，真是太偉大了！偉大的天道！充沛的剛勁強健居中守正，純陽至剛沒有雜質而精妙至極；六爻變化淋漓盡致的應用，可觸類旁通，曲盡萬事萬物發展的道理；就像駕馭六條龍，主宰著宇宙運行；適時普降

甘霖，使天下太平。

君子以成德為行，日可見之行也。潛之為言也，隱而未見，行而未成；是以君子弗用也。

君子把成就美德做為立身處世的準則，在日常生活中體現出來。初爻之所以要談潛藏，因為情勢不利，故隱而不現，想要有所作為但時機未到，所以君子暫時不施展才華。

君子學以聚之，問以辯之，寬以居之，仁以行之。易曰：見龍在田，利見大人。君德也。

君子透過廣泛的學習累積知識，靠嚴謹的發問明辨事理，以寬闊客觀的胸懷處世，以仁愛慈悲之心做為行為準則。就如《周易》所說：出現在地面上的龍，利於見到有能力的人。這是因為，他具備領導者的美德。

九三重剛而不中，上不在天，下不在田，故乾乾因其時而惕，雖危无咎矣。

九三上下皆為陽剛重疊，且行為過偏不居中，對上不著天，對下不著地，所以剛健之餘，也要保持時時警惕，萬一面臨危機，才可避開咎害。

九四重剛而不中，上不在天，下不在田，中不在人，故或之。或之者，疑之也，故无咎。

九四也是上下陽剛重疊，且行為偏而不中，對上不著天，對下不著地，遠離大地，位於不宜凡人所居之處，所以產生不安定感。之所以不安定，乃因行事必然多疑多懼；若能審察形勢，待機而動，才能避免災害。

夫大人者，與天地合其德，與日月合其明，與四時合其序，與鬼神合其吉凶。先天而天弗違，後天而奉天時。天且弗違，而況於人乎？況於鬼神乎？

九五爻所說的大人，美德如天地養育萬物，聖明就像日月普照大地，言行像四時準確有序，當他察知吉凶徵兆，就好像鬼神一樣明快果斷。先於天時而採取行動，則會有所預防，即使天時已有變化，也能順應趨勢採取適切作為。既然與天道不相違背，何況是人道呢？更何況是鬼神呢？

亢之為言也，知進而不知退，知存而不知亡，知得而不知喪。其唯聖人乎！知進退存亡，而不失其正者，其唯聖人乎！

上九爻所說的亢，是說只知進取不知引退，只知眼前的生存不知可能會面臨危亡，只知眼前所得而不知來日可能失去。大概只有聖人有這樣的智慧吧！知道進退存亡的道理，行為不偏離正道，大概只有聖人可以辦到吧！

《繫辭傳》：一陰一陽之謂道，繼之者善也，成之者性也。

陰陽調和乃萬物賴以綿延不絕之動力，然而就算一個人有剛健永恆且不斷進取性格，也有先知卓見的眼光，如果缺少柔順一面的配合與實踐，一切等於空談。這裡所謂柔順的一面，包括必要的合作對象，以及自己本身應具備各種配合執行的能力。至於柔順的一面要如何表現呢？接下來，在「坤卦」的情境當中，可以提供我們一些寶貴的啟示。

02 │ 坤卦：鉅細靡遺的落實執行

表 2-2　坤卦要點提示

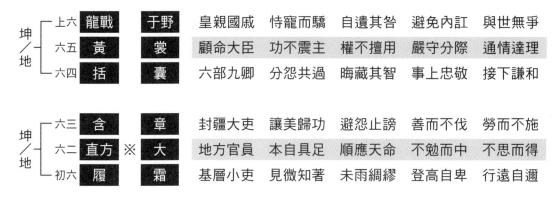

坤／地	上六	龍戰	于野	皇親國戚	恃寵而驕	自遺其咎	避免內訌	與世無爭
	六五	黃	裳	顧命大臣	功不震主	權不擅用	嚴守分際	通情達理
	六四	括	囊	六部九卿	分怨共過	晦藏其智	事上忠敬	接下謙和

坤／地	六三	含	章	封疆大吏	讓美歸功	避怨止謗	善而不伐	勞而不施
	六二	直方 ※	大	地方官員	本自具足	順應天命	不勉而中	不思而得
	初六	履	霜	基層小吏	見微知著	未雨綢繆	登高自卑	行遠自邇

【卦象與讀法】

下卦坤，坤為地；上卦坤，坤為地。全卦亦讀成「坤為地」。

【卦時】

- 「坤」古字本為巛，其本義為大地之上承載各方事物。
- 《雜卦傳》：坤，柔。坤卦具有柔順、包容、承受等內涵，與乾卦形成剛柔相濟、陰陽相合、相輔相成的合作關係。就人事而言，表示願意放下身段扮演小角色；因為一個人必須先學會當好配角，將來才有可能成為具備輝煌成就的大人物。
- 坤卦也可用「為臣之道」、「勇於承擔」、「順應天道」、「堅守立場」、「含污納垢、君子之量」與「無怨無悔的付出」等類似的概念來引申與推論，抑或也可用「低頭拉車，全心全力配合」的情境來比擬。

【卦辭】

坤：元，亨，利牝馬之貞。君子有攸往，先迷，後得主利。西南得朋，東北喪朋，安貞，吉。

坤卦，具有開始、通達的意涵，並像母馬用堅定不移的態度追隨公馬，才會有利。君子有所行動，若爭先向前，必會迷失方向；隨從領導之後，可得到信任而有

利。向西南會得到同類朋友，向東北將告別以往的朋黨。只要堅守主從之道，並且安守本分，必定吉祥如意。

【彖傳】

彖曰：至哉坤元，萬物資生，乃順承天。坤厚載物，德合無疆。含弘光大，品物咸亨。牝馬地類，行地無疆，柔順利貞。君子攸行，先迷失道，後順得常。西南得朋，乃與類行，東北喪朋，乃終有慶。安貞之吉，應地無疆。

最完美的天生陰柔之氣，物賴以生存與成長，並柔順的秉承天道法則。大地承載萬物沒有分別之心，柔順之德配合天道久遠無窮。大地無所不包，無所不容，涵養一切光明美德，使萬物順利成長。母馬與大地有相同的德行，在無邊無際的大地行走，溫柔又和順，和諧且正固。君子有所行動，若超前會失道，隨順主導者之後乃符合常理。走向西南平順之地，可與同類齊行，走向東北山丘地帶，則須告別過往朋黨，但終究會得到喜慶。安守正道而得吉祥，終將與大地無量美德相應和。

【補充說明】

- 坤卦以大地取象，大地的特性就是順從天道，默默承載養育萬物，能夠全心全力的配合，不辭辛勞也從不居功。
- 能夠全心全力配合，並非被動消極，甚至比主導者更需要有強大的耐力與堅強的意志，以及最積極的工作態度。
- 既然是配角，在既定政策方面，就必須全力配合；在執行層面上，則應充分展現自己的專業技能與執行能力。
- 所有的行動都要跟著既定程序，不可擅自主張；在組織協作分工方面，必須安守本分，不可節外生枝。
- 在不同的階段，依不同的分工與立場，扮演不同的角色，同時也要排除其他無關的人情世故，避免影響團隊任務的正常推行。

【大象】

象曰：地勢坤，君子以厚德載物。

大地至為柔順，君子應體會大地無私無我與忍辱負重的精神，不斷厚植實力，以便承擔重責大任。

【補充說明】

- 上下均為三爻單卦的坤卦，順之又順，象徵大地的柔順美德，乃在勉勵君子要效法大地敦厚樸實的精神，無所不包、無所不容，包括人畜製造的廢棄物，都能無聲無息的承載包容，且默默轉化成滋養萬物的養分。
- 地之穢者多生物，水之清者常無魚[1]；若胸無存污納垢之量，而心卻常持好潔獨行之操，則不配稱為有擔當的正人君子。

【爻辭／小象】

初六：履霜[2]，堅冰至。象曰：履霜堅冰，陰始凝也；馴致其道，致堅冰也。

腳踩在一層薄薄的霜，便可預判大地結成堅冰的日子即將來到。象曰：陰氣開始凝結，只要順從其規律，很快就會形成千里冰封的狀態。

【補充說明】

- 一開始就遇到小困難，代表將會有更大的困難在等你解決，因為冰凍三尺非一日之寒，各種艱難險阻的出現，都是日積月累形成，故凡事應儘早準備，以免到時手忙腳亂。
- 人類有累積運用經驗的能力。預測未來事物的發展，必須依賴徵兆，所謂「俗語近於市、穢語近於娼、諢語近於優[3]」之類的警語，都是對形勢發展預測的譬喻。
- 遇到困難，代表自己的能力與條件不足，應及早自我充實調整。初始階段，先行排除雜務，把時間與精力，投入在學習工作所需的知識與技能。（錯，01 乾初九）
- 如有機會，偶爾小試身手也未嘗不是壞事，因為從未失敗者，不如曾犯小錯而能及時回頭；因為能記取寶貴經驗教訓的人，將會變得更成熟穩重與謙卑。（之，24 復初九）

1　出自《菜根譚》。納污含垢，本指一切髒的東西都能容納，此處則比喻氣度寬宏而能厚德載物，故待人接物不可太過拘謹，必須有清濁並包的雅量。

2　坤為 10 月之卦，於霜降之後進入立冬、小雪之際，行走時腳必踩到霜。

3　出自《格言聯璧・接物類》。在此強調君子要有敏銳的觀察力與研判徵兆的能力。

- 善有善報，惡有惡報；不是不報，是時機未到。當惡緣俱足，即使卯足全力臨陣磨槍，也是無力回天；故應及早覺悟，回頭是岸。《坤文言》

爻旨：具備見微知著的眼光，可預測未來發展而能未雨綢繆，乃初入職場者，應建立的基本觀念與心理準備。

六二：直，方，大，不習，<mark>无不利</mark>。象曰：六二之動，直以方也，不習无不利，地道光也。

耿介直率、端莊方正、包容廣博，即使不外求，也能應付自如而不至於出差錯。象曰：六二柔順之氣的運行，體現正直、大方的德行而不必外求也無災害，是指如同大地本就充滿光明正大的德行。

【補充說明】

- 六二柔順中正，象徵一位基層幹部能夠秉持中庸之道，發揮本自俱足的天性，凡事行有不得，先反求諸己。
- 專業技能須及時充實，才能符合實際需要；但與生俱來的本能，則不需外求，包括誠懇待人、敬業樂群、良好的工作態度等，如果做得不好，並非不能，而是不為也。
- 初顯身手展現才華，主要的目的不在爭取績效，而是廣結善緣，獲得別人的好感與認同。故應充分發揮與生俱來的善良本性，建立良好的社會形象。（錯，01 乾九二）
- 凡事本著天賦本能，用無私無我的態度，取得上司的賞識；言行舉止中規中矩，必能受到大家的信任，進而賦予適當的責任，成為組織當中的中流砥柱。（之，07 師九二）
- 天道酬勤，人道酬誠；待人處世，若能以至誠率真涵養於內，以柔順親切表現於外，即使面對不熟悉的事物，也能應付自如。《坤文言》

爻旨：發揮與生俱來的本能、展現充分的自信，順應自然的規律，是基層主管應有的工作態度與處事的基本法則。

六三：含章可貞，或從王事，<mark>无成有終</mark>。象曰：含章可貞，以時發也；或從王事，知光大也。

蘊含光輝美德可以固守正道，在適當時機，順應時勢輔助君王的事業，功成而不居，並能堅持到底。象曰：蘊含美德固守正道，適時適切發揮作用；輔助王業，是指能了解如何做，才可以成大功、立大業。

【補充說明】

- 六三柔居陽位，具備內剛外柔之質；象徵內有文采藏而不露，以及只問耕耘不問收穫，將榮耀歸功於領導而不自居。
- 處事力求盡善盡美，但不顯山露水，只求付出不計名利，自然可免於捲入利益爭端；但也要謹記本分，不可僭越，慎防莫名其妙的猜忌。
- 沒有人會懷疑啞巴在搬弄是非，所以身處是非圈，人用口、我用耳，眾人皆閒、唯我時間不夠用；所以，熱鬧場裡別人向前湊，獨我避之唯恐不及。（錯，01 乾九三）
- 由於謙下敬上，自然會有成就；由於有成就，才有條件不居其功；由於不居其功，所以沒有人能與相爭，所作所為自然順利。（之，15 謙九三）
- 將才華深藏不露，以便在適當時機發揮，而不會造成上司的疑慮，誤以為在搶功；也不會造成眾人的猜疑，誤以為在爭利。《坤文言》

爻旨：不施勞、不伐善[4]**，低調讓美歸功，可避怨止謗，這是基層資深人員最重要的立身處世之道。**

六四：括囊，**无咎無譽**。象曰：括囊无咎，慎不害也。

像束緊袋子一樣謹慎收斂，欲得无咎必先求無譽。象曰：謹慎收斂而得无咎，必須時時小心謹慎，才不會有災害。

【補充說明】

- 六四得位，但以陰承陰，君臣之間有相互猜疑之象，故不宜顯露自己一絲才華與功勳，避免擴大上下之間的猜忌。
- 寧可少講多做，千萬不要把嘴巴當手腳用，除非所侍奉的上司貴耳賤目。不過，再昏庸的人也有片刻的清醒，所以還是別自找麻煩。
- 既要放手做又想无咎，既要建功又想辭去美譽，實屬高難度。若能把關鍵的事做得盡善盡美，把功勞先期安排到別人名下，便可輕鬆做到有功無譽，

---

4 引用《論語‧公冶長》。原文：顏淵曰：願無伐善，無施勞。

進而无咎。(錯，01 乾九四)

- 謹言慎行固然是一個人的基本修為，但也不能造成「過謙懷詐、過默藏奸[5]」的形象，而無法與群眾打成一片。(之，16 豫九四)

- 講該講的話，做該做的事，猶如控管囊袋之口，該打開時才打開，該束緊時則束緊，不須刻意表現，也不必多此一舉的修飾。《坤文言》

爻旨：於勢力紛華中不染，故能分怨共過、斂華就實；於智械機巧上不用[6]，故能忠敬事上、謙和接下，這是高階輔佐人員最重要的言行準則。

六五：黃裳[7]，元吉。象曰：黃裳元吉，文在中也。

穿著黃色下裳，象徵以謙順之德守持中道，至為吉祥。象曰：謙順守中而得吉祥，乃由於溫文儒雅的美德，自然蘊含在其中。

【補充說明】

- 六五雖居尊位，卻有「衣錦尚絅，惡其文之著也[8]」的特質，高尚美德自然涵蘊其中，故功高不震主，權重不擅用，堪稱為人臣典範。

- 事上忠敬者，待下必以和；事上諂媚者，待下必以傲。有智慧的輔佐者，聰明睿智，卻守之以愚；功被天下，卻守之以讓。勇力振世，卻守之以怯；富有四海，卻守之以謙。[9]

- 事業進入極盛時期，應取得各方信任與支持，並持續網羅各方人才，有計畫的培養接班人，以便鞏固組織領導中心。(錯，01 乾九五)

- 厚實美德深藏內心，不必聲色俱厲，即能凝聚群眾的向心，一切隨緣從不勉強，便能讓群眾心甘情願與主動的親附。(之，08 比九五)

- 有美德的君子，通情達理，即使處於尊位，仍能居剛用柔不偏不倚，待人接物兼容並蓄，並且通曉事理，因此能夠任重而道遠。《坤文言》

5　出自《格言聯璧 · 持躬類》。原文為：謙，美德也，過謙者懷詐。默，懿行也，過默者藏奸。是在強調「括囊」並不代表不講話，而是要講適當的話。

6　引用《菜根譚》。大義是，接近權勢金錢而不受其污染；深知謀略之術而不屑使用。

7　「黃」五行為土，方位中央，引喻為秉持中道。「裳」下裳，有別上衣，表示行為謙卑低調。

8　出自《中庸 · 32 章》。是指才華勿露，以免招人側目。

9　出自《孔子家語 · 三恕第九》。若能修此功夫，則功高不致震主，權重不致擅用。

爻旨：地位愈高、權力愈大、功績愈卓著，更要注意主從關係，不但行事要低調，更要恪守中道，以確保局勢的穩定。

上六：龍戰於野，其血玄黃。象曰：龍戰於野，其道窮也。

陰極克陽，就像天龍與地龍在原野上衝突，遍地流著青黃混雜的血。象曰：發生陰陽衝突，乃由於純陰之道已發展到盡頭，以致陰極生變。

【補充說明】

- 上六居坤卦之極，象徵陰氣極盛，陰與陽本應相輔相濟，如今轉為陰陽相剋，結果兩敗俱傷。老年「戒之在得」[10]，尤其面對名利與權勢，一旦沖昏頭而忘記自己身分，誤以為自己是真龍天子，就像三代老臣與幼主之間的意見不合，出現嚴重的內鬥。

- 剛柔要能相濟；柔固不可媚俗，剛也不可過亢。再優秀的長跑健將，永遠追不上火車，若妄想當超人，結果只會落人笑柄。(錯，01 乾上九)

- 事不可做盡，言不可道盡，勢不可倚盡，方能留有轉圜空間。所以說：留得青山在，不怕沒柴燒，人情留一線，日後好相見。(之，23 剝上九)

- 陰中有陽，陽中有陰，是指陰與陽本是一體的兩面。然而，陰究竟是陰，陽究竟是陽。兩者協調互濟得宜則兩利，否則俱害。《坤文言》

爻旨：忽略本分而僭越，或忍無可忍爆發衝突，都會形成陰陽不協調，造成嚴重的衝突，這是位高權重者，最應避諱的事。

用六：利永貞。象曰：用六永貞，以大終也。

陰柔的妥善應用。永遠堅守正道必將有利。象曰：善用陰陽和合，永守正道，才能圓滿結局，大功才能告成。

【補充說明】

- 陰柔的應用，在於永遠堅守與配合陽剛正道，方能得到永久的利益。

- 柔能克剛，就像水至柔無形，可穿過堅硬的岩石。又如太陽光線無聲無色，可以穿過大氣層，大公無私的照射地球上每個角落。

---

10 出自《論語·季氏》：「君子有三戒，少之時血氣未定，戒之在色；及其壯也，血氣方剛，戒之在鬥；及其老也，血氣既衰，戒之在得。」

- 萬一發現陰陽不合的徵兆，則陰柔者應主動與陽剛相合為歸宿，善用柔順的優勢，儘早消弭衝突於無形。
- 永遠保持適度的柔順，同時與被追隨者之間，建立良好的互動關係，這便是「以天下之至柔，馳騁天下之至堅」的真諦。

爻旨：無論身處逆境或順境，都必須秉持正道，忠貞不貳，並堅持到底。

《坤文言》

坤至柔而動也剛，至靜而德方。後得主而有常，含萬物而化光。坤道其順乎！承天而時行。

坤道極為委婉柔順，但行動時卻非常剛強；坤道極為安寧平靜，但柔美之德卻遠及四面八方。追隨人主自謙於後，長久保持柔順之德，含蘊萬物，煥發無光之芒。坤道所體現出來的規律是多麼的柔順啊！大地承順上天的規律，能與時俱進。

【補充說明】

- 乾卦的功能為主導，坤卦便是配合；乾卦為政策，坤卦便是執行。無論是政策或執行，必須義無反顧的遵循與落實，方能得到圓滿的結果。

積善之家，必有餘慶；積不善之家，必有餘殃。臣弒其君，子弒其父，非一朝一夕之故，其所由來者漸矣！由辯之不早辯也。易曰：「履霜，堅冰至。」蓋言順也。

累積善行的人家，必會留下許多福報；累積惡行的人家，必會留下許多禍殃。臣子弒其君、兒子弒其父，這種行為不是突然之間發生，而是逐漸累積形成！關鍵就在於沒有及早辨明真相。《周易》所說的「履霜，堅冰至」，乃在說明事情的發生，是順應自然、循序累積的過程。

【補充說明】

- 履霜：腳踩薄霜、出現徵兆。
- 堅冰：千里冰封、造成後果。
- 意涵：見微知著、一葉知秋、月暈而風、礎潤而雨。
- 行為準則：舉一反三、未雨綢繆。

直其正也，方其義也。君子敬以直內，義以方外，敬義立而德不孤。直、方、大，不習无不利」，則不疑其所行也。

大地象徵正直的品格，能使萬物得宜。君子恭敬而內心端正，表現外在行為合宜，恭敬合宜一旦確立，就能使美德廣博而不受到孤立。只要美德充沛且深具信心，那麼對自己正直、大方、普及的言行舉止，便無須懷疑。

【補充說明】

- 直：內蘊特質，正直、正當。
- 方：外顯言行，端莊、大方。
- 大：順勢而為，普及、推廣。
- 不習：無須刻意學習。
- 意涵：何其自性，本自具足，反求諸己，無須外求。
- 行為準則：充分發揮與生俱來的本性。

陰雖有美，含之以從王事，弗敢成也。地道也，妻道也，臣道也。地道無成，而代有終也。

陰柔者雖有崇高的美德，但也要能隱而不現輔佐君王的事業，不可把功勞歸於自己。這就如同：地順天的道理，妻從夫的道理，臣忠於君的道理。地順天之理是指成功不歸己有，而是替天效勞、侍奉至終。

【補充說明】

- 弗敢成也：成功不必在我。
- 代有終也：使命及任務必須達成。
- 意涵：含蓄低調、敬業樂群。
- 行為準則：讓美歸功、謙卑讓賢。

天地變化，草木蕃；天地閉，賢人隱。易曰：括囊，无咎，無譽。蓋言謹也。

天地運行有正常的變化規律，草木便繁衍茂盛；當天地閉塞昏闇，賢人便退避隱居。正如《周易》所說的：束緊口袋，沒有害處，也沒有稱譽。大概指的就是謹言慎行的道理吧！

【補充說明】

- 括囊：謹言慎行。
- 无咎無譽：功高而不居功、擔過而無災禍。
- 意涵：言行收斂、公而無私。

- 行為準則：分怨共過、承擔責任。

君子黃中通理，正位居體，美在其中，而暢於四支，發於事業，美之至也。

君子的德行秉持中道且通情達理，身居正確的位置，才氣與美德蘊存於內心，暢流於外在言行，能夠發揮於事業。這真是太完美了！

【補充說明】

- 黃中：居中不偏。
- 正位：適當的人置於適當的地位。
- 暢於四支：自然而然展現於外。
- 意涵：功高不震主、權重不濫用。
- 行為準則：謙卑低調、中庸之道、認清身分。

陰疑於陽必戰。為其嫌於無陽也，故稱龍焉；猶未離其類也，故稱血焉。夫玄黃者，天地之雜也：天玄而地黃。

陰氣凝結於陽氣之中，必然與其交互作用而發生衝突，由於嫌恨自身無一絲陽氣存在，便誤認自己是陽而自稱龍；但終究是陰，仍保有陰的血緣。因此血的顏色為青黃相雜，如同天地陰陽交互混和，天為青色，地為黃色。

【補充說明】

- 陰疑於陽：忘記身分以為自己是龍，故而有所僭越。
- 天玄地黃：天地交互作用所產生的現象。
- 意涵：物極必反、陰陽不合、柔極克剛。
- 行為準則：堅定原則、永遠保持正道。

《序卦傳》：有天地，然後萬物生焉，盈天地之間者唯萬物，故受之以屯。

有天地，就有陰陽交合變化，使萬物繁衍，生生不息，充滿天地之間；但如果沒有萬物，徒有天地又有何用？一個人的能力再強、學問再好，如果不能運用到實務上，也等於天邊浮雲；即便才高八斗，若缺少實際上的運作，一切將流於空談。接下來，我們可以從乾、坤兩卦交合產生的第一卦，也就是在「屯」卦的情境當中，了解為何「萬事起頭難」？如何才能順利跨出成功的第一步？以及在事業草創階段，可能會出現哪些不預期的情況與因應的對策？

03 ｜屯卦：草創時期的艱苦歷程

表 2-3　屯卦要點提示

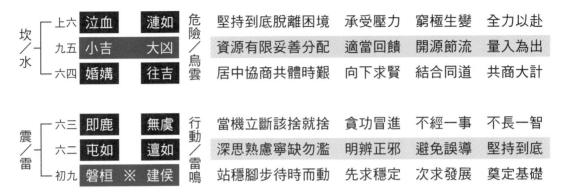

坎／水	上六	泣血	漣如	危險／烏雲	堅持到底脫離困境	承受壓力	窮極生變	全力以赴
	九五	小吉	大凶		資源有限妥善分配	適當回饋	開源節流	量入為出
	六四	婚媾	往吉		居中協商共體時艱	向下求賢	結合同道	共商大計
震／雷	六三	即鹿	無虞	行動／雷鳴	當機立斷該捨就捨	貪功冒進	不經一事	不長一智
	六二	屯如	邅如		深思熟慮寧缺勿濫	明辨正邪	避免誤導	堅持到底
	初九	磐桓 ※ 建侯			站穩腳步待時而動	先求穩定	次求發展	奠定基礎

【卦象與讀法】

下卦震，震為雷；上卦坎，坎為水。全卦讀成「水雷屯」。

【卦時】

- 「屯」[1]字本義有積聚、艱難、困頓、吝惜、停滯等諸意涵。
- 《雜卦傳》：**屯，見而不失其居**。事物處於初始階段，在明顯艱難情境下，仍然可以沉著穩健的堅守崗位，並本著「先求穩定、次求發展」，或「先求有、次求好」的策略，一步一腳印步入正軌。
- 屯卦也可以用「始生之難」、「篳路藍縷」、「艱難困頓」、「慘澹經營」「創業維艱」等等這些類似的概念來引申與推論；或者也可用「先求站穩腳步，再找機會出手」的情境來比擬。

【卦辭】

屯：元亨、利貞。勿用有攸往，利建侯。

屯卦象徵始生之難。雖有創始、通達、和諧、正固的德行，但暫時不宜有所作為，應先奠定事業的基礎，日後才能順利發展。

1　「屯」字，當成名詞用，唸「尊」音；若當動詞用，則唸「臀」音。

【彖傳】

彖曰：屯，剛柔始交而難生。動乎險中，大亨貞，雷雨之動滿盈，天造草昧，宜建侯而不寧。

屯卦，象徵陰陽初始交往、剛柔初會，勢必出現艱難困頓，在危險的情況下，力求發展，可以得到最大亨通的前景，但必須堅定固守正道。雷雨交加震動不已，就像開天闢地的洪荒時期，應力求站穩腳步，先建立根據地，不可貪圖安寧。

【補充說明】

- 萬物始生艱難與危險的情況，就如胎兒即將離開母體，或像小草歷經萬般艱難困厄的情況下長出地面，藉此說明萬事起頭難。
- 狀況不明，想動又動不了的時候，應採取「先求穩固，次求發展」的策略，暫時不要有重大的決定與較大的動作。
- 不採取行動將坐以待斃，但只要一動就有危險，勢必在危險當中小心穩健的前進，這就是白手起家的現實寫照。
- 縱使有正當的目標與完善的計畫，往往在面對現實的關鍵時刻，眼光才會比較銳利，頭腦也會比較清楚，反而有利於先期的規劃。
- 自己的社會經驗、人際關係，以及可用資源都不足，將面臨各種風險與嚴苛的考驗；故應先求立於不敗之地，再尋找機會採取行動。

【大象】

象曰：雲雷，屯；君子以經綸。

烏雲密布，遍地震雷，象徵萬事起頭難的屯卦；君子應當在事業草創初期，縝密周全計畫與準備，一旦採取行動才能有所依循。

【補充說明】

- 下卦震，震為動、為雷；上卦坎，坎為水、為險。象徵非動不可，否則將坐以待斃，但只要一動，就會出現危機四伏的局面。
- 水在上為雲，當烏雲密布、遍地震雷，處在這種進退維谷的環境，反而有利調整策略，但必須本著危而不亂、亂中有序的精神，才能有條不紊對未來進行周詳的規劃。

【爻辭 / 小象】

初九：磐桓[2]，利居貞，利建侯。象曰：雖磐桓，志行正也；以貴下賤，大得民也。

草創時期處在進退徘徊、舉棋不定的情況下，應先安定身心固守心志，才能有利於奠定事業發展的基礎。象曰：雖然處在進退兩難，但心志仍能保持端正；以尊貴的身分下放到最基層，必能大得民心。

【補充說明】

- 就卦變言，屯卦初九由觀卦上九下來，係以尊貴身分自願下放社會底層，前途大有可為。但面臨草創初期的惡劣環境，不可遽圖發展，雖與六四正應，亦不可主動應之。
- 想要充實新知，應先將不適用的舊習汰除；想要得到重用，必先充實應有的能力。(錯，50 鼎初六)
- 新手上路，一開始就必須得到正確的指引，才不至於誤入岐途。最好有適合的前例參考，不可投機取巧，更別妄想一步登天。(綜，04 蒙初六)
- 開創永續發展的事業，應先穩固基礎；若條件不足或準備不夠，應優先改善補強，不可為了急於求成而因陋就簡。(互，23 剝初六)
- 放下身段，才不會有矯揉造作；滿懷誠信，真情才會自然流露；因此不必刻意爭取，便可得到別人的認同與信任。(之，08 比初六)

爻旨：初入社會，應先求立足於不敗之地，並站穩腳步，穩固基礎，然後再伺機向上發展。

六二：屯如，邅[3]如，乘馬班如，匪寇？婚媾？女子貞不字，十年乃字。象曰：六二之難，乘剛也；十年乃字，反常也。

艱困難行的情況，就像徘徊不前，騎在馬上進退兩難，面對來人究竟是強盜？或者是提親？應詳加分辨！如同女子面對不確定的對象必須守貞不嫁，寧願等上十年再說。象曰：六二疑惑難解，乃凌駕陽剛之故；寧願等上十年再說，因為終究會

2　磐，大石；桓，大柱。屯下卦震為木、為動，以桓象之；三四五爻互艮為石、為止，以磐象之。故有欲動復受止之意涵，類比為舉棋不定。

3　「邅」音「沾」，難行不進之意。

回到正常的情況。

【補充說明】

- 六二上應九五、凌乘初九，當屯難之際，存在兩難抉擇；依卦旨，應先求立於不敗之地，故應本著寧缺勿濫的原則，對既定目標堅持到底。
- 蒼蠅不叮無縫蛋，所以要不斷自我充實，才能應付不預期狀況。若遭遇不肖之徒前來挑釁，必能使其無法得逞。（錯，50 鼎九二）
- 面對當前困境，不必排斥也不可輕就，但要有包容的雅量與正確的判斷能力，才能適切取捨，做出正確的決定。（綜，04 蒙九二）
- 當組織受到嚴重的滲透，應果斷採取補救措施，迫使惡勢力露出真面目，令其知難而退，以免陷入難以善後的地步。（互，23 剝六二）
- 言行需要節制，但也不可畫地自限，以致無法掌握稍縱即逝的良機，所以要看清楚情況，可以出手時，就不要放棄機會。（之，60 節九二）

爻旨：堅持既定原則與目標，若一時情況不明，難以查證，應把握寧缺勿濫的原則，不可受眼前的假象所誤導。

六三：即鹿無虞[4]，惟入于林中；君子幾，不如舍，往吝。象曰：即鹿無虞，以從禽也；君子舍之，往吝，窮也。

若無適當的指引，不可冒然行動。就像打獵沒有嚮導，陷入叢林而迷失方向；此刻，君子應當機立斷，捨棄眼前近利，若一意孤行，必有遺憾。象曰：打獵沒有嚮導，乃因貪求近利，冒然追隨獵物陷入困境；要斷然捨棄眼前利益，若窮追不捨，將招致遺憾與困窘。

【補充說明】

- 六三無比無應，象徵能力不足又無助，且身處震動不已的困局，外臨重大險境，卻不經思索而出手追逐眼前短利，此舉必招致困窘。
- 因內部意見紛歧，行動無法配合受到阻礙，目標無法實現時，必須另謀對策，並提出可行的解決方案，以化解當前的危機。（錯，50 鼎九三）
- 如果心中只有個人考量，則難以得到共識，此舉不但造成眾人反彈，還會導致個人身敗名裂，故應糾正短視近利的錯誤。（綜，04 蒙六三）

4　「虞」音「餘」，憂慮、懷疑。古代掌管山禽獸的官員亦稱「虞」。在此作「嚮導」解。

- 不經一事不長一智，當眾人執迷不悟，愈陷愈深時，也只能獨善其身遠離是非。因為與其遷就現實而愈陷愈深，不如捨棄爛攤子，重新來過，反而比較安全也有希望。（互，23 剝六三）
- 成就大業需要長期經營，愈接近成功階段，元氣也愈明顯衰退，因此要注意保留實力，絕對不容許出現眼高手低、只圖短利以及貪功冒進的行為。（之，63 既濟九三）

爻旨：前進路上若出現危急情況，或誤入歧途，應當機立斷、懸崖勒馬並調整步驟，以免一錯再錯。

六四：乘馬班如，求婚媾，往吉，无不利。象曰：求而往，明也。

擔心行動會受質疑，但仍騎馬紛紛前往，若能抱著積極態度，能禮賢下士，向下尋求可以配合的人才，如此必得吉祥，而且無往不利。象曰：先向下尋求賢才，然後共同向上輔佐，是明智的行為。

【補充說明】
- 六四下有正應，上有正比，故一時拿不定主意，但經綜合研判，最後做出正確決定，先向下尋求賢能，然後共同向上拯濟屯難。
- 若因求好心切，或搞不清楚狀況，勉強做超出能力以外的事，一定會弄巧成拙而得到反效果，造成處處不討好的下場。（錯，50 鼎九四）
- 能力不足更不應脫離現實，若能放低身段，便容易看清真相；不恥下問，可以增長智慧；向下求賢，才能凝聚實力。（綜，04 蒙六四）
- 對重大危機已感受到切膚之痛，面臨存亡抉擇，若仍猶豫不決，將坐以待斃；故應面對現實，優先解決當前燃眉之急。（互，23 剝六四）
- 能力強、智慧高的輔佐者，容易得到眾人信任，但也會引起當權者的猜忌。因此要建立良好的互信與共同遵循的規則。（之，17 隨九四）

爻旨：對重大關鍵事務的抉擇，應放下身段，禮賢下士，結合所有志同道合者，尋求共識與建立互信。

九五：屯其膏[5]；小貞吉，大貞凶。象曰：屯其膏，施未光也。

---

5 「膏」膏澤，在此用動詞，解讀為膏澤天下，施惠於民。

即使再艱難困頓，也要適度回饋群眾；若能控制在最小限度，必得吉祥；若超出一定限度，會帶來凶險。象曰：即使再艱難困頓，也要適度回饋群眾，但以目前條件，仍不可太過大方。

【補充說明】

- 九五中正但仍居坎險之中，象徵努力已有初步成果，但處在艱難草創時期，資源有限，必須開源節流，包括對員工的犒賞與慰問，應控制在合情合理的範圍。

- 領導人必須公正無私、合情合理，將資源做最有效的分配，對於組織的目標與個人的利益，必須面面俱到，力求均衡發展。（錯，50鼎六五）

- 事業開創有成，員工難免雀躍不已；但有前瞻眼光者，早已考慮下一步，為了永續發展，應引導員工虛心學習，更上層樓。（綜，04蒙六五）

- 帶領群眾改邪歸正，需要相當大的勇氣；同理，帶領員工重新開創事業，也得付出巨大的代價，因此要精打細算，力求以有限資源換取最大成就。（互，23剝六五）

- 職位愈高，能見度愈明顯，所以要表現誠懇敦厚與實事求是的精神，才能得到大家的體諒，得到群眾全力的配合。（之，24復六五）

爻旨：身處險境之中，更應慎重行事，對於有限的資源管控，必須強調開源節流與量入為出。

上六：乘馬班如，泣血漣[6]如。象曰：泣血漣如，何可長也？

草創時期的艱難困頓已達窮極，就像騎馬排列，紛紛去尋找出路，人們感到身處之地不安，想離開又無去處，此情此景令人傷心而淚流不止。象曰：雖傷心流淚不止，然而這種情況怎麼可能會長久不改變呢？

【補充說明】

- 上六處於屯難之極，再繼續發展有兩種可能：一是進入絕境坐以待斃，二是全力以赴屯極而通。如何下決心，全依自己主觀作為而定！

- 有些平常看來並非重要的人，在關鍵時刻反而不可或缺；因為他有剛柔並濟的美德，往往在關鍵時刻發揮臨門一腳的作用。（錯，50鼎上九）

---

6 「漣」音「連」，水面上細微的波紋。在此形容流淚不止。

- 平常就要養成堅強的意志，才可承受外來強大的壓力；故應不斷累積經驗與厚植實力，才能在艱困中做出正確的判斷。（綜，04 蒙上九）
- 無論環境多麼艱困，其實都是在接受上天的考驗；若能理解否極泰來、剝極必復的道理，發揮堅忍不拔的精神，保留一線生機，最後必能突破困局而撥雲見日。（互，23 剝上九）
- 身處重重危機，應先求站穩自己的腳步，撫平自己的情緒，並了解與他人之間的關係，然後才能有條不紊的走出困境。（之，42 益上九）

爻旨：愈接近成功，愈感到困難重重，所以要具備堅忍不拔的意志，承受無比的壓力，堅持到最後一刻，才能得到來之不易的成果。

《序卦傳》：屯者，盈也，屯者，物之始生也，物生必蒙，故受之以蒙。

屯，是指十分盈滿，但也有萬物開始萌生之意涵。萬物萌生，必然蒙昧，且千頭萬緒，就像一個心智處於蒙昧狀態而有待啟迪的幼童，雖知要勤奮上進，若缺乏正確的學習態度與方法，同樣會使其寸步難行、處處碰壁。就先讓我們回想耳熟能詳的老話：「學海無涯勤是岸，青雲有路志為梯，書到用時方恨少，事非經過不知難。」然後，再讓我們續進入下一卦，在「蒙」卦的情境當中，向古聖先賢們請益，應如何正確的啟發蒙昧？如何透過學習來擺脫困境？以及了解教與學之間，可能發生的各種情況與因應的對策。

04 │ 蒙卦：啟迪蒙昧的各種訣竅

表 2-4　蒙卦要點提示

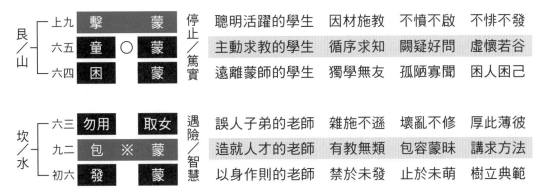

艮／山	上九	擊　蒙	停止／篤實	聰明活躍的學生	因材施教	不憤不啟	不悱不發
	六五	童○蒙		主動求教的學生	循序求知	闕疑好問	虛懷若谷
	六四	困　蒙		遠離蒙師的學生	獨學無友	孤陋寡聞	困人困己
坎／水	六三	勿用　取女	遇險／智慧	誤人子弟的老師	雜施不遜	壞亂不修	厚此薄彼
	九二	包※蒙		造就人才的老師	有教無類	包容蒙昧	講求方法
	初六	發　蒙		以身作則的老師	禁於未發	止於未萌	樹立典範

【卦象與讀法】

下卦坎，坎為水，上卦艮，艮為山。全卦讀成「山水蒙」。

【卦時】

- 「蒙」字本義有蒙昧、承受、啟迪等意涵。

- **《雜卦傳》：蒙，雜而著。**啟蒙工作表面上雖然繁雜，但只要態度正確，方法得宜，便可找出明確的脈絡，並得到顯著的成果，達成消除蒙昧與啟迪智慧的目標。

- 蒙卦也可以用「振聾發聵」、「金聲玉振」、「有教無類」、「因材施教」、「啟迪蒙昧」等等這些類似的概念來引申與推論。或者也可以用「學習首重態度，教學講究方法」的情境來比擬。

【卦辭】

蒙：亨。匪我[1]求童蒙，童蒙求我。初筮[2]告，再三瀆，瀆則不告，利貞。
蒙卦象徵啟發蒙昧，具有通達的德行。並非我有求於蒙昧的幼童來受教，而是

1　「匪我」是指「非我」。

2　「筮」原義為「占卜問事」，在此則指「學生有疑慮，請教於老師」。

讓蒙昧幼童主動來求教於我。初次來請教就告知，如果接二連三、沒頭沒腦亂問，打亂正常的教學流程，因此就不再告知了，守持正道才會有利。

【象傳】

象曰：蒙，山下有險，險而止，蒙。蒙，亨，以亨行時中也；匪我求童蒙，童蒙求我，志應也；初筮告，以剛中也；再三瀆，瀆則不告，瀆蒙也。蒙以養正，聖功也。

蒙卦，象徵蒙昧、啟蒙，就像高山下有險阻，遇險而止，不知所措的模樣，乃蒙昧之象。經過啟迪蒙昧，才會通達，是說蒙師具有亨通之德行，且行為合宜適中；不必太主動去教學，而是讓受教者主動求教，是指如此做，師生之間的心志才能相互感應與互動；初次有疑問就告知，乃因蒙師具有陽剛之氣而且言行適中；如果學生接二連三、沒頭沒腦的亂問，就不再告知，因為此舉已打亂了正常的教學流程。透過啟蒙培養正確的觀念，乃聖人教化的功德。

【補充說明】

- 啟蒙階段的教育，將影響個人的一生，因此，無論是老師的教學與學生的學習，都應具備純正的動機，才不至於一開始就步入歧途。

- 樂於受教的學生，會讓老師教得很輕鬆，並將成就歸功於老師；胡亂學習的學生，會讓老師教得很辛苦，並將失敗的責任歸罪於老師。

- 深藏山中的水源，自動流到山下，表示萬物都有找到出路的本性，所以說，學習必須是主動的。相對的，教學卻不需要太主動，必須因實際情況而因材施教。

- 要改變個人的行為，應先從改變思維結構開始，否則再大的努力也將徒勞無功，如果沒有順序也沒目標的胡亂學習，或者沒有計畫也沒方法的隨興施教，就等於拿個近似雞蛋的鵝卵石，要求母雞孵出小雞，這簡直就是不可能的事。

- 學生學然後知不足，能知所不足，才能知道應如何改善學習的態度；老師教然後知困，能知所以困，才知應如何調整教學的方法。

【大象】

象曰：山下出泉，蒙；君子以果行育德。

山下源源不斷流出泉水，象徵無限潛能有待開發的蒙卦；君子應以果敢不懈的精神，為廣大民眾培才育德。

【補充說明】

- 下卦坎，坎為水、危險；上卦艮，艮為山、停止。故有遇險而止，顯得一副蒙昧無知的模樣，有急待啟發蒙昧的意涵。
- 泉水從山下流出卻沒有明確流向，必須適時適切的引導與規範，使其保持清澈流到該去的地方，所以從事教育工作者，必須及時採取行動，立志為國家社會作育英才。

【爻辭／小象】

初六：發蒙，利用刑[3]人，用說[4]桎梏[5]，以往吝。象曰：利用刑人，以正法也。

啟發蒙昧的幼童，要以樹立楷模的方式，甚至給予必要的懲戒，可以早日拿掉心中的枷鎖，若仍不知變通而因循苟且，則會有遺憾。象曰：用樹立楷模的方式或給予必要的懲罰，都是為了能端正教學風氣。

【補充說明】

- 初六失位但上比九二，象徵這位懵懵懂懂的幼童，很幸運的得到以身教代替言教的老師，讓自己有模仿的對象，可達潛移默化的功效。
- 初六也可象徵惡習有待矯正的幼童，早日得到九二蒙師的教導，但冰凍三尺非一日之寒，欲建立良好習性，應長期逐漸累積，方能有成。
- 為使幼童養成正確的習性，必須給予適當的約束，該鼓勵就鼓勵，該責罰就責罰，不可遷就個人喜好，而任其隨性發展。（錯，49 革初九）
- 啟蒙階段的教學，應簡單、易懂、易行，以及長久的打算；寧可慢而踏實，不容有炫耀一時成果，或企圖一步登天的妄念。（綜，03 屯初九）
- 老師以身作則，樹立鮮明的好榜樣，讓誤入歧途的人，受到正向的感應，

3　「刑」，本有懲罰、征討之意，刑與型、形通用，亦可做為人之典範。

4　「說」唸「脫」音，與脫字同義。

5　「桎」音「至」，「梏」音「故」，皆為刑具，在足為桎、在手為梏。在此指心中枷鎖。

可使其在尚未陷得太深之前，及時回復正途。(互，24 復初九)

- 先求自損不善，拋棄以往錯誤的觀念，即便一時做不到，也可採取積少成多的方式，逐步脫胎換骨。(之，41 損初九)

爻旨：以身教代言教，對學童進行潛移默化，或施以強制性的手段，目的是在其惡習尚未形成之前，便能夠禁於未發、止於未萌。

九二：包蒙吉，納婦吉，子克家。象曰：子克家，剛柔接也。

蒙師包容蒙昧的幼童，受到幼童所圍繞，這是好現象；就像娶了好媳婦而得吉祥，教出的孩子能繼承家業。象曰：教出的孩子能繼承家業，是因為有剛柔並濟的效果。

【補充說明】

- 九二剛居柔位，象徵能放下身段，包容蒙昧無知學童的雅量，將受到有心求知者的親近，因能夠達成作育英才的目標。
- 嫻熟教學工作者，知道應當在何時、如何詢問學生問題，以及在何時、如何回答問題；至於其他課程進度、課堂秩序等，也都能適時適切的安排。(錯，49 革六二)
- 有堅定毅力的老師，可培養出堅守原則的學生；有獨立思考判斷、不受威脅利誘的老師，同樣可以培養出貧賤不能移、富貴不能淫、威武不能屈的學生。(綜，03 屯六二)
- 老師縱然有海納百川的胸襟，也必須先行建立優良的學習環境，使受教者能自然而然、順理成章向正確的榜樣學習。(互，24 復六二)
- 老師對於學生的蒙昧，固然要包容；但對於不良的學習風氣，須及時制止與糾正，否則很難進行正常的教學工作。(之，23 剝六二)

爻旨：啟蒙老師要展現親和力、包容學生蒙昧的雅量與風範，充分展現有教無類的精神，並能持續維護良好的學習環境。

六三：勿用取⁶女，見金夫，不有躬，无攸利。象曰：勿用取女，行不順也。

無論是求學或施教，若不擇手段、急求近利或別有企圖，就像一個女子看到有

6　「取」同「娶」。

錢有勢的男子，便失去應有的矜持，此舉實不足取，而且絕對不會有任何成就。象曰：別有目的求學或教學，結果必定是不會順利的。

【補充說明】

- 六三位居多凶之地卻又以柔履剛，象徵一個為利益而有選擇性教學的老師，或懷有特殊目的而選擇性學習的學生；這種見異思遷的性格，根本無法達到正常的啟蒙教育。
- 進行教育改革難免遭受保守勢力的反彈，也會經過許多曲折與阻礙，因此要堅持誠信原則與守正防變的心理準備。（錯，49 革九三）
- 為了追求名利，才去學習或施教，如同盲目追求野獸而深陷叢林；這種違背教學倫理的行為，不可能產生預期的成果。（綜，03 屯六三）
- 無論教學或學習，都應該有正當的動機與目標，而且都是心甘情願，若存有投機心理或太過勉強，絕對難收預期成效。（互，24 復六三）
- 革新啟蒙工作的推動，難免出現不明事理的干擾與反彈，但只要方向正確，必須勇往直前、堅持到底，絕不可因畏懼而退縮。（之，18 蠱九三）

爻旨：有選擇性或為特定目的而不擇手段的施教或學習，等於把神聖的教育資源，當成圖謀私利的工具，此種行為實不足取。

六四：困蒙，吝。象曰：困蒙之吝，獨遠實也。

學童被自己的蒙昧給困惑，也嚴重影響老師的教學，是件相當遺憾的事。象曰：學童之所以會被自己困惑，是由於獨自遠離啟蒙老師之故。

【補充說明】

- 六四乃諸陰爻當中，唯獨上下皆未鄰接陽剛之爻，就像一個獨學無友、孤陋寡聞，以及燕朋逆師、燕辟廢學的學童。不但把自己困住也拖累別人，最後還把失敗的責任全歸咎於老師。
- 教育改革的過程，難免會有保守勢力的掣肘與不明事理者的干擾，因此要有耐心與毅力，矢志不渝的導正錯誤的觀念。（錯，49 革九四）
- 單獨學習成果有限，除了接受老師的諄諄教誨外，也必須不恥下問，與同學相互觀摩，才能達到事半功倍之效。（綜，03 屯六四）
- 不知從何學起？也不知向何人求助？以及如何發問？這代表學習已陷入嚴重的困境。此時務必勇敢的走出來，面對現實，接受正確的指導。（互，24

復六四）

- 學習結果與過程並重，可避免造成半途而廢。若一時沒有成效，絕不輕言放棄，必須加倍努力地堅持到底，以達成啟蒙教育的最終目標。（之，64 未濟六四）

爻旨：獨學無友、孤陋寡聞，或不得要領的胡亂學習，會把自己和老師都給困住，這種情形應及早有效的防制於未然。

六五：童蒙，**吉**。象曰：童蒙之吉，順以巽也。

雖然蒙昧但能虛心求教，順利接受啟蒙，是一種吉象。象曰：虛心求教可得吉祥，是因為有順從與服膺中道的精神，以及謙卑學習的美德。

【補充說明】

- 六五居中與九二相應，象徵以童蒙自處的君子，是位謙遜好學、尊師重道的學生；不但虛懷若谷、闕疑好問，讓老師教得很順利，最後還把成就歸功於老師。
- 坦然面對、虛心受教，本著「知之為知之，不知為不知」[7]的精神，使師生相互間得以充分了解，達到最佳的教學成果。（錯，49 革九五）
- 啟蒙教育必須付出相當的代價，包括基本的風險評估，以及成本效益，因此，教育資源應合情合理的分配使用。（綜，03 屯九五）
- 用敦厚樸實的態度，自我省察所學求教於老師，也能與同學一起學習成長，相互提醒達成啟發蒙昧的目標。（互，24 復六五）
- 既然決心要脫離蒙昧，就必須盡全力的受教學習，並且不惜代價與無怨無悔的付出，抱定不成功絕不罷休的決心。（之，59 渙九五）

爻旨：學習動機單純，態度謙遜又好學，虛懷若谷且方法得宜，與老師維持正常的互動，久而久之肯定會有輝煌的成就。

上九：擊[8]蒙，不利為寇，利禦寇。象曰：利用禦寇，上下順也。

蒙昧的幼童即將開悟，而施以稍微猛烈的方式給予重點提示；但不可把學生當

7　出自《論語・為政》。

8　「擊」點破、提醒，或形容當頭棒喝，或用激烈的方式提示。

成仇人，要讓學生保留適度反應的空間與防備的能力。象曰：讓學童保留適度的反應與防備能力，使得師生雙方能順利的配合。

【補充說明】

- 上九剛居柔位，下應六三，象徵老師要讓學生不致害怕恐懼，但學生要尊敬老師；老師對學生管教要嚴格，可在適當時機施以必要的責罰，以加深印象或重點提示，但絕不可視學生如寇讎。
- 積極主動的學童開始配合，終於趕上進度，代表已步入正軌。但仍應該維持正常教學；對於進度落後的學童，應循循善誘，不可因求好心切，而施予太過嚴苛的手段。(錯，49 革上六)
- 老師可依情況對學童施以適度的提示，目的在引發學生的靈感，做出自我的反應，進而茅塞頓開，達到舉一反三的功效。(綜，03 屯上六)
- 學生要主動讓老師了解實際學習進度，老師才能適切的因材施教；如果師生相互間並不了解，甚至出現認知上的分歧，可能會出現師生之間的誤解，甚至發生嚴重的管教問題。(互，24 復上六)
- 學習過程中，透過各種不同的方式，考核學童的人品與才能。凡心術不正但成績優良的學生，將來絕對無法擔當重任。(之，07 師上六)

爻旨：「攻人勿太嚴，要思其堪受；教人勿過高，當使其可從」[9]，老師對學生要以「不憤不啟、不悱不發」[10] 的原則，以啟發其潛在的能力。

《序卦傳》：蒙者，蒙也，物之穉也，物穉不可不養也，故受之以需。

蒙，是指蒙昧。萬物尚在幼稚階段，不可不加以教養，使其順利成長；但資源畢竟有限，學習的機會也非垂手可得，需要耐心冷靜的等待。常言道：「自古英雄出少年」，但經驗告訴我們：「初學三年天下無敵手，再學三年寸步難行走」，我們一生中需要學習的地方，比想像中多得太多，不僅有形的課堂、課本，恐怕還有更多無形的需要。所以，接下來，讓我們一起進入下一卦，在「需」卦的情境當中，了解真正的「需要」是什麼？為了要得到這種需要，我們需要付出何種代價？並藉由「需卦」的道理，了解在不同階段或不同情境之下的待機之道。

9　出自《菜根譚》。在此是比喻要懂得因材施教。

10　出自《論語・述而》。意思是指：學生不到苦思冥想時，不去提醒他；學生不到欲說無語時，不去引導他。

05 │ 需卦：不同情境的待機之道

表 2-5　需卦要點提示

坎／水	上六	不速		之客	險陷／雲氣	後續問題陸續出現	樹大招風	大事化小	小事化了
	九五	需于	※	酒食		機會乍現有效掌握	寬以待人	利益分享	保持鎮定
	六四	需于		血		關鍵時刻競爭激烈	短兵相接	順從聽命	冷靜面對

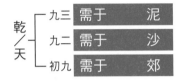

乾／天	九三	需于		泥	剛健／天空	面臨險境強敵環伺	危機四伏	避免招災	確保安全
	九二	需于		沙		持續等待雜音四起	寬裕面對	不受干擾	不畏流言
	初九	需于		郊		初始等待切忌躁動	培養耐心	自我充實	保持距離

【卦象與讀法】

下卦乾，乾為天；上卦坎，坎為水，全卦讀成「水天需」。

【卦時】

- 「需」字本義為期待、需要、索求、躊躇等多重意涵。

- **《雜卦傳》：需，不進也。**任何事物的發展都有一定的過程，尤其受制於客觀因素而被迫必須等待時，更要有耐心，不可躁進，但機會一旦出現，就必須牢牢抓住。

- 需卦也可以用「耐心等待」、「避免躁進」、「盯住機會」、「待時而動」等等這些類似的概念來引申、推論或詮釋。或者也可以用「保持冷靜、充實能力，以便待機而發」的情境來比擬。

【卦辭】

需：有孚，光亨，**貞吉**，**利涉大川**。

需卦，象徵必須耐心等待。無論在任何情況下等待，都必須保持一貫的誠信，前景才會光明通達，守持正道必得吉祥，依此態度與作為，將可克服艱難險阻。

【彖傳】

彖曰：需，須也；險在前也，剛健而不陷，其義不困窮矣。需，有孚，光亨，貞吉，位乎天位，以正中也。利涉大川，往有功也。

需卦，是指時機未到，必須等待；就像艱險橫阻在前，要秉持剛強堅定的意志而不陷入，如此，理所當然不至於窮困。至於等待要有誠心，心地光明亨通，守持正道可獲吉祥，是指九五陽剛尊者處於君位，既中且正之故；有剛健之德可克服艱險，是指如此行事必能獲得成功。

【補充說明】

- 要讓幼童終其一生都沒出息，就是讓他凡事心想事成；若是希望幼童長大能有所作為，就必須使其了解，想要達到任何目的之前，就必須先付出相對的代價。
- 為了生存，自然有主觀上的需求，但往往客觀條件不見得都能如其所願；故必須循正當的途徑，爭取最合宜的資源。
- 爭取自己所欠缺的事物，是正常的現象，但時機未到，需要耐心等待，況且等待本身也是一種生活的藝術，是一種智慧的表現。
- 任何需求都要有相對的代價而絕無例外；譬如：學識不足需要進修，進修需要時間與金錢，時間需要合理調整，金錢需要撙節挪用。
- 萬物的成長都依賴必要的資源，但有限的資源永遠無法滿足實際的需要。因此，也要考慮別人的感受，並遵守共同的規則。
- 長期生活在物資充裕的環境，一旦身處條件不足的環境，勢必很難調適。因此，從小就要培養耐心等待的習慣，可以從主動放下身段，降低基本需求，以及減少對人依賴做起。

【大象】

象曰：雲上于天，需；君子以飲食宴樂。

雲層聚集天上，降雨的時機未到，象徵需要耐心等待的需卦；君子要正常進食以調養身體，適度休憩以平和心志，機會出現時，才能展現身手。

【補充說明】

- 下卦乾，乾為天、為健；上卦坎，坎為水、為險。故有水氣在天之上形成雲霧但尚未降雨，需要耐心等待，以及保持穩健的心情，面對外在險惡的環境之象。

- 等待並非消極而無所作為，無論事情多麼的重要與急迫，都應該放鬆心情，以飲食調養蓄積體能，以適性休閒怡情養性，身心得到安頓，一旦機會出現，才能及時有效的掌握運用。

【爻辭 / 小象】

初九：需于郊，利用恆，**无咎**。象曰：需于郊，不犯難行也；利用恆，无咎，未失常也。

剛剛開始等待，要培養恆心，不可妄動。就像身處遠離危險的郊外，要保持恆心才會有利，也不會有災害。象曰：身處郊外，不可輕率逞強而冒進；要有恆心持續等待，才不至於有災害，因為此舉並未違背常理。

【補充說明】

- 初九處下乾初始，地位卑微有潛龍之格，故應保持適當距離，方可靜養充實能量。與六四正應，故須積極的準備並保持必要的聯繫。

- 想要前進卻受到人為阻撓，可能是因為自己形象還沒建立，尚未得到大家認同，所以要保持寬容的心情，冷靜下來自我檢討，然後再作進一步的打算。(錯，35 晉初六)

- 不要受到與達成目標無關瑣碎事件的影響，給自己製造麻煩；萬一遇有閒言閒語，根本不必在意，以免自我干擾。(綜，06 訟初六)

- 距離目標還遠，要寬容靜守，不羨慕別人的成就，也別太在意過去的失敗；曾經與自己有誤會發生的夥伴，應想辦法與其化睽為合，對未來的發展才會順利。(互，38 睽初九)

- 利用這段充裕的時間，不斷自我學習成長，儘早拋棄陳舊過時的觀念，吸收新的知識，建立嶄新的形象。(之，48 井初六)

爻旨：等待的初期需求尚不急迫，自然沒有立即的危險與壓力，應趁機充實能力，並培養耐心與毅力。

九二：需于沙，小有言，終吉。象曰：需于沙，衍 [1] 在中也，雖小有言，以吉終也。

持續等待，就像走到瀕臨河川的沙灘，受到他人的閒言閒語，終究會得吉祥。象曰：走到瀕臨河川的沙灘，要敞開胸懷，心中保持平和；雖受閒言閒語的干擾，只要心中寬綽不躁，終會以吉祥收場。

【補充說明】

- 九二比初九更接近上坎，易遭流言中傷；但因剛而能柔，可有效自我節制，並堅定意志，使心中寬綽不躁，終能化險為夷。
- 剛起步便受到外力干擾而有所憂慮，但不必太在意，因為你有才華才會遭遇競爭者的掣肘，只要保持平常心就不會受到影響。（錯，35 晉六二）
- 前進中遇到強大阻力不可硬拚，因多半是對手設計的圈套；不可正面衝突，應採以迂為直的策略，避免遭致無端的傷害。（綜，06 訟九二）
- 他鄉巧遇故知，雖是冤家也得考慮人不親土親的道理；在攜手並進的途中，反而容易一笑泯恩仇，進而化敵為友齊心共進。（互，38 睽九二）
- 自己覺得很有把握，卻不時遭到細瑣小事的干擾，難免感到失落，此時應當更保守謹慎，要著眼大局不可因小而失大。（之，63 既濟六二）

爻旨：持續等待下去，只要稍有一些較積極的行動，閒言閒語自然隨之而來，此時應沉著冷靜面對，千萬不可受到干擾。

九三：需于泥，致寇至。象曰：需于泥，災在外也；自我致寇，敬慎不敗也。

進入更長久的持續等待，目標已進入視線，就像身陷泥淖之中，以致招來強勁敵對者的威脅。象曰：身陷於泥淖中，是指災難就在身邊；因自己的行為招來強盜，只有保持戒慎恐懼，才不會遭致挫敗。

【補充說明】

- 九三自身本就凶險且過剛躁動，又接近眼前的坎險，在不知不覺中身陷泥淖，動輒招災。雖與上六正應，然而自身非但不能受其照應，甚至會造成他人的負擔。
- 在十分危險情況當中行動，應先得到夥伴們的諒解與支持，否則無法順利

1　「衍」音「演」，有擴充、展開，寬綽不急諸意。

進行，甚至連自身的安全都無法得到最起碼的保障。(錯，35 晉六三)

- 萬一遇重大的阻擾，應設下停損點做最壞打算；先求保存既有成果而不輕言冒進，在不造成節外生枝的情況下，伺機待命。(綜，06 訟六三)

- 開始激烈競爭，瀰漫著緊張氣氛且身陷其中。這時必須明辨敵友與利弊，並保持冷靜承受外來的壓力，才能安全渡過險境。(互，38 睽六三)

- 愈接近目標潛在威脅也愈大，應避免衝動而惹上麻煩，行事要低調並節制自己的言行，才不會招惹一些無謂的困擾。(之，60 節六三)

爻旨：瀕臨極度危險情況下的等待，大量競爭者開始出現，造成危機四伏，故應格外小心謹慎，步步為營，切勿開門揖盜。

六四：需于血，出自穴。象曰：需于血，順以聽也。

等待進入極為艱險的階段，就像與對手短兵相接，處於廝殺的血泊中，必須冷靜堅強，付出相當的代價，方可以脫離險境。象曰：進入極為艱險的階段，要保持冷靜，眼觀四面、耳聽八方，以順應時勢的發展。

【補充說明】

- 六四雖得其位，但先天孱弱且居坎險門戶，不足應付九三這剛強的對手。然上承九五，下應初九，代表可獲上下的支援，因此只要臨危不亂，順應情勢，終究離開險境。

- 見識要廣，才不會偏激，但為了替團隊分憂解勞，必須具備特殊專長；尤其在緊要關頭，即便樣樣都通，若不具最關鍵技能，欲脫離險境，恐怕很難如願。(錯，35 晉九四)

- 經過慎重的研判，萬一競爭失利，將嚴重影響大局；故必須調整策略，在不傷元氣的前提下，繼續完成既定的計畫。(綜，06 訟九四)

- 勢單力薄且陷入孤軍奮戰，應發揮最大的誠意，尋求與志同道合者聯繫，爭取有效的協助，才能扭轉當前不利的情勢。(互，38 睽九四)

- 陷入膠著狀態，肯定坐立難安且舉棋不定；此時應當連絡有能力的人前來協助，並且接受有利於自身安全的建議。(之，43 夬九四)

爻旨：進入最艱險階段的等待，與競爭者短兵相接，必須從容應對，聽命於形勢，才有機會脫險而出。

九五：需于酒食，貞吉。象曰：酒食貞吉，以中正也。

等待的關鍵時機已到，領導者應安然自處，並將德澤如同美酒佳餚施予眾人，並堅守既定目標與原則，必得吉祥。象曰：之所以要施惠於眾，因九五居中得正，而適時展現領導者的風範。

【補充說明】

- 九五深陷坎險之中，但本質剛健且居尊位，且居於尊位，有泰山崩於前而面不改色的特質，因此能夠牢牢的盯住機會而不放過。

- 無論結果如何，團隊領導人應不計個人得失，抱著成功不必在我，但重責大任不能沒我的氣魄，與大家共同分享成果。（錯，35 晉六五）

- 不入虎穴，焉得虎子？當機會出現時，能及時抓住，更由於師出有名、條件充分，因此能及時的掌握與有效的運用。（綜，06 訟九五）

- 堅持一貫的柔順與誠信，先前的誤解得以冰釋，並能得到群眾的支持，重新凝聚實力，提升上下之間的合作關係。（互，38 睽六五）

- 事業有了成就之後，必須表現得落落大方，放下身段向下廣求賢才，創造宏觀的前景，開創美好的理想目標。（之，11 泰六五）

爻旨：終於等到機會出現，但仍處困境中，必須保持鎮定、心存厚道、寬以待人，才能有效的掌握機會，以免得而復失。

上六：入於穴，有不速之客三人來，敬之，終吉。象曰：不速之客來，敬之終吉，雖不當位，未大失也。

待機之道已達極限，恐怕會再度陷入險境，因有幾個不請自來的人，想要分一杯羹，但只要恭敬以待，終究會安然無事。象曰：面對來路不明者，要恭敬對待，終會得到吉祥，是指上六雖處不穩之境，但也不至於會有太大的損失。

【補充說明】

- 上六尚未完全離開險境，但已至需卦之極；目標雖已完成，但也無路可走，接下來可能遇到其他問題，仍應保持警覺，不可稍有鬆懈。

- 團隊或個人的成長必須是漸進的，只要到了一定程度，應適可而止。必要時暫停或放緩行動以便於整頓與調適，重點放在穩固基礎而非擴張規模。（錯，35 晉上九）

- 勝而不驕，使企圖對你不利的人找不到藉口；但恃功而驕，原本與你無怨無仇的人，都忍不住想踹你一腳。所以，對付不請自來的人，還是低調處理較妥。（綜，06 訟上九）
- 不請自來的人，多半只想撈點好處，故不必小題大作，尤其在情況對自己並非有利時，不要把這些人當成罪不可赦的寇讎，以免把小事鬧大，大事釀成災。（互，38 睽上九）
- 階段性工作已圓滿達成，就應暫時縮小經營規模，切忌像個暴發戶，以致招蜂引蝶，但對於未來的規劃仍應持續進行。（之，09 小畜上九）

爻旨：雖已牢牢掌握機會，其他的問題也接踵而至，對來路不明的人要小心委婉的應付，力求大事化小，小事化了，畢竟閻王好惹，小鬼難纏。

《序卦傳》：需者，飲食之道也，飲食必有訟，故受之以訟。

　　需卦，是指需要到飲食的道理。人要生存，必須有適當的資源；欲得到適當的資源，就需要付出相對的代價。然而，客觀條件有限，每個人的需求不同，所能付出代價也有差別，因而產生錯綜複雜的競合關係。在爭取資源過程中，難免發生摩擦，萬一爭執不斷擴大，衝突的規模也相對升高，可能出現對簿公堂的情況。如果這種情形發生在自己身上，要怎麼辦呢？尤其對於從來沒進過法院的人來說，應當要有心理上的準備。接下來，讓我們繼續進入下一卦，在「訟」卦的情境當中，了解爭訟的本質，以及如何面對爭訟？學習如何避免爭訟與先期化解衝突的要領。

06 ｜訟卦：化解爭端的根本辦法

表 2-6　訟卦要點提示

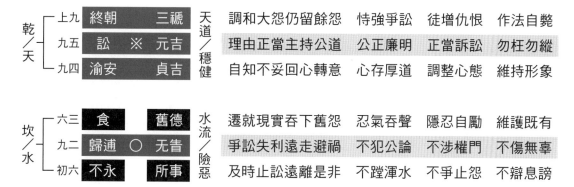

乾／天	上九	終朝	三褫	天道／穩健	調和大怨仍留餘怨	恃強爭訟	徒增仇恨	作法自斃
	九五	訟 ※ 元吉			理由正當主持公道	公正廉明	正當訴訟	勿枉勿縱
	九四	渝安	貞吉		自知不妥回心轉意	心存厚道	調整心態	維持形象
坎／水	六三	食	舊德	水流／險惡	遷就現實吞下舊怨	忍氣吞聲	隱忍自勵	維護既有
	九二	歸逋 ○ 无眚			爭訟失利遠走避禍	不犯公論	不涉權門	不傷無辜
	初六	不永	所事		及時止訟遠離是非	不蹚渾水	不爭止怨	不辯息謗

【卦象與讀法】

下卦坎，坎為水；上卦乾，乾為天，全卦讀成「天水訟」。

【卦時】

- 「訟」字本義有爭執、訴訟或對簿公堂等意涵。
- **《雜卦傳》：訟，不親也**。爭訟是最不明智的行為，萬一發生必須適可而止；或儘量先期化解而消弭爭訟的局面。如果行為失控或窮爭不已，將導致非常不利的後果，以致兩敗俱傷。
- 訟卦也可用「無辯息謗」、「不爭止怨」、「探究實情」、「明辨是非」等等這些類似的概念來引申與推論，或者也可以用「避免衝突、先期化解，凡事以和為貴」的情境來比擬。

【卦辭】

訟：有孚窒，惕，中吉，終凶。利見大人，不利涉大川。

訟卦象徵重大的爭執，或嚴重的衝突。由於相互間的誠信被窒塞而引起，倘若心中保持戒懼，堅持中道精神，中途和解是有利的；若窮爭不已，則無論輸贏，都將導致凶險。如果非訟不可，必須有公正廉明者主持仲裁，才能順利進行。即便如此，也儘量不要採取訴訟的方式解決爭端。

【彖傳】

彖曰：訟，上剛下險，險而健，訟。訟，有孚窒，惕，中吉，剛來而得中也；終凶，訟不可成也；利見大人，尚中正也。不利涉大川，入于淵也。

訟卦，是指爭訟，在上者強勢，居下者心憂，或指外表穩健，內心險惡，乃爭訟之現象。之所以會有爭訟，是因為誠信被窒塞；若心存戒懼、保持中道可得吉祥，是指陽剛者自上下來並保持中庸之道，因此能夠化解。若堅持爭訟到底，必有凶險，是指窮極爭訟不可能成功。要有公正的仲裁者，是指斷案者應秉持中庸之道訴訟才有勝算。不利於涉越險境，是指盡量不要採取訴訟的方式解決爭端，避免捲入爭訟的無底深淵。

【補充說明】

- 最好不要爭訟，一切還是以和為貴，若不得已發生，必須加以控制，避免進一步惡化，何況打官司而得到的名聲與利益並不光彩。
- 之所以發展到反目相向的地步，全因相互之間失去信任所致；所以當狀況並不十分明朗時，不要有太大的動作，以免造成雪上加霜的局面。
- 倘若一時衝動或被迫捲入訴訟，肯定不會有好的結果；尤其是以下訟上，其先天條件就不利，除非能找到真正為當事人主持公道的仲裁。
- 即便有正當的訴訟理由，也有公正無私的仲裁人，在這種有利的條件下，也應避免太過強勢，要懂得「人情留一線，日後好相見」的道理。
- 因為找理由發起訴訟看起來相對輕鬆，但要得到雙方都能接受的判決，幾乎不可能，就像發動戰爭容易，要終止戰爭則千百倍的困難。
- 但如果小人得寸進尺，為了不再姑息養奸，君子也要有下下策的最壞打算，可藉由正當的訴訟手段給予必要的當頭棒喝。

【大象】

象曰：天與水違行，訟，君子以作事謀始。

天道西行、江水東流，象徵上下意見相違而引起爭執的訟卦；君子採取任何行動之前，應先評估可能產生的後果再下決定，避免造成遺憾。

【補充說明】

- 下卦坎，坎為水流、憂心；上卦乾，乾為天、剛健；故有天道西行、水流向東，兩造之間，意見相互乖背的情況。
- 管理階層個個強勢，基層員工人人充滿疑懼，在這種氛圍下，隨時隨地都會發生衝突；最好在事前就想到可能會出現的情況，做好先期預防，不讓爭訟的事情發生，乃上上之策。就如阿拉伯諺語：在你進去之前，先想想能不能出得來。

【爻辭 / 小象】

初六：不永所事，小有言，終吉。象曰：不永所事，訟不可長也；雖小有言，其辯明也。

長期保持不與人爭訟，或萬一發生爭訟，就能以「不爭止怨、無辯止謗」的原則，避免糾纏於爭訟，雖然會有閒言閒語，但終究平安吉祥。象曰：不糾纏於爭訟，因爭訟最傷元氣，故不可能長久維持；雖有閒言閒語，但不回應或許是最好的回應，因為可讓事實說明一切。

【補充說明】

- 初六以柔弱之質，但有履霜堅冰的先見之明，面對強勢的九四，根本就無力取勝；故應退守並採取以柔避剛的消極態度，反而比較有利。
- 預判災禍將要來臨，應盡早退避自保。但行動要低調，否則暴露企圖，將惹來困擾，且易遭受莫名其妙的打擊。(錯，36 明夷初九)
- 遠離權力核心與眾人追逐的目標，就不會有是非纏身，如果有人挑釁也別在意，以免中了奸人之計，被捲進是非圈。(綜，05 需初九)
- 當立足未穩之際，要預想可能發生的爭執，做好先期的防範與應變措施，在衝突尚未形成之前，便能防患於未然。(互，37 家人初九)
- 萬一與人發生爭執，應保持心平氣和，本著一本初衷、心無雜念的態度，自己的情緒絕不可受制於外界的干擾。(之，10 履初九)

爻旨：儘量避免糾纏於爭訟，雖然會有雜音干擾，但只要激情過後，讓事實說明一切，將很快的又恢復平靜。

九二：不克訟，歸而逋[1]，其邑人三百戶，無眚[2]。象曰：不克訟，歸逋竄也，自下訟上，患至掇也。

以下訟上的行為最為不智，因經不起長期的耗損，故應及時中止而逃離，隱匿在只有三百戶人家的小地方，才不會遭到報復。象曰：無法繼續進行訴訟，必須逃離躲藏起來，因為以下訟上的行為，災禍隨時會降臨。

【補充說明】

- 九二剛居柔位且在坎險之中，象徵理直氣壯與剛健無比的九五對簿公堂，肯定惹禍上身；幸虧能夠及時醒悟，撤告隱退，以免遭到不測。
- 基層幹部與高層領導發生衝突時，明顯處於劣勢，應及時得到安全的庇護，採取適當的退避，以免事態進一步擴大而遭災。(錯，36 明夷六二)
- 基層幹部與高層要維持正常的關係，萬萬不可有攀親帶故的舉動，否則會衍生他人的猜忌而充斥閒言閒語，徒增雙方的困擾。(綜，05 需九二)
- 不自討沒趣，不自作主張，不逾越權限，把分內該做的工作圓滿完成，順從組織既定政策，就不會惹禍上身。(互，37 家人六二)
- 「禍莫大於不讎人而有讎人之辭色」[3]，尤其在小人得勢之時遭到排擠，務必把眼光放遠，不計較一時得失，但也不必因而奉承討好，同時也不與其爭執，才可以自保待機。(之，12 否六二)

爻旨：以下訟上的行為最為愚蠢，即便中途撤告、遠離避禍，也要避免遭到對方的報復，甚至殃及無辜。

六三：食舊德[4]，貞厲，終吉，或從王事，無成。象曰：食舊德，從上吉也。

無力爭訟，只好忍辱吞聲撤告，但求保有現況，必須隱忍自勵、守正防危力求平安；或許高層早有定案，不如順從繼續輔佐，即便有功也不據為己有。象曰：忍辱放棄訴訟不吃眼前虧，是指承順強者，方可保全既有。

1　「逋」音「ㄅㄨ」，逃離。「歸而逋」則指逃回到原處。

2　「眚」音「省」，人為災禍。

3　出自《格言聯璧 · 接物類》。若一開始就能避開爭訟，就無須看人臉色，也不必擔心被誤會。

4　「舊德」是指安享既有俸祿，或指設下停損點。

【補充說明】

- 六三柔居剛位，象徵眼見情況不利，自知無法爭訟而暫且避開鋒頭。由於與上九有應，故應順應時勢，一切遵從長上，才能得以善終。

- 現有不利的處境，若是來自上司的誤解，不可急著據理力爭，要用事實與時間證明，應暫時隱忍，依情勢發展再考慮對策。（錯，36 明夷九三）

- 面臨不利情勢、危機四伏，應先求自身安全，謹慎面對四周威脅，千萬不可粗心大意，以免遭到意想不到的傷害。（綜，05 需九三）

- 居劣勢時，言行過於嚴肅，可能會讓身邊的人感到不適，但終究不會造成損害；如果表現輕浮率性，肯定會遭到無情的打擊。（互，37 家人九三）

- 忍一時，至少可維持既有成果；就怕心有不甘而爭強好勝，必將造成進退失據的局面，以及更不利的後果。（之，44 姤九三）

爻旨：情勢明顯不利，應儘量低調保守，以維持既有成果為原則，並且忍氣吞聲，不與人爭辯，保持進可攻、退可守的彈性局勢。

九四：不克訟，復即命，渝安貞，吉。象曰：復即命，渝安貞，不失也。

以上訟下，自覺不妥，決定不再繼續進行訴訟，並回心轉意順應正理，改變以往的成見與堅定安守本分，必得吉祥。象曰：順應正理，改變以往的成見與堅定安守本分，此舉可免於繼續受到損失。

【補充說明】

- 九四剛居柔位，下應初六；象徵原本恃強凌弱，之後因有自知之明，感到以上凌下有失厚道，故而回心轉意，改變爭強好勝的作風。

- 若能深入了解爭訟的本質，原告與被告往往都是被人利用的一顆棋子；故應看清官場的黑暗面，最佳的行動就是撤告和解，立刻遠離是非圈。（錯，36 明夷六四）

- 與人發生爭執，感到氣氛詭譎陷於膠著，應衡量全盤情勢，不妨認真考慮是否應該忍一時、退一步，日後好相見。（綜，05 需六四）

- 高階輔佐人員，應不計較個人利害得失，才能滿足團隊成員的需要，使工作順利進行，提升組織的工作績效目標。（互，37 家人六四）

- 當意見爭執不斷時，高階幕僚主管應拋開個人成見，整合眾人的看法建立共識，必能獲得意想不到的收穫。（之，59 渙六四）

爻旨：以上訟下的形勢雖對自己有利，但畢竟有失身分，應調整心態，著眼全局，改掉爭強好勝的習性。

九五：訟，元吉。象曰：元吉，以中正也。

以公正無私的態度處理爭訟，可以明辨是非曲直，獲致最大的吉祥。象曰：之所以會有最大的吉祥，是因為九五居中且正之故。

【補充說明】

- 九五中正居多功之君位，象徵本身也是訴訟最終的裁定者，對於訴訟有絕對的勝算，加上理由正當、審判公正，因此可以斷然訴之於法律。
- 萬一遭到誣陷而處於不利局面，即使不想訴訟以求保全，但也身不由己，只好採取忍辱負重的策略，讓世人了解自己所受到的冤屈，證明自己的清白。（錯，36 明夷六五）
- 當情況逐漸明朗，是非曲直全攤在陽光下；為避免養虎貽患，應有訴訟到底的決心；但要爭取人心並掌握群眾心理，以避免節外生枝或造成不在預期內的傷害。（綜，05 需九五）
- 領導者心繫團隊安危，若已嚴重威脅組織成員的生命財產安全，且個人名譽受到誣衊，並在公正客觀的訴訟體制之下，便沒有不訴訟的道理。（互，37 家人九五）
- 有明辨是非的眼光與公正斷案的能力，能獲得群眾的信任；做出任何決斷，都能得到圓滿的結局。（之，64 未濟六五）

爻旨：如果理由正當、證據充分、獄政清明，且有充分把握，便可名正言順的進行訴訟。

上九：或錫之鞶帶[5]，終朝三褫之。象曰：以訟受服，亦不足敬也。

靠爭訟得到的利益，到頭來還是一場空；尤其是恃強爭訟，所得到的高官厚祿，隨時都會被收回。象曰：憑藉爭訟得到的祿位，不會受到尊敬。

---

5 「鞶」音「盤」，「鞶帶」是指古代朝中官員用以束衣帶子，在此泛指高官厚祿。

【補充說明】

- 上九剛居訟卦極位，象徵擅長打官司而得到賞識的人；但同時也埋下無窮的後患，畢竟恃強爭訟的行為，就像一條動輒有悔的亢龍。

- 不行正道而有成就，可能獲得表面的賞識，但實際上已埋下重重危機，可能在一夕間陷入谷底；就像商紂王恃其聰明才智而倒行逆施，其惡行終究得到加倍的報應。（錯，36 明夷上六）

- 就算正當訴訟而得到勝訴，也應小心謹慎對待一些看似不起眼，卻足以扯後腿的小人物，以免因小失大，在陰溝裡翻船。（綜，05 需上六）

- 憑藉權勢與技巧得到的利益並不光彩，也不值得學習；因為此舉根本無法建立自己的威信，也無法獲得別人的認同。（互，37 家人上九）

- 寧可做一個放棄小利，卻能避開大禍的聰明人；也別做一個為爭一口氣而勞民傷財，甚至陷入自己所設困局的蠢人。（之，47 困上六）

爻旨：即便是調和大怨之後，都會留有餘怨[6]，所以打官司獲勝，只是徒增另一個更大的宿怨而已。

《序卦傳》：訟必有眾起，故受之以師。

當爭訟的局面無法控制，勢必拉幫結派，各自壯大聲勢，進而演變成有組織的對抗行為。訴訟本質上就是一種明顯的衝突；而更嚴重、更大規模的衝突，便是械鬥或戰爭。不管何種形式的衝突，只要形成有組織的對抗，這個團隊組織的建立與運作功能，就扮演舉足輕重的角色。但如何充分發揮團隊的功能呢？我們可以從下一卦，在「師」卦的情境當中，了解工作團隊的性質與協作的要領，以及如何有效創造組織的工作績效。

6　引用《道德經・79 章》，原文為：「和大怨必有餘怨。」

07 ｜師卦：團隊精神的充分展現

表 2-7　師卦要點提示

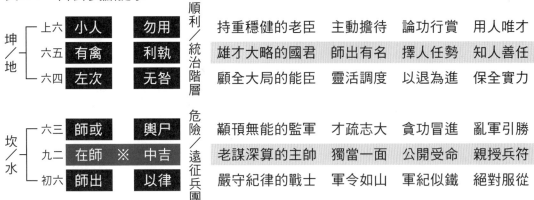

					持重穩健的老臣	主動擔待	論功行賞	用人唯才
坤	上六	小人	勿用	順利／統治階層	雄才大略的國君	師出有名	擇人任勢	知人善任
／	六五	有禽	利執		顧全大局的能臣	靈活調度	以退為進	保全實力
地	六四	左次	无咎					
	六三	師或	輿尸	危險／遠征兵團	顢頇無能的監軍	才疏志大	貪功冒進	亂軍引勝
坎	九二	在師 ※ 中吉		老謀深算的主帥	獨當一面	公開受命	親授兵符
／	初六	師出	以律		嚴守紀律的戰士	軍令如山	軍紀似鐵	絕對服從
水								

【卦象與讀法】

下卦坎，坎為水；上卦坤，坤為地，全卦讀成「地水師」。

【卦時】

・「師」字本義有軍隊、戰爭、群眾、首長、領導等諸意涵。

・**《雜卦傳》：師，憂。**面對戰爭，必須要有高度的憂患意識，故應做到「主不可怒而興師，將不可慍而致戰[1]」。國家領導人必須知人善用，戰場指揮官要嚴明紀律，才能靈活調度，完成艱鉅的任務。

・師卦也可以用「興師動眾」、「眾志成城」、「師出有名」、「團隊協作」以及「鐵的紀律」等等這些類似的概念來引申與推論。或者也可以用「擇人任勢，發揮總體力量」的情境來比擬。

【卦辭】

師：貞，丈人[2]吉，无咎。

1　出自《孫子兵法・火攻篇》。是指無論決策或執行，都不可在忿恨之時決定行動，因為怒可復喜、慍可復悅，但國亡不可復存，死者不可復生。

2　「丈人」指年長、資深且老謀深算者。

師卦，象徵兵眾。興師動眾必須強調名正言順，同時要由老謀深算的人擔任主帥，方能獲致吉祥，而無災害。

【彖傳】

彖曰：師，眾也；貞，正也；能以眾正，可以王矣。剛中而應，行險而順，以此毒[3]天下，而民從之，吉又何咎矣！

師卦，是指興師聚眾；由於兵乃凶事，故須堅守正道、行為端正，才能師出有名，使全國上下一心同心同德，才可以成就王業。剛健的指揮官居中與君王相應和，行使危險的任務能夠順利進行，藉此征伐天下，可獲民心的歸向，當然吉祥，哪來的災害呢？

【補充說明】

- 執行重大專案工作，首重人事安排，必須委由經驗豐富且能獨當一面的人選擔任計畫主持人，才能維繫工作紀律，確保任務順利完成。
- 重大的專案工作必須動員龐大的人力與物力，應成立跨部門的專案小組，所以，事權的統一與權責的律定，顯得格外重要。
- 孫子曰：兵者，國之大事，死生之地，存亡之道，不可不察也[4]。同理，推出新產品進入市場，等同企業之間的戰爭行為，其成敗攸關企業的興衰。因此，在作出決策之前，業主務必多方審慎分析與評估。
- 所有軍國大事，無論是人事任命或策略的定奪，必須由最高領導人拍板決定，才能得到上下一致的認同，並且名正言順的執行政策。
- 無論是經常性的工作或專案計畫，在平時就應該建立共識與持續修訂必要的規則，不斷的培養與網羅各方人才，施以必要的專業訓練。

【大象】

象曰：地中有水，師；君子以容民畜眾。

大地當中貯存大量水源，象徵祕密動員與興師聚眾的師卦；君子在平時就應藏富於民，包容蓄養各方人才與儲存戰備資源。

---

3 「毒」字在此是指動用武力，征伐平亂。
4 出自《孫子兵法・始計篇》。

【補充說明】

- 下卦坎，坎為水、危險；上卦坤，坤為地、順利。故有大量水儲存在地中、祕密動員進行戰爭準備，以及在危險中執行重大工作的象徵。

- 水之不外於地，猶如兵之不外於民。因此，平時就應當藏富於民，包容蓄養各方人才與儲存各種戰備資源。

- 順利完成任務的關鍵，是在平時不斷深耕基層，蓄積能量，一旦有狀況才能從容應對；絕非臨陣磨槍，或臨時抱佛腳可以僥倖過關。

【爻辭／小象】

初六：師出以律，否臧[5]凶。象曰：師出以律，失律凶也。

戰場必須嚴明軍紀，如果紀律鬆懈，則無論是勝或敗，最終都會導致凶險。象曰：軍隊行軍作戰，如果沒有紀律，必定會遭致凶險。

【補充說明】

- 初六居下坎之始，故入險有災。本身不中不正又無上應，象徵新手上路變數多，唯一能依附者乃上承九二，藉由嚴明的紀律來防止凶險。

- 執行重大任務如同軍隊作戰，必先須嚴格要求紀律，工作才能順利進行。所以，平時就要與工作夥伴多交往，培養互信與默契；出現緊急狀況時，才能得心應手的應變。（錯，13 同人初九）

- 誠信發自內心，紀律表現在外。有誠信無紀律，像一盤散沙；有紀律無誠信，則各懷鬼胎，縱使有成果也難以維持。（綜，08 比初六）

- 千里之堤潰於蟻穴，哪怕小小的細節不遵守，都會演變成嚴重後果。一開始若發現有錯誤，應在尚未出問題前，及時修正，不可等釀成災害才開始思考要用什麼辦法善後。（互，24 復初九）

- 戰時鐵的紀律，需要平時以愛的教育來養成；憑藉最原始的初衷發揮同理心，如細水長流，一點一滴的累積才能落實。（之，19 臨初九）

---

5 「臧」好、善、美。「否臧」可推論為「勝與敗」。

爻旨：重大工作的推行，必須號令嚴明、軍令如山，絕對不容許有任何妥協的餘地，若僥倖獲勝，則雖善亦凶。

九二：在師，中吉，无咎，王三錫命。象曰：在師中吉，承天寵也；王三錫命，懷萬邦也。

主將統率兵眾，必須持中不偏，方得吉祥，且無災害，受到君王多次公開賦予重大任務。象曰：之所以能統率兵眾，保持中道而無災害，全因得到國君的信賴；君王多次公開親授兵符，是為了早日使萬國懷服。

【補充說明】

- 九二雖處坎險之中，但上有正應、下有正比，象徵獲得國君公開任命與授權，取得正當性，且受到群眾的認同與支持。
- 主帥統兵在外，言行應符合中庸之道；若為了個人的偏好或偏聽偏信，只重用特定對象或親信，將造成結黨營私的現象。(錯，13 同人六二)
- 屢次受到君王的親授重任，是因手握兵權，身繫社稷安危，故對國君應發自內心而表現絕對的效忠，以鞏固最高領導中心。(綜，08 比六二)
- 基層幹部若能不恥下問、從善如流，則能使團隊的精神意志更為堅定，整體的力量更為充實與有效的發揮。(互，24 復六二)
- 只要不違背既定政策，問心無愧全力的付出，則不必懷疑自己的作為；必要時，縱使「城有所不攻、地有所不爭、君命有所不受[6]」，也能得到國君的認同。(之，02 坤六二)

爻旨：夫將者國之輔也，輔周則國必強，輔隙則國必弱[7]；故領兵在外的主帥必須能力出眾、個性穩健，並由國君親授兵符，以彰顯其正當性。

六三：師或輿尸，凶。象曰：師或輿尸，大無功也。

由於指揮不當或貪功冒進，極有可能用車載著大量屍體歸來，必有凶險。象曰：車載著屍體歸來，是指貪功冒進者，根本無法建立功業。

6　出自《孫子兵法・九變篇》。是指領兵在外的指揮官對當前情況最清楚，故君命有所不受，但先決條件，必須與國君建立絕對的互信。

7　出自《孫子兵法・謀攻篇》。旨在強調，戰場主帥人選，對國家安危的重要性。

【補充說明】

- 六三陰居陽位，上無應、下乘剛，象徵才疏志大者，不習軍旅之事，卻享有指揮三軍之權；無德無能更無遠見，卻干預軍國大事，以至於成事不足，敗事有餘。
- 生性爭強好勝，卻沒勇氣公開表示意見，只會躲在暗處干預正事；如果重用這種人物，絕對無法成就事業。（錯，13 同人九三）
- 任用不適當的人參與軍國大事，造成不當的干擾與消耗，破壞事權的統一與計畫的遂行，肯定會遭致兵敗如山倒的下場。（綜，08 比六三）
- 決心反反覆覆，對僚屬的建議也不願參考，這種優柔寡斷的人，根本無法指揮作戰，絕對不可重用。（互，24 復六三）
- 即將進入一片無人之地，不是一帆風順，就是誤中圈套，全看主帥對敵情的判斷是否正確；若經驗不足、判斷力不夠精準，結果不是貽誤戰機，就是遭敵伏擊。（之，46 升九三）

爻旨：不知三軍之不可以進，而謂之進，是謂縻軍[8]，故戰場指揮應強調帥權統一，不可由體制外的蠻橫干預，以至於發生亂軍引勝的悲劇。

六四：師左次[9]，无咎。象曰：左次无咎，未失常也。

戰況瞬息萬變，萬一情勢不利，及時調整部署，暫行退避，如此必無災害。象曰：及時調整部署，暫行退避，並不違背戰場用兵的常則。

【補充說明】

- 六四陰柔當位，象徵能夠知懼而收斂，所以耳聰目明、判斷準確，狀況不利時，能及時提出變通的方案與建議，調整兵力部署。
- 戰況陷入膠著進退兩難，衡量全盤情勢，及時退避三舍，得到休養生息與重新整頓的機會，改變原本不利的局面。（錯，13 同人九四）
- 懂得臨機應變固然可取，但也要適時將心中的想法，公開讓有關的人了解，

8　同上。「縻」音「迷」，束縛、拘束也。「縻軍」是指胡亂干預使戰場指揮官無法正常指揮作戰。

9　按易例，三為右，四為左。凡師一宿為舍，再宿為信，過信次。「左次」在此應解釋為先行撤軍，退卻待機。

以便消除疑慮，力求統一觀念與一致的行動。（綜，08 比六四）

- 具備獨到見解且有擔當者，才能獨排眾議，主張暫行退避兵力；因為勝敗乃兵家常事，保全實力才有機會捲土重來。（互，24 復六四）
- 擺脫小人的糾纏，才能得到正人君子的信任；同理，能擺脫當前的威脅，才有條件進行下一階段的行動。（之，40 解九四）

爻旨：遇到嚴重威脅應臨機應變，首先應考慮保全實力，必要時可採取以退為進的策略，以便能夠捲土重來。

六五：田有禽，利執言，无咎。長子帥師，弟子輿尸，貞凶。象曰：長子帥師，以中行也；弟子輿尸，使不當也。

當敵人入侵家園，順應情勢師出有名而果斷出擊，不會有災害。任用有經驗的長者，統率兵眾可以勝任；如果任用無經驗者，肯定造成覆軍殺將的結局，若仍固執己見則必凶無疑。象曰：任用有經驗的長者，可以秉持中道精神統領兵眾；若造成全軍覆沒的慘劇，只因用人不當。

【補充說明】

- 六五以柔履剛並居君位，象徵國君先讓自己處於被動地位，保留彈性並居後發之優勢，故能師出有名。下應九二，象徵不親自領兵出征，委由才能出眾且值得信賴的人，自己承擔最後成敗之責。
- 國君與在外手握重兵的將領，一開始互不熟識而互有疑懼，往往要經過時間的考驗，才能建立互信，進而密切配合。（錯，13 同人九五）
- 運用人才要謹慎，但不可太過苛求，造成屬下因害怕而隱瞞弱點；但也不可太過通融，養成屬下存有濫竽充數的動機。（綜，08 比九五）
- 用敦厚務實的態度知人善用，能充分信任與公開授權，彌補先天能力的不足，可使團隊成員同心協力、合作無間。（互，24 復六五）
- 當工作開始順利，仍須步步為營，逐步累積成果，因為愈到最後變數也愈多，絕對不可以有絲毫的鬆懈。（之，29 坎九五）

爻旨：興師動眾必須時機成熟、師出有名、令民與上同意；擇人任勢必須知人善用、充分信任，確實做到將能而君不御的境界。

上六：大君有命，開國承家，小人勿用。象曰：大君有命，以正功也；小人勿用，必亂邦也。

凱旋班師回國論功行賞，老臣主動轉達君王政令，冊封諸侯與任命大夫之職，但對品行不良的小人則不委以重任。象曰：轉達君王政令，為了論功行賞；小人不可重用，是指若用人不當，將使邦國陷入混亂。

【補充說明】

- 上六得位，對下無應，象徵由德高望重且公正無私的大老出面主持論功行賞。對於功勳卓著的小人，若重用則養虎貽患，不用則惹事生非；所以，最好的辦法是拿錢打發。

- 大功告成後，必論功行賞，但要求絕對公平，有實際上的困難。因此，由資深大老出面，相對比較方便處理；況且只要做到七、八分，不必求圓滿，反而可以保留彈性。(錯，13 同人上九)

- 獎賞是依據過去立下的功勳；而用人的考量，則是針對未來發展的需要。所以，獎賞與用人，兩者務必分清楚，不可混為一談。但總有不明事理的人，硬把封官晉爵當成獎賞；難怪自古以來，總是有些開國元勳，卻落到兔死狗烹的下場。(綜，08 比上六)

- 有功勳者，不見得有能力與名望；有能力者，不見得有名望與功勳；而有名望者，不見得有功勳與能力。如果執意於個人的迷失，任用不適當的人，則之前的努力可能會全部付諸流水。(互，24 復上六)

- 天下底定，攻守易勢，用人的策略也須隨之調整。打天下與治天下的專長不同，就像陽剛的作用適宜抵禦外侮，陰柔的功能適宜對內教化。(之，04 蒙上九)

爻旨：待小人宜寬，小人立了大功，可以破格重賞；但防小人宜嚴，小人不可重用否則養虎貽患；這種敏感的事，由資深大老出面主持較為恰當。

《序卦傳》：師者，眾也，眾必有所比，故受之以比。

師，是指眾人，也有興師動眾的意涵。當組織開始推行前所未有的重大工作，或執行臨時性的專案計畫，工作夥伴自然進一步的重新認識，原本親疏不等的關係，無形中也跟著重新洗牌，因此會產生選擇性交往，增進彼此間的親密關係，但也可能形成團隊中的小圈子。身為管理者，要如何事前妥慎規劃，促進團隊的和

諧，避免派系林立？我們可以從下一卦，在「比」卦的情境當中，深入了解親密關係的發展過程，可能出現哪些非預期的情況？如何正確選擇親附對象？以及如何適切收容歸順者？

08 ｜ 比卦：追隨親附的基本原則

表 2-8　比卦要點提示

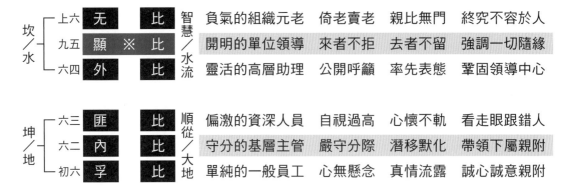

坎／水	上六	无	比	智慧／水流	負氣的組織元老	倚老賣老	親比無門	終究不容於人
	九五	顯 ※ 比			開明的單位領導	來者不拒	去者不留	強調一切隨緣
	六四	外	比		靈活的高層助理	公開呼籲	率先表態	鞏固領導中心
坤／地	六三	匪	比	順從／大地	偏激的資深人員	自視過高	心懷不軌	看走眼跟錯人
	六二	內	比		守分的基層主管	嚴守分際	潛移默化	帶領下屬親附
	初六	孚	比		單純的一般員工	心無懸念	真情流露	誠心誠意親附

【卦象與讀法】

下卦坤，坤為地；上卦坎，坎為水，全卦讀成「水地比」。

【卦時】

- 「比」字本義有依附、親比、比鄰等意涵。
- 《雜卦傳》：比，樂。組織上下之間，應保持親密相依、友好相處、和樂融融的關係，但也必須仔細評估追隨親附的對象是否正當合宜，同時也要秉持一貫誠信的原則。
- 比卦也可以用「合作無間」、「唇齒相依」、「安樂和諧」、「相互依靠」以及「愛的教育」等等這些類似的概念來引申與推論，或者也可以用「追隨親附，鞏固領導中心」的情境來比擬。

【卦辭】

比：吉。原筮[1]，元永貞，无咎。不寧方來，後夫[2]凶。

比卦，象徵親密互依可得吉祥。應再三詳細評估推斷研究，慎重決定是否合乎

1　「原」追究原因。「筮」推估、預測。

2　「後夫」指來不及親比或吊車尾者。

親附的條件，並維持永恆不變的正當關係，就不會有災禍。由於感到不安者才會前來親附，若三心兩意而來不及親附者，將有凶險。

【象傳】

> 象曰：比，吉也；比，輔也，下順從也。原筮，元永貞，无咎，以剛中也。不寧方來，上下應也。後夫凶，其道窮也。

比卦，是指親密互依，必得吉祥。所謂親密互依，乃相互輔助，主要是指基層對高層的順從親附。再三評估推斷研究，保持長久的正道，慎重抉擇而無災害，是因為領導者剛健持中之故。感到不安而來親附，是指上下之間能相互應合。三心兩意來不及親附而有凶險，則是指親附的時機已過，將導致窮途末路。

【補充說明】
- 水因地而制流[3]；是指地勢低窪處水易注入，地勢高聳處水必外流；同理，柔軟低調待人謙和者，容易讓群眾親近，並能建立親密友好的關係，而桀傲不馴、囂張跋扈者，人人躲之猶恐不及，遭到排擠實屬必然。
- 事前詳細評估並慎重選定親附的目標，日後才能維持長久的穩定關係；否則的話，充其量也只不過是一種投機取巧的行為。
- 發宏願欲主動照顧弱勢與歸順者，應展現泱泱風範，並廣修文德使其能感受到既來之，則安之。
- 身處弱勢欲投靠他人的歸順者，要看清楚親附的對象是否為名門正派，切忌是非不分或猶豫不決，以至於落到親比無門的下場。
- 人與人之間的互動關係隨時都在變化，不是愈來愈親近，就是愈來愈疏遠；其中的變數非常複雜，但最關鍵的因素，還是離不開有無誠信。

【大象】

> 象曰：地上有水，比；先王以建萬國，親諸侯。

水向地的低處流並聚集在地面，象徵地與水親密無比的比卦；歷代先王就是依此原則，建立有系統的組織並分封宗室，凝聚各邦國的向心力。

3　出自《孫子兵法・虛實篇》

【補充說明】

- 下卦坤，坤為土；上卦坎，坎為水，故有水流聚積地面低窪處，表現上下之間和睦與親密的現象。
- 水性潤下，大地承順，形成自然的生態環境，以供人畜活動、草木滋長。因此，組織領導人應營造和諧的氣氛與安定的生活環境，讓遠近的人都樂意前來歸順。

【爻辭 / 小象】

初六：有孚比之，无咎。有孚盈缶，終來有它吉。象曰：比之初六：有它吉也。

最基層人員心懷誠信的親附於最高領導中心，必無災害；由於誠信充沛，就像水充滿瓦缸便自然溢出，最終必得其他的協助而得吉祥。象曰：初始便誠心誠意的親附於最高領導中心，將必會得到其他方面的吉祥。

【補充說明】

- 初六乃位卑才疏的基層員工，人際關係相對單純，初入比卦環境，只要充分發揮最大的誠意向上親附，日後必然可以走出一條康莊大道。
- 初入社會，要謹慎選擇親比對象；因此在沒有充分把握前，儘量少與無關的人接觸，可避免受到不良習氣的感染。(錯，14 大有初九)
- 欲獲得深厚的友誼，需要長期培養，自己也要具備自律的工夫，並持之以恆，培養誠信的美德，建立個人良好的形象。(綜，07 師初六)
- 待人誠信是奠定友誼的基礎，基礎不牢則一切都是空談；充其量只是虛情假意的表演，只能得到一時的相互利用。(互，23 剝初六)
- 觀察別人的角度，往往取決於自己的成見；所以儘早養成良好的生活習慣與正確的價值觀，日後才能發現適合的親比對象。(之，03 屯初九)

爻旨：基層員工，應將誠心誠意自然的流露，便於坦誠相見；虛偽造作刻意討好，則容易穿幫露餡。

六二：比之自內，貞吉。象曰：比之自內，不自失也。

基層主管，帶領內部員工，發自內心的親比於上，堅守本分與原則可得吉祥。象曰：帶領員工，發自內心親比於上的行為，並不失去立場。

- 六二中正乃組織中優秀的基層主管，一切以公司的政策為馬首是瞻，能夠默默的、主動的帶領屬下向上親附，形成一種強烈的示範作用。
- 地位雖然不高，但對組織既定的政策，就其責任範圍內，全心全力、義無反顧的付出，發揮任重道遠的精神。（錯，14 大有九二）
- 基層主管與員工最接近，組織領導人也對其特別關切；因此，凡事中規中矩，維持上下間的互信，保持良好的互動。（綜，07 師九二）
- 若因一時不慎，發現親比對象選擇不當，應立即調整修正，可收亡羊補牢之功；若放任將錯就錯，則前途堪憂。（互，23 剝六二）
- 雖有一定職責，但只能做權責範圍內與能力所及的事；若有僭越之嫌，將會遭到猜疑，並引起上司的誤解。（之，29 坎九二）

爻旨：基層主管，應發自內心絕對的誠信，並以實際行動默默引導內部下屬，向領導中心親附。

六三：比之匪人。象曰：比之匪人，不亦傷乎？

資深員工孤傲不群，經不起不當誘惑，因而親比了不該親比的人。象曰：親比了不該親比的人，此舉不是很可悲嗎？

【補充說明】

- 六三以柔弱之質強居陽位且居凶險之地，象徵逞強盲目行動，所以會胡亂擇友，以至於看走了眼、跟錯了人，給自己帶來一堆麻煩。
- 容易見異思遷或經不起外界誘惑的人，不能擔當大任。此人萬一受到重用，不是貪贓便是枉法，因此被其所親附的人，肯定是自討苦吃而蒙受其害。（錯，14 大有九三）
- 見識淺薄、急功好利又喜好攬權者，不但難以相處，甚至根本不能交往，只要被沾上一點關係，馬上被無限渲染濫用。此人若僥倖受到重用，該團隊將永無寧日。（綜，07 師六三）
- 萬一看走眼上了賊船，用了不該用的人，造成無法挽救的災害；此時唯有破釜沉舟、儘早擺脫，痛下決心、徹底斬斷惡緣。（互，23 剝六三）
- 遇到窒礙難行之處，應馬上停下來自我反省：是否自己的眼光出了問題？是否當初跟錯人或選錯行？或者用了不該用的人？千萬不可一昧的怨天尤

人。（之，39 蹇九三）

爻旨：心態偏激的基層資深人員，最容易受到不當勢力的引誘，所以要特別留意所親比的對象，不可太過浪漫或自以為是，以致誤人誤己。

六四：外比之，貞吉。象曰：外比於賢，以從上也。

高階主管應以實際行動並公開呼籲，帶領群眾親附於上，堅守立場可獲吉祥。象曰：公開呼籲向上親近領導中心，帶領群眾順從長上。

【補充說明】

- 六四當位與九五正比，有如賢相戮力從公，輔佐明君，但也因居近君大臣之位，更應以身作則，因此要公開呼籲，帶領群眾，向上表態效忠。

- 高階輔佐者，主要工作是整合眾人意見，並力求協同一致，使力量集中；因此，凡事要以組織的利益為前提，故應低調輔佐，不可表露個人才華，方能有效的凝聚組織力量。（錯，14 大有九四）

- 要有宏觀的視野與高度的智慧，看好時勢發展趨勢；在不違背組織目標的原則下，該進就進、該退就退，該放就放、該收就收，一切行動都以組織的終極目標為考量。（綜，07 師六四）

- 居承上啟下的關鍵地位，應具有高度的遠見，才能防止團隊風氣敗壞；如果已經出現問題，則應立即制止並予以排除，否則組織運作將會受到嚴重的挫折。（互，23 剝六四）

- 能公開呼籲群眾行動一致的人，對於最高領導人而言，乃最佳輔佐者，但也可能是個威脅者；因此，要將事情做得十全十美與面面俱到，才可免遭疑忌。（之，45 萃九四）

爻旨：身居承上啟下地位的高階主管，應公開呼籲並主動表態，引領群眾向上親附，以鞏固領導中心。

九五：顯比，王用三驅，失前禽，邑人不誡，吉。象曰：顯比之吉，位正中也；舍逆取順，失前禽也；邑人不誡，上使中也。

單位領導人，以光明正大的態度得到下屬的親比。就像君王狩獵時，採用三面合圍、網開一面的策略，任由前方獵物離去，隨從人員亦不加警告，必定吉祥。象

曰：用光明正大的態度得到下屬的親比，乃因君王的言行端正、居位適中；任由前方獵物離去，是基於捨棄違逆，歡迎順從者；隨從人員不加警告，是因為領導者要求部屬保持中立，一切隨緣。

【補充說明】

- 九五中正居君位，乃卦中唯一陽爻，受到下面群陰的追隨親附，乃因光明正大接受天下人的行為，至於受到上六重陰凌乘，卻因鐘鼎山林各有天性，故不必強留。

- 秉持光明磊落的態度，取代吹噓拐騙的口號；堅持來者不拒、去者不留的立場，取代設置圈套、請君入甕的詭計；唯有以誠信建立的威望，才能夠得到真心前來投靠的群眾。（錯，14 大有六五）

- 領導人應以光明磊落的態度宣示政策，並用公正嚴格的機制選拔人才，以便目標明確，號令一致，才能夠師出有名，順利執行重大的工作。（綜，07 師六五）

- 為了確保組織力量的集中，凡有重大工作的推動，領導者應身先士卒率先躬行，並誠心誠意修正以往的錯誤，使組織成員都能雁行有序各負其責。（互，23 剝六五）

- 用最大的包容心爭取各方歸順，可得到各種不同的專長人力；用崇高的品格感召贏得民心歸向，可使各方人馬都樂意為組織奉獻心力。（之，02 坤六五）

爻旨：「人未己知不可急求其知；人未己合不可急與之合」[4]。讓前來親附者都是自動自發與心甘情願，組織的功能才能得到正常的發揮。

上六：比之无首[5]，凶。象曰：比之無首，無所終也。

　　倚老賣老的過氣老臣，不能及早親比於領導中心，以致親比無門而無主可靠，必有凶險。象曰：不能及早親比於領導中心，不會有好結果。

4　出自《格言聯璧‧接物類》。是指對於彼此不甚了解或對你尚無交往動機的人，不可急著讓他了解自己；對於交情不深的人，也不可以急著想與其合作共事。

5　「无首」是指不能及早親比，或無心親比，或親比無門。

【補充說明】

- 上六凌乘主爻九五，象徵置身於事外、親比無門的資深大老；就像一個浪跡江湖、無依無靠的流浪漢，終其一生只能自生自滅。

- 資深大老必須順乎天理、應乎人情，藉其豐富閱歷協助領導人，對後生晚輩傳承經驗，此乃天經地義的事。（錯，14 大有上九）

- 前方吃緊，他在後方緊吃，事後搶功的本領無人可敵，此人一旦掌有實權，天下難有寧日；故明君賢相不得不有所警惕，對於重建工作的人力運用，寧缺勿濫。（綜，07 師上六）

- 政治腐敗，天下大亂，危急存亡之秋，正是考驗國家棟樑之時。既無緣得到適當親附對象，也不甘淪為亂世臣民，此刻應如何維繫心中的抱負？唯有智者能做出適切的抉擇。（互，23 剝上九）

- 職位與聲望愈高，能見度相對也愈大，一舉一動都顯示在眾人眼皮底下。因此，千萬不要出現猶豫不決、倚老賣老，或貪婪無度等不得體的言行，而嚴重破壞組織的形象。（之，20 觀上九）

爻旨：執迷不悟而投機取巧，或存有三心兩意者，不但親比無門，最終必將被邊緣化。

《序卦傳》：比者，比也，比必有所畜，故受之以小畜。

比，是指親比，相互建立親密關係。團隊能上下一心、和睦相處，不但能使工作效率提升，也能維持彼此間的良好互動與工作紀律，然後開始出現明亮耀眼的工作績效。當組織與個人都有相當的收穫之後，自然會創造出嶄新局面而小有成就，並蓄積一些財富。但從長遠的發展來看，這種現象也只是進入長途競賽中的轉折點，將有更多也更為艱鉅的路要走。接下來，讓我們繼續進入下一卦，在「小畜」卦的情境當中，探討處在小有成就的環境當中，輔佐者如何盡己本分與人相處？並且體會「以小事大」的偉大情操，同時了解此時此刻，輔佐者與上下之間的互動關係。

09 ｜ 小畜卦：以小事大的因應對策

表 2-9　小畜卦要點提示

巽／風	上九	既雨　　既處	遜順／樹木	退居幕後的老臣	蓄道已成	戒驕防怠	避免腐化
	九五	有孚　※　攣如		德澤廣施的君王	共享成果	心手相連	同甘共苦
	六四	血去　○　惕出		得到授權的大臣	以小事大	以柔蓄剛	去憂遠害
乾／天	九三	輿說　　輻	剛健／木果	過度依賴的儲君	恩裡生害	斗米養恩	擔米養仇
	九二	牽復　　吉		順利成長的儲君	從善如流	不恥下問	隨順正道
	初九	復自　　道		自立更生的儲君	及早覺悟	擺脫依賴	自力更生

【卦象與讀法】

下卦乾，乾為天；上卦巽，巽為風，全卦讀成「風天小畜」。

【卦時】

- 「畜¹」字本義為蓄積、養育、收容；而「小畜」則為略有蓄積，或以小事大之涵義。

- 《雜卦傳》：小畜，寡也。因客觀條件尚不成熟，資源極為有限，只能在某個範圍內發揮作用，並且用婉轉的方法，牽制的躁進勢力；因此要有高度的耐性，以及合情合理、妥慎分配有限的資源，才能發揮關鍵性的作用，達到資源有效運用的目的。

- 小畜卦也可以用「略有成就」、「小有蓄積」、「善用資源」、「以小事大」以及「以柔蓄剛」等等這些類似的概念來引申與推論，或者也可以用「大臣管教小王子」的情境來比擬。

【卦辭】

小畜：亨。密雲不雨，自我西郊。

1　「畜」本指牲畜，為古人私有財富，與「蓄」字同音同義解。

小畜卦，象徵小有蓄積、小有成就，或以小事大，可以導致亨通。猶如烏雲密布卻未降雨的現象，是由於雲氣來自西方之故。

【彖傳】

彖曰：小畜，柔得位而上下應之，曰小畜。健而巽，剛中而志行乃亨。密雲不雨，尚往也；自我西郊，施未行也。

小畜卦，是指小有成就或以小事大。指陰柔居位正當，上下全都是陽剛，皆能與其相應和，所以稱之為小有成就。由於內心剛健，表現在外非常遜順，使居中的陽剛者其志可行，故而亨通。烏雲密布卻不降雨的現象，是說陽氣尚在往上發展階段。而雲氣來自西郊，則是指陰陽交合的作用尚未完全成熟暢通，仍有待努力。

【補充說明】

- 雲氣從西郊外飄過來，沒有任何降雨的跡象，就像大夥努力半天，還看不到理想的成果。此時，應認真檢討問題是否出在執行不利？或者大方向錯誤所致？或是時機未到呢？
- 雖然已有初步成果，但資源畢竟有限，所有的開銷只能控制在最小限度，僅有的資源應集中在重點方面，只能說是小有蓄積或小有成就。
- 公司開始進帳，員工人人都可得到應有的酬勞，但公司想要全面回本，恐怕還早得很，所以要善用資源，量入為出，才能永續經營。
- 當可用資源有限，而且時機尚未成熟，卻要滿足組織成員最基本的需要與維護團隊的士氣，必須採取以柔制剛與以小事大的方法。

【大象】

象曰：風行天上，小畜；君子以懿文德。

風在天上流動，正在蓄積能量，象徵只有局部成果的小畜卦；君子感到距理想目標還遠，需加倍努力累積實力，並充實美好的德行。

【補充說明】

- 下卦乾，乾為天、剛健；上卦巽，巽為風、遜順。故有風行天上，看似雲氣漸積，但尚未到達降雨的條件，只能說是小有成就。
- 莊稼作物需要等待降雨，但人腦吸收知識，砥礪美德並不受天候影響，隨

時都可進行；所以要不斷擴充，提升為群眾服務的能力。

- 在物資條件欠缺的情況下，仍然要完成工作，滿足組織成員強烈的需求，因此更要講求方法，用謙遜的美德與完善的服務來彌補。

【爻辭 / 小象】

初九：復自道，何其咎？**吉**。象曰：復自道，其義吉也。

決心不再依賴別人蓄養，回復自身陽剛本性，有什麼災害呢？必獲吉祥。象曰：回復自身陽剛本性，其行為合宜，理當吉祥。

【補充說明】

- 初九當位上應六四，象徵人微言輕然胸懷壯志，面對六四能應而不應，可求而不求，頗有年少志氣高，以及初生之犢不畏虎的性格。

- 養成凡事依賴別人的習性，想改正不易，一旦這種惡名遠播，恐怕無人敢與其為伍，所以要儘早回頭。(錯，16 豫初六)

- 以樸實無華的態度，拒絕錦上添花般的吹捧，不求雪中送炭式的憐憫，堅決找回自力更生與獨立自主的本能。(綜，10 履初九)

- 為了改掉依賴的惡習，初期可能事事不順，甚至影響工作績效；但這是必要的過程，就像傷口癒合須忍受陣痛，所以不要埋怨鞭策你上進的人。(互，38 睽初九)

- 愈早養成好習慣，對將來的發展愈有利；因此要當機立斷，痛改前非，不要猶豫不決，以免落到積重難返的地步。(之，57 巽初六)

爻旨：儘早自我調整，學習獨立自主，養成自力更生的好習慣，避免造成依賴成性的惡習而積重難返。

九二：牽復，**吉**。象曰：牽復在中，亦不自失也。

受到後生晚輩的精神感召，不再接受蓄養而回復正途，可獲吉祥。象曰：受到精神感召而回復正途，並能堅守中道，也沒有喪失本身的立場。

【補充說明】

- 九二以剛履柔，象徵有奮發向上之心，也能防範邪惡的誘惑而永保誠摯的心，可以不恥下問轉而向下結合志同道合者，共同向上發展。

- 保持剛毅耿直個性，拒絕隨波逐流，並且見賢思齊，擇善從之，拒絕接受不當誘惑，能夠自立自強，不受小人的憝患。（錯，16 豫六二）
- 以光明正大的姿態走在平坦大道，所作所為坦坦蕩蕩，就不會迷失方向；任憑外界百般引誘，也不至於誤入歧途。（綜，10 履九二）
- 主管放下身段向屬下學習的行為可嘉，若考量職場倫理或避免節外生枝，可通權達變利用非正式場合實施，效果反而更好。（互，38 睽九二）
- 先求自立才有能力照顧別人；因此要回歸本務而自我充實，排除非必要的額外雜務，專心做一個稱職的基層幹部。（之，37 家人六二）

爻旨：師不必賢於弟子[2]，只要能從善如流、不恥下問，向後生晚輩當中的好榜樣學習，不再迷失自己，共同攜手走向正途。

九三：輿說輻[3]，夫妻反目。象曰：夫妻反目，不能正室也。

相互之間長久過度依賴，久而久之一定反目成仇；就像連接車輪與車軸的木條脫落，比喻夫妻關係不好，以致反目相向。象曰：夫妻反目相向，是指丈夫缺乏能力規勸妻室。

【補充說明】

- 九三陽實本身條件優渥，卻長期依賴六四蓄養；當惡習養成後，便認為理所當然，以致長時間需索無度，一旦無法滿足，肯定反目相向。
- 為求人供養而曲意承歡，卑躬曲膝毫無尊嚴，日子久了肯定後悔。若能及時調整或許還有救，若依賴成性就來不及了。（錯，16 豫六三）
- 勉強做能力以外的工作，萬一出事，後果尚可預期；但長期協助不需要協助的人，等於濫用資源來製造更嚴重的社會問題。（綜，10 履六三）
- 支援與被支援雙方，若存在嚴重的意見分歧，肯定氣氛緊張容易爆發衝突；因此要冷靜面對，針對實際問題尋求化解之道。（互，38 睽六三）
- 斗米養恩，擔米養仇；過分依賴或施捨，都會破壞人際關係，造成請神容易送神難，以及進退取捨難以抉擇的局面。（之，61 中孚六三）

2　引用韓愈〈師說〉。原文：是故弟子不必不如師，師不必賢於弟子，聞道有先後，術業有專攻。

3　「說」讀「脫」，指脫離；輻，指插入輪轂支撐輪圈之細條。

爻旨：養成過度依賴他人的習慣，彼此間會長期累積心中的不滿，總有一天會像紙包不住火，造成難以收拾的局面。

六四：有孚，血去惕出，无咎。象曰：有孚惕出，上合志也。

只有廣施誠信，獲得組織成員的支持與信任，才能遠離傷害、掃除憂懼，沒有災害。象曰：以誠信遠害去憂，乃由於能與上司的心志相應合。

【補充說明】

- 六四孤陰當位得正，上承九五，下領三陽，象徵以至誠專心事上，獲得九五的信任與充分授權，所以能名正言順以陰柔之身蓄養諸陽。
- 能兼顧各方面的立場與需求，一切作為合情合理，廣獲眾人支持；因而排除了所有疑懼，以致功德圓滿。（錯，16 豫九四）
- 始終保持臨淵履薄的心情與伴君如伴虎的態度行事，故凡事都能趨吉避凶，甚至大事化小、小事化無，因而無往不利。（綜，10 履九四）
- 有限資源的分配運用，難免因利害關係造成爭執；因此要以公正無私的態度勇敢面對，不可刻意迴避任何棘手的人或事。（互，38 睽九四）
- 條件並不充裕，為了順利分配資源，滿足各方需求，應以敏銳的觀察力與判斷力，以及靈活的協調力，避開各種危機。（之，01 乾九四）

爻旨：以小事大、以柔蓄剛雖然艱苦，但態度誠懇且兼顧各方需要，故能承受各種壓力，在確保本身安全的前提下，滿足各方的基本需求。

九五：有孚攣如[4]，富以其鄰。象曰：有孚攣如，不獨富也。

心懷誠信，關心群陽、支持孤陰，使團隊成員緊密結合，並能與其共享富貴。象曰：使團隊成員緊密結合，是指能同甘共苦而不師心自用。

【補充說明】

- 九五中正，近比六四，象徵英明的君主，充分信任輔佐大臣，使得君臣之間相得益彰，並將成果與天下人分享。
- 領導者並非樣樣全能，有時難免也會力有未逮，多少都需要員工的配合才能圓滿，故應適時、適度的表示感恩與回饋。（錯，16 豫六五）

---

4 「攣」音「ㄌㄩㄢˊ」，有牽繫、聯繫、維繫等意涵。「攣如」，指牽繫緊密之意。

- 即使資源有限，也要照顧員工，但不可刻意討好而毀掉得來不易的成果，也不可為了維持成果而不顧員工的生計；所以，切忌剛愎自用，要膽大心細，並體恤下屬。(綜，10 履九五)
- 當經營艱困、財力吃緊，難免氣氛緊張而出現衝突的現象；領導者必須及時化解群眾的疑慮，營造和諧的人際關係。(互，38 睽六五)
- 對於才氣橫溢、個性剛烈的基層幹部，應避開鋒芒而用其專長，採取以迂為直的間接路線，用高度的智慧知人善用。(之，26 大畜六五)

爻旨：「不患寡而患不均，不患貧而患不安」[5]，上下一心同甘共苦，故能以有限資源，照顧所有員工並受到群眾的感恩戴德。

上九：既雨既處，尚德載；婦貞厲，月幾望，君子征凶。象曰：既雨既處，德積載也；君子征凶，有所疑也。

小畜之道已達終極，就像雲氣密集開始降雨，蓄養功德已臻圓滿，此時應重視積德載物；若像貪得無厭的婦人，必然會出現危厲的情況，要像月亮圓而不可盈，如果還是不停的接受蓄養，必有災禍。象曰：蓄養的功德業已圓滿，如果還繼續接受蓄養，必然引起眾人的猜疑。

【補充說明】
- 上九居上巽之極，猶如高高在上的大老，對於下卦三陽爻，有令其適可而止的強烈暗示，因此六四也應隨環境的變化而調整蓄養的動作。
- 以往陰陽失調的情況已經開始好轉，但得到好處之後，應見好就收，以免養成過度依賴的惡習；要及時回到正常的情況。(錯，16 豫上六)
- 每當事情告一段落，或有所成就時，應回顧與檢討過程與得失，深入了解問題造成的原因，做為日後趨吉避凶的參考借鏡。(綜，10 履上九)
- 心中有鬼，則眼見的全是鬼；心地善良，則一望無際盡是好人；從小就應學會安守本分不虛偽望外與仰賴別人的惡習。(互，38 睽上九)
- 開始有了成就，相對也增加曝光的危險，所以言行要保守低調，以免招蜂引蝶；另外，也要有應付各種突發狀況的準備，以確保既有的成果。(之，05 需上六)

5　出自《論語・季氏》。原文：有國有家者，不患寡而患不均，不患貧而患不安。

爻旨：以小事大，本出於無奈，然而一旦情況改善，或者成果超乎預期時，則應調整策略停止蓄養，並能戒驕防怠，以免開始腐化。

《序卦傳》：物畜然後有禮，故受之以履。

無論個人或團隊，從原本一無所有到小有成就，肯定要付出相當的代價，因此免不了要享受一番；因為在一窮二白的時代，大家沒啥好爭，一旦景氣好轉，難免起妄心、動貪念。所以，必須要有適當的約束，以免出現你爭我奪的情況。為了維持和諧的社會秩序，以及人類與生俱來的需求層次，從最基本的生理與安全需求，能夠平順無礙的提升到更高層次的需求。我們不妨從下一卦，也就是在「履」卦的情境當中，體會人際間必要的禮儀與長幼尊卑間的相處之道，以及面對不同位階與身分的人應特別留意的地方，另外也可想像一下「伴君如伴虎」的情境。

10 ｜履卦：險中求勝的經驗教訓

表 2-10　履卦要點提示

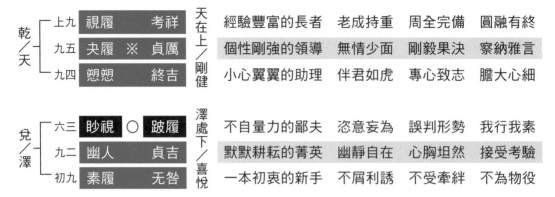

乾/天	上九	視履		考祥	天在上/剛健	經驗豐富的長者	老成持重	周全完備	圓融有終
	九五	夬履	※	貞厲		個性剛強的領導	無情少面	剛毅果決	察納雅言
	九四	愬愬		終吉		小心翼翼的助理	伴君如虎	專心致志	膽大心細
兌/澤	六三	眇視	○	跛履	澤處下/喜悅	不自量力的鄙夫	恣意妄為	誤判形勢	我行我素
	九二	幽人		貞吉		默默耕耘的菁英	幽靜自在	心胸坦然	接受考驗
	初九	素履		无咎		一本初衷的新手	不屑利誘	不受牽絆	不為物役

【卦象與讀法】

下卦兌，兌為澤；上卦乾，乾為天。全卦讀成「天澤履」。

【卦時】

- 「履」字本義有躬行、實踐、就任、經歷等意涵。
- **《雜卦傳》：履，不處也。**待人處世應小心謹慎，凡事要以伴君如伴虎的心情循禮而行。不敢安居自處，也不會逾越分際而違反各種既定的規則；但也不至於不知變通，死守過時的陋習。
- 因此履卦也可用「誠惶誠恐」、「戒慎恐懼」、「循禮而行」、「伴君如虎」以及「臨淵履薄」等等這些類似的概念來引申與推論，或者也可以用「小吏伺候萬歲爺」的情境來比擬。

【卦辭】

履：履虎尾，不咥[1]人，亨。

履卦象徵循禮而行，小心謹慎跟著老虎尾巴後面行走，即使捋虎鬚也不會被老虎咬，如此行事雖危無害，可致亨通。

1　「咥」音「疊」，吃至極致為之咥，意指遭老虎咬食。

【彖傳】

彖曰：履，柔履剛也；說²而應乎乾，是以履虎尾，不咥人，亨。剛中正，履帝位而不疚，光明也。

履卦，是指柔順者追隨剛強者之後；能以和悅態度迎合剛健者，因此，雖面臨危險，也不會受到傷害，並且可以得到亨通。陽剛者居中守正，即使踐履天子之位，心中也不會愧疚，因他具備廣博光明的德行。

【補充說明】

- 履者，禮也。人與人禮尚往來，有禮則安，無禮則危，順應人情則一切平和，其躬行實踐，就像建築物有良好的基礎才會穩固，故《繫辭傳》有言：**履，德之基也，和而至，且能以和而行。**

- 我們每天所接觸的人，可當成形形色色的老虎；猛虎不見得一定會咬人，病虎不見得不會咬人，完全要看自己待人處世的態度而定。

- 身處多元化的職場，每天都接觸各式各樣的人，但只要小心翼翼遵循法令與規則，無論遇到任何特殊的情況，都不至於出現重大的差錯。

- 富貴險中求，本是比喻愈大的成就，須付出更多的風險，但此處並非指大的冒險或賭注，而是保持臨淵履薄與謹慎戒懼。履卦二、四、上三個柔位皆屬陽爻，占辭分別是貞吉、終吉、元吉，證明剛而能柔的好處。

【大象】

象曰：上天下澤，履；君子以辯上下，定民志。

天在上，澤在下，象徵依據長幼有序，適當安排的履卦；君子應分辨各種身分地位，遵循適當的禮儀，以便安定眾人心志。

【補充說明】

- 下卦兌，兌為澤、為說、少女；上卦乾，乾為天、為健、為父。故有內心保持喜悅的心情，外表剛健的工作態度。

- 一家八口地位最高的父親居最上位，地位最小的少女居最下位，象徵落實長幼尊卑有序的人倫與禮節規範。

---

2 「說」與「悅」同音同義。

- 組織當中有不同的地位與職務，應先確定分工的責任歸屬，讓所有成員凡事有規則、有標準可以遵循，同時也能分辨清楚場合與時機，做當下該做的事，講當下該講的話。

【爻辭 / 小象】

初九：素履，往无咎。象曰：素履之往，獨行願也。

新手上路一本初衷按部就班，以樸實的態度行事一切保持正常，必無災害。象曰：以樸實的態度踐履行事，奉行自己的意願而不受干擾。

【補充說明】

- 初九象徵初涉世事，由於身分地位不顯著，離威嚴十足的領導人最遠，相對也最安全，可以本著樂則行之，憂則違之的原則，該做什麼就做什麼，無憂無慮按部就班，照章行事。
- 行事正大光明，用謙卑又謙卑的態度處世，保持純正的動機，不受威脅利誘也不追求時髦，因此能夠無往不利。(錯，15 謙初六)
- 獨立自主不必仰賴別人，凡事為自己負責；因此，可以靈活調整，不必跟隨他人步調，放心做自己該做的事。(綜，09 小畜初九)
- 先安定自己的情緒，檢點自己的言行，冷靜思考可能發生的狀況，先做好因應對策，專心一意的照計畫推動工作。(互，37 家人初九)
- 不爭可止怨，因此不去計較過去的是是非非；無辯可息謗，所以不必理會身旁的閒言閒語，把省下來的寶貴時間，用在對自己身心有助益之處。(之，06 訟初六)

爻旨：初入仕途應保持純正的本性而不受牽絆、不為物役，更不屑利誘，做自己心志的主人。

九二：履道坦坦，幽人貞吉。象曰：幽人貞吉，中不自亂也。

默默耕耘工作的人，就像在寬闊平坦的大道上行走，以幽靜恬淡的態度，堅守正道可獲吉祥。象曰：恬淡幽靜並堅守正道而得吉祥，是由於行為持中不偏與心志不亂之故。

【補充說明】

- 九二剛居柔位而得中，無比無應，象徵剛而能柔，當身處險境時，表現不偏不頗與能屈能伸的態度，始終做個耳聰目明的人。
- 得到謙虛的美名，心中不能只是坦蕩就滿足，因為聲名乃謗之媒 [3]；應時時保持戒慎恐懼，才能維持得來不易的好形象。（錯，15 謙六二）
- 不要欠下太多人情，走起路來才能抬頭挺胸；能夠放下身段向下學習，反而心胸光明磊落，進而能夠脫胎換骨，培養神閒氣定與成熟穩重的性格。（綜，09 小畜九二）
- 不自作主張，但要做好分內工作，若有交辦事項則盡全力完成，額外的事不可隨便招攬，以免自亂陣腳而製造困擾。（互，37 家人六二）
- 培養實事求是的精神，心中沒有不切實際的幻想，也不可寄望於虛無縹緲的未來，才能擁有幽雅恬淡與平靜的心情。（之，25 无妄六二）

爻旨：保持坦蕩的胸襟，以幽靜自在的心情與擇善固執的態度默默耕耘，冷靜面對嚴峻的挑戰。

六三：眇能視，跛能履，履虎尾，咥人，凶；武人為于大君。象曰：眇能視，不足以有明也；跛能履，不足以與行也；咥人之凶，位不當也；武人為于大君，志剛也。

自不量力，就像瞎了一隻眼還強裝能看清事物，瘸了腿還裝做能健行，肯定踩到老虎尾巴，不被咬才怪，必凶無疑；粗鄙之人也妄想登上君位。象曰：瞎一隻眼還裝作能看見，是指無法明辨事物；瘸了腿還強裝做能行走，是指無法持續遠行；有被老虎咬的凶險，乃因德不配位；粗鄙之人妄想登上君位，是指其心志太過剛烈。

【補充說明】

- 六三不中不正又以柔乘剛且孤陰獨居凶境；象徵粗獷無文，盲目妄動，有如盲人騎瞎馬、夜半臨深池，若不出事，才是天下奇聞。
- 無功無德的謙虛，只能說是矯揉造作；努力做無能為力的事，叫做瞎忙；

3　引用《格言聯璧·持躬類》。原文：富貴，怨之府也；才能，身之災也；聲名，謗之媒也；歡樂，悲之漸也。

自以為是卻破壞全局，乃不折不扣的搗亂。（錯，15 謙九三）

- 從小養成依賴成性，極盡啃老本領；對外卻儼然大老闆模樣，四處行善普渡眾生，這豈不是另類的眇能視與跛能履嗎？（綜，09 小畜九三）

- 子曰：「近則不遜，遠則怨」[4]。但為使孩童將來長大在外，不至於到處履虎尾而被咥，可考慮採取「與其不遜，寧怨[5]」的教育方式。若為避免自己吃眼前虧而遭到傷害，則可變通接受：「與其結怨，不如容其不遜[6]」。（互，37 家人九三）

- 要有自知之明，也要了解所處的環境，把握事態發展的徵兆；該做的不逃避，不該做的不要攬，便可厲而无咎，平平安安的履虎尾而不被咥。（之，01 乾九三）

爻旨：身處險境時，凡事應量力而為、守分而行；若自視甚高或錯估情勢，以致強不知以為知、本無事而生事，則惹禍上身乃必然的結局。

九四：履虎尾，愬愬[7]，終吉。象曰：愬愬終吉，志行也。

在危險中小心謹慎行事，就像走在老虎尾巴之後，保持戒慎恐懼的心理，終將平安吉祥。象曰：以戒慎恐懼的態度行事，志向才可實現。

【補充說明】

- 九四剛而能柔，居多懼之位，以臨淵履薄的心情保持戒慎恐懼的狀態；所以，雖處在以陽承陽的尷尬局面，終能有驚無險的平安度過。

- 所謂伴君如伴虎，多半是指位階較高的人，伺候頂頭上司，如果表現不夠謙虛，就會受到排斥與厭惡；但謙虛的美名高過上司，也會遭到猜忌而致災。（錯，15 謙六四）

- 發揮最大的誠信待人處世，可緩和緊張情緒，不必籠罩在疑神疑鬼的氣氛中，也可以避開潛在的衝突而平安無事。（綜，09 小畜六四）

---

4 引用《論語・陽貨》：「子曰：『唯女子與小人為難養也，近之則不孫，遠之則怨。』」

5 為避免小孩子將來吃大虧，則寧可嚴厲管教，即使造成一時的埋怨也在所不惜。

6 為了避免遭到眼前重大災難，寧可犧牲一些相對較小的代價，而不與其計較一時。

7 「愬」音「訴」，形容恐懼謹慎。

- 以勤儉持家的精神，讓家庭成員無憂無慮，自然事事圓滿無礙，就像馴獸師把老虎照顧得無微不至，老虎怎會咬人呢？（互，37 家人六四）
- 職位愈高，企圖巴結你的人也愈多。為了能專心一意輔佐，以免招來不必要的誤解，應徹底斷絕個人的私情與偏好。（之，61 中孚六四）

爻旨：凶獸難害慎馬[8]；身處險境，始終小心謹慎，保持戒慎恐懼而不犯錯，即使與最難侍候的上司相處，也能平安無恙。

九五：夬[9]履，貞厲。象曰：夬履貞厲，位正當也。

領導者以大膽果決的態度行事，但要避免剛愎自用，以免招來危險。象曰：剛毅果決避免剛愎自用，是指九五所處的地位，最易造成獨斷專行。

【補充說明】

- 九五中正居君位，但無比無應，象徵剛決果斷，少講情面；有可能因過度自信而流於剛愎之嫌，若能時時自省自律，則凶險可免。
- 對於不願配合政策者，固然可以採取強硬措施；但如果手段太過冷酷激烈，等於把身旁所有的人都給咬了，最終你這隻老虎也難以獨自生存。（錯，15 謙六五）
- 對於員工的辛勞，如果不能適時表示感恩與分享成果，甚至只會把屬下充當砲灰，自己躲在後面獨攬成果，這種自私自利的領導人，只能在腐敗風氣的保護傘下，囂張苟活。（綜，09 小畜九五）
- 能力超強的領導者，大部分精力用在對外拓展與政策制定；既定工作由他人執行，因此要充分的授權與相互尊重。（互，37 家人九五）
- 兩造之間若有重大誤解，經溝通釋懷後，交情可能遽升；一個威嚴十足的強勢主管卻待人如親，則令人倍感如沐春風。所以，領導者必須具備恩威並施與剛柔互濟的特質。（之，38 睽六五）

爻旨：在險中求勝的環境中，領導者務必膽大心細，時時心懷戒懼並廣納建言，避免剛愎自用。

8　出自俄羅斯諺語。

9　「夬」音唸「怪」，有決斷、分決之意。

上九：視履考祥，其旋 [10] **元吉。象曰：元吉在上，大有慶也。**

回顧一路走來的得失評估與檢討，自始至終都周旋完備，無任何重大瑕疵，才能獲得圓滿與最大吉祥。象曰：高居上位而能得到最大的吉祥，是說堅持一貫的務實作風，才能讓組織受益而得以慶賀。

【補充說明】

- 上九易知，能綜觀全程，初无咎，三凶五厲，二四皆吉，說明處履卦時，居柔得吉、居剛多凶。因此履卦強調履險要用柔，方能險中求勝。

- 善用自己的聲望與親身經歷，讓不懂謹言慎行的年輕人，得知惹禍上身的原因，進而記取前輩的經驗教訓，降低人生奮鬥歷程中，可能遭遇到的傷害。（錯，15謙上六）

- 需求不能滿足，應當努力進取；若需求已充分，便不可貪得無厭。就像一個人的進帳，遠超出所能容納的財庫時，便容易導致一群又一群牛鬼蛇神的覬覦。（綜，09小畜上九）

- 以權勢建立的威嚴，不易長久維持，就像猛虎一旦失去利用價值，虎骨、虎鞭立刻被取出食用；但以誠信培養的威嚴，可以像水乳交融般的細水長流。（互，37家人上九）

- 不可隨意對人甜言蜜語，這些曲意諂媚的捧殺工具，不可能被剛正不阿的人所接受，如此愚昧的行為，就像一個大傻瓜在拍老虎的屁股，若不被咬才怪。（之，58兌上六）

爻旨：大功告成之後，仍須回頭反省檢討，如果自始至終都能周全完備而無瑕疵，才能算是究竟圓滿。

《序卦傳》：履者，禮也，履而泰，然後安，故受之以泰。

履，是指循禮而行。凡事都能循禮而行，久而久之自然會創造萬事通達的局面，使得人心趨向安定。不過，花無百日紅，人無千日好，即使可以維持一貫的優良作風，但往後的日子並不見得一定如此平順。未來的工作環境是否會變得更好？或開始走樣呢？屆時要如何面對？所以，接下來，我們可以從下一卦，在「泰」卦

10　「旋」指返回到起點。

的情境當中，得到一些啟示，當我們身處順境時，應該要有哪些心理上的建設與實務上的作為，才能及時防止情勢惡化，讓萬事通泰的局面，能更長久的維持。

11 ｜ 泰卦：盛極而衰的自然規律

表 2-11　泰卦要點提示

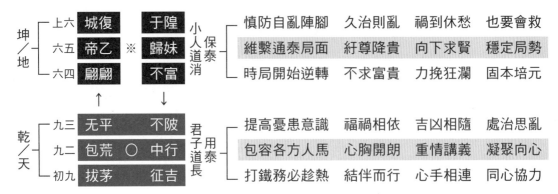

【卦象與讀法】

下卦乾，乾為天，上卦坤，坤為地。全卦讀成「地天泰」。

【卦時】

- 「泰」字義有暢通、和諧、安定、太平、驕縱、奢侈等多重意涵。
- 《雜卦傳》：否、泰，反其類也。否卦與泰卦，正好處於事態的兩個極端。就泰卦而言，處在萬事通達，以及陰陽互濟的大好時機，應當居安思危，防止盛極而衰的情況發生。
- 泰卦也可以用「上下交流」、「暢通無阻」、「互惠互利」、「居安思危，處治思亂」以及「投資小，報酬大」等這些類似的概念來引申與推論，或者也可以用「順境不足喜，要慎重」的情境來比擬。

【卦辭】

泰：小往大來，吉亨。

泰卦象徵萬事順遂，由於陰氣已無容身之處而逐漸消失，陽氣正當蓬勃發展，因而吉祥又亨通。

【象傳】

象曰：泰，小往大來，吉亨。則是天地交而萬物通也，上下交而其志同也。內陽而外陰，內健而外順。內君子而外小人，君子道長，小人道消也。

泰卦，萬事通達的時代，陰暗柔小者逐漸消逝，光明剛大者逐漸增長，因而吉祥又亨通。是由於天地相交合使萬物成長通順，高層與基層交流使人們的心志相同。陽剛正氣聚集在內，陰濁邪氣排除於外，健全內部組織，以順應外部環境。正人君子得位在內，奸邪小人失勢在外；君子之道逐漸增長，小人之道逐漸消減。

【補充說明】

- 組織高層與基層之間的溝通協調管道暢通，上下一心，思想觀念統一，因此政策能順利推動，而且也能夠增進彼此之間的相互了解，資訊充分交流，以便互通有無，可以做到「人盡其才、地盡其利、物盡其用、貨暢其流」[1]的理想境界。

- 事業發達通路打開，一切人脈金流暢通無阻、生意興隆；但也要有居安思危的心理準備，防止因陽氣過盛，造成盛極而衰。

- 身處順境，務必表現得更為慎重，應始終保持謙虛謹慎與不驕不躁的工作態度，以及居安思危的憂患意識。

- 處順境時要珍惜得來不易的成果，也要感謝上天賜予自我考驗的機會，看看我自己能否把這種通泰的局面維持得更長、更久。

- 投資少而回收大，只是階段性的現象，整體而言，應當沒多也沒少；因為當下的營收，可能是過去付出的回饋，也有可能是暫時借用，將來要連本帶利的奉還。

【大象】

象曰：天地交，泰；后以財[2]成天地之道，輔相天地之宜，以左右民。

地氣重由上下來，天氣輕由下上往，象徵天地相互交流，萬事通達的泰卦；君王應制定合乎天地之道的規範，輔助天地化育萬物的正理，以調適保祐天下百姓。

1　出自孫中山〈上李鴻章書〉。

2　「財」通「裁」，原意為剪裁衣服，在此則指安排、安頓。

【補充說明】

- 下卦乾，乾為天、君子；上卦坤，坤為地、小人。故有天地交流、萬事通達，以及君子道長、小人道消之象。
- 身處萬事通達的時代，應趁此千載難逢的良機，進行有利於國計民生的各種建設，增進民眾的福祉。

【爻辭 / 小象】

初九：拔茅茹[3]，以其彙[4]，**征吉**。象曰：拔茅征吉，志在外也。

與志同道合者結伴同行向上，就像拔起一串根部相連的茅草，象徵同類相聚合作無間，故應打鐵趁熱而採取行動，必致吉祥。象曰：同類相交前行，因有共同志向，一起對外求發展。

【補充說明】

- 初九當位有潛龍勿用之格，象徵立志上進的年輕人，心中已有嚮往的目標，並團結志同道合的君子，共同攜手向上發展，共創理想的未來。
- 由於各種條件尚未齊備，仍有待不斷充實，故內心雖有豪情壯志，但言行舉止應保持低調謹慎，一步一腳印走向康莊大道。
- 志同道合的同伴，雖然能夠緊密相依與相互砥礪，但應慎防萬一情勢不利時，要有各種應變準備，以備不時之需。(綜，12否初六)
- 雖有深謀遠慮的眼光，對現行政策如有不盡如意的看法，仍要勉為其難全力配合，對既定工作須無怨無悔的付出，要以組織的利益為依歸。(互，54歸妹初九)
- 雖有良好的環境與充沛的條件，但畢竟人微言輕，必須以最大的誠信，爭取各方的支持與認同，然後一起向上發展。(之，46升初六)

爻旨：建立生命共同體，形成無法割捨的利害關係，以便能攜手合作，一起走向光明的前景。

九二：包荒，用馮河，不遐遺，朋亡，得尚於中行。象曰：包荒，得尚於中

---

3 「茅」指茅草，「茹」指咀嚼、吞嚥；「茅茹」是指像草根相連或同類相聚之義。

4 「彙」指同類相聚。

行，以光大也。

胸懷大志有仁心，可包容四面八方人才；有勇氣，可以涉越險阻；有道義，不遺棄偏遠的人；有智慧，不結黨營私；有禮節，行為合乎中道精神。象曰：之所以能包容各方並合乎中道，乃由於有廣大的胸懷與雅量。

【補充說明】

- 九二有陽剛之德居柔中之位，具備仁民愛物之心包容群眾，勇氣十足可與共度艱險，有情有義不遺棄賢良，運用智慧不結黨營私，有禮有節可以恆守中道；備此五德可確保事業興盛不衰。
- 組織當中難免摻雜有奉承阿諛與剛正不阿的人，身為主管應有識人之明，應正確辨識，而做到無枉生之才、無抑鬱之士、無倖進之徒的用人目標。（綜，12 否六二）
- 即便所處環境無法施展長才，但只要心境保持恬淡，不失本分克盡職責，並保持良性互動，也能引起共鳴而同心協力。（互，54 歸妹九二）
- 成大器者，要有以天下興亡為己任與「先天下之憂而憂」[5]的志向，對亟待拯救的人，應及時伸出援手，使其早日脫困。（之，36 明夷六二）

爻旨：心胸開朗並且具備仁心、勇氣、道義、智慧以及循禮而行等五種美德的人，最有條件凝聚工作夥伴的向心力。

九三：無平不陂，無往不復，艱貞无咎，勿恤[6]其孚，于食有福。象曰：無往不復，天地際也。

平坦大地不可能沒有斜坡；過往者不可能沒有折返之處；艱困時保持正道可免災害；不須憂慮只要保持誠信，會得食祿而有福報。象曰：過往者不可能沒有折返之處，因介於天地之間。

【補充說明】

- 九三面臨內外、上下變動之際，應保持兢兢業業的工作態度，以防範意外事件發生，以免因為小小的疏失，將得來不易的成果毀於一旦。
- 為克服困難而放低身段乃無可厚非，但面臨大環境變動，如果表現過於卑

5　引用范仲淹〈岳陽樓記〉。原文：先天下之憂而憂，後天下之樂而樂。

6　「恤」憐惜、憂慮。

下，可能會被解讀成見風轉舵，應避免造成誤會。（綜，12 否六三）

- 世事變化難以逆料，改變追求目標應屬合理，但也不可存非分之想、不期望過高之原則，否則會因不切實際而期待落空。（互，54 歸妹九三）

- 出現盛極轉衰的徵候，會造成人心浮動，為了安撫人心，用花言巧語掩飾，非但於事無補，甚至會變本加厲使情況更加惡化。（之，19 臨六三）

爻旨：萬事萬物都是福禍相依、吉凶相隨，所以時時都要有居安思危與處治思亂的心理準備。

六四：翩翩[7]，不富以其鄰，不戒以孚。象曰：翩翩不富，皆失實也；不戒以孚，中心願也。

通泰轉為閉塞之際，滿懷希望向下回到基層，力保通泰而不與他人爭富貴；此時無須告誡也會堅持一貫的誠信。象曰：向下力保通泰而不強求富貴，是因為感覺上卦三爻皆陰而不充實；無須告誡也要堅持一貫的誠信，是指六四內心有這種強烈的意願。

【補充說明】

- 六四下應初九，故能主動向下與諸陽應合，並帶動他人跟隨。此一動作象徵向下力求保泰，並非僭越職權，也非與下爭利，同時也符合上下交流之卦旨。

- 局勢開始有所變化，要格外慎重，應常懷戒懼之心，低調行事，力求回歸到基本面，以維持通泰局面。

- 一旦出現情況惡化的徵兆，一方面要順應情勢發展，同時也要聯繫志同道合的同志，齊心合力共同突破困境。（綜，12 否九四）

- 認清自己目前所處的環境與地位，不可因陋就簡或隨意遷就，要有耐心不疾不徐的守正待命，才能達成心中的願望。（互，54 歸妹九四）

- 即便客觀情勢有利，有如開車一路順暢，但也應有隨時隨地保持準備剎車的動作，才能維繫更長久、更穩定的局面。（之，34 大壯九四）

爻旨：局勢急轉直下時，身分地位愈高，愈要明辨是非曲直，必要時主動適時引導長者做出正確的決定，力求挽回不利的局面。

---

7 「翩翩」鳥飛向下，指六四與初九相應以求通泰。

六五：帝乙⁸歸妹⁹，以祉元吉。象曰：以祉元吉，中以行願也。

以尊貴之位向下求賢以保通泰；就像帝乙將女兒下嫁西伯，得到最大的吉祥。
象曰：得到最大的吉祥，因居中不偏，並實現求賢若渴的心願。

【補充說明】

- 六五柔居君位，象徵身居高位而能謙下，手握大權、勤勉施政，上下無不
  對其抱以高度的信賴，堪稱有為有守、高瞻遠矚的領導者。

- 好景難常，故勢不可使盡，否則禍必隨之。庸人總是陷入困境之後，才想
  到早該如何；有遠見者，承平時期就有憂患意識，預先就有最壞的打算與
  做好萬全的準備。（綜，12 否九五）

- 「君子泰而不驕」¹⁰，率先躬行與民同甘共苦；地位雖崇高，依然奉行儉樸
  作風，凡事儘量圓融而不盈滿，因而深得人心。（互，54 歸妹六五）

- 險惡環境開始好轉，仍然用謙卑冷靜的態度待人，同時也不忘善待工作夥
  伴，共同分享得來不易的成果。（之，05 需九五）

**爻旨：洞燭機先的領導者，看出大環境的趨勢開始有了變化，願意放下身段向
下求賢，共同維繫通泰的局面，力求穩定當前的情勢。**

上六：城復於隍¹¹，勿用師，自邑告命，貞吝。象曰：城復於隍，其命亂也。

當盛極而衰之際，應慎防發生動亂。就像城牆崩塌於護城河之中，此時不可動
用軍隊，只要通告轄區內民眾提高警覺即可；因為此時大勢已底定，只能穩住情
緒、控管停損，否則會遭致更大的遺憾。象曰：城牆崩塌於護城河之中，是比喻局
勢已經陷入混亂狀態。

【補充說明】

- 上六居泰卦之極，情勢不變已成定局，要考量後續發展以及現有能力；若
  只是為了挽回頹勢而大動干戈，只會增加情勢的惡化，徒增善後工作的負
  擔，因此，必須小心謹慎，讓損害降到最低。

8　「帝乙」商王文丁之子，紂王之父。

9　「歸妹」公元前 1095 年，商王文丁採和親政策，將女兒嫁給周文王。

10　出自《論語·子路》。原文：君子泰而不驕，小人驕而不泰。

11　「隍」無水護城河。

- 盛極而衰乃萬物發展的趨勢，即便眼看局勢難以挽回，也應儘早設下停損點，才有機會等待來日捲土重來。（綜，12 否上九）
- 具備內在涵養與實力，乃立身處世的根本，就算時局再差，也能保留最起碼的底氣；相反的，如果徒有華麗外表，就算客觀形勢再好，隨時都可能會被拆穿以致身敗名裂。（互，54 歸妹上六）
- 衣袖長，善於舞蹈；才華夠，可肩負重任；口袋深，好做生意。因此，平時蓄積足夠能量，就算情勢不變，也不至於陷入無可救藥的境地。（之，26 大畜上九）

爻旨：盛極而衰是自然的現象，因此要能夠修明政治，儘量把災害降到最低，絕對不可因而自亂陣腳。

《序卦傳》：泰者，通也，物不可以終通，故受之以否。

泰，是指萬事通達。常言道：「花無百日在深山，人無百年在世間。」萬事通達的情境也不可能長久不變，可能會因一個不小心，造成向下沉淪的局面。因為物盛而衰、時極而轉，乃天道循環的自然定律；所以，處順境要慎重，得意時要淡然。萬一逢逆境時，該怎麼辦？失意時，要如何自處？接下來，讓我們進入下一卦，在「否」卦的情境當中，了解古聖先賢的智慧，或許可以提供一些因應對策，讓我們身處逆境時，也能夠穩重自處；在失意時，能夠坦然面對，並且能夠明哲保身，以待他日東山再起。

12 ｜否卦：苦盡甘來的必經過程

表 2-12　否卦要點提示

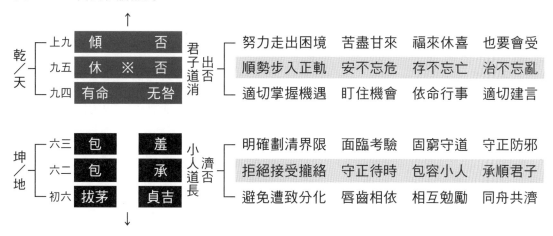

				努力走出困境	苦盡甘來	福來休喜	也要會受
				順勢步入正軌	安不忘危	存不忘亡	治不忘亂
				適切掌握機遇	盯住機會	依命行事	適切建言
				明確劃清界限	面臨考驗	固窮守道	守正防邪
				拒絕接受攏絡	守正待時	包容小人	承順君子
				避免遭致分化	唇齒相依	相互勉勵	同舟共濟

【卦象與讀法】

下卦坤，坤為地；上卦乾，乾為天，全卦讀成「天地否」。

【卦時】

- 「否」字本義有黑暗、閉塞、阻礙、貶斥、不順等多重意涵。
- **《雜卦傳》：否泰，反其類也。**否卦與泰卦，正處於事態的兩個極端。就否卦而言，是指當身處在上下無法交流，以及政局分崩離析的局面，反而提供了開創東山再起的契機，進入否極泰來的新局面。
- 否卦也可以用「上下不合」、「江河日下」、「閉塞不通」、「救亡圖存，撥亂反正」以及「投資大，報酬小」等等這些類似的概念來引申與推論，或者也可以用「逆境不足憂，要穩重」的情境來比擬。

【卦辭】

否：否之匪人[1]，不利君子貞，大往小來。

1　「匪人」，指並非人為因素。

否卦象徵諸事閉塞不通，雖非個人因素造成，卻令人充滿不確定與無力感，並且處處行動受阻，這種情形不利於正人君子施展才華。陽剛正氣開始逐漸褪去，陰濁邪氣則到處充斥。

【彖傳】

彖曰：否之匪人，不利君子貞，大往小來。則是天地不交而萬物不通也，上下不交而天下無邦也。內陰而外陽，內柔而外剛，內小人而外君子，小人道長，君子道消也。

不該受阻的人，卻無端受阻，對於守持正道的君子是不利的，剛正之氣開始離去而轉弱，陰濁邪氣到處充斥。這是說，天地不相交，萬物無法順利成長；上下不交合離心離德，天下不成邦國。小人在內當家，君子流落在外。內心柔弱，外表卻勉強裝作剛強。內涵實質十足的小人，外表卻偽裝成君子。小人之道逐漸增長，而君子之道逐漸消損。

【補充說明】

- 下情不上通，上令不下達，呈現閉阻不通的現象。就像一個工作團隊，上下之間沒有溝通協調的管道，代表這個單位已名存實亡。

- 歲寒，然後知松柏之後凋也[2]；處逆境時，反而容易觀察到一個人的操守，可藉此認識可以交往的朋友；讓大夥相互砥礪，相互扶持，相互提醒，以避開危難。

- 如果身陷閉塞不通的逆境，無論做什麼事都不順利，此時此刻，不但不能氣餒，反而要表現得更為穩健持重，也要有居危思安的自信，才有機會走向否極泰來。

- 投資大而回收小，也可視為是階段性的現象，整體而言，應當沒多也沒少；因為當下的收入短少，可能是過去的負債，挪到今日來還，也有可能是一種未來長期的投資。

- 人處逆境時也要當成上天正在對我鞭策，考驗我能否能早日走出這閉阻不通的日子，以求早日否極泰來。

2　出自《論語・子罕》。

【大象】

象曰：天地不交，否；君子以儉德辟難，不可榮以祿。

地氣重，持續向下沉；天氣輕，持續向上升，呈現天地不交合的情況，象徵上下不能協調，閉阻不通的否卦；君子應以節儉之德退守避難，不可追求榮華富貴與功名利祿。

【補充說明】

- 下卦坤，坤為地、小人；上卦乾，乾為天、君子。故有天地不交、萬事閉阻不通，以及小人道長、君子道消之象。

- 身處一切閉阻不通的時代，君子應當收斂而不炫耀，對陰險者勿推心，對高傲者勿多口[3]，此時若不慎遭到的傷害，可說全是自找。

【爻辭 / 小象】

初六：拔茅茹，以其彙，貞吉，亨。象曰：拔茅貞吉，志在君也。

志同道合者結伴共勉，就像拔起茅草，連根互相牽連，象徵同類相聚集中力量，若能守持正道而不妄動，必得吉祥，且可亨通。象曰：同類結伴互勉守正的目的，乃在引起掌權者的注意，力圖挽救時局。

【補充說明】

- 初六失位，象徵才柔位卑，處在萬事閉阻的環境中，不可有積極的作為；雖上應九四，但否卦本身上下本就不交流，故有應等於無應。

- 環境之所以惡化，絕非短時間造成。想要起死回生，也需各種條件的配合，因此要保持情緒的穩定，慎防受到更多負面的感染。

- 隱世避禍務必低調，但要結合志同道合且可靠的朋友，維持必要的連絡並保存實力，以待來日伺機東山再起。（綜，11 泰初九）

- 奸佞當道，要與小人同流合污，輕而易舉；而堅守本分者，易遭遇冷嘲熱諷，但日子久了，也就習以為常，不必氣餒。（互，53 漸初六）

- 處惡劣的環境，本身能力有限，若妄想大刀闊斧改革，無異痴心妄想；所以要保持堅韌的性格，靜守以待變。（之，25 无妄初九）

---

3 出自《菜根譚》。身處政治昏暗時代，遇沉沉不語者且莫輸心；見悻悻自好者應須防口。

爻旨：時局不利發展，志同道合的一群年輕人，需要相互勉勵與同舟共濟，避免受到分化離間與暗算。

六二：包承，小人<mark>吉</mark>，大人否，<mark>亨</mark>。象曰：大人否，亨，不亂群也。

包容順承作惡多端的權貴，對沒有原則的小人來說，樂此不疲；有傾否之責的大人，則不屑於枉道事上，但也不可有所作為而自保待機，才可漸變亨通。象曰：大人不要有作為才會亨通，因不受小人群黨所亂。

【補充說明】

- 六二中正、上應九五，但處於閉阻不通的時代，這種情況反而容易成為得勢小人攏絡的目標。因此，正人君子應當擦亮眼睛與其劃清界線，以能應而不應為上策。
- 在正常情況下，團隊成員應當發揮與生俱來的善良本能；但身處閉阻不通或政治昏暗的時代，要將正義感與使命感適度隱藏，以免被惡勢力控制與利用。
- 勿將欺壓善良的權貴，當成正義使者來支持；不可將為非作歹的小人，當成社會賢達來承順，因為此舉無異於助紂為虐。（綜，11 泰九二）
- 情勢不利應先求自保，要有立足之地；但不可盲目求人，天下沒有白吃的午餐，一旦接受權貴好處，恐須千百倍的奉還。（互，53 漸六二）
- 主無道則愚，邦無道則隱[4]。不與惡人計較，躲他遠一點，寧可享受孤獨熱衷寂寞，把面子送給對方，把實力留給自己。（之，06 訟九二）

爻旨：社會基層的精英，要有識人之明與不動如山的本事，避免成為小人集團攏絡的對象。

六三：包羞。象曰：包羞，位不當也。

六三所處地位最容易受到當權者的利用，並受到惡勢力的包庇；雖有一時的好處，但終究要背負終身的罵名與羞辱。象曰：容易出現不當的言行而蒙羞，是因為所處地位，最容易受到當權者的利用與包庇。

---

4 引用《論語・泰伯》。原文為：危邦不入，亂邦不居。天下有道則見，無道則隱。

【補充說明】

- 六三失位且居凶境，面臨大起大落的局勢，情況難以掌握，最好按兵不動。即使便宜行事，也要看準時機，以免遭致誤解之後，任憑百般辯解，也難擺脫與惡勢力勾搭串連之嫌。

- 環境隨時在變，人心也瞬息萬變；離權貴核心最近相對也最容易被買通，故應堅持一貫的誠信與立場，避免墜入奸人所設下的圈套。（綜，11 泰九三）

- 當政治環境昏暗，處處有陷阱，面臨兩難抉擇時，可便宜行事應急；但仍應以穩固內部，共同禦外為優先，以防事態惡化。（互，53 漸九三）

- 時局不利的情況下，要完全避開不想見的人並不容易；所以，要想辦法找到合適的理由，在不得罪人的情況下，力求自保。（之，33 遯九三）

爻旨：要與小人保持距離，才能夠守正防邪，避免陷入其所設下的圈套，而留下難以洗刷的惡名。

九四：有命无咎，疇離祉[5]。象曰：有命无咎，志行也。

上有天命，否道將扭轉趨勢；至於如何行動，都應聽命行事才沒有災害，同類必將相依附而行，故蒙受其福。象曰：依命行事而無災禍，是指能順應天時，故其志向可望實現。

【補充說明】

- 九四進入上乾，否極泰來之勢開始醞釀。剛居柔位、以陽承陽，象徵有權勢的大臣，言行容易引起當政者的疑懼，故應謹言慎行，凡事務必待上司決定後再行動。

- 當閉阻的情勢，開始轉為通泰的關鍵時刻，正人君子們理當知機審勢、洞察機先，伺機站出來伸張正義，實現隱忍已久的抱負。

- 形勢比人強，開始出現轉機之後，曾經誤入歧途的人，若能找到適當的理由或有人出面引領，便可順利的回歸正道。（綜，11 泰六四）

- 大臣引導主子改邪歸正，本就是提腦袋走路的工作，但千載難逢的契機，只要先得到穩固的地位，而且表現謙遜有禮，應當值得一試。（互，53 漸

5　「疇」同「儔」指同類、同輩。「離」依附。「祉」福祉。

六四）

- 為了扭轉不利局面，君臣之間要有默契，並經過詳盡觀察之後，做出建議。君若採用則事必成，臣便留之；君若不採用則事必敗，臣將去之。（之，20 觀六四）

爻旨：出現轉機時，要堅守立場，依命行事，但也必須伺機做出適切的建議，設法走出閉阻的困境。

九五：休否，大人吉，其亡其亡，繫於苞桑[6]。象曰：大人之吉，位正當也。

閉阻之道即將休止，有擔當的大人，應主動改變不利的環境，勢必大吉大利；但要時時提醒，或有危險！或有危險！就像緊緊於叢生的桑樹一樣的穩固。象曰：有擔當者所以能使之大吉，乃由於言行居中且正之故。

【補充說明】

- 九五既中且正，乃擔當扭轉大局的主導者，上有經驗豐富的大老，下有積極幹練的能臣，均能心繫社稷，萬眾一心，共同協力走出否境。
- 一旦有了成就，理當大展鴻圖、勵精圖治；但別忘了結識更多有能力、富正義感的人士，上下團結一心，重新開創事業的高峰。
- 之所以遭致危難，是因為過去長久燕居；之所以遭致滅亡，是因為過去長久倖存；之所以遭致混亂，是因為過去長久承平。值此教訓，更要放下身段移樽就教，以免重蹈覆轍。（綜，11 泰六五）
- 雖然已開始出否，難免仍有殘餘勢力的阻撓；但只要勵精圖治堅持下去，終究可以弭平。畢竟，邪惡的力量不可能永遠得逞。（互，53 漸九五）
- 大地春回，鳥語花香，乃是上天賜予重新奮發向上的機會；所以，要推心置腹、任用賢人，不計較個人利害得失。（之，35 晉六五）

爻旨：長期處於逆境，不可灰心喪志，但只要出現轉機，則應小心應對，要當機立斷，順勢步入正軌，避免重蹈覆轍。

上九：傾否，先否後喜。象曰：否終則傾，何可長也！

閉阻不通的情形即將全面傾覆，先前的憂愁，如今將轉為歡樂。象曰：閉阻之

---

6 「苞桑」指桑樹之本，比喻有牢固的根基。

道走到了極點即將瓦解，是說這種政局昏暗的情況，不可能長久下去！

【補充說明】

- 上九居否卦之極，象徵剛健無比，雖有過亢之嫌，但在關鍵時刻，能踏出關鍵的一步，傾覆了閉塞已久的局面，協助九五帶領團隊脫離否境。
- 濟否工作愈是走到最後，行事風格愈要穩重；應表現不亢不卑的精神，讓所有工作環節，有條不紊的進行，避免功虧一簣。
- 舊勢力即將崩潰，不可趕盡殺絕，以免增加善後的負擔。要記取過去的教訓，避免重蹈覆轍，徒增不必要的困擾。（綜，11 泰上六）
- 由儉入奢如乘駿走坡，由奢入儉如負重登山[7]；苦頭吃盡，才能感受甜美的滋味；百屈不撓的精神，足為後生晚輩的表率。（互，53 漸上九）
- 能洞察時機，順勢而為的傾否，是明智之舉的君子；然而，被動等待，坐收現成果實的，則屬投機取巧的小人，若不隨順主流正道，將成為被排除的化外之民。（之，45 萃上六）

爻旨：否極泰來是自然發展的規律，但也要有人為的努力方可促成，所以愈到最後，愈要堅持到底。

《序卦傳》：物不可以終否，故受之以同人。

香蕉外表開始長出黑斑，是最成熟的時候；寒冬季節，楓樹只剩抖顫的枯枝，正是準備長出新芽的前夕。外在環境太好，不見得是好；景氣低迷，很可能是即將好轉的契機。理想工作環境的形成，不外是「得來不易」或「得來順利」；這兩種現象的外表似乎雷同，但精神內涵卻完全不同。我們可以理解為何同樣處在閉阻的環境中，有人走出康莊大道，有人從此一蹶不振；關鍵在於「不同理念的人有著南轅北轍的看法」，以及「相同理念的人有所見略同的傾向」。所以，接下來，我們一起進入下一卦，在「同人」卦的情境當中，了解與人和同的好處，以及必須付出的代價；還有，與不同的人互動時，可能發生的各種不預期的情況與因應之道。

7　引用《格言聯璧‧持躬類》。原文：為善如負重登山，志雖已確，而力猶恐不及；為惡如乘駿走坂，鞭雖不加，而足不禁其前。

13 │ 同人卦：營造和諧的必要代價

表 2-13　同人卦要點提示

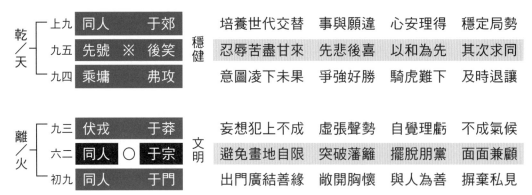

乾／天	上九	同人　　于郊	穩健	培養世代交替	事與願違	心安理得	穩定局勢
	九五	先號　※　後笑		忍辱苦盡甘來	先悲後喜	以和為先	其次求同
	九四	乘墉　　弗攻		意圖凌下未果	爭強好勝	騎虎難下	及時退讓
離／火	九三	伏戎　　于莽	文明	妄想犯上不成	虛張聲勢	自覺理虧	不成氣候
	六二	同人　○　于宗		避免畫地自限	突破藩籬	擺脫朋黨	面面兼顧
	初九	同人　　于門		出門廣結善緣	敞開胸懷	與人為善	摒棄私見

【卦象與讀法】

下卦離，離為火；上卦乾，乾為天，全卦讀成「天火同人」。

【卦時】

- 「同人」有和同於人、同心協力之涵義。
- **《雜卦傳》：同人，親也。**團隊成員之間，應不斷振奮士氣，相互砥礪勸勉，保持和諧融洽的關係，不可結黨營私或相互攻訐，才能夠促進組織的正常發展。
- 同人卦也可以用「志同道合」、「先苦後甘」、「和衷共濟」、「同類相聚」以及「善人和氣一團，惡人殺氣騰騰」等這些概念來引申與推論，或者也可以用「接受嚴密考驗，建立長久互信」的情境來比擬。

【卦辭】

同人：同人于野，亨，利涉大川，利君子貞。

同人卦，是說發願要以無私無我的精神，在四海之內與廣大群眾和睦相處，是亨通的；憑藉此精神可涉越艱險，並有利於正人君子守持正道。

【象傳】

象曰：同人，柔得位得中而應乎乾，曰同人。同人曰：同人于野，亨，利涉大川，乾行也。文明以健，中正而應，君子正也。唯君子為能通天下之志。

所謂和同於人，是指柔順者居中守正，並與在上的剛健者相呼應，所以能夠與人和睦相處。同人卦的理想目標，是在無際的曠野與廣大群眾和睦相處而得到亨通，可以順利的渡過重大艱難。是指剛健者企求和同的心志得以順利施行。秉性文明，外表穩健，行為端正，又能上下相互應合，這便是君子所行的正道。所以說，唯有君子能與普天下的人心意相通。

【補充說明】

- 君子之交淡如水，與其得到眾人當面的稱譽，不如從來沒人在背後對我毀謗；與其得到一時片刻的熱情款待，不如平平淡淡而不會出現日久生厭的窘境。

- 想要建立命運共同體的工作團隊，得先經過嚴格的考驗；在可以容許的範圍內，存在適度的衝突，彼此間才有機會做到不打不相識，進而更深入的相互了解。

- 團隊當中的每一分子，有不同的職位、權責與個性，也有共同的任務；因此，相互之間的尊重與分工，往往是工作是否能順利進行的關鍵。

- 人類的大腦特別發達，所以，每個人都有自己的主見。然而，團隊的運作，必須號令一致，因此協調與溝通的工作，便格外的重要。

- 不急著吃棉花糖的孩子，可獲得較好的發展；不急著享受眼前成果的人，可以獲得較高的成就。同理，與工作同伴相處，也不求一見面就如膠似漆，而是在日積月累的互動與考驗當中，建立長久穩固的友誼。

【大象】

象曰：天與火，同人；君子以類族辨物。

火光向上照耀，天與火接近，使得天空更為光明，象徵人與人同心協力的同人卦；君子應辨別不同功能的人與事，並能相互尊重，以便找到適當的合作對象。

【補充說明】

- 下卦離，離為火、文明；上卦乾，乾為天、為健。故有普天之下光明照耀，

以及內心文明、行動穩健的特質，有助於彼此的認識。

- 天本在上，火性亦炎上，兩者性質相同而相得益彰。君子觀此現象，應當分辨事物的性質及是非正邪，以便在光天化日之下，分辨清楚各種不同的人與事，進而能夠相互尊重、互通有無。

【爻辭 / 小象】

初九：同人于門，无咎。象曰：出門同人，又誰咎也。

敞開心胸走出門與身邊工作夥伴建立良好關係，沒有災害。象曰：走出門與人互動保持和睦，又有什麼災害呢？

【補充說明】

- 初九當位，上無比應，象徵與人和同的行為之始，沒有任何成見，也不存任何私情，主動與身旁的人誠心誠意的互動，於情於理並不為過。
- 職場裡的成員，都具不同背景、不同的習慣；為了維持團隊和諧，保持和睦相處，必須建立與遵循基本的共同規範。（錯，07 師初六）
- 若一時無法辨別所選擇的對象是否適合，可採取較為保守的態度，至少不會帶來麻煩，但也不可因噎廢食而故步自封。（綜，14 大有初九）
- 觀察某人是否值得交往，可先了解其是否願與別人和睦相處？是否能控制情緒而不躁動？是否會因細故與人發生爭執？（互，44 姤初六）
- 想要與人和同，就應光明正大的走出來，展現企求和同的誠意；千萬不要畏首畏尾，而造成進退失據的尷尬情況。（之，33 遯初六）

爻旨：既然要與人和睦共事，就應摒棄己見，敞開胸懷與身邊的工作夥伴建立良好的互動關係。

六二：同人于宗，吝。象曰：同人于宗，吝道也。

僅侷限與自己的同宗、同學、同好、同鄉或舊識和好，會造成遺憾。象曰：自我設限交往，根本就是違反和同於人的原則，會造成遺憾。

【補充說明】

- 六二中正，於公於私都應全方位與人交往；但本身乃唯一陰爻，獨應九五，成為九五獨占的親密對象，有違與人和同之要旨，難免造成人心不平，而且顯得突兀與尷尬。

- 要與他人共事或請求協助，必先得到對方的信任與好感；應先從平日言行舉止做起，表現出居中不偏與勇於承擔的精神。（錯，07 師九二）
- 為爭取合作對象，必先適當付出，本著剛而能柔的態度，使自己的言行，獲得群眾的認同與支持。（綜，14 大有九二）
- 與人和同，應慎選場合與互動對象。假設某件事應私下溝通，卻大聲張揚；或應向甲說明，卻隨興讓乙參與。這些欠妥的行為，都無助於團隊的和諧。（互，44 姤九二）
- 畫地自限會有結黨營私之嫌；太過度突顯自己而刻意表現，也會妨礙團隊協作，因此要多方兼顧才能維持基本上的和諧。（之，01 乾九二）

爻旨：既然要追求共同的目標，就應該擺脫朋黨、打破小團體，以免造成結黨營私的形象。

九三：伏戎于莽，升其高陵，三歲不興。象曰：伏戎於莽，敵剛也；三歲不興，安行也？

埋伏於草莽堆中，不時登高窺視，但長時間不敢出兵。象曰：埋伏草莽間，因對手過於剛強；長期按兵不動，因情勢不利被迫安於現狀，又怎能行動？

【補充說明】

- 九三下與六二正比，但過剛不中，故而看不慣六二頻頻向九五眉來眼去，亟思橫刀奪愛，意圖扳回一城，但實力又不如人，只能裝腔作勢，終究是徒勞無功。
- 個性剛烈者往往動輒得咎，徒有目標沒有方法也經不起考驗；既想和同於人，又要訴諸蠻力，結局肯定鎩羽而歸。（錯，07 師六三）
- 君子敬上謙下可保其位，小人只求眼前短利難以成器，況且居位不上不下，卻妄想與上爭權奪利，結果必敗無疑。（綜，14 大有九三）
- 心中尚無明確主見，但心理狀態卻表露無遺，因此還沒行動，便造成一陣騷亂，充分顯示內心的不安與準備不夠；像這種喜怒易形於外的人，實難成大器。（互，44 姤九三）
- 沒有人願意與之為伍，造成心慌意亂；若能夠保持冷靜，保持瓜田不納履、李下不整冠的態度，至少不會有太大的過失。（之，25 无妄六三）

爻旨：企圖與剛強者爭權奪利，但各種條件都不足，只得虛張聲勢而消耗實

力，終究不成氣候。

九四：乘其墉[1]，弗克攻，吉。象曰：乘其墉，義弗克也；其吉，則困而反則也。

登上城牆觀察，準備採取行動；然而，察覺到狀況對己不利，因此放棄攻擊行動，結果是吉祥的。象曰：登上城牆觀察，才發現自己理虧而不能夠發動攻擊；之所以吉祥，乃因受困而能及時反省並回復正常狀態。

【補充說明】

- 九四重剛而不中，因二四同功而有覬覦六二之嫌，卻又受阻於九三，乃借勢藉端擺一副想要橫刀奪愛的態度；之後，因發覺言行並不得體，故能及時回頭。
- 前進遇到障礙，真相浮出檯面；接受現實考驗之後，反而能夠看清事實，因此能及時調整步驟，有利全局的正常發展。（錯，07 師六四）
- 擅長自吹自擂、誇大其辭，在關鍵時刻卻拿不出辦法；對這種人，應不斷給予警示，讓他面對現實，或令其知難而退。（綜，14 大有九四）
- 自認為本該可以合作的對象，卻與別人搭檔，檢討原因多半是自己不知珍惜與善待，因此怨不得他人；但為了團隊和諧，乾脆成人之美，也算功德一件。（互，44 姤九四）
- 包容下屬、承順長上以滿足群眾基本需求，是創造和諧人際關係的條件，若動輒使出蠻力，只會得到相反效果。（之，37 家人六四）

爻旨：名不正、言不順，企圖與下屬爭奪合作對象，但發現情勢不利就應及時退讓，以免造成騎虎難下的局面。

九五：同人，先號咷[2]而後笑，大師克相遇。象曰：同人之先，以中直也；大師相遇，言相克也。

期待與人和同，初始因得不到願望而痛哭，後來如願以償而歡笑，乃因大獲全勝並能與志同道合者相遇。象曰：先期痛哭，是因九五居位得中且行為正直之故，

1　「墉」音唸「庸」，高牆，指九三。

2　「咷」音唸「桃」，放聲痛哭。

之後能順利相遇，是因為戰勝了對手。

【補充說明】

- 九五居中與六二正應，象徵兩人感情基礎深厚，卻為九四與九三兩個莽夫所阻。但以同人之名為號召，對內興師動武嚇阻，雖不得已而有失君道，但至少能平定亂局。
- 動用武力實非得已，因為團隊必須保持號令一致，不容許惡勢力的存在，導致破壞組織的安定，因此不惜清理門戶。（錯，07 師六五）
- 動用武力之後，必須儘速恢復常態，尤其是安撫人心，彌補傷痛，並且要以最大的誠意建立領導威信。（綜，14 大有六五）
- 雖飽受折磨，但究竟能夠相忍為國，抱持成全他人的度量停止內耗，重建團結和諧的氣氛，得到團隊成員的諒解。（互，44 姤九五）
- 長期受制於人難免不自在；但為了使團隊和諧，不得不忍氣吞聲熬過艱困的日子，最後必能雨過天青地回復正常。（之，30 離六五）

爻旨：只要目標正確，必須先忍辱負重，一切以和為先，其次求同，必要時才訴諸公權力，最終必能克服困難。

上九：同人于郊，无悔。象曰：同人于郊，志未得也。

只能在城郊附近和同於人，無法達到同人於野的理想目標，不至於會有悔恨。

象曰：只能在城郊附近和同於人，是指理想目標尚未完全達成。

【補充說明】

- 上九象徵同人之道已達窮極，雖然野心勃勃，但畢竟時機已過，只能安於現有，何況把機會留給後人表現，也不失為功德一件。
- 與人和同時機已過，就不要太勉強；如果只為了爭取績效，忽略篩選而結交不適當的合作對象，反而會弄巧成拙。（錯，07 師上六）
- 人生不如意事十常八九，雖然事與願違而無法達到同人於野的境界，但至少心安理得；只要能順應天理、應乎人情，自然可得到上天的保祐。（綜，14 大有上九）
- 在位時，沒把事情做盡，留給繼任者展現才華，那才是更了不起的智慧；所以，不應認為每件事都要成之在我，否則總是會有求遇不得的遺憾。（互，44 姤上九）

- 團隊非家庭，所謂營造和諧氣氛，只能儘量把範圍擴大，能和好就儘快和好，否則也要維持基本的表面和諧；太過求全或求好，反而不切實際。（之，49革上六）

爻旨：企圖在四海之內與人和同的目標雖然沒完成，但畢竟向前邁進了一大步並且穩定了局勢，何況給後人留些有意義的工作也算功德一件。

《序卦傳》：與人同者，物必歸焉，故受之以大有。

一個人的觀念做法，經過與不同的人互動之後，慢慢的改變與調整原有的看法，與別人親近之後，才發現原來群眾也是很好相處，當初或許自己太過武斷與封閉，今後只要敞開心胸與人擴大交往，自然會得到意想不到的收穫，而且這些收穫，往往超乎自己想像。萬一有一天，我們工作順利並且突然發達了，要如何妥慎的處理這些龐大的資源呢？接下來，我們繼續進入下一卦，在「大有」卦的情境當中，了解在大獲所有之後，應如何珍惜與運用既有的成果。

14 ｜大有卦：昌盛時期的處世法則

表 2-14　大有卦要點提示

離／火				文明				
上九	自天		祐之		力求順天應人	富而能久	戒驕自守	得道多助
六五	交如	※	威如		以誠立威待下	富而能治	恩不妄施	威不輕怒
九四	匪彭		无咎		低調務實輔佐	富而愈儉	貴而愈恭	勝而愈戒

乾／天				剛健				
九三	公享		天子		潔身自愛事上	富而能守	處凶能安	臨危无咎
九二	大車		以載		受命承擔重任	富而能施	善用成果	肩負使命
初九	無交		匪咎		閉門修身養性	富而不驕	記取教訓	安居慎獨

【卦象與讀法】

下卦乾，乾為天；上卦離，離為火，全卦讀成「火天大有」。

【卦時】

- 「大有」係指大獲所有。

- **《雜卦傳》：大有，眾也。** 當事業如日中天，無論在人、事、物各方面，皆大有斬獲之際，應妥善處理所得的分配與運用，並注重涵養道德、戒懼驕奢盈滿，以維持這種得來不易的局面。

- 大有卦也可用「如日中天」、「慎防驕縱」、「諸事亨通」、「善用資源」以及「尋找優點表揚，制止惡行蔓延」等等這些類似的概念來引申與推論，或者也可用「善用既有資源，維持最佳狀態」的情境來比擬。

【卦辭】

大有：元亨。

大有卦象徵大獲所有，至為亨通。

【彖傳】

彖曰：大有，柔得尊位大中，而上下應之，曰大有。其德剛健而文明，應乎天而時行，是以元亨。

所謂大獲所有，是指陰柔者居中而身處尊位，對上對下皆能與陽剛者相呼應，此乃大獲所有的現象。其德行內在剛健，而外表文明，能夠順應天道自然的規律而行動，因此至為亨通。

【補充說明】

- 組織領導人內心具備剛健無比的特質，外在表現文明優雅，自然可以得到群眾的肯定與好感，先從氣勢上得到上風，因此可以事半功倍的創造優異的工作績效。

- 事業有盛大的成就及重大收穫之後，組織領導人也相對提高了社會地位與能見度，這時最容易得意忘形；這時要特別小心避免上行下效。

- 長久生活在大獲所有的環境，會因過度迷戀成功的經驗，容易被豐功偉業迷醉而造成思想觀念方面的故步自封；所以，千萬不可懈怠，更不可有高人一等的姿態，而導致處處樹敵的下場。

- 天非私富一人，蓋托以眾貧者；天非私貴一人，蓋托以眾賤者[1]，因此，有重大成就時，絕不可擺出一副不可一世而狂妄自大的姿態，要表現得更為謙虛。加官晉爵後，馬上擺桌宴客；中了大獎，立刻捐出部分；公司經營大有斬獲時，也要適度回饋各方。

【大象】

象曰：火在天上，大有；君子以遏惡揚善，順天休命。

日光高照天外，象徵恩澤普施與大獲所有的大有卦；君子應當藉機杜絕邪惡，並公開表揚善行，順應天命，培養美德。

【補充說明】

- 下卦乾，乾為天、為健；上卦離，離為火、為明。故有陽光照到九天之上，

1　出自《格言聯璧・持躬類》。是指能者多勞，乃天命使然。唯有德者能為之，可乘富貴之勢以利物，若屬無德而富者，必乘富貴之勢以害人。

呈現一片安和樂利與大有斬獲的局面，以及內心剛健，外在的行為，則表現光明坦蕩之意涵。

- 難得有機會日正當中又陽光普照，所有行跡都被照得一清二楚；故要藉機宣導消弭犯罪動機，鼓勵善良言行，以達教化天下的目的。

【爻辭 / 小象】

初九：無交害，匪咎，艱則无咎。象曰：大有初九，無交害也。

安於現狀不擴大與人交往，不會招災禍惹禍；但要記取往日的艱苦，可確保不致頹廢而釀災。象曰：初期暫時安於現狀不涉及利害，不擴大與人交往，應不致惹禍生害。

【補充說明】

- 初九象徵韜光養晦的年輕人，與別人沒有任何利益瓜葛，因而有利於現況的維持，可趁機自我充實，培養富而不驕、富而能守的習性。

- 保持最大的誠信，自然而然的流露在外，與人互動一切隨緣，不強求、不刻意，故能做到無為無敗、無執無失的境界。（錯，08 比初六）

- 與人保持適當距離，並不代表對其疏遠；而是基於面對陌生的環境，不急求與人深交，避免造成覆水難收的後果。（綜，13 同人初九）

- 人無遠慮，必有近憂，但能力不足、條件不夠，時機也未到，不可急於成事，以免造成作繭自縛的遺憾。（互，43 夬初六）

- 為了開創大有新局，必須拋開心中成見，淘汰過時觀念，並且把握難得機會，吸取有用知識，以厚實底蘊。（之，50 鼎初六）

爻旨：為了保持大有局面，可先安於現狀，不必急著與人交往，但應記取先人艱苦卓絕的經驗教訓。

九二：大車以載，有攸往，无咎。象曰：大車以載，積中不敗也。

所獲豐盛須用大車承載，適當時機展現身手，憑此而有所前往，必無災害。象曰：積聚甚為豐盛，因言行居中不偏而不致敗壞成果。

【補充說明】

- 九二剛居柔位，象徵有剛健本質與任重道遠的能力，卻表現柔順適中，因

此得到高層的賞識，得到充分的授權，可以伺機展現身手。

- 身體力行，讓工作績效講話，不必自吹自擂，並且能以潛移默化的方式，促成團隊成員的向心，提升工作績效。（錯，08 比六二）
- 當個人工作略有成就，千萬不可器量狹小；若只與少數關係較近的人分享，有結黨營私之嫌，會影響團隊正常的運作。（綜，13 同人六二）
- 凡事有備無患，不但要有完整計畫，且應時時告誡，自我警惕，做到滴水不漏，即便突發狀況出現，也能應付自如。（互，43 夬九二）
- 低頭拉車也要不時抬頭看路，確保路線居中不偏；所以，勇往直前的同時，應保持彈性與應變，使成果能夠長久維持。（之，30 離六二）

爻旨：接受組織高層的重託，在適當時機妥善運用既有成果，展現任重道遠的精神，一肩扛起重責大任。

九三：公用亨[2]於天子，小人弗克。象曰：公用亨於天子，小人害也。

王公諸侯把大獲所有的成果，全數貢獻給天子，是小人做不到的。象曰：將財富與功勞歸功於上的行為，如果是小人必定藏私而惹來災害。

【補充說明】

- 九三象徵一個資深幹部，朝乾夕惕時時警惕戒懼，克制言行；一旦有豐碩成果，除了感謝下屬的辛勞，並將所得完全歸功於上級領導。
- 基層資深人員，對組織的目標與策略應該最了解，如果言行出現反常而不能配合，極可能是個心懷不當企圖的人。（錯，08 比六三）
- 因內鬨而發生衝突，多半起因於利益糾葛；身為中階幹部應起示範作用，要潔身自愛、奉公守法，以為眾人的表率。（綜，13 同人九三）
- 物資上的貢獻，背後隱含精神層面的恭敬與效忠；但沒有眼光的小人並不能理解，縱令貪婪劣行已敗露，仍舊渾然不覺。（互，43 夬九三）
- 財富帶來名利，也帶來災禍，此乃君子與小人對財富運用與認知的區別。因此要有萬全的規範，降低引發衝突的機率。（之，21 噬嗑六三）

爻旨：社會地位愈高者，更應降低欲望、克制言行，凡事以公益為先，才可做到處凶而能安，臨危而无咎。

---

2 「亨」唸「享」，享獻也。

九四，匪其彭[3]，无咎。象曰：匪其彭，无咎，明辨晢也。

不自我膨脹，必無災害。象曰：不自我膨脹，必無災害，是因為有明辨事理的能力與明哲保身的智慧。

【補充說明】

- 九四失位上與六五逆比，有如強臣事奉弱主，容易造成僭越與遭致猜忌，故應注重溝通協調並低調行事，把功勞獻給上司，責任自己一肩扛起，自然可以平安無恙。
- 對於成果的獲得與統計，必須用公正公開的立場與光明正大的態度，讓團隊全體成員清楚了解，並能共同分享成果。（錯，08 比六四）
- 為了表達心中不滿而裝腔作勢，只會突顯自己心胸的狹隘；為爭取不當利益而誇大其辭，則無異於諉罪掠功的小人。（綜，13 同人九四）
- 出現突發狀況難免會造成坐立不安，此時更應擴大決策圈，能讓更多人集思廣益參與危機處理，避免獨攬大權而遭猜忌。（互，43 夬九四）
- 不預期而大有斬獲，無異是一把雙面刃；明智者應先抑制不當動機，細查真偽，慎防來路不明與不正當的利益。（之，26 大畜六四）

爻旨：身居要職要具備富而愈儉、貴而愈恭、勝而愈戒[4]的涵養，以及實事求是的精神，專心輔助上司。

六五：厥[5]孚交如，威如，吉。象曰：厥孚交如，信以發志也；威如之吉，易而無備也。

在大有昌盛時代，依然保持誠信與人交往，並且威嚴莊重，可獲吉祥。象曰：以誠相待，是說用誠信來啟發眾人的心志；建立威嚴而得吉祥，是由於平易近人，使眾人無須戒備的情況下，自然形成。

【補充說明】

- 六五有如賢明守中與居剛用柔的領導，凡事都能虛己向下求教於賢能之士；

3　「彭」同「膨」，指聲勢壯大或過度膨脹。

4　出自《荀子・儒效篇》。是指以九四的身分言，若不知愈儉、愈恭、愈戒，即便維持現狀，也等於在自我膨脹。

5　「厥」，其也，代名詞，指六五本身。

敬老尊賢向上求教於資深元老，故能以誠信建立長久的威信。

- 不借助關係來勉強湊人氣，也不用金錢地位當誘因，更不需以權勢逼人就範；而是憑藉精神的感召，因為自動自發所聚集的力量，才是最堅強與最可靠的後盾。（錯，08 比九五）

- 有忍辱負重與堅忍不拔的精神，也必須用忍辱負重的精神來支撐，才能嚐到苦盡甘來的果實，並能加倍珍惜得來不易的成就。（綜，13 同人九五）

- 對待一群能力充沛與企圖旺盛的幹部，領導人可採無為而治的策略，可讓組織成員展現各自長才，可收事半功倍之效。（互，43 夬九五）

- 領導者要有遠見，當事業如日中天，千萬不可憑藉功績、權勢或雄厚的財力來展現威信，而是要用誠信感化眾人。（之，01 乾九五）

爻旨：威而不輕怒、恩而不妄施[6]，平易近人的作風可得到眾人的信任，長久維持大獲所有的局面。

上九：自天祐之，吉无不利。象曰：大有上吉，自天祐也。

身處貴而無位、高而無民之地，能夠順應天道，故能獲其祐助，吉祥而無所不利。象曰：大有局面不致物極必反而得大吉，乃因順應天道而得祐助。

【補充說明】

- 對上遵循天道自彊不息的精神，對下仿效大地承載萬物的德行，並且能順應天時，取信於人，崇尚聖賢，故能長久維持大獲所有的局面。

- 平時投機取巧，等火燒屁股再來求神拜佛，這種不順應天道，不取信於人的行為，就算真心懊悔，也已無濟於事。（錯，08 比上六）

- 天道忌滿，人道忌全；事實上，並非每件事都非得做到十全十美，若能保留彈性轉圜的空間，那才是個有智慧的人。（綜，13 同人上九）

- 廣義的財富包括品德、學問、健康、親情等，但這些因素都可能成為助長驕傲的種子；所以，要以富而無驕的精神戒之在得，避免因大獲所有而自甘墮落。（互，43 夬上六）

- 為了創造大獲所有的局面，要深切體認：一粥一飯，當思來處不易、半絲

6　出自《格言聯璧・接物類》。恩威並施有如陰陽相濟的作用，否則恩不足勸、威不足懲。

半縷，恆念物力維艱[7]，必能得到上天的助祐。(之，34 大壯上六)

爻旨：大有收穫的局面，若要長久的維持，必須秉持盈而不溢、盛而不驕、勞而不矜的精神[8]。

《序卦傳》：有大者不可以盈，故受之以謙。

否極泰來、剝極必復，高亢則墜、柔極變剛，這些物極必反的現象是自然存在的。那麼，大獲所有的局面是否也會淪落到山窮水盡的地步而一無所有呢？當然有可能，不過也需要有人為不當的操作來促成；如果不想衰退太快，能維持更長久的美好時光，有一項重要的因素可以促成，那就是要發揮謙卑為懷的精神與作風。所以，接下來，讓我們進入下一卦，在「謙」卦的情境當中，了解謙虛的真諦與培養謙虛德行的方法，以及不同身分地位的人，對於謙虛的行為，應當有哪些不同的表現方式。

7　出自《朱子治家格言》。是指即便得到上天助祐，也不能忘卻往日的艱辛。

8　出自《國語・越語下》原文：天道盈而不溢，盛而不驕，勞而不矜其功。

15 ｜謙卦：無往不利的言行準則

表 2-15　謙卦要點提示

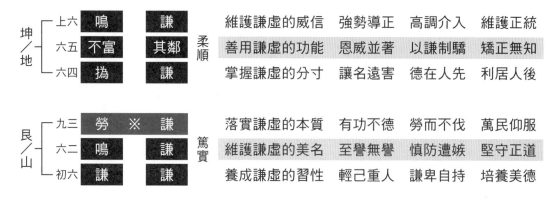

坤／地	上六	鳴	謙	柔順	維護謙虛的威信	強勢導正	高調介入	維護正統
	六五	不富	其鄰		善用謙虛的功能	恩威並著	以謙制驕	矯正無知
	六四	撝	謙		掌握謙虛的分寸	讓名遠害	德在人先	利居人後
艮／山	九三	勞 ※ 謙		篤實	落實謙虛的本質	有功不德	勞而不伐	萬民仰服
	六二	鳴	謙		維護謙虛的美名	至譽無譽	慎防遭嫉	堅守正道
	初六	謙	謙		養成謙虛的習性	輕己重人	謙卑自持	培養美德

【卦象與讀法】

下卦艮，艮為山；上卦坤，坤為地，全卦讀成「地山謙」。

【卦時】

- 「謙」字本義有恭敬、卑下、遜讓等意涵。
- 《雜卦傳》：謙，輕。一個人從小就應該了解謙虛的真正內涵，並且要表現出養成恭敬合宜的行為，建立輕己重人的正確觀念，千萬不可有絲毫自滿，方能避免樹大招風而遭致猜忌，方可使工作更加順利。
- 謙卦也可以用「屈己待人」、「以退為進」、「虛懷若谷」、「澹泊明志」以及「人道忌全」等等這些類似的概念來引申與推論，或者也可以用「謙則受益，滿則招損」[1]的情境來比擬。

【卦辭】

謙：亨，君子有終。

謙卦象徵謙卑自持，而且是亨通的，君子應始終堅持卑以自牧的精神，以虛懷若谷的態度與人和睦相處。

1　出自《書經・大禹謨》：「惟德動天，無遠弗屆，滿招損，謙受益，時乃天道。」

【彖傳】

象曰：謙，亨，天道下濟而光明，地道卑而上行。天道虧盈而益謙。地道變盈而流謙。鬼神害盈而福謙。人道惡盈而好謙。謙尊而光，卑而不可踰，君子之終也。

謙卑可致亨通，是指天本居上，但以謙卑的態度，向下綻放光明普照萬物；大地在下，但以謙卑的態度承載萬物，使其順利向上成長。天道的規律，是減損盈滿而增益謙虛者；地道的規律，是改變盈滿而充實謙虛者。鬼神的規律，是懲罰自滿而庇祐謙虛者。人道的規律，是厭惡盈滿而喜好謙虛者。謙卑者居尊位，德行更為光大，處卑位時，品行也無人可超越，所以，君子要始終保持謙虛的美德。

【補充說明】

- 持盈守虛而不自滿，自然而然卑而愈尊、晦而愈光；可以掌握行禮如儀的分寸，使之無過之、無不及，言行拿捏恰到好處，故**《繫辭傳》有言：謙，德之柄也，謙尊而光，且能以制禮。**

- 謙卑是表現輕己重人的行為，其先決條件，必須具備最起碼的功績、才華與品德，就像長得成熟飽滿的稻穗，會呈現向下低垂的狀態。

- 太過鋒芒畢露，會帶來意外傷害，要展現柔軟低調的作風，才會得到別人的肯定，就像紫藤花愈是向下垂，愈能得到賞花者的青睞；因此，懂得謙卑的人，言行舉止都能兼顧各方立場。

- 不自重者，肯定自取其辱；不自畏者，勢必招災惹禍；惟不自滿者，受益最多；而不自是者，往往也都是博學多聞。

- 短視近利者，擅長與人爭長論短；胸無點墨者，喜歡自我誇耀；惟謙卑為懷者，從不與人爭，故而沒人能與他爭，從不誇耀自己，卻常得到眾人的尊敬[2]。

【大象】

象曰：地中有山，謙；君子以裒多益寡，稱物平施。

2　引用《道德經·22章》。原文：不自見故明，不自是故彰，不自伐故有功，不自矜故長，夫唯不爭，故天下莫能與之爭。

雄偉的高山藏身在大地之中，象徵行事低調為人謙卑的謙卦；展現謙卑為懷的態度，可以做到截長補短，互通有無，使萬物得到均衡發展。

【補充說明】

- 下卦艮，艮為山、為止；上卦坤，坤為地、為順。故有高山雖雄偉、屹立不搖，卻自藏於地下，充分表現輕己重人之風範；以及內心有止於至善的明確目標，而外在行為，則顯得柔順又大方。
- 山在地下、地在山上；高者向下、卑者向上，有減損過者、增與不足的意涵。就像位高權重的人，走在群眾當中，讓人覺得與一般人並無差別；有這種修為的人，可以調和人與人之間的衝突，合情合理的分配資源，以及兼顧公平正義的原則。

【爻辭 / 小象】

初六：謙謙君子，用涉大川，吉。象曰：謙謙君子，卑以自牧也。

謙卑又謙卑的君子，培養此種美德，可憑藉度過各種艱險，並獲吉祥。象曰：謙卑又謙卑的君子，是說能夠用謙卑的態度約束自己。

【補充說明】

- 初六象徵有先見之明的年輕人，始終謙卑自持、輕己重人，具有這種涵養，無論走到何處，都會受到歡迎；就像紫藤花垂得愈低，愈容易受到眾人的青睞。
- 時時不忘初衷，以樸實的態度行事，即使受到外來質疑，也能有條不紊、正常合理而無須造作，一本初衷的應對。（錯，10 履初九）
- 如果讓驕縱淫逸與耽於安樂的名聲遠播，那麼，將來想改頭換面成為一個謙謙君子，恐怕要付出的代價將比登天還要難。（綜，16 豫初六）
- 初入社會把自己當成剛走出困境，而格外珍惜現況；因為一開始就不留下任何後遺症，可減少日後許多不必要的阻礙。（互，40 解初六）
- 在情勢低迷、自身能力不足時，採低調退避為上策。若堅持問心無愧而照章行事，其實是一種最無知的傲慢。（之，36 明夷初九）

爻旨：儘早培養謙虛美德，奠定事業發展的基礎，將來才能接受更多的挑戰與克服更多的障礙。

六二：鳴謙，貞吉。象曰：鳴謙，貞吉，中心得也。

當謙虛的聲譽遠揚，並能守持正道，方可吉祥。象曰：當謙虛的聲譽遠揚，並能守持正道，方可吉祥，且因居中不偏、內心純正而有所得。

【補充說明】

- 六二中正，上比九三，象徵德厚積於內、名遠播於外的地方官；言行舉止發自內心，沒有特定目的，獲得美譽理所當然，但也開始進入險境，應格外謹慎。
- 自然而然的謙虛，就像走在寬廣平坦的路上，不必刻意表現；如果懷有博取美名的意圖，很容易被人識破而看穿手腳。(錯，10 履九二)
- 謙虛美名得來不易，但是嫉妒與毀謗也隨之而來；因此要保持耿介如石的精神，不可須臾放鬆與沉溺，以免受到莫名的打擊。(綜，16 豫六二)
- 為維護謙虛美名必須自愛自重，以往曾做過不當的行為、講過不當的言語、交過不當的朋友，都應避免再度出現。(互，40 解九二)
- 以存誠務實的工作態度，不拘泥形式，免去繁文縟節，始終抱持敬天地、畏鬼神的精神，才可以長久維繫謙卑為懷的形象。(之，46 升九二)

爻旨：得到謙卑與稱譽乃理所當然，但應體認至譽無譽[3]的讜言，因為聲名乃謗之媒[4]，不得不多加留意。

九三：勞謙，君子有終，吉。象曰：勞謙君子，萬民服也。

有功勞又謙虛，唯有正人君子能夠始終如一的堅持下去，必得吉祥。象曰：有功勞又謙虛的君子，能夠得到眾人的尊敬與仰服。

【補充說明】

- 九三當位為卦中唯一陽爻，上有應、下有比，居下民之極，上承二陰為互震之始，象徵內心有止於至善的目標，所有行動皆積極與順利。
- 天地生養萬物不視為己出，作育萬物不自恃為己能，勞苦功高不據為己有，這種功業才能永垂不朽。
- 雖有自信、有擔當，但也有底限，無力承擔的事就不該招攬，若為展現功

3　引用《莊子・外篇・至樂》。原文：至樂無樂，至譽無譽。

4　詳見履卦九二爻解。

續而硬著頭皮苦撐，這種行為並不符合謙卑之道。(錯，10履六三)

- 輕己重人並非討好他人或遷就強勢，而是立場堅定、態度和藹；若不能適度拿捏，會造成曲意承歡、卑躬屈膝的醜態。(綜，16豫六三)

- 培養人才，馬上納入私人班底；開發技術，不准他人使用；創造業績，深怕沒人知道，只有低情商的人才會樂此不疲。(互，40解六三)

- 抱著只問耕耘不問收穫的精神，可以表現出勞而不伐，功而不居的美德；不侷限當下的短利，才能接收更多、更有意義的訊息，並開創更寬廣的前程。(之，02坤六三)

爻旨：立功者不自誇，立德者不自滿，立言者不自是；唯有真材實料者，能具備生而不有、為而不恃、長而不宰[5]的特質。

六四，<mark>无不利</mark>，撝[6]謙。象曰：无不利，撝謙，不違則也。

依此原則將無所不利，毫不保留發揮謙虛美德，並辭退一切謙虛美名。象曰：為了無往不利，而發揮謙虛美德、辭謙虛美名，此舉並不違背謙虛的原則。

【補充說明】

- 六四得位，卻處多懼之地，對上承順謙柔自居的領導，對下凌乘有功不居的君子；因此，更需要發揮高度謙虛的美德，以免被貼上對上不敬、與下爭功的標籤。

- 明察是否違背謙虛原則？是否有濫用謙虛美名？然後儘量發揮謙虛的美德；因此身居愈危險的地方，反而愈安全與得心應手。(錯，10履九四)

- 放下身段，主動協助基層排解困難與解決問題，卻絲毫不居功；不僅能順利輔佐上司，也能得到屬下充分的信賴與擁戴。(綜，16豫九四)

- 對全局一清二楚，行動起來才不致有誤：該保留的保留、該排除的排除，可以得到正面的能量與志同道合者的協助。(互，40解九四)

- 謙虛，是一種藝術；不同場合，有不同表現的方式。某些情況下，即使名符其實，也只能內心接受、表面婉拒，甚至堅決辭退，這才是高明的為臣之道。(之，62小過九四)

---

5 出自《道德經・第10章玄德》。是指謙道發揮極致，乃至譽無譽、至功無功。

6 「撝」唸「揮」，有發揮、揮散、指揮、揮手、揮手斥退等多重意涵。

爻旨：本著德在人先、利居人後的精神，毫不猶豫展現謙虛美德，同時也要想盡辦法摒除一切謙虛美名。

六五：不富以其鄰，利用侵伐，`无不利`。象曰：利用侵伐，征不服也。

自己謙虛不與他人爭相追求名利，能得到上下的擁戴，憑此美德從事懲戒不知謙虛者，將無所不利。象曰：懲戒不謙虛者，是為了教訓不願順服的人。

【補充說明】

- 六五陰柔實力不足，光環盡在九三，以致各方會把功勞、名望誤歸而模糊焦點，不知誰是真龍天子；雖然六五對九三並無任何顧忌，但對於少數不明事理者，應採取斷然的措施，以維正統。

- 對於不願順服的下屬，基於現實的利害，若表現過於軟弱，無異縱容而造成負面影響；因此，保留強硬手段有絕對的必要。（錯，10 履九五）

- 謙虛的本質是以德服人，雖實力不足，但只要政策方針明確，保持警覺、恪守中道與知人善任，亦能感召群眾，維繫正統。（綜，16 豫六五）

- 為了說服大眾，擒賊先擒王，不失為首選。所以，當「道之以德，齊之以禮」對極少數人行不通時，不排除採用「道之以政，齊之以刑[7]」的必要手段。（互，40 解六五）

- 領導者以泱泱風範開誠布公，自然能夠凝聚群眾的力量，使得原本不太樂意順從的群眾，變成最忠實的擁護者。（之，39 蹇九五）

爻旨：寬厚者不使人有所恃，精明者不使人無所容[8]；謙虛可以當成一種柔性的武器，用來感化不懂謙虛的人。

上六：鳴謙，利用行師，征邑國。象曰：鳴謙，志未得也；可用行師，征邑國也。

讓自身謙虛之德外顯遠播，是為了興兵動眾，懲戒不懂謙虛的城邑與諸侯。象

---

7 出自《論語·為政》。是指徒善不足以為政，徒法不足以自行，為了落實謙道而訴諸強制手段也是一種必要之惡。

8 出自《格言聯璧·接物類》。使人肆無忌憚，無異縱容為惡；使人怒不敢言，便是有虧陰騭。

曰：讓謙德外顯，係因謙卑的美德尚未完全實現；而興兵動員，是為了討伐不願順服的城邑與諸侯。

【補充說明】

- 上六居謙卦之極，象徵謙虛之道已達極致，如果再謙虛下去，就會開始出現不得體的舉動。
- 不可因寬厚而使人有恃無恐，故應該展現資深元老的影響力，協助國君糾正不願歸順的小團體。
- 謙虛的功能，畢竟是無形的，就像靈魂必須依附肉體，才能發揮作用；因此對有形的實力不可忽視，必須經常檢討充實。（錯，10履上九）
- 謙虛雖然可以達到感化之效，但並非萬靈丹；因為組織當中難免有一些不屑謙虛與冥頑不靈的人，故不得不訴諸強制手段。（綜，16豫上六）
- 對於一些不得不剷除，而且也無法以謙虛美德來感化的潛在威脅，必須要有尅制的對策，以便隨時都可派上用場。（互，40解上六）
- 抑制屬下不當的行為，是基於工作上的必要；採取強硬的措施，也要秉持寬厚的本意，方能維護士氣，爭取人心。（之，52艮上九）

爻旨：以德高望重的影響力高調的介入，把謙虛當成最有利的武器，糾正一些不願歸順的小團體，以維繫正統體制。

《序卦傳》：有大而能謙，必豫，故受之豫。

創造大有斬獲的局面之後，人人懂得謙卑為懷，也能做到勝而不驕、富而好禮；因此會讓旁人感到安逸快樂，自己也顯得優雅自在，使工作環境呈現一片安和樂利。但是，在歌舞昇平的環境中，會有什麼樣的人生百態？會不會因志得意滿而心生懈怠？接下來，讓我們進入下一卦，在「豫」卦的情境當中，探討我們在平順安定的工作環境裡，要如何戒驕防怠？如何提高憂患意識？以及為了促進工作效率，在工作當中如何規劃正常的休憩活動？以便能繼續走更遠的路呢？

16 │ 豫卦：休閒安逸的積極作用

表 2-16　豫卦要點提示

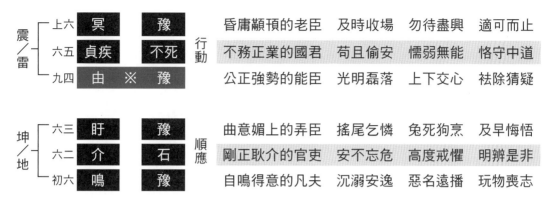

				昏庸顢頇的老臣	及時收場	勿待盡興	適可而止
				不務正業的國君	苟且偷安	懦弱無能	恪守中道
				公正強勢的能臣	光明磊落	上下交心	袪除猜疑
				曲意媚上的弄臣	搖尾乞憐	兔死狗烹	及早悔悟
				剛正耿介的官吏	安不忘危	高度戒懼	明辨是非
				自鳴得意的凡夫	沉溺安逸	惡名遠播	玩物喪志

【卦象與讀法】

下卦坤，坤為地；上卦震，震為雷，全卦讀成「雷地豫」。

【卦時】

- 「豫」字本義有安逸、享樂、預測、防備等意涵。
- **《雜卦傳》：豫，怠也。** 休息是為了要走更遠的路、完成更重要的工作，故應有適時、適性與正當的悅逸安樂與休憩活動，但絕對不可因而心生懈怠，以致造成樂極生悲的後果。
- 豫卦也可以用「寓教於樂」、「順性而為」、「有備無患」、「精確預測」以及「逸豫亡身」等等這些類似的概念來引申與推論，或者也可以用「生於憂患，死於安樂」[1]的情境來比擬。

【卦辭】

豫：利建侯行師。

豫卦，象徵悅逸安樂。可藉以充分休養生息與完成各種準備，有利於將來開創事業與討逆安民工作的先期準備。

1　出自《孟子‧告子下》。

【彖傳】

彖曰：豫，剛應而志行，順以動，豫。豫，順以動，故天地如之，而況建侯行師乎？天地以順動，故日月不過，而四時不忒；聖人以順動，則刑罰清而民服。豫之時義大矣哉！

悅逸安樂，是因為剛柔相應而其志可行，同時又能順應天時、地利、人和而行動，所以感到愉悅。悅逸安樂，是因為順時行動，天地的運行都如此，何況建立事業根據地與興兵討逆之事呢！天地順時而運行，所以日月運轉從無過失，四時更替不曾差錯；聖人也順時而動，那麼刑罰便清明使得民眾順服。豫卦所說順時而動的意義，是多麼的重大！

【補充說明】

- 順應時勢的發展，該忙碌的時候努力工作，該輕鬆的時候好好享樂一番；可依實際的情況安排適當的休憩活動，但必須對日後工作有正面的助益為原則。

- 有充分的計畫，也有對未來發展有精確的各種預測，但也要創造平順愉悅的工作環境，才能夠讓大家安心且樂意的按部就班，各司其職。

- 休養生息的目的，是為了更上層樓，創造更輝煌的事業，促進更好的生活條件；如果只知愉悅安樂，而不知力求上進，那麼很快的便會意志消沉，甚至驕縱懈怠而樂極生悲，把過去努力的成果付之一炬。

- 不經歷風吹雨淋，怎能見到美麗彩虹；換句話說，欲見到美麗彩虹，必先歷經風吹雨淋；凡是不分好壞都有因果，因此有甘有苦、有喜有悲是正常現象，這就是所謂「憂勞足以興國、逸豫足以亡身」的道理。

【大象】

象曰：雷出地奮，豫；先王以作樂崇德，殷薦之上帝，以配祖考。

雷聲迸發、大地振奮，象徵普天同慶、歡樂逸悅的豫卦；歷代先王效仿創作鐘聲鼓樂來歌功頌德，以尊崇感恩天帝造化萬物，並配享歷代祖先。

【補充說明】

- 下卦坤，坤為地、柔順；上卦震，震為雷、行動。故有雷擊地面使大地振奮，以及順應時勢而行動的意涵。

- 愉悅的休憩活動，主要是以寓教於樂，促進群體的和諧，達到國泰民安的目的，通常都是配合重大慶典進行。
- 有計畫安排休憩活動，除了提供民眾暫時放下沉重的工作外，也能藉由活動，讓民眾了解先人的豐功偉績，可以兼顧對群眾教化的功能。

【爻辭 / 小象】

初六：鳴豫，凶。象曰：初六鳴豫，志窮凶也。

整天沉溺在安安逸逸的日子而荒廢正事，當此惡名遠播之後，必有凶險。象曰：之所以惡名遠播在外，因享樂的心志已達窮極而致凶險。

【補充說明】

- 初六失位上應九四，象徵位卑才疏者，偏偏仰仗高層關係，養成自鳴得意的惡習，沉溺在偏安舒適的環境；當惡名遠播時，勢必將成為千夫所指的過街老鼠。
- 記得履霜堅冰至的警示嗎？陶醉在舒適圈，將逐步腐蝕奮鬥上進的能量；故應時時警惕，及早修正自己不當的言行。(錯，09 小畜初九)
- 不懂得卑以自牧，甚至反其道而行的人，只會到處樹敵，非但得不到別人的尊重，同時也無助於團隊的和諧與進步。(綜，15 謙初六)
- 出現人為刻意的阻礙，應及時檢討自己過去是否有不得體之處？是否應改變沉溺安樂的惡習？以便重塑個人正面的形象。(互，39 蹇初六)
- 保持戒慎恐懼的心理，時時刻刻自我省察，不可接近不適當的人、事、物，以免造成惡名昭彰時，自己還渾然不知其所以。(之，51 震初九)

爻旨：整天沉溺在安逸的環境，一旦被貼上好吃懶做、玩物喪志的標籤，將成為人人喊打的過街老鼠，會遭到眾人的鄙視。

六二，介于石，不終日，貞吉。象曰：不終日，貞吉，以中正也。

耿介正直，就像磐石不可動搖，不會整天沉溺安樂，守持正道才能吉祥。象曰：不沉溺安樂，守正而得吉，乃因居中不偏與得位正當之故。

【補充說明】

- 六二既中且正，象徵當愉悅歡樂眾人皆沉迷，唯獨我能克制；能照常與眾同樂，但酒過三巡，就要打道回府，準備明天的工作。

- 個性剛直，但不必獨善其身，對意志不堅者，能牽引向上，使其能見賢思齊[2]走上正途，不再沉溺於歌舞昇平的環境中。（錯，09 小畜九二）
- 養成其介如石的性格，事上不諂媚，待下不輕慢，心中永保純正的動機，故具有察知事理微妙的變化與見機而作的特質。（綜，15 謙六二）
- 本應遠離是非，惟礙於現實，必須與三教九流來往，但能保持基本原則，同流不合污、在塵不染塵，鞠躬盡瘁只為蒼生。（互，39 蹇六二）
- 人在江湖，身不由己，若能夠保持耿介如石的態度，可避免身陷泥淖，且能在艱困的環境中，排除事業發展的各種障礙。（之，40 解九二）

爻旨：有正常休閒活動，但絕不會過度，同時也能保持高度的警覺與臨機應變措施，可免於遭受到不預期的危害。

六三，盱[3]豫，悔，遲，有悔。象曰：盱豫有悔，位不當也。

曲意媚上以求愉悅，必有悔恨，故應及時調整收斂；如果還執迷不悟，將會出現更大的悔恨。象曰：曲意媚上而生悔，乃因居位不當之故。

【補充說明】

- 六三失正居凶，上比九四，象徵一個阿諛諂媚之徒，在公開場合接近長官，刻意露臉討好，只為乞求一時關愛的眼神，旁人看來實在很不值得，他卻樂此不疲。
- 能媚我者必能害我，當價值利用殆盡，勢必反目相向，從愛之欲其生變成惡之欲其死；有此傾向者應及早修正以免自取其辱。（錯，09 小畜九三）
- 沒本事又愛表現的人，往往選擇阿諛逢迎與巧言令色為工具；相對的，成效顯著卻低調不居功者，在群眾雪亮的眼中，可與之形成非常鮮明的對比。（綜，15 謙九三）
- 習慣看臉色辦事，往往會偏離正道而不知，一旦誤觸法網，身陷囹圄仍死不認錯；故應儘早修正錯誤的觀念與習性。（互，39 蹇九三）
- 職場或官場，難免有必要的禮數，為了維持在表面和諧又不失立場的前提下，進行溝通談判；因此，需要有權宜的備用方案，但絕對不可習以為常。

---

2 出自《論語·里仁》，子曰：「見賢思齊焉，見不賢而內自省也。」

3 「盱」音「需」。張目仰視，指曲意媚上。

（之，62 小過九三）

爻旨：要時時提醒自己，習慣阿諛諂媚或曲意承歡者，一旦失去利用價值，肯定會被一腳踢開，甚至遭到兔死狗烹的下場。

九四：由豫，大有得，勿疑，朋盍簪[4]。象曰：由豫，大有得，志大行也。

安排正當的休憩活動，將會大有收穫，不用懷疑，朋友像簪子把頭髮束在一起。象曰：因正當休憩活動而大有收穫，志向將可順利推行。

【補充說明】

- 九四剛居柔位，為豫卦唯一陽爻，居互艮之極與上震之始，象徵內心篤實而行動活躍，外表動力十足，加上剛而能柔，雖處多懼之地，仍能善盡強臣事奉弱主的本分。
- 有正當的理由並有周詳的計畫，配合寓教於樂所進行的休憩活動，可使頑固者心情變得開朗，使懦弱者意志變得堅定。（錯，09 小畜六四）
- 由於群眾樂於追隨自己，會造成與頂頭上司之間的嫌隙；故應巧妙撇清，使虛幻美名不落在自己身上，排除不必要的干擾。（綜，15 謙六四）
- 面臨高度風險的任務，應主動連絡志同道合者，重新整合凝聚力量，但也要兼顧團隊的和諧，並維繫既有的體制與倫理。（互，39 蹇六四）
- 抱定只問耕耘不問收穫的精神，堅持忠貞不二、無怨無悔的態度，並有堅持到底的決心，才能順利推動承上啟下的工作。（之，02 坤六四）

爻旨：居安思危也要兼顧正當作息，堅守立場要考慮上下感受，導正風氣力求合情合理，自然可以得到上下的認同。

六五：貞疾，恆不死。象曰：六五貞疾，乘剛也；恆不死，中未亡也。

守持正道防止沉迷安樂的弊病，因而不致敗亡。象曰：之所以要守正防弊，是因為弱主凌乘強臣；而不至敗亡，乃由於能居中不偏之故。

【補充說明】

- 六五質弱而位尊且凌乘九四，象徵苟且偷安、惡習難改的君主，大權早已旁落，只剩無足輕重的名分；但由於有強臣輔佐，自己也不敢過分荒怠，

4　「簪」音「ㄗㄢ」。頭上束髮飾品，引申為聚合之意。

因此還不至於造成重大的動亂。

- 能力雖不足，但能及時覺悟調整心態，適當將成果與人分享，並移樽就教向下學習，自然可以起死回生挽回大局。（錯，09 小畜九五）
- 領導者應率先改掉不良習氣，發揮謙虛美德，可彌補能力與才華的不足。因其主要的作用在於以德服人而非以力服人。（綜，15 謙六五）
- 君王雖荒怠，但組織仍可正常運作，原因有二：其一是個性雖有瑕疵，但畢竟還能守住中道，且良心未泯；其二是授權能臣治國，聚集賢能之士共赴國難。（互，39 蹇九五）
- 本身條件不足，但有全體優秀臣民的擁戴，因而穩固名分與地位。所以更當珍惜並自我反省，改變以往沉溺安逸的惡習。（之，45 萃九五）

爻旨：君王雖孱弱而且好逸惡勞，但有能臣賢相輔佐，加上本身至少能夠保持中道的精神與適度的授權，故可免於敗亡。

上六：冥豫成，有渝，无咎。象曰：冥豫在上，何可長也。

冥頑不靈的放縱行為已達極點，只有改變這種作風，才可避免災禍。象曰：居高在上的人，過度放縱的行為，這種現象怎能長久呢？

【補充說明】

- 上六居豫卦之終，有沉溺逸樂極致之象，且居上震之極，有動盪不安與亟思改變的徵兆，此時如果能及時調整，尚不至於繼續沉淪下去。
- 過度悅逸安樂，隨之而來的不外兩條路：一是繼續墮落以致樂極生悲，其二是突然醒悟立刻回頭，就看各人的選擇了。（錯，09 小畜上九）
- 了解到逸豫可以亡身、亡羊補牢猶未晚的道理而引以為鑑，可促使仍在歧途的浪子，能夠早日回頭是岸，也可讓冥頑不靈之徒，心存戒懼而不敢繼續妄為。（綜，15 謙上六）
- 繼續墮落下去，肯定會陷落無底深淵；但若能痛下決心及時回頭，重新整合團隊力量，仍有機會進行撥亂反正。（互，39 蹇上六）
- 工作進行到了尾聲，反而最清楚當初計畫是否周詳；但時間不可逆轉，只能就現有條件盡力而為，能改善多少算多少。（之，35 晉上九）

爻旨：昏天黑地的放縱行樂已達極點，該回頭就得下定決心及時收場，否則就要樂極生悲了。

《序卦傳》：豫必有隨，故受之以隨。

言行舉止能夠讓人覺得愉悅，而且有充分周延的準備，也能精確預測未來的發展，這種性格的人自然得到別人的青睞，進而受到眾人的追隨。人是萬物之靈，最懂得有樣學樣；只要能順應時勢而自我調整，爭取被別人認同，或者看到自己欣賞的人或事，也會有樣學樣，這些都是展現人性的自然現象，而這些種種發展的趨勢，自然而然的形成相互模仿與流行，進而形成「追隨」與「被追隨」的複雜關係。接下來，就讓我們進入下一卦，在「隨」卦的情境當中，了解應該如何才能夠做到正當的追隨？如何選擇正當追隨的目標，而不至於誤入歧途。

17 ｜ 隨卦：隨順正道的重要原則

表 2-17　隨卦要點提示

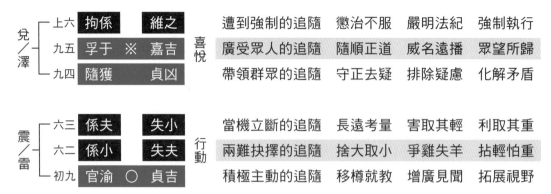

					遭到強制的追隨	懲治不服	嚴明法紀	強制執行
兌／澤	上六	拘係		維之				
	九五	孚于	※	嘉吉	喜悅	廣受眾人的追隨	隨順正道	威名遠播	眾望所歸
	九四	隨獲		貞凶		帶領群眾的追隨	守正去疑	排除疑慮	化解矛盾
震／雷	六三	係夫		失小		當機立斷的追隨	長遠考量	害取其輕	利取其重
	六二	係小		失夫	行動	兩難抉擇的追隨	捨大取小	爭雞失羊	拈輕怕重
	初九	官渝	○	貞吉		積極主動的追隨	移樽就教	增廣見聞	拓展視野

【卦象與讀法】

下卦震，震為雷；上卦兌，兌為澤，全卦讀成「澤雷隨」。

【卦時】

- 「隨」字本義有隨從、追隨、依順、跟從等意涵。

- 《雜卦傳》：隨，無故也。人際間的互動，一定會有追隨或被追隨的現象，無論是人隨己或己隨人，都要謹慎分析利弊輕重，綜合考量得失之後再採取行動，才不至於在隨順於人的過程中出現重大事故；同時也要拋棄落伍過時的成見，才能得到被追隨者的接納。

- 隨卦也可以用「從善如流」、「從心所欲」、「從吾所好」、「隨緣不攀」以及「隨順自然」等等這些類似的概念來引申與推論，或者也可以用「正正當當的追隨」的情境來比擬。

【卦辭】

隨：元亨，利貞，无咎。

隨卦，象徵隨順自然。應秉持正大光明的本性與通達無礙的行為，同時也要兼顧合理的取捨，堅守正當的行為，正確運用在隨順於人的互動之中，才不至於出現災禍。

【彖傳】

彖曰：隨，剛來而下柔，動而說，隨。大亨貞，无咎，而天下隨時，隨時之義大矣哉！

隨順自然，是因為陽剛自上而來居於陰柔之下，因此會心動於內，喜現於外，令人樂意追隨。由於有正當的追隨，故大為亨通，並確保安全無虞，使得天下萬物的行為都能隨順於自然時序。所以說，隨順於自然的意義是多麼的重大！

【補充說明】

- 隨卦由否卦而來，原否卦上九來至初九而居眾陰之下，以尊貴身分卻情願與底層群眾相處，容易與人打成一片，受到群眾的追隨。

- 欲使人追隨於己，應具備領導者的風範，以及篩選追隨者的能力；自己欲追隨他人，應先了解自己的需求，也要有慎選追隨對象的判斷力。

- 人與人之間，隨時隨地都存在追隨與被追隨的互動關係，即使偶然相遇的路人都不例外，只是程度上的差別。所謂「三人行，必有我師焉，擇其善者而從之，其不善者而改之」[1]，是隨順於人的基本原則。

- 即使目標選擇正確，但結果會出現正面或負面效應？有意義或無意義？乃取決於當下的態度、動機，以及互動的過程是否合情合理。

- 一般來說，想與他人有良好的互動，應暫時忘掉自己的喜好與習慣，並能包容不同的意見，經過縝密分析研判之後，再進一步交換心得。

【大象】

象曰：澤中有雷，隨；君子以嚮晦入宴息。

沼澤當中出現雷鳴，湖面隨之振盪波動，象徵隨著不同環境而變化的隨卦；君子應當順應大自然的規律，到了夜晚就應入室安息。

【補充說明】

- 下卦震，震為雷、行動；上卦兌，兌為澤、喜悅。故有行動使人心悅，願意追隨其左右之意涵，或澤水跟隨著雷鳴而波動，也象徵著凡事順應自然時序的安排。

1　出自《論語・述而》。

- 順應大自然的規律，日出而作、日落而息，該做什麼就做什麼，不需要刻意壓抑，也不要自作聰明改變現況；至於人際間的互動，也同樣應隨順於情勢的變化，採取因應的行動。

【爻辭／小象】

初九：官有渝[2]，貞吉，出門交有功。象曰：官有渝，從正吉也；出門交有功，不失也。

官場多有波折，守持正道方可獲吉；若能增廣見聞，出門與眾人交往，才能得到成就。象曰：官場多有波折，必須隨順正道，方獲吉祥；出門與眾人多交往才能有成就，是指並未喪失隨順正道的原則。

【補充說明】

- 初九高能低就，主動下放到社會底層，容易與人保持互動；尤其面臨人事起伏局勢多變之際，更需要與各方面保持密切連繫。
- 想得到別人的尊敬，必先不恥下問隨順於人，並放低姿態深耕基層，自然可以爭取到眾人的好感。
- 為了日後能成大器，要儘早培養大公無私的精神與堅定追隨正道的決心，廣泛認識有抱負的能人志士，一齊共勉上進。（綜，18 蠱初六）
- 本身才華橫溢且居高位，卻寧願高能而低就，難免引起議論；所以更要堅持既定原則與目標，不要太在意枝枝節節的干擾。（互，53 漸初六）
- 初期與人交往，心中難免迷亂而猶豫不決；所以，必須多方了解入境問俗，才能深入了解與辨別合適的追隨對象。（之，45 萃初六）

爻旨：為了適應快速變化的環境，可斟酌情形，提早與外界接觸，便於增廣見聞拓展視野，儘早學習對人對事的判斷力。

六二：係[3]小子，失丈夫。象曰：係小子，弗兼與也。

為了附和隨順於小人，必定會失去正人君子的認同。象曰：之所以附和隨順於小人，是因為不能多方兼顧。

2　「渝」變化。指官場仕途多波折。

3　「係」關聯、牽連。在此以附從、隨順解。

【補充說明】

- 六二上應九五，對下凌乘新興勢力初九，面臨二擇一的情況；因此，眼光短淺者，通常只考慮近利，而忽略正確與深遠的目標。
- 選擇優先追隨的目標，應考量德高望重、名正言順的正人君子，而不是圍繞在身旁的一群小人，或曾經對自己有恩的親朋故舊。
- 遇到守正傷情、失正害義，不知應否追隨的困擾時，應先避開爭議較大的因素，把可能會形成的後遺症降到最低為原則。（綜，18 蠱九二）
- 下定決心追隨某人，必須注意理由要正當、過程要合理、行動要磊落，並且要循序漸進的進行，因為天下沒有白吃的午餐。（互，53 漸六二）
- 心懷高度誠信與人互動，容易取信於人，使其樂於接受追隨；心無旁鶩並堅守既定志向，才能得到心所嚮往的追隨對象。（之，58 兌九二）

爻旨：魚與熊掌不可兼得，對於眼前利益與長遠目標，必須慎重取捨；若非遇到重大關鍵或面臨生死存亡抉擇，應以長遠打算為上策。

六三：係丈夫，失小子；隨有求得，利居貞。象曰：係丈夫，志舍下也。

向上附和隨順於正人君子，必先捨棄下面的小人；正確的隨順，將會有求必得，但仍應堅守以陰承陽的本分才會有利。象曰：隨順於正人君子，必先捨棄在下面的小人。

【補充說明】

- 六三失位且居凶險之位，仍能排除萬難追隨理想的目標，但行動必須低調，更切忌得意忘形，避免引起其他君子的疑慮及小人的反制。
- 忠於組織、追隨長上，默默為團隊效命，先行擺脫小人的糾纏，不妄想得到任何私利，不圖謀任何功績，做一個沒有聲音而有智慧的人。
- 在激烈競爭的環境，難免有人情干擾；但不可遇到挫折就退縮，該付出就當無怨無悔，必須衡量輕重，做出最適當的選擇。（綜，18 蠱九三）
- 要循正當途徑追隨正人君子，但行動不可冒進突兀，同時也要兼顧既有的人際關係，絕對不可破壞正常的社會秩序。（互，53 漸九三）
- 經初步研判，某人可以追隨；但為了避免孤注一擲，或誤判情勢上了賊船，應再三深入了解與確認，以防日後生變。（之，49 革九三）

爻旨：有智慧的人，當機立斷先捨棄身邊的小人，然後正大光明追隨正人君子，以便能夠正正當當的做人。

九四：隨有獲，貞凶，有孚在道以明，何咎？象曰：隨有獲，其義凶也；有孚在道，明功也。

受到眾人的追隨，得到重大成果與聲望，反而造成自身的負擔與凶險；此時務必心懷誠信，凡事合乎正道，以實際行動證明自己的光明磊落，才能解除上司的憂慮，怎麼還會有危害呢？象曰：身為輔佐者，卻被廣大群眾追隨，必然會有凶險；唯有心懷誠信合乎正道，才能表現正大光明的功績。

【補充說明】

- 九四下有二陰奉承，對上以陽承陽，象徵雖有群眾全力擁戴，但在形勢上，對九五造成不少的威脅，造成君臣之間的緊張關係，此乃身為人臣應有的認知與戒懼。
- 支持度高於主事者，容易反客為主；所以，該做的不推諉，不該做的不僭越，以伴君如伴虎的心情，凡事要拿捏剛好，方能安然無恙。
- 只要問心無愧，行為正當便無須過度憂慮，若預判會發生誤會，應坦率溝通說明，避免無謂的困擾或影響正常工作的推動。（綜，18 蠱六四）
- 才華須韜但心事宜明[4]，如果能讓大家看清楚自己的所做所為，等於找到平穩舒展的舞台，以及有放手揮灑才華的空間。（互，53 漸六四）
- 保持低調柔軟的身段，遇到疑惑難以抉擇時，應移樽就教，不恥下問，徵詢專業人士意見，化解上下之間的誤會。（之，03 屯六四）

爻旨：強勢作風有利工作的推動，但也容易讓上司心存疑忌，唯有展現高度誠信方能化解矛盾。

九五：孚于嘉，吉。象曰：孚于嘉吉，位正中也。

嘉言善行受到眾多正人君子的信任與追隨，必獲得吉祥。象曰：受到眾人的信任與追隨，乃因言行舉止既中且正之故。

4　出自《菜根譚》，原文：君子之心事，天青地白，不可使人不知；君子之才華，玉韞珠藏，不可使人易知。

【補充說明】

- 九五身居尊位，形式上已無追隨的對象；但受到眾人追隨的同時，仍不可疏忽對人才的培育及核心班底的建立，以維繫得來不易的成就。
- 領導者固然要是非分明與恩威並濟；但也應在適當時機，主動尋找屬下的優點擴大表揚藉以鼓舞士氣，增強團隊的凝聚力。(綜，18 蠱六五)
- 前來追隨者逐次到達而聲勢浩大，但內部仍有分歧有待解決，應勇敢的面對，讓追隨的能量得到最有效的整合。(互，53 漸九五)
- 在複雜的人際交往過程中，保持戒慎恐懼、謹守中道，即便在危險中行動，也能確保萬無一失，使團隊功能可以正常運行。(之，51 震六五)

爻旨：領導人應秉持中庸之道，應隨順群眾主流意見，但也要考慮篩選追隨者，相互之間都能做到擇其善而從之。

上六：拘係之，乃從維之，王用亨[5]於西山。象曰：拘係之，上窮也。

對於不願隨順者，應施以強制手段，並且使其順從，君王因而能放心的在西山祭天。象曰：之所以施以強制手段，乃因隨順之道已達窮盡，若不及時採取必要的措施，勢將出現反其道而行的情況，故應盡全力維護。

【補充說明】

- 上六隨順之道已達窮盡，有可能轉為離散的現象，或出現龍戰於野的效應，不願繼續追隨或另起爐灶的企圖；組織對這些游離分子應採必要的糾正以正視聽。
- 在團隊當中，所有成員必須以組織的利益為前提，來創造個人的利益，無人例外。對於不願隨順的頑固分子，應採軟硬兼施的手段，使其了解利害關係。
- 不眷戀權位，不主動參與組織運作，視隱退為高尚行為；但前提是先功成，才能名遂與身退，否則只能算是半途開溜。(綜，18 蠱上九)
- 團隊中的資深長者，有不謀其利的情操乃正常現象，但不可只求獨善其身，其言行舉止必須傳承做為後生晚輩的楷模。(互，53 漸上九)
- 雖然所作所為都心安理得，但也必須為大局考量，避免造成自以為是，或

---

5 「亨」，「享」，「烹」古字通用，本處取「享」有祭祀之意涵。

者言行反其道而行卻渾然不知的現象。(之，25 无妄上九)

爻旨：工作團隊當中，絕不容許心不在焉與志不在此的人，若有這種情況，必須果斷採取強制措施以維持正常的運作。

《序卦傳》：以喜隨人者必有事，故受之以蠱。

人與人之間的關係從陌生到熟稔，從猜疑到互依互助，以及從一切照規則，發展到可以靈活變通與方便行事；但是，久而久之難免鬆懈變調，因而出現隨順攀緣、隨興而為，進而養成為所欲為的壞習慣，長期累積以致百病叢生。如果很不幸有這麼一天，我們要如何處理這個組織內部的陳年積弊呢？接下來，我們可以從下一卦，在「蠱」卦的情境當中，了解體制內改革的基本原則與務實的做法。

18 | 蠱卦：內部改革的人情考量

表 2-18　蠱卦要點提示

艮/山							
上九	不事	王侯		功成名遂身退	見好就收	功名一時	氣節千載
六五	父蠱 ※	用譽	停滯	誠心接受改革	去蕪存菁	隱惡揚善	堅定信念
六四	裕蠱	見吝		切忌首鼠兩端	投鼠忌器	養癰遺患	慎防懈怠

巽/風							
九三	父蠱	小悔		付出必要代價	堅持到底	勉為其難	無怨無悔
九二	母蠱	不可	遜順	體察人情世故	通情達理	區分輕重	態度委婉
初六	父蠱 ○	有子		堅定改革宏願	先期溝通	周密計畫	充實能力

【卦象與讀法】

下卦巽，巽為風；上卦艮，艮為山，全卦讀成「山風蠱」。

【卦時】

- 「蠱」字本義有腐敗、惑亂、淫邪等意涵。

- 《雜卦傳》：蠱，則飭也。在不影響既有體制的大原則，以及為了維繫最基本的人倫關係的前提下，對於組織內部日積月累的陋習，進行必要的整頓與改革。

- 蠱卦也可以用「克紹箕裘」、「革除弊端」、「整飭腐敗」、「導正風氣」以及「扭轉局勢」等等這些類似的概念來引申與推論，或者也可以用「兼顧情理的改革」的情境來比擬。

【卦辭】

蠱：元亨，利涉大川，先甲三日，後甲三日[1]。

1　就後天八卦言，上卦艮、下卦巽，兩者分居震卦上下，震為東方，天干為甲，故言先甲三日、後甲三日。至於 57 巽卦九五爻：「先庚三日、後庚三日」，乃因爻變後之卦為蠱卦，以先天八卦言，上卦艮、下卦巽，兩者分居坎卦上下，坎居西，天干為庚，故言先庚三日、後庚三日。詳見《來註易經圖解》卷之四。

蠱卦象徵整飭惑亂與腐敗，整飭之後可開創新局，故至為通達，可以順利克服各種艱險；但事前要備極辛勞的周密計畫，開始行動之後要反覆叮嚀與督促。

【彖傳】

彖曰：蠱，剛上而柔下，巽而止，蠱。蠱，元亨而天下治也。利涉大川，往有事也。先甲三日，後甲三日，終則有始，天行也。

蠱卦的特徵是，剛強者自下上往，柔順者自上下來，使尊卑得正、上下順理，故內心遜順、言行克制，乃整飭腐敗之道。整飭腐敗之後，大為亨通，天下重獲治理。之所以能順利涉越艱險而前往濟之，乃因此時此刻正面臨重大事故，必須要有所作為。事前備極辛勞的周密規劃，之後反覆叮嚀而認真執行，是說凡事在終結之後，必有新的開始，此乃天道運行的規律。

【補充說明】

- 體制內的改革，事前應建立基本共識，日後的推動才能有所憑據；否則，事前沒把話講清楚，行動沒有準則，改革將難以推動。
- 腐敗墮落的現象，與其被粉飾太平而苟延時日，還不如儘早使其浮出檯面，掀開被重重遮掩的弊端，才有機會革除而重見生機。
- 但是體制內的改革，更需要講求方法，除應針對實際需要，對症下藥外，也要考量人情世故，避免增加改革的阻力而憑添困擾。
- 整飭腐敗，必須事前做好一套完善的計畫與可行方案，開始推動之後，必須反覆叮嚀與稽核；避免開始雷厲風行，終卻草率收場。
- 天下久安，人心鬆懈，易形成腐敗的現象，就像居家髒亂以致五毒叢生。體制內不當惡習，乃長期的累積，難以根除；往往須藉由組織重整的機會，或由後繼領導者出面整頓為宜。

【大象】

象曰：山下有風，蠱；君子以振民育德。

落山風吹亂莊稼，或因氣流不通造成瘴氣，象徵沉淪腐敗的蠱卦；君子看到這種現象，要振奮民心士氣，培育美德而勵精圖治。

【補充說明】

- 下卦巽，巽為風、遜順；上卦艮，艮為山、阻礙。故有山下陣風刮起遇山而回，物皆散亂之象。同時也意味著，高層迂腐固執，基層因循苟且，呈現風氣敗壞之異象。

- 組織風氣開始敗壞，絕不能坐以待斃；此時領導人最重要的工作，就是要起帶頭作用，振奮民心士氣，從教育著手，使全民樂意配合而推動體制內的改革。

【爻辭／小象】

初六：幹²父之蠱，有子，考无咎，厲終吉。象曰：幹父之蠱，意承考也。

決心整飭父輩留下的積弊，有這樣的兒子對父輩來說沒有災害；雖有凶險但終究吉祥。象曰：整飭父輩留下的積弊，目的在繼承先人的事業。

【補充說明】

- 初六柔居剛位，能力不足且人微言輕；象徵組織繼承人必須在繼位前先立定志向，決心整頓陳年陋習，先期進行周詳的規劃與準備。

- 體制內的改革，本就是一種周期循環的現象，也是文化得以持續成長的主要動力；但當權者與組織成員，早已構成無法切割的生命共同體，其陋習難以撼動，需要依靠沒有包袱的繼任者來推動。

- 父蠱代表組織文化與根本性的問題，非一朝一夕所造成且牽涉甚廣；故應在行動前與各層面保持接觸，深入了解情況。（綜，17 隨初九）

- 雖然本身能力略嫌不足，但為了承先啟後，應竭盡所能全力以赴；此舉值得嘉許，但仍應先有萬全的計畫與準備。（互，54 歸妹初九）

- 改革弊病不可輕率為之，且目前能力與經驗均不足，應先周密準備與規劃，建立必要的人際關係，不可冒然行動。（之，26 大畜初九）

爻旨：下定決心匡除前人所留下的積弊，但應有周密的計畫與準備，以及先期的溝通與充實能力。

九二：幹母之蠱，不可貞。象曰：幹母之蠱，得中道也。

2　「幹」從事、事務，此處引申為匡正、整治。

整飭母輩留下來的積弊，不可太過堅持或拘泥原則，因而採取過於強硬手段。
象曰：整飭母輩留下來的積弊，應掌握剛柔適中的原則。

【補充說明】

- 九二剛居柔位，上應六五，暗喻兒子對母親進行建言或規勸，應該注意委婉，給母親保留更多的尊嚴。

- 母蠱代表組織物質供應系統或次要細節，這些積習乃衍生於精神文化層面；因此，內部改革必須掌握重點，避免造成輕重不分與本末倒置。

- 太過拘泥細節，會忽略大原則；故應先確定大方向、明確工作步驟與進度，避免主從關係混淆，或倒果為因的謬誤。(綜，17 隨六二)

- 對於並非重要也非關鍵，但又不易處理的問題，可在不違背大原則的前提下，暫時擱置，等水到渠成後，再順勢處理。(互，54 歸妹九二)

- 改革涉及非政策性事物，或遇到一時難以改變的陋規，要給予適度通融與必要的彈性與寬緩，以免影響主要政策的推動。(之，52 艮六二)

爻旨：不近人情舉足盡是危機，不體物情一生俱成夢境[3]，尤其體制內改革，應保留適度彈性，避免造成守正傷情、失正害義的下場。

九三：幹父之蠱，小有悔，无大咎。象曰：幹父之蠱，終无咎也。

著手整飭父輩留下來的積弊，雖然稍有悔恨，但不會有太大的災害。象曰：只要著手開始整飭父輩留下來的積弊，終究不會有災害。

【補充說明】

- 九三當位，但過剛不中且處多凶之地，象徵整飭父輩留下的弊端，難免會發生爭執，但畢竟都是自己人，只要方法得宜，大夥終究能明事理而不致造成太大的阻礙。

- 改革就像開車，要把握正確方向與行車安全；其他枝微末節，就無須太過斤斤計較，凡事要以大局為重。(綜，17 隨六三)

- 期望過高，恐怕失望也愈大；因此，目標選定要配合手段，以便能得心應手，而不至造成力有未逮或曲高和寡的遺憾。(互，54 歸妹六三)

3　出自《格言聯璧・接物類》。指內部改革要從人性角度考量，凡事都有輕重緩急而非一成不變。

- 改革需要膽識與精確的眼光，應著眼大局而不受限於局部的阻擾，也不可為了遷就蠅頭小利，而延誤全盤工作的正常推動。（之，04 蒙六三）

爻旨：整頓弊病難免遇到挫折，因此該付出必要的代價，就必須無怨無悔的付出，天下沒有不勞而獲的東西。

六四：裕父之蠱，往見吝。象曰：裕父之蠱，往未得也。

一旦姑息寬容父輩留下來的弊病，而影響正常工作的進行，勢必造成遺憾。象曰：姑息寬容父輩留下來的弊病，長此以往，將一無所獲。

【補充說明】

- 六四得位但陰虛質弱，象徵能力不足、意志不堅，或根本無法擔當重任，因而猶豫不決、下不了手，或行動緩不濟急，以致弊端日益嚴重。
- 雖坐擁高官厚祿，但長期身處舊勢力影響的環境中，對於體制內的改革，難免有開不了口或下不了手的窘境。
- 有擔當的改革者，該做的不推諉，不該做的不僭越，膽要大、心要細，展現最大的誠意，不必首鼠兩端而畏首畏尾。（綜，17 隨九四）
- 如果改革時機尚未成熟，應耐心等待而不強求；但也不能期待百分之百的條件成熟才下手，否則永遠成不了事。（互，54 歸妹九四）
- 改革工作的執行者，必須要有堅定的意志，以及卓越的溝通協商能力，才能壓制保守勢力的氣焰，達到整頓內部的目的。（之，50 鼎九四）

爻旨：個性怯弱鄉愿、行動猶豫不決，以致首鼠兩端的人，終究無法勝任而影響改革工作的推行。

六五：幹父之蠱，用譽。象曰：幹父用譽，承以德也。

整飭父輩留下的弊病，要妥善保留與運用美好的聲譽。象曰：妥善保留與運用美好的聲譽，是為了能順利繼承前人的德業。

【補充說明】

- 六五柔居君位，上比上九，下應九二，象徵領導者能夠敬上謙下，故備受稱譽，且能以無為而治的精神，重用有能力、明事理的幹部。
- 對於組織過去的光榮歷史，必須一再的重複肯定，並將難以抹滅的功勳，加諸在其他相關人身上，以培養榮譽感，並可提振士氣。

- 改革主導者，必須保持居中不偏的立場，言行舉止可為眾人表率，故能得群眾的信賴與擁戴，而且能全心全力配合改革。（綜，17 隨九五）
- 高明的領導者，有能力卻顯得謙卑、有功勞卻讓給屬下、有美好稱譽卻加諸在別人身上，自己永遠不會自盈自滿。（互，54 歸妹六五）
- 整飭腐敗初始不順，是因為積習太重；終究能夠圓滿，是因為改革推動之前，能夠不斷鼓舞士氣，以培養榮譽感；推動之後，能夠全力配合並堅持改革的理想與目標。（之，57 巽九五）

爻旨：去蕪之前應先存菁，可收事半功倍之效；肯定過去光榮的歷史，可培養組織成員的榮譽心，有助於堅定內部改革的信心。

上九：不事王侯，高尚其事。象曰：不事王侯，志可則也。

整飭腐敗的工作已達窮極，此時應當功成身退，不求一官半職，要把澹泊明志當成高尚行為。象曰：功成身退不再眷戀，這種志向值得效法。

【補充說明】

- 上九蠱卦之窮極，象徵功成、名遂、身退，以做為後人的典範。切記功成為最重要的前提，名遂為客觀條件，身退才是自己主觀的行為。
- 無論功勳如何卓著，都不可特立獨行，要顧慮別人的感受，先讓別人心安喜悅，自己才能夠得到真正的心安與喜悅。（綜，17 隨上六）
- 任務完成後，就不要一直留在職位上，因為功勳再卓著都是過去式；因此，要有先見之明，避免落入名不符實的下場。（互，54 歸妹上六）
- 貪圖名利者，往往經不起花團錦簇與前呼後擁的誘惑。唯有智者，完成階段性任務後，便急流勇退，繼續修身養性，充實德行與技能，以待他日機會來時，才有條件重出江湖。（之，46 升上六）

爻旨：整飭腐敗有所成就之後，應記取功成、名遂、身退的歷史教訓。

《序卦傳》：蠱者，事也，有事而後可大，故受之以臨。

蠱，是指整飭禍亂之事。整飭腐敗、革除弊端之後，開始推動教化與管理群眾的工作，使得事業能壯大發展。所謂時勢造英雄，是由於社會動盪不安，提供熱心人士，展現個人的聰明才智；而英雄造時勢，則是有企圖心的人，能看清時勢發展，主動投入別人不願做，或想做卻做不了的事。從事內部改革工作者，則兩者兼

具，既有熱心也有企圖心，至於他們是如何創造非凡的成就，我們可以從下一卦，在「臨」卦的情境當中，了解各種不同典範的領導風格，了解以上臨下、臨事不懼與臨危受命的道理，以及如何運用智慧表現親民、愛民作風。

19 ｜臨卦：領導統御的各種典範

表 2-19　臨卦要點提示

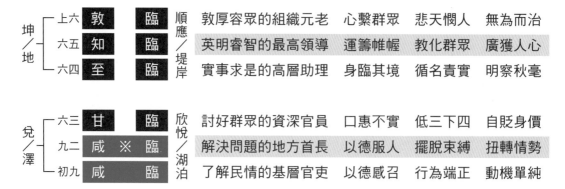

坤／地	上六	敦	臨	順應／堤岸	敦厚容眾的組織元老	心繫群眾	悲天憫人	無為而治
	六五	知	臨		英明睿智的最高領導	運籌帷幄	教化群眾	廣獲人心
	六四	至	臨		實事求是的高層助理	身臨其境	循名責實	明察秋毫
兌／澤	六三	甘	臨	欣悅／湖泊	討好群眾的資深官員	口惠不實	低三下四	自貶身價
	九二	咸 ※ 臨			解決問題的地方首長	以德服人	擺脫束縛	扭轉情勢
	初九	咸	臨		了解民情的基層官吏	以德感召	行為端正	動機單純

【卦象與讀法】

下卦兌，兌為澤；上卦坤，坤為地，全卦讀成「地澤臨」。

【卦時】

- 「臨」字本義有到達、監臨、接近、面對等意涵。
- 《雜卦傳》：**臨觀之義，或予或求。** 就臨卦而言，旨在說明，是以以上臨下的治理，表現出君主施仁政予下民；或指以尊臨卑的作風，是用敦厚容眾的態度與民溝通，考慮基層民眾的實際需要，並主動給予必要的資源，達到啟發民智的目的。
- 臨卦也可以用「居高臨下」、「以德臨人」、「以德教化」、「因勢利導」以及「耳提面命、諄諄告誡」等等這些類似的概念來引申與推論，或者也可以用「深入基層的高官」的情境來比擬。

【卦辭】

臨：元亨，利貞，至於八月有凶。

臨卦象徵以上臨下，因而至為通達，但以上臨下，行事必須合乎正道，才會有利；否則過了一段時間，到了陽氣漸衰的八月，將會出現凶險。

【彖傳】

彖曰：臨，剛浸而長，說而順，剛中而應。大亨以正，天之道也。至於八月有凶，消不久也。

臨卦是指監察臨視，因為陽剛之氣逐漸成長，一片欣欣向榮，萬物欣悅順應天時，剛健者居中而有上應。之所以至為亨通，並且守正不阿，是指能遵循大自然運行的法則。過了一段日子之後，到了陽氣衰退的八月會有凶險，是因為彼時的監臨之道，將不會長久的維持。

【補充說明】

- 發生重大事件，應在第一時間到達現場掌握情況，然後採取適當的解決方案；因為親臨現場比較容易了解真實的資訊，容易解決問題。

- 領導人得到員工的愛戴與擁護，便能「如魚得水」般的順利發展事業；員工有得力領導者的正確指導，便能「如鍋有蓋」般的順利完成工作。

- 深入基層了解實況，容易找到問題的關鍵，也容易找到解決問題的辦法；民眾也不必遠赴高層衙門，便能與最高領導人面對面交換意見。

- 既然決定放下身段做一番大事業，就必須有不成功絕不罷休的決心與毅力；因為一個不能兌現承諾的人，根本就無法取信於群眾。

- 既然重出江湖施展抱負，就必須有破釜沉舟的決心，抱定只許成功不許失敗的精神與氣魄，接受最嚴格的考驗。

【大象】

象曰：澤上有地，臨；君子以教思無窮，容保民無疆。

站在沼澤周邊上方的高地，象徵居高臨下面對群眾的臨卦；君子對百姓的教化工作從不間斷，包容保護天下百姓的用心也從無止境。

【補充說明】

- 下卦兌，兌為澤、喜悅；上卦坤，坤為地、柔順。因居高臨下，故有足夠的高度與廣度可掌控全局；以及居上位能順應民情，使群眾感到欣悅；或指心中充滿喜悅，言行無比順暢等諸意涵。

- 池邊堤岸，可確保澤水不隨意外流，同時也防止外面的污水侵入，象徵領導者所做的每一件事，都是在進行教化與保護民眾的安全。

【爻辭 / 小象】

初九：咸[1]臨，**貞吉**。象曰：咸臨貞吉，志行正也。

以至為誠懇的同理心與感召力，接近群眾並堅持不懈，必能獲得吉祥。象曰：以感召力接近群眾並堅持不懈而獲吉祥，是因為心無旁騖、行為端正。

【補充說明】

- 初九代表初出茅廬的領導者親臨基層，應求先得到群眾對自己的信任，然後再施展抱負；因此，不僅要行為端正，更要以精神上的感召，營造有利的局面。

- 往往親臨現場時才會發現，原來有些問題是多麼的棘手；這時即使想脫身也走不了，只好從容不迫、冷靜面對，反而比較容易找到解決問題的方法。（錯，33 遯初六）

- 組織最底層的人們，對整體全盤運作的策略，往往是一知半解；如果讓高階人士與基層員工相聚，將有利於觀念上的溝通。（綜，20 觀初六）

- 強硬作風可令人迅速配合改善，但不易持久；若能施以感召勸勉，雖然較費時，但能使其看清事實，並心甘情願主動配合。（互，24 復初九）

- 用心良苦也要講求最基本的規則，以及最起碼的禮數，才不會因心地寬厚而使奸人有恃無恐，導致領導威信盡失。（之，07 師初六）

爻旨：動機單純，行為端正，始終秉持民之所欲、長在我心的精神並能以德感召，取得群眾的支持與配合。

九二：咸臨，**吉，无不利**。象曰：咸臨，吉无不利，未順命也。

以至為誠懇的同理心與感召力，接近群眾，必將得到吉祥而無所不利。象曰：以感召力接近群眾，而得到吉祥且無所不利，是因為能夠變通，不受制於八月有凶的命運安排。

【補充說明】

- 九二剛而能柔，尤其在親臨基層時，因有柔軟的身段，可避開不合時宜的陳舊陋規，並可依據底層民眾的實際需要，權宜變通行事。

1　「咸」遍及、和睦、感應。在此用感召力解。

- 能夠深入基層考察的機會難得，不來則已，但只要有這個動作，就有千萬隻眼睛在看你表演，而且都期待著你馬上交出一張漂亮的成績單。
- 受命擔任基層主管，才體會到實際問題的嚴重性；因此要堅定信心，用與生俱來的良知與智慧突破僵局，達到教化群眾與移風易俗的目的。(錯，33 遯六二)
- 兼顧不同聲音與立場，方能使工作順利；對某些不方便直說，卻又不得不做的事，必須低調保密，但也應避免偏聽、偏信。(綜，20 觀六二)
- 身居高位卻向下移樽就教，可獲得廣大群眾的青睞；但容易遭受反客為主的風險，為了確保領導人的正當性，應具備能伸能屈的性格與適應環境變化的能力。(之，24 復六二)

爻旨：擺脫傳統束縛，以務實的態度，解決民眾的困難並能以德服人，滿足群眾實際的需求，改變不利的形勢。

六三：甘臨，无攸利，既憂之，无咎。象曰：甘臨，位不當也；既憂之，咎不長也。

靠甜言蜜語來教化群眾，不會有任何好處；但對此有疑慮而感到憂慮，立即改正可避免過錯。象曰：以甜言蜜語來教化群眾，是因為居位不當；遭質疑而感到憂慮，若能及時調整做法，過錯就不會長久存在。

【補充說明】

- 六三陰虛失正且居凶，象徵領導者用花言巧語為手段，以諂媚姿態企圖討好群眾，此種不得體的行為，肯定會遭到眾人的鄙視。
- 高官巡視基層難免有人情干擾，處理稍有差錯，則裡外都不討好；如有類似情況，應事先巧妙安排，務必妥慎應付為要。(錯，33 遯九三)
- 巡視基層之前應了解各方反應，看看自己是否有不得體之處？是否影響全盤計畫？然後再採取行動，才不會顧此失彼。(綜，20 觀六三)
- 身為主管切戒心不在焉，若擺出一副勉為其難的姿態與員工互動，是極不恰當的行為，此舉只會造成上下之間的猜忌。(互，24 復六三)
- 盡講些悅耳動聽的話，或許可得到一時的潤滑作用，但口惠者往往最不實際，習慣當面盡說些甜言蜜語的人，往往在背後肯定又是一堆閒言閒語。(之，11 泰九三)

爻旨：靠甜言蜜語與人互動，只能得到一時的好感，終究口惠而不實而且威信盡失，不會有任何好處。

六四：至臨，无咎。象曰：至臨无咎，位當也。

事必躬親在現場與眾人親近溝通，不會有災害。象曰：親臨現場與眾人親近不會有災害，是因為言行舉止與身分地位搭配合宜。

【補充說明】

- 六四當位，下應初九，象徵善盡柔順美德，能面對面與基層群眾互動。但言行必須中肯而且也要周遍全局，才不會產生不良的後遺症。
- 能夠捨棄高貴身分與待遇，絲毫不覺得委屈；心甘情願與社會底層的人同甘共苦，必定能得到群眾的高度支持與配合。(錯，33 遯九四)
- 近距離的觀察互動，可隨時獲得正面回饋，也可當場解決問題，順便驗證所推行的政令，是否有不合理與必須修正之處。(綜，20 觀六四)
- 獨排眾議，堅持親身體驗深入基層，增進良好的互動，因為耳聞不如目睹，目睹不如身經，親身體驗可得到最真實的訊息。(互，24 復六四)
- 面對群眾所反映的問題，若牽涉層面較為複雜，須充分深入了解，不可為了展現績效而當場草率裁定，寧可慢慢處理也不容許有任何後遺症。(之，54 歸妹九四)

爻旨：身臨其境的效果，比層層轉達更為精確，可達到循名責實與明察秋毫的功效，但也要防範無法面面兼顧的遺憾。

六五：知[2]臨，大君之宜，吉。象曰：大君之宜，行中之謂也。

運用智慧管理教化群眾，是最佳領導者的風範，結果必然是吉祥的。象曰：成為最佳的領導者，就是凡事都能秉持中庸之道。

【補充說明】

- 六五柔居君位，象徵知人善任及重用賢臣之明君，能充分展現領導者的智慧；凡事不必躬親，卻能讓群眾感受其恩澤。
- 準確拿捏與正確判斷，知道何事可做？何人可用？何地可往？何時可行？

---

2 「知」乃「智」的本字。

同時也具備適當的因應對策，故能無往不利。（錯，33 遯九五）

- 施政是否合乎基層的需要，必須在民眾身上找到答案，故應全面性的了解，檢討既定政策與民眾的需求，到底有哪些落差？（綜，20 觀九五）

- 純厚樸實則心無雜念，心無雜念則容易看清真相，看清真相則能夠精準判斷。因此，所推動的政策，遺憾少、勝算大。（互，24 復六五》

- 順應天時，得其地利，塑造人和，使得群眾心甘情願配合所制定的政策，即使造成一時的不便，也會得到諒解。（之，60 節九五）

爻旨：高明的領導人，運用智慧領導群眾，不但能有效的教化群眾，同時也能廣獲人心。

上六：敦臨，吉，无咎。象曰：敦臨之吉，志在內也。

以敦厚的精神帶領眾人，會得吉祥，不會有災害。象曰：用敦厚的精神帶領眾人而得吉祥，是因為心繫組織成員之故。

【補充說明】

- 上六為延伸高山上之厚土，象徵具有至柔之姿與敦厚之心的長者，把組織成員當成自己家中晚輩；凡事儘量揚善於公堂，規過於私室。

- 待人忠厚誠懇，具備悲天憫人的胸懷。在位時，受到眾人的尊敬與愛戴；功成身退時，也會無憂無慮、無所牽掛的離開。（錯，33 遯上九）

- 用敦厚仁慈的愛心對待民眾，故不須勉強可從容中道，不經思索能做出適切決定，即使屈退歸隱，懿德懿行仍受後人景仰。（綜，20 觀上九）

- 老年戒之在得，敦厚容眾的資深大老，應時時珍惜羽毛，永遠不會陷入不知進退的迷失，永保愛民與親民的美譽。（互，24 復上六）

- 群眾的心聲最真實，當家的心情最窘迫，而只有歷盡滄桑的大老，腦筋最清楚；故而呼籲：在資源有限且需求不斷的情況下，大家應共體時艱，相互包容，做到不損群眾的利益，卻能有利於組織的長遠發展。（之，41 損上九）

爻旨：心存厚道關心袍澤，具有悲天憫人的胸懷，可以獲得群眾披肝瀝膽的效命。

《序卦傳》：臨者，大也，物大然後可觀，故受之以觀。

臨,指以大臨小。有效的監臨治事,創造輝煌的事業,能夠使組織的能見度提高,具備讓別人觀摩學習的條件,以及接受觀察視導的本錢。然而,有遠見、有智慧的人,總是先行預判他人將要向我了解哪些事,因此能自我先期省察。另一方面,由於居高臨下,所觀察的事物將一覽無遺盡收眼底,但相對的,自身也成為眾人十目所視、十手所指的觀察對象。所以,接下來,就讓我們一起進入下一卦,在「觀」卦的情境當中,去了解觀察群眾與接受群眾的觀察,兩者之間有哪些異同之處?還有,站在不同的角度,觀察事物的方法與結果有何不同?

20 ｜觀卦：不同高度的觀察效果

表 2-20　觀卦要點提示

巽/風									
	上九	觀　　其生	卑遜/台上	宗廟	關心政局的元老	十目所視	十手所指	心繫群眾
	九五	觀　※　我生		主祭	眾目睽睽的焦點	接受檢驗	自我省察	修訂政策
	六四	觀國　　之光		陪祭	受邀參與的貴賓	親身體會	觀摩學習	決定去留

坤/地									
	六三	觀　　我生	柔順/台下	前排	細察全程的觀眾	以人為鑑	自我修正	知所進退
	六二	闚　　觀		中排	一知半解的觀眾	管中窺豹	坐井觀天	便宜行事
	初六	童　　觀		後排	來湊熱鬧的觀眾	眼光短淺	見識淺薄	提升能力

【卦象與讀法】

下卦坤，坤為地；上卦巽，巽為風，全卦讀成「風地觀」。

【卦時】

- 「觀」字本義有觀察、瞻仰、審察、景象等意涵。

- **《雜卦傳》：臨觀之義，或予或求。** 就觀卦而言，旨在說明，觀察瞻仰時，會出現以卑視尊、企求於上的現象。舉凡觀察事物，無論俯視、仰視或平視，都要兼具宏觀與微觀；因為在觀察別人的同時，相對的也正接受別人的檢驗。所以我們必須站在不同的層面與不同的立場進行觀察，才能夠得到比較公正、客觀的結論。

- 觀卦也可以用「洞若觀火」、「自我省察」、「觀摩學習」、「宏觀審視」以及「鉅細靡遺，接受檢驗」等等這些類似的概念來引申與推論，或者也可以用「眼睛雪亮的群眾」的情境來比擬。

【卦辭】

觀：盥而不薦，有孚顒[1] 若。

1　「顒」音ㄩㄥˊ，有嚴正，仰諸意涵。

觀卦象徵觀察瞻仰，如同主祭者在祭祀前先行盥洗，然後在旁觀禮；未立即參與薦獻，但其一舉一動，已喚起觀禮者誠信肅穆的心情。

【彖傳】

彖曰：大觀在上，順而巽，中正以觀天下。觀，盥而不薦，有孚顒若，下觀而化也。觀天之神道，而四時不忒[2]；聖人以神道設教，而天下服矣。

陽剛者居尊位在上，因心地柔順、態度謙遜，讓人感受如沐春風，且持中守正的形象，足供眾人瞻仰。參與觀禮時，尚未正式祭祀前，僅先期盥洗準備的動作，就能激起眾人肅穆的心情，可藉由群眾的觀仰而收潛移默化之功。觀察自然界神妙的規律，就能體會四時交替毫無差錯。因此聖人效法這種自然的規律，提倡天人合一的教化，使天下蒼生順服。

【補充說明】

- 地位越崇高者，能見度也相對較大，在明處與暗處觀察你的人也較多；因此，要謙卑自持，善用內涵而不用權勢，才能得到群眾發自內心的景仰。
- 不同身分地位與知識程度的人，對同一現象的觀察會產生不同的心得；也就因為有不同的心得，才可以從中找到合情合理的答案。
- 宇宙萬物都存在相互對應的關係，並維持一定程度的動態平衡；所以，當我們觀察別人的同時，也同步接受別人對自己的檢驗。
- 領導人想要獲得民眾的敬重與支持，除了不時自我省察，持續培養美德外，一舉一動都要像祭祀時所表現出那種嚴謹與虔誠的風範。
- 觀察的角度不同，會得到不同的面貌；立場不同，會得到不同的需求；深度不同，會得到不同的價值判斷。所以，用多向度的觀察，比較容易得到較為完整的面貌與客觀的結果，並可做出更精準的判斷。

【大象】

象曰：風行地上，觀；先王以省方，觀民，設教。

陣風吹拂大地，無物不與，象徵鉅細靡遺觀察的觀卦；歷代先王模仿此種現象

---

2 「忒」音「特」，過分、過甚、差錯。

而巡視四方，觀察民情風俗，針對實際需要而設立教化。

【補充說明】

- 下卦坤，坤為地、順從、群眾；上卦巽，巽為風、遜順、深入。故有風吹大地無物不與之象徵，以及居上位者願意放下身段巡視各方，使基層群眾樂意順從其指導之意涵。

- 政策的制定，應著重民眾的實際需要，而施政的具體方法，也力求務實可行，對於施政成果的驗收，則必須深入基層在群眾當中找到答案。

【爻辭 / 小象】

初六：童觀，小人无咎，君子吝。象曰：初六童觀，小人道也。

見識淺薄，眼光短淺，像幼童在看待事物；這種行為對於無知小人來說，沒有災害，對君子而言則會造成遺憾。象曰：見識淺薄，是無知小人的本質。

【補充說明】

- 初六失正上無應爻，象徵才疏位卑的小人，且距九五最遠，對其所觀察事物的理解最為膚淺，或許只是來湊湊熱鬧，捧個人場而已。

- 不可因太過自信而高估自己、低估別人，以至於自取其辱；但也應避免不切實際而錯估自己、亂估別人，而顯得格格不入。（錯，34 大壯初九）

- 動機單純、行為端正，抱持同理心與最大的誠意，以及將心比心的態度深入基層，才能鉅細靡遺觀察到群眾的實際心聲。（綜，19 臨初九）

- 對幼童而言，見識淺薄無傷大雅，但也是開始訓練觀察能力的時機；若能儘早接受訓練，會比較容易培養出精準觀察的能力。（互，23 剝初六）

- 年紀不大，要觀察略為深入的問題，應給予必要的提示；能力稍差，欲擔任較重要的工作，應給予必要的支援與協助。（之，42 益初九）

爻旨：幼童或知識水準較低的人眼光短淺，無法仔細觀察各種事物乃無可厚非，若想具備高瞻遠矚的能力，則須儘早培養改善。

六二：闚[3] 觀，利女貞。象曰：闚觀女貞，亦可醜也。

3　「闚」音「虧」，是指從縫隙、隱蔽處偷看或暗中察看。

從偏狹的角度觀察事物，此舉適合女子的守正，是可以被接受。象曰：以偏狹的角度觀察事物，只限於女子的守正；對男子而言，當引以為羞恥。

【補充說明】

- 六二居中守正，上應九五，象徵守正女子，心中雖繫理想對象，但不宜做出大動作而有失矜持，因此只能從偏狹的暗處窺視對方。
- 在正常狀況下，觀察事物應保持正大光明的態度；除非有特殊需要，必須採用我暗敵明的變通方式，則屬例外。
- 觀察的條件雖受限，但可參考不同立場的觀點，保持內方外圓、剛而能柔與不偏不頗的態度，以彌補偏頗的成見。（錯，34 大壯九二）
- 排除障礙實事求是，深入基層實際觀察，可糾正管中窺豹的狹隘、彌補坐井觀天的侷限，導正盲人摸象的謬誤。（綜，19 臨九二）
- 一知半解，比全然不知更糟，因為錯誤的政策，比不作為更具破壞力，後果更難補救；因此，要慎防被不當的訊息所誤導。（互，23 剝六二）
- 當狀況不明時，不可隨意行動；應先穩定情緒、保持冷靜，重新思考，迅速回到最安全的定位，然後再想辦法排除障礙。（之，59 渙九二）

爻旨：從偏狹的角度觀察事物將有失精準，除非必要隱藏身分，否則應儘量公開透明，方能得到正確的資訊。

六三：觀我生，進退。象曰：觀我生，進退，未失道也。

以台上的人為借鑑，認真自我省察，據以做為決定進退的參考。象曰：省察自我行為，然後調整策略，此舉並不違背常理。

【補充說明】

- 六三在基層當中最鄰近上卦，可鉅細靡遺的觀察檯面上人物而增廣見聞；也能夠以人為鑑，明己得失，並提供未來應對進退的參考。
- 所獲資訊相對比較完整，便可重新檢討工作計畫；如果條件允許就做下去，否則就應量力而為，不可恣意逞強行事。（錯，34 大壯九三）
- 以裝模作樣或阿諛承歡，使別人做出的反應，多半是虛偽的表象；如果在沒有任何提示下所做出的反應，則相對較為真實。（綜，19 臨六三）
- 仔細觀察後，才發現問題的嚴重，所以當機立斷，該走就走；若一時走不開，乾脆暫且不去理會，看情況發展再考慮下一步，沒必要身陷理不清的

泥淖當中。(互，23 剝六三)

- 決策制定要著眼全局，才能順利達成共同目標，故不可標新立異或固執己見，應儘量協商折衷，找到多數人可接受的方案。(之，53 漸九三)

爻旨：近距離觀察高層的施政最為詳盡，可做為自我借鑑，以便於決定下一步行動。

六四：觀國之光，利用賓於王。象曰：觀國之光，尚賓也。

觀察國家實質政績，身為君王的貴賓是最佳時機。象曰：有機會可以觀察國家施政方針，是指國君禮遇與尊重賓客之故。

【補充說明】

- 六四柔順得正，上承九五、對下無應，代表正在陪祭的國賓，或承順君主的大臣；應專心考察或了解政情，可做為下一步行動的參考。

- 觀察施政成果，必須保持單純的動機與公正的態度，並排除心中的偏見，才能觀察到實務上最重要、最關鍵的訊息。(錯，34 大壯九四)

- 觀察的目標就在身邊，應把握千載難逢的良機，進行全面、深入與重點的觀察，以便更詳實的了解施政品質。(綜，19 臨六四)

- 進一步了解情況之後，當事人與當權者的關係將有微妙的變化，不是非常融洽就是非常緊張；因為所看到的內情，可能增強彼此的信心，但也可能失望到切膚之痛。(互，23 剝六四)

- 觀察君王接待外賓的心態及其是否尊重專業，便能預測主政者治國的方針是否值得學習，做為知彼知己的參考訊息。(之，12 否九四)

爻旨：得到主政者的延攬，可藉以觀摩考察全盤施政方針與政績，自己也能趁機學習到寶貴的經驗，並決定下一步的行動。

九五：觀我生，君子无咎。象曰：觀我生，觀民也。

受到民眾的瞻仰與反映，以便自我省察，如此才不失為君之道。象曰：供民眾的瞻仰與反映，是指施政的成果，應從民眾身上得到答案。

【補充說明】

- 九五中正，下比四陰，有君臨天下之象；唯日理萬機，施政難免有過剛或過當之嫌，若能在群眾反映中找到問題，便可適時調整修正。

- 當事業經營有成、其勢如日中天，更應謙卑為懷，並著手經驗傳承。可透過全面觀摩學習，在民眾身上找答案，作為政策修訂的依據。
- 整體發展應避免大起大落，必要時可將政令推動速度放慢，不至於為了遷就局部利益而拖累全局，如此才能有利其他細節工作的穩定推行。《錯，34 大壯六五）
- 觀流可以知源，觀影可以知表，觀民可以知施政之得失[4]，所以有智慧的領導者都會廣聽建言。因為大智興邦，不過能集眾思；而大愚誤國，只因好自用[5]。（綜，19 臨六五）
- 放下身段帶領群眾，移樽就教於德高望重的前輩，可順利化解危機，還能免遭災禍，此舉將可得到群眾全力的諒解與配合。（互，23 剝六五）

爻旨：施政成果須在民眾身上找答案，故應深入觀察民心趨向，據以自我省察，並持續的檢討與修正施政方針。

上九：觀其生，君子无咎。象曰：觀其生，志未平也。

受到民眾觀察自己的言行，自己也不時關心九五的施政作為，但應當謹言慎行避免造成負面影響。象曰：觀察九五的施政作為，是因為心志未安定，而不敢安其志。

【補充說明】

- 上九易知且居觀之極，對所有事物盡收眼底，但也由於高處不勝寒，隨時都在接受群眾檢驗，故當自慎而感到仍有未盡周延之處。
- 面臨十目所視、十手所指的處境，難免會出現過度緊張的心理，然而畢竟能夠知艱自守，終究不會有大礙。（錯，34 大壯上六）
- 有些棘手的事，面對群眾有壓力，內部決策有困難，但在情理上可以適度調整的事，則由德高望重、圓融敦厚的大老出面，相對比較容易擺平。（綜，19 臨上六）
- 萬一政局弊端叢生、無一可取，毫無觀摩價值。此時唯有依賴具有長者的

4　出自北宋學者胡瑗（993 年 -1059 年）名言。

5　出自《格言聯璧·從政類》。是指接受眾人仰望的同時，正好可以最真實的了解群眾的需求。

風範老臣出面撥亂反正，但也要提防鼠目寸光的小人在從中掣肘。（互，23剝上九）

- 國家興亡，匹夫有責，即使隱退江湖不在其位，仍然是社會一分子；何況是眾人所關注的資深長者，更應當在必要的時候，出面發揮關鍵的作用。（之，08比上六）

爻旨：資深大老身居高位，處在眾人仰望的地位，故應時時心繫群眾福祉，不時關心政局的發展，並且要多關心施政品質與民眾的感受。

《序卦傳》：可觀而後有所合，故受之以噬嗑。

經過全方位鉅細靡遺的觀察之後，可能會發現組織內部還有許多潛在的問題有待改善。處理這些問題，必須開誠布公，把事情攤在陽光下，找出事實真相與原因，讓所有的人都了解，以便集思廣益，分析問題關鍵所在與確定解決問題的辦法，對於比較棘手而且敏感的問題，可以考慮用比較強勢的手段來處理。接下來，讓我們繼續進入下一卦，在「噬嗑」卦的情境當中，探討對於重大爭議案件的處理原則，還有在斷案的過程中，可能會出現哪些不預期的狀況與因應對策，以及施用刑罰的原則與要領。

21 │ 噬嗑卦：法治社會的必要之惡

表 2-21　噬嗑卦要點提示

離/火	上九	何校　滅耳	閃電/明察	積惡滅身的待決死囚	罪不可赦	佛法無邊　難敵業力
	六五	噬　※　乾肉		公正客觀的定讞法官	保持彈性	充分授權　合理裁定
	九四	噬　乾胏		冷靜果斷的三審法官	剛直不阿	堅持不懈　除惡務盡
震/雷	六三	噬　腊肉	行動/果斷	遭到挫折的二審法官	施刑欠當	被告反撲　排除危機
	六二	噬膚　滅鼻		施刑過猛的初審法官	寧嚴勿縱	殺雞儆猴　輕罪重罰
	初九	屨校　滅趾		不威不懲的無知初犯	不恥不仁	不畏不義　小懲大誡

【卦象與讀法】

下卦震，震為雷；上卦離，離為火，全卦讀成「火雷噬嗑」。

【卦時】

- 「噬嗑」是指口中咬合異物，象徵執行斷獄的過程。
- 《雜卦傳》：噬嗑[1]，食也。審理刑法案件應講求方法、明辨是非善惡，不容許有一絲一毫的差錯，就像口在咀嚼食物；除了慢嚼細嚥外，至於何者可吞嚥、何者應吐出，必須分辨清楚，並做出合理的仲裁。
- 噬嗑卦也可以用「排除障礙」、「端正風紀」、「明察秋毫」、「道之以政，齊之以刑」以及「徒法不足以自行」等等這些類似的概念來引申與推論，或者也可以用「明刑弼教，刑期無刑」的情境來比擬。

【卦辭】

噬嗑：亨，利用獄。

噬嗑卦以咬合象徵斷案，必須排除障礙才能夠找出真相以致通達；處理重大疑

1　「噬」音「是」，有咬、吞、食諸意。「嗑」為多音字，可唸「河」或「客」，其意為多言、用牙尖咬裂硬物。「噬嗑」，一般指咬合異物，在此形容明察果斷的斷案與執法。

難案件，應當嚴格求證並精準判斷真偽。

【彖傳】

彖曰：頤中有物，曰噬嗑，噬嗑而亨。剛柔分，動而明，雷電合而章，柔得中而上行，雖不當位，利用獄也。

口腔中有硬物梗塞需咬碎，故稱為噬嗑；咬斷阻梗之物合攏嘴巴，使上下相連通暢。陽爻與陰爻各自分開而不相雜，有明辨是非之象，所採行動皆光明磊落，有震雷般的決斷毅力，有閃電般的明察秋毫，使事理更為彰明；陰柔者向上奮進而居於中位，雖然得位不正，但剛柔相濟，反而有利於刑法的施用。

【補充說明】

- 徒善固然不足以為政，徒法亦難以自行[2]；審理重大案件，應從各方面觀察事件發展的來龍去脈，找出重要關鍵因素，做出正確的決斷。
- 口中有堅硬異物，就像有人從中作梗，所以要分辨是非曲直，行動要光明正大；就像在黑暗中，閃電與雷鳴的交互作用所產生威懾，讓宵小之徒無所遁形。
- 處理重大案件，首應通盤考慮務必化險為夷而不留後遺症。所以要有堅定不變的原則，同時也須靈活變通，才不至於造成窒礙難行的窘境。
- 對於刑事案件必須先確定規則與法令，執行時須依不同的環境與對象，採取適宜的方法，才能做到毋枉毋縱，並塑造公正無私的形象。

【大象】

象曰：雷電，噬嗑；先王以明罰勅[3]法。

雷電交合作用產生的效果，象徵口裡咬斷異物的噬嗑卦；歷代先王仿效這種現象，而明辨刑罰、端正法令。

【補充說明】

- 下卦震，震為雷、行動；上卦離，離為明、電光。故有雷電交加的威力，以及提升明察秋毫與洞察是非的能力。

2　引用《孟子・離婁上篇》。原文：徒善不足以為政，徒法不能以自行。

3　「勅」音「斥」，誡也，正也，固也。在此當「導正」用。

- 閃電代表光明，可以看清楚事實真相，雷鳴產生巨響，象徵震懾與警告作用。為防止公權力的濫用，並能有效阻止犯罪，應制定合情合理且公正嚴明的刑事訴訟法。

【爻辭 / 小象】

初九：履⁴校⁵滅趾，无咎。象曰：履校滅趾，不行也。

給初犯者的腳戴著刑具，損傷了腳趾，以示懲戒，不會災禍。象曰：戴著刑具，損傷腳趾，是為了使其不再繼續犯錯而限制其行動。

【補充說明】

- 初九居下震之始，與六二逆比，象徵動機強烈但罪行較輕的初犯；接受略重的懲罰可得較大的警惕，避免鑄成大錯，對他來說是最大的福分。
- 一個人能力不足、行為偏差，受到社會大眾的排擠，應自我檢討改進，以免遭受現實的淘汰，甚至身陷囹圄。（錯，48 井初六）
- 初入社會應重視形象的建立，外在修飾要配合身分地位，切忌好高騖遠，應從小就養成守法務實的好習慣。（綜，22 賁初九）
- 因不小心犯了錯誤，並遭致必要的懲戒，不但不該有怨言，甚至要立即改邪歸正，此舉將可得到別人的鼓勵與認同。（互，39 蹇初六）
- 短時間內，想把多年養成的惡習改掉並不容易，如果能夠誠心誠意的接受教誨，即使受到必要的懲戒也能虛心接受，反而可以達到浴火重生的效果。（之，35 晉初六）

爻旨：初犯者受到較為嚴厲的懲戒，對當事人來說是種福分，可因此避免日後犯下更大的罪行。

六二：噬膚⁶滅鼻，无咎。象曰：噬膚滅鼻，乘剛也。

斷獄時略微過度，就像咬食嫩肉，連鼻子都埋入肉中，不會有災害。象曰：施

---

4 「履」音「具」，本意為鞋，在此作動詞，有穿戴之意。

5 「校」音「教」，木製刑具加於頸稱枷，加於手稱桔，加於足稱桎。

6 「膚」人體與外界接觸者，凡卦中有膚字，上下卦先天皆比鄰。在此指容易被咬爛之嫩肉。

以略微過度嚴苛的懲罰，是為了懲治頑強罪犯的必要手段。

【補充說明】

- 六二居中得位，凌乘初九，象徵執法者量刑公正客觀；但對魯莽剛強的初九施刑略為嚴厲，因其為初犯，予以略施重罰，使其及早改過自新。
- 對於不務正業，以及有礙善良社會風俗的罪犯，施以略重的懲罰，可達殺雞儆猴的作用；倘若繼續姑息養奸，不但毀其個人前程，也會增加社會的成本與負擔。（錯，48 井九二）
- 輕罪重罰的目的，是為使當事人改過向善，也是一種預防性的功能，可促使犯者能儘早覺悟，能夠向好的榜樣學習。（綜，22 賁六二）
- 施以略重的懲罰，是在提醒當事人，使其了解其身所處的環境，其實是一個命運共同體，並非僅止於個人的問題而已。（互，39 蹇六二）
- 對於狀況複雜且棘手的重大刑案，應須講究方法才能順利進行，往往透過非正式管道或講求變通的手段，達到預期的效果。（之，38 睽九二）

爻旨：對個性魯莽的初犯，施以略重的刑罰，這種做法並無不妥，因為此舉可達到殺雞儆猴的作用。

六三：噬腊肉[7]，遇毒，小吝无咎。象曰：遇毒，位不當也。

斷獄不順利，就像猛咬煙燻久藏的硬肉，不小心中毒，雖小有遺憾但終究無礙於全局。象曰：斷獄不順利，是因為做法與職位不相配之故。

【補充說明】

- 六三失正居多凶之位，象徵執法者遇到棘手的案子，且因事前準備欠周，或審案過程當中發生錯誤，遭被告強烈反彈，使案情陷入膠著；此時要冷靜的調整審案方式，並適時的請求協助。
- 自認判決公正無誤，卻不能讓被告心服，而遭致強烈反彈與抗爭；此時應再度自我審視，看看是否有哪些細節有所疏忽。（錯，48 井九三）
- 判決書即便有更充分的潤飾，也不能彌補證據不足的遺憾；運用再多的前例，也不見得一定能符合當下案情的需要。（綜，22 賁九三）

---

7 「腊」音「昔」，久也。《前漢書・五行志》味厚者 毒久也。「腊肉」是指乾硬之肉，象徵較難審之案件。

- 審案當中遇挫折，應及時排除；若一時無法解決，必須回頭請教經驗豐富的資深人員，或請其出面協助，可避免一錯再錯。（互，39 蹇九三）
- 審案時，若發現手上難題始終無解，則應以大局為重，必要時由適合的人選替代，這也是處理重大危機的標準作業程序。（之，30 離九三）

爻旨：審案前要充分準備，執行時不可大意，萬一遭到被告的反撲，必須有效控制場面並尋求協助處理。

九四：噬乾胏[8]，得金矢，利艱貞，**吉**。象曰：利艱貞，吉，未光也。

斷獄時遇到最棘手的被告，有如口咬連皮帶骨的硬肉難以啃噬；若具備剛強堅定不移的意志，在艱難當中堅守正道、堅持立場，必得吉祥。象曰：應在艱難當中守正道而得吉祥，是指態度可能還不夠光明正大。

【補充說明】

- 九四以剛履柔且處多懼之位，且居眾陰之間之陽爻，象徵受到上下的疑慮，故應充分發揮公正無私的精神，排除個人的私見與情感，也不必遷就法律以外的人情世故。
- 就算手上的案子處理得相當圓滿，但尚未在眾人心中建立信心；所以要建立良好制度與規範，才能得到一勞永逸的成效。（錯，48 井六四）
- 審案時太在意形象，會造成執行上的偏差；但只重實質而不考慮形象，易啟人疑慮；對於斷案的證據，則應以原始未經修改的事證為憑藉。（綜，22 賁六四）
- 資深法官面對盤根錯節的惡勢力，必須像包拯面對朝廷權貴，在策略上，要聯合所有正義的力量；在執行層面上，要有比奸人更狡滑、比惡人更狠毒的手段方能勝出。（互，39 蹇六四）
- 將群眾的需求當成自己的需求，借用一切可用的力量，並以公正無私與光明正大的態度根絕一切後患。（之，27 頤六四）

爻旨：以百折不撓的毅力與公正無私的精神，面對奸詐狡滑的罪犯，應再加把勁給以徹底的剷除。

---

8 「胏」音「紫」，帶骨硬乾肉。指最難處理的案子。

六五：噬乾肉，得黃金，貞厲，无咎。象曰：貞厲，无咎，得當也。

斷獄時，若能公正定讞，就像口咬一般乾硬的肉，相對比較容易下口；要以公正不阿的態度以防危險，守持正道才不會有過錯。象曰：以公正不阿、守持正道的態度防危免禍，是指能夠合情合理的施刑治獄之道。

【補充說明】

- 六五柔居剛位，凌乘九四，對下無應；象徵立場超然，保持中立，在審理過程當中，自己不宜表示意見，以便能讓各級審訊者保持公正客觀，同時也給自己最終裁定保留彈性的空間。
- 不斷提升專業素養，端正行為舉止，建立良好的口碑與品牌，所做出的最後裁定能讓眾人滿意，也讓被告心服口服。(錯，48 井九五)
- 終審裁定，必須著眼整體利益，尊重專業的立場與分工；切忌循私偏袒，以至於造成為審而審、為判而判的政治考量。(綜，22 賁六五)
- 心正意誠大公無私者，當面臨重大阻礙時，必能得到上下鼎力相助，則公正嚴明的獄政指日可待。(互，39 蹇九五)
- 出現重大突發事件，切莫大驚小怪而小題大作，應保持鎮定並展現臨危不亂與剛柔並濟的原則，力求化解不利的局面。(之，25 无妄九五)

爻旨：終審定讞者要創造公正無私與客觀的斷案環境，除充分授權之外，也要保持合理裁定的彈性空間。

上九：何[9]校滅耳，凶。象曰：何校滅耳，聰不明也。

給重刑犯頭上戴上木枷，毀傷耳朵，必致凶險。象曰：戴上木枷毀傷耳朵，因屢誡不改，罪大惡極，有聽沒懂，留耳何用，實在太不受教了。

【補充說明】

- 上九居噬嗑卦之極，象徵一個因屢誡不改的累犯，成了十惡不赦、積重而難反的待決死刑犯，任誰想救也救不了。
- 有智慧、有能力者，不該畫地自限或明哲保身；對於心智不足而尚未鑄成大錯的人，應不厭其煩的對其教導，避免造成不教而殺的遺憾。(錯，48 井上六)

---

9 「何」音讀「賀」，與「荷」同義，背負、承載之意。在此以「頭戴刑具」解。

- 活到老才悟出，最美的修飾是返璞歸真，最高的智慧是堅守正道，最大的福報是平平安安，最好的享受是沒沒無聞。只可惜，千金難買早知道；否則，怎會有十惡不赦的死囚呢？（綜，22賁上九）
- 工作受到阻礙，腦筋轉個彎退回原點，可能會得到意想不到的結果；同理，面對善惡抉擇的十字路口，知道急流勇退，可以免於牢獄之災與殺身之禍。（互，39蹇上六）
- 善不積不足以成名；惡不積不足以滅身。如果能在承平時期，就預想會有災禍而及早防備，就不會淪落身陷囹圄的下場。（之，51震上六）

爻旨：勿以惡小而為之，因為染上惡習後，久而久之，必然積重難返，終致罪無可赦，即便知道要悔改，也來不及了。

《序卦傳》：嗑者，合也，物不可以苟合而已，故受之以賁。

嗑，是指咬合，有斷案之意涵。對於有爭議的案件，固然需要秉公處理，但過程中若有適當的調節與緩衝，將使原本困難的工作，變得比較容易推動。再者，如果每天都在執行一些硬梆梆的規則，顯得缺少人情味；況且腦海裡都呈現道德的底線，久而久之，會造成冷酷無情的氣氛。同理，在日常生活與工作當中，許多地方也要有適當的調節與修飾：就像房子整建後要講究裝潢；文章完成後必須潤筆。所以，接下來，讓我們繼續在下一卦，在「賁」卦的情境當中，看看究竟要如何改善我們的工作環境？如何潤飾我們的工作內涵？還有，處在不同身分地位，對於個人外觀的修飾，應有哪些不同的講究？

22 ｜賁卦：人文素養的教化功能

表 2-22　賁卦要點提示

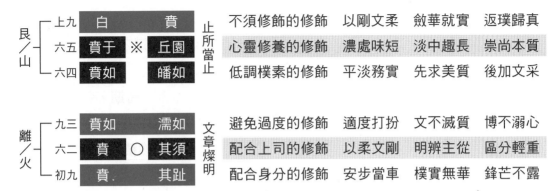

艮／山	上九	白		賁	止所當止	不須修飾的修飾	以剛文柔	斂華就實	返璞歸真
	六五	賁于	※	丘園		心靈修養的修飾	濃處味短	淡中趣長	崇尚本質
	六四	賁如		皤如		低調樸素的修飾	平淡務實	先求美質	後加文采
離／火	九三	賁如		濡如	文章燦明	避免過度的修飾	適度打扮	文不滅質	博不溺心
	六二	賁	○	其須		配合上司的修飾	以柔文剛	明辨主從	區分輕重
	初九	賁		其趾		配合身分的修飾	安步當車	樸實無華	鋒芒不露

【卦象與讀法】

下卦離，離為火；上卦艮，艮為山，全卦讀成「山火賁」。

【卦時】

- 「賁」[1]字本義有文飾、整修、華麗等意涵。
- **《雜卦傳》：賁，無色也。** 雖然任何事物都必須有適當的文飾，包括個人的外表，但仍應以本質為主，不必刻意加油添醋，而且要能夠以文輔質，符合自然與崇尚樸素為美。
- 賁卦也可以用「文質彬彬」、「修飾邊幅」、「返璞歸真」、「道之以德，齊之以禮」以及「徒善不足以為政」等等這些類似的概念來引申與推論，或者也可以用「不流濃艷，不陷枯寂」的情境來比擬。

【卦辭】

賁：亨，小利有攸往。

賁卦象徵修飾，有適當的修飾可致通達，但其作用也只能獲得最少限度的利益，因為本質才是最重要的。

1　「賁」為多音字，可唸成「碧」、「奔」、「奮」，在此應唸「碧」，泛指文飾。

【彖傳】

彖曰：賁，亨，柔來而文剛，故亨。分剛上而文柔，故小利有攸往。剛柔交錯，天文也；文明以止，人文也。觀乎天文，以察時變，觀乎人文，以化成天下。

文飾可以亨通，是因為柔順者下來文飾重要的剛強，所以能夠亨通。分出居中的陽剛，上去文飾次要的陰柔，因此也只能獲得最少限度的利益。陰陽和合，剛柔相濟，這本就是大自然的文飾；至於外觀的美化應有所節制，這是人類社會發展的文飾。觀察大自然的文飾，可察知天地之間變化的規律；觀察人倫日用的文飾，可以推行教化而普及天下。

【補充說明】

- 文與質，不可偏勝。上好文，下必以文勝其質；上好質，下必以質勝其文；而質勝文其害猶小，文勝質則誤天下無知者，其害甚大。[2]
- 文飾的工夫只是一種外觀的美化，而充實內涵才是最重要的工作；文飾的工夫是以實質的內涵為基礎，就像建築物的主結構必先完成之後才能裝修，否則徒具空殼的美化是沒有任何意義的。
- 面對嚴肅艱鉅的工作，應當有必要的修飾、適當的緩衝及有效的調節，可以讓原本枯燥、緊繃與無趣的情境轉變成生動、輕鬆與活躍。
- 一個人的外觀，必須要有適度的修飾；敘述一件事情，必須要有清楚的說明與強調；陳列一項產品，必須要有適合的包裝與陪襯。這些措施並無不妥，而且有加分的效果。
- 作畫時須先有潔白的底子，才能進行繪畫。同理，一個人先要有適當的外觀，然後才有條件裝扮，其他事物的文飾也同樣須具備一定程度的本質，否則，徒有外表的文飾是毫無意義[3]。

【大象】

象曰：山下有火，賁；君子以明庶政，無敢折獄。

山下點燃火光，照亮山上景物，象徵文飾外表的賁卦；君子應修明法規制度與

2　出自《道德經講義》。清・宋龍淵著，萬有善出版社，29 頁，1976。

3　引用《論語・八佾》。原文：子曰：繪事後素。是指繪畫時須先有本色的素底，才能順利進行。

明察政務，但文飾的事物不可作為執法與斷獄的證據。

【補充說明】

- 下卦離，離為火光、文明；上卦艮，象徵高山、抑止。如同在暗夜當中，山下有火光照明山上的景象，以及文飾表面黯淡粗俗的事物。
- 文飾的功夫只能用在一般庶務，或增添日常生活的樂趣；至於重大事件審理，必須先去除文飾而著重實情，以避免造成錯誤的判斷。

【爻辭 / 小象】

初九：賁其趾，舍車而徒。象曰：舍車而徒，義弗乘也。

文飾自己的腳趾，象徵捨棄乘車、徒步而行。象曰：捨棄乘車徒步而行，是指身分地位本就不適合乘坐車子。

【補充說明】

- 初九本應沉潛而韜光養晦，與六四維持正常關係，就像有志青年向好的榜樣學習，並且要堅定不移的操守，一步一腳印向目標前進。
- 觀念偏差也不思振作，初始就想一步登天，模仿一些與自己身分地位不相符合的人事物，無異陷入自己所設的困局。(錯，47 困初六)
- 千里之行始於足下，初始就能安分守己；不以善小而不為，不以惡小而為之，養成好習慣，日後才不至於犯下大錯。(綜，21 噬嗑初九)
- 養成粉飾太平的習性，是鑄成大錯的第一步；若一開始就能把握正確的作風，對日後人格成長與事業發展才會有正面的影響。(互，40 解初六)
- 當行則行而不猶豫，當止則止而不妄動；在尚未出現不當的行為之前，便能克制自己的行為，則孺子可教也。(之，52 艮初六)

爻旨：剛入社會的年輕人，應先建立樸實無華的形象，而外觀修飾應符合自己的身分地位，極力避免鋒芒外露。

六二：賁其須[4]。象曰：賁其須，與上興也。

文飾自己下方的鬍鬚。象曰：文飾鬍鬚，是指言行舉止要配合上司的行動。

4　「須」指鬍鬚。

【補充說明】

- 賁卦由泰卦而來，上六以至柔的身分，下來居六二而當位居中；象徵久居高位的長者，下放基層協助完成重要工作，因此最了解高層的政策。

- 身為下屬，對上司的政策，無論是否會與自身利益發生衝突，都要全力配合並保持正常運作，力求不負使命，平穩度過難關。(錯，47 困九二)

- 有些事情表面看來並非關鍵，但往往會造成深遠的影響，所以寧可從嚴認定而不可輕率敷衍，以免破壞全盤的計畫。(綜，21 噬嗑六二)

- 特定場合需要適當的配角，便於襯托主題與政策，故應排除無法配合的人事物，避免造成本末倒置或主從不分的紊亂局面。(互，40 解九二)

- 能主動擺脫不利因素的糾纏，義無反顧、全心全力配合既定政策的推動，才能成為一個稱職的基層幹部。(之，26 大畜九二)

爻旨：基層幹部所推動的工作必須與上級密切配合，對人要明確辨別先後、主從、上下之間的關係，對事要區分輕重緩急的順序。

九三：賁如濡[5]如，永貞，吉。象曰：永貞之吉，終莫之陵也。

得到上下柔順者全力文飾與潤飾，象徵文飾的作用已達極致，此時應守持正道避免文飾過當，可得吉祥。象曰：長久保持文不勝質的原則而得吉祥，才不至於遭到意外的凌辱。

【補充說明】

- 九三位正質剛，但居凶境，受上下陰柔文飾，為三陽爻當中，得到文飾最多，略顯過於華麗者，故有警示：文飾不可太過，以免失去陽剛本質。

- 不該做的事別做，不該得的東西別拿，不該去的地方別去，保持純樸篤實的本性，便不會讓自己陷入難以脫困的下場。(錯，47 困六三)

- 拘泥成規不知變通，可能會造成寸步難行；而太過於便宜行事，容易偏離正道。故應把握剛柔並濟的精神，才能避免遭到不預期的挫折。(綜，21 噬嗑六三)

- 無止境追求外表的光鮮亮麗，等同慢藏誨盜、冶容誨淫，因為浮華不實的表象，會淹沒忠厚務實的本質；一旦習以為常，想要回頭，恐怕早已身不

---

5 「濡」音「如」，有浸濕、沾濕、感染、停滯諸意。在此引申為過度文飾與潤澤。

由己。（互，40 解六三）

- 習慣性的違反常理或經常性的過分文飾，久而久之，會給自己洗腦成功，然後把假話當真話、把空話當實話，而且講得理直氣壯，終於坐實了以假亂真、欺世盜名的結局。（之，27 頤六三）

爻旨：雖然得到各方充分的文飾，但應本著為奇不為異、求清不求激[6]的原則，能適可而止保持樸實的作風，而不致忽略本質。

六四：賁如皤[7]如，白馬翰如，匪寇，婚媾。象曰：六四，當位疑也，匪寇？婚媾！終無尤也。

崇尚樸素的文飾，就像全身上下皆素白純淨，連騎乘飛躍的馬也都如此白淨；前來相應者，應該不是強盜，而是理想的對象。象曰：六四處於疑懼之地，對前來相會的人，雖然心存疑慮，但終究不會任何的責怪。

【補充說明】

- 六四得位但心存戒懼，象徵有相當程度的人生閱歷之後，終於看清事實真相，開始慢慢的由原本樂於文飾，回歸到質樸淡定的本性。
- 弱者把困境當成粉飾太平的理由，用來掩飾自己的無能；勇者會將困境當成邁向成功的助力，讓自己在逆境中不斷成長。（錯，47 困九四）
- 出現兩難糾葛難以決斷時，應秉持剛毅堅貞的精神堅持到底，絕不向惡勢力妥協，不可把眼前的困難當成屈就現實的理由。（綜，21 噬嗑九四）
- 擺脫不切實際的妄念，杜絕虛浮不當的言行，建立正義凜然的形象，則無須修飾自然會得到正人君子與廣大群眾的認同。（互，40 解六四）
- 全靠撐場子、討面子過日子，一旦這些虛浮假象不復存在，肯定焦慮不安，落得身敗名裂，一切都是咎由自取的下場。（之，30 離九四）

爻旨：與其護體面，不如重廉恥[8]，尤其隨著閱歷增長，對事物有更深層的理

6　出自《菜根譚》，是指思想卓越但不標新立異，言行不同流合污但也不會刻意拒人於千里。

7　「皤」音「婆」，指老人白，在此引申為未經文飾的素白。

8　引用《格言聯璧・持躬類》。原文：護體面，不如重廉恥；求醫藥，不如養性情；立黨羽，不如昭信義；作威福，不如篤至誠。

解，終能體會平淡務實的可貴，以及繁華若夢的可歎。

六五：賁於丘園，束帛戔戔[9]。吝，終吉。象曰：六五之吉，有喜也。

　　文飾崇尚儉樸，就像敬重山林中簡樸的庭園與隱逸賢人，並贈送微薄簡樸的一束絲帛為禮；表面雖寒酸吝嗇，但終會吉祥。象曰：尊重隱逸之士，終究吉祥，其內心亦充滿喜悅。

【補充說明】

- 六五柔居君位，上承上九，象徵領導人率先崇尚儉樸，並且接受資深大老最平淡篤實的文飾，同時也尊重隱逸之士，讓群眾感到親切與舒適。
- 人類有受制約的本性，故倡導簡樸要講究方法而循序漸進，避免太過激烈，而引起積習重者的敵視，惹來不必要的反彈。（錯，47困九五）
- 不刻意表現個人儉樸的特質，但也不必隱藏個性，用順其自然的態度與剛柔並濟之道，可雲淡風輕的化解各種疑難雜症。（綜，21噬嗑六五）
- 持續充實實力，展現誠意，拿出具體辦法及說服大眾的說辭，感化一些虛幻無知者，使其醒覺而能迷途知返。（互，40解六五）
- 團隊領導者展現至誠之心，就像家長時時心繫家人；既然如此上下一心，卻要刻意講究繁文縟節，根本就是多此一舉。（之，37家人九五）

爻旨：淡中知真味，常裡識英奇[10]，領導人率先躬行，生活簡約崇尚本質，充分展現聖人去甚、去奢、去泰[11]的精神。

上九：白賁，无咎。象曰：白賁，无咎，上得志也。

　　樸實無華乃是最美的文飾，不會有災害。象曰：樸實無華之所以不會有災害，是因為文飾之道雖已窮極，但最理想的文飾業已實現。

【補充說明】

- 上九與六五正比，以剛中之質居上，輔佐陰柔之主；然上九為賁道之極致，象徵賁極必返樸，亦可為眾人之表率。
- 久處五彩繽紛的世界與習慣紙醉金迷的生活，無異把自己陷入難以自拔的

9　「戔」音「間」，本意為細小、微物。在此指微薄、數量很少。

10　出自《菜根譚》是指真正的高手，從表面上看都是一些平凡的人。

11　出自《道德經・29章》，「甚」過分，「奢」虛浮，「泰」安閒。

困境；故應及時覺醒，放下虛浮的表象，才能得到心靈上的解脫。（錯，47困上六）

- 從小奠定純樸踏實的觀念，隨年紀漸長而習慣於善良純淨的生活，才不至於養成一副虛偽不實的身段，落到明知錯誤卻無力回復正常的下場。（綜，21噬嗑上九）

- 有些簡單的目標卻難以實現，可能是因為太重視外表而忽視本質，因而喪失立身處世賴以維生的基本條件，包括遇到困難時能排危解難的看家本領。（互，40解上六）

- 在上者一切從簡，天下之士皆敦樸而忠厚；若繁文縟節，則天下之士必虛浮而矯激[12]，故位高者的言行應格外慎重。（之，36明夷上六）

爻旨：雖說質勝文則野，但若能斂華就實、返璞歸真，仍不失為眾人所學習的榜樣。

《序卦傳》：賁者，飾也，致飾然後亨則盡矣，故受之以剝。

賁，是指文飾的工夫。舉凡對於有文化內涵的人、事或物，給予適度的潤飾，增加生活的情趣與工作品質，則是有其必要。但如果只為了提高能見度或其他目的，而修飾得太過度，以至於本末倒置，甚至只重外觀而忽略內涵，久而久之會演變成虛有其表、敗絮其中的下場。接下來，讓我們進入下一卦，在「剝」卦的情境當中，探討事業由興轉衰的原因，以及身處剝落殆盡的時代，正人君子要如何自我要求？如何撥亂反正？

---

12 修改自《上梅龍圖書》。宋・蘇軾。原文：夫惟簡且約，故天下之士皆敦樸而忠厚；詳且難，故天下之士虛浮而矯激。

23 │ 剝卦：君子氣節的最終考驗

表 2-23　剝卦要點提示

艮/山	上九	碩果	※	不食		俟機東山再起	保留希望	掌握關鍵	撥亂反正
	六五	貫魚		以寵	停滯	帶領群小懺悔	及時覺悟	改邪歸正	回頭是岸
	六四	剝床		以膚		全面遭受毒害	切身之災	破釜沉舟	痛定思痛
坤/地	六三	剝之		无咎		劃清界限隔離	獨善其身	處剝不剝	堅守原則
	六二	剝床		以辨	順服	惡習擴大蔓延	腐蝕結構	安撫人心	守正防變
	初六	剝床		以足		惡習初期感染	見微知著	未雨綢繆	穩固基礎

【卦象與讀法】

下卦坤，坤為地；上卦艮，艮為山，全卦讀成「山地剝」。

【卦時】

- 「剝」字本義有剝落、浸蝕、割裂、傷害等意涵。
- **《雜卦傳》：剝，爛也。**處在小人全面得勢，政局一片昏暗、糜爛與腐敗不堪的情況之下，君子困頓無助；此時應當守住最關鍵的底線，以待來日河清海晏，才有機會伺機東山再起。
- 剝卦也可以用「竭澤而漁」、「小人得勢」、「穩固基層」以及「固本培元，扶正去邪」等等這些類似的概念來引申與推論，或者也可以用「留得青山在，不怕沒柴燒」的情境來比擬。

【卦辭】

剝：**不利有攸往**。

剝卦象徵剝落殆盡，根基被掏空只剩外表空殼，不利於一切的行動。

【彖傳】

彖曰：剝，剝也，柔變剛也。不利有攸往，小人長也。順而止之，觀象也。君

子尚消息盈虛，天行也。

剝卦，是指浸蝕剝落，陰柔已向上浸蝕，改變了陽剛的本質。將不利於所有行動，是因為小人氣勢正盛。此時應順應時勢，克制行動與調整步驟，用柔順態度守住最後防線，觀察卦象便可明白。君子應掌握事物消長與盈虧轉變的規律與契機，此乃大自然運行的規律。

【補充說明】

- 由於小人勢力充斥而造成剝落殆盡的局面，君子應順應時勢，暫時停止對目標的追求，而靜觀其變，等時機好轉後再求發展。
- 宇宙運行的規律就是否極泰來、終則有始、剝極必復，所以要順勢而為，不可逆向操作，才能符合天道運行的自然法則。
- 當小人氣勢高漲時，正是考驗正人君子待人處世的智慧，同時也可讓群眾更進一步看清楚邪惡勢力的真實面貌。
- 白京生定律[1]：當企業內部的行政效率日趨低落，外表的建築及設備卻日趨豪華。難怪有許多公司的資金被淘空時，外觀反而顯得富麗堂皇。
- 用光鮮亮麗的外表，當成掩飾內在空虛的手段，是在戰場上欺騙敵人的假動作，而不是用來治理內政的方法，除非把民眾當敵人。
- 無止境、沒分寸的文飾，最後只剩一層表象。就像一個本質清純的少女，為了博取大家的目光，開始濃粧豔抹，造成一時的騷動；但不久便回復平靜，在眾人心中只留下喜歡引人注目與招蜂引蝶的印象。

【大象】

象曰：山附於地，剝；上以厚下安宅。

高山歷經長期風雨的浸蝕，頹附在大地之上，象徵金玉其外敗絮其中的剝卦；居上位者應知民間疾苦，寬厚對待百姓，以穩固基層。

【補充說明】

- 下卦坤，坤為地、為順；上卦艮，艮為山、為止。故有山頹附於大地，基礎受到嚴重創傷的象徵；以及高層停滯不前，基層順從上意，造成風氣敗

1　白京生定律（Parkinson's law），是由英國作家西瑞爾・諾斯古德・帕金森提出的俗語。

壞委靡不振的地步。

- 民惟邦本，本固邦寧[2]。國家領導人的施政，應首重國計民生；而企業主也應先考慮員工的基本生活，以維持穩定的社會秩序。

【爻辭 / 小象】

初六：剝床以足，蔑[3]，**貞凶**。象曰：剝床以足，以滅下也。

床腳遭剝落，就像社會底層遭到毀滅，要守正防凶。象曰：床腳遭剝落，是指社會風氣敗壞與滲透的目標，往往始於基層。

【補充說明】

- 初六居下坤之始，有陰始凝也之先兆，象徵床腳最先受到陰暗邪氣的侵蝕，如同社會風氣敗壞，通常都是先從最微不足道的小地方開始。

- 善良風氣之所以遭到嚴重的腐蝕，乃經年累月所形成；想要改變由來已久的弊端，切忌大刀闊斧，應力求先站穩腳步，再針對問題妥善處理。（錯，43 夬初九）

- 對抗邪惡勢力，如果第一時間未竟全功，必須在災情尚未擴大前，有效掌控，並設下停損點，以免夜長夢多。（綜，24 復初九）

- 出現小問題，代表有更多、更嚴重的問題會陸續出現。俗話說：三歲看大，五歲看老。無論國家、社會，以至於企業文化與風氣的培養，初始階段的影響最為關鍵。（互，02 坤初六）

- 為改善風氣，固然可以參考別人的經驗，但應先了解自己，善用自己的特色；不可放棄自身的長處，到處東施效顰。（之，27 頤初九）

爻旨：人老腳先衰；同理，防制社會風氣敗壞的工作，要能夠見微知著而未雨綢繆，必須從穩固基層開始做起。

六二：剝床以辨[4]，蔑，**貞凶**。象曰：剝床以辨，未有與也。

進一步床架也遭剝落，就像社會基層骨幹遭到毀滅，要守正防凶。象曰：床架

2　出自《尚書・夏書・五子之歌》。

3　「蔑」音「滅」，本義有侮辱、輕視、誣陷諸意。在此用「毀滅」解。

4　「辨」判別、區分。由此引申為床足與床身區分之處，或指床架。

遭剝落，是因為下無群眾支持，上無政策指導。

【補充說明】

- 六二以柔居中得正，本應有所擔當，但近無比、遠無應，且鄰近皆陰爻，勢必難有作為，需要花費更多的時間與精力，解決所面臨的問題。
- 因小毛病未能及時處理，演變成嚴重的情況，只能被迫用非常的手段面對；日夜都要小心謹慎，隨時隨地保持待命狀態。（錯，43 夬九二）
- 當真理不容於當道，宵小勢力抬頭，無法正常工作時，只能暫求自保；私下與志同道合者保持緊密聯繫，避免跟著墮落。（綜，24 復六二）
- 在風氣敗壞的環境，只能暫時消極退避；但仍應堅守正道，用與生俱來的本能默默發揮影響力，避免情況進一步惡化。（互，02 坤六二）
- 陷入人人自危的情境，身為基層主管，要具備廣為包容的胸懷與忍辱負重的精神，來穩定人心提振士氣，與員工共度困境。（之，04 蒙九二）

爻旨：當風氣敗壞已開始擴大蔓延，造成人人自危；基層幹部必須適時適切的安頓人心，並且要守正防變。

六三：剝之，无咎。象曰：剝之，无咎，失上下也。

眼看頹勢已無法挽回，但自身意志堅定而不墮落，則無災害。象曰：處剝而不被剝則無災害，是因為能擺脫上下小人的糾纏。

【補充說明】

- 眾陰剝陽，唯獨六三上應上九，乃小人當中唯一心繫正人君子，不與邪惡勢力妥協，理當不必言剝，然究竟身處於剝，猶不能離剝之名。
- 不同流合污的行為固然可嘉，但心中難免起伏不定；故不可把情緒寫在臉上，以免遭到無知小人的猜忌與報復。（錯，43 夬九三）
- 脫胎換骨回復正道，往往會比隨波逐流更困難。既然決定要從善如流，就要做得乾脆俐落，不可拖泥帶水，以免遭到君子的疑慮與小人的頻頻引誘。（綜，24 復六三）
- 身居從屬地位，凡事都應配合主導者；若狀況特殊，須與其劃清界線，也要有適度的分寸，避免造成更嚴重的衝突。（互，02 坤六三）
- 身處風氣敗壞的環境，立場固然要堅持，但動作不能太激烈，以免造成組織的分裂與對立，因而失去撥亂反正的機會。（之，52 艮九三）

爻旨：處在剝落腐化的時代，要有出淤泥而不染，濯清漣而不妖[5]的精神，至少要做到獨善其身，不與小人同流合污。

六四：剝床以膚[6]，凶。象曰：剝床以膚，切近災也。

基礎已剝落殆盡，就像大床已腐蝕到床板，身體將受到危害，必有凶險。象曰：身體將受到危害，是指災禍業已到達身邊，情況非常危急。

【補充說明】

- 陰氣自下往上到達六四，象徵腐蝕已到床板，感受到切膚之痛，代表大禍即將臨頭；此時若還不覺醒，繼續迷失下去，則永無翻身之日。
- 面臨重大關鍵抉擇，突然顯得猶豫不決，無法下達正確決心；此時應當敞開心胸廣納建言，不可剛愎自用而誤人誤己。（錯，43 夬九四）
- 當環境極為不利，情勢萬分危急，正人君子更應堅持原則、為所當為，負起撥亂反正的責任，想盡辦法力圖挽回頹勢。（綜，24 復六四）
- 時機不利且也無能為力時，凡事收斂不必有所作為；但只要發現有利的徵兆，就應採取必要的對策，伺機撥亂反正。（互，02 坤六四）
- 為解決眼前面臨的問題，千萬不可顧此失彼，妄想面面俱到；應集中力量掌握關鍵重點，以便能有效的控制局勢。（之，35 晉九四）

爻旨：面對切身之災已別無選擇，必須痛定思痛，採取破釜沉舟的措施，否則只有等著全面性的毀滅。

六五：貫魚以宮人寵，无不利。象曰：以宮人寵，終無尤也。

出現剝極將復的契機，群小之首用帶領宮女求寵於君王的方式，開始覺悟回頭是岸，必將無所不利。象曰：能及時帶領群眾回頭，終究不會有怨尤。

【補充說明】

- 六五陰柔之主居君位，下有群陰跟隨，象徵群小之首，眼看剝道將盡、陰蝕陽剛已達極點而出現轉機，故下定決心帶頭懺悔、改邪歸正。
- 率領群小回復正道，行動要剛健果毅，態度要堅定不移；但也切忌感情用

5　引用〈愛蓮說〉，宋代 ‧ 周敦頤。

6　「膚」同 21 噬嗑卦六二爻。在此引喻為與人體接觸的床板。

事，方能圓滿落幕。（錯，43 夬九五）

- 展現敦厚的本性，可喚起群眾的良知，得到上司的認同；但更應堅定意志選擇正確的道路，發揮擇善固執的精神。（綜，24 復六五）

- 引領眾人走入正途，保持敬上謙下的姿態，以有功不居、有過則擔的精神，及潛移默化的方式，有效的化解衝突。（互，02 坤六五）

- 群眾眼睛是雪亮的，職位愈高，能見度也愈大；自己應先徹底覺悟，以最大誠意與破釜沉舟的決心，帶領群眾棄暗投明。（之，20 觀九五）

爻旨：小人集團首腦感到事態嚴重，能及時覺悟並發揮影響力，帶領群眾改邪歸正，回頭是岸。

上九：碩果不食，君子得輿，小人剝廬。象曰：君子得輿，民所載也；小人剝廬，終不可用也。

　　陽剛正氣並未完全剝落殆盡，就像碩果僅存的種子被保留下來，有如君子得到車子可以廣為發展，若是小人則連賴以遮風擋雨的屋頂都要拆除。象曰：君子力挽狂瀾，得到萬民擁戴；小人貪圖僅存資源，故絕不可任用！

【補充說明】

- 上九乃卦中唯一陽爻，象徵碩果僅存的資源，憂國憂民的君子視為撥亂反正的本錢；但往往也成為貪得無厭小人繼續啃蝕的目標。

- 君子知道「留得青山在，不怕沒柴燒」的道理，故專注尋找日後東山再起的關鍵資源；而鳥肚雞腸、目光如鼠的小人，只想爭奪一些殘留物品，連碎磚亂瓦，甚至遮風遮雨的屋頂都不會放過。

- 邪終不勝正，小人得勢日子不可能長久；只要時機成熟，除奸要果決，除惡要務盡，斷絕魚肉鄉民與腐蝕國本的任何機會。（錯，43 夬上六）

- 腐敗的情況已到盡頭，開始出現轉圜的曙光；如果還執迷不誤，不知回頭是岸而留連忘返，勢必走向萬劫不復的下場。（綜，24 復上六）

- 長期處於腐敗的環境，受到小人的凌辱，卻要不斷包容忍讓，難免心有不甘；值此轉變關鍵時刻，應特別注意，一定要克制自己的情緒與言行。（互，02 坤上六）

爻旨：留得青山在，不怕沒柴燒，必須保留碩果僅存的關鍵資源，才有條件留得青山做為東山再起的本錢。

《序卦傳》：剝者，剝也，物不可以終盡，剝窮上反下，故受之以復。

剝，是指剝落殆盡。當政治昏暗，小人氣勢高漲，往日輝煌成果已被剝落殆盡之時，往往也是回復正常的時機。所謂窮則變、變則通、通則久，這句話在暗示危機就是轉機；然而這種開創新局的工作，必須要有人為的努力與及時的掌握。因此，在極為不利的情況下，一定要有人自告奮勇主動承擔重任與扭轉乾坤。所以，接下來，讓我們繼續進入下一卦，在「復」卦的情境當中，了解剝極而復的艱苦過程，以及改邪歸正與回復正道時，可能出現的種種情況與對策。

24 ｜復卦：回復正道的心路歷程

表 2-24　復卦要點提示

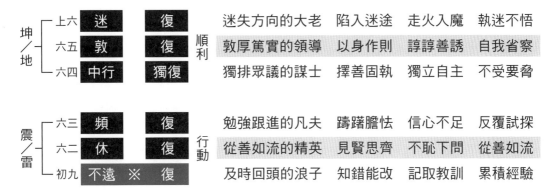

坤／地	上六	迷	復	順利	迷失方向的大老	陷入迷途	走火入魔	執迷不悟
	六五	敦	復		敦厚篤實的領導	以身作則	諄諄善誘	自我省察
	六四	中行	獨復		獨排眾議的謀士	擇善固執	獨立自主	不受要脅
震／雷	六三	頻	復	行動	勉強跟進的凡夫	躊躇膽怯	信心不足	反覆試探
	六二	休	復		從善如流的精英	見賢思齊	不恥下問	從善如流
	初九	不遠 ※	復		及時回頭的浪子	知錯能改	記取教訓	累積經驗

【卦象與讀法】

下卦震，震為雷；上卦坤，坤為地，全卦讀成「地雷復」。

【卦時】

- 「復」字本義有回復、歸正、重來等意涵。
- 《雜卦傳》：復，反也。當陰氣已達最盛之際，也是陽剛正氣開始回復之時，此乃天地生生不息的規律；因此，在社會風氣敗壞到無可救藥的地步，要掌握契機回復正道，重新導入正常的生活軌道。
- 復卦可以用「重整旗鼓」、「休養生息」、「蓄勢待發」以及「淨從穢生，明從闇出」等等這些類似的概念來引申與推論，或者也可以用「山重水複疑無路，柳暗花明又一村」[1]的情境來比擬。

【卦辭】

復：亨。出入無疾，朋來无咎。反復其道，七日來復。利有攸往。

復卦象徵回復正道，因而可以得到亨通。此時，陽氣無論內生或外長都不可急躁，因此陽剛朋友進來不會有災害。陽氣回復有一定的期程與規律，因此行動將無

1　出自宋・陸游〈遊山西村〉詩。

往不利。

【彖傳】

象曰：復，亨，剛反。動而以順行，是以出入無疾，朋來无咎。反復其道，七日來復，天行也。利有攸往，剛長也。其見天地之心乎！

復卦，是指回復正道將會亨通，是指陽剛被剝落殆盡之後又開始重生。行動順乎天理而為，所以無論內生外長，都不致遭到阻礙；志同道合者能同心同德前往目標，而沒有災害。陽氣回復正常的運行，有一定的期程，乃天道運行，循環往復的規則。有所行動將無往不利，是因為陽剛之氣正逐漸成長。這種陽氣回復的現象，正是體現天地生生不息的用心吧！

【補充說明】

- 之所以能做到知錯能改且不貳過，是因為可以辨別細微事物的徵兆，以及有自知之明而及時回復常態，體現了修養道德的本質；故《繫辭傳》有言：復，德之本也，小而辨於物，且能自知也。
- 宇宙生生不息、循環往復的規則，與人世間各種事物的發展規律雷同，當微弱的正氣剛剛出現，可以預判其後續的動力將無可限量。
- 陽剛之氣開始出現，氣勢雖然微弱，但畢竟是向上發展且在醞釀與蓄積能量的火種，事業將會日益興盛，並能持續順利的永續經營。
- 雖然之前誤入歧途，但只要能及時走回正途，將很快改變不利的局面，進而重新塑造個人的形象，如同在陰暗的環境裡，露出一絲曙光。
- 迷戀於腐敗的花花世界，就如同處在「山重水複疑無路」的迷宮；一旦開始回復正道，便出現「柳暗花明又一村」的新希望。

【大象】

象曰：雷在地中，復；先王以至日閉關，商旅不行，后不省方。

雷潛藏於大地之中開始蓄積能量，象徵陽氣開始回復正常的復卦。歷代君王在冬至前後，關閉各個通道，暫停各種交易，也不再勞師動眾四處巡視，以便民眾能夠休養生息、蓄積實力。

【補充說明】

- 下卦震，震為雷、為動；上卦坤，坤為地、為順。蘊藏龐大能量於大地當中，以便蓄勢待發；所蓄積陽剛之氣，正緩緩的向上順利發展。
- 陽剛之氣初生，這時陰柔之氣雖已開始消減，然其殘存勢力卻不容小覷，因此不可隨意妄動；此一階段應以休養生息、養精蓄銳為主，組織當中所有人都應全力配合，以待來日能夠大展鴻圖。

【爻辭／小象】

初九：不遠復，無祇 [2] 悔，元吉。象曰：不遠之復，以修身也。

一開始迷失但起步不遠就及時回頭，不至於有太大悔恨，因此能得到最好的結局。象曰：起步不遠就及時回頭，是因為能夠自我修正錯誤與充實美德。

【補充說明】

- 初九當位上應六四，為卦中唯一陽爻，象徵眾人均已偏離正道，唯獨初九能在尚未鑄成大錯前，及時回頭，故不至於會有重大的負面影響。
- 曾經做錯事，但發現錯誤，能及時修正且不再犯，比從未犯錯的人，可以更早得到寶貴的人生經驗教訓，因此也會顯得更為成熟穩健。
- 為防止不當誘惑而誤入歧途，要有先見之明，不可盲目亂動，並能先期採取防範措施，避免增加事後補救工作的困難。(錯，44 姤初六)
- 危害已經發生，造成基礎動搖；應及時採取必要的措施，把受損的程度降到最小，避免造成災情進一步的擴大。(綜，23 剝初六)
- 發生小差錯，代表隱藏一些更嚴重的錯誤；故應早期採取防杜措施，以免事態擴大，造成難以收拾的局面。(互，02 坤初六)

爻旨：能夠及時回復正道，就像浪子回頭金不換，可以得到人生最寶貴的經驗教訓而重新做人，因為經驗本身就是犯錯的紀錄。

---

2 「祇」音「祈」，指地神。《說文解字，示部》：祇，地祇，提出萬物者也。如：「神祇」。亦可引申為恭敬的。如：「祇頌學祺」、「祇請尊安」。《南史‧卷四○‧黃回傳》：「回既貴，祇事戴明寶甚謹。」在此可解讀為「至於」或「較大」。

六二：休³復，吉。象曰：休復之吉，以下仁也。

能停下來見賢思齊而回復正道，是吉祥的。象曰：能夠即時向好的榜樣學習而得吉祥，乃由於能夠降貴紆尊，向下親近仁者之故。

【補充說明】

- 六二中正但又乘剛，象徵能夠秉持中道的精神，展現謙遜的態度，但因能力不足，願意接受初九意見，就近模仿學習，向下求賢與遷善。
- 雖然下定決心改邪歸正，但已發生在自己身上的問題，應妥善處理；不可任其蔓延擴散，避免節外生枝與牽連無辜。（錯，44 姤九二）
- 當前腐敗局勢若不遏止，將導致難以收拾的地步；所以應捐棄己見，主動求教於有能力者，向其學習並請求協助。（綜，23 剝六二）
- 發揮與生俱來的本性，配合主流形勢，對自己的決定要有信心，故能「見賢思齊，見不賢而自省」⁴，不恥下問，移樽就教。（互，02 坤六二）
- 展現堅定不移決心，深入基層，運用精神上的感召，循循善誘施以教化，可獲得群眾的向心，期使改邪歸正，回復正道。（之，19 臨九二）

爻旨：見賢而能思齊，從善而能如流，因此能夠放下身段不恥下問，前途必然一片光明。

六三：頻⁵復，厲，无咎。象曰：頻復之厲，義无咎也。

皺著眉頭勉強回復正道，會有危險，但終究沒有災害。象曰：勉強回復，會有危險但沒有災害，從回復正道的本意來說，是不會有災害的。

【補充說明】

- 六三不中不正，處下震之極，力有未逮且振動不已，復之不固，有頻失頻復之虞，雖然心中自知應該回復正道，但一時難以改變舊有習性，出現心不甘、情不願的現象。

---

3 「休」除停止、不要、離去之外，還有吉慶，美善，福祿諸意涵。在此以「美善」解。

4 引用《論語・里仁》。原文：見賢思齊焉，見不賢而內自省也。

5 「頻」是指一次又一次。在此以「勉強回復」解。

- 從善如登，從惡如崩[6]，心中極欲脫胎換骨而浴火重生，無奈一時陷入難以抉擇的地步而顯得孤立無援且坐立不安。此時應保持冷靜，慎防奸邪小人從中挑撥離間。(錯，44 姤九三)

- 猶豫不決的個性，終究難成大事，故下定決心，早日擺脫心中的障礙，行動不可再拖泥帶水，才有機會早日走上正途。(綜，23 剝六三)

- 盡心盡力朝正面發展，用「只問耕耘，不問收穫」的決心與心理準備，默默朝既定目標前進；短時間內或許看不到具體成果，但終究會有美好的結局。(互，02 坤六三)

- 激烈手段或許可以立竿見影，但容易遭到挫折；緩和進行雖然速度較慢，但相對穩定且後遺症較少，因此在回復正道時，應保持適中穩健的作風。(之，36 明夷九三)

爻旨：心想回復正道但行動猶豫不決，經反覆試探與調整步驟之後，終究還是能夠回歸正途並且順利成行。

六四：中行獨復。象曰：中行獨復，以從道也。

雖受群小包圍，但不受污染並居中行正，獨自果敢回復。象曰：能居中行正獨自果敢回復，是由於能夠順應時勢遵從正道。

【補充說明】

- 六四居五陰之中，獨應主爻初九，象徵隻身受困於群小當中，卻能與陽剛正氣的新人相互應和，不受其他小人的要脅與蠱惑，有充分自信可獨立自主做出正確的決定。

- 整天忙於工作而未曾受到誘惑，當「眾人皆醉唯我獨醒」[7]，因此身輕如燕、來去自如，想擺脫奸邪小人糾纏則易如反掌。(錯，44 姤九四)

- 所處環境極為不利，若不能及時採取有效的行動，情況將會惡化；因此，根本顧不得昔日朋黨，毅然獨自遠離是非之地。(綜，23 剝六四)

- 下定決心回復正道，但為了避免受到干擾，行動應盡量低調，減少與無關

6　出自《資治通鑑‧魏紀‧魏紀三》。是指順從良善如登山一樣艱難，屈從邪惡如山崩一般迅速。

7　引用屈原〈漁父〉。原文：舉世皆濁我獨清，眾人皆醉我獨醒，是以見放。

的人接觸，先讓自己安全無虞的度過難關。（互，02 坤六四）

- 為了回復正道而改變不當的言行與立場，可能會受到保守勢力的打擊，應保持鎮定並沉得住氣，巧妙避開這些無端的糾葛。（之，51 震九四）

爻旨：在低迷的環境中，能夠獨排眾議而且能擇善固執的回復正道，更不至於受到小人的威脅與掣肘。

六五：敦復，无悔。象曰：敦復，无悔，中以自考也。

以敦厚篤實的態度回復正道，必無悔恨。象曰：敦厚篤實回復正道而無悔恨，是由於居中不偏而能自我省察之故。

【補充說明】

- 六五柔居剛位，乃才華平庸的領導人，但能以敦厚篤實與剛柔並濟的態度，保持中庸之道以身作則，率先改變過去錯誤的行為。
- 為使組織順利轉型，應廣開建言，包容不同意見，同時也要具備兼容並蓄的涵養，順應自然趨勢發展，爭取最有利的結果。（錯，44 姤九五）
- 看清事實真相，了解發展趨勢，故能明大義、識大體，帶領群眾回歸正道，秉持敦厚務實的態度，終能平和順利落幕。（綜，23 剝六五）
- 心中保持崇高的理想與美德，行為表現溫文儒雅，讓人感受如沐春風，其嘉言懿行深入人心，可帶領更多的群眾回復正道。（互，02 坤六五）
- 客觀條件尚未成熟，組織在回復正常的過程中，應儘量保守低調，不可妄想一步登天，應小心謹慎，再三求證，逐次完成。（之，03 屯九五）

爻旨：領導者能力不足，無法發揮強勢作風，但能以敦厚樸實的態度以身作則，帶領團隊步入正軌。

上六：迷復，凶，有災眚。用行師，終有大敗，以其國君凶，至於十年不克征。象曰：迷復之凶，反君道也。

回復正道時陷入迷惑，必有凶險；若一再執迷不悟，必有天災人禍。若動用武力抗拒，會有嚴重的失敗；還牽連到國君遭致凶險，造成國力長久無法恢復。象曰：在回復正道的環境中陷入迷惑，因違反了柔本順剛的原則。

【補充說明】

- 上六柔弱，又窮居群陰之極，迷之甚遠，有如脫韁牝馬，象徵休養生息的環境不再，如果仍然慣性不變，肯定會出現更嚴大的災難。
- 時機已過，想開創一番新的事業已無可能，若再執意下去，勢必造成難以收拾的後果；不如放下身段，遷就現實，雖然有些小遺憾，但至少可以確保安然無恙。（錯，44 姤上九）
- 身居高位的一念之差，對整體的影響有如天壤之別：能依常理順勢而為者，可帶領群眾東山再起；而執迷不悟、固執己見者，往往會造成更難收拾的局面。（綜，23 剝上九）
- 時值放蕩不羈的年代，或許可獨領風騷一時；但如今時移勢易，應認清自己現處的身分地位，該收斂就得收斂，該配合就得配合，以免自討沒趣。（互，02 坤上六）
- 年高德劭的嘉言懿行，值得後人效法，但由於與主導者存在緊張關係，故應謹言慎行，秉持柔能順剛的原則，以免導致無謂的爭鬥，而影響組織正常的發展。（之，27 頤上九）

爻旨：回復正道的時機已到窮極，此時極易走錯方向，要小心謹慎適可而止，千萬不可執迷不悟，否則將嚴重影響大局的穩定。

《序卦傳》：復則不妄矣，故受之以无妄。

經過荒唐的歲月，而能及時回復正道改過向善，會比一般人更為成熟穩健，即所謂「不經一事，不長一智」，其言行舉止也比較小心謹慎，心地也比較安定而顯得無欲則剛。然而當一個人做到了無妄心、無妄言、無妄行，會有什麼好處？是否就可以平安無事？恐怕還不見得吧！我們不妨從下一卦，也就是在「无妄」卦的情境當中了解生而為人的無奈，也了解為何會發生無妄之災？以及要如何做，才能降低無端惹禍上身的機率？

25 ｜无妄卦：趨利避害的最佳途徑

表 2-25　无妄卦要點提示

乾／天	爻	爻辭		穩健				
	上九	无妄	有眚		自以為是的大老	自恃無妄	實則有妄	窮極招災
	九五	勿藥 ※	有喜	穩健	豁達穩健的領導	保持正常	偶患小疾	不藥自癒
	九四	可貞	无咎		無私無我的助手	低調收斂	只問耕耘	不問收穫
震／雷	六三	无妄	之災	行動	無心招災的閒人	李下整冠	瓜田納履	飛來橫禍
	六二	耕穫	菑畬		專注當下的幹部	度德量力	一分耕耘	一分收穫
	初九	无妄 ○	往吉		動機純正的員工	光明磊落	心無雜念	不受污染

【卦象與讀法】

下卦震，震為雷；上卦乾，乾為天，全卦讀成「天雷无妄」。

【卦時】

- 「无妄」言至誠也，本義為不虛偽、不妄為。
- 《雜卦傳》：无妄，災也。立身處世，即使沒有妄念、無妄言、無妄行，照樣有可能遭致無妄之災，何況有妄；所以凡事都應該誠心誠意、順應天理、堅守正道，才有可能降低災禍發生的機率。
- 无妄卦也可以用「心無罣礙」、「禍從天降」、「至誠無息」以及「風雲不測，禍福相隨」等等這些類似的概念來引申與推論，或者也可以用「心猿歸正，六賊無蹤」的情境來比擬。

【卦辭】

无妄：元亨，利貞，其匪正有眚，不利有攸往。

无妄卦象徵沒有妄為，具有初始、通達、和諧、正固四種美德；但如果不守正道一定會有人禍，而且有所作為必將不利。

【彖傳】

彖曰：无妄，剛自外來而為主於內[1]，動而健，剛中而應，大亨以正，天之命也。其匪正有眚，不利有攸往，无妄之往，何之矣？天命不祐行矣哉？

沒有妄為，是指陽剛從外而下來，成為內心的主宰，行動穩健，陽剛居中與下應合，守正得利且大為亨通，乃因能夠順應天命。若不能堅持守正必有人禍，將不利於所有行動；因為處萬物不敢妄為之時，卻冒然行動，哪能行得通呢？違背天理的行為，上天都不助祐，又怎能如此呢？

【補充說明】

- 上士閉心而無妄念，中士閉口而無妄言，下士閉門而無妄行[2]；是故，修身應以修心為目標，只要做到心无妄念，自然口无妄言、身无妄行。

- 被雷擊中，可謂無妄之災；但如果在雷雨大作時，心存戒懼而不在空曠野外滯留，或遠離雷擊區，至少可以降低災害發生的機率。

- 妄受不為忠，妄施不為惠[3]；如果上下之間的互動，不能遵守應有的規則而隨興為之，則國家體制容易紊亂、社會秩序也會跟著瓦解。

- 即使能夠做到至誠无妄，也難免會發生災難，所以有妄念、有妄言、有妄行而遭災，是必然的結果。

- 如果認為自己沒有妄念，則本質上就是嚴重的妄念；認為自己沒有妄言，此一言就是如假包換的妄言；自認自己的所作所為沒有妄行，那才是最為狂妄的妄行。因為真正的無妄，是連無妄的念頭都不存在。

【大象】

象曰：天下雷行，物與无妄；先王以茂對時，育萬物。

雷聲傳遍天下，震懾萬物，象徵不敢妄為的无妄卦；歷代先王即藉此順勢運用強勢的威權，律定節氣時序來引導民眾作息，以利萬物的生養。

1　就卦變原理，25 无妄來自 33 遯卦，但從互綜而言，則從 26 大畜而來，故初九來自大畜上九。

2　引用《格言聯璧・持躬類》。原文：上士閉心，中士閉口，下士閉門。

3　出自《新唐書・劉子玄傳》。

【補充說明】

- 下卦震，震為雷、為動；上卦乾，乾為天、為健。故有普天下雷聲連連，萬物莫不謹守本分，不敢妄為，以及行動穩健之意涵。
- 在平順穩定的工作環境中，絕對不可亂出餿主意，並且要時時檢討所作所為，是否合情合理？以及既有的規則，是否合乎實際的需要？

【爻辭 / 小象】

初九：无妄，往吉。象曰：无妄之往，得志也。

思想單純言行無妄，行動必獲吉祥。象曰：思想單純言行無妄，必能實現進取的雄心壯志。

【補充說明】

- 初九來自大畜上九；既然回到社會底層，應本著不易乎世、不成乎名的精神，故可比喻為思想純正，未染惡習的年輕人，企圖心雖旺盛，但仍應秉持潛龍勿用的原則，只做該做的事，只講該講的話。
- 想得到別人的信任，言行舉止應表現單純、無任何造作，並循既定規則向上發展，自然會得到關鍵人物的諒解與提攜。(錯，46 升初六)
- 雖然有一定實力，但為了能更為穩健的發展，寧可低調保守，也不亂做主張；因此遇到不利的狀況，能及時停下腳步。(綜，26 大畜初九)
- 凡事只要循既定計畫進行，通常會比較順利。但若因環境陌生而受到其他競爭者的干擾，就更要堅定信心，絕對不可受到流言蜚語的影響。(互，53 漸初六)
- 只要沒有一絲一毫的妄念、妄言與妄行，將會得到志同道合朋友的認同；即使遇到重大的困難，也能同舟共濟、共體時艱一起度過難關。(之，12 否初六)

爻旨：心中無一絲妄念，保持純正的動機，能以至誠之心與人互動，不受不良習性的污染，因此可以順利無礙的行動。

六二：不耕穫，不菑畬[4]，則利有攸往。象曰：不耕穫，未富也。

工作態度務實不虛，就像在春耕時，不去妄想得到秋收；不在開墾瘠田時，就妄想得到良田，具備這種精神將無往不利。象曰：不在春耕時便想得秋收，是因為沒有虛偽望外的幻想，不貪圖不當的財富。

【補充說明】

- 六二中正，象徵實事求是，保持恭敬穩重的態度；上應九五；代表能專注目標，秉持一分耕耘、一分收穫的工作態度安守本分。
- 所作所為要讓工作夥伴了解與信賴，但不可太過刻意；應保持平常心，不矯揉、不造作，一言一行都做得適切得體。（錯，46 升九二）
- 不可因求好心切而衝刺過頭，也不可為遷就短利而忽略整體。應有效控管，必要時採取強制手段，斷絕好高騖遠的念頭。（綜，26 大畜九二）
- 天下沒有不勞而獲的事，就算得到一時的成就，也要當做更上層樓的轉捩點；所以要腳踏實地，照既定步驟按部就班進行。（互，53 漸六二）
- 淡泊才能明志，寧靜方可致遠；能以開明穩健的作風，走在光明正大的路上，同時也要堅定意志而擇善固執，才不會受到誘惑而擾亂心志。（之，10 履九二）

爻旨：一分耕耘一分收穫，不坐享其成，不寄望好運，不求養他人，也不妄想收割他人成果。

六三：无妄之災，或繫之牛，行人之得，邑人之災。象曰：行人得牛，邑人災也。

沒有妄為卻遭致災禍，就像有人將牛繫在路旁樹下被路人牽走，村民卻受到懷疑而遭災。象曰：路人順手牽牛，村民們則遭來莫名的嫌疑。

【補充說明】

- 六三居凶，處下震之極且失位，象徵心智不足、言行不定，雖自認無妄，實則難逃災眚；雖與上九有應，但上九亦自認无妄，故也無濟於事，終究難逃无妄之災。

4　田一歲曰「菑」，音「資」，三歲曰「畬」，音「余」，依此「菑」為瘠田，「畬」為良田。

- 太過順利如入無人之境，有可能是小人所設的陷阱；在虛實難辨的情況下，除非有萬全的把握，或者有輸得起的本錢，否則還是加強防範，採取任何行動前，先做最壞的打算。（錯，46 升九三）
- 即使主觀條件都具備，但客觀情勢並無充分的把握，因此隨時都要保持對自身最有利的條件，以便能應付各種突發狀況。（綜，26 大畜九三）
- 自認無妄卻屢遭傷害，嚴格來說，極可能是無知之妄，是一種自以為是、孤傲不群或因不知江湖險惡，所招來的災害。（互，53 漸九三）
- 由於對情況不熟悉，採取略微過度的應變措施乃屬必要；但如果個性急躁或因感情用事，以致防制手段過當，將會造成更嚴重的無妄之災。（之，13 同人九三）

爻旨：雖然无妄，卻不知避諱，以致有瓜田納履、李下整冠之嫌，因此飛來橫禍無法避免。

九四：可貞，无咎。象曰：可貞无咎，固有之也。

可以堅定守持正道而不妄為，必無災害。象曰：守持正道而無災害，乃因九四能夠固守身為人臣應有的本分。

【補充說明】

- 九四失位不正，居多懼之位與九五之間有以陽承陽的緊張關係，但由於剛而能柔，能夠收斂低調、公而無私的自我約束，終能无咎。
- 要讓組織上下對自己所作所為能夠放心，就不要亂出點子；凡事只問付出、不計名利，自然可以避開相互之間的猜忌。（錯，46 升六四）
- 治亂於未萌，防患於未然，因而不曾出現无妄之災，但也沒人在意為何會平安無事？這就是「无咎無譽」的可貴之處。（綜，26 大畜六四）
- 每一步都走得穩健平順，隨時保持柔順與謙卑的態度，並循序漸進順應時勢；因此，即便身處險境，也能安然無恙。（互，53 漸六四》
- 重大工作的推動，在行動之前，應先得到普遍的共識，並獲得上司的授權，才不會在計畫執行過程中，出現窒礙難行的困擾。（之，42 益六四）

爻旨：秉持只問耕耘、不問收穫的工作態度，發揮執行力而非創造力，推動政策而非展現個人的雄心壯志。

九五：无妄之疾，勿藥，有喜。象曰：无妄之藥，不可試也。

不妄為卻偶爾出現小毛病，不必到處尋找解藥也將自癒，實不足憂。象曰：不妄為卻偶得小病，不可胡亂請鬼開藥方；是指不妄自試藥，小病將不治自癒。

【補充說明】

- 九五中正且居君位，與六二正應，象徵在無妄的環境中，堅定信任下屬，偶有狀況也不足為憂，不必小題大作，按既定程序處理即可。

- 領導者的地位，隨著組織本身的實力而水漲船高；所以，不必考慮個人的利益，應專注提升組織對外實力的提升才是重點。(錯，46 升六五)

- 培養冷靜分辨真偽的能力，可從根本上斷絕虛幻假象的干擾，不會為了枝微末節的小事，把它當成重大事件來處理。(綜，26 大畜六五)

- 正在進行某件要事，恰巧有外來雜務不時干擾，分明有人故意搗亂；因此別上當，只要裝聾作啞不必理會，繼續完成手上的工作，這些雜訊便很快自動消除。(互，53 漸九五)

- 有病症要找病因，才能對症下藥；但是沒病因之病，則不該服藥。就像沒有原告沒案情，便無須尋找事證；否則不僅多此一舉，還會引起人心惶惶。(之，21 噬嗑六五)

爻旨：偶然遇到小毛病，仍應保持正常，不要小題大作，更不可道聽塗說，以致小事釀大，大事成災。

上九：无妄，行有眚，无攸利。象曰：无妄之行，窮之災也。

雖不妄為但自認無妄，行動必然招致人禍，不會有任何好處。象曰：自以為是的無妄乃最嚴重的有妄，無妄之道已達窮極必有災禍。

【補充說明】

- 上九乃上乾之極，本就太過剛健，且又與六三相應，象徵言行高亢者與一無所知兩人合作，而形成自以為是的結合。

- 事業達到巔峰，難免興奮得意，但若妄想藉機趁勢擴大營業規模，宜三思而後行；應當有階段性的調整，先求組織文化素養的提升，然後再考慮其他方面。(錯，46 升上六)

- 事業已輝煌成就，便自認長袖善舞而盲目躁進，這叫做迷妄；殊不知有能力、有通路之後，若不能順應天理、妥善回饋四方，必將遭到上天的譴責。

（綜，26 大畜上九）

- 許久沒機會上台亮相，因而到處找事做，以致惹是生非，這叫做狂妄；尤其是資深大老，應當潔身自愛，言行不可有所偏差，才能夠作為後生晚輩的表率。(互，53 漸上九)
- 對可能影響整體目標發展的各種因素，事前要做好防患未然的工作；因為組織內絕對不容許痴心妄想、我行我素的人在干擾正常工作的運行。(之，17 隨上六)

爻旨：自恃无妄乃最嚴重的有妄，自認問心無愧而無視切身災禍，這種行為根本就是无妄之妄。

《序卦傳》：有无妄然後可畜，故受之以大畜。

由於能做到時時自我警惕，始終謹言慎行，保持無妄心、無妄言、無妄行，自然可以做到自知而不自見，自愛而不自貴，故能無往不利。同時，也由於能夠腳踏實地工作，慢慢的積少成多，造成前所未有的成就。當我們克服貧困的環境之後，自然可以消除飢寒起盜心；但是，當豐衣足食之後，會不會又萌生飽暖思淫慾的行為呢？接下來，讓我們進入下一卦，在「大畜」卦的情境當中，學習古人的智慧，了解究竟要如何做，才能大量蓄積所需的能量，以及如何正確運用這些龐大的資源。

26 ｜大畜卦：厚積薄發的巨大成就

表 2-26　大畜卦要點提示

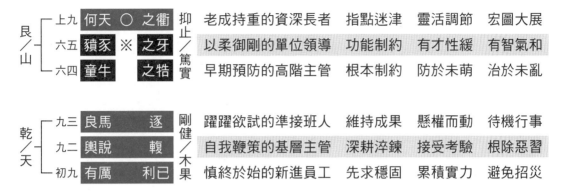

上九 何天○之衢 抑止／篤實	老成持重的資深長者	指點迷津	靈活調節	宏圖大展
六五 豶豕※之牙	以柔御剛的單位領導	功能制約	有才性緩	有智氣和
六四 童牛 之牿	早期預防的高階主管	根本制約	防於未萌	治於未亂
九三 良馬 逐 剛健／木果	躍躍欲試的準接班人	維持成果	懸權而動	待機行事
九二 輿說 輹	自我鞭策的基層主管	深耕淬鍊	接受考驗	根除惡習
初九 有厲 利已	慎終於始的新進員工	先求穩固	累積實力	避免招災

【卦象與讀法】

下卦乾，乾為天；上卦艮，艮為山，全卦讀成「山天大畜」。

【卦時】

- 「大畜」本義為大有蓄積。
- **《雜卦傳》：大畜，時也。**陽剛正氣的蓄積，需要相當的時間，同時要考量在最適當的時機進行蓄積的動作，也不可出現躁進或逞強出頭的行為，當事成之後，更要展現才華回饋社會。
- 大畜卦也可用「培養實力」、「蓄積能量」、「大度能容」以及「防患未然，止於未萌」等等這些類似的概念來引申與推論，或者也可以用「藏才隱智，任重道遠」的情境來比擬。

【卦辭】

大畜：利貞，不家食吉，利涉大川。

大蓄卦象徵大為蓄積，但要守持正道才能有利。不讓賢人留在家中自食，使其出來為民服務必到吉祥，如此便可克服各種艱險的障礙。

【彖傳】

彖曰：大畜，剛健篤實輝光，日新其德。剛上而尚賢，能止健，大正也。不家食吉，養賢也，利涉大川，應乎天也。

大畜卦，象徵大有蓄積，是指具有剛健永恆、敦厚充實與光明磊落的德行，並能保持日新又新的美德。剛健者居上位而崇尚賢才，又能規勸與抑制太過剛健者，此乃至大的正道。讓有才華的人充任公職而得吉祥，是指應當崇尚賢人，使其發揮所長為民服務；能克服各種艱險，是指這些行為，完全合乎天道的規律。

【補充說明】

- 有能力同時又有溫文儒雅的個性，才可稱得上是能力超強的人；有智慧同時又有和藹可親的態度，才可以稱得上是有大智慧的人。
- 蓄積能量的過程，必須適切的運作與掌握。初始階段要保持低調，並且有計畫、有步驟的進行，不圖速成更不可急於表現。
- 除基本的知識、技能得到滿足之後，更應重視培養良好的美德與高超的智慧。唯有才德皆備的人，才能有效的為社會大眾服務。
- 要尊重社會賢能之士，並且有計畫的培養人才，有朝一日，國家社會有需要，才能夠讓這些人士願意主動的走出來，負起責任並回饋社會。
- 能量的蓄積是多元的、均衡的，包括有系統的知識、技能、各種物力、財力，以及良好的社會風氣與健全的人際網絡。這些資源必須適當的調節運用，讓辛苦蓄積的資源能發揮最大的功能。

【大象】

象曰：天在山中，大畜；君子以多識前言往行，以畜其德。

山中所藏的寶物，像天一樣的無邊無際，象徵大為蓄積的大畜卦；君子應多了解先聖先賢的經驗教訓，用來蓄積培養高尚德行。

【補充說明】

- 下卦乾，乾為天、為金、為玉、為健；上卦艮，艮為山、為宅、為止。故有山中藏有大如天一般的寶藏，以及內心剛健、外表篤實之多重意涵。
- 以人為鑑可以知得失，以史為鑑可以知興替；君子以古聖先賢為鑑，持續充實德行，不但可以了解施政得失，也能預測國祚興衰。

【爻辭 / 小象】

初九：有厲，利已。象曰：有厲利已，不犯災也。

起步太急促容易遇到危險，應暫時停下來，有利於全局的發展。象曰：感到危險便停下來，是指不可冒險輕率以免招災惹禍。

【補充說明】

- 初九陽剛得正，上應六四，有向上躍躍欲試之企圖，但為了將來能成大器，應當比一般人接受更嚴格的磨練；所以本著潛龍勿用的原則，坦然接受六四最根本的制約。
- 信心不足而舉棋不定，應停下來先穩定自己的情緒，確定所追求的目標，並了解全盤情況後，再考慮重新出發。（錯，45 萃初六）
- 蹲得愈低、跳得愈高，有遠大格局與眼光的人，初期總是表現單純平庸，並能持續蓄積能量，而不急於圖謀大業。（綜，25 无妄初九）
- 長途競走的成功因素，並非走得快而是走得久；只要有毅力不妄想速成，就像龜兔賽跑，烏龜雖然行動不便，卻能勝過行動正常但充滿心機的狡兔。（互，54 歸妹初九）
- 承先啟後的工作，應著眼大局與長遠發展，計畫要鉅細靡遺，執行就不會窘迫；因此，當條件還不成熟，不可急求表現。（之，18 蠱初六）

爻旨：基礎力求穩固，所蓄積的能量才會盛大；因此在初始階段不必急著前行，才能持續加強實力，也可避免因急躁而掛一漏萬。

九二：輿說輹[1]。象曰：輿說輹，中無尤也。

果斷的讓車身與車軸脫離，象徵主動接受制止不再前行。象曰：主動接受抑制，因能恪守中道而不躁進，故不會有怨尤。

【補充說明】

- 九二以剛履柔居下卦之中，象徵剛而能柔，且能秉持中道精神自我克制，並蓄積必要的能量，準備大展鴻圖；但時機尚未成熟，應先接受六五功能性的制約，避免做出對大局不利的事。

---

1 「輿」指車身；「輹」音「腹」，車身與車軸間的木塊，兩者若分離則車無法成行。

- 引導團隊成員建立相互間的默契，要以最大的誠信與務實的行動率先躬行，引導組織成員協同一致並保持正常運作。(錯，45 萃六二)
- 秉持一分耕耘一分收穫的精神，該展現時才表現。真正的人才，不會像泡沫，爭先恐後的浮出水面；而是要像珍珠，樂於長期深埋水底，終究能夠成大器。(綜，25 无妄六二)
- 基層主管要著眼大局，對於微不足道的小瑕疵，最好睜隻眼、閉隻眼；如果屬於不重要且無助團隊的事，連碰都別碰，這才是正確的選擇。(互，54 歸妹九二)
- 適當時機需要適度表現，但最好先建立良好的人際關係；因為任何重大工作，必須維持協調與分工，切忌特立獨行。(之，22 賁六二)

爻旨：為了蓄積更大的能量，痛下決心主動抑制自己的行為，並樂意接受嚴格的淬鍊，徹底根絕躁動的惡習。

九三：良馬逐，利艱貞，日閑輿衛，利有攸往。象曰：利有攸往，上合志也。

能量蓄積充沛，已經可以乘駿馬奔馳，但仍應牢記艱難與堅持守正，每日熟練駕車與防衛技能，如此才能無往不利。象曰：之所以能無往不利，是因為能與上司的心志相應和。

【補充說明】

- 九三為下卦唯獨對上無應之爻，象徵所蓄積的能量已臻成熟穩健，不必再受制約，行動自有分寸；然而處凶險之境且個性過剛，故應自我克制，時時警惕以保持待機狀態。
- 出現進退維谷，通常也是成敗關鍵的時刻，千萬不可灰心喪志，不如把抱怨的時間與精力，用來自我充實反而比較實際。(錯，45 萃六三)
- 即便計畫執行非常順利，也必須作最壞的打算與萬全的應變方案；萬一發生不預期的情況，才能應付自如，免受无妄之災。(綜，25 无妄六三)
- 出現不如預期的結果，往往是期望過高，或方法無法與目標配合；因此事先提高實力與增加多重備案，是有絕對的必要。(互，54 歸妹六三)
- 自我精進時時反省，以務實的態度面對，把多餘或不必要的去除，把不足或缺少的補強，精準面對各種挑戰。(之，41 損六三)

爻旨：蓄積之道已成熟，但仍須不斷的維持最佳狀態，方能創造「決積水於千

仞之谿，與轉圓石於萬仞之山[2]」的條件。

六四：童牛之牿[3]，**元吉**。象曰：六四元吉，有喜也。

對躁進的初九及早加以防範，就像把木牿捆綁在小牛頭上，可得最大的吉祥。象曰：得到最大的吉祥，是件值得欣悅的事。

【補充說明】

- 六四以柔下應初九陽剛，有以柔制剛與禁於未發之意圖，能夠妥善運用柔性功能制約急躁的陽剛，趁早給予其必要的疏導，在尚未養成不良習性之前，就能禁於未發。
- 行為剛健的人，難免便宜行事與獨斷專行，但必須考量符合共同的目標與利益，凡事需要三思而後行，方可圓融無礙。（錯，45 萃九四）
- 治病在發病之前，可節省醫療資源；防弊在犯案之前，可減少獄政負荷，故應秉持成功不必在我，重責大任不能沒我的精神。（綜，25 无妄九四）
- 太過熱心的新進人員，往往會做出危害團隊的蠢事，因此要限制其行動；對其工作上的要求，寧慢勿快以免因小失大。（互，54 歸妹九四）
- 話講太多，能接收的訊息相對變少；動作太多，內在的實力也相對虛弱；能養成表裡一致，就不會有華而不實的毛病。（之，14 大有九四）

爻旨：對陽剛之氣過盛的新進人員，應及早採取根本性的預防措施，力求一開始就養成好習慣。

六五：豶豕之牙[4]，**吉**。象曰：六五之吉，有慶也。

制約九二這種有才華但個性剛烈的基層幹部，就像閹割太過剛猛的野豬使其不亂咬人，可獲吉祥。象曰：得到吉祥，是件值得慶賀的事。

【補充說明】

- 六五柔居剛位得中與九二相應，象徵團隊領導者發揮柔順的功能，有效制止動輒得咎的幹部，使其成為有才性緩、有智氣和的基層骨幹。

2　出自《孫子兵法・軍形篇、兵勢篇》。是指不動則已，只要一動，勢必如排山倒海之勢。

3　「牿」同「梏」，是指綁在小牛角上使其不能觸碰而傷人的橫木。

4　「豶豕」閹割過的公豬，「豶豕之牙」原意是指公豬被閹割後，不再凶猛故不會亂咬人。

- 面對個性剛烈但有才華的幹部，領導人應展現有容乃大與無欲則剛的作風，使之能盡其長才，同時也穩固自己的領導地位。（錯，45 萃九五）
- 上醫專注病因，庸醫消除病症；故領導者不受制於表面零碎的現象，應專注影響發展的內因，對瑣碎事務不必太投入。（綜，25 无妄九五）
- 要注重實質內涵，表面的修飾不須顧慮太多；因為外在的形象，是實質內涵的反映，刻意的修飾，反而畫虎不成反類犬。（互，54 歸妹六五）
- 柔能克剛，但最理想的結果，乃是以柔濟剛，要以最大的誠信讓有個性、有能力的基層幹部，轉化為公司的骨幹。（之，09 小畜九五）

爻旨：對個性剛烈但有能力的基層幹部，應兼顧治標與治本，使其能成為組織當中的中流砥柱。

上九：何天之衢[5]，亨。象曰：何天之衢，道大行也。

完成大量資源的蓄積，就像掌握四通八達的交通樞紐，勢必亨通。象曰：掌握四通八達的交通樞紐，代表萬事通達，可以大有作為而施展抱負。

【補充說明】

- 上九剛居柔位，下有二陰相承，象徵表面上雖過高亢，卻能夠拿捏分寸，進而牽引下三陽爻，充分發揮當止則止，該進則進的功能。
- 能量蓄積已達飽和，則應調整做法：對資源的分配，該付出就付出，該收手就收手，千萬不可刻意或勉強的亂出餿主意。（錯，45 萃上六）
- 不可逞強或自作聰明，但也不可太過小心以致寸步難行。凡事要有分寸，該進則進、該止則止，才能有效的維繫成果。（綜，25 无妄上九）
- 徒有光鮮亮麗的外表而無內涵，遲早會被戳破；但具備實質的內涵，也需要適時適切的應用，才不枉費先前的努力。（互，54 歸妹上六）
- 盛極而衰乃正常的現象，難以避免，如果能先期培養更多的實力與蓄積更大能量，同時也進行階段性的檢討而杜絕浪費，至少可以延長事業的高峰期。（之，11 泰上六）

爻旨：蓄積已達最佳狀態，接下來就是要妥善的分配與靈活的運用，並且可以大有一番作為。

---

5 「衢」音「璩」，四通八達之地。兵法：衢地合交。

《序卦傳》：物蓄然後可養，故受之以頤。

天非私富一人也非私貴一人，因此，蓄積龐大能量之後，應不斷照顧更多的人、做更多的事，但能量的消耗也日益增大，因此需要適當調養。另一方面，事業成就之後，享受既得成果並不為過，但先決條件是要有持續的收入，方能夠長久維持。此一階段最忌諱得意忘形，養成口無遮攔與暴飲暴食的習性，所以也要避免惹來一身的禍、吃出一身的病。接下來，讓我們繼續進入下一卦，在「頤」卦的情境當中，了解如何自我頤養？如何頤養他人？以及在組織內部相互支援協調的過程中，了解在各種不同的條件下，應如何相互支援與協調？

27 ｜頤卦：養己養人的正當手段

表 2-27　頤卦要點提示

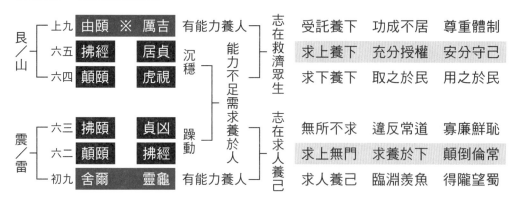

【卦象與讀法】

下卦震，震為雷；上卦艮，艮為山，全卦讀成「山雷頤」。

【卦時】

- 「頤」本義有養育、頤養、面頰等意涵。
- 《雜卦傳》：**頤，養正也**。生活供養應自立更生，並遵循正當的手段為之；一般廣義的頤養之道，包括養生、養形，養德、養人；而頤養的方法必須講求正當合理。
- 頤卦也可以用「頤養之道」「自我節制」、「自養養人」以及「病從口入，禍從口出」等等這些類似的概念來引申與推論，或者也可以用「通權達變，養育萬物」的情境來比擬。

【卦辭】

頤：貞吉。觀頤，自求口實。

頤卦象徵頤養，堅守正道才能獲得吉祥。觀察事物的頤養現象，可以明白是否能以正當的手段，達到自力更生的目的。

【彖傳】

頤養須守正能吉祥，是指以正當的方法養己養人就能得到吉祥。觀察事物的頤養現象，是指觀察頤養的對象與方法是否合宜；所謂以正當手段得到口中食物，是指自我養育的方法與時機是否合宜。天地生成養育萬物，聖人培養賢人，同時也普及全民。頤養時機的掌握，是多麼的重要！

【補充說明】

- 頤養之道，不外養人與自養兩種，養人的對象，包括父母、子女、朋友、工作夥伴與群眾；而自養則是指養身與養德。

- 人靠言語與人互動，但要講適當的話；人靠飲食維持生命，但必須適時、適質、適量的進食。

- 人需要適當的飲食，才能維持體能與生命；但更重要的是，要充實高尚的品德修養，才能頂天立地的做人。

- 有條件、能力的人要竭盡所能養育眾人而不求回報，就像天地無私無欲也無條件的養育萬物。

- 一個正常的人要用正當合理的方法，來頤養自身；但頤養他人則應遵循依本身的條件與身分，養聖養賢養天地萬物。

【大象】

上有穩健的山、下有震動的雷，就像上顎與下顎互動所呈現正在進食或言語狀態的頤卦；君子觀此現象，應當謹言慎行，避免惹禍上身，節制飲食以保持身體健康。

【補充說明】

- 下卦震，震為動；上卦艮，艮為止，故有上止下動就像飲食與言語之象，以及行動必須有適當節制的意涵。

- 口無遮攔會招來一身的禍，因為禍從口出；飢不擇食會吃出一身的病，因為病從口入。從一個人的言談之中，可以了解此人的品德修養；從一個人

日常的飲食習慣，可以了解此人最基本的健康狀況。

【爻辭／小象】

初九：舍爾靈龜，觀我朵頤¹，凶。象曰：觀我朵頤，亦不足貴也。

捨棄你自己靈龜般的能力，覬覦我的垂腮進食，必有凶險。象曰：覬覦我的垂腮進食，欲求受養於人的行為，實在不值得受人尊敬。

【補充說明】

- 初九當位有能力自給自足，卻上應六四，象徵不斷對外求養，表現出一副抱著金碗討飯吃的醜態，這種行為不可能受到別人的尊重。

- 先了解自己的實力與盡到應有的本分，然後才知道何者需要加強，哪些地方可以付出；但如果放棄本身條件而一味乞求別人，是一種極為不妥當的行為。

- 在狀況不明或對自己認識不清的情況下，需要接受適當的協助與指點迷津；但不可依賴成性，否則便成了得寸進尺並習以為常的小人。(錯， 28 大過初六)

- 從一個人的小動作，可判斷他可能會養成某種不良習性，因此要及時給予點破並提醒，一旦養成壞習慣便很難回復正常。(互，02 坤初六)

- 一味外求吝於自省，是腐蝕心靈的源頭，若從小就不思長進或依賴成性，這種捨本逐末的惡習，日子久了便很難改正。(之， 23 剝初六)

爻旨：臨淵羨魚不如退而結網，但能力條件俱足，卻依賴成性，違背常理求養於人，這種抱金碗討飯吃之舉，勢必為人所不齒。

六二：顛頤，拂經；于丘頤，征凶。象曰：六二征凶，行失類也。

顛倒頤養倫常向下乞求頤養，違反奉養長上的常道，如此做必有凶險。象曰：之所以會有凶險，是因為嚴重違背倫常，遭到同類的排斥。

【補充說明】

- 六二陰虛，與上九無任何淵源，對下凌乘初九，象徵正值青壯卻有求養於

---

1 「舍爾靈龜，觀我朵頤」一語係以六四立場言，「爾」是指初九，「我」則指六四。

晚輩，然而初九一毛不拔，轉而上求於與自己無任何關係的上九，這種不顧身分的不當行為是極為醜惡的。

- 為了重現生機與起死回生，有必要便宜行事，但必須理由正當、方法合理，絕對不可以私害公，更不可違背常理。（錯，28 大過九二）
- 不可為了滿足眼前需要，捨棄純正的本質而四處張羅；不可為了滿足私慾，做出違反常理的動作，破壞善良的社會風氣。（互，02 坤六二）
- 提出請求要合乎情理，答應付出要斟酌能力；應考量彼此間行為的正當性，經評估後該付出才可付出，該保留就應該保留。（之，41 損九二）

爻旨：求上無門違反常理，求下養己也不合情理，如此忝不知恥與顛倒倫常的作風，是極為失格的行為。

六三：拂頤，貞凶，十年勿用，无攸利。象曰：十年勿用，道大悖也。

毫無章法，完全違背頤養的常理，也因固執己見，而造成更大的凶險。而且會長久無所作為，沒有任何好處。象曰：之所以會長久的無所作為，乃嚴重違反正當頤養的常理。

【補充說明】

- 六三居下震之極，故躁動不安，雖有上應，然雙雙不正，且上艮為止，不動如山，以致到處求養卻寸步難行，加上本身條件差又處凶境，因此長久不能有所作為。
- 愈是走投無路，愈感到處處危機；愈是急於翻身，也會更加剛愎自用，萬一淪落至此，更要冷靜面對，不可輕舉妄動。（錯，28 大過九三）
- 有求於人，姿態固然要低調柔軟，但必須維持基本的涵養與應有的君子風度，絕對不可為達目的而刻意降格求人。（互，02 坤六三）
- 時局不利、景氣不佳，與其到處卑躬屈膝而自取其辱，不如主動降低需求，保持樸實的作風與身邊的夥伴正常互動。（之，22 賁九三）

爻旨：用無所不用其極的手段求養於人，其寡廉鮮恥的行為，將落得無人聞問的下場。

六四：顛頤，吉，虎視眈眈，其欲逐逐，无咎。象曰：顛頤之吉，上施光也。

顛倒過來向下尋求有能力者，出錢出力施惠群眾，是吉祥的；集中精神緊迫盯

人，是為了滿足眾人的需求而有急迫感，不會有災害。象曰：顛倒過來向下求養反得吉祥，是說居上位者能夠變通而施惠廣博。

【補充說明】

- 六四當位下應初九，象徵雖有責任在身，但陰虛不足以養人，只能向下在群眾當中尋求有能力者，出面照顧需要照顧的人，此舉雖有違常規，但立意甚佳可通權達變而不為過。
- 有心助人而變通行事，是值得肯定的；但必須動機純正，不可三心兩意，而且要衡量輕重緩急，避免造成反效果。（錯，28 大過九四）
- 出個好主意而使成果輝煌，但畢竟是別人埋單付費，所以不可沾沾自喜而自炫；否則會令人感到不齒而得不償失。（互，02 坤六四）
- 分辨不同等級的待援程度，需要保持冷靜與公正客觀，也要有明辨是非的眼光，避免資源浪費與貪污腐敗的事情發生。（之，21 噬嗑九四）

爻旨：只要符合取之於民、用之於民的原則，偶爾變通求上養下，也是值得嘉許的。

六五：拂經，居貞吉，不可涉大川。象曰：居貞之吉，順以從上也。

違反頤養常理，反過來向上請求隱退的長者，出面救濟天下蒼生，尊重被請求者的立場可得吉祥，但也不可輕率另出主意。象曰：尊重被請求者的立場可得吉祥，是因為能順應資深長者的指導。

【補充說明】

- 六五柔居尊位，上承上九，象徵能力不足但心繫天下蒼生，轉而求助於有能力、已隱退的大老出面；雖然有些尷尬，但也是一種必要的選擇。
- 無計可施，但為了讓正在苦難中的群眾早日脫困，決定放下身段，請求前輩大老重出江湖；因此要捐棄己見並全力支持。
- 便宜行事、求上濟下並非長遠之計；但為使災情不再擴大，以便能爭取更多的時間想辦法徹底解決，只能做出應急一時的變通決定。（錯，28 大過九五）
- 行事合乎中庸之道，待人處世謙遜自持；即使能力欠缺，只要所作所為能以民眾的利益為依歸，必能得到眾人的諒解。（互，02 坤六五）
- 雖居尊位卻無能為力，實有愧職守；然逢此天災之際，仍能不計毀譽，真

心誠意的付出，即便滴水之恩也會得到湧泉相報。（之，42 益九五）

爻旨：求上養下乃出自無奈，但動機要純正；既然開口求人出面協助，自己就不要有太多的定見，或動輒下指導棋。

上九：由頤[2]，厲吉，利涉大川。象曰：由頤，厲吉，大有慶也。

順應情勢讓眾人得到頤養，要謹防危險才能得吉祥；雖身負重任，也必須竭盡所能排除萬難。象曰：順應情勢讓眾人得到頤養，要謹防危險才能得吉祥，說明唯有如此，才能使得普天同慶。

【補充說明】

- 上九剛居柔位與六五正比，象徵所做之事超出本分，但非主動而是應六五之請求。此舉雖屬必要的通權達變，但畢竟不是常態，故仍應常懷戒懼之心。

- 有養己也兼養天下的能力，但由於身分敏感特殊，故要防止閒言閒語，以免造成上下之間的猜忌，因此要有防人之口，甚於防川的警覺。

- 原本處於高而無民、貴而無位之地，但為了解決困境而重返江湖，受任於敗軍之際，奉命於危難之間，所付出的代價難以逆料；結果無論是受到非議或其他傷害，也心甘情願、無怨無尤。（錯，28 大過上六）

- 本質已虛弱待補，最忌諱繼續透支；但能力充沛飽滿，則要防止濫施。所以，再大的愛心也有最基本的底線；否則把群眾養成好吃懶做，其罪過更不可原諒。（互，02 坤上六）

- 行善也不能太過執著，要視實際情況，該做就做、該停就停；否則會陷入濫用愛的迷失，或造成假公濟私之嫌。（之，24 復上六）

爻旨：大老出面協助弱主救濟眾生，應師出有名與尊重體制，並竭力排除萬難達成任務，方可究竟圓滿。

《序卦傳》：頤者，養也，不養則不可動，故受之以大過。

頤，是指頤養。沒有強壯的身體，沒有高尚的品德，也沒有適當的專業技能，難以長久立足於社會。換句話說，一個人得不到正當的頤養，便很難面對艱鉅的工

2　「由頤」是以六五立場言，「由」經由，憑藉。「由頤」是指依賴上九而獲得頤養。

作，只能做個平平庸庸的凡夫。然而，當一個人各種條件都得到滿足之後，就必須要有宏大的理想與作為，因為我們生存的這個世界，總是會遇到一些意想不到的特殊狀況，需要一些能人志士出面解決。接下來，就讓我們進入下一卦，在「大過」卦的情境當中，探討在非常時期，應如何展現非常的手段，來完成重大艱難的工作，還有需要哪一種性格的人，才能擔負此一重任。

28 ｜大過卦：捨身救世的偉大情操

表 2-28　大過卦點提示

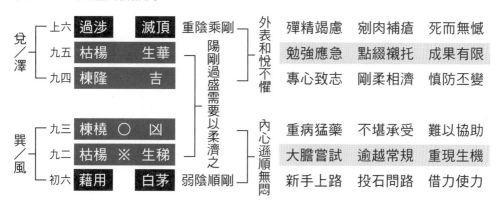

【卦象與讀法】

下卦巽，巽為風；上卦兌，兌為澤，全卦讀成「澤風大過」。

【卦時】

- 「大過」本義有大有所過、大為過度、舉止過甚、非常舉動等意涵。
- 《雜卦傳》：大過，顛也。出現主導的一方過於強勢，而附屬的一方過於脆弱的現象，代表情況已十分危急，必須施以過度強勢作風，方能排除困難，但也有可能會因此而發生顛覆性的重大危機。
- 大過卦也可用「力挽狂瀾」、「不計毀譽」、「大展身手」以及「竭盡心力、死而無憾」等類似的概念來引申與推論。或者也可以用「非常時期，非常手段」的情境來比擬。

【卦辭】

大過：棟橈，利有攸往，亨。

大過卦象徵大有所過，就像棟樑中間過強，兩端太弱因而向下彎曲；若能及時果斷前往整治，可創造有利局勢，如此才會通達。

【彖傳】

彖曰：大過，大者過也；棟橈，本末弱也。剛過而中，巽而說行，利有攸往，乃亨。大過之時大矣哉！

大有所過，是指陽剛太過強盛；棟樑向下彎曲，是因為前後兩端太弱之故。陽剛雖過盛卻能夠適中，而且保持內心的卑順與行為的和悅，因此有所作為必將有利，以致通達。整治大有所過的時機，是多麼的重要！

【補充說明】

- 非常時期的危機處理，必須考慮採取特別的方法，付出相對較大的代價，以及承擔相對較大的風險，否則不足以解決相對棘手的問題。

- 往往身處在動亂不安的時代，反而有機會成就一番大事業；因為改變危險的局勢之後，眼前所呈現的新環境，將是一片光明的坦途。

- 面臨動盪不安的非常時期，反而呈現出看清事實真相的機會；並藉此難得的機緣，徹底檢討修正長期被蒙蔽的錯誤行為。

- 非常時期應當展現非常的行動，就像搶救即將倒塌的屋子，應以安全為重，不應斤斤計較或捨不得一些不重要的因素，唯有具備過人的智慧與勇氣者能擔當。

- 所謂非常時期、狀況特殊，也不可過度詮釋與操作而淪為常態；避免成為有心人士節外生枝的藉口，以及從中牟取私利的機會。

【大象】

象曰：澤滅木，大過；君子以獨立不懼，遯世無悶。

澤水本應滋潤樹木，如今卻氾濫成災，象徵行為大有過度的大過卦；君子應坦然面對現實而無所畏懼，不受重用也不會感到苦悶。

【補充說明】

- 下卦巽，巽為木、遜順；上卦兌，兌為澤、和悅。故有澤水淹沒樹林造成滅頂之災，但仍抱持卑順與和悅的心情面對。

- 天不為人之惡寒也輟冬，地不為人之惡遼遠也輟廣，君子不為小人之匈匈

也輟行[1]。因此，面臨重大壓力與挑戰，毫無畏懼坦然面對；在反對與掣肘的情況下，勇於承擔而突破困境；被孤立時，要忍受寂寞；面對小人氣勢高漲，也不可中輟其既定行程。

【爻辭 / 小象】

初六：藉[2]用白茅，无咎。象曰：藉用白茅，柔在下也。

以至為慎重與虔誠之心事上，就像借用潔白的茅草襯墊祭祀的禮器，不會有災害。象曰：用潔白的茅草當襯墊，是指應柔順而居下位。

- 初六柔居下巽之始，上承九二並與九四相應；象徵地位較低、能力不足，但以恭敬謙卑的心態，借助有經驗、有能力的強者之引薦。
- 無論任務有多艱鉅，事物的發展總有一定的順序與方向；初期若能借助必要的引導，會比較順利的進入狀況，並可減少阻力。
- 如果條件好，就不要隨便依賴別人，但面對的環境生疏，自己的身分相對卑微，更應儘量保持低調，以免節外生枝。（錯，27 頤初九）
- 時機不對或能力不足，最好不要行動；若狀況急迫或基於其他因素非做不可，則須有完整的配套，並得到必要的協助。（互，01 乾初九）
- 欲汰除過時的辦法，先要有一套可接受的替代方案，並且找到最適當的切入點；在沒有十足把握前，不可輕率決定。（之，43 夬初九）

爻旨：新手上路由於能力與經驗均不足，需要有適當強者出面引導，以便能順利排除障礙。

九二：枯楊生稊[3]，老夫得其女妻，无不利。象曰：老夫女妻，過以相與也。

過盛的陽剛與陰柔結合，就像枯槁的楊樹重生嫩芽；譬如：年老的男子娶得年輕妻子，能傳宗接代而重現生機，故無不利。象曰：過盛陽剛與陰柔結合，是指雖然陽剛過盛，但能得到陰柔者的配合。

1　出自《荀子・天論》，是指面臨危急存亡之秋，君子不畏任何挑戰，應該為所當為、行所當行。

2　「藉」，有假託、依據，憑藉諸意。

3　「稊」，樹下根部新長出的嫩芽。

【補充說明】

- 九二剛居柔位，上接諸陽，陽氣過盛，但與初六正比而得近水樓台之便；象徵老夫娶得少妻，能生子延續香火，因而重現生機。

- 非常時期，為了因應特殊情況而通權達變逾越常規；乃是為了克服當前困境，並爭取別人的合作與協助，此舉將會得到眾人諒解與認同。

- 因情勢所迫，需要就近向下屬求助，或求助於遙遠的前輩；雖然兩者均不妥，但兩害相權取其輕，仍以前者為優先考量。（錯，27 頤六二）

- 即使已得到上級賞識與提拔，也必須努力爭取各個階層群眾的協助，才能夠讓自己的能力，得到最適切的發揮。（互，01 乾九二）

- 勉強結合，不易維持長久的良好關係；即便採用特別手段而起用新人，也要審慎評估與妥善安排，不可急於求成。（之，31 咸六二）

爻旨：為了重獲生機，偶爾逾越常規，大膽啟用新人，或採用略為極端的意見，或進行有計畫的冒險，都是值得鼓勵與嘗試。

九三：棟[4]橈，凶。象曰：棟橈之凶，不可以有輔也。

動作太過剛烈，就像棟樑中央太強，導致兩端太弱而向下彎曲，如此必致凶險。象曰：由於太過剛烈而導致凶險，將得不到任何協助。

【補充說明】

- 大過卦三四兩爻為棟，九三居下巽之上，而巽下虛，象徵棟向下彎曲。九三又過剛不中，象徵剛愎自用，雖正應上六但有應等於無應，所以別人無法幫上忙，因此得不到協助，情況日益惡化。

- 能力強，企圖心也特別旺盛，但作風太過強硬，不能得到應有的助力，結果只會讓情況日益惡化。

- 待人沒有誠意，處事反覆無常，自己從不檢點，卻到處求人幫忙；加上身段高亢，不可能得到別人的認同與配合。（錯，27 頤六三）

- 處於不利的時空，應時時戒慎恐懼糾正錯誤，能做的才做，該停的就停，先求止跌，然後俟機回升。（互，01 乾九三）

- 本不該受困卻陷入困境，本不必受辱卻自取其辱；乃由於知識淺薄，卻自

4　「棟」，房屋的正樑，屋之脊也。含建築物所有樑與柱皆屬之。此處當「屋脊」解為妥。

以為是，以及能力不足又剛愎自用所導致。（之，47困六三）

爻旨：處理重大危機事件，行動過於激烈而剛愎自用，只會讓組織更不堪承受，使得情況變得日益惡化。

九四：棟隆，吉，有它，吝。象曰：棟隆之吉，不橈乎下也。

適時自損並遏止過盛之陽剛，就像彎曲的棟樑開始向上隆起，保持陰陽的均衡協調，可獲吉祥；但如有其他方面的顧慮，會有遺憾。象曰：樑向上隆起而得吉祥，是因為不再向下彎曲了。

【補充說明】

- 九四重剛而不中，但位居上兌之初，而兌上缺，故可平衡陽剛過度之弊；九四下應初六，但雙雙不正，若能做到能應而不應，則可記取前車之鑑，確保陰陽均衡與協調。
- 能力夠強也有柔順的一面，容易與人順利互動，所以能得到適當的協助；但要慎防其他不利的變數，並將局勢控制在可以控制的範圍之內。
- 具有人溺己溺、人飢己飢的胸襟，能放下身段而心繫眾人福祉，並且集中精神，心無旁鶩尋找各種機會，來解決此一特殊時期所面臨的各種問題。（錯，27頤六四）
- 解決重大問題的策略並無定則，但要因情況變化，採取適當行動，不可偏離目標，也不可脫離群眾而圖謀個人私利。（互，01乾九四）
- 無論是請人協助或主動為民服務，必須堅持初衷，制定長久可行的計畫，才能爭取群眾的信任，使工作順利推行。（之，48井六四）

爻旨：處理重大危機事件，要剛柔並濟、專心致志並且時時慎防有變，但絕對不可受到其他無關因素的牽累。

九五：枯楊生華[5]，老婦得其士夫，无咎無譽。象曰：枯楊生華，何可久也？老婦士夫，亦可醜也。

陰氣過重，勉強求得與陰陽互濟，就像枯槁的楊樹重新開花，象徵弱陰力求與盛陽調和；如同一個衰老的婦女配得年輕力壯的丈夫，雖無災害但也無稱譽。象

---

5 「華」乃「花」之抽象用語。

曰：勉強求得陰陽互濟，這種生機怎能長久？老婦與少夫的結合，畢竟是不相匹配，況且也不是正常的現象。

【補充說明】

- 九五正位，下領諸陽，陽氣過盛，但受上六凌乘，象徵孱弱老婦與壯盛男子兩者相配對，雖有一定程度的作用，但無法傳宗接代而成果有限，充其量也只能緩和一時的需要。

- 在情勢低迷情況下，刻意展現美好的一面，採取拋磚引玉的策略倒也無可厚非，但只能得到一時的效果；故此舉可行，但不值得推廣。

- 富貴險中求，為舒緩眼前困境，可採取較大幅度的變通措施；但不可偏激，也不可引以為常態，而誤把例外當原則。（錯，27 頤六五）

- 居尊位計較功名，根本是多此一舉。但為解決當前危機，延續既有成果，而尋找相同需求者合作，亦不失互補相濟之功。（互，01 乾九五）

- 本應循正常管道行事，但主客觀條件欠缺，不得不權變行事；就像屋子老舊本應重建，但能力有限，只能暫時修補勉強遮風蔽雨，爭取必要的時間以待未來。（之，32 恆六五）

爻旨：陰陽需要相濟而得均衡，但彼此間的條件太懸殊而勉強配合，只能應急於一時成果有限，對於長久的發展並無助益。

上六：過涉滅頂，凶，无咎。象曰：過涉之凶，不可咎也。

自不量力改變現狀，就像涉水過深而淹沒頭部，必有凶險，然而卻無所怨咎。
象曰：涉水過深導致凶險，乃因義無反顧、拯救大局的精神所造成，故不能怨天尤人。

【補充說明】

- 上六居卦之極，孤陰殘存，象徵能力不足以濟剛，但不時又呈現龍戰於野的動作顯得自不量力，終因勉強涉險，而遭滅頂之災。

- 寧可做個曲突徙薪無功名的人，也不要做焦頭爛額的座上之客；真正有智慧的人，不應該也不會讓自己或同伴成為悲劇的英雄。

- 身負重託且關係全局安危，可考慮進行有計畫的冒險，但相對要負起成敗之責；萬一遭到重挫，必須無怨無悔扛下責任。（錯，27 頤上九）

- 不在其位被迫要謀其政，基本上就不正常，只能盡力推辭斡旋；萬一不幸

賠上老本，終究還是自討沒趣而自吞苦果。(互，01乾上九)

- 面臨前所未有的危機，造成與長久合作夥伴發生利害衝突，應衡量全局而考慮改弦易轍；既然時不我與，又何必勉強去做超出自己能力以外的事呢？(之，44姤上九)

爻旨：不顧一切就是要搶救眼前的急困，但明知不可為而為之，雖然竭盡精力與思慮，但終究會遭到滅頂之災，也是無可奈何的事。

《序卦傳》：物不可以終過，故受之以坎。

所謂非常時期，或狀況特殊，應該是指短暫的現象；如果天天都處於非常時期，或隨時都處在特殊的情境，代表大環境已經相當的不正常，並且進入非常凶險的境地而難以挽回。所以，接下來，我們繼續進入下一卦，在「坎」卦的情境當中，探討當一個組織或個人陷入重重險境之中，要如何才能脫困而出？讓自己成為一個能適應險境又能順利脫險的人，甚至也可以成為一個擁有高度智慧，經得起嚴峻考驗的人。

29 ｜坎卦：擺脫險境的積極作為

表 2-29　坎卦要點提示

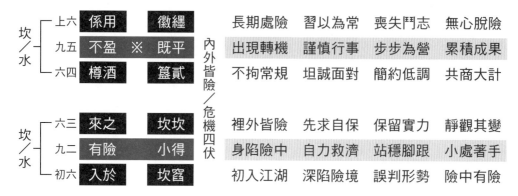

					長期處險	習以為常	喪失鬥志	無心脫險
上六	係用	徽纆						
九五	不盈 ※	既平	內外皆險／危機四伏		出現轉機	謹慎行事	步步為營	累積成果
六四	樽酒	簋貳			不拘常規	坦誠面對	簡約低調	共商大計
六三	來之	坎坎			裡外皆險	先求自保	保留實力	靜觀其變
九二	有險	小得			身陷險中	自力救濟	站穩腳跟	小處著手
初六	入於	坎窞			初入江湖	深陷險境	誤判形勢	險中有險

【卦象與讀法】

下卦坎，坎為水；上卦坎，坎為水，全卦也讀成「坎為水」。

【卦時】

- 「坎」字本義有險陷、危險、掘坑等意涵。
- **《雜卦傳》：坎，下也。** 陷入重重危機，乃生而為人難免會遇到的過程，也是一生當中至為重要的功課。但為了避免往下愈陷愈深，應當堅定意志，心懷誠信，謹慎應對，以便能夠逐步排除困難而離開險境。
- 坎卦也可以用「險中有險」、「危而不亂」、「化險為夷」以及「適應險境」等等這些類似的概念來引申與推論，或者也可以用「重重危機，冷靜面對」的情境來比擬。

【卦辭】

習坎[1]：有孚，維心亨，行有尚。

習坎卦象徵重重險陷，但只要有堅定不移的信心安於其命，內心保持亨通勇往向前排憂解難，這種行為必受眾人的尊崇。

1　「習」是指重複、習慣或適應。六十四卦當中，唯獨坎卦有別稱，謂之「習坎」。

【彖傳】

彖曰：習坎，重險也；水流而不盈，行險而不失其信。維心亨，乃以剛中也。行有尚，往有功也。天險不可升也，地險山川丘陵也，王公設險以守其國，險之時用大矣哉。

兩坎相迭，象徵陷入重重險難；就像水流不停的注入無底深淵而不會盈滿，以及身陷險境依然能夠堅守一貫的誠信。能夠保持心中的亨通，是因為陽剛居中而不偏離定位之故。至於勇往向前必受到尊崇，則是指秉持此一信念，必能順利過關斬將而建立功業。天上的險阻無法克服，地上的險阻也有山川丘陵可形成屏障；國君可利用天地之險守衛邦國，將阻礙的因素巧妙運用，可見坎險因時制宜的功能是多麼的重大！

【補充說明】

- 天有天險，地有地險，人心更險；但能夠適應所處的險境而不改變心志，便可以在適當的時機脫困出險。
- 人生處處有陷阱，有人不容易上當，因為能明辨利害；有人經常陷入，是因為短視貪利。但有更多的陷阱是自己設計，讓自己掉進去的。
- 詭雷的英文稱之為傻瓜的陷阱 (booby trap)，意思是指有智慧的人不會陷入，會上當者多半是由於自己的貪、瞋、癡所造成。
- 萬一不慎陷入險境，首應保持冷靜並堅定求生信念，才有條件可以變通與調適，然後慢慢走出困境。
- 人力無法克服的自然障礙，不可與之為敵，卻可以妥善運用轉化為保護自我的屏障，但要具備高度的辨識能力。

【大象】

象曰：水洊至，習坎；君子以常德行，習教事。

水流一波接著一波逼近，象徵災難危機重重的習坎卦；君子要恆久保持既有的美德，並反覆檢討熟習專業技能等經常性的事務。

【補充說明】

- 上下卦均為坎卦，象徵危機重重，必須在危險當中學習進退應對之道，並積極排除困難而脫險。

- 預想將來可能陷入重重的危機，所以，平時就應該不斷的自我精進，反覆檢討自己的專業素養與應變能力，屆時才有機會順利脫險。

【爻辭 / 小象】

初六：習坎，入于坎窞[2]，凶。象曰：習坎入坎，失道凶也。

處於重重坎險之中，又跌進坎陷深處，必遭凶險。象曰：處於重重險境又陷入坎陷深處，是指因僥倖行險，違背履險之道而致凶。

【補充說明】

- 初六才柔志疏，位卑失正，上無應援；象徵能力不足，又不依常規行事，很容易一而再、再而三的陷入險中之險的困境裡。
- 再大的災情，通常都是從小處開始形成；之所以陷入難以自拔的深淵，通常都是遇到小困難而不在意，以至於累積到寸步難行的地步。
- 遇到危機，原有步驟開始錯亂，應保持恭敬的態度重新調整；先弄清楚自己的條件與需求，避免再度做出錯誤的決定。(錯，30 離初九)
- 捨棄本能向外追求，就像遠赴邯鄲學習新步伐，不但學不好甚至還把原來的步伐忘掉而不會走路，結果跌進坑洞。(互，27 頤初九)
- 突發事件的第一時間，要及時了解狀況，分辨哪些事可繼續進行？哪些事必須立刻停止？以免錯中再錯、亂中加亂。(之，60 節初九)

爻旨：不知江湖險惡，抱著僥倖心理或心存貪念，易誤入奸人所計的圈套；故應心存正念居易俟命，以免每況愈下。

九二：坎有險，求小得。象曰：求小得，未出中也。

處在險陷中遭遇到險難，不可心急，動作不能太大，應一步一步的由小處尋找出路。象曰：由小處尋找出路，因為仍然處在險境當中。

【補充說明】

- 九二剛居柔位，居下坎之中與初六正比，象徵即便行動積極，但夾在兩陰之間的坎險當中，短時間內難以脫離；必須逐步累積成果。

---

2 「窞」音「但」，坎陷中之小穴。意指險中之險。

- 欲脫離危機四伏的險境，應以順勢而為的態度，採取四平八穩的作風，不亂出點子，也不貪圖成果，採取積少成多的保守策略。
- 為了脫險，需要請求別人協助，應先分辨對方的身分是否適當？請求協助的內容是否適切？開口的時機、場合是否合宜？（錯，30 離六二）
- 遇到問題，便越級求助高層，或毫無擔當完全依賴屬下，這都是違反常理；不但不得體，也是毫無擔當的行為。（互，27 頤六二）
- 出現危機需要求人協助，應本著由近而遠、先親後疏的原則，以顯示團結與向心，同時也展現同舟共濟的精神。（之，08 比六二）

爻旨：身陷險境時，應先求站穩腳跟，然後再從小地方開始進行脫險，能做多少算多少，一小步一小步的慢慢進行。

六三：來之坎坎，險且枕，入于坎窞，勿用。象曰：來之坎坎，終無功也。

來來往往都面臨險境，向前有險、退居難安，應先求自保，姑且安枕以待援，由於身陷坎陷最深處，不能有積極行動。象曰：陷入坎陷最深處，此時若採取任何行動，都將徒勞無功。

【補充說明】

- 六三雖即將出險，但陰虛且不中不正，又將面臨另一危機，故只能暫求自保不能有積極作為，因為只要一有動作，就可能會出現更不利的情況。
- 面臨嚴厲的險境，與其緊繃神經不知所措，不如保持樂天知命的態度，務必盡人事、聽天命，暫時不要有太大的動作。（錯，30 離九三）
- 身處重重危機，若大張旗鼓到處求人協助，會讓局面更為混亂，因為在此環境中，多數人都自身難保，所以求人不如求己。（互，27 頤六三）
- 雖無不當言行，卻飽受別人誤解，這種危機的形成，多半是溝通不良所致，因此，需要自我檢討，不可盡怪罪於他人。（之，48 井九三）

爻旨：出現進退不得且無力脫險的困境，應先求自保為要，不要有任何大動作，然後靜待有利時機。

六四：樽酒，簋貳[3]，用缶，納約自牖[4]，終无咎。象曰：樽酒簋貳，剛柔際也。

不拘常軌力求脫險，就像求助人，只用一杯薄酒，兩碗祭祀淡食，用簡陋的瓦器裝盛，經由窗口傳遞；有誠心不必講究排場，終究沒有災害。象曰：低調而省去繁文縟節，是指陰柔能與陽剛相互交流合作無間。

【補充說明】

- 六四當位對下無應、上承九五，象徵心無旁騖全力事上，君臣之間互信互諒，你來我往不必繁文縟節，卻能充分的交心共事。
- 身陷險境之中，裡外一切往來，應盡量簡單，要排除其他無關緊要的瑣碎雜務，才能集中精力而不致於節外生枝。
- 身處重重險境，應忍辱負重低調行事；若牽強附會或強人所難請求協助，將造成對方的困擾，甚至反目相向。(錯，30 離九四)
- 不拘泥於常規，用各種辦法協助眾人脫險，要站在群眾的立場考量；不但能為上司分憂解勞，也可得到大家的體諒與肯定。(互，27 頤六四)
- 企圖協助基層脫險，但仍存有顧慮與障礙；若能放下身段勤於溝通統一觀念與做法，才有機會讓事情圓滿順利完成。(之，47 困九四)

爻旨：用平常心保持互動，言行舉止儘量低調，省去無必要的繁文縟節，真心誠意與人共商脫困之計。

九五：坎不盈，祗[5]既平，无咎。象曰：坎不盈，中未大也。

雖然坎陷尚未被填滿，但大部分已被填平，繼續下去將會出現轉機，必無災害。象曰：坎陷尚未填滿，是指九五雖具剛中之德，但平險之功仍有未盡而尚未廣大。

【補充說明】

- 九五中正居君位，行動積極且能力甚強，雖仍處於險境，但只要有恆心與

---

3 「簋」古祭祀用禮器。「貳」指數量，古禮天子用九鼎八簋，侯七鼎六簋，大夫五鼎四簋，元士三鼎二簋。今既陷重重坎險，只能用「一樽酒加二簋」。

4 「牖」音「友」，牆上採光的洞，在此指窗戶。

5 「祗」詳見 24 復卦初九爻，在此以「大致」解。

毅力，繼續堅持下去，則可帶領群眾脫離險境。

- 在危難之中，局部小問題已開始得到解決，接下來要抓住機會順勢而為；但不可太過躁進，應採取積小勝為大勝的策略。

- 在危難當中，得到別人的協助，不論成效如何，以及是否得到預期成果，都應誠心表示無限感激，不可計較過去的恩怨。（錯，30 離六五）

- 得到各方的配合，整體情勢發展已有明顯改善，應維持保守作風而步步為營，不可妄想把所有問題一步到位解決。（互，27 頤六五）

- 在險境當中推行重大工作，必須事權統一、慎選用人、令出必行，而且要有正當性，以便能凝聚實力掃除所有障礙。（之，07 師六五）

爻旨：出現轉機時更要謹慎行事，必須步步為營逐次出險，因為危機尚未完全解除，以免造成功虧一簣的遺憾。

上六：係用徽纆[6]，寘於叢棘[7]，三歲不得，凶。象曰：上六失道，凶三歲也。

長期深陷險難，如同被多重繩索捆縛，或像被囚禁於牢獄，長年不能解脫，必有凶險。象曰：上六因違反常道，所以會造成長時間的凶險。

【補充說明】

- 上六陰虛居坎險之極，對下無應又凌乘九五，象徵能力極差無法分辨是非對錯，將再度陷入險境，以致無力脫困，日久終於失去求生意志。

- 能適應險境，代表意志堅強有能力脫險；但長期適應險境，有可能日久心志生變，以至於從習慣險境演變成認同險境，甚至明明處於險境卻不以為然。

- 協助被害者脫險，但當事人若不願意配合，可能是受到威脅或阻擾；故應積極排除萬難以竟其功，若仍冥頑不靈或有人從中作梗，應當機立斷強制排除。（錯，30 離上六）

- 邦國陷入危急存亡之秋，應不計毀譽挺身而出扭轉局勢；但環境險惡到處充斥陷阱，因此所有行動都要拿捏剛好，凡事做得恰到好處，以免節外生枝。（互，27 頤上九）

---

6 三股曰徽，二股曰纆，皆繩索之名。故「徽纆」統稱為繩索。在此比喻行動受到限制。

7 唐‧孔穎達：謂囚執之處，以棘叢而禁之也。故「叢棘」可引喻為牢獄。

- 既然要脫離險境，則必須做得徹底；避免因長期被洗腦，一旦恢復自由之身，反而不習慣正常人的生活，甚至把被奴役的基因遺傳至下一代。(之，59 渙上九)

爻旨：長期處在險境中並逐漸適應，以致失去脫困的意願與能力，久而久之甘願淪落險境而誤以為常。

《序卦傳》：坎者，陷也，陷必有所麗，故受之以離。

坎，是指險陷。一個人陷入險境時，一定會想盡辦法尋求協助，周邊一切人、事、物全是當事人想爭取求助的對象。一個即將滅頂的人，只要有任何東西在一旁，肯定是緊抓不放。我們換個角度觀察，萬物相互之間都是相互依附，沒有任何事物可以單獨存在，只是在緊要關頭才會被察覺到這一點。接下來，我們可以在下一卦，也就是在「離」卦的情境當中，了解身處險境時，必須要有所依附才有機會脫險；但是所依附的對象必須適當，而依附的過程也必須合情合理。

30 ｜離卦：尋求依附的正當途徑

表 2-30　離卦要點提示

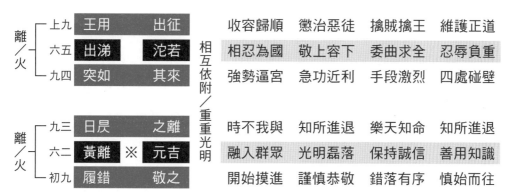

					收容歸順	懲治惡徒	擒賊擒王	維護正道
離／火	上九	王用		出征	相忍為國	敬上容下	委曲求全	忍辱負重
	六五	出涕		沱若	強勢逼宮	急功近利	手段激烈	四處碰壁
	九四	突如		其來				
離／火	九三	日昃		之離	時不我與	知所進退	樂天知命	知所進退
	六二	黃離	※	元吉	融入群眾	光明磊落	保持誠信	善用知識
	初九	履錯		敬之	開始摸進	謹慎恭敬	錯落有序	慎始而往

（中間縱列：相互依附／重重光明）

【卦象與讀法】

下卦離，離為火；上卦離，離為火，全卦也讀成「離為火」。

【卦時】

- 「離」字本義有附著、光明等意涵。

- 《雜卦傳》：離，上。萬物都要有所依附才能向上發展，無法單獨存在；人類社會的依附關係更為明顯，就像火必須隨時都附著於被燃燒物之上，一旦脫離附著的物體，火燄隨即不復存在。

- 離卦也可以用「陽光普照」、「尋找舞台」、「柔順依附」以及「相互依存」等等這些類似的概念來引申與推論，或者也可用「陣陣光明，向前指引」的情境來比擬。

【卦辭】

離：利貞，亨。畜牝牛吉。

離卦象徵依附光明，必須堅守正道才能有利，並且亨通。要自我培養像母牛具備忍辱負重的精神，可獲吉祥。

【彖傳】

彖曰：離，麗也。日月麗乎天，百穀草木麗乎土。重明以麗乎正，乃化成天下。柔麗乎中正，故亨，是以畜牝牛吉也。

離卦的本意為附麗，意指依附光明或結伴而行，就像太陽月亮依附在天空，百穀草木依附在大地。重重光明必須依附正道，如此才能夠化育天下萬物。以柔順的態度依附於中正之道，因而能致亨通；就如同蓄養母牛一樣，有柔順的德行，故而吉祥。

【補充說明】

- 萬物都需要相互依附才能發揮作用，被依附的事物一旦消失，再完美的成果也黯然失色；就像火必須依附在被燃燒物，一旦被燃燒物消失，火便不復存在；同理，有才華的人失去工作舞台，英雄也無用武之地。
- 有適當的依附對象，也要有良好的工作態度，保持良好的品德修養；待人處世方面，取之有度、用之有節，言行舉止不卑不亢。
- 有光明的指引，讓人們看清事實走向正道；但也要有預防光明中斷的應變措施，以免瞬間偏離正道而誤入歧途。
- 缺少歸屬感的人，並非無所依附，而是不懂得如何善用既有的人際關係；所以要培養與人和睦共處的氣氛，並適切慎選依附的對象。
- 自然界事物的存在，所需求的條件是固定的不多，但人們所追求的目標，往往遠超過實際需要；可能是不了解自己，或貪心不足，或從眾心理導致；因此，欲尋求展現才華的舞台，應先了解自己的實際需求。

【大象】

象曰：明兩作，離；大人以繼明照于四方。

重重光明，不斷提供明確的指引，象徵相互之間可以依附的離卦；居上位領導者，應持續不斷以光明磊落的態度，引領四方群眾走向正途。

【補充說明】

- 上下卦均為離卦，有重重光明指引、相互檢視、相互關照，以及相互尋找可依附的對象，以及提供人們展現才華的舞台等意涵。
- 有智慧的人，應當學習日月星辰，不分貴賤貧富，不分地域人種，無私無

欲奉獻自己的能力，點亮一盞又一盞的明燈，來利益眾生。

【爻辭／小象】

初九：履錯然，敬之，无咎。象曰：履錯之敬，以辟咎也。

剛剛起步情況不明，應小心謹慎摸索前進，保持恭敬的態度，使之錯落有致便沒有災害。象曰：處事慎重錯落有序，是為了避免遭致災害。

【補充說明】

- 初九當位，居下離之始，如旭日東升，陽光柔和但光線不足，象徵初入社會不懂人情世故；所以，言行舉止格外要求保守謹慎。
- 好的開始是成功的一半，所以初始階段，應力求穩當而不過分表現，也不必受人云亦云的干擾而自亂陣腳。
- 江湖老手如肉食猛獸，涉世未深的年輕人如草食動物，若行事太過積極暴露弱點，將掉入重重陷阱，淪為待宰的獵物。（錯，29 坎初六）
- 目標選定須先審慎評估，最好有適當的協助與指引，才能看清所要依附的對象是否正當？是否合乎實際需要？（互，28 大過初六）
- 為尋找舞台展現才華，行動固然要謹慎，但不可畏畏縮縮，或太拘泥於細節；膽要大，心要細，格局要夠，志向要高。（之，56 旅初六）

爻旨：積極尋求展現才華的舞台，但初始對情況不熟悉，應保持恭敬謹慎的態度行事，使其錯落有序，避免一開始就發生錯誤。

六二：黃離，元吉。象曰：黃離元吉，得中道也。

保持中庸正直之道，用柔順的態度尋求依附，最為吉祥。象曰：保持中道的精神與柔順的態度尋求依附是最為吉祥，乃因其能行使中正之道。

【補充說明】

- 六二既中且正，象徵日正當中，時位俱佳，能夠充分發揮大智若愚的精神，在穩定中學習成長，並且全心全力的付出而不與人計較。
- 即使需要藉助外力，也無須卑躬屈膝攀緣附會，只要能保持中道精神，展現謙卑為懷與正大光明的態度，根本就不需要懷疑自己的行為。
- 面臨高度風險，工作目標不可訂得太高，儘量做一些能力可及的事；對於

尋找展現才華的工作舞台，也不可太過挑剔，以免造成名不符實，或有張冠李戴之嫌。（錯，29 坎九二）

- 遇特殊危急情況預判將受到重大損害，則不必拘泥規則，應及時調整策略，必要時向下尋求合作對象，化解眼前的危機。（互，28 大過九二）
- 即便有天大才華與崇高理想，也要保持中道精神，凡事不偏激、不畏縮，發揮長才貢獻社會，爭取眾人的包容。（之，14 大有九二）

爻旨：保持一貫的誠信，善用正確的知識，並以中道的精神與光明磊落的態度融入社會，可得到最適合的依附對象。

九三：日昃之離，不鼓缶而歌，則大耋[1] 之嗟，凶。象曰：日昃之離，何可久也？

過度躁進的依附，就像太陽將落而依附西山，還不如敲擊瓦器作歌以調和躁性，否則會因感到老朽而嘆息，必有凶險。象曰：像太陽偏斜依附西山，這種日落晚景還能維持多久呢？

【補充說明】

- 九三已達下離之極，有夕陽西斜與時不我與之象。惟江山代有人才出，要及時培育接班人，不要強占位子擋住年輕人上進之路。
- 積極進取力求上進，也要配合時序與時勢，不勉強行事也不恣意逞強。該工作就工作，該休息就休息；該打拚就打拚，該退休就退休。
- 春耕季節已過才想到下田墾荒，年老體衰以後才計畫他鄉創業；這種不能配合天時、地利與人和的行為，無論走到何處都會顯得格格不入。（錯，29 坎六三）
- 個性太過剛烈，將得不到別人的協助，也會把重要的事情弄砸，更遑論讓自己找到安身立命的工作平台；所以凡事要順應天命不可太過勉強。（互，28 大過九三）
- 追求高度理想目標，容易遇到棘手的難題，若一時無法排除，必須從長計議另謀對策，絕對不可硬拼也不可因而氣餒。（之，21 噬嗑六三）

爻旨：配合客觀環境與時序作息，時間到了該讓位就要讓位，不要戀棧，要樂

1　「耋」指七、八十歲老者，或泛指老年人。

天知命不應阻礙後生晚輩的出路。

九四：突如其來如，焚如，死如，棄如。象曰：突如其來如，無所容也。

尋求依附，因感到環境突變，企圖以不正當方式尋求依附，就像被火猛烈燃燒，接著又像遭到封殺熄滅，最後遭到遺棄。象曰：以不正當方式尋求依附，勢將淪落到無容身之處。

【補充說明】

- 九四處上下更迭之間，乃多懼之地，行事風格本就過於躁動，如今又冒失巴結上司，讓人措手不及，因而遭到重大的誤解與反彈。
- 建言能否被採納？能力是否被重用？理當要有自信，但不可表現太過強勢，舉凡勉強別人接受，或有乘人之危的舉動等。
- 要化解危機，維持穩定的主從關係，應當採用柔順、低調的態度，即便有不同意見，也要婉轉陳述，以避免節外生枝。(錯，29 坎六四)
- 應盡力遏止剛強本性，保持事態平衡，對各方意見應事先整合過濾，切忌急躁，或臨陣慌亂，而引起各方的猜疑。(互，28 大過九四)
- 彼此意見可能相左，若能以平和自然、誠心誠意的姿態面對，至少在協調溝通過程中，會有比較和諧的氣氛，而不致發生嚴重的衝突。(之，22 賁六四)

爻旨：為了求好心切，擺出咄咄逼人的高姿態，或施以激烈手段，不但得不到依附的對象，甚至還會造成四處碰壁的反效果。

六五：出涕沱若 [2]，戚嗟若，**吉**。象曰：六五之吉，離王公也。

弱主受到一群強臣的壓力，但由於能以中和柔順之心包容承受，雖經常老淚縱橫滂沱不絕，甚至悲傷而嘆息，但終能獲得吉祥。象曰：之所以能得吉祥，乃因能依附組織領導者與資深大老們之故。

【補充說明】

- 六五柔居尊位，但受到陽剛包圍，就像幼主新立，面對一群能幹又強勢的老臣與能臣，而備受壓力。

2　「沱」音「駝」，可停船水灣。「沱若」在此引喻淚流很多。

- 個性柔弱的領導，面對強勢的臣屬，在協調溝通方面比較不順心；但如能保持堅定的立場與和睦的態度，最終還是能夠得到一致的支持。
- 主觀能力不足，加上客觀條件不成熟，不可妄求一步到位；應採積少成多的漸進策略，盡量先滿足周邊眾人的需要。(錯，29 坎九五)
- 狀況特殊、時機緊迫，應盡量遷就德高望重者的意見；雖有些委屈，但為大局著想，不計毀譽先求解決眼前的問題。(互，28 大過九五)
- 處處為別人著想，寧可委屈自己換取團隊的和諧，以大局為重，展現忍氣吞聲的精神，終能使組織成員捐棄己見。(之，13 同人九五)

爻旨：為了顧全大局而委曲求全，本著忍辱負重的精神堅持到底，終究能夠得到圓滿的結局。

上九：王用出征，有嘉折首[3]，獲匪其醜[4]，无咎。象曰：王用出征，以正邦也。

受到君王的重用，由上九大老親自出面懲治一些不願依附正道的人，鼓勵擒賊先擒王，然後收容願意歸順臣服者，必無災害。象曰：出面討逆而強勢干預，是為了端正邦國秩序。

【補充說明】

- 上九剛居柔位，下有陰柔之主的託付，看似過剛過亢，然其因居離卦之極，乃陽剛賢明長者，受命於六五討逆，可使正義力量歸順，也讓惡勢力無所遁形。
- 經驗與能力都足以擔當重任的資深大老，具有明辨是非善惡的眼光，也能發揮強大的影響力，展現明快果斷的作風，以及得饒人處且饒人的長者風範。
- 對改邪歸正的人不追究過去的行為，是為了壯大組織的實力；對不願親附的人採取斷然強硬措施，乃展現殺雞儆猴，讓誤入歧途者能夠早日迷途知返。(錯，29 坎上六)
- 老臣輔助弱主，頗有將在外君命有所不受之氣勢；若能做到行止得宜，掌

3　「折首」，低頭。「有嘉折首」是指令其低頭臣服，以達擒賊先擒王之功。

4　「醜」指同類。「獲匪其醜」是指不追究餘黨並招撫其歸順。

握分寸，則不至於造成過與不及的情況。(互，28 大過上六)

• 有功勳的大老告老還鄉之後，固然不可得意忘形，但也不可故步自封與眾隔絕；萬一遭到外界的誤解，即使無權無勢也會帶來不少的麻煩。(之，55 豐上六)

爻旨：依實際需要，採取必要的強硬措施，將極少數帶頭作梗的壞分子低頭認罪或繩之以法，以維繫團隊的純淨與和諧。

《序卦傳》有天地，然後有萬物，有萬物，然後有男女。

上經始於象徵天地定位的乾坤，而終於象徵水火不相涉的坎離，旨在說明以天地水火促成天道的演變，萬物在長期間的演進過程中，經常面臨重重險境與關卡，但也在相互依附與協助之下突破難關，然後順勢調整相互間的關係，包括最重要也是最基本的男女關係。所以，接下來，我們繼續進入下經的第一卦，也就是在代表人倫之始的「咸」卦情境當中，了解《周易》是如何看待兩性之間最原始的互動關係。

學員學習心得分享與推薦 -4

　　我與宋家興老師因同為勞動部勞動力發展署共通核心職能講師而結緣，宋老師為人熱情及樂於分享，對後學提攜更是不遺餘力，有著深厚的易學底蘊，善於將《易經》每一卦所要傳達的特殊情境及應對之道，融合於教材當中，課程堂堂精彩、引人入勝，深深觸動我對易經融入教學的好奇心，想一探如何掀開這本古老經典的神秘面紗。自 2019 年開始，我便主動邀約幾位核心職能講師、TTQS 輔導顧問及對易經有興趣的夥伴們，利用下班時間或周末，我在桃園公司的會議室中，邀請宋老師為我們解說《易經》的奧祕。

　　宋老師最喜歡以歷史故事與時事相互引用，生動活潑淺顯易懂，兼用論證與推理的形式來講述古人的智慧，並引導學員思考如何在不同的時空背景間交互應用，務使學員對事物的因果關係能有更深層的洞察力，以提升學員系統性的思維，培養精確且快速的判斷力，透過順勢推理以求其解，也讓我的輔導工作與教學手法，不斷地改善、調整與精進。最難能可貴的地方，便是讓我也能將古人的智慧融入於個人的工作與生活之中。

　　兩年下來，對我影響最深的是《蒙卦》所帶來的啟示。對於一位教學者來說，若僅憑藉個人豐富的專業知識，在課堂上知無不言、言無不盡，單向的輸出，難以讓學員有效吸收及應用；因為《蒙卦》的宗旨：「匪我求童蒙，童蒙求我。」意指教學首要任務，是引起學習動機以激發其強烈的求知欲，讓學員願意動腦思考、動筆書寫、動手實作，讓經歷與經驗合而為一，切忌把答案直接告訴學生，引導學員從認知到理解，嘗試用自己的想法說出來、把心得寫出來、把成果做出來，學員的學習才能有效提升學員的思考力與創造力，而非養成學生對標準答案的依賴。

　　在宋老師的指導下，我的人生觀也有了些變化，對周遭的事物少了些執拗，面對得失也比較容易釋懷與坦然，是我在學習《易經》最大的收穫，今聞老師 20 多年來的心血即將付梓，後續有機會完整拜讀，心中感到無比興奮。在此，我極力向讀者推薦，這不僅是一本教科書，更可以把它當成自我探索、認識環境、了解趨勢，以及建立良好的人際互動的一本人生指南參考用書。

社團法人桃園市職能應用發展協會 理事長　勞動部勞動力發展署 TTQS 輔導顧問
龍華科技大學 觀光休閒系 兼任講師
林玉婷
2023.9.18

第三篇

周易下經

31 │ 咸卦：心靈感應的合理運用

表 3-1　咸卦要點提示

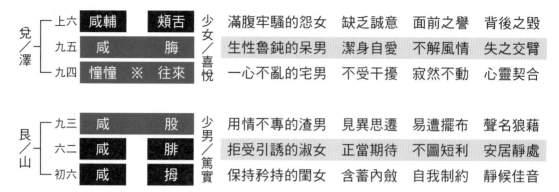

兌／澤	上六	咸輔	頰舌	少女／喜悅	滿腹牢騷的怨女	缺乏誠意	面前之譽	背後之毀
	九五	咸	脢		生性魯鈍的呆男	潔身自愛	不解風情	失之交臂
	九四	憧憧 ※ 往來			一心不亂的宅男	不受干擾	寂然不動	心靈契合
艮／山	九三	咸	股	少男／篤實	用情不專的渣男	見異思遷	易遭擺布	聲名狼藉
	六二	咸	腓		拒受引誘的淑女	正當期待	不圖短利	安居靜處
	初六	咸	拇		保持矜持的閨女	含蓄內斂	自我制約	靜候佳音

【卦象與讀法】

下卦艮，艮為山；上卦兌，兌為澤，全卦讀成「澤山咸」。

【卦時】

- 「咸」字本義有感應、偕同、普遍、全面等意涵。
- 《雜卦傳》：咸，速也。「無心之感」代表兩造之間無私欲的純真之情，其相互感應的速度之快，遠超過文字、語言，甚至可突破時空限制。說明人與人相處若無私心自用，便能得到真心的回應，進而推演到其他方面，包括天地感化萬物的現象，以及聖賢感化人心的作用。
- 咸卦也可用「心意相通」、「虛心接納」、「情投意合」以及「無私心，才能互通有無」等等這些類似的概念來引申與推論。或者也可以用「妥善運用吸引力」的情境來比擬。

【卦辭】

咸：亨，利貞，取女吉。

咸卦象徵心靈交流，乃無心之感與無私之求，故可致亨通；但必守持正道才能得利，順此原則進行婚配迎娶，必得吉祥。

【彖傳】

> 彖曰：咸，感也。柔上而剛下，二氣感應以相與，止而說[1]，男下女，是以亨，利貞，取女吉也。天地感而萬物化生，聖人感人心而天下和平。觀其所感，而天地萬物之情可見矣。

咸卦，是指無心之感。陰柔者在上，陽剛者在下，陰陽二氣相互感應與親近，靜止而悅慕，就像少男以篤實謙下的態度尊重少女，所以感情能正常發展，並且有利於互守正道，依此原則進行婚配迎娶必得吉祥。天地之氣相互感應而使萬物成長，聖人感化人心而使天下太平。觀察這些相互感應的現象，天地生化萬物的過程就可以清楚明白了。

【補充說明】

- 無陽則陰無以生，無陰則陽無以化[2]。宇宙萬物均為陰陽二氣相互感應而生成，其中又以少男少女之間的情竇初開與異性相吸最為明顯。
- 要了解男女本質上的不同，包括生理與心理方面的區別，以及大腦思考邏輯上的差異，才能夠妥善調和運用，得到良性的互補。
- 心靈感應的速度超乎想像中的迅速，因此當思想轉化為行動時，必須格外的慎重，務必保持思、言、行三者之間的均衡。
- 無心之感是一種最純真的行為，缺少這種原始的感應，就會顯得矯揉造作。所以，多少都要有外在的約束，遵循發乎情、止乎禮的原則，方不致以情害理。
- 應用心靈感應，包括冥想、禪定或催眠等方法，可以協助我們發現解決問題的竅門；但前提必須保持純正的動機，就像追求心儀的對象或學習嶄新的技能，必須保持心正意誠與正當合理。

【大象】

> 象曰：山上有澤，咸；君子以虛受人。

高山承載著沼澤，象徵山澤通氣，互通有無的咸卦；君子應該要心胸寬闊包容

1　「說」讀「悅」，與「悅」字同音同義。

2　引用《醫貫砭‧陰陽論》。原文：陰陽又各互為其根，陽根於陰，陰根於陽；無陽則陰無以生，無陰則陽無以化。說明陰與陽實為一體之兩面，陰中有陽，陽中有陰。

萬物，虛心接納別人寶貴的意見。

【補充說明】

- 下卦艮，艮為山、篤實、少男；上卦兌，兌為澤、喜悅、少女。故有少男篤實誠懇的承順，令少女心悅而誠服；也象徵兩造之間，互有感通與相互示好之意。

- 高山承載沼澤，澤水可滋潤高山，使得草木欣欣向榮；山中水氣上升化為雨水降於澤內，出現山澤通氣之景象，兩者自然而然互補長短。君子觀察這種自然現象，體認自己應以開放的心胸與無私的精神，接納各方寶貴的意見，充實與調整自己的德行。

- 遇剛鯁人須耐他戾氣，遇俊逸人須耐他妄氣，遇樸厚人須耐他滯氣，遇佻達人須耐他浮氣[3]，皆有以虛受人之義。

【爻辭 / 小象】

初六：咸其拇。象曰：咸其拇，志在外也。

最初始的感應，就好像反應在腳拇指，欲有所往但卻顯得相當保守。象曰：感應在腳拇指，說明心中已經有了外面的意中人。

【補充說明】

- 咸卦六爻皆相應，初六陰居陽位，有如情竇初開的少女，心有繫戀而蠢蠢欲動；但礙於身分不宜開口，只能動一下或碰觸腳趾含蓄以示。

- 佳期已近，雙方應共同努力達成目標，但尚未到達名正言順階段，只能在必要的禮數上斟酌表態，以保留彈性，同時也表示相互間的尊重。(錯，41 損初九)

- 一開始就企求完美，然而非但力有未逮，甚至適得其反；就像開闢河道，一次挖得太深，將造成河水倒灌。所以，異性間感情的培養，應採慢而穩的原則才能歷久彌新。(綜，32 恆初六)

- 陰陽遇合乃天經地義，但初始交往，少女應保有淑女的矜持，少男則應有篤實穩健的作風，不可出現浮躁與焦慮的現象。(互，44 姤初六)

3　出自《格言聯璧・接物類》。指與人交不可求全，宜略短取長，如沙中揀金，勿嫌沙多金少。

- 兩人之間雖有感應，但對方尚無名正言順的舉動，故不可隨意表露企圖；尤其身為少女，仍應深居簡出，靜候佳音。（之，49 革初九）

爻旨：雙方互動初期，雖然已有高度默契，但仍不宜明顯表態，應謹慎待機靜候時機成熟，避免踏出錯誤的第一步。

六二：咸其腓，凶，居吉。象曰：雖凶居吉，順不害也。

急於表態的動作，如同感應在小腿肚，會有凶險；若能安居靜處，可獲吉祥。象曰：安居靜處可獲吉祥，是指能順應常理便不會受到傷害。

【補充說明】

- 六二與九五正應，本是佳偶一對；然上承九三，象徵受到身邊帥哥的影響而觸動芳心，就像小腿肚一動，便有半推半就之嫌，故應及時懸崖勒馬，以免破壞自己純真的形象。
- 不同崗位的工作夥伴，有不同性質的業務往來，不同程度的私交也有不同等級的交往內涵，但都必須符合常規，一舉一動不可超出合理範圍，才能維持正常關係。（錯，41 損九二）
- 保持純正動機與中庸之道，該做的事必須堅持，不該做的事必須拒絕；萬一受到不當的要求或引誘，應勇敢的站出來說「不」。（綜，32 恆九二）
- 意外的青睞或一時走桃花運，要當成一種特殊的緣分，應以平常心看待；對這種飛來豔遇不可據為己有，更不可到處炫耀，以致無端惹是生非。（互，44 姤九二）
- 若出現緊急狀況，應以特別的手段快刀斬亂麻，不必拘泥常規而果斷的處理，絕對不可留下後遺症而影響日後的發展。（之，28 大過九二）

爻旨：要與名正言順、有長遠理想目標的對象交往，千萬不可受到眼前短利的引誘而做出錯誤的選擇。

九三：咸其股，執其隨，往吝。象曰：咸其股，亦不處也；志在隨人，所執下也。

執意隨順近水樓台之人，如同感應在大腿，必有遺憾。象曰：感應在大腿，說明不能心安靜處；而心志隨順於人，是指執意跟隨卑下者。

【補充說明】

- 九三向上與應上六、向下正比六二，當咸之時宜先取遠應，但九三因無主見經不起近水樓台誘惑，因而隨人起舞，或被人牽著鼻子走。

- 陰陽互濟是自然形成，刻意介入或太過突兀，將會劇烈變化而失去平衡；結果不是破壞別人的好事，就是自討沒趣。（錯，41 損六三）

- 躁動不安隨興而為，做事沒目標或者三心兩意，不可能得到別人的信任；而從眾無主見者，更容易遭小人的設計而身敗名裂。這種行為的人，不會受到別人的尊重。（綜，32 恆九三）

- 由於個性好動又無主見，不是會錯意就是表錯情，導致孤立無援、坐立難安；就像一個沒事找事到處串門子的人，將成為人看人怕與避之唯恐不及的瘟神。（互，44 姤九三）

- 想要尋找合作對象，應先拿定主意；如果三心兩意取捨不定，或東嫌西挑，結果一事無成卻又抱怨累累，終究無濟於事。（之，45 萃六三）

爻旨：沒有主見經不起旁人的煽動，或到處拈花惹草，最容易遭到小人的誘惑與擺布，也將會受到正人君子的鄙視。

九四：貞吉，悔亡，憧憧往來，朋從爾思。象曰：貞吉悔亡，未感害也；憧憧往來，未光大也。

必須守持正道與人交往可得吉祥，悔恨得以消失；雖然心神不定往來徘徊，但理想對象終能順從你的思慮。象曰：守正則吉悔恨不再，是指並無不正當手段故無害於感應；而心意不定，是指德行未能廣為實踐。

【補充說明】

- 九四與初六交感於心，唯雙雙失正，造成心意不定，難免心思丕變；若能靜守待機，自然可以達到殊途同歸與一致百慮的作用。

- 由於我執我見，造成自我封閉，以致疑心生暗鬼；若能先期革除患得患失的缺點，將可得到正面的回應與心理上的平靜。（錯，41 損六四）

- 因躁動不安，言行舉止慌張不知所措，使大好機會擦身而過，卻怪罪時運不濟；應保持「君子終日行不離輜重[4]」的修養。（綜，32 恆九四）

4　出自《道德經・26 章》。在此是比喻安穩持重，不離道心。

- 因自亂陣腳，造成屬於自己的東西，像煮熟的鴨子飛走；若本就不屬於自己，卻使盡各種手段占有，也必將化為烏有。（互，44 姤九四）
- 因狀況不明而導致寸步難行，絕對不可病急亂投醫，應即時返回重新檢討商議，等情況明朗後再考慮下一步的行動。（之，39 蹇六四）

爻旨：處在人際關係渾沌不明的情況下，更要堅守正道並且心平氣和不受制於外界不當的干擾，才能找到心靈契合的對象。

九五：咸其脢，无悔。象曰：咸其脢，志末也。

感應過於遲鈍，就像感應在背脊一樣，當然也不至於會有悔恨。象曰：感應在背脊不易受到牽動，是指心志太過淺薄而難成大事。

【補充說明】

- 九五與六二正應，但有三陽介於其間造成重重的隔絕，一時不能領會六二的心意；對上與上六逆比，故也聽不到上六的甜言蜜語；所以不談兒女私情，但也不會惹是生非。
- 領導者無私寡慾，員工便不會投其所好；在這種嚴肅的情況下，若有人願意主動請命，其動機則相對單純，故應該給予肯定而不可輕率的回絕。（錯，41 損六五）
- 一路走來始終如一，不受威脅利誘，代表有恆心、有毅力；但也不可忽視客觀環境的變化，在適當時機必須進行策略性的調整，才能確保長遠、持續與穩定的發展。（綜，32 恆六五）
- 沒有亮麗的外表甚至有些粗俗，但有充實的內涵，比較容易得到天助與人助；因此，要做一個有作為的領導人，必須耐得起必要的寂寞與孤獨。（互，44 姤九五）
- 高高在上固然威風，但相對高不勝寒，故除了謹言慎行之外，也要學會善用群眾的經驗與智慧，增強自己的見識與能力。（之，62 小過六五）

爻旨：潔身自愛的行為是值得肯定，但要避免造成冷漠無情的形象，否則會造成失之交臂的遺憾。

上六：咸其輔頰舌。象曰：咸其輔頰舌，滕[5]口說也。

只剩表面功夫，就像感應僅止於牙肉、面頰、舌頭。象曰：感應僅止於口部，是指缺乏誠意，說起話來像萬馬奔騰般的誇張。

【補充說明】

- 上六象徵人的口部，全身上下除了口舌外，其他部位的感應能力全無，這就是狗掀門簾全仗一張嘴的人；雖沒本事，但憑三寸不爛之舌卻可縱橫天下，而受其擺布者大有人在。
- 用適當的言語助人成就，於己無損而於人有利，更可換來高度的信任與支持；但事成後便露出驕態或企圖牟利就不足取了。（錯，41 損上九）
- 滿嘴跑火車的人，即便好心好意，總會惹來別人的厭煩；所以，講話要看時機場合與對象，並先確定該講什麼然後再開口，才不會有太大的過失。（綜，32 恆上六）
- 窮極無聊的人，會千方百計找人聊天來消磨時光，而且也不顧別人的感受；若不幸遇到這種人，應及時避而遠之。（互，44 姤上九）
- 職場當中和諧的人際關係，多半屬於表面層次；只要能掌控在穩定的程度，對於不影響大局的人或事，就不必太過計較。（之，33 遯上九）

爻旨：口才雖好但有口無心，不分親疏，一律打躬作揖，與這種人來往，多半只能得到面前之譽，但難以保證無背後之毀[6]。

《序卦傳》：有男女然後有夫婦，有夫婦然後有父子，有父子然後有君臣，有君臣而後有上下，有上下然後禮義有所錯，夫婦之道，不可以不久也，故受之以恆。

咸卦主要是在談論少男少女的戀愛，當然也可引申人與人之間的親密互動，以及對深厚交情的培養。但接下來的「恆卦」，則是討論如何讓這層關係能進一步的發展，並且保證可以長長久久的維持。恆卦之所以用夫婦關係做為譬喻，是因為各種不同的人倫關係，最需要長長久久的維持的，莫過於夫婦，否則，父子、君臣、上下之間的關係也隨之受到影響。接下來，讓我們在下一卦，在「恆卦」的情境當中，了解如何才能維繫穩定的人際關係，以及如何讓事業永續經營。

---

5 「滕」通「騰」，有奔跑、跳躍之意，在此形容口無遮欄，說話嘮嘮叨叨。

6 出自《格言聯璧・持躬類》原文：當面之譽與背後之毀，也是一陰一陽之謂道的表現。

32 ｜ 恆卦：恆久關係的經營要訣

表 3-2　恆卦要點提示

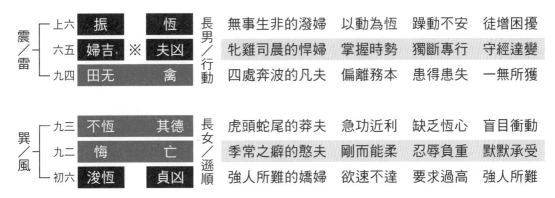

	爻							
震／雷	上六	振	恆	長男／行動	無事生非的潑婦	以動為恆	躁動不安	徒增困擾
	六五	婦吉 ※	夫凶		牝雞司晨的悍婦	掌握時勢	獨斷專行	守經達變
	九四	田无	禽		四處奔波的凡夫	偏離務本	患得患失	一無所獲
巽／風	九三	不恆	其德	長女／遜順	虎頭蛇尾的莽夫	急功近利	缺乏恆心	盲目衝動
	九二	悔	亡		季常之癖的憨夫	剛而能柔	忍辱負重	默默承受
	初六	浚恆	貞凶		強人所難的嬌婦	欲速不達	要求過高	強人所難

【卦象與讀法】

下卦巽，巽為風；上卦震，震為雷，全卦讀成「雷風恆」。

【卦時】

- 「恆」字本義有長久、法則、經常等意涵。
- 《雜卦傳》：恆，久也。「有心之互」以夫婦之間的相處必須用心經營，關係才能持之以恆為喻，亦可引用在立身處事方面。所謂「有恆為成功之本」，是指做事要堅持到底方可熟能生巧，即所謂「操千曲而後聲曉，觀千劍而後識器[1]」，故不可急於求成也不可虎頭蛇尾，但是該變通時就得變通，絕不因循苟且或固執守舊，才能亙古常新、連綿不斷。
- 恆卦也可用「守經達變」、「至誠為息」、「萬古常新」以及「要用心，才能持續不斷」等等這些類似的概念來引申與推論。或者也可以用「維持長久凝聚力」的情境來比擬。

【卦辭】

恆：亨，无咎，利貞，利有攸往。

1　出自《文心雕龍 · 知音》。

恆卦象徵恆久不變，凡事持之以恆，事業可以維持亨通，而且不會有災害；永恆不渝的守持正道必將有利，依此原則將有利於長遠的發展。

【彖傳】

彖曰：恆，久也。剛上而柔下，雷風相與，巽而動，剛柔皆應，恆。恆，亨，无咎，利貞，久於其道也。天地之道，恆久而不已也。利有攸往，終則有始也。日月得天而能久照，四時變化而能久成，聖人久於其道，而天下化成。觀其所恆，而天地萬物之情可見矣。

恆卦，是指恆久不變。陽剛者開拓於外，陰柔者安守於內，就如震雷與巽風恆常相助，遜順而能行動，陽剛與陰柔皆相應和，所以才能持之以恆。之所以長久的亨通而無災害，以及守正而得利，乃是為了能夠長久維持正道之故。天地運行的規律，是恆久不停的。有所作為必然有利，是指一切作為都不離循環往復的規律。日月因有天體而能永放光明，四季因循環變化才能生成萬物，聖人恆守正道與美德，才能教化天下萬民。觀察恆卦所揭示的道理，天地萬物的本性便可以明白了。

【補充說明】

- 縱使才德皆備，也必須經得起時間的考驗。為了持之以恆，可摻雜新的議題使其不致厭倦，並能始終堅持而歷久彌新。《繫辭傳》有言：恆，德之固也，雜而不厭，且能以一德也。

- 策略規劃要因應環境發展的趨勢，該調整則適時調整，確保恆久不已的動力，事業才能順利持續的經營，即所謂「不已之恆」。

- 一般事務按既定計畫，不容任意變更，方能落實各階段的工作目標與維持既有成果，這便是所謂的「不易之恆」。

- 孔子說：「言必信，行必果，硜硜然小人哉！[2]」是指客觀環境已有明顯的改變，卻還堅持原先的做法，這種行為無助於團隊的進步。

- 有所變，有所不變，才能確保永續發展。只知要變，而不知有所不變；或只知不變，而不知有所變，兩者都不符合致恆之道。

- 在事前經過縝密的溝通協調，事後經常性的檢討修正，才能保證長久的適

2　出自《論語・子路》。「言必信，行必果」的先決條件是指對事情的本質要有正當性、合理性與時效性。

應，這就是「窮則變，變則通，通則久」的道理。

【大象】

象曰：雷風，恆；君子以立不易方。

雷迅風驟，風起雷生，震雷與巽風經常相隨相助而增長氣勢，象徵恆久不變的恆卦；君子應樹立恆久不變的規則。

【補充說明】

- 下卦巽，巽為風、熟女、卑順；上卦震，震為雷、長男、活躍。故有成熟和睦的夫唱婦隨之象，以及男主外、女主內的互動關係，並可藉此推論企業的發展與永續經營之道。

- 雷厲而風行是一種大自然恆久不變的現象，象徵世事本就詭譎多變，但其中也有不變的道理，務必順應自然之道而運行，一個人立身處世也同樣要有變與不變的法則。

【爻辭／小象】：

初六：浚[3]恆，貞凶，无攸利。象曰：浚恆之凶，始求深也。

初始便急於深求恆久維持成果，自以為是的行為必有凶險，而且沒有好處。象曰：急於深求恆久而致凶，是指一初始就妄想完成最終目標。

【補充說明】

- 初六失位，但上應九四同時也上比九二，象徵涉世不深的妻子，只看到別人丈夫的片面優點，便強人所難苛求自己的丈夫，非但要像白馬王子的百般殷勤，又要立刻獲得功成名就。

- 新官上任就展現畢生理想，先放三把火結果多半不了了之；除非有特定任務非得立刻著手，而且有充分條件配合才可進行。(錯，42 益初九)

- 交淺不可言深，更不可一廂情願，對目標的追求要有階段性的劃分；尤其對剛剛開始合作夥伴的期待，不可妄想一步登天。(綜，31 咸初六)

- 登高必自卑，行遠必自邇，萬丈高樓平地起；初始就想把事情都做的盡善

---

3 「浚」音「峻」，深挖、疏濬。

盡美，是非常的不切實際；若沒有十足把握，卻冒險大展身手，十之八九都是災難收場。(互，43 夬初九)

- 追求恆久要著眼大局，不可遷就眼前短利。所以，能力愈強愈要慎重，條件愈好愈不可輕率；因為初始投入資源愈大，萬一發生錯誤，後遺症相對也愈嚴重。(之，34 大壯初九)

爻旨：剛起步就急著催促工作夥伴，馬上達成理想目標，這無異強人所難，結果肯定大失所望，甚至一無所獲。

九二：悔亡。象曰：九二悔亡，能久中也。

悔恨將消失。象曰：九二悔恨會消失，乃因能恆久守持中道之故。

【補充說明】

- 九二與柔居剛位的六五相應，就像季常之癖的男子與牝雞司晨的女子，一起經營家庭；氣氛雖然不好，但雙方都能守持中庸之道，故能維持正常的婚姻關係。
- 基層主管對高層企圖並非十分了解，若接到超出能力以外的任務，應先表示原則上樂意接受，然後再視情況請示與釋疑，如此才能讓工作順利的推動。(錯，42 益六二)
- 不受制於環境變化的影響，也不受到短利的誘惑，順應自然的規則，才能落實既定工作計畫，維持不變的理想目標。(綜，31 咸六二)
- 面對詭譎多變的工作環境，都應當有各種周全的應變計畫，一旦發生不預期的事故，才不至於影響既定政策的正常推行。(互，43 夬九二)
- 只要不違背大原則，做出適切的變通而能更順利推動政令，這種權宜措施可被容許；因為有些事過於精準計算，反而滯礙難行，保留一些彈性才能揮灑自如。(之，小過 62 六二)

爻旨：保持中庸之道與忍辱負重的精神，用剛而能柔的態度化解對立，雖難以得到乍處之歡，但絕不致於會造成久處之厭。[4]

九三：不恆其德，或承之羞，貞吝。象曰：不恆其德，無所容也。

4　出自《格言聯璧・持躬類》。原文：使人有乍處之歡，不若使人無久處之厭。

不能恆久保持美德，時而遭到別人的羞辱，若不能及時改正，將導致嚴重的遺憾。象曰：不能恆久保持美德，勢必無法得到別人的包容。

【補充說明】

- 九三過剛多凶且不遵循中庸之道，故難以久居其位而顯得進退失據不能持恆守德，這種虎頭蛇尾的人，得不到人們的尊重以致無容身之地。

- 在極為凶險的情況下，執行重大工作，務必要言而有信、行而有據，方能做到名正言順，並持之以恆的達成工作目標。（錯，42 益六三）

- 要立足社會受人尊敬，應先展現充分的自信；如果老是跟著別人後面，或三心兩意沒有恆心，肯定會遭人鄙視而羞與為伍。（綜，31 咸九三）

- 喜怒形於色易遭人算計，行為突兀會引人側目，即便動機純正若言行畏縮也會遭人質疑，這些行為均無助於事業的發展。（互，43 夬九三）

- 投機取巧趁火打劫的人，往往會使出不當的手段，也因貪求而招來橫禍，這都是不能持之有恆的嚴守本分而遭來的報應。（之，40 解六三）

爻旨：盲目衝動與急功近利的行為，做起事來肯定虎頭蛇尾不能持之以恆，終究要落到身敗名裂的下場，甚至無法立足於社會。

九四：田無禽。象曰：久非其位，安得禽也？

田獵一無所獲。象曰：長久不在定位，怎能達到預期的目標？

【補充說明】

- 九四以剛履柔，處在不中不正，正值上下無常、進退無恆之位，本應保持安定卻被迫出外，且因長期不在定位，雖努力工作但獲利有限。

- 條件不完備便急著開創事業，肯定沒結果；應先得到內部意見整合與外部客觀環境的配合，才能開始放手去經營。（錯，42 益六四）

- 萬物都有自動感應與變化的本能，但只因太過多慮，而顯得心事重重，造成自己的迷惘與別人的誤解，讓簡單的事情變得複雜，實乃庸人自擾。（綜，31 咸九四）

- 田裡禽畜正常活動，當外人闖入便驚慌四散，就像一個人的情緒受到刺激，思緒便開始混亂；故應保持冷靜並參考與接納多方意見，進而找出解決方案。（互，43 夬九四）

- 長官能夠對你信任，你才有條件放手去做該做的事，因此要先讓自己儘快的穩定下來，才能持續展現個人的才華。（之，45 升六四）

爻旨：做事患得患失，目標設定不夠明確，工作時又不能專注重點，而且長期不在定位，最終恐怕還是一事無成。

六五：恆其德，貞，婦人吉，夫子凶。象曰：婦人貞吉，從一而終也；夫子制義，從婦凶也。

恆久保持柔順美德，守持正道，對於持家務的主婦來說是吉祥，但對於掌控全局的丈夫就有凶險。象曰：主婦守正則吉，是說執行者必須把既定的工作圓滿完成；丈夫必須制定原則，是指掌控全局者，要因應情勢調整策略，如果遷就小細節而犧牲大原則，必有凶險。

【補充說明】

- 六五的角色，可從兩個面向說明：假設六五為女子，則為婦人當家、男子懼內；假設六五為男子，則指丈夫出遠門、婦人守家。
- 夫主外，要具備高瞻遠矚的格局；妻在內主導家務，要做好既定工作。彼此互信互惠，相輔相成，長久維繫家庭的興盛。（錯，42 益九五）
- 沒原則隨興處事，多半一事無成；死守原則不知變通，則組織沒有願景與前途；領導人要有洞察時勢的能力，不受不當因素或瑣碎雜務的干擾。（綜，31 咸九五）
- 策略性的調整必須要有深遠的見識，不容易讓一般人理解；所以主事者必須要有果敢不懼的精神與正確獨斷的能力。（互，43 夬九五）
- 只是為了應急一時，如同枯樹開花，不過是苟延時日；然而，為了長遠恆久的發展，先求解決燃眉之急，乃無可厚非的事。（之，28 大過九五）

爻旨：決策者主要責任是掌握組織長遠的發展，執行者必須把當下的工作做好，只要把握上述原則，其他細節都好商量。

上六：振恆，凶。象曰：振恆在上，大無功也。

不能固守恆久之道，以致躁動不安，必有凶險。象曰：高居上位卻躁動不安，終將難成大事。

【補充說明】

- 上六居上震之極，承受力最小，受動力最大，故而振動不已。故而有所警示：凡事都應把握「無過之、無不及」的原則，不可一成不變而造成彈性疲乏，但也不可為變而變，否則，會陷入不恆其德之弊。
- 先安定自身再採取行動，先平靜心情再開口說話，先確定交往關係再提出請求，如此才不會吃閉門羹。(錯，42 益上九)
- 江郎才盡無牌可打，卻不知量力而亂使招數；時移勢易機會不再，卻靠一張嘴遊走江湖力挽狂瀾，會跟著他起舞的人，恐怕只剩下頭腦十分不清楚的人。(綜，31 咸上六)
- 不能正確守持恆道，使盡一切投機取巧的手段來譁眾取寵，初始或許可能耀眼一時，但發現情勢不對，則已回天乏術，即便有心改邪歸正，恐怕業已無能為力。(互，43 夬上六)
- 居極位者的功能，有如正在熬燉羹湯的鍋蓋，該掀才掀、該蓋則蓋；若動不動就掀蓋子，想要吃到美食是不可能的。同理，想圓滿做好一件事，也要保持動靜合宜與剛柔並濟的原則。(之，50 鼎上九)

爻旨：恆久不變難免枯燥無味，因此有必要適時調整，但不可為變而變，以至於畫蛇添足，造成多此一舉的反效果。

《序卦傳》：恆者，久也，物不可以久居其所，故受之以遯。

有恆心才能成大事，但世事如棋局局新，要順應情勢適時調整方向，該進則進，該退則退，才能得到真正的永恆。依大自然循環往復的規律，除了天可長、地可久之外，其餘任何事物都不可能永遠保持巔峰。即便為了延續最佳狀態，也有一定的極限；所以在適當的時機選擇退避，亦不失為明智之舉。然而，人身可退，大道卻不可退；所以，當退避時，更應當持守正道。接下來，就讓我們一起進入「遯」卦的情境當中，探討適時而退的時機，以及不同情境下的隱退要領。

33 ｜ 遯卦：隱退江湖的優雅身段

表 3-3　遯卦要點提示

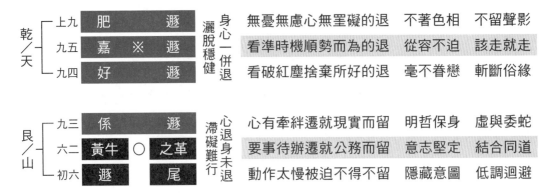

乾/天	上九	肥　　　遯	身心一併退	灑脫穩健	無憂無慮心無罣礙的退	不著色相	不留聲影
	九五	嘉　※　遯			看準時機順勢而為的退	從容不迫	該走就走
	九四	好　　　遯			看破紅塵捨棄所好的退	毫不眷戀	斬斷俗緣
艮/山	九三	係　　　遯	心退身未退	滯礙難行	心有牽絆遷就現實而留	明哲保身	虛與委蛇
	六二	黃牛　○　之革			要事待辦遷就公務而留	意志堅定	結合同道
	初六	遯　　　尾			動作太慢被迫不得不留	隱藏意圖	低調迴避

【卦象與讀法】

下卦艮，艮為山；上卦乾，乾為天，全卦讀成「天山遯」。

【卦時】

- 「遯」字本義有退避、隱退、隱匿等意涵。
- 《雜卦傳》：遯則退也。當全盤情勢發展，君子因小人得勢而使行動明顯受挫，或預想景氣即將出現重大衰退時，應衡量自己的實力，選擇在最適當的時機，以柔軟低調的姿態慢慢的退出舞台。
- 遯卦也可以用「退避三舍」、「迂迴進取」、「急流勇退」以及「不著色相，不留聲影，不出惡言，不求名利」等等這些類似的概念來引申與推論，或者也可以用「時局不利，掌握進退時機」的情境來比擬。

【卦辭】

遯：亨，小利貞。

遯卦象徵適時隱退，是亨通的，得勢的小人若能守持正道也會有利。

【彖傳】

彖曰：遯，亨，遯而亨也，剛當位而應，與時行也，小利貞，浸而長也。遯之時義大矣哉。

隱退可得亨通，是指君子在適當時機隱退才會亨通；而且陽剛者居中得正，下與陰柔者正應，所以能順應時勢而退避。小人守持正道也會有利，是指陰氣雖向上浸潤，但只能漸長而不宜有太大的動作。退避要順應時勢的意義，是多麼的重大！

【補充說明】

- 小人擅長以私事牽連公務，所以要當一個稱職的正人君子並不容易；除了要具備臨機應變的能力外，也要具備避開陷阱的眼光。
- 遇到高傲無禮的人，淡然處之；遇到欺壓傷害到自己的人，想辦法迴避；而巧遇盜賊邪淫或作奸犯科的人，要斷然拒絕往來。
- 君子要有包容異己的雅量，如聰慧賢能者包容愚昧無知，知識淵博者包容孤陋寡聞，道德高尚者包容品行駁雜，然後才可收海納百川之效；但也要有一定的底限，不可因而縱容姑息害人害己。
- 對待小人不難於嚴，而難於不惡[1]；故應把握身退、道不退的原則，保持君子風度，讓小人有機會回頭是岸。此時若擺出嫉惡如仇的表情，只會提供小人找到擴大作亂的藉口。
- 選定隱退的時機很重要，退不退要看情況，如何退要有方法：該退時不退，會被當成眼中釘；不該退的時候卻退，則會被當做叛徒。

【大象】

象曰：天下有山，遯；君子以遠小人，不惡而嚴。

山勢高聳進逼於天，象徵受到小人集團逼迫而適時隱退的遯卦；君子應適時遠離小人，不可表露憎惡的臉色，卻能展現自己的威嚴。

【補充說明】

- 下卦艮，艮為山、滯礙；上卦乾，乾為天、穩健。故有內部困難重重，外部萬里晴空，有遠走高飛之企圖；因為普天之下除了山還是山，以致別無

1　出自《菜根譚》。原文：待小人不難於嚴，而難於不惡；待君子不難於恭，而難於有禮。

選擇而隱遯山林。

- 山自恃高大向上逼近於天，有如惡人犯上之象；君子在惡勢力當道的時空，小人固當遠之然，不可視之為仇敵，以免成其變本加厲的藉口。

【爻辭 / 小象】：

初六：遯尾，厲，勿用有攸往。象曰：遯尾之厲，不往何災也。

隱退不及而落在車尾，處境相當危險；此刻暫時不要採取行動。象曰：隱退不及而有危險，此刻若停下來不採取任何行動，又何來之災？

【補充說明】

- 初六失位居下卦之底，勢單力薄，雖有意隱退但行動遲緩不便；若暴露企圖，肯定會被當成箭靶，遭到一群小人的落井下石。
- 對環境不適應，企圖轉換跑道，動機要單純，心志要端正，言行要低調，同時也要考慮其他人的感受。(錯，19 臨初九)
- 心中沒有腹案，腳卻停不下來，充分顯示實力不足卻又急著出手；在這種情況下如果冒然行動，肯定會帶來不利的後果。(綜，34 大壯初九)
- 受到環境動盪不安的影響造成進退不定，心中難免焦慮不安；此時應當冷靜面對，不可盲目躁動，以免被誤認在攀緣求人。(互，44 姤初六)
- 在關鍵時刻卻走不開，多半肇因於準備不周；如果事前能與身邊同事保持充分互動，對所發生各種事件可即時了解與掌握，而不至於落到這種下場。(之，13 同人初九)

爻旨：既然要離開，動作要快，萬一因故走不開，絕不可表露企圖，以免成為小人集團攻擊的目標。

六二：執之用黃牛之革，莫之勝說 [2]。象曰：執用黃牛，固志也。

用黃牛皮做的帶子緊緊綑綁，象徵心志堅定沒人可以解開。象曰：用黃牛皮綑綁，是指能與九五相應和，志向堅定不移。

2　「說」音「脫」，指脫離。

【補充說明】

- 六二中正，與九五正應、與九三正比，象徵堅定信心遠離是非之地，然因有未完成的責任在身，一時不便離開，暫時留下處理善後。
- 當風氣敗壞到極點，該走的人都走了，留下來的也不盡然都是眷戀榮華富貴之輩；不乏具有使命感與正義感的人，願意為伸張正義而力挽狂瀾。（錯，19 臨九二）
- 能夠控制自己的情緒與言行的人，可因應環境變化，無論做出何種決定都不會製造敵人，也不會陷入派系鬥爭的泥淖中。（綜，34 大壯九二）
- 想要離開是非之地但未能如願，期待有人協助，但面對都是一些不當的誘惑；故應展現坐懷不亂的本性，避免陷入永遠走不了的困局。（互，44 姤九二）

爻旨：無論主動或被迫留下，都應堅定退隱的意志，並結合志同道合之士妥善處理善後，避免孤單無援。

九三：係遯，有疾厲，畜臣妾吉。象曰：係遯之厲，有疾憊也；畜臣妾吉，不可大事也。

　　隱退之時由於心有牽繫不便成行，將會有疾患與危險；若採畜養臣妾的措施，用來轉移小人的注意，可獲吉祥。象曰：隱退時因有牽繫而遭到危險，是指身心經過煎熬而疲憊不堪；盡做一些無關緊要的小事以轉移注意力，是指應表現出自己沒有能力辦正經事。

【補充說明】

- 九三當位無應，然接受下二陰的上承，代表心有所繫，或可能意志不夠堅定而走不了，或因人情拖累難以割捨，或其他因素被迫遷就，因此一時半刻仍無法脫離。
- 即便同流也不可合污，要表現低調無心爭權奪利的姿態；但也不可曲意承歡討好小人，因為此舉會有太過於失格之虞。（錯，19 臨六三）
- 當小人得勢氣焰高漲，應避開鋒芒低調行動，盡做一些不起眼的芝麻小事；雖然顯得沒有出息，但至少可以保全實力。（綜，34 大壯九三）
- 如果意志不堅定，出現進退猶豫不決的舉動，肯定會形成小人集團刻意攏絡的對象，同時也會遭致正人君子的不齒。（互，44 姤九三）

- 大環境黑暗腐敗的小人充斥，則以避世或避地為上策，其次為避色與避言[3]；如果無法規避別人的臉色與惡言相向，只好委曲求全忍氣吞聲來維護自己的安全。（之，12 否六三）

爻旨：因受到牽累無法及時隱退，只好遷就現實；但言行應保持低調，只能做一些看似不起眼的小事，以免遭到傷害。

九四：好遯，君子吉，小人否。象曰：君子好遯，小人否也。

捨棄所好斷然隱退，君子因而獲得吉祥，小人則做不到。象曰：君子可以捨棄所好而斷然隱退，這種行為對小人來說，根本就做不到。

【補充說明】

- 九四與初六相應，但雙雙不正，象徵在遯卦的情境中，不接受小人的誘惑，也不因大勢已去而懊惱，能看破紅塵，捨棄過去擁有的一切，坦然面對而斷然隱退。
- 要做到心安理得，脫離既有利益，唯有明事理、有智慧者做得到；因為世上沒有非我不可的工作，所以該留就留，該走就走，乾乾脆脆展現翮翮君子的風範。（錯，19 臨六四）
- 小人自我膨脹，總以為沒他天就會塌；正人君子總認為，讓別人試試又何妨。個人只要低調淡出，或許又是柳暗花明，一片萬里晴空！（綜，34 大壯四）
- 放棄本屬於自己的事物難免遺憾，但把無益的事物據為己有，則會造成額外的負擔；況且眼前好景不見得是明日的寫照，所以該放手時就放手。（互，44 姤九四）
- 為了走向更長遠的目標，必須順應當時的情勢，應該先找到較為適當的立足點，因而理所當然的斷然隱退。（之，53 漸六四）

爻旨：君子能捨棄既得權位與利益，也不再眷戀過往雲煙與既有權勢，下定決心斷然隱退。

九五：嘉遯，貞吉。象曰：嘉遯貞吉，以正志也。

3　引用《論語・憲問》。原文：賢者辟世，其次辟地，其次辟色，其次辟言。

盡善盡美及時隱退，堅守該走就走的原則，必可獲得吉祥。象曰：盡善盡美及時隱退而得吉祥，是指九五能端正自己的志向。

【補充說明】

- 九五中正居君位與六二正應，乃正義集團的領袖，能時機適切，君臣分工同心同德其志不變，維持正當的行為而不隨波逐流，可從容不迫與正大光明的隱退。

- 智者從不戀棧權位，會瀟灑自在的離開；因為成功根本不必在我，能夠成全一些有意承接事業的後繼者，何樂不為呢？（錯，19 臨六五）

- 創造豐碩成果可令人欣悅與尊敬，但又緊抓著成果而長久擁有，反而會遭來不斷的罵名；不如讓未曾見過世面的晚輩們，早日接觸現實並予以傳承，才能完成世代交替的任務。（綜，34 大壯六五）

- 能包容與成全後生晚輩的缺點，展現大人大量的胸懷，不必擔心自己是否有去處；只要有本事，所到之處都會受到歡迎。（互，44 姤九五）

- 為求長治久安，不計較一時得失，該捨便捨；尤其身居要津者，更當具備宏觀的氣宇，即使犧牲個人權勢以換取團隊重大利益，也在所不惜。（之，56 旅六五）

爻旨：能夠看準時機及時隱退，並且走得最恰當、最瀟灑、最從容也最安全，揮一揮手衣袖不帶走一片雲彩。

上九：肥[4]遯，无不利。象曰：肥遯，无不利，無所疑也。

無憂無慮心無牽掛的隱退，將無所不利。象曰：之所以能無憂無慮心無牽掛的隱退且無所不利，是指所採取的行動，不會遭到別人的猜疑。

【補充說明】

- 上九失位無比無應，在隱退的風潮當中，反而十分有利；且居天位之外，象徵遠走高飛，很快的消失在眾人的視線與腦海，逍遙翱翔於九天之外，這是一種更高明、更有智慧的隱退。

- 敦厚的胸懷與作風，可資潛移默化之功，讓後繼者儘早進入狀況，引導其步入正軌。因此，提前交棒也會出現負面的效應。（錯，19 臨上六）

4　「肥」《易程傳》釋：有充大寬裕之意。依此推論為無憂無慮，無所牽繫或罣礙。

- 離退之後，千萬不要戀棧過去的豐功偉業；以免在後人眼中留下老而不死印象，以及進退失據的身影。(綜，34 大壯上六)

- 往昔的繁華如今早已落盡，老是忘不了以往的過眼雲煙，會造成該走卻不想走的心理負擔，所以對於去留的抉擇，應果斷明確，像船過水無痕般的消聲匿跡。(互，44 姤上九)

- 最高明的隱退，會讓人察覺不到此人的後續行蹤，所以也不可能成為茶餘飯後的閒話，可以讓自己享受難得的清靜之福。(之，31 咸上六)

爻旨：能夠做到臥雲弄月，絕俗超塵的境界，無憂無慮、無拘無束，安閒自得的隱退才是最高明的人。

《序卦傳》：遯者，退也，物不可以終遯，故受之以大壯。

遯，是指退避。經過深思熟慮之後，採取隱退的行動，表示自己已不適合存在於目前的工作環境，需要有後起之秀來接班，讓年輕人也有機會表現。但是隱退也必須有形成的條件與自然的規則，應審慎為之，不可衝動更不可消極與被動。畢竟組織的發展，需要在穩定當中成長，才能夠持續經營。一個健全的組織，要像五行當中的「金」，適度內縮增強密度，以鞏固內在的實力。接下來，讓我們一起進入「大壯」卦的情境當中，探討一個組織壯盛的局面是如何形成？以及要如何有效管控這種局面？

34 ｜大壯卦：全盛時代的策略調整

表 3-4　大壯卦要點提示

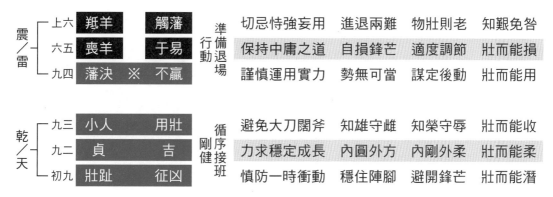

震／雷	上六	羝羊	觸藩	準備退場行動	切忌恃強妄用	進退兩難	物壯則老	知艱免咎
	六五	喪羊	于易		保持中庸之道	自損鋒芒	適度調節	壯而能損
	九四	藩決 ※ 不羸			謹慎運用實力	勢無可當	謀定後動	壯而能用
乾／天	九三	小人	用壯	循序接班剛健	避免大刀闊斧	知雄守雌	知榮守辱	壯而能收
	九二	貞	吉		力求穩定成長	內圓外方	內剛外柔	壯而能柔
	初九	壯趾	征凶		慎防一時衝動	穩住陣腳	避開鋒芒	壯而能潛

【卦象與讀法】

下卦乾，乾為天；上卦震，震為雷，全卦讀成「雷天大壯」。

【卦時】

- 「大壯」本義有壯大、強盛等意涵。

- **《雜卦傳》：大壯則止。**事物在全面興盛時期，應適時、適切的謙讓守成，切戒恃強而驕或急功近利；同時也要考量全盤情勢發展，凡事都要量力而行，不可太過躁動，循序漸進的創造成果。

- 大壯卦也可以用「按部就班」、「見好就收」、「氣勢磅礴」以及「非禮勿視，非禮勿聽，非禮勿言，非禮勿動[1]」等等這些類似的概念來引申與推論，或者也可以用「準備接班，避免樹大招風」的情境來比擬。

【卦辭】

大壯：利貞。

大壯象徵太過強盛，宜順應局勢發展調整策略，堅守正道才能得利。

1　出自《論語．顏淵》。

【彖傳】

彖曰：大壯，大者壯也；剛以動，故壯；大壯利貞，大者正也。正大而天地之情可見矣。

大壯，是說陽剛者太過壯盛；內心剛健且行動積極，因而壯盛。太過壯盛之時凡事要守正才能有利，是指剛大正直的人，必須堅守正道。由此觀察，可以看出天地萬事萬物的常情。

【補充說明】

- 一文不名的人，膽子小，但心思細膩；一旦有錢有勢之後，可能會出現膽大妄為而粗心大意的行徑，因此會造成不預期的災難。
- 當你沒沒無聞，偶爾犯個錯，沒人會在意；但小有成就之後，只要言行略有欠妥，馬上招來議論；而大有斬獲時，即使整天兢兢業業，也會被人在雞蛋裡挑骨頭。
- 智者，多一分權力，就降低一些姿態，多一點能力，就多做一些公益；愚人，多一分權力，就展現一些傲氣，多一點能力，就討回一些私利。
- 事業發展到如日中天，要懂得守成不易與居安思危；對於事業規模的發展應適可而止，宜優先考量固守既有成果，絕對不可盲目擴張。
- 能力不足、地位卑微，誰都知道要謙虛、低調、謹慎；當能力壯盛、地位崇高之後，則要更謙虛、更低調、更謹慎！因為前者是需要得到別人的協助，後者是在擔心有人正在挑你的毛病。

【大象】

象曰：雷在天上，大壯；君子以非禮弗履。

震雷響徹九天之外，象徵聲勢浩大的大壯卦；君子應當潔身自愛，不可做出不合乎禮節的事情。

【補充說明】

- 下卦乾，乾為天、為健；上卦震，震為雷、為動。故有雷聲響徹九天之外而陽氣興旺，以及秉性剛健、行動敏捷，使得成果豐碩壯盛之意涵。
- 聲勢愈浩大目標愈明顯，一舉一動盡在群眾眼裡；所以，要以克己復禮的精神，維持翩翩君子的風範。

【爻辭 / 小象】

初九：壯於趾，**征凶**，**有孚**。象曰：壯於趾，其孚窮也。

一副勢不可當，隨時都想衝出去的模樣，就像躁動不安的腳趾；若急於前往會有凶險，而且是必然的。象曰：躁動不安的腳趾，是指若堅信其壯可用則行之必凶，且將陷入窮困之境。

【補充說明】

- 初九剛健不已，惟無比無應，且具潛龍勿用之格，象徵時機尚不成熟，應持續韜光養晦，若不知收斂潛藏而頻頻躁動，肯定會到處碰釘子。
- 涉世未深經驗欠缺，所看到的盡是幻覺或表象，因而引發慷慨激昂與雄心壯志，如果不及時糾正，極易遭小人的利用。(錯，20 觀初六)
- 身旁夥伴都開始回歸正途，自己卻不知是否應隨之跟進，恐怕還沒弄清楚情況，故應重新評估自己究竟該做何事。(綜，33 遯初六)
- 勝兵先勝而後求戰，敗兵先戰而後求勝[2]；倘若明知能力不足，卻不顧一切冒然出手，結果十之八九都是災難收場。這種失敗並非遭遇強敵，而是敗在自己的無知與衝動。(互，43 夬初九)
- 眼光短淺、急功近利的人，往往都是一開始便冀求看到熱鬧非凡的成果，有這種行為傾向者，根本不足以成大事。(之，32 恆初六)

爻旨：人生本是一場長途競賽，即使充滿極大的動力，也要保持穩健的腳步，小心謹慎避免鋒芒畢露，方能慎始善終。

九二：**貞吉**。象曰：九二貞吉，以中也。

太過強盛時，若能堅守剛柔互濟與堅守正道的原則，必得吉祥。象曰：堅守正道而吉祥，乃因陽剛居中不偏之故。

【補充說明】

- 九二以剛履柔，象徵個性雖然剛健，卻能守之以柔，保持中庸之道；因而能夠穩定基層，使大壯的局面得以持續維持。
- 資料不完整，寧可不要用；意見太瑣碎，寧可先存疑。因為一孔之見與浮

2　出自《孫子兵法・軍形篇》。是指要有萬全的準備才能動手去做，若沒把握不可冒然行動。

光掠影的背後，經常隱藏許多騙局；值此事業壯盛之際，仍應秉持務實保守的作風以避免吃虧上當。(錯，20 觀六二)

- 敬業樂群的基層幹部，情勢大好時能與夥伴共享利益，局勢不利時也能不離不棄，如此才能使組織長久的維持最佳狀態。(綜，33 遯六二)

- 聲勢雖然浩大，並不代表絕對優勢，故要居安思危，凡事有備無患，不分晝夜保持警惕，隨時處於待命狀態，一旦有事才能從容鎮定的處理。(互，43 夬九二)

- 能見度太高，反而看不到牆邊死角；屋裡堆積太多，反而到處都是陰影；事業如日中天，往往看不到真正的問題。(之，55 豐六二)

爻旨：保持內方外圓、內剛外柔的態度，以及剛而能柔的中庸之道，才能使壯盛的局面得到持續穩定的成長。

九三：小人用壯，君子用罔[3]，貞厲。羝羊觸藩，羸其角。象曰：小人用壯，君子罔也。

太過強盛，小人會濫用壯盛之氣，正人君子寧願晦藏其壯，除了守持正道更要常保戒懼之心方能免於危殆。公羊觸撞藩籬，羊角必會遭到纏繞而陷入困境。象曰：小人濫用威勢，正人君子則不會濫用。

【補充說明】

- 九三重剛又過中，加上無比無應，容易躁動冒進或被孤立而充滿凶險；故應保持冷靜與戒慎恐懼並凡事低調行事，才有機會平安度過。

- 以人為鏡，可以知己之得失並引為鑑戒，藉以清楚了解自己，決定是否繼續向上發展；如果恃強而驕或目空一切，將會造成進退失據的下場。(錯，20 觀六三)

- 公司營業規模壯盛，員工卻失去當初的奮鬥精神，經常遲到早退並牽扯出許多牽強附會的理由，這種情形恐怕早已忘記「生於憂患，死於安樂」的古訓吧。(綜，33 遯九三)

- 喜怒形於色，容易遭人看穿心思；行為太突兀，會引人反感。因此，立場即使再堅定，言行舉止都要保持平和安詳，才能順利完成自己該做的工作。

---

3 「罔」，有迷惑、沒有、無、不等多重意涵。在此當「不」解。用罔為倒裝句，同罔用。

（互，43 夬九三）

- 處在優渥環境，能居安思危、有備無患，乃正人君子；恃才傲物、過度需索，則是小人。當情況不明，能量力而為、步步為營是正人君子；不自量力、孤注一擲，則是小人。（之，54 歸妹六三）

爻旨：陽剛之氣過盛，不可出現大刀闊斧的動作，造成濫用實力；此時應適度收斂，隨時隨地都要慎防行為的失控。

九四：貞吉，悔亡，藩決不羸，壯于大輿之輹[4]。象曰：藩決不羸，尚往也。

太過強盛時，要堅守正道，可獲吉祥，悔恨才會消失，藩籬將被撞開，羊角不再被纏繞；就像車身與車軸緊密結合，可順利前進，其勢不可當。象曰：藩籬被撞開，羊角不再被纏繞，如此才有利於向上進取。

【補充說明】

- 九四剛居柔位，符合壯而能止的原則，下領三陽，上承二陰；對全盤情勢最為了解，如同領頭羊帶領同夥們穩健的向目標前進。
- 能夠近距離觀察事物、了解內情與真相，同時也是走在隊伍最前頭的人，對情勢的判斷應當最為精確；因此，自然也最清楚下一步該如何走。（錯，20 觀六四）
- 君子衡量全盤情勢，該進就進，不受到任何阻擾而退縮；該退就退，不受任何私欲的牽絆而戀棧。小人該進不進，裝死賴活；該退不退，尸位素餐。（綜，33 遯九四）
- 對於不明就裡的群眾，應先遏止其盲目衝撞的行為，使其冷靜下來進行溝通，才能消除各方的疑慮。（互，43 夬九四）
- 處順境時，要隨時注意盛極轉衰的徵兆，秉持居安思危的心情與工作夥伴共勉，共同維繫壯盛的局面。（之，11 泰六四）

爻旨：控制在最佳狀態，保持最大的能量，用在最關鍵的地方，就像行駛大車大船，應著重續航力與承載力，而非計較一時的速度。

---

4 「輹」音「復」，車輪之軸。

六五：喪羊于易⁵，无悔。象曰：喪羊於易，位不當也。

處在太過壯盛時期，須適度自損陽剛之氣；在廣闊的田畔丟失了羊，才不會有悔恨。象曰：適度自損陽剛之氣，因所處的位置不當之故。

【補充說明】

- 六五以柔凌乘壓制群陽，象徵面對壯盛的局面，扮演以柔濟剛或以柔御剛的功能，充分發揮無為而治的精神，使壯盛的局面能持續穩定。

- 施政成果應在群眾當中找答案，不可主觀自我認定；因此要充分信任與授權，才能讓各階層的人才發揮專長。(錯，20 觀九五)

- 主動自損陽剛之氣，或許有些可惜，但是光鮮亮麗的外表，往往隱藏許多陷阱；若能採取無為而治的精神，保持較大的彈性，可避免過與不及的遺憾。(綜，33 遯九五)

- 有眼光的人就像馬拉松選手，並非在意一時的輸贏，而是整體的協調與最終的勝出；但策略性的調整，不易讓一般人理解，因此要保留乾綱獨斷的彈性運用。(互，43 夬九五)

爻旨：當事業發展如日中天，要適度的調控避免暴衝，必要時可自損陽剛銳氣而適度縮小規模，以便能持續維持壯盛的局面。

上六：羝羊觸藩，不能退，不能遂，无攸利，艱則吉。象曰：不能退，不能遂，不詳也；艱則吉，咎不長也。

盛極而衰，就像公羊撞藩籬，無法退卻，也無法前進，什麼事都做不成；若能知艱自守，則可獲吉祥。象曰：造成進退不得，是指事前考慮不周；而知艱自守可獲吉祥，是指若能審慎行事，災害便不會長久。

【補充說明】

- 上六居上震之極，象徵已到路的盡頭，卻又有習慣性的動盪不止，造成進退失據，想停卻停不下來，想動卻走不下去的困境。

- 極盛時期將面臨十目所視、十手所指的情境，應謹言慎行，若妄想逃避眾人眼光而為所欲為，肯定會造成進退失據的窘境。(錯，20 觀上六)

5　「易」字與「場」相通用。有交換、整治、邊界、田界、傳播諸意涵，在此指廣場、田畔。

- 先度勢而後行、先審機而後進，則一路順風，並對自己所作所為堅信不疑；但如果事前沒計畫也不評估，則時時刻刻提心吊膽且會處處碰壁。(綜，33 遯上九)
- 不能吸取教訓甚至變本加厲，盡做一些投機取巧的事，就像無知冒失的小人，沒頭沒腦的亂闖，遲早會落得身敗名裂，屆時神仙也難拯救這種無命之客。(互，43 夬上九)
- 順應天道，能獲得上天的庇祐；以誠待人，能獲得別人的協助。因此，有成就更要順天應人，永保壯盛以免盛極而衰。(之，14 大有上九)

爻旨：雖然求進心切，但恃強妄用必受到嚴重挫折，應記取往日創業維艱的過程，方能維繫得來不易的成果。

《序卦傳》：物不可以終壯，故受之以晉。

當一個人的物質條件滿足之後，自然會要求提高精神上的需要；同理，當一個組織的實力日漸茁壯之後，必須善為運用。最適當的出路，便是開創事業第二曲線以便更上層樓，否則的話，很可能就會開始腐化並快速的走下坡。所以，接下來，讓我們一起來研究下一卦，在「晉」卦的情境當中，了解身處前所未有的大好時光，應如何妥善運用有利的條件，完成人生的理想與抱負。

35 ｜晉卦：掌握上進的難得時機

表 3-5　晉卦要點提示

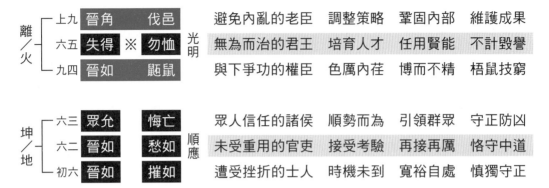

離／火	上九	晉角	伐邑	光明	避免內亂的老臣	調整策略	鞏固內部	維護成果
	六五	失得 ※	勿恤		無為而治的君王	培育人才	任用賢能	不計毀譽
	九四	晉如	鼫鼠		與下爭功的權臣	色厲內荏	博而不精	鼫鼠技窮
坤／地	六三	眾允	悔亡	順應	眾人信任的諸侯	順勢而為	引領群眾	守正防凶
	六二	晉如	愁如		未受重用的官吏	接受考驗	再接再厲	恪守中道
	初六	晉如	摧如		遭受挫折的士人	時機未到	寬裕自處	慎獨守正

【卦象與讀法】

下卦坤，坤為地；上卦離，離為火，全卦讀成「火地晉」。

【卦時】

- 「晉」字本義有上進、晉升、授予等意涵。

- **《雜卦傳》：晉，晝也。** 當政治清明，主客觀條件都十分有利，就像大白天一樣，應把握機會向上發展，但要保持光明的美德與中庸之道，並講究方法，以達成理想目標，切忌進展過甚與得意忘形。

- 晉卦也可以用「旭日東升」、「更上層樓」、「邁向光明」、「大展宏圖」以及「光明正大，施展抱負」等這些類似概念來引申與推論，或者也可以用「政治清明，要積極進取、奉獻才華」的情境來比擬。

【卦辭】

晉：康侯[1] 用錫馬蕃庶，晝日三接。

晉卦象徵掌握時機向上進取，就像有功勛卓著的治世能臣，蒙君王賞賜眾多的馬匹、封地、臣民等，一日之內榮獲多次接見。

1　「康侯」即周武王弟姬封，初封於康，故稱康侯。

【彖傳】

彖曰：晉，進也。明出地上，順而麗乎大明，柔進而上行，是以康侯用錫馬蕃庶，晝日三接也。

晉，是指掌握時機向上進取。就像旭日東升冉冉而上，順勢而為歸附於光明宏大的君王，以柔順之道進展而向上；所以，有功勳的臣子，蒙君王賞賜眾多的馬匹、封地、臣民等，一日之內榮獲多次接見。

【補充說明】

- 千載難逢的清明盛世，機會稍縱即逝，如果不能及時把握，再回頭則不知又是何年何月，但如何運用而不致弄巧成拙，除了要有眼光、有方法之外，更重要的是具備憂患意識。
- 適合企業經營的大環境有起有落，因此出現低潮在所難免；一旦情勢好轉就應把握難得的契機，妥善運用既有的資源，努力向上發展。
- 不同的價值觀，會有不同的格局，因此先要具備正確的方向與目標，然後立足社會與人競爭，才能得到最理想的結果。
- 屢次受到獎賞與上進，在沉浮宦海當中，誠屬可喜可賀；但此舉也往往是對你的暗示與激勵，必須加倍努力的奉獻與回饋。
- 加官晉爵之後若表現出恃寵而驕，馬上招來眾人對你的敵視，原本欣賞你的人勢必對你敬而遠之，當初提拔你的長官，恐怕也會大失所望。

【大象】

象曰：明出地上，晉；君子以自昭明德。

太陽升出地面，象徵向上積極發展的晉卦；君子要掌握有利的時機，主動展現自己的美德。

【補充說明】

- 下卦坤，坤為地、為順；上卦離，離為日、光明。故有旭日東升、大地光明之象，以及用柔順的態度，向上追隨正大光明的上司之意涵。
- 太陽往上升起，光線愈來愈強，說明一個人想要出人頭地，應竭盡所能發揮自身的美德與長才，並且日新又新充實品德學養。

【爻辭／小象】

初六：晉如摧如，貞吉，罔孚，裕无咎。象曰：晉如摧如，獨行正也；裕无咎，未受命也。

初始積極向上，卻遭挫折，應當守持正道才會吉祥；此時尚未取信於人，若能放寬心胸而待時機，必無災害。象曰：上進受挫，是指初六獨自堅守正道；放寬心胸而待時機，是指此時接受任用的時機尚未成熟。

【補充說明】

- 初六象徵一個年輕人充滿理想與抱負，並循適當途徑上進；但才疏位卑，加上前有領先者的阻擋，遭到一時的受挫而感到沮喪。

- 身分地位還不顯著，不應急求表現；當別人對自己還不太了解時，更須以謙卑的態度與人為善。故應放寬心胸，耐心等待適當時機到來。(錯，05需初九)

- 前行時感受到可能會有嚴重的威脅與挑釁，應遠離是非之地，行動雖然受到眾人的誤解，但也不可因而懷憂喪志。(綜，36明夷初九)

- 萬丈高樓平地起，英雄不怕出身低；初始就遇到重大阻礙，在還沒弄清楚狀況前，應當冷靜退下來自我檢討，如此才能爭取到轉圜的餘地。(互，39蹇初六)

- 別人都開始上路，自己卻寸步難行，這或許是上天刻意的安排，給初出茅廬者必要的警惕；如果一開始就一帆風順並受到讚賞，反而不是一件好事。(之，21噬嗑初九)

爻旨：上進時受到一些必要的挫折，是由於新手初次上路且人生地不熟，加上時機還不成熟，必須寬裕自處，放慢腳步繼續上進。

六二：晉如愁如，貞吉，受茲介福，于其王母。象曰：受茲介福，以中正也。

已任命但未受重用而感到憂愁，守持正道才會吉祥，得到更大的福分，恩澤來自上層領導。象曰：得到更大的恩澤，因居中得正之故。

【補充說明】

- 六二無比無應，代表朝中無人關照而感到憂慮，但能夠秉持中道與保持鎮定，因而不至於遭到太大的阻礙，最終將得到諒解與重用。

- 了解全盤情況後，該停就停，該動就動，但要堅持做該做的事；保持正確的方向與原則，不受閒言閒語影響既定的計畫。（錯，05需九二）
- 上進時遭受重大阻礙，若能理解此乃必經過程，便是成熟的表現；此時若能找到強而有力的協助固然有利，但終究還是需要靠自己堅定的意志來支撐。（綜，36明夷六二）
- 努力卻一時看不到成效乃正常現象，若因此而焦慮則無必要；因為自己的問題只是局部，若能著眼大局而優先協助上司，眼前的種種難題將會逐漸明朗。（互，39蹇六二）
- 當別人不了解自己時，愈要堅守原則，不可有偏差的想法；就像開車行駛在崎嶇路段，應隨時踩著剎車而穩健行駛，才能安全平穩到達目的地。（之，64未濟九二）

爻旨：雖已得到任命，但未受到重用，千萬不可半途而廢，應秉持中道精神，再接再厲的接受考驗。

六三：眾允，悔亡。象曰：眾允之，志上行也。

向上發展取得眾人的信任，悔恨必然消失。象曰：能得到眾人的信任，便可如願向上完成自己的志向。

【補充說明】

- 六三處多凶之地，但也面臨轉機；只要有利徵兆一旦出現，便可放手一搏，不但可以脫穎而出，也可達成為眾人服務的願望。
- 在開明昌盛的環境固然可以順勢而為；但為了以防萬一，應先建立良好的人際網絡，因為順境中，多少會潛藏著一些凶險。（錯，05需九三）
- 因群眾的擁戴得到賞識，但如果要有一番作為，仍需等各方條件成熟；不可僅憑恃主觀優勢，而忽視客觀環境的配合。（綜，36明夷九三）
- 條件雖然有利，但客觀情勢並無絕對勝算，時機也非相對急迫；不如暫時退守以求安全，爭取更多資源與助力再徐圖進取。（互，39蹇九三）
- 處順境要慎重，尤其小有成就卻顯露鋒芒，馬上就會出現危機；應慎防暗中扯後腿，以及潛伏在身邊的小人。（之，56旅九三）

爻旨：得到眾人的信任之後，要順勢引領群眾上進；但也相對的開始進入險境，故不可掉以輕心。

九四：晉如鼫鼠[2]，貞厲。象曰：鼫鼠貞厲，位不當也。

上進之時，就像徒有五技而無一專的鼫鼠，若此一劣習不改，將有危厲。象曰：行事不專如鼫鼠而有危厲，乃因居位不當之故。

【補充說明】

- 九四與六五逆比，身為近君大臣，想要好好表現一番，乃理所當然；但應該讓組織所有成員各展長才，而不是與下爭功，讓自己強行出頭。
- 上進時遇到瓶頸，為了脫離困境，應採傷其十指不如斷其一指的策略；若抓不到重點卻想面面兼顧，反而非常不切實際。(錯，05 需六四)
- 為擺脫阻礙，應先了解事情原委，再採取適當行動；不可隨意打草驚蛇，否則會陷全盤情勢於更不利的結果。(綜，36 明夷六四)
- 整合眾人力量，應以分工來各司其職；但各別力量必須有特殊的專業技能，否則根本就達不到發揮團隊協作的功能。(互，39 蹇六四)
- 面臨切身利害且時間緊迫，必須把握重點，才能夠專心一意，針對問題解決，切忌像無頭蒼蠅般的病急亂投醫。(之，23 剝六四)

爻旨：主從不分目標混淆難辨，以致樣樣想做卻樣樣不精，想要好好表現但大小狀況層出不窮，結果一事無成。

六五：悔亡，失得勿恤，往吉，无不利。象曰：失得勿恤，往有慶也。

上進之時，能恆守中道，可使悔恨消失，不計較個人得失，如此行動必得吉祥，且無所不利。象曰：不計較個人得失，如此必有喜慶。

【補充說明】

- 六五柔居君位，在全面向上晉升的團隊當中，扮演陰陽和諧、剛柔相濟的領導功能，不計較個人榮辱得失，全以組織的利益為考量。
- 領導人要有寬大的胸襟，對於非關鍵的小毛病，不必太過計較；必要時，難得一時糊塗，睜隻眼閉隻眼，對局勢反而有利 (錯，05 需九五)
- 雖然政治清明、景氣復甦，但也不見得會一路順暢；因此，無論遇到何種困境，都應堅守正道，永保上進不懈的志向。(綜，36 明夷六五)

---

2 鼫鼠即《荀子・勸學》當中所指的梧鼠。梧鼠五技而窮：能飛不能上屋，能緣不能窮木，能游不能渡谷，能穴不能掩身，能走不能先人。

- 帶領群眾向上發展，雖然屢逢艱困的瓶頸，但能重用組織成員的長才，得到群眾的協力，終能步入光明的大道。（互，39 蹇九五）
- 工作雖然順利，但不可鬆懈；應把眼光放得更深更遠，記取自昭明德的初衷與前人的經驗教訓，讓事業的基礎更為穩固。（之，12 否九五）

爻旨：有作為的領導者，應不斷培育人才，不計個人得失與榮辱，抱定成功不必在我的精神來成就大業。

上九：晉其角，維用伐邑，厲吉，无咎，貞吝。象曰：維用伐邑，道未光也。

向上發展已達極限，就像鑽到牛角尖，無法向外拓展，只能整頓與固守內部，雖有危險終究吉祥，不會有災害，要堅守正道以免造成遺憾。象曰：只能整頓與固守內部，因繼續向上發展的空間已經非常有限。

【補充說明】

- 上九象徵光明逐漸轉弱，同時走入進無可進的境界；行為舉止業已開始偏離中道，因此，要適時後退一步，先求穩定大局。
- 往上晉升也要適度，即便正常晉升都會有人側目，何況過分突兀的動作，肯定招致反彈與掣肘，惹來難以應付的麻煩。（錯，05 需上六）
- 一味往上晉升，不斷向外擴張，造成內部空虛與基礎動搖；或為了硬撐面子，或過度自我高估，久而久之將會落到孤芳自賞與自命清高的地步。（綜，36 明夷上六）
- 晉升到達一定程度，為避免盛極而衰，應回頭結合賢能之士，砥礪自身品德修養，適度停頓待機，全力鞏固既有成果。（互，39 蹇上六）
- 向上發展已到頂峰，應當重新整頓調整，冷靜規劃下一步行動；若不加以節制而無止境的擴張，只會帶來適得其反的結果。（之，16 豫上六）

爻旨：即便是昌盛時期，發展的空間也有限度；因此在適當時機，應開始調整放緩進程，以鞏固既有的成果。

《序卦傳》：晉者，進也，進必有所傷，故受之以明夷。

晉，是指上進。步步占先者，必有人以擠之；事事爭勝者，必有人以挫之[3]。因此，開拓前程向上發展，難免會遭到競爭者的攻擊，以致受到挫折與傷害；如果能在事前有充分的心理準備，先期理解到成功必須付出相對的代價，便能心平氣和坦然的面對。但如果受到當權者的壓制，倒行逆施殘害忠良，或者受到既得利益集團的排擠，以至於超出我們能夠抵抗與應付的範圍。那麼，這一群想要上進的人要如何的面對呢？接著讓我們繼續進入下一卦，在「明夷」卦的情境當中，了解當政治昏暗時，要如何做到明哲保身與隱忍待變？

3　出自《格言聯璧・持躬類》。是指步步占先、事事爭勝的行為，等同在製造敵人而不自知。

36 │ 明夷卦：政局昏暗的生存法則

表 3-6　明夷卦要點提示

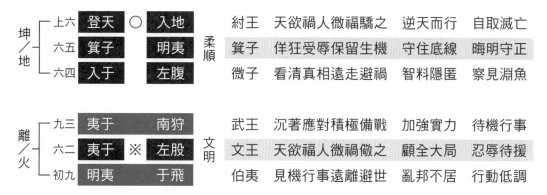

坤/地	上六	登天	○	入地	柔順	紂王	天欲禍人微福驕之	逆天而行	自取滅亡
	六五	箕子		明夷		箕子	佯狂受辱保留生機	守住底線	晦明守正
	六四	入于		左腹		微子	看清真相遠走避禍	智料隱匿	察見淵魚
離/火	九三	夷于		南狩	文明	武王	沉著應對積極備戰	加強實力	待機行事
	六二	夷于	※	左股		文王	天欲福人微禍儆之	顧全大局	忍辱待援
	初九	明夷		于飛		伯夷	見機行事遠離避世	亂邦不居	行動低調

【卦象與讀法】

下卦離，離為火；上卦坤，坤為地，全卦讀成「地火明夷」。

【卦時】

- 「明夷」本義為光明殞傷。
- **《雜卦傳》：明夷，誅也。** 當政治昏暗，局勢動盪不安，善良的人性遭到泯滅，身處在君子道消、小人道長的亂世，有志之士只能自晦其明、韜光斂翼，以待來日河清海晏，伺機東山再起。
- 明夷卦也可以用「日落西山」、「用晦而明」、「明哲保身」、「隱忍待機」以及「藏巧於拙、寓清於濁」等這些類似的概念來引申與推論，或者也可以用「政治昏暗，應明哲保身，忍辱待時」的情境來比擬。

【卦辭】

明夷：利艱貞。

明夷卦象徵光明殞傷，必須在艱難環境中堅守正道，才會有利。

【彖傳】

太陽沒入大地當中，象徵光明殞傷的明夷卦。內心保持光明美德而外顯行為低調柔順，以蒙受巨大患難，當年文王就是用這種方法度過難關的。在艱難環境中堅守正道將會有利，是指能自我隱晦光明。而遭受內部的危難仍能堅守正當的志向，箕子當年就是以這種方法度過危難的。

【補充說明】

- 由於光明磊落的行事風格，遭到惡勢力的誣陷與傷害；在這種極為不利的情況下，君子依舊堅守正道，但也要考慮自身的安全。
- 不可因為受到嚴重的挫折與打擊，而喪失正直的本性，動搖堅定的意志；但要巧妙的避免遭受傷害，才能等到光明日子的來臨。
- 假設一個企業或政權已經腐敗不堪，新興的勢力想起而代之，也必須選擇在適當的時機為之，以免造成「出師未捷身先死」的遺憾。
- 缺少陽光照明，宵小之徒才有機會展現身手；一般人也必須在光明殞落時，才察覺黑暗的可怕，並了解光明的可貴。
- 所以在光明殞落時，首要明哲保身，自己的言行也要低調，看到別人的不是，千萬不可表現在臉上。

【大象】

太陽沒入大地當中，象徵光明遭到殞傷的明夷卦；君子處理眾人的事務，要運用晦藏明智的方式，反而能彰顯其光明的美德。

【補充說明】

- 下卦離，離為日、光明；上卦坤，坤為地、為順。故有日落西山，大地一片漆黑之象；也象徵在政治昏暗時期，內心保持正大光明，外在行為務必

1　箕子，名胥餘，帝文丁之子，帝乙之弟，帝辛（紂王）叔父，官太師，封於箕。曾勸諫紂王，惟紂不聽，反被囚禁。

低調且柔順。

- 通過政治昏暗環境的考驗，也是人生必須完成的功課。用樂觀的態度，發揮以屈為伸的功夫明哲保身；該做的事能過關就好，無效卻不得不做的事，則虛與委蛇敷衍應酬，因為隨時隨地都會飛來橫禍。

【爻辭／小象】

初九：明夷于飛，垂其翼；君子于行，三日不食；有攸往，主人有言。象曰：君子於行，義不食也。

光明殞傷，就像鳥欲飛離，表現受傷模樣，垂下雙翼；君子為了遠行避世，乃至多日無暇進食；此時不論前往何處，都會受到當地人閒言閒語。象曰：君子既然打算遠行避世，理當不再食用朝廷俸祿。

【補充說明】

- 初九居下離之始，象徵天災人禍最昏暗時代，良禽無法擇木，賢臣無法擇主，因而不得不選擇退避；就像當年的伯夷，能明是非、識時務，因此低調避世遠離。

- 為情勢所迫，只能虛與委蛇應付並低調行動，但自己言行與眾人不同調，難免會有議論；然而此時更要忍辱而不可在意，以免被迫捲入是非糾葛不清的泥淖之中。(錯，06 訟初六)

- 主觀意識上，該進就進、該退就退；但地位卑微，應盡量遷就客觀形勢，即使受委屈，也不可意氣用事或心灰意冷。(綜，35 晉初六)

- 警覺到時不我與，應盡早有離開的準備，並計畫各階段的行動要領；一開始就確定安全無虞，才不至於留下任何後遺症。(互，40 解初六)

- 處於危機四伏的工作環境，應表現謙卑遜順的態度，在別人心中建立良好的印象；不但可明哲保身，也方便尋找機會，隨時做遠走高飛的打算。(之，15 謙初六)

爻旨：要有先見之明，儘早計畫亂邦不居的打算並見機行事，行動務必低調，所到之處、所遇之人，都要小心謹慎的應付。

六二：明夷，夷于左股，用拯馬壯[2]，吉。象曰：六二之吉，順以則也。

光明殞傷的情況，就像傷及左大腿，行動受到影響，此時要藉助有力的援助，如同用強壯的馬匹來協助，才可避難而獲吉祥。象曰：六二之所以能得吉祥，是由於順應時勢並遵守正當法則。

【補充說明】

- 六二中正，象徵情勢明顯不利，但有職責在身，就像當年文王被商紂拘留的情況；此時，必須順應時勢忍辱待機，謹守為臣之道，不可忤逆，只能暗中結合同道，共商未來。

- 一旦得罪當朝權貴，應在事態未擴大前脫身；若一時無法成行，至少要保持現狀不受到更大的傷害，但也要防止牽連無辜。（錯，06 訟九二）

- 即便將來有所作為，也須得到強而有力的支持。況且以目前的條件，尚不足以表現；務必順應時勢，切忌內心浮躁不安，避免造成事倍功半或半途而廢。（綜，35 晉六二）

- 已掌握關鍵的危害因素，但為了確保自身安全，在沒有充分把握之前，不可大動干戈，以免造成一步錯，滿盤輸的後果。（互，40 解九二）

- 在政局昏暗的工作環境中，固然要明哲保身，但也可藉此患難之際，結交志同道合的盟友，同甘共苦，持續累積壯大實力。（之，11 泰九二）

爻旨：因事態嚴重波及到自身，讓自己蒙受無比的折磨，其實正是上天準備降大任於斯人，因此為了顧全大局，必須順應天理、忍辱待援。

九三：明夷于南狩，得其大首，不可疾貞。象曰：南狩之志，乃大得也。

光明殞傷，乃指暴君不能順應天時，在夏季進行冬獵；研判可藉機除去昏君；但條件不足、時機未到，不可急於行事。象曰：除暴義舉，並非一蹴可幾，應配合組織統一採取行動，才會有勝算。

【補充說明】

- 九三居下離之極，正應上六，象徵至明與至晦對峙，如同當年武王有正當名義進行弔民伐罪；然而條件不足、時機未到，暫不宜有大動作。

- 雖然名正言順且有實力，但尚無絕對勝算，不可輕易行動；宜暫時隱忍並

---

2 「用拯馬壯」為倒裝句，本意為「用壯馬拯」。壯馬是指九三。

維持既有實力並持續增強，並俟機而動乃為上策。（錯，06 訟六三）

- 雖有崇高的理想與明確的目標，若得不到眾人的信賴與配合，根本不可能成功；此刻要持續溝通協商，不可與人爭強好勝。（綜，35 晉六三）
- 排難解危，必須目標與手段配合；如果聲勢浩大，實力不足，實則等同於自我致寇的愚昧行為。（互，40 解六三）
- 若已有絕對把握，則應當機立斷採取必要的行動；但各種條件若尚未成熟便勉強冒險為之，將會造成更大的傷害。（之，24 復六三）

爻旨：想要改變不利的情勢，必須遵天時、占地利、得人和之後才可行動，不可憑藉一時的激情與浪漫。

六四：入于左腹，獲明夷之心，于出門庭。象曰：入於左腹，獲心意也。

深入察知政治昏暗的內情，就像觸及柔軟的左腹部，毅然跨出門庭遠去。象曰：觸及柔軟的左腹部，是指已經深刻察覺到深層的黑幕。

【補充說明】

- 六四居多疑且懼之位，靠近權力核心，就像微子對商紂暴政的來龍去脈與腐化的內幕最清楚而心灰意冷；為了明哲保身，只好趁早逃離。
- 看透邪惡真面目之後，也清楚自己的能力，無法與其配合也無法相抗衡，只能想辦法脫離，不再與其糾纏下去。（錯，06 訟六四）
- 身為人臣，該知道的事務必一清二楚，不該知道的事千萬不要打聽；該做的事要圓滿完成，不該做的事根本就不要讓它發生。（綜，35 晉九四）
- 為了解決困境，應深入了解核心的原委，找出政治腐敗的關鍵因素，才能做到除惡務盡，達成排難解危的目的。（互，40 解九四）
- 處於不利的時空，需要有相輔相成與相得益彰的貴人挺身相助；但是，自己也應具備相對的條件，以及名正言順的理由。（之，55 豐九四）

爻旨：察見淵魚者不祥，智料隱匿者有殃[3]，即便無意間了解到惡勢力內部隱情，也會惹來天大的麻煩，萬一遇到，應設法脫離避免遭到殺身之禍。

3　出自《列子・說符》。本意是指：不該知道的事，不要去打聽；別人的心思，不要妄加揣測。

六五：箕子之明夷，利貞。象曰：箕子之貞，明不可息也。

光明殞傷時，猶能像殷商的箕子一樣，自晦其明與明哲保身，以便守持正道。象曰：明哲保身，以便守持正道，是指內心的光明不可熄滅。

【補充說明】

- 六五雖居尊位，但處明夷之時，君不君、臣不臣，規則制度早已名存實亡。歷代易學家多取上六為成卦之主，象徵商紂王；因此，六五也只能屈辱自己以求明哲保身。

- 適逢政治昏暗、惡勢力充斥，為維護正道而採取強硬措施，必須等待各種條件具足之後才能行動；在此之前，愈是表現低調，愈能確保己身安全，要等時機成熟才能全面性的撥亂反正。(錯，06 訟九五)

- 領導者所做所為應以光明磊落的心態不計個人得失，倘若現實環境無法如願，則應以低調柔軟的身段採取間接迂迴路線。(綜，35 晉六五)

- 只有待君子之道增長，才能讓小人之勢漸消；現階段如果無法達成目標，應等時機成熟，然後再一舉收拾殘局。(互，40 解六五)

- 一份虔誠的心意，固然可抵上千百倍的刻意造作；但身陷政治昏暗，別說有功不居，能避開莫須有的罪名都得偷笑，因此要把正直不阿的形象深埋心中。(之，63 既濟九五)

爻旨：身為被改革者的近親，立場卻與反抗集團一致，處境最為險峻，應以高度智慧處理這種兩難的局面。

上六：不明晦，初登于天，後入于地。象曰：初登于天，照四國也；後入于地，失則也。

不容光明存在，反而製造黑暗的人；起初登上高位得逞一時，最終必墜落而遭致敗亡。象曰：起初登上高位，光明足以照四方邦國；最終墜落敗亡，是指嚴重違反正當的法則。

【補充說明】

- 上爻代表人體頭部，本應最清醒，然而在昏暗時代，智慧早被蒙蔽，有昏君之象；下應強勢九三，象徵將面臨這股新興勢力的挑戰。

- 有些暴君終被請上斷頭台，主要是由於「惡積不可掩、罪大不可解」，導致眾叛親離，以及群眾的覺醒而反抗所致；因此，凡事要留三分餘地，給

別人留退路，等於給自己留後路。(錯，06訟上六)

- 凡事豫則立，不豫則廢；前進已達到盡頭，就應修正方向與策略，避開窮途末路的窘境，免於走進自尋滅亡的陷阱。(綜，35晉上九)

- 平時就應預想可能出現的危機，並且儘早完成各種應變的準備；一旦出現惡勢力，才能夠採取斷然有效的措施，否則只能充當被奴役的亂世順民。(互，40解上六)

- 身居德高望重的長者，應當體認高處不勝寒，能夠看清楚平淡務實的可貴，以及花團錦簇的虛浮假象。(之，22賁上九)

爻旨：天行有常，不為堯存，不為桀亡；然而，天作孽猶可違，人若逆天而行，就是自作孽不可逭[4]。天欲其亡，必令其狂

《序卦傳》：夷者，傷也，傷於外者必反其家，故受之以家人。

夷，是指受到傷害。無論是在官場、職場、商場、情場甚至戰場，遇到種種不利於自己的情況，可說是家常便飯，然而每天都必須面對與應付，久而久之，身心必然疲憊；此時，想到最好療傷止痛的地方，就是回到溫暖的家。所以，接下來，我們繼續進入下一卦，在「家人」卦的情境當中，看看你回到家裡，是否能像船遇颱風駛入避風港得到庇護？家人卦也可引用到組織內部管理工作，研究如何與團隊成員分工，以及如何長久保持團隊的正常運作？

4　出自《尚書·太甲》，「逭」音「換」有更迭、免除、逃離之意。

37 ｜家人卦：各司其職的治家之道

表 3-7　家人卦要點提示

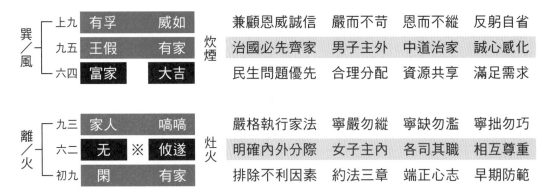

巽／風	上九	有孚	威如		兼顧恩威誠信	嚴而不苟	恩而不縱	反躬自省
	九五	王假	有家	炊煙	治國必先齊家	男子主外	中道治家	誠心感化
	六四	富家	大吉		民生問題優先	合理分配	資源共享	滿足需求
離／火	九三	家人	嗃嗃		嚴格執行家法	寧嚴勿縱	寧缺勿濫	寧拙勿巧
	六二	无 ※	攸遂	灶火	明確內外分際	女子主內	各司其職	相互尊重
	初九	閑	有家		排除不利因素	約法三章	端正心志	早期防範

【卦象與讀法】

下卦離，離為火；上卦巽，巽為風，全卦讀成「風火家人」。

【卦時】

- 「家人」本義為一家之人。

- 《雜卦傳》：家人，內也。從家庭內部成員的相處之道，可推廣應用至企業、社會以至於國家層面。對於內部管理的要求，除了要和睦相處之外，也要講求恩威並施的治理，以及合情合理的專業分工。

- 家人卦也可用「各司其職」、「榮辱與共」、「內外有別」以及「精誠團結，一致對外」等等這些類似的概念來引申與推論，或者也可以用「寧嚴勿縱，愛重反成仇」的情境來比擬。

【卦辭】

家人：利女貞。

家人卦，象徵一家之人。女正位乎內，女正家必正，故家庭當中的主婦守持正道，必能興利。

【彖傳】

彖曰：家人，女正位乎內，男正位乎外，男女正，天地之大義也。家人有嚴君焉，父母之謂也。父父，子子，兄兄，弟弟，夫夫，婦婦，而家道正，正家而天下定矣。

在一個家庭當中，女主人守持正道在內主持家務，男主人守持正道在外發展事業，男女各守正道，乃天經地義。家中有尊嚴的長上，指的是父親與母親。父盡父道，子盡子道，兄盡兄道，弟盡弟道，夫盡夫道，婦盡婦道，如此家道便可端正，家道正，天下也就安定。

【補充說明】

- 男以女為室，女以男為家，夫婦和而後家道成[1]。故男主外、女主內，此乃天經地義的事。皇帝若親自張羅後宮庶務，則不成體統；皇后主持朝政，則天下大亂。

- 家庭當中，夫妻分工合作的關係，如同團隊領導人相對於副手，或者像老師與助教，以及研發工程師與研究助理之間的互補關係。

- 家中很少聽到房內傳出嬉笑怒罵聲音，其家規有多好，就不言而喻；屋內桌上放著各種修身養性格言名著，此人志向有多高，則可想而知[2]。

- 所以，以一家經營管理之道，可推及到各種團隊，以至於政府機構、社團等等之運作，此乃「齊家、治國、平天下」的道理。

- 單位的副主管或行政助理，就像家中的主婦，主要的責任是讓在外奔波的主管沒有後顧之憂；對內要讓組織內部成員各司其職與各盡其責。

【大象】

象曰：風自火出，家人；君子以言有物，而行有恆。

暖風從燃燒的火自內向外吹出，象徵家庭成員言行、立場一致的家人卦；君子觀此現象，便會自我要求，講話有根據並切合實際，做任何事必須合乎常規且有始

---

1 出自《幼學瓊林・卷二 夫婦》。原文：孤陰則不生，獨陽則不長，故天地配以陰陽；男以女為室，女以男為家，故人生偶以夫婦。

2 引用《格言聯璧・持躬類》。原文：門內罕聞嬉笑怒罵，其家範可知；座右遍陳善書格言，其志趣可想。

有終。

【補充說明】

- 下卦離，離為火；上卦巽，巽為風。通常飲食以家庭為單位；炊爨時必先升火，然後炊煙隨陣風冒出，故以風出自火的現象，代表一家人。
- 暖風出自熊熊烈火，代表同聲一氣，對內相互照應，對外言行一致；有共同遵守的規則與目標，也有共同的語言與協同一致的行動。

【爻辭 / 小象】

初九：閑³有家，悔亡。象曰：閑有家，志未變也。

一開始就能謹防邪僻，奠定家道興旺的基礎，可使悔恨消失。象曰：防邪以保其家，是指端正的心志從未改變。

【補充說明】

- 初九代表家庭或其他組織，成立最初階段，所有成員必須遵守基本規則，對新進人員的篩選，也要有一定的標準與門檻，以防止風氣變壞。
- 養成壞習慣再來禁止，乃家教失敗的源頭；病入膏肓再來急救，是錯誤的醫療政策；等到罪無可赦再來懲一儆百，本質上就是一種苛政。所以，解決問題一開始就必須方向正確。(錯，40 解初六)
- 用平常心對待人，該要求就要求、該照顧就照顧，不分彼此，也別太在意反彈的聲音，自然可以減少執行上的阻擾。(綜，38 睽初九)
- 組織剛成立，通常情況不明；應建立易懂易行的規則，以便能掌握時機順利跨出第一步，避免一開始就發生重大失誤。(互，64 未濟初六)
- 調整作息要循序漸進，愈早調整愈容易遵守與養成良好的習慣；因此，只要目標正確，則無畏流言蜚語，堅持做該做的事。(之，53 漸初六)

爻旨：人無遠慮必有近憂，治家首先要預想所有不利的因素，事前就要排除並做好萬全的應變準備。

六二：無攸遂，在中饋，貞吉。象曰：六二之吉，順以巽也。

---

3 「閑」，防止、範圍、界限。在此以「防範未然」解釋。

內部管理工作者，不過問對外政策；就像家庭主婦掌管家中生活作息，固守正道就會吉祥。象曰：六二之所以吉祥，乃由於溫順卑遜之故。

【補充說明】

· 六二中正，上比九三、正應九五，象徵一位得力的副主管或助理，處理內部事務得心應手，顧慮周詳且面面俱到，能把主管交辦的事項，分配處理的十分圓滿。

· 內部管理工作首重良好習慣的養成，並且要將潛在危害的因素排除，並把握中庸正直的原則，不節外生枝也不投機取巧。（錯，40 解九二）

· 要有廣大包容的涵養，進行有效的協調溝通而不必拘泥形式，建立一套大家都可接受的規則，先求得到異中求同的目的。（綜，38 睽九二）

· 負責內部管理者，不應干預組織經營的策略，但對既定的工作要有足夠的應變能力；萬一發生錯誤須在第一時間及時處理。（互，64 未濟九二）

· 內部管理事務非常繁瑣，只要在維持和諧而不背離正道的原則下，援引成功案例參考過去經驗，可讓工作進行更為順利。（之，09 小畜九二）

爻旨：明確律定主從關係，使得內外分工合作能各司其職，不但可以密切配合，同時也不會相互干擾。

九三：家人嗃嗃[4]，悔厲吉；婦子嘻嘻，終吝。象曰：家人嗃嗃，未失也；婦子嘻嘻，失家節也。

治家略為嚴酷，使人感到畏懼，雖有悔恨與危險，終究吉祥；但讓妻子兒女隨意嬉鬧，則會有遺憾。象曰：過嚴雖愁，但畢竟未失去治家正道；縱容婦女小孩隨意嬉鬧，則嚴重違反治家的原則。

【補充說明】

· 九三得位，但過剛不中與上九敵應，象徵治家過於嚴肅，導致緊張而小有遺憾，但終究不失正道；因為嚴家絕對無悍虜，慈母難免有敗子[5]。

· 小人的特色是「近則不遜，遠則怨」，相對君子的修養應是「遠則慎獨，近則恭」，為了不製造小人，治國治家寧嚴勿縱。（錯，40 解六三）

4　「嗃」為多音字，讀「賀」音，示嚴酷。讀「簫」音示竹管聲。讀「嘯」音示大聲嘶喊。

5　出自《韓非子·顯學》。原文：夫嚴家無悍虜，而慈母有敗子。

- 萬一發生衝突造成反目相向則別太在意；但要承受必要的壓力，以及堅持化睽為合的目標，就讓時間慢慢的沖淡化解。（綜，38 睽六三）
- 處理內部問題而出現緊張局面，可能一時感到棘手，但往往也是面臨轉變的關鍵時刻，故應勇敢面對並俟機變通行事。（互，64 未濟六三）
- 內部管理工作在方法上要能通權達變，但經手敏感棘手的事件，過程要有依有據，結果導向要合情合理，才不會有後遺症。（之，42 益六三）

爻旨：「治家嚴，家乃和，居鄉恕，鄉乃睦」[6]**。內部管理工作，務必遵循寧嚴勿縱、寧缺勿濫、寧早勿遲及寧拙勿巧的原則。**

六四：富家，大吉。象曰：富家大吉，順在位也。

應使得家人生活富裕滿足，方可大獲吉祥。象曰：使得家庭富裕，大獲吉祥，乃由於柔順並能安其位、盡其職之故。

【補充說明】

- 六四得位，上比九五、下應初九，象徵家中慈母或公司助理；母親或助理在家中或組織當中，最明顯的作用，便是滿足成員的日常起居飲食與行政上的支援，使所有成員安心工作，無後顧之憂。
- 內部管理成功因素之一，就是剷除居中掣肘的勢力，尤其不明事理的壞分子應儘早給予導正，才能讓眾人心甘情願的配合。（錯，40 解九四）
- 團隊當中難免有意見相左甚至發生衝突的現象，為了統一觀念與作法，應在事前進行溝通協商，先期得到求同存異的共識。（綜，38 睽九四）
- 世上沒有廉價的午餐，繁瑣的內部管理工作，必須堅持到底，奮力不懈，才能得到一定的成果，滿足團隊成員的基本需求。（互，64 未濟九四）
- 發現有滯礙難行之處，或工作屢屢遭到阻礙，應先自我察覺，看看是否有哪些地方做得不夠得體，然後再進行通盤檢討。（之，13 同人九四）

爻旨：無論治家或治國，首先必須先讓所有成員生活最基本的條件無虞，其他方面才能順利的進行。

6　出自《格言聯璧・齊家類》。家人本就親密，故須嚴管以調和，鄉人本較疏遠，須以恕道致睦。

九五：王假[7]有家，勿恤，吉。象曰：王假有家，交相愛也。

一國之君，若能像一家之主，專心致力家道維護，以真誠感化國人，使得各安其職、各得其分，無須憂慮，必得吉祥。象曰：治國如治家，以真誠感化家人，是說能讓大家相親相愛合作無間。

【補充說明】

- 九五中正，正比六四，正應六二，為一家之主，秉持一貫治家的精神，致力優良家風的維護與傳承，使家中成員各安其責，各盡其分。同理治國如治家，經營事業亦然。

- 整頓不良風氣，應先找出問題癥結，優先糾正或革除；而最大也最關鍵的因素，往往是領導者本身，因為其身正不令而行，其身不正雖令不從。（錯，40 解六五）

- 公正無私的領導風格，可帶動組織成員之間的同心協力；尤其從陌生到熟識，以及從誤解到冰釋之後，所發揮的力量，會超出想像般的順利。（綜，38 睽六五）

- 當組織面臨重大挑戰，領導人應在關鍵時刻，身先士卒帶領群眾，一舉圓滿完成大家共同追求的目標。（互，64 未濟六五）

- 領導者能夠誠心待人，敬業樂群生活簡單，不客套、不造作，才能讓員工個個勇於任事，並且存誠務實的安於本位。（之，22 賁六五）

爻旨：發揮個人無私無欲的美德與誠信，可以感化家庭成員；同理，成功的治家策略，亦可推及治國、平天下。

上九：有孚威如，終吉。象曰：威如之吉，反身之謂也。

以誠信且帶威嚴的態度治家，終可獲吉祥。象曰：誠信而有威嚴的治家之道可獲吉祥，是說能夠反過來先嚴格要求自己，以身教代言教。

【補充說明】

- 上九剛居柔位，無比無應，代表組織大老或家中長輩，為了傳授治國治家經驗，難免與後進晚輩有代溝；但由於觀念正確、動機純正，且已得到家

7　「假」音唸「格」。與「格」古字通用，感於此而達於彼之意，亦有「大」、「至」等多重意涵。

人的信服，不但無害反而會有無形的約束力。

- 有誠信無威嚴，日久必受困於人情，法理難存；有威嚴無誠信，則充斥阿諛諂媚之徒，上下相欺。組織當中的資深大老，往往可以協助領導人建立恩威並施與賞罰分明的風氣。（錯，40 解上六）
- 團隊和諧最大的威脅，來自於相互間的猜忌；因此在平日應強化溝通協調與交流，培養彼此間默契，降低誤會發生的機率。（綜，38 睽上九）
- 還沒成功就提早慶賀，那是有諉罪掠功傾向者的絕活；往往盛大功業都會毀在這些人手裡，領導者應有分辨忠奸的能力。（互，64 未濟上九）
- 大功告成只要高興一天就好，後續還有很長的路要走；若始終抱有居安思危的憂患意識，就不至於出現樂極生悲的結局。（之，63 既濟上六）

爻旨：能夠不斷反躬自省，以身教取代言教，因此，雖寬厚，不使人有所恃；雖嚴厲，不使人無所容。

《序卦傳》：家道窮必乖，故受之以睽。

　　幾千年的名言告訴我們：「誠心、正意、修身」乃「齊家」的內涵，而「治國、平天下」則是「齊家」的外延。然而說起來簡單，做起來可不容易。歷史經驗告訴我們，雖只是泛泛之交，如有不同的意見，因保持適當的距離，反而容易相互尊重；但向來就是親密相處的一家人，會因一個不小心或芝麻綠豆小事，演變成反目相向的下場。如果一個團隊當中的成員，出現嚴重乖背反目的情形，會帶來什麼樣的後果？接下來，讓我們進入下一卦，在「睽」卦的情境當中，了解兩造之間為何會因細故造成老死不相往來？以及要如何做才能做到「求同存異」？如何能順利的「化睽為合」？

38 ｜睽卦：求同存異的高度智慧

表 2-38　睽卦要點提示

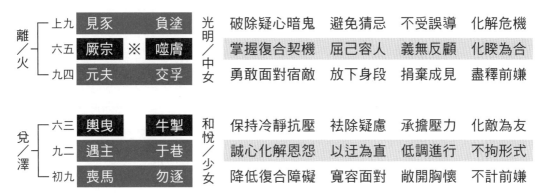

離/火	上九	見豕	負塗	光明/中女	破除疑心暗鬼	避免猜忌	不受誤導	化解危機
	六五	厥宗 ※	噬膚		掌握復合契機	屈己容人	義無反顧	化睽為合
	九四	元夫	交孚		勇敢面對宿敵	放下身段	捐棄成見	盡釋前嫌
兌/澤	六三	輿曳	牛掣	和悅/少女	保持冷靜抗壓	袪除疑慮	承擔壓力	化敵為友
	九二	遇主	于巷		誠心化解恩怨	以迂為直	低調進行	不拘形式
	初九	喪馬	勿逐		降低復合障礙	寬容面對	敞開胸懷	不計前嫌

【卦象與讀法】

下卦兌，兌為澤；上卦離，離為火，全卦讀成「火澤睽」。

【卦時】

- 「睽」字本義有乖背、睽違、孤獨等諸意涵。
- 《雜卦傳》：睽，外也。兩造之間若有重大隔閡的現象，肯定是顯而易的表現在外；如果想要盡釋前嫌，必須以小心柔順的態度克制情緒，才有機會達到求同存異與消除對立。
- 睽卦也可用「求同存異」、「渙然冰釋」、「化敵為友」以及「禍起蕭牆、同室操戈」等等這些類似概念來引申與推論，或者也可以用「化睽為合，薄極反成喜」的情境來比擬。

【卦辭】

睽，小事吉。

睽卦象徵乖背，必須柔順小心行事，並且要特別注意枝微末節的小事，才能得到吉祥。

【彖傳】

彖曰：睽，火動而上，澤動而下。二女同居，其志不同行。說而麗乎明，柔進而上行，得中而應乎剛，是以小事吉。天地睽而其事同也，男女睽而其志通也，萬物睽而其事類也，睽之時用大矣哉。

相互間的乖背，如同火焰向上、澤水潤下。也猶如二女同居一室，但各自有不同的發展歸宿。若能以和悅的心情附麗於光明，柔順低調向上前進，居中不偏與陽剛相應，並且小心行事可獲吉祥。天地雖上下乖背，但化育萬物的功能相同；男女雖陰陽互異，但交感求合的心志相通。萬物形態各殊，但同為天地所包容，生成化育的規律類似。乖背睽違的道理，可因時而用的意義是多麼的重大！

【補充說明】

- 人與人之間的關係親疏有別，即便處於相互睽違乖背，只要有共同目標，照樣可以進行某種程度上的合作。

- 兩惠無不釋之怨，兩求無不合之交；相乖背雙方應從共同利益之處開始進行，可避免因小失大，並能順勢累積成果。

- 欲進一步化睽為合，應本著異中求同的原則，從小處著手，將大事化小、小事化無，爭議大的先擱置，爭議小的先解決。

- 職場裡的和諧，多屬表面上的和諧，並不比有血緣關係的家庭成員容易相處；所以，只要順應自然，小心謹慎，則不必相求太深。

- 乖背的現象也是變動不居，兩造之間若反目相向，為避免事態進一步惡化，應小心謹慎保持低調；並以求同存異的策略，先求小同大異，慢慢的走向有同有異，最終達到大同小異的結果。

【大象】

象曰：上火下澤，睽；君子以同而異。

火性炎上，澤水潤下，象徵兩造之間反目相向的睽卦；君子應以求同存異的態度防範衝突，並進一步化睽為合。

【補充說明】

- 下卦兌，兌為澤、少女；上卦離，離為火、中女，有火燄炎上、澤水潤下，相互乖背之象；或以二女雖同處一室，但對未來的發展各有不同打算的取

向，皆有分道揚鑣之象。

- 雖說火性炎上，澤水潤下故二者乖背，然資助萬物的作用相同；因此，要展現「周而不比」、「和而不同」與「群而不黨」的精神相互包容。

【爻辭／小象】

初九：<mark>悔亡</mark>，喪馬勿逐自復，見惡人，<mark>无咎</mark>。象曰：見惡人，以辟咎也。

乖背時要心寬寡欲，原有悔恨將消失；就像丟去馬匹不要心急去尋找，牠會自動回來，用寬容的心情主動會見宿敵，可免災害。象曰：主動會見宿敵，目的是在避免事態擴大。

【補充說明】

- 初九與九四同性相斥，象徵熱情相待換來冷漠回應，伸手言歡卻遭回絕，肯定是對方有所誤會；故應冷靜面對，才有機會化解。
- 與人發生口角或爭執，應在尚未反目成仇之前，便當機立斷回頭檢討，並與當事人溝通，可以避免釀成更嚴重的誤會。（錯，39 蹇初六）
- 彼此間誤會的發生，或許雙方事前可能都沒料到；所以，平時應該預想可能會造成誤會的原因與對策，臨事才不致慌亂。（綜，37 家人初九）
- 期待合作的事情能順利進行，應先考慮過程中可能出現的各種情況，隨時做好暫停準備，以及使用替代方案，屆時才不至於發生滯礙難行的現象。（互，63 既濟初九）
- 工作當中出現非預期情況，造成氣氛詭譎，必須包容不同意見，進行溝通釐清問題找出關鍵因素，以免關係更為惡化。（之，64 未濟初六）

爻旨：與人發生重大誤會，應勇敢與寬容的面對當事人，並保持恭敬的態度，可降低日後尋求復合的阻礙。

九二：遇主于巷，<mark>无咎</mark>。象曰：遇主于巷，未失道也。

乖背時採取化睽為合的行動，選擇在非正式場合與當事人會面，不會有災害。象曰：選擇在非正式場合會面，並不違反化睽為合的原則。

【補充說明】

- 九二強臣上應六五弱主，二人關係緊張，如今欲化睽為合不宜在廟廊，而應選擇巷道之間為宜，使下情能上達，上令能下行，而不至於造成更嚴重

的緊張關係。

- 如果彼此間有共同目標，不可只顧自己而存心利用他人；應站在對方立場設想，才能順利解決彼此間的問題。（錯，39 蹇六二）
- 主動向舊日宿敵表達欲釋前嫌的意圖，應先想好底線與原則；其餘可儘量遷就，力求營造和諧融洽的氣氛。（綜，37 家人六二）
- 談判的目的是在爭取與對方和解，故應著眼大局，不圖小利，並先釋出善意與適度讓利；切忌咄咄逼人，以免將事態擴大。（互，63 既濟六二）
- 與個性頑固的人溝通化解歧見，可考慮採取讓對方意想不到的方式，從心理方面給予突如其來的感受，或許會比較有利。（之，21 噬嗑六二）

爻旨：為了化解恩怨，若能安排在非正式場合會面，或不預期在偏僻處巧遇，應該比較不會尷尬，過程也比較自然與順利。

六三：見輿曳，其牛掣，其人天且劓，無初有終。象曰：見輿曳，位不當也；無初有終，遇剛也。

乖背時，就像車子被拖住，或拉車的牛被牽制而難以前進，又擔心被降罪受罰，施以刺額割鼻之刑。初期雖氣氛不好，終能消除隔閡。象曰：遭阻礙而難行，因為所處的環境不恰當；初期乖背，終能和好，是因為將與上九陰陽相應和。

【補充說明】

- 六三才柔志疏，處多凶之地，整天杯弓蛇影而疑神疑鬼，如果能先突破上下的阻擾，才有希望與宿敵重修舊好。
- 與其冒進不如退回反省檢討，雖沒把握可就此化解心結，但畢竟後退一步、海闊天空，至少不會持續陷在困境當中。（錯，39 蹇九三）
- 化睽為合的工作，必須小心謹慎態度嚴肅，不得嬉皮笑臉；因為稍不留意就會陷入更大的誤會，形成更難挽救的局面。（綜，37 家人九三）
- 為了克服層層的困難達成化睽為合的目標，需花費龐大的精神與時間，並非短期能完成，因此要保持最大的耐心與毅力。（互，63 既濟九三）
- 從和睦走向乖背，速度相當快；而化睽為合，相對比較困難，唯有大公無私與智勇雙全的人可以忍辱負重、持之以恆，一般泛泛之輩往往會半途而廢。（之，14 大有九三）

爻旨：能承受巨大的壓力，保持冷靜的情緒，才不至於疑心生暗鬼，避免造成更大的誤會，進而提高化敵為友的機會。

九四：睽孤，遇元夫，交孚，厲无咎。象曰：交孚无咎，志行也。

當乖背而感到孤獨時，要勇敢面對與交惡者相遇，並能以誠相待，雖危險卻沒災害。象曰：以誠相待而無災害，乃因求和的志向堅定不移。

【補充說明】

- 九四剛居柔位，介於兩陰之間，象徵身處坎險之中，心浮氣躁憂慮又孤單，遂改變轉而向同病相憐的初九交心示好，有同德相輔之實。
- 乖背而寸步難行，乃因某些意見未獲整合，但整體來說，已有相當交集；故應趁勢捐棄己見，包容不同的立場共商大計。(錯，39 蹇六四)
- 先求立於不敗之地，次求向上發展，是開創事業的步驟；先求溫飽，再談禮節，是實踐人倫關係的保證；先求和睦相處，再談協調分工，是提高工作效率的基本原則。(綜，37 家人六四)
- 時時心存戒慎恐懼，即便工作順利，也要假設隨時會有意見相左的情況，故應備妥各種因應對策，確保工作順利進行。(互，63 既濟六四)
- 因乖背而陷入膠著，聰明的人會主動禮讓放低姿態，向對方釋出誠心與善意，此舉在理字上便已先居上風。(之，41 損六四)

爻旨：化睽為合方法要靈活變通，應放下身段主動尋求與對方接觸，並且能夠捐棄成見與猜忌，才有機會早日盡釋前嫌。

六五：悔亡，厥宗噬膚，往何咎？象曰：厥宗噬膚，往有慶也。

用柔順中和的態度以求遇合，悔恨將會消失，其族人也將如咬破脆柔皮膚般的順利應和，如此前往哪有災害呢？象曰：族人順利的應和，說明順理成章的前往應和，必然會有好的結果。

【補充說明】

- 六五柔居君位，象徵能夠輕己重人主動放下身段，不計前嫌與原本就該合作的對象握手言和，因此，能重新得到舊屬的支持。
- 雖然一度陷入孤立無援，但因處置得宜而重獲大家的諒解，因此很快脫離

困境；是因為平日做人成功，印證了所謂「得道多助、失道寡助[1]」的道理。（錯，39 蹇九五）

- 因一時意見不合而發生衝突，以致反目相向；但由於平素毫無私心，把團隊成員當成自家人，所以能夠及時溝通協商，誤會很快便煙消雲散。（綜，37 家人九五）

- 大肆慶祝與大擺場面的背後，多半是為了穩定局面或消弭分歧；能夠真正交心合作，往往會表現在簡單樸實的儀式中。（互，63 既濟九五）

- 從敵對立場轉變為志同道合的夥伴，所展現的合作關係勢必更為緊密，力道也更大；故組織領導人要有勝敵而益強的考量，儘量化干戈為玉帛。（之，10 履九五）

爻旨：出現化睽為合的契機，應及時表現更多的關懷，並且義無反顧的付諸行動，加速化睽為合的成果。

上九：睽孤，見豕負塗，載鬼一車，先張之弧，後說之弧，匪寇，婚媾！往遇雨則吉。象曰：遇雨則吉，群疑亡也。

當乖背而感到孤獨，會出現精神恍惚的狀態，看見豬背上盡是塗著爛泥，又看見載滿鬼怪的車子，先拉滿弓準備射殺，又覺得不對而放下弓；原來不是強盜，而是來求婚配的佳偶！此時前往，若有降雨可看清真相，一定吉祥。象曰：遇降雨可看清真相，一定吉祥，是指這樣做，將會使各種猜疑全都消失。

【補充說明】

- 上九居上離之極，象徵乖背情況完全表面化，也因此造成更嚴重的衝突與猜疑；但也有可能讓事實真相攤在陽光下，反而更容易盡釋前嫌。

- 在不確定的環境中難免迷惘，若能加強協調整合不同意見，可讓實際情況更加透明，自然可降低彼此間的誤會。（錯，39 蹇上六）

- 有誠信無威嚴，則信心不足導致裹足不前；有威嚴無誠信，則無法讓人心服。兼具誠信與威嚴，有助於內部意見的整合。（綜，37 家人上九）

- 因事成而心生懈怠，此時若有小狀況，馬上就疑神疑鬼，故應始終保持平

---

1 引用《孟子・公孫丑下》。原文：得道者多助，失道者寡助。寡助之至，親戚畔之；多助之至，天下順之。

常之心並冷靜看待，就不致造成草木皆兵的疑惑。(互，63 既濟上六)

・過於講究形式而忽視內涵，一旦底牌被掀開，將造成極端失望；也因失望
而產生不信任，更由於不信任，而演變為相互猜忌，以及更嚴重的隔閡。
(之，54 歸妹上六)

**爻旨：化睽為合的過程中，不可被表面的情緒給誤導，也不可動輒心生猜疑，
應保持冷靜與客觀，才能順利的化解危機。**

《序卦傳》：睽者，乖也，乖必有難，故受之以蹇。

睽，是指兩相乖背。之所以會相互乖背不合，多半因小小的誤解而產生，若不
能及時化解，將走向老死不相往來的結果，屆時，想回復良好的合作關係，恐怕比
登天還難。在現實的社會因過於繁忙，人際間難免會因陌生而出現誤會，也沒有妥
善的處理而造成更嚴重的後果。接下來，讓我們繼續研究下一卦，在「蹇」卦的情
境當中，探討在工作進行當中，為何會發生寸步難行的原因？我們應如何顧全大
局？如何自我反省？以及如何上下協力分工，共同走出困境。

39 ｜蹇卦：面對險阻的應變能力

表 3-9　蹇卦要點提示

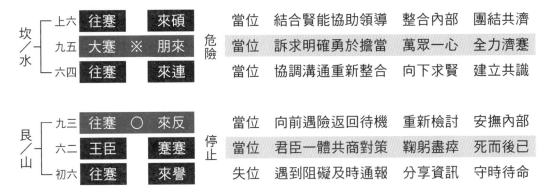

					當位	結合賢能協助領導	整合內部	團結共濟
坎／水	上六	往蹇		來碩		當位	結合賢能協助領導	整合內部	團結共濟
	九五	大蹇	※	朋來	危險	當位	訴求明確勇於擔當	萬眾一心	全力濟蹇
	六四	往蹇		來連		當位	協調溝通重新整合	向下求賢	建立共識
艮／山	九三	往蹇	○	來反		當位	向前遇險返回待機	重新檢討	安撫內部
	六二	王臣		蹇蹇	停止	當位	君臣一體共商對策	鞠躬盡瘁	死而後已
	初六	往蹇		來譽		失位	遇到阻礙及時通報	分享資訊	守時待命

【卦象與讀法】

下卦艮，艮為山；上卦坎，坎為水，全卦讀成「水山蹇」。

【卦時】

- 「蹇」字本義有跛足、艱阻、不順等意涵。
- 《雜卦傳》：蹇，難也。工作正在進行中，突然無預警遭遇到重大阻礙導致寸步難行，此時應當冷靜面對，以謙卑謹慎的態度，退下來重新檢討並集思廣益，上下一心共商對策走出困境。
- 蹇卦也可用「面對險阻」、「困頓難行」、「及時回頭」以及「鞠躬盡瘁，死而後已」等這些類似概念來引申與推論，或者也可以用「行有不得，反求諸己」的情境來比擬。

【卦辭】

蹇：利西南，不利東北，利見大人，貞吉。

蹇卦象徵行走困難，遇險時應轉向西南平順之路，若向東北山區則不會有好處；向有能力的大人請求協助，必將有利，守持正道可獲吉祥。

【彖傳】

彖曰：蹇，難也，險在前也。見險而能止，知矣哉！蹇，利西南，往得中也；不利東北，其道窮也；利見大人，往有功也；當位貞吉，以正邦也。蹇之時用大矣哉。

蹇卦，是指行走困難，坎險就在眼前。發現艱難險阻便停下來，是明智之舉！遇到險阻，轉向西南平順之路，乃合宜適中的選擇；向東北山地硬闖沒有好處，是因為險阻難行。向有能力的人請益會有好處，是說如此前往才會成功；居位適當、守持正道將獲吉祥，如此可使邦國走上正途。蹇難之時，啟迪智慧的作用是多麼的重要！

【補充說明】

- 蹇卦六爻除初爻失位，餘均當位，象徵一失足滿盤皆輸，因此我們想要脫離當前的困境，先要有正確的方向，才能有好的開始。
- 不能自我反省的人，永遠看不到自己一身的壞毛病；不能身心安靜下來的人，永遠成就不了一件有意義的事[1]。
- 有智慧的領導人，可以帶領團隊走出險境；但也需要有一群能夠同心協力的團隊成員來配合，才能順利的脫險而出。
- 當前所遇到的困難，可能是當初計畫有誤，或一開始便走錯方向以至於失之毫釐、差之千里，所以不可怪罪別人，應先穩住全局並檢討原因，再想辦法擺脫困局。
- 人生不如意之事十常八九，一個人往往經過惡劣環境的考驗，才會更成熟，也更有條件走更遠的路與擔當更重要的責任。

【大象】

象曰：山上有水，蹇；君子以反身修德。

窮山之上有惡水，象徵前行時遇到重大險阻的蹇卦；君子應當自我檢討反省，找出真正的原因，經修正後再重新出發。

1　引用《格言聯璧・處事類》。原文：不自反者，看不出一身病痛；不耐煩者，做不成一件事業。

【補充說明】

- 下卦艮，艮為山、為止；上卦坎，坎為水、為險。故有窮山惡水之象，以及前進時受到重大阻礙而停滯不前之意涵。

- 遇到困難就怨東怪西或四處求助，不但於事無補，充其量只是把本身的弱點全都暴露；有擔當的人，遇到困難，會先了解問題關鍵所在，並且檢討自己，是否能力不足、經驗欠缺或者事前計畫不周？

【爻辭／小象】

初六：往蹇，來譽。象曰：往蹇，來譽，宜待也。

能力有限，向前行會遇到險難，若識時務及時返回可獲稱譽。象曰：前行有險，返回受到稱譽，是指應當等待適當的時機。

【補充說明】

- 眼前突然出現重大阻礙，第一時間的反應至為重要；若處理得當，將可降低爾後發展的風險，因此要有早期辨別與見微知著的能力。

- 用平常心與務實的態度面對當前的險阻，不排除也不迴避一切有利於組織發展的意見，勇敢的擔起眼前的責任。（錯，38睽初九）

- 萬事起頭難，若在起跑點出了問題，則失之毫釐、差之千里，後果不堪設想；所以，一開始寧可慢也不可有絲毫的差錯。（綜，40解初六）

- 千里之行始於足下，跨出第一步之前，要先確定最終的目標，否則將會造成行止不定；同時，也要有計畫、有步驟，掌握時機適時前進。（互，64未濟初六）

- 即便有萬全的解決方案也不可大意，因為眼前出現的阻礙，代表還有更多的阻礙在後面等著你；因此，要有隨時踩剎車的準備與其他必要的應變方案。（之，63既濟初九）

爻旨：粗心大意的前哨部隊，比敵人更可怕，若發現重大狀況卻不能及時停下來通報各方，其嚴重的後果不言而喻。

六二：王臣蹇蹇，匪躬之故。象曰：王臣蹇蹇，終無尤也。

面臨重重險難，君臣合作無間共同協力濟蹇，不是為了自己，而是為了廣大群

眾。象曰：君臣合作無間共同協力濟蹇，終究無怨無尤。

【補充說明】

- 六二與九五正應，如同臣子與國君在國家面臨重重艱難困厄之際，能夠上下一心，同甘共苦、共體時艱，共度難關。
- 國家面臨危急存亡之秋，若仍講求形式上的繁文縟節，實為不智之舉；不如簡單樸實的就事論事，尤其面臨艱難險阻時，君臣之間要相互支持與體諒。(錯，38 睽九二)
- 疾風知勁草、板蕩識誠臣 [2]，面臨艱難險阻正是考驗人心的機會；為了展現決心與意志，應先找出對全局不利的各種因素，整合各種分歧的意見方能遂行排厄解難的工作。(綜，40 解九二)
- 既要同心協力，應先具備調整管控各方行動的能力，使得上下觀念一致、目標與定位都清楚之後，才能放手進行。(互，64 未濟九二)
- 要展現才華，濟危解難，應具備必要的條件，若仍得不到認同，或意見不被接受，可能是能力不足，因此要持續的自我充實。(之，48 井九二)

爻旨：君臣之間合衷共濟，不計毀譽、不分彼此，謀人事如己事則慮之也審，謀己事如人事則見之也明 [3]，故能共體時艱齊度難關。

九三：往蹇，來反。象曰：往蹇，來反，內喜之也。

往前行會遇到險難，宜返回原處重新檢討與整頓待機。象曰：前行有險，返回待機，可以讓眾人都因其返回而欣喜。

【補充說明】

- 九三居下艮之極，向前深入則面臨窮山惡水之阻，退而止之則有天險可守；由於對危機情況了解最深，能重新檢討修正計畫，因而穩住大局，讓大家避開陷阱免遭災難，使得眾人心存感恩與喜悅。
- 之所以會有明智抉擇，乃相對於其他人的無知，但身分地位不高，難免遭到莫名的嫉妒；為了大局著想，應共體時艱，忍辱負重而委曲求全。(錯，

2　出自《賜蕭瑀》唐代・李世民。承平時期掩護了許多小人，局勢動盪才會看到正人君子。

3　引用《格言聯璧・處事類》。原文：謀人事如己事，而後慮之也審；謀己事如人事，而後見之也明。

38 睽六三）
- 縱然有能力濟蹇，但應切忌自命不凡，不可有炫耀才華的動作，以免遭到小人的分化挑撥，嚴重影響濟蹇的工作。（綜，40 解六三）
- 時機不利不可輕率冒進，一旦出現有利的契機，則須當機立斷，果斷採取行動，以改變先前不利的情勢。（互，64 未濟六三）
- 濟蹇解難固然需要有人協助，但絕對不可病急亂投醫，或聽信不實的傳言而陷己不利；因此，要先排除各種錯誤的資訊，才不至於徒勞無功。（之，08 比六三）

爻旨：向前有重大險阻，後退有天險可守，故與其冒險求勝，不如退回重新檢討整頓，再伺機採取行動。

六四：往蹇，來連。象曰：往蹇，來連，當位實也。

往前行會遇到險難，返回聯繫同志共渡難關。象曰：前行有險，返回聯繫同志，是說因其居位正當且心地踏實。

【補充說明】

- 六四居互坎之極與上坎之始；象徵處於出入皆險之境，陷於進退兩難。故應迅速返回，將所經歷過程告知其他人，力求統一觀念與做法，律定共同的行動準則。
- 情況緊急但資訊不夠完整，一時難以得到關鍵人物的認同；故應放下身段、展現誠意，設法得到諒解並爭取合作。（錯，38 睽九四）
- 團隊當中不容許有唱反調的小團體，否則會影響有心上進者，故應優先排除，才能整合不同的意見與保持完整的濟蹇實力。（綜，40 解九四）
- 欲脫離艱難險阻，並非一朝一夕的事，要有長期抗戰的準備，因此建立高度的共識，律定共同行為準則，乃當務之急。（互，64 未濟九四）
- 在艱難困厄之際，為實現共同的目標，比較容易捐棄個人私見；而且只要心地坦蕩、方法得宜，群眾會因你的誠意，心甘情願的與您共襄盛舉。（之，31 咸九四）

爻旨：為排除當前的困境，應名正言順，重新整合團隊成員，並能放下身段捐棄成見，向下求賢，建立最大的共識。

九五：大蹇，朋來。象曰：大蹇，朋來，以中節也。

進入最嚴重的濟蹇階段，朋友會前來相助。象曰：面臨險境，朋友會來相助，是因為嚴守中道的精神，以及展現堅定的節操。

【補充說明】

- 九五中正，居上坎之中，與六四正比，與六二正應，象徵有擔當的領導者，集所有險難之責於一身，能謹慎而果斷的抉擇，得到天下賢能之士的鼎力相助。

- 起先不能配合的原因是不了解或誤解，並非立場不同；這種情形只要有效的溝通，當誤會化解之後所得到的回應，將會超乎想像之外的順利。（錯，38 睽六五）

- 不適當的人占據重要崗位，將使有效人力無法派上用場；因此要先整合現有人力，騰出關鍵位置，以便人盡其才。（綜，40 解六五）

- 雖然問題尚未獲得解決，但領導人展現明智、中庸與誠信的態度，使遠近賢能慕名而來，齊聚一堂整合總體力量。（互，64 未濟六五）

- 要得到眾人的全力配合，應先創造被人刮目相看的條件；此外，即使再謙卑也要保留一定程度的威信，方能使工作團隊的協作，得到最大的成果。（之，15 謙六五）

爻旨：訴求正當明確，加上有魄力、有擔當的領導者，必得到上下一致的擁戴而共濟蹇難。

上六：往蹇，來碩，吉，利見大人。象曰：往蹇來碩，志在內也；利見大人，以從貴也。

向前行會有險難，返歸靜守可建大功，可獲吉祥，應全力支持領導者共創有利局勢。象曰：向前行有險返回可建功，因其心志在於內部力量的整合；協力支持主導者，是指上六引導九三共同追隨九五的領導。

【補充說明】

- 上六居蹇之極，唯物不可終難；往往在險難窮極之時，才會看到有利的徵兆，因此絕對不可消極喪志。

- 適時退讓一步，反而讓眼界更為開闊，不但可以少走冤枉路，甚至因禍得福，從山窮水盡看到柳暗花明，重現新的希望。（錯，38 睽上九）

- 平時不斷推演預判可能出現的狀況，以便備妥解決方案；一旦出現難題，才能胸有成竹，隨時隨地都能得心應手。（綜，40 解上六）
- 聲望夠高但能力不足，仍可發揮影響力，促成團隊向心而邁向成功，足以說明：人不可有傲心，但不可無傲骨；成功值得慶賀，但不可自滿。（互，64 未濟上九）
- 團結一致，集中實力，乃濟蹇成功的重要因素，其中關鍵人物為有名望但無實權的上六，其言行舉止足以為後人學習的榜樣。（之，53 漸上九）

爻旨：在脫離蹇難關鍵時刻，資深元老能放下身段協調整合內部實力，結合賢能之士，團結一致共出險難。

《序卦傳》蹇者，難也，物不可以終難，故受之以解。

蹇，是指難以行動。在日常生活當中，每天多少會遇到一些窒礙難行的歹小狀況在困擾我們；這些阻力如果不能及時排除，便無法順利工作。此時，如果有人一時想不開或盲目衝動，往往會造成難以收拾的殘局；所以，需要有人適切的提醒，同時也必須拿出可行的辦法，才會得到必要的緩解。接下來，我們繼續討論下一卦，在「解」卦的情境當中，探討為了解決問題應如何事先布局？解決問題過程中應注意哪些事？如何才能避免造成事倍功半，甚至徒勞無功？

40 ｜解卦：解決問題的錦囊妙計

表 2-40　解卦要點提示

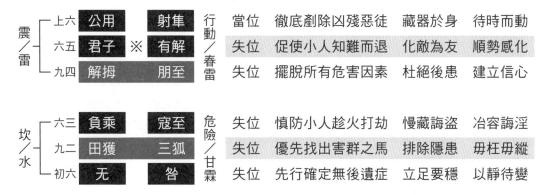

震／雷	上六	公用	射隼	行動／春雷	當位	徹底剷除凶殘惡徒	藏器於身	待時而動
	六五 ※	君子	有解		失位	促使小人知難而退	化敵為友	順勢感化
	九四	解拇	朋至		失位	擺脫所有危害因素	杜絕後患	建立信心
坎／水	六三	負乘	寇至	危險／甘霖	失位	慎防小人趁火打劫	慢藏誨盜	冶容誨淫
	九二	田獲	三狐		失位	優先找出害群之馬	排除隱患	毋枉毋縱
	初六	无	咎		失位	先行確定無後遺症	立足要穩	以靜待變

【卦象與讀法】

下卦坎，坎為水；上卦震，震為雷，全卦讀成「雷水解」。

【卦時】

- 「解」字本義有溶化、鬆開、排除、釋疑、說明等意涵。
- 《雜卦傳》：解，緩也。一旦誤入險境，必須想辦法迅速脫險而出；但著手進行時卻急不得，應當以抽絲剝繭的方式，一點一滴的把所有關鍵問題逐次的解開，才不會亂中添亂。
- 解卦也可用「普降甘霖」、「清理門戶」、「擺脫糾纏」以及「藏器於身，待時而動」等這些類似的概念來引申與推論，或者也可以用「排憂解難，堅持到底」的情境來比擬。

【卦辭】

解：利西南，無所往，其來復吉，有攸往，夙吉。

解卦，象徵化解困難。轉向西南平順之路，是指化解困難時要順勢用柔。如果沒有必要就不須多事，回到原地靜求待命可獲吉祥；一旦有事便即刻前往，而且要把握時間及早處理。

【彖傳】

化解險難，是指身處危險而行動，但行動時可以避免危險，故稱之為解卦。化解險難時，因能順勢用柔而有所作為，必得眾人的協助；回到原地靜處待命可獲吉祥，是指此舉合宜適中。一旦有情況便即刻前往，並及早排除，是指如此做可建立功業。天地陰陽協調化解封閉，於是雷雨興作；雷雨興作，於是百果草木的種子都綻開萌芽生長。化解險難之時的意義，是多麼的重大！

【補充說明】

- 解卦初至五爻皆失位，僅上爻當位，旨在說明，既然要解決問題，就要做得徹底，不可半途而廢，否則還不如不做。
- 出現狀況必須設法解決，而且要面對現實針對問題；不可馬馬虎虎或虛與委蛇，否則，只是一種政客作秀的行為。
- 解決問題必須針對重點、掌握時機、講究時效，同時要以光明磊落的態度進行，不可遷就非理性的要脅與糾纏，避免讓野心分子有機可乘。
- 解決重大危機，首先要得到相關的協助與配合，同時了解問題性質，分析關鍵因素，再採取適當的方案，避免造成二次傷害。
- 要依輕重緩急的順序，重要且緊急的事優先解決，不重要也不緊急的事暫時放一邊，重要但不急的事擇期安排時間處理，緊急卻不重要的事利用工作空檔處理。

【大象】

開始打雷，接著又降雨，象徵旱象已得到緩解的解卦；君子體會上天好生之德，赦免無心之過，並且輕罰有罪之人。

【補充說明】

- 下卦坎，坎為水、為險；上卦震，震為雷、為動。故有雷雨大作、旱象解除，以及雖然仍有危險，但已經可以開始行動之意涵。

- 久旱逢甘雨，乃人間瑞象。上天既有好生之德，待人處世也要考慮得饒人處且饒人；對於少數無心之過或有心悔改的犯者，應令其有重新做人的機會，予以赦免或減輕其刑。

【爻辭 / 小象】

初六：**无咎**。象曰：**剛柔之際，義无咎也。**

解除險難之始，情況不明朗，不能有絲毫差錯。象曰：不能有絲毫差錯，是指得到剛柔並濟，理當不會有災害的。

【補充說明】

- 初六才柔位卑，短期間不足以解決各種問題，但上比九二，上應九四，象徵能接受上司的指導並全力配合，將有利於日後工作的推展。
- 排危解難要注意防患未然，行動才能順利，並能主動排除不利的因素，千萬別在尚未行動之前，出差錯給大家增添麻煩。(錯，37 家人初九)
- 第一步踏出去就必須步入正軌，發現任何不妥的情況，應及時停下讓大家都能了解而有所警惕，往後的行程才能順利進行。(綜，39 蹇初六)
- 任何排難解危的行動，應先預判可能會出現的情況，並備妥應變措施；即便有萬全把握，也必須確定安全無虞才能行動。(互，63 既濟初九)
- 雖然地位不高且欠缺經驗，若有高度警覺與萬全的準備，凡事遵循長官指示，也可勝任參與排危解難的工作。(之，54 歸妹初九)

爻旨：排除險難之初，應先確定沒有任何後遺症與無後顧之憂，先求立於不敗之地，然後才能以靜待變。

九二：**田獲三狐**[1]，**得黃矢**，**貞吉**。象曰：**九二貞吉，得中道也。**

欲解除險難，應先找出潛在的危安因素，就像田獵時捕獲幾隻潛伏的狐狸，並具備中正剛毅的德行，堅守中道可獲吉祥。象曰：九二守正可得吉祥，是因為所採取的行動皆能持中不偏。

1　「狐」，是指奸詐小人。「三」應解讀為「許多」，或指初六、六三、上六三陰爻為狐。

【補充說明】

- 九二剛居柔位，有見龍在田之格，且居中與六五相應，象徵得到充分授權，以便展現才華並以公正無私的作風，掃除潛在危害的因素。
- 做正當的事不求任何回報，不碰觸與當前問題無關之事，百分之百配合施政方針，展現負責到底的氣度與風範。（錯，37 家人六二）
- 重大險阻與災難，雖不是自己所造成，但能以組織成敗為己任，全力配合共同攜手合作，排除障礙解決當前所遇到的問題。（綜，39 蹇六二）
- 為達到排除險難的目標，必須付出相當代價，因此更應要著眼於全局，不可因眼前瑣碎小事影響整體的行動。（互，63 既濟六二）
- 排危解難應注意組織內部潛在的問題，應仔細分析各個細節與關鍵的危安因素，設法讓藏匿在陰暗處的隱患無所遁形。（之，16 豫六二）

爻旨：排除險難的過程中，要特別注意暗中扯後腿的惡勢力，優先將其一一的揪出來加以懲治或排除。

六三：負且乘²，致寇至，貞吝。象曰：負且乘，亦可醜也；自我致戎，又誰咎也？

小人背負重物卻乘坐華麗轎車，必招致盜賊覬覦，應當堅守本分以免造成遺憾。象曰：小人背負重物卻乘坐華麗轎車的行為，也太醜陋了；自己太招搖而惹來的禍患，又能怪誰呢？

【補充說明】

- 六三不中不正，凌乘九二，象徵小人竊據要職，就像一個不自量力、到處惹是生非與趁火打劫，行徑又笨又壞，勢將成為人人鄙視的對象。
- 鄉愿縱容，造成養虎貽患；過於嚴苛，雖然讓人感到緊張，但卻可維繫組織的純正與安定，也能使一肚子壞水卻沒膽的人，不敢胡作非為。（錯，37 家人九三）
- 剛解決一個問題，接著又面臨更大的災害；遇到這種情況，應當靜下心來自我反省，察看自己的行為是否有不當之處。（綜，39 蹇九三）
- 小人的特色是吃軟怕硬、欺善怕惡，以及畏威不懷德，就算立了大功，也

2　「負」背負重物，指平民負重步行奔走。「乘」乘車，指有身分地位者所使用的國家名器。

只能賞錢打發不可以重用，否則只會養虎貽患。(互，63 既濟九三)

- 承平時期人模人樣，逢亂世便露出猙獰面孔；出現外患則聞風喪膽，危機解除又開始生龍活虎。這種性格的形成，是自小養成而根深柢固，根本無法導正，應列為重點剷除的對象。(之，32 恆九三)

爻旨：解決問題期間，應慎防小人趁火打劫並緝拿懲治；君子若因疏忽而造成開門揖盜的行為，更不可原諒。

九四：解而拇，朋至斯孚。象曰：解而拇，未當位也。

解除腳拇趾的疾患，象徵排除小人集團的糾纏，其他的朋友才會誠心來相助。

象曰：要擺脫小人集團的糾纏，因為目前正處於不利的地位。

【補充說明】

- 九四失位，下與六三正比，代表身居要津卻被小人們爭先恐後攀附；所以，初六不敢前來相應，九二也心存疑慮而卻步向前。故應儘早將六三的問題解決，才能得到基層群眾的應和。
- 要讓團隊成員捐棄己見，配合政策指導，應先滿足其最基本的生存需求，同時也讓投機分子，再也沒有不配合的藉口。(錯，37 家人六四)
- 先整合內部取得一致目標，然後重新出發，可讓團隊成員的步調一致，改變之前不利的情勢，有利於往後工作的推動。(綜，39 蹇六四)
- 奸邪小人有如寄居社廟當中的老鼠[3]，欲剷除而後快，但又擔心造成無辜的受害，因此要時時保持戒慎恐懼與待命狀態。(互，63 既濟六四)
- 奸邪之徒擅長偽裝欺騙，欲剷除這種隱藏於組織當中的小人，應當講求以迂為直的策略，不拘一格的靈活調度，才能達成解除隱患的目標。(之，07 師六四)

爻旨：完全擺脫內部小人的暗中掣肘，才能夠讓群眾建立信心，同時也可避免在解決問題的同時，又不斷出現新問題。

六五：君子維有解，吉，有孚于小人。象曰：君子有解，小人退也。

3　出自《晏子春秋》。社廟中的老鼠，用煙火燻則怕燒毀木材，用水灌又恐毀壞塗泥。比喻依附權勢而不易被剷除的奸邪小人。

君子要抱持堅定不移的決心解除險難，是吉祥的，而且還能以誠信感化小人。

象曰：只要君子能夠解除險難，小人的作風必隨之而改正。

【補充說明】

- 六五柔居君位的團隊領導人，應具備捨我其誰的精神，率先躬行引領群眾，任用賢能之士充分授權，使奸邪之徒願意改邪歸正並從善如流。
- 想促成團隊成員之間良性的互動，領導者應先培養善良的風俗，並輔以中道精神感召無知小人，建立長久和諧的關係。（錯，37 家人九五）
- 行為正當、低調謙卑，加上行動有所節制；因此只遇到重大阻礙，都會得到貴人挺身相助，也使得不肖之徒也能及時覺悟。（綜，39 蹇九五）
- 講究排場的奢靡行為，骨子裡根本就是在掩飾內心的空虛；若能改變這種陋規，便能壓制虛華不實之徒，使其不再繼續占據舞台而尸位素餐。（互，63 既濟九五）
- 危機尚未解除，行動仍受掣肘，更應發揮堅強的毅力，展現最大的包容，讓游移不定的人信服，使其幡然悔悟而歸順。（之，47 困九五）

爻旨：當君子之道漸長，小人之道漸消，應順勢以柔中之德感化小人，使其知難而退，以減少資源的浪費。

上六：公用射隼[4]於高墉之上，獲之，无不利。象曰：公用射隼，以解悖也。

王公將盤踞城牆高處的惡鳥射下，象徵從根本上解除險難；一舉射中，無所不利。象曰：王公將盤踞城牆高處的惡鳥射下，是指可以緩解悖逆者所造成的危害。

【補充說明】

- 上六居卦之終，且為唯一當位之爻，象徵解決問題應以結果論定，是一種相當務實的作風。
- 施以剛柔相濟、恩威並施的主要著眼，乃針對形形色色的群眾，要具備軟硬兼施的本事，保留必要的威懾，來輔佐與鞏固領導中心。（錯，37 家人上九）
- 遇到重大阻礙，由老謀深算的大老出面協調整合，或可退回原點重新來過，將可得到意想不到的結果，順利解決難題。（綜，39 蹇上六）

4　「隼」，惡鳥，是指行為乖張凶惡的小人。

- 面對險境不會慌張，但事情圓滿之後反而開始緊張；因為成熟老練的人，能深切了解初吉終亂的道理，因此事已成，更不可得意忘形，要慎防生變。(互，63 既濟上六)
- 當勝利在望，更應以行百里半九十的心情行事面對，否則易造成功敗垂成的遺憾；即使事已成也要謹防生變，千萬不可因樂極而生悲。(之，64 未濟上九)

爻旨：清除高高在上、積習難改的惡徒，唯有經驗豐富及有備無患的大老，因隨時藏器於身、待時而動，故能得心應手的完成任務。

《序卦傳》：解者，緩也，緩必有所失，故受之以損。

解，是指緩解。處理窒礙難行事件，排除單位內部的阻力，或解決其他棘手的問題，都是領導者責無旁貸的職責，甚至可以說是常態性的工作。然而，處理的過程中，勞心勞力在所難免，而且會付出相當的代價。如果處理得不夠周延，那麼，為了解決一個問題，極可能在另一個地方出現新的問題而得不償失。所以，接下來，我們繼續討論下一卦，在「損」卦的情境當中，了解為何要自損以增加整體的利益？高層為了充實整體實力而減損基層利益時，應把握哪些重要的原則？

41 ｜損卦：遠離災害的不二法門

表 3-11　損卦要點提示

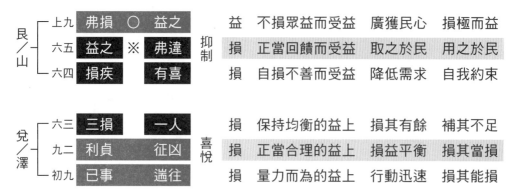

艮／山	上九	弗損 ○ 益之		益	不損眾益而受益	廣獲民心	損極而益
	六五	益之 ※ 弗違	抑制	損	正當回饋而受益	取之於民	用之於民
	六四	損疾　有喜		損	自損不善而受益	降低需求	自我約束
兌／澤	六三	三損　一人		損	保持均衡的益上	損其有餘	補其不足
	九二	利貞　征凶	喜悅	損	正當合理的益上	損益平衡	損其當損
	初九	已事　遄往		損	量力而為的益上	行動迅速	損其能損

【卦象與讀法】

下卦兌，兌為澤；上卦艮，艮為山，全卦讀成「山澤損」。

【卦時】

- 「損」字本義有減少、喪失、消耗等意涵。
- 《雜卦傳》：損、益，盛衰之始也。就損卦言，因察知己身弱點而能及時自損不善，因而轉衰為盛；或謂過度損民之利而增益於己，乃政權由盛轉衰之始。因此，高層要求基層減損而增益於己，應當合情合理；而基層減損施益於上，必須適時適切量力而為。
- 損卦也可用「損下益上」、「取之於民」、「毀家紓難」、「有捨有得」以及「為道日損」與「善根暗長，惡損潛消」這些類似的概念來引申與推論，或者也可用「自損不善，損極必益」的情境來比擬。

【卦辭】

損：有孚，元吉，无咎，可貞，利有攸往。曷之用？二簋可用享。

損卦象徵自我減損，若能心懷誠信，可大獲吉祥且無災害，可以守持正道，有所前往必將有利。要如何表現自損益上的心意呢？只要心存誠敬，用簡單兩碗，也就可以當成祭品來獻祭。

【彖傳】

彖曰：損，損下益上，其道上行。損而有孚，元吉，无咎，可貞，利有攸往，曷之用？二簋可用享。二簋應有時，損剛益柔有時。損益盈虛與時偕行。

所謂減損，是指減損基層的利益，用來增益上層的需求，也就是下層自損益上，所以卦辭說，誠心誠意的自我減損，以至為吉祥、沒有災害，並能堅守正道，是指如此作為才能得利。至於要如何表現自損益上的心意呢？用簡單的兩碗祭品即可。這是指簡單隆重的行為，必須用在適當的時機，即便減損剛強、增益柔弱也要應合其時。舉凡事物的減損與增益，或盈滿與虧虛，都是配合大自然的法則進行。

【補充說明】

- 損卦教人自損不善，減少過失，是修養品德的主要手段，初始較難適應，日久便成習慣；也由於能夠減少欲望，因此能遠離災害。**故《繫辭傳》有言：損，德之修也，先難而後易，且能遠害也。**

- 財富增加，便能自損而行財施；學識能力提升，應不吝嗇教化而行法施；掌握更多的權力之後，則要放下身段，行無畏施。

- 救人要先確定自己安全，幫助別人應考慮對方的感受與需要，同時也要衡量自己的實力與立場，而所付出的一切必須是合情合理，讓施與受雙方都心安理得。

- 由於政局穩定，百業興盛，民眾所得也大量提升；此時，政府為了改善公共設施而增加稅收，民眾自然不會有怨言，並且樂意配合。

【大象】

象曰：山下有澤，損，君子以懲忿窒欲。

損去澤中之土以堆高山丘，或澤水自損滋潤山上叢樹，象徵損下益上的損卦；君子的心思要像高山上的天池，保持安詳平靜的情緒而不發怒；言行如穩健高山，能夠行所當行、止所當止的清心寡欲。

【補充說明】

- 下卦兌，兌為澤、為悅；上卦艮，艮為山、為止。故有內心喜悅，行為節制之象。

- 高層對下的征用，要合情合理而有所節制，使基層心甘情願的配合；基層受命益上，也應竭盡所能的付出而不應有太多怨言。
- 懲忿有如摧山之艱，亦有救火般之急切；窒欲有如填壑之難，亦有防水般之急需[1]。

【爻辭／小象】

初九：已事遄[2]往，**无咎**，酌損之。象曰：已事遄往，尚合志也。

停下手邊的工作，迅速前往協助，不會有災害，但要斟酌情況，適度付出。象曰：停止手邊的工作，儘速前往，是指能與上司的心志相應和。

【補充說明】

- 初九與六四相應且雙雙得正，象徵地位雖卑，但與上司有高度默契，有自損陽剛之餘力，以及把握以剛濟柔的本質，故應適時適切、合情合理回應上司的需求。
- 即使雙方已有默契，同意由一方自損來增益另一方，但也要考量主觀的條件與客觀的情勢，避免表錯情與會錯意。（錯，31 咸初六）
- 所承接的工作，若遠超出自己身分地位與能力範圍，就必須要有適當的外援與其他方面的配合，工作才能順利圓滿完成。（綜，42 益初九）
- 萬一太過衝動而自損過度，造成本身挫折，應及時調整，以免積重難返，但務必記取經驗教訓，應先自保才能付出。（互，24 復初九）
- 損己益上的途徑很多，在勢單力薄的情況下，不妨先出個面、捧個場，展現自己的誠意，順便了解更多的訊息以增廣見聞。（之，04 蒙初六）

爻旨：基層人員受命益上，行動要迅速，但要量力而為，應在一定能力限度範圍內付出，方能長久維持正常的關係。

九二：**利貞，征凶**；弗損益之。象曰：九二利貞，中以為志也。

固守正道方能得利，冒然出手必有凶險；有些時候，不需自我減損，便可達成益上的目的。象曰：守持正道而有利，是指九二能堅守中庸之道的精神，並作為自

---

1 引用《格言聯璧・存養類》。原文：懲忿如摧山，窒慾如填壑；懲忿如救火，窒慾如防水。
2 「遄」音「船」，有往、疾、飛、很快、迅速等多重意涵。在此以迅速解。

己的志向。

【補充說明】

- 九二居中以剛履柔，與六五正應，象徵基層主管與高層之間保持供需平衡，不必刻意自損益上，只要維持均衡狀態，能把握當損則損，不當損則不損的原則。
- 過於感性或欠缺理智判斷而急於自損付出；這種火中取栗的個性，易遭有心人的利用，將成為詐騙集團日夜搜尋的對象。（錯，31 咸六二）
- 本該自損益上，卻不預期獲得上司的贈益，千萬不可得意忘形，宜慎重其事了解上司的意圖，並且要正當合理的運用。（綜，42 益六二）
- 發現先前的行為可能有偏差，所以要重新確認，受益的對象與內容是否合宜？以非常努力的在做一些損人不利己的事。（互，24 復六二）
- 為討博取損己益上的美名，暗中向下搜刮民脂民膏，根本就是欺下瞞上的小人，只有昏庸的領導才會欣賞這種下屬。（之，27 頤六二）

爻旨：損下益上須兼顧合法性、正當性與必要性；若不須自損亦能益上時，則無須自損，方能使損益之間保持供需平衡。

六三：三人行，則損一人，一人行，則得其友。象曰：一人行，三則疑也。

三人同行，其中一人將遭排擠；一人獨行，則容易得到朋友。象曰：一人獨行，可以專心求合；而三人同行，久了便開始會相互猜忌。

【補充說明】

- 損自泰來。泰卦下三陽本結伴同行，九三與上六互調後，則成上九與六五正比，說明三人同行，其中一人易遭孤立，離開後反而容易找到合作的對象。
- 沒主見的人不會獨立思考與判斷，容易從眾行動，以致該付出不付出，不該付出卻窮大方，這種人最容易遭人當槍使。（錯，31 咸九三）
- 各方善款須統一管制，用在最急需或重點方面，堅持物盡其用的原則與透明化的作業程序，以免造成同事之間的猜疑。（綜，42 益六三）
- 損己利人的行為要正當合理，不可勉強湊數；否則一邊付出，同時又表現心不甘情不願，非但破壞團隊和諧，也會抵銷之前所做的努力。（互，24 復六三）

- 條件足夠則有條件照顧他人，但也要考量實際需要，以維持損益之間的均衡，才不會因濫施而造成反效果。（之，26大畜九三）

爻旨：損其有餘，補其不足，可保持陰陽和諧的均衡狀態，也是一種避免衝突與相互猜疑的必要措施。

六四：損其疾，使遄有喜，无咎。象曰：損其疾，亦可喜也。

主動減損自己貪欲的毛病並降低需求，讓別人心存喜悅而迅速前來協助，必無災害。象曰：減損貪欲與降低需求，可使眾人皆大歡喜。

【補充說明】

- 六四陰柔當位，凡事成功不必在我，但使命任務必須達成。是一位能夠體諒群眾的高層官員，設法減少高層需求，先行改善組織缺失，以便減少基層負擔，因此能夠順利獲得基層的支援。
- 受益的高層幹部，應正確分辨哪些是正當或不正當的收益，同時也不可存有私心自用，才會讓基層心甘情願的自損益上。（錯，31咸九四）
- 如何妥善運用龐大資源，將來應如何回饋基層，必須優先考慮群眾實際需要，因此要先徵詢各方意見，不可私心自用。（綜，42益六四）
- 不受人云亦云的干擾，能夠當機立斷為所應為，果敢捨棄無必要的工作項目，可大幅降低需求也能滿足實際的需要。（互，24復六四）
- 損下益上的過程中，難免遇到對政策有誤解而不願配合者，必須誠心誠意面對面的溝通說明，爭取獲得對方的諒解。（之，38睽九四）

爻旨：能夠自損不善，或自我約束，容易得到別人的尊重與協助；需索無度，或過度依賴，則容易遭群眾的鄙視與抗拒。

六五：或益之十朋之龜，弗克違，元吉。象曰：六五元吉，自上祐也。

有人進獻昂貴的大禮，乃正當收益，不可推辭，會有最大的吉祥。象曰：能獲得普天下的助益而大獲吉祥，等於受到上天的祐助。

【補充說明】

- 六五上承上九，下應九二，象徵領導者施以無為而治的作風，無私無欲行事光明磊落，能慎重處理基層所贈益的寶貴資源。
- 公正無私、頭冷心熱的性格，是標準的組織領導人，雖略顯冷漠，但對資

源的分配運用，能夠做到合情合理，恰到好處。(錯，31 咸九五)

- 居上位者濟人利物，宜居其實，不宜居其名[3]，組織領導人應以誠信相交而互惠的精神施惠於民。(綜，42 益九五)
- 心地虔誠，時時以敦厚之心自我省思，即便收受價值非凡之禮，也是取之於民用之於民，而不會有任何不利的後遺症。(互，24 復六五)
- 領導者在眾人內心建立不可動搖的誠信，可讓組織成員樂於參與公務，也能夠誠懇坦蕩，勇敢面對現實。(之，61 中孚九五)

爻旨：領導者本身就是組織當中受益的法定代表，同時也能將資源取之於民，用之於民。

上九：弗損益之，无咎，貞吉，利有攸往，得臣無家。象曰：弗損益之，大得志也。

不必減損下民，甚至可以增益於下，必無災害，堅守當損則損，當益則益的原則必得吉祥；如此作為必然有利，會得到天下臣民捨身忘家。象曰：不減損下民而能增益於下，此舉將可完成施惠於天下的志向。

【補充說明】

- 上九居損卦之極，象徵損極必益，無論是個人或團隊，若能秉持「施比受更為有福」的觀念付諸行動，則社會祥和、人人受益。
- 不能以身作則，全靠一張嘴要求別人奉獻，絕對無法讓眾人心服口服；因此地位愈高，愈應展現率先躬行的風範。(錯，31 咸上六)
- 不斷受益而養成貪得無厭的習性，會讓人感到厭惡，甚至遭致眾叛親離；故受惠時，應先衡量實際需求，該接受才接受，該回饋要立即回饋。(綜，42 益上九)
- 希望先發財再來行善，或藉行善而能發財，皆屬不當的動機；類似這種貪婪行為，乃違反損益平衡的原則，實不足取。(互，24 復上六)
- 以至為忠實敦厚的心態待人，使人人知恩圖報並絕對效忠，無論採取任何行動，都能有條理而不至於出現不利的後遺症。(之，19 臨上六)

3　出自《菜根譚》。原文：士君子濟人利物，宜居其實，不宜居其名，居其名則德損；士大夫憂國為民，當有其心，不當有其語，有其語則毀來。

《序卦傳》：損而不已必益，故受之以益。

資源不可能永遠只出不進，如果長期付出，就必須在適當時機得到必要的補充與收益，以維持平衡狀態。但如果把眼光放大、視角拉高，可以看得出，有些無私無己的奉獻，最終反而成為最大的受益者，因為有進有出以及上下交流持續成長茁壯，才會讓大家真正受益。所以，接下來，我們繼續討論下一卦，在「益」卦的情境當中，了解應該如何適度的受益，以及如何適時的施益於人，這樣做不但可以利益眾生，也可避免無形中得到不當的利益。還有，萬一不小心動了貪念而做出不得體的行為，將會遭到哪些可怕的報應呢？

42 ｜益卦：成就大業的必備條件

表 3-12 益卦要點提示

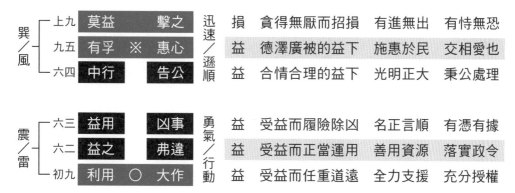

巽/風	上九	莫益	擊之	迅速/遜順	損	貪得無厭而招損	有進無出	有恃無恐
	九五	有孚 ※ 惠心			益	德澤廣被的益下	施惠於民	交相愛也
	六四	中行	告公		益	合情合理的益下	光明正大	秉公處理
震/雷	六三	益用	凶事	勇氣/行動	益	受益而履險除凶	名正言順	有憑有據
	六二	益之	弗違		益	受益而正當運用	善用資源	落實政令
	初九	利用 ○ 大作			益	受益而任重道遠	全力支援	充分授權

【卦象與讀法】：

下卦震，震為雷；上卦巽，巽為風，全卦讀成「風雷益」。

【卦時】

- 「益」字本義有增加、受益、輔助等意涵。
- **《雜卦傳》：損、益，盛衰之始也。** 就益卦言，如果老是接受別人增益，容易造成腐敗怠惰而轉盛為衰；或謂因適度自損而益下，以便滿足基層需要，將可轉衰為盛。故高層自損而施益於下，應置於最關鍵、最急切之處；而基層獲益之後，不可將有限資源隨意濫用。
- 益卦也可用「損上益下」、「用之於民」、「戒之在得」、「利人利己」以及「為學日益」與「施人勿念，受施勿忘[1]」等這些類似的概念來引申與推論，或者也可用「積德興利，益極則損」的情境來比擬。

【卦辭】

益：利有攸往，利涉大川。

1　引用《座右銘》。東漢・崔瑗。原文：施人慎勿念，受施慎勿忘。

益卦象徵利益眾生，此舉將有利於推展各種活動，也可以順利的渡過各種艱難困阻。

【彖傳】

彖曰：益，損上益下。民說無疆，自上下下，其道大光。利有攸往，中正有慶；利涉大川，木道乃行。益動而巽，日進無疆。天施地生，其益無方。凡益之道與時偕行。

所謂增益，是指減損上層以增益下層社會，民眾因得到好處而喜悅，居高位而能體恤基層並廣於施惠於下，其德澤大為光明。有所作為必然有利，是指領導者言行中正而不偏，故有喜慶。至於可渡越艱險，是指如此做的話，就如同乘舟順利渡河。採取增益的行動能秉持遜順的態度，因此功業日新又新無有限量。就像上天普施德澤，大地受益化生，增益的作用與方法無所不在。綜觀增益的道理，都是配合大自然運行的時序進行。

【補充說明】

- 益卦教人增進美德，端正言行，是充實品德的手段，有此美德能自然廣施而不需刻意表現，便可順利無誤的利益眾生。**故《繫辭傳》有言：益，德之裕也，長裕而不設，且能興利。**

- 在上者自損益下，在下者受益之餘必回饋於上；所以，損與益兩卦是相互轉化互補有無，只是先後順序不同而已。

- 為了進行光合作用，樹葉忍受烈日曝曬而轉為養分，然後向下傳送至樹根，根部得到滋養茁壯長得更深更遠，自然可以吸收更多的水分，再往上輸送到樹葉。這一來一回，就如同損與益之間的正常互動。

- 高層如同鞋子的款式與外觀，基層如同鞋子的底部；款式與外觀講求造型與美觀，鞋底講求牢固與耐磨。如果無法兩全其美，應優先滿足基層的實際需求，高層才能保有政權的正當性。

【大象】

象曰：風雷，益；君子以見善則遷，有過則改。

風烈則雷迅，雷激則風怒，二物相益，象徵互增氣勢的益卦。君子看到好榜

樣，要效法陣風的迅速，毫不猶豫的遷善；發現自己有錯，應效法震雷的氣魄，堅決果斷的改過。

【補充說明】

- 下卦震，震為雷、為動；上卦巽，巽為風、為入。故有雷風相互應和、相互增益，以及居上者以遜順的姿態，善待動盪不安的下民，有損上益下之意涵。

- 為了提升自己的能力，改善自己的形象，以及提高工作績效，應有堅定的決心與毅力，迅速向善知識學習，勇於認錯並改正自己的行為。

【爻辭 / 小象】

初九：利用為大作，元吉，无咎。象曰：元吉无咎，下不厚事也。

得到高層的增益，可做一番大事；但必須不負眾望，成果必須至為圓滿而吉祥，方得以無災害。象曰：既然要做，就要有絕對的把握，而無災害；是指居位在下，原本是不能勝任大事的。

【補充說明】

- 益卦自否而來，初九原為九四，今下放至底層，故有能力獨當一面而大有作為，如同小兵要立大功，須有特殊的條件，或得到適當的支援，才能把所交付的事情做好。

- 雖然名正言順，但初始就冀望一步登天是非常的不實際，所以，行動固然要積極，但目標不可太過浪漫而不切實際。（錯，32 恆初六）

- 受命執行重要工作要勇於承擔，但也必須量力而為，應先期再三盤點是否完成所有準備，否則不可冒然行動。（綜，41 損初九）

- 魔鬼往往藏在細節當中，就算得到支援與授權，仍應優先排除可能影響工作的所有不利因素，在行動之前就應杜絕後患。（互，23 剝初六）

- 聲望與地位低下，眼光自然受限，但小兵所以能立大功，乃因有獨到的天賦與得到充分支援與其他特殊條件的配合。（之，20 觀初六）

爻旨：雖然地位不高能力有限，若能得到全力支援與充分授權，仍可從事特殊性的重大任務。

六二：或益之十朋之龜，弗克違，永貞吉，王用享於帝，吉。象曰：或益之，自外來也。

得到賞賜昂貴的大禮，是不可以推辭的，但心中永遠保持正道，可得吉祥；受命代行享祀天帝，必得吉祥。象曰：有人賞賜與贈益，是指此一大禮乃來自於高層的安排。

【補充說明】

- 六二居中得正，與九五正應；表示接受這貴重的禮物，應該與自己的頂頭上司有關，應將其運用在最適當之處。
- 上級對自己的賞賜，並不單純只是一種獎勵，而是要讓自己的事業更上層樓，因此要積極妥善運用，不可造成任何差錯。(錯，32 恆九二)
- 基層主管必須貫徹上級政策，但也不應太過苛求自己，或勉強做一些遠超出自身的能力，或權責範圍以外的事。(綜，41 損九二)
- 某些情況下，之所以得到上級重賞，並非自己有功，而是單位潛藏某些缺失有待改正，須要藉由此舉，表面獎勵實則暗中鞭策，以兼顧團隊士氣的維護。(互，23 剝六二)
- 有限資源必須有效推廣運用，讓受益者人人都知道應該珍惜，讓組織成員能夠體會最高領導階層的良法美意。(之，61 中孚九二)

爻旨：得到上級重大獎賞與資源，要用心體會其真正用意，並且要慎重妥善的分配運用。

六三：益之用凶事，无咎，有孚中行，告公用圭[2]。象曰：益用凶事，固有之也。

將所受益的資源，用在掃除凶險的事務，沒有災害；但要心懷誠信，並持中行事，以及持有授權的玉圭用來稟報王公大臣。象曰：得到增益而從事掃除凶險的事務，乃是為了維護既有的成果。

【補充說明】

- 六三以柔履剛，執行例外工作或便宜行事之前，應有必要的授權，並持有

2　「圭」音「龜」。古代諸侯在大典時所持的一種玉器，在此解讀為信物，如同今日的通關憑證或搜索票等證明文件。

信物為憑，以確保在執行時的合法性。

- 奉命執行特殊任務，必須要有乾綱獨斷的精神與擔當；因此要持之以恆守住品德操守，以及堅持執行到底的決心。（錯，32 恆九三）

- 掃除凶險工作，有如包拯受命調查朝中權貴弊案，除了要具備堅定的信念與擔當外，也要兼顧平衡各方立場，以免陷入相互猜忌與相互利用的惡鬥。（綜，41 損六三）

- 實際上根本無力出手解危，但為了長遠發展，必須放手冒險一搏。面臨這種兩難抉擇，需要深謀遠慮的智慧與捨我其誰的膽識，方能做出決斷。（互，23 剝六三）

- 掃除凶險工作不可稍有鬆懈；寧可得罪少數，也不可忽視眾人福祉；寧可犧牲自己利益，也不可影響組織正常運作。（之，37 家人九三）

爻旨：奉命執行特殊危險任務，必須要有憑有據以求名正言順，保證工作能順利安全進行。

六四：中行，告公從，利用為依遷國。象曰：告公從，以益志也。

持中慎行，向上秉告王公使計策受到採用，利用相互信任的關係，促成遷徙國都的大業。象曰：上告王公獻計受用，因有施益下民的心志。

【補充說明】

- 六四當位，上承九五，象徵高階輔佐人員，奉命推動所有重大工作，先捐棄成見才能整合各部門的意見，充分展現損己利人的風範。

- 重大政策的制定，應多方徵詢意見，但也不能偏離既定政策，否則的話即便努力執行而圓滿完成，也將是徒勞而無功。（錯，32 恆九四）

- 提出建議之前，應再三評估分析，所提出的方案是否將之前的缺點都已改進完畢？是否合情合理與合乎實際需要？（綜，41 損六四）

- 組織已受到不良風氣的嚴重腐蝕，則不應有太多顧慮，要及時提出撥亂反正的建言並採取行動，否則將會全面性的瓦解。（互，23 剝六四）

- 處理攸關國家長遠發展的工作，應秉持公正無私的態度與臨淵履薄的精神，不存任何妄想，方能經得起考驗。（之，25 无妄九四）

爻旨：攸關重大決策的建議與執行，要光明正大秉公處理，爭取當局的信任與重用，才能將德澤充分施惠於民。

九五：有孚惠心，勿問元吉，有孚惠我德。象曰：有孚惠心，勿問之矣；惠我德，大得志也。

用最大的誠意展現施惠於民的心願，毫無疑問是最吉祥的，民眾將用至誠之心回饋。象曰：以誠意展現施惠於民的心願，不用問也知道必獲最大吉祥，因為民眾能充分體會到領導者施益於下的心志。

【補充說明】

- 九五中正，與六四正比，與六二正應，領導人以百姓之心為心，記取「天下兼相愛則治，交相惡則亂[3]」的古訓，因此組織上下之間，能夠水乳交融，瀰漫滴水之恩，湧泉相報的風氣。

- 施在我有餘之惠方可以廣德；留在人不盡之情可以全交[4]，故不可淪為散財童子，應考量實際需要並合情合理的益於下。（錯，32 恆六五）

- 政府施政流程，乃取之於社會，用之於社會的原則；因此，獲得大量資源，應有效轉化運用，創造更有價值的成果。（綜，41 損六五）

- 領導人運用既有影響力，號召身旁的人參與政策制定，促使更多的群眾支持鞏固領導中心，共同改變不利的情勢。（互，23 剝六五）

- 為了施展抱負創造嶄新格局，可依狀況通權達變，以虛己求賢的態度號召各方賢能共同參與，展現施惠於民的初衷。（之，27 頤六五）

爻旨：能夠禮賢下士，員工們便可安心自在的工作；能夠得到群眾的擁戴，領導者才能順利推動各項政令。

上九：莫益之，或擊之，立心勿恆，凶。象曰：莫益之，偏辭也；或擊之，自外來也。

得不到別人的助益，甚至受到攻擊，是因為不能持之以恆的以誠待人，故有凶險。象曰：得不到別人的協助，是因為其心志狹隘，言論偏激不實；遭受到攻擊，都是來自身旁不滿其言行的人。

3　出自《墨子・兼愛上》。

4　出自《格言聯璧・接物類》。是指在能力範圍內幫助人家，功德才能圓滿；在其他人做不來的地方展現維護情誼，這種友情才顯得可貴。

【補充說明】

- 上九過亢且以剛處益道之極，象徵不斷受益養成貪婪習性，一旦遭遇困難勢必求救無門，甚至遭到落井下石的命運。居高位者應先認清自己身分地位，然後再思考何事可做；先平靜自己心情，再考慮與人談些什麼事；先確定彼此交情，才可以開口請求協助。
- 長久受益的習慣一旦養成，便習慣性動不動向別人索求利益；這個人根本就不知道我們來到世上，真正的價值是什麼？（錯，32 恆上六）
- 不需要別人協助，便可獨立完成的工作，就不要給人添麻煩；能主動助人者，當自己需要協助時，才會有人前來協助。（綜，41 損上九）
- 從事有利於長遠發展的工作，必獲眾人尊敬；只求苟延性命，連廚餘餿水都想要搜刮一空的人，必遭到眾人的唾棄。（互，23 剝上九）
- 任何事物發展都有極限，獲益也不例外，不可能永無止境的受益；因此，該停就得停，否則只會培養出好吃懶做的人。（之，03 屯上六）

爻旨：長年不求回報的奉獻，必得到眾人信任；但貪得無厭的舉動，只要一次就能造成前功盡棄。

《序卦傳》：益而不已必決，故受之以夬。

凡事過猶不及皆為濟於事，接受贈益更要適可而止，如果無止境受益，會像水庫所蓄的水太過盈滿而決堤。因此，一個組織必須上下協調，保持合理與均衡的狀態；損益之間造成失控，必須及時採取斷然措施，以免造成不可收拾的後果。接下來，我們繼續進入下一卦，在「夬」卦的情境當中，看看這一群形形色色的君子，為了挽回頹敗局勢，如何處理高高在上與志得意滿的小人？還有，為了剷除組織內部盤根錯節的惡勢力，應特別注意哪些重要的關鍵環節？

43 ｜夬卦：除惡務盡的指導原則

表 3-13　夬卦要點提示

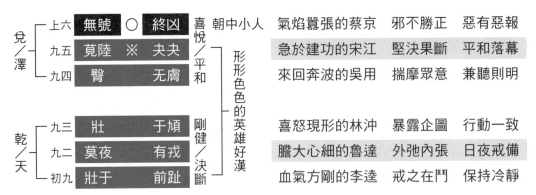

【卦象與讀法】

下卦乾，乾為天；上卦兌，兌為澤，全卦讀成「澤天夬」。

【卦時】

- 「夬」字本義有決斷、決裂、分決等意涵。
- 《雜卦傳》：夬，決也，剛決柔也，君子道長，小人道憂也。當陽剛正氣鼎盛，以及陰柔邪氣已衰之時，驅逐邪惡勢力的時機業已成熟，正人君子應秉持光明正大與公開透明的態度，展現膽大心細與勇敢果決的精神，義無反顧的前往。
- 夬卦也可用「懲一儆百」、「群陽決陰」、「當斷則斷，不受其亂」以及「打擊犯罪要保密防禍」等等這些類似的概念來引申與推論。或者也可以用「剷除盤根錯節的惡勢力」的情境來比擬。

【卦辭】

夬：揚于王庭，孚號有厲，告自邑，不利即戎，利有攸往。

夬卦象徵斷惡去邪，應當在公堂上宣告小人罪行，然後堅定不移的大聲呼籲告誡人們要有所警惕，但要防備危害，頒布政令於所轄城邑，不輕言訴諸武力，如此前往行事才會有利。

【彖傳】

彖曰：夬，決也，剛決柔也；健而說，決而和。揚于王庭，柔乘五剛也。孚號有厲，其危乃光也。告自邑，不利即戎，所尚乃窮也。利有攸往，剛長乃終也。

決斷，是指斷惡去邪，以剛毅果決的手段除去陰柔的小人；剛健有力令人心悅，而且又能平和收場。當眾公開小人的罪行，是因為一個陰柔小人公然凌乘在五個陽剛君子之上。堅定向眾人告誡，剷除小人過程會有危險，是指採取這一行動必須廣為人知。通告城邑上下，不輕易動用武力，是指若使用太過強硬的手段，易生反效果以致圖窮匕見。有所往必將有利，是指陽剛之氣正在醞釀，君子之道終必能有成就。

【補充說明】

- 小人雖是少數，但如果多數君子各執己見，為了枝節小事爭執不斷，不能事權統一，將提供小人對正人君子們進行各個分化的機會。
- 從政策層面言，剷除小人應光明正大，要有名正言順的理由與合理的程序，讓組織成員了解事實真相，達到殺一儆百的效果。
- 但從執行層面言，所採取的各種行動計畫必須絕對保密，防止消息走漏而造成惡勢力的負隅頑抗，也要避免不明事理者的從中作梗。
- 懲治盤根錯節的惡勢力立場固然要堅定，但方法要特別講究，行動要格外穩健，避免因手段魯莽而造成難以收拾的後遺症，最後的結果必須讓大家感到欣悅與認同。

【大象】

象曰：澤上於天，夬；君子以施祿及下，居德則忌。

澤水之水氣上升天上，象徵將要化成雨水而降的夬卦；君子體會此一現象，應及時廣施恩澤於民，若仍繼續積德吝施則極為不妥，必遭民怨。

【補充說明】

- 下卦乾，象徵剛健、果決；上卦兌，象徵悅服、平和。故有行事剛健使人悅服，以及手段果決，結果令人滿意與喜悅之象。
- 澤中之水已成烏雲，密布天空，眼看就要普降甘霖利益眾生；但如果刻意久留，勢將演變為豪雨而釀災。就像才德皆備的君子，應適時適切奉獻能

力為民服務；因為能者多勞、智者多憂，此乃天命的安排，不可吝於施惠而養尊處優。

【爻辭／小象】

初九：壯於前趾，往不勝為咎。象曰：不勝而往，咎也。

決斷陰柔過於躁進，就像腳趾動作太過急躁，超前衝了出去，如此將無法勝任且必遭災害。象曰：沒有勝算卻冒然前往，必然造成災害。

【補充說明】

- 初九陽剛氣盛，但居五陽當中最後加入，急著前往剷除上六，象徵血氣方剛的年輕人，徒有滿腔熱血與抱負；這種個性最容易受到小人的擺布與利用，所以要先冷靜下來。
- 研判自己的行為可能會有失誤，應及時調整並修正計畫；不可以箭在弦上不得不發為由，將錯就錯的蠻幹下去。（錯，23 剝初六）
- 對於涉世未深、經驗欠缺者，言行應格外慎重，不可盲目行動；否則正事還沒做，便已先惹出一身禍，遑論除惡務盡。（綜，44 姤初六）
- 辦法不成熟，千萬不要隨便提出；能力還不夠，切忌自告奮勇；更不可因熱心公益或堅持己見而破壞整體的除奸計畫。（互，01 乾初九）
- 決斷小人勢在必行，但勢單力薄、經驗不足，且處處都充滿危機；若無萬全的把握與適當的引導，不可冒險前往。（之，28 大過初六）

爻旨：剷除盤根錯節的惡勢力，要保持冷靜不可急躁，僅憑一時的衝動不會有好下場，因此要給予必要的限制，以免惹禍上身。

九二：惕號，莫[1] 夜有戎，勿恤。象曰：有戎勿恤，得中道也。

大聲告誡要保持警惕，不分晝夜戰戰兢兢；若有狀況，由於有備無患而無須憂慮。象曰：能夠有備無患而無須憂慮，乃由於居中慎行之故。

【補充說明】

- 九二居下卦之中，剛而能，在懲治小人的成員當中，扮演協調管制的角色，能居剛用柔隨時保持警覺，不讓惡勢力有機可乘，絲毫不留下見縫插針的

1　「莫」同「暮」。

空間。

- 既然已有萬全準備，就不須顧慮太多人情世故；對待得勢的小人，應及時給予嚴厲的制裁，否則任其囂張下去，必將失控而造成全面性的癱瘓。（錯，23 剝六二）
- 小人勢力無所不在，可能隱藏在你我身邊；若事前有警覺，有效防範可免遭災禍，也可遏止惡勢力的蔓延避免尾大不掉。（綜，44 姤九二）
- 隨時留意身邊的徵兆，言行舉止格外謹慎，防止邪惡勢力的滲透，排除工作上的障礙，然後全力配合領導者的行動。（互，01 乾九二）
- 剷除盤根錯節的惡勢力，計畫務必周延縝密，應等待適當的時機，配合其他客觀條件成熟之後，才可付諸行動。（之，49 革六二）

爻旨：欲剷除高高在上的小人，要有周詳計畫與協調分工，行動必須保密，並且不分晝夜，時時保持戒備。

九三：壯於頄[2]，有凶，君子夬夬，獨行遇雨若濡，有慍，无咎。象曰：君子夬夬，終无咎也。

懲治小人的意圖表現在臉上，肯定會有凶險；君子懷有堅定果敢的除奸之志，但行動與眾不同，身上淋了雨，似有勾結小人之嫌，會引起別人的不悅，但終究沒有災害。象曰：堅定決心去除害，終究沒有災害。

【補充說明】

- 群陽中，惟九三與陰柔者相應，象徵與被除惡之人有曖昧關係，一時無法迴避而遭質疑，因此更要以實際行動證明自身清白。
- 事態若嚴重發展到難以挽救的地步，只能設下停損點，力求把損害降至最低，但不可將情緒寫在臉上，以免節外生枝。（錯，23 剝六三）
- 一時陷入孤立無援的困境，要沉住氣並安守本分，不可因寂寞難耐而隨波附和，也不可顯得坐立不安，而陷於不利的結果。（綜，44 姤九三）
- 有些事必須攤在眾人眼皮下，以示公正誠信；有些事必須低調單獨進行，以免受到干擾。能夠如此謹慎，雖然處於危險狀態，也能平安順利的度過。（互，01 乾九三）

2　「頄」音「魁」，指顴骨，或泛指面頰。

- 個性剛毅直率的人，往往只注意到遠方的真小人，看不到身邊的偽君子；因此容易遭到分化挑撥，陷入奸人所設的圈套。（之，58 兌六三）

爻旨：喜怒動輒形於外者，容易暴露企圖而遭到暗算，所以千萬不可動聲色，應配合組織採取一致的行動，除惡的任務才會順利。

九四：臀無膚，其行次且[3]，牽羊悔亡，聞言不信。象曰：其行次且，位不當也；聞言不信，聰不明也。

感到坐立難安，就像臀部沒有皮膚，行動猶豫不決。若能牽繫強壯的領導者，順其心意將不會有所悔恨；可惜聽了這番話並未採信。象曰：坐立難安、猶豫不決，因所處的位置不穩定；不願採信建言，是因為聽進耳朵，但心中卻不能領會。

【補充說明】

- 九四失位，引領下卦群陽進入上卦兌體；象徵進入新環境，應隨之調整心態而入境隨俗，並保持和悅心情，否則會有坐立難安的窘境。
- 惡勢力蔓延造成大家切膚之痛，社會秩序將全面崩盤，此時應緊跟著強而有力的領導中心，隨時準備面對顛覆性的變革。（錯，23 剝六四）
- 卯足了勁卻得不到成果，甚至失去原本屬於自己的東西，主要是由於包容心不夠而失去群眾的支持；所以要多參考別人的逆耳忠言，不可再固執下去。（綜，44 姤九四）
- 居上下無常、進退無恆之位，不可隨外在的環境改變既定的志向；相對的，更要以堅定毅力使境隨心轉。（互，01 乾九四）
- 雖然事態嚴重必須出面處理，但主客觀條件尚未具足，應冷靜面對，並積極尋找強而有力的協助，不可逞強躁動。（之，05 需六四）

爻旨：不願聽的人，比聾子還聾，尤其行動計畫的協調者，應兼聽不同的意見才能正確判斷，若執意偏聽偏信，肯定使除奸計畫胎死腹中。

九五：莧陸夬夬，中行无咎。象曰：中行无咎，中未光也。

剛毅決斷的除去小人，就像剷除柔脆莧陸草般的有勁，秉持中道而行必無災害。象曰：持中而行必無災害，是指中道精神尚未發揚光大。

---

3 「且」音唸「居」，同趑趄，前進卻不時猶豫或停滯不前。

【補充說明】

- 九五中正，無比無應，受上六凌乘，象徵有剛毅果斷之姿與快刀斬亂麻之勢，但面臨高高在上的小人卻倍感吃力，然身為領導者仍應堅定意志，抱定破釜沉舟的決心，誓死完成任務。

- 當大環境開始出現轉機，出現有利的局勢，宜改弦更張，調整策略，給予邪惡勢力必要的勸勉與招安，使其在不動干戈的情況下，早日回頭是岸。（錯，23 剝六五）

- 具備寬宏大量的胸襟，在情況許可時，採取平和手段包容小人的無知，以維繫組織的和諧，達成決而和的理想目標。（綜，44 姤九五）

- 防小人宜嚴，可遏止小人氣燄高張，以免造成不可收拾的後果，因此不動則已，只要一動就要有排山倒海之勢。（互，01 乾九五）

- 待小人宜寬，使其有機會自動改過向善，況且所剷除的對象是對事不對人，只要能達到目標，終究一切要以和為貴。（之，34 大壯六五）

爻旨：領導人始終堅定斬草除根的意志，但也要兼顧中道的原則，使艱鉅又危險的任務，可以順利平和的落幕。

上六：無號，終有凶。象曰：無號之凶，終不可長也。

不必號啕痛哭，此舉是沒有用的，作惡多端終究難逃凶險。象曰：惡有惡報，哭也沒用，因為小人得勢是不可能長久的。

【補充說明】

- 上六乘剛，有龍戰於野的特質，象徵過氣老人喜好干預政務，但畢竟得勢不可能長久；只有眼光短淺且放不下權力慾望的人，才會貪戀曇花一現的風光，活在夢幻泡影之中。

- 夜路走多總會遇到鬼，壞事做絕一定會遭報應，屆時就算哭斷肝腸也無濟於事；因為走投機取巧的路，一開始很得意，一旦發現情勢不對，早已回天乏術。

- 人人都要戒之在得，否則就像染上毒癮以致愈陷愈深；只要是聰明人都懂得要保留一線起死回生的機會。（錯，23 剝上九）

- 勢不可使盡，使盡則禍必至；憑藉老舊關係到處占人便宜，如果不能適可而止，等到群眾忍無可忍之日，恐怕將遭到最悲慘的下場，而且也無人能

救。(綜，44 姤上九)

- 有所得必有所失，當惡勢力已被擊垮，應考量給其留點餘地，同時也給自己保留一點退路，以免把小人逼上絕路，造成狗急跳牆的反撲。(互，01 乾上九)

爻旨：勢力強大的惡勢力一時不易清除，但大環境早已不容許其存在，被剷除只是時間的問題，不可能長久為所欲為而逍遙法外。

《序卦傳》：夬，決也，決必有所遇，故受之以姤。

夬，是指決斷。天下之事，有分必有合。通常在環境大變動過後，認識新朋友的機會也特別多，所以會出現邂逅之事。當組織重大變革或重組之後，可能會發現，原來長期在自己身旁的人或事，竟然有這麼多的長處與特色而覺得相見恨晚。接下來，我們繼續研究下一卦，在「姤」卦的情境當中，了解不期而遇情況下可能出現的人生百態，在這種情況下，應該如何面對？以及如何適切分辨所交往的對象？

44 | 姤卦：不期而遇的溫柔陷阱

表 3-14　姤卦要點提示

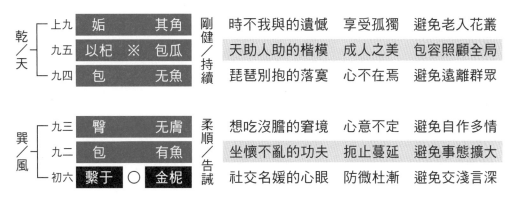

乾／天	上九	姤　　　其角	剛健／持續	時不我與的遺憾	享受孤獨	避免老入花叢
	九五	以杞 ※ 包瓜		天助人助的楷模	成人之美	包容照顧全局
	九四	包　　　无魚		琵琶別抱的落寞	心不在焉	避免遠離群眾
巽／風	九三	臀　　　无膚	柔順／告誡	想吃沒膽的窘境	心意不定	避免自作多情
	九二	包　　　有魚		坐懷不亂的功夫	扼止蔓延	避免事態擴大
	初六	繫于 ○ 金柅		社交名媛的心眼	防微杜漸	避免交淺言深

【卦象與讀法】

下卦巽，巽為風；上卦乾，乾為天，全卦讀成「天風姤」。

【卦時】

· 「姤」字本義有邂逅、遇合、不期而遇等意涵。

· **《雜卦傳》：姤，遇也，柔遇剛也。** 群陽決陰之後，陰氣又開始潛伏到群陽之中，代表世事變化不離陰陽起伏交替。當大環境經過變革之後，無論是朋友、同事或異性之間的互動，難免會有不期而遇的情況，故必須應順乎自然，不可巧佞輕佻或強行以求。

· 姤卦也可以用「謹慎交往」、「慧眼識人」、「野火燒不盡，春風吹又生」以及「親近善人須知機杜讒」等等這些類似的概念來引申與推論，或者也可以用「慎防潛伏基層的壞分子」的情境來比擬。

【卦辭】

姤：女壯，勿用取女。

姤卦象徵遇合，若相互之間還不夠了解，卻擺出一副強勢作為，這種人不宜輕言與其合作共事；就像一個得寸進尺的女子，個性強勢，是不宜娶作妻室。

【彖傳】

彖曰：姤，遇也，柔遇剛也。勿用取女，不可與長也。天地相遇，品物咸章也。剛遇中正，天下大行也。姤之時義大矣哉！

姤，即所謂遇合，是指陰柔巧遇陽剛而一拍即合。不宜娶這種女子為妻，是指陰氣潛藏於群陽中的人，很難與其長久的合作共事。要像天地自然遇合，萬物才能正常茁壯成長。剛健臣子巧遇居中且正的君主，使政治清明，普及天下。善用遇合時機的意義是多麼的重大啊！

【補充說明】

- 事先有約按時前往叫作「會」；事前無約，不期而遇叫作「姤」。會面的過程雖較為嚴肅，但有行跡可掌握；不期而遇則相對自由自在，但後續發展難以逆料。

- 團隊中新進一個耀眼奪目的新秀，難免受到眾人矚目；如果成為大家爭相拉攏交往的目標，必然出現一番你爭我奪的角力戰。

- 交友要帶三分俠氣，做人要存一點素心[1]，自然比較容易遇到理想的交往對象；如果太過於拘謹或期望太高，總是落得鬱鬱寡歡的結局。

- 抱持利人即利己的態度，肯定受到群眾的歡迎；但懷有特殊目的的求遇，到頭來也只是現實人情當中的一場交易而已。

- 沒有本事的小人，到處攀親帶故；有能力的君子，多半安分守己，只要因緣俱足，自然會有不期而遇的機遇，不須刻意的追求。

- 見微知著，在於明辨是否可以作為交往的對象；防微杜漸，是指能夠避免交往過程中出現負面情事；知人善用，則是指能夠妥善處理複雜的人際關係。

【大象】

象曰：天下有風，姤；后以施命誥四方。

普天下有陣風吹拂而過，象徵不期而遇的姤卦；主政者要具備像風一樣周遍四方與無物不與的精神，順勢推動政令並普及全民。

1　出自《菜根譚》。俠氣，是指見義勇為的精神。素心，是指具備純樸赤子之心。

【補充說明】

- 下卦巽，巽為風、遜順；上卦乾，乾為天、剛健。故有內心卑順而言行剛健，以及天地之間因空氣流通而使上下交合之象。
- 陣風吹過大地，無物不與，故能因勢利導，將有利於社會大眾的一切訊息，全面性傳達至社會各個階層與角落，使得有利於國計民生的政令能順利全面推行。

【爻辭 / 小象】

初六：繫於金柅，貞吉，有攸往，見凶，羸豕孚，蹢躅。象曰：繫於金柅，柔道牽也。

初始遇合，要像被繫在金屬剎車器而受到牽制，守持正道可獲吉祥，若急著表現，將會出現凶險，就像瘦弱不成熟的母豬，輕浮蠢動。象曰：行動受到必要的限制，是指陰柔卻躁進，本就應該受到牽制。

【補充說明】

- 初六孤陰上承五陽，代表涉世不深，言行沒有分寸，容易誤入歧途的年輕人，對初始交往的對象，不可太過親近，更不可交淺言深，以免造成表錯情，也讓對方會錯意的窘境。
- 求遇之初固然要求謹慎保守，但也不可太過消極而因噎廢食，甚至表現冷漠無情的形象，造成更嚴重的誤會而弄巧成拙。（錯，24 復初九）
- 年輕氣盛經驗欠缺，如果想避免捲入無端的是非糾葛，應適度藏才隱智，不可僅憑恃一股衝勁，而遭奸人當槍亂使。（綜，43 夬初九）
- 對環境陌生，必須以靜觀動，因為與人巧遇之後，可能出現的情況很難預料；所以必須冷靜而不被世俗同化，展現拒絕隨波逐流的勇氣與意志。（互，01 乾初九）

爻旨：初入社會的年輕人，言行應儘量低調，不可急於與人深交，以免造成表錯情、會錯意的尷尬局面，或出現趨炎附勢的醜態。

九二：包²有魚，无咎，不利賓。象曰：包有魚，義不及賓也。

2　「包」通「庖」，指廚房。

所遇並非己有，而是自動投懷送抱，就像廚房裡無端多出一條魚，若能妥善處理便不會有麻煩，但絕不可對外張揚。象曰：所遇並非己有而是自動送上門，發生這種事就不應該對外張揚。

【補充說明】

- 九二居下卦之中，剛而能柔，象徵社會經驗豐富的高手，即便不預期與人遇合而得到好處，也會低調篩選處理，從不惹是生非，也不會留下任何後遺症。

- 不預期所得到的好處，應了解其來路是否正當？獲得的利益是否合理？若然！則見賢而思齊；若否！則引以為鑑戒。（錯，24 復六二）

- 要慎防惡勢力的無孔不入，以及無聲無息的蔓延；因此，哪怕只是星星之火，都必須在最短時間內給予熄滅。（綜，43 夬九二）

- 做人講究誠信，做事力求謹慎；該做的事不推諉，不該做的事應從根本上予以杜絕，以維繫善良的社會風氣。（互，01 乾九二）

- 用對方無法強求的理由，婉拒不該做的事；用對方容易下台的說辭，婉謝不當的邀請；可堅守自身立場也兼顧對方顏面。（之，33 遯六二）

爻旨：可制止小人不當的企圖，使其不起作用，但行動要求周密不可張揚，功德才會圓滿，同時也不至於將事態擴大。

九三：臀無膚，其行次且，厲，无大咎。象曰：其行次且，行未牽也。

貪求遇合以致心神不寧，就像臀部少了一塊肉；行動猶豫不決、坐立不安，有危險，但沒有太大的災害。象曰：猶豫不決、坐立不安，是指並未受到陰柔者的牽連，因此不致遭到無必要的糾紛。

【補充說明】

- 九三過剛不中，居多凶之位，心圖不軌想接近初六，但不得其門而入，以致懊惱不堪，心神侷促不寧，但捫心自問後，能認清現實，知所進退，終無大礙。

- 不想惹是生非，就應該儘早遠離，千萬不可猶豫不決，最好連碰都別碰，避免惹來無謂的麻煩，引起別人不當的聯想。（錯，24 復六三）

- 癩蛤蟆想吃天鵝肉，但沒膽行動把企圖寫在臉上，這種心不甘、情不願的模樣，肯定會遭到別人的指指點點而自取其辱。（綜，43 夬九三）

- 感到孤獨無依，容易受到不當的引誘而陷入是非泥淖，故應隨時保持戒懼；能否遇合一切隨緣，不要勉強苛求，才能找到適合的合作對象。（互，01乾九三）
- 眾人忙著爭相求遇，聰明人應當低調不與人爭，而僅在一旁靜觀；當看準可以合作的對象時再伺機出手，根本不必陷入混雜難辨的局面。（之，06訟六三）

爻旨：若心意不定，多情者受到無情的惹惱，會顯得坐立難安，故凡事應儘量隨緣，不可因自作多情而自取其辱。

九四：包無魚，起凶。象曰：無魚之凶，遠民也。

本該遇合而未能及時把握，就像廚房裡失去一條魚，會因此釀成凶險。象曰：未能及時遇合，乃由於遠離本該親近的人。

【補充說明】

- 九四與初六正應，但雙雙失正，象徵因職務關係行動受限，或心不在焉，或不知珍惜，當發現理想的遇合對象已琵琶別抱，才感到懊悔；如果能看得開，會因此無後遺症，若是處理不當，則會引起紛爭。
- 行事風格或有偏差，以至於錯失不少良機；但發現自己行為有嚴重缺失，能當機立斷回頭是岸，至少可避免一錯再錯。（錯，24復六四）
- 形勢有利就應掌握運用，否則機會稍縱即逝；但採取行動前應再三檢查確定，避免造成中途進退不定與猶豫不決的情況。（綜，43夬九四）
- 與團隊所有成員保持緊密互動，可掌握及時訊息，以免遭到排擠或遺忘，別讓自己努力的成果，像煮熟的鴨子給飛了。（互，01乾九四）
- 能兼顧各方需求的人，可獲得較多遇合的機會，但也不必太過勉強，抱著一切隨緣的態度，反而能遇到更適合的對象。（之，57巽六四）

爻旨：要經常關心與自己有緣的人，千萬不可心不在焉，使得本屬理想的遇合對象，只因一時的疏忽，造成失其所遇的遺憾。

九五：以杞包瓜³，含章，有隕自天。象曰：九五含章，中正也；有隕自天，志不舍命也。

大度能容處理內部成員遇合之事，就像用高大杞木葉庇護樹下的甜瓜；內心含有柔順美德，必有理想對象自天而降。象曰：九五含有柔順美德，是由於居中守正；理想遇合對象自天而降，是指心志不違背天命。

【補充說明】

- 九五中正，但無比無應，象徵有公正無私且具有中道美德深藏不露的組織領導人，雖無理想的遇合對象，卻有成人之美的涵養，終能得到上天的祐助而達成願望。
- 領導者用敦厚容眾的美德，敦促自己與包容他人，可增進團隊協作的效率，提振工作士氣與創造良好的工作績效。（錯，24 復六五）
- 處理內部人事方面的糾紛，就像清除路上的雜草，不必太過嚴厲，但也不可心不在焉，應秉持平常心，力求持續而不中輟。（綜，43 夬九五）
- 同聲容易相應，同氣方便相求。領導者率先躬行，群眾自然如影隨形；業主若能體恤屬下，員工理當恪盡職守，戮力以赴。（互，01 乾九五）
- 鼎耳虛中，方可容鉉；鉉要結實，方可舉鼎。領導者具備溫文儒雅風範與不偏不倚的作風，自然獲得屬下的支持與擁戴，上下也能配合無間。（之，50 鼎六五）

爻旨：領導人要順應時勢發展，主動屈己向下成人之美，包容照顧全局，因而得到天助與人助。

上九：姤其角，吝，无咎。象曰：姤其角，上窮吝也。

遇合之道已達窮極，就像鑽進牛角尖，將有遺憾，但沒有災害。象曰：遇合之道已到了窮途末路，勢將形成相遇無人的遺憾。

【補充說明】

- 上九離初六最遠，象徵年事已高，還妄想與夢中情人遇合，或重新點燃浪漫火花；在客觀條件之下，根本已無可能，如果不能隨遇而安，想來個臨

3　「杞」音「起」，植物名，落葉灌木，樹高 1～2 米。姤乃五月卦，瓜以五月生，杞以五月盛，故能以高大杞木葉，庇護樹下甜瓜。

老入花叢，勢必有更大的遺憾。

- 濫交損友，誤入歧途而不知回頭，受到警告也不在意，甚至一意孤行、執迷不悟，將永無翻身的機會，甚至誤人誤己。（錯，24 復上六）
- 遇合時機已過，如果還看不開的話，將成為詐騙集團鎖定的對象，把你這風燭殘年僅剩的老本，吸得一乾二淨。（綜，43 夬上六）
- 老人有豐富人生閱歷，是用來傳承經驗給後生晚輩；如果想用來開創事業與年輕人較勁，只會落到適得其反的下場。（互，01 乾上九）
- 客觀情勢已無遇合的可能，就算有明知不可為而為之的勇氣，也難以成事，故應避免做出害人害己的蠢事。（之，28 大過上六）

爻旨：機會來時要及時把握，時不我與則不可強求，否則誤己誤人；因此寧可接受孤獨、享受寂寞，也不可破壞團隊和諧。

《序卦傳》：姤者，遇也，物相遇而後聚，故受之以萃。

姤，是指不期而遇。不期而遇是一種自然界普遍的現象，也是宇宙萬物以至於人類文明，藉以綿延不斷的動力；尤其是人際關係方面，也因為能夠不斷遇合與擴大交往，才會出現志同道合的工作夥伴，使得各路人才聚集一堂。然而，人多則雜，事多則煩，這是什麼道理呢？我們可以從下一卦，在「萃」卦的情境當中了解原因，試看看要如何才能夠做到「人多而不雜，事多而不煩」？

45 ｜萃卦：資源集中的潛在危機

表 3-15　萃卦要點提示

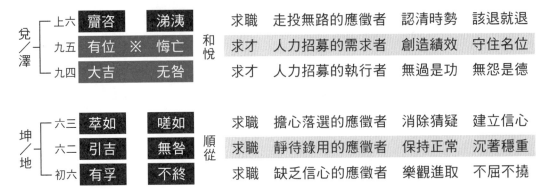

兌／澤	上六	齎咨	涕洟	和悅	求職	走投無路的應徵者	認清時勢	該退就退
	九五	有位 ※	悔亡		求才	人力招募的需求者	創造績效	守住名位
	九四	大吉	无咎		求才	人力招募的執行者	無過是功	無怨是德
坤／地	六三	萃如	嗟如	順從	求職	擔心落選的應徵者	消除猜疑	建立信心
	六二	引吉	無咎		求職	靜待錄用的應徵者	保持正常	沉著穩重
	初六	有孚	不終		求職	缺乏信心的應徵者	樂觀進取	不屈不撓

【卦象與讀法】

下卦坤，坤為地；上卦兌，兌為澤，全卦讀成「澤地萃」。

【卦時】

- 「萃」字本義有會聚、集合、茂盛等意涵。
- 《雜卦傳》：萃，聚。是指將必要的人、事、物由原本的各自獨立或分散狀態，開始集中聚合；但在此一過程中，應有明確的目標，以及有計畫、有步驟的進行，以防止出現雜亂無章的混亂情況。
- 萃卦也可用「資源集中」、「集思廣益」、「慎防內亂」以及「人多則雜，事多則煩」等等這些類似的概念來引申與推論，或者也可以用「天下之事，以積而固」的情境來比擬。

【卦辭】

萃：亨。王假有廟，利見大人，亨，利貞；用大牲吉，利有攸往。

萃卦象徵會聚，可導致萬事通達。君王藉由宗廟祭祀聚合人心，並藉機選用人才蔚為國用，因而亨通，堅守正道才會有利；用豐厚祭品祭祀展現誠意，可得吉祥；此時若有所前往亦將有利。

【彖傳】

彖曰：萃，聚也，順以說，剛中而應，故聚也。王假有廟，致孝享也；利見大人，亨，聚以正也；用大牲吉，利有攸往，順天命也。觀其所聚，而天地萬物之情可見矣。

萃，是指事物的會聚；內心柔順而言行和悅，在上者陽剛居中與下應和，所以能夠順利的聚集群眾。君王為展現誠意，大興宗廟且親臨祭祀，表現對祖先的追思與孝心。拜見大人必將有利，並且亨通，是指會聚時應公開透明遵循正道。用豐厚祭品祭祀而得吉祥，有所前往將會有所利，是說為慎重起見而順應天道自然的規律。觀察人們會聚的種種現象，天地萬物的性情就可明白了。

【補充說明】

- 三個臭皮匠，勝過一個諸葛亮，但實際經驗告訴我們，如果沒有適當的制度與規範，團體決策會比寡頭政治，更容易出現嚴重的錯誤。

- 群眾聚集時，有相當高比例的人，會出現從眾的心理；而行為特別高亢者，容易被少數野心分子操縱，所以事前應妥善規劃與防範。

- 本來一件單純的事，由少數人便可做好，人數眾多反而出現責任稀釋的效應，造成有事沒人做，或有人沒事做的反常現象。

- 在會聚的過程中，人與人之間的信任尚未完全建立，因此舉行盛大場面的祭祀，是為了展現誠意而非鋪張浪費；在彼此交心之後，省去繁文縟節，反而顯得真誠。

- 人才缺乏時，重大工作難以推動；但人才濟濟，也會意見紛歧，因此，領導者的整合能力與管理制度，顯得舉足輕重。

【大象】

象曰：澤上於地，萃；君子以除戎器，戒不虞。

沼澤匯集於大地之上，象徵事物會聚的萃卦；君子應整修保養各種軍械與兵器，以防備不預期事件的發生。

【補充說明】

- 下卦坤，坤為地、為順；上卦兌，兌為澤、為說。故有澤水滋潤大地，以及眾人順從、心中喜悅之象；但人多必雜、事多必煩，因而要有事前周詳

的規劃與嚴密的防範。

- 大地上有沼澤濕地，候鳥得以棲息會聚，象徵創造適合的工作環境，吸引大量人才前來就業；但人數愈來愈多時，許多的問題也慢慢浮現，事情也愈來愈繁雜，因此要有各種應變方案。

- 工作團隊就像一片土地，各個部門與成員就像大地上的沼澤。如果工作分配與運作正常，則水土保持良好呈現正常狀態；如果分配與運作不當則非澇即旱。

【爻辭 / 小象】

初六：有孚不終，乃亂乃萃，若號，一握為笑，勿恤，往无咎。象曰：乃亂乃萃，其志亂也。

心中誠信不能始終保持，想要向上會聚卻心志搖擺，不時感到心神不寧，若專心向上發出明確的訊息，就能與其握手言歡，不必憂慮，前往沒有災害。象曰：想前往會聚，但心中又搖擺不定，是指其心志有所迷亂。

【補充說明】

- 初六上應九四，象徵自認朝中有人，便急於向上會聚，這種行為往往是初入職場沒有經驗的年輕人，因不懂事而容易犯下的錯誤。

- 情況不明不可隨意選擇會聚對象，或草率決定採取行動；但對象已十分明確，則務必堅定信心、義無反顧向上會聚。(錯，26 大畜初九)

- 既然要向上發展，就應堅持追隨心中的理想目標，結合志同道合的朋友，爭取大家的信任，以正大光明的態度向上聚合。(綜，46 升初六)

- 堅持理想目標前往會聚，必先考慮自身實力與客觀條件，要循序漸進而不躁進，但也不可因閒言閒語而自亂陣腳。(互，53 漸初六)

- 初入職場，少談個人抱負與偏好，應廣結善緣建立良好的人際關係，以便掌握實際情況，減少不必要的誤會，更忌諱把別人的善意當成敵意。(之，17 隨初九)

爻旨：向上聚合不可三心兩意，也不可患得患失，要樂觀進取，中途遇到挫折在所難免，故應堅定意志，不屈不撓的勇往直前。

六二：引吉，<mark>无咎</mark>，孚乃利用禴[1]。象曰：引吉无咎，中未變也。

依靠強而有力人士的引導而向上聚合是吉祥的，沒有災害；只要心懷誠信，用最簡單的薄禮祭祀即可。象曰：靠強而有力的引導聚合，無災害而得吉祥，因居中守正的心志堅定不移。

【補充說明】

- 六二與九五正應，在向上會聚的過程中，因保持中道的精神，而得到有力人士的適當引薦，因此只要保持平常心與正常的作息即可。
- 萬一遇到紛擾雜事或閒言閒語，應果斷擺脫一切人情干擾，寧願接受嚴格考驗，使得向上會聚的過程更為名正言順。（錯，26 大畜九二）
- 前往會聚是為了向上發展與施展才華，應抱著感恩的心與最虔誠的態度，保持平常心而無須顧慮太多的人情包袱。（綜，46 升九二）
- 在前往會聚的過程中即便有人關照，也要保持穩健的腳步與光明磊落的態度，因為天下沒有白吃的午餐與廉價的成果。（互，53 漸九二）
- 雖然前行路上阻礙重重，但仍然要發揮堅忍不拔的精神，也不可在意一時得失，如此才能得到別人的尊敬與協助。（之，47 困九二）

爻旨：朝中有人好辦事，但仍應表現心正意誠與沉著穩重的態度，一切作息要保持正常運作，靜待提拔與受命。

六三：萃如嗟如，无攸利，往<mark>无咎</mark>，小吝。象曰：往无咎，上巽也。

因會聚無人而抱怨嗟嘆不已，此舉沒有任何好處；若能再接再厲，則無災害，但會有小遺憾。象曰：再接再厲沒有災害，是因為能經由上承九四，並經由其引導向九五會聚。

【補充說明】

- 六三在下卦三爻當中，唯獨無上應，故缺乏信心而有些操之過急，徒自嗟嘆不已，若能看清事實經由九四引領，則向上會聚一定會成功。
- 天下沒有不勞而獲的事，個人透過不斷自我淬煉，在困境中成長，等各方面都逐漸成熟，自然可以擔當重任；不可因一時會聚無門而自尋煩惱。

---

1 「禴」音「月」，周禮夏祭，為四時之祭最簡約者，在此以「施以薄祭但具有誠心」解讀。

（錯，26 大畜九三）

- 原本順利暢通的大道，由於各懷鬼胎與各自盤算，造成疑雲重重；若錯過大好時機，則全因生性狐疑與庸人自擾所致。（綜，46 升九三）
- 向上會聚若言行過於高亢，行事不循常則，將導致名聲敗壞並嚴重影響人際關係；故應調整工作態度，確保團隊的和諧。（互，53 漸九三）
- 因三心兩意無法決定會聚目標而顯得心急，又擔心被人牽著鼻子走，造成猶豫不決與進退兩難，長此以往將一無所得。（之，31 咸九三）

爻旨：雖然積極主動上進，但內心焦慮、言行失當而容易引起猜忌；應加強信心避免自己嚇自己，把一手好牌打成爛牌。

九四：大吉，无咎。象曰：大吉无咎，位不當也。

成果必須至善至美而圓滿吉祥，才不會有災害。象曰：之所以須做到至善至美的程度才不致有災害，乃因居位不當之故。

【補充說明】

- 九四居上下無常、進退無恆、多憂且懼之位，下一步不是躍過龍門，便是墜入深淵，因此必須抱定只許成功，不許失敗的決心，把該做的事情盡善盡美的完成。
- 適度制約心浮氣躁前來會聚的新人，應先誘導彼等早日進入狀況，避免一開始就犯錯，可減少資源浪費。（錯，26 大畜六四）
- 先讓頂頭上司放心，才可以放手展現自己的長才；而且要心存無咎無譽的胸襟，才有條件達成聚而不亂的目的。（綜，46 升六四）
- 先求得到穩固的工作平台，才能順利創造工作績效；順應情勢與政策指導，結局才能圓滿而且也不會造成相互間的猜忌。（互，53 漸六四）
- 身居輔佐高位，應率先帶頭呼籲鞏固領導中心，促使團隊成員的向心與順利的運作，並視為理所當然的分內之事。（之，08 比六四）

爻旨：高階輔佐者，協調整合各個部門的功能，應使工作順利圓滿完成，否則一切免談。因此，對上無過便是功，對下無怨便是德[2]。

2　出自《菜根譚》。原文：處世不必邀功，無過便是功；對人不求感德，無怨便是德。

九五：萃有位，无咎，匪孚，元永貞，悔亡。象曰：萃有位，志未光也。

因眾人會聚而穩居其位，並無災害，但此時尚未完全取信於人，必須不忘初衷、永守正道，之前的悔恨必將消失。象曰：所謂因眾人會聚而穩居其位，是指目前聚合天下人心的志業尚未完全實現。

【補充說明】

- 九五與六二正應，但受九四之阻，有位無功；九四失位，但受眾陰之承，有功無位，故應持續協商化解，方能符合有位亦有功之常則。
- 對於前來聚合的基層主管，應給予適當的制約，使其認識組織的任務、目標與發展方向，力求在安定中穩定成長。（錯，26 大畜六五）
- 因眾人聚合而得到領導地位，但尚未建立威信；故應帶頭自我鞭策，並任用賢能之士，以鞏固自己的領導地位。（綜，46 升六五）
- 想要嚐到勝利的果實，需要付出相對的代價；因此遇到重重阻力，必須加倍付出，才有機會讓自己的地位更加穩固。（互，53 漸九五）
- 能力稍有不足的領導者，可能無法勝任管理工作；因此需要重用各方賢能之士，以確保資源會聚後的正常管理運用。（之，16 豫六五）

爻旨：權位只是號召會聚的工具，最重要的必須取信於眾人，然後知人善用，創造工作績效，才能確保自己的權位。

上六：齎咨[3] 涕洟[4]，无咎。象曰：齎咨涕洟，未安上也。

因會聚無門而哭泣淚流滿面，但沒有災害。象曰：之所以淚流滿面而嗟嘆，是指其求聚不得，因為不能安居於上位之故。

【補充說明】

- 上六乘剛，有龍戰於野之象，可能因倚老賣老而受盡排擠，或觀念落伍跟不上時代，或不能認清時勢等因素，而有時不我與的感慨。
- 組織發展必須平穩漸進，長期累積實力，逐漸走出一條光明大道；若僅憑恃位高權重，或靠運氣一搏，皆不足取。（錯，26 大畜上九）
- 前往會聚的目的業已完成，此時應依實際需要調整策略；心中可以保留永

---

3 「齎」音「機」，「齎咨」嗟嘆之辭也。

4 「涕」音「替」，眼淚。「洟」鼻液。

不止息的雄心壯志，但實務上應適可而止。（綜，46 升上六）

· 有聚有散是常態，該聚該散依情勢；智者應把握進退由心、得失隨緣與超脫世俗的氣度，可為晚輩留下良好的典範。（互，53 漸上九）

· 閉阻之道不可能長久，但要具備堅忍不拔的毅力與該捨就捨的膽識，才能掌握否極泰來的契機；若僅憑不實際的浪漫情懷，不可能得到上天的祐助。（之，12 否上九）

爻旨：即便有心會聚，也要有適當的條件，否則，就應明大義、識大體，該讓賢就讓賢，該退隱就退隱。

《序卦傳》：萃者，聚也。聚而上者謂之升，故受之以升。

萃，是指事物的會聚。物聚必增，增而必升，否則必散；因此，大量資源成功會聚之後，必須整合志同道合的人，善用此一龐大的資源，朝著共同的理想目標向上發展。所以，接下來，讓我們繼續進入下一卦，在「升」卦的情境當中，探討要如何做到順勢而為？如何走出自己的一片天？以及向上發展的同時，可能會出現的各種情況與應有的對策。

46 ｜升卦：順其自然的向上成長

表 3-16　升卦要點提示

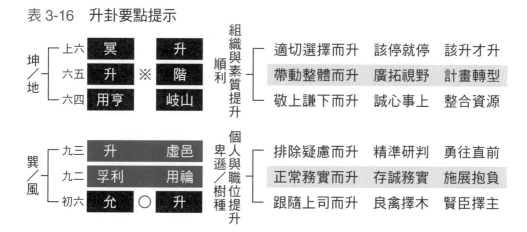

坤／地			組織與素質提升 順利	適切選擇而升	該停就停	該升才升
				帶動整體而升	廣拓視野	計畫轉型
				敬上謙下而升	誠心事上	整合資源
巽／風			個人與職位提升 卑遜／樹種	排除疑慮而升	精準研判	勇往直前
				正常務實而升	存誠務實	施展抱負
				跟隨上司而升	良禽擇木	賢臣擇主

【卦象與讀法】

下卦巽，巽為風；上卦坤，坤為地，全卦讀成「地風升」。

【卦時】

- 「升」字本義有上進、提升、進奉之意涵。

- **《雜卦傳》：升，不來也。**學如逆水行舟，不進則退，因此必須不斷的奮力向上，不可須臾懈怠。個人的社會地位與功名利祿的追求，有一定的限度；然而知識、技能與品德修養方面的提升，則必須是永無止境。另外，除了內部人員個別能力與地位的提升之外，也要促進組織整體形象與對外競爭能力的提升。

- 升卦也可用「適性發展」、「累積美德」、「積少成多」與「十年樹木，百年樹人」等等這些類似的概念來引申與推論，或者也可以用「天下之勢，以漸而成」的情境來比擬。

【卦辭】

升：元亨，用見大人，勿恤，南征吉。

升卦象徵上升，至為亨通，運用巽順剛中之道，爭取到大人的認同，不須考慮太多；同時也要往正大光明的方向上進，才能得到吉祥。

【彖傳】

彖曰：柔以時升，巽而順，剛中而應，是以大亨。用見大人，勿恤，有慶也；南征吉，志行也。

以柔順之道適時上升，內心卑遜行為順從，陽剛者居中向上正應，因而可至為亨通。運用巽順之道爭取大人認同與支持，不須考慮太多，必有喜慶。向光明大道上進可得吉祥，是指如此做才可以實現自己的志向。

【補充說明】

- 職場有如一塊土地，剛進公司的員工就像一粒種子；如果把此地當成自己事業的起點，就必須入境隨俗，不可在意一時的得失。
- 以柔順的態度，應配合自然時序的進展，按部就班、穩健向上發展；不可貪求曇花一現的表象，更切忌以揠苗助長的方式成長。
- 品德修養要與工作績效並重，堅持不懈走向光明正大的方向，才能得到當局的重用，以符合個人職涯規劃的目標。
- 現實環境在人事方面的升遷，內心要秉持卑遜的態度，外在行動必須順應時勢的變化，並且要經過日積月累的努力才能看到成果。
- 在現今的社會，人情因素還是很重要，如果有機會得到關鍵人士的重視與提拔最好不過，用不著太過自命清高；但是動機要單純，過程要合理，行為要正大光明並且要名副其實。

【大象】

象曰：地中生木，升；君子以順德，積小以高大。

大地當中，樹木的種子開始萌芽生長，象徵順應環境緩緩上升的升卦；君子應以柔順的美德順勢而為，由小處著手累積成為盛大的成果。

【補充說明】

- 下卦巽，巽為木、卑遜；上卦坤，坤為地、順應。故有地中樹木種子，隨順時令成長，緩緩冒出地面，乃上升之象；也意味著內心保持低調卑遜的心情，外在言行必須順應環境的需要。
- 無論是個人職涯規劃或企業經營或其他組織的發展，也同樣需要從大處著眼、從小處著手，積少成多累積成果。

【爻辭 / 小象】

初六：允¹升，**大吉**。象曰：允升大吉，上合志也。

得到眾人的信任，並以遜順的態度向上發展，可得到最大的吉祥。象曰：得到信任向上發展而得大吉，是指能與上司的心志相應合。

【補充說明】

- 初六柔居剛位與九二正比，代表地位卑微、能力不足，但能真心誠意順承長上，在重重的保護之下，與時俱進順利的向上發展。
- 心無旁騖、無任何妄念的追隨頂頭上司與有能力的前輩，自然可以得到提拔，並且順利的茁壯成長。(錯，25 无妄初九)
- 受到不當的干擾造成心志迷亂，因而起步猶豫不決；故應及時克制言行，調整步驟，才能得到頂頭上司的賞識與提拔。(綜，45 萃初六)
- 地位雖較低，但雄心壯志絲毫不減，能竭盡心力協助主導者完成任務，最終一定會得到眾人的諒解與信服。(互，54 歸妹初九)
- 屬性相同或有共同目標的人容易結盟，眼前已有兩個足以讓人仿效學習的榜樣，正好可以搭上便車，一起向上發展。(之，11 泰初九)

爻旨：良禽擇木而棲，賢臣擇主而事；從初出茅廬起，就應爭取頂頭上司的信任，隨順前人的腳步向上發展。

九二：孚乃利用禴，**无咎**。象曰：九二之孚，有喜也。

只要心存誠信，即便使用微薄的禴祭，也不至於遭遇災害。象曰：心存誠信，將帶來心中的喜悅。

【補充說明】

- 九二剛而能柔，行事低調與上下之間彼此協調合作，做到「進不求名、退不避罪」²，令人感到忠厚務實並且安心可靠。
- 不好高騖遠，不坐收其利，不求一步登天；做人誠實、做事踏實，順應天時而度德量力，展現真實純樸的美德。(錯，25 无妄六二)

1　「允」有許可、符合、公平、使用諸意涵。在此以得到信任解。
2　出自《孫子・地形篇》。原文：故進不求名，退不避罪，惟民是保，而利合於主，國之寶也。

- 將所累積的實力，轉化為實際行動，得到上司的信任與賞識，彼此間不需有任何形式的約束，便可以緊密無間的配合。（綜，45 萃六二）
- 能夠靜中自處謹守本分，適應獨立工作的環境，始終不能動搖心志；這種性格的養成，應從平日簡單生活起居做起。（互，54 歸妹九二）
- 生活簡單純樸低調的下屬，容易得到上司的信任；太過講究排場的行為，多半啟人疑竇而難以得到重用。（之，15 謙六二）

爻旨：祭祀以誠為本，求知以行為本，向上發展更應以存誠務實不虛偽的基本態度才能受到重用，並且能順利施展抱負。

九三：升虛邑。象曰：升虛邑，無所疑也。

上升順利，如入無人之境。象曰：如入無人之境，是因為已確定無誤，可以放心前往而不必懷疑。

【補充說明】
- 九三當位與上六正應，上臨上坤，象徵剛毅果斷敢於冒險犯難，無所畏懼的前進，就像進入無人之地般的順利。
- 雖然信心滿滿，但仍應有最壞的打算以防萬一，讓意外災害發生機率降到最低，但仍須要有各種不預期的應變方案。（錯，25 无妄六三）
- 面臨進退時刻卻遇到挫折，千萬不可臨陣退縮或心灰意冷，此時更應展現屢敗屢戰的精神，不斷重新來過而奮力不懈。（綜，45 萃六三）
- 目標的訂定必須考量執行的能力，若期望太高，失望也會愈大。因此在行動前應再三確認全盤計畫的可行性。（互，54 歸妹六三）
- 面臨關鍵時刻卻不見競爭對手，難免會有疑慮；所以在採取行動之前，應先探知是否為對方所設下的空城陷阱。（之，07 師六三）

爻旨：面對一片光明的前景，必須經過詳細查證與評估無誤之後，才可放心的放手一搏。

六四：王用亨於岐山，吉，无咎。象曰：王用亨於岐山，順事也。

讓君王放心的在岐山祭祀神祇，是吉祥的，沒有災害。象曰：讓君王放心的在岐山祭祀神祇，是指順應時勢而誠心事上。

【補充說明】

- 六四乃高階管理人員，能心無旁鶩摒除一切雜務，專心輔佐業主，並順應其意圖，引導下轄各個部門，一齊向上跟進發展。

- 身處一人之下，不可能再向上晉升；身處萬人之上，也不容百密一疏。因此，要以伴君如伴虎的態度事上，以公正無私的精神謙下，使上下均能對自己完全信任。（錯，25 无妄九四）

- 與廣大群眾建立親密關係，容易觸碰敏感的權力神經；故應注意小細節，並鉅細靡遺的做好每件工作，以免遭致誤解。（綜，45 萃九四）

- 職位晉升到某種程度，於公足以影響國家施政，於私足以影響個人前途；故不可做沒把握的事，凡事寧缺勿濫，也不可留下一絲後遺症。（互，54 歸妹九四）

- 身居廟堂重臣，如果沒事找事，遠比有事不做更嚴重；因為處在有形職位已無可再升的地位時，不是告老還鄉，就是依命行事，除此之外，別無選擇。（之，32 恆九四）

爻旨：先讓頂頭上司放心，自己才能專心順利發揮專長，整合團隊資源，輔助上司對外提升組織的社會地位。

六五：**貞吉**，升階。象曰：貞吉升階，大得志也。

守持正道，而得吉祥，帶動組織成員全面同步向上晉升。象曰：守正則吉，帶動組織成員全面同步向上晉升，是指九五終能完成上升的志向。

【補充說明】

- 內卦諸爻之升，乃體制內晉升的個人行為；外卦諸爻，在內已無晉升的空間，故應對外發展。六五之責乃帶領組織成員集體晉升，提升整體素質，以及對外的競爭力與社會地位。

- 為帶動組織整體向上發展，應著眼大局，不必計較太多的枝微末節；如果顧慮太多，反而會造成錯誤的判斷。（錯，25 无妄九五）

- 初登權力高峰基礎不夠穩定，應展現誠信廣聚人心，爭取各方的助力吸收更多新血，權力穩固之後才能大展身手。（綜，45 萃九五）

- 以身教代替言教，用潛移默化代替耳提面命；塑造優質的組織文化，讓員工自然適應；建立簡明的工作規則，讓員工心甘情願樂意遵守。（互，54

歸六五）

- 要求團隊成員遵守規則，必先滿足其在工作上的基本需求，並建立一套可期待的共同願景與明確可行的工作流程。（之，48 井九五）

爻旨：領導人要帶動眾人上進，目的在提昇組織對外的競爭力，讓事業能夠永續經營，對外開拓更大的市場。

上六：冥升，利于不息之貞。象曰：冥升在上，消不富也。

晉升已到盡頭，外表仍慣性的晉升是昏昧的，但內心保持永不止息的心志是有利的。象曰：昏昧不明的不停晉升，是指有形的晉升應維持在一定限度，否則會造成過度消耗而受到傷害。

【補充說明】

- 上六與九三正應，象徵受到過去成功經驗的影響而慣性不已；故應記取「時行則行，時止則止」的道理，方能生生不息，綿延不絕。
- 不能認清客觀情勢，老是自認問心無愧，盡做不合時宜的事，還沾沾自喜孤芳自賞，必遭致現實環境無情的淘汰。（錯，25 无妄上九）
- 不知適可而止與自我節制，也不管別人的感受而我行我素，這種行徑會遭到淘汰的命運，落得無人聞問的下場。（綜，45 萃上六）
- 形式上已升到盡頭，如果還要向上發展，只能在無形的知識與品德方面加強；否則，所作所為全屬虛假不實，或只是自我膨脹的舉動而已。（互，54 歸妹上六）
- 任務完成之後，應當秉持功成、名遂、身退的修養而不戀棧，否則只會落得「老而不死謂之賊」的罵名。（之，18 蠱上九）

爻旨：事業發展到一定程度，該停就得停，但這只是外在的形式；至於個人品德的修為、思想的創新、技術的精進，必須是永無止境的。

《序卦傳》：升而不已必困，故受之以困。

經驗不足的新手，總是對所處的環境感到陌生，因此，會有先求穩定再求發展的想法而不至於出現較大的錯誤；但對於一路順暢的人來說，反而會帶來潛在危機，因為在團隊當中，難免會有一些不明事理的人，會在無意當中暴露得意忘形的心理，以及做出自作聰明的選擇，因此很容易在無形中犯下致命的錯誤；尤其是上

升不止或發展太快，很可能因而陷入窮困。所以，接下來，讓我們進入下一卦，在「困」卦的情境當中，探討一個原本健全的工作團隊，為何會陷入動彈不得的困境？還有，當我們身處困境時，可能會出現哪些不預期的情況？在這種不利的情境之下，要如何做才能順利的脫困？

47 | 困卦：艱苦卓絕的脫困之道

表 3-17　困卦要點提示

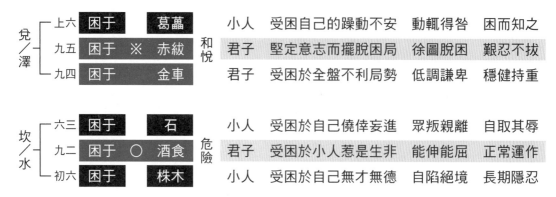

兌／澤	上六	困于　　葛藟		小人	受困自己的躁動不安	動輒得咎	困而知之
	九五	困于　※　赤紱	和悅	君子	堅定意志而擺脫困局	徐圖脫困	艱忍不拔
	九四	困于　　金車		君子	受困於全盤不利局勢	低調謙卑	穩健持重
坎／水	六三	困于　　石		小人	受困於自己僥倖妄進	眾叛親離	自取其辱
	九二	困于　○　酒食	危險	君子	受困於小人惹是生非	能伸能屈	正常運作
	初六	困于　　株木		小人	受困於自己無才無德	自陷絕境	長期隱忍

【卦象與讀時】

下卦坎，坎為水；上卦兌，兌為澤，全卦讀成「澤水困」。

【卦時】

- 「困」字本義有苦難、窮盡、疲憊、阻礙等意涵。
- **《雜卦傳》：困，相遇也。** 之所以會陷入寸步難行的地步，多半是許多不利的因素在同一時間與地點出現；或者遭到無知小人接二連三的阻礙，以致才華無法施展，此時應發揮積極進取的精神與堅強無比的毅力，更沒有必要逢人訴苦，唯有自立自強，才有機會脫困而出。
- 困卦也可用「有口難言」、「有志難伸」、「作繭自縛」與「君子固窮」等等這些類似的概念來引申與推論，或者也可以用「疾風知勁草，板蕩識誠臣」的情境來比擬。

【卦辭】

困：亨，貞，大人吉，无咎。有言不信。

困卦象徵遭致窮困，致力脫困可得亨通，但要守正不屈，只有有為有守之大人做得到，而得吉祥且無災害。但這種心情，無法讓外人理解。

【象傳】

象曰：困，剛揜[1]也，險以說，困而不失其所亨，其唯君子乎？貞大人吉，以剛中也；有言不信，尚口乃窮也。

遭致窘困，是指陽剛君子受到陰柔小人的糾纏而受困，才華難以伸展。雖處險境但表現和悅，所以身處困境仍不失亨通，恐怕只有君子才做得到吧？守持正道的大人可獲得吉祥，乃因具備剛健與中正之德；但此時的心情無法讓人理解，講話沒人相信，是指在這種情況下，會愈描愈黑、有理說不清。

【補充說明】

- 困卦教人脫困解厄且能守正不亂，可藉以分辨是否能堅持節操；有高尚節操者，能致命遂志在逆境中窮則變，變則通，而且無怨無尤。故《繫辭傳》有言：困，德之辨也，困窮而通，且能寡怨。

- 小人是指初、三、上這三個陰爻，不但為非作歹把君子困住，同時也自陷於困境；所謂大人或君子，是指二、四、五這三個陽爻，其身雖困然而心志未困，故能自我脫困並協助他人脫困。

- 能力不足、行為謬誤，乃是小人之所以坐困愁城與自取其辱的原因；受制於人或時機不對，以致難以施展才華，則屬君子所面臨的挑戰。

- 無知小人因固執己見而步入困境，旁人講的大道理根本聽不進去；只有讓其嚐夠苦頭之後，才會幡然悔悟。

- 相對的，君子受困而情急之下的說辭，也難以令人採信；所以也只能保持緘默與冷靜，用行動說明一切。

- 出現前所未有的困境，通常也是即將脫離的徵兆，但必須付出相當代價；這個道理往往只有少數有智慧的大人可以理解，凡夫俗子們根本沒有這個概念。

【大象】

象曰：澤無水，困；君子以致命遂志。

沼澤乾涸，水已滲至湖泊之下，象徵船隻擱淺或龍游淺水的困卦；逢此困境，

---

1 「揜」與「掩」同音同義。「剛揜」是指君子的才華受制於小人，而無從施展。

君子寧可捨棄性命，也要盡其所能實現脫困的志向。

【補充說明】

- 下卦坎，坎為水、為憂；上卦兌，兌為澤、為說。水滲至澤底故有受困之象。亦有君子受到小人的壓制心中充滿憂慮，但外表仍表現出心平氣和之象。
- 有才華、有能力的君子，受困一時而無計可施；如同家中無隔宿之糧、無禦寒之衣、無任何可用之物，顯得窮困潦倒；在此坐困愁城之際，與其卑躬屈膝四處乞援，不如竭盡所能想辦法脫困。

【爻辭 / 小象】

初六：臀困於株木，入於幽谷，三歲不覿。象曰：入於幽谷，幽不明也。

處於窮困時，就像坐在光禿的樹幹，顯得不安穩；被迫進入隱幽的山谷，長時間不能露面。象曰：進入隱幽的山谷，是指將自身藏在見不得人的幽暗之處。

【補充說明】

- 初六居下坎之底，象徵地位卑下、能力不足、意志薄弱，自我迷失陷入深谷中；雖上承九二、上應九四，然彼等已受群陰之困阻，因此初六有應等於無應，有比等於無比。
- 如今只能想辦法改頭換面，老老實實腳踏實地重新做人，不再好高騖遠，或許能找到一絲可以脫困的機會。（錯，22 賁初九）
- 身陷困境時，必須發揮剛毅的精神重新振作；否則，本來就陳舊落伍的觀念，會更加迂腐而遭到現實社會的遺棄。（綜，48 井初六）
- 由於沒有做好事前的防範，事到如今只能亡羊補牢，重新訂定規則，做好損害控管，等待有利時機再另謀出路。（互，37 家人初九）
- 身處困境情緒難免低落，若能保持表面平和，先讓頭腦冷靜下來，進而集思廣益共商對策，才有機會早日脫困。（之，58 兌初九）

爻旨：由於能力與見識不足而自陷絕境，勢必很難脫離，必須長期隱忍，等待適當時機，或許可在別人的協助下脫困。

九二：困於酒食，朱紱 [2] 方來，利用享祀，<mark>征凶，无咎</mark>。象曰：困於酒食，中有慶也。

連日常生活物資都感到不足，但畢竟有即將到來的俸祿，此時應保持正常作息並取信於天地，若有大動作必致凶險，終究沒有災害。象曰：基本生活所需感到不足，但只要堅守中道精神，仍可得到喜慶。

【補充說明】

- 九二遭到初六與六三兩個小人的糾纏，但處困不憂；雖然物資條件匱乏，仍能秉持公正無私保持正常作息，故能漸漸脫困而出。
- 雖受制於小人的阻擾，但基於職責，在權責範圍內，仍能盡全力配合主政者的政策，並且正常的推動例行工作。（錯，22 賁六二）
- 處困境時要有信心，不可因旁人的蔑視而自暴自棄，應認真自我檢討反省，修正過去的錯誤，維持正常工作的推行。（綜，48 井九二）
- 困境是在考驗個人的膽識與擔當，因此對上對下要維持一貫的態度，分清主從關係，明確責任分工與相互支援。（互，37 家人六二）
- 遇到小人干擾而受到困阻，仍應堅守中道精神，展現高度誠信，必能得到上司的認同與引導而逐步走出困境。（之，45 萃六二）

爻旨：遭到小人的糾纏，做起事來礙手礙腳，但仍應展現能伸能屈的精神，盡量維持正常的運作，不負使命順利的度過難關。

<mark>六三：困于石，據于蒺藜，入于其宮，不見其妻，凶。象曰：據于蒺藜，乘剛也；入于其宮，不見其妻，不祥也。</mark>

把自己困在巨石下，一會兒又身陷在有刺植物之上，然後回到家中見不到妻子，必有凶險。象曰：身陷在有刺植物之上，是因為凌乘於陽剛之故；連最親近的妻子都不認同而離去，這是非常不吉祥的徵兆。

【補充說明】

- 六三不中不正，身處險境而乘剛，代表個性恣意逞強之人，會不斷的自找麻煩也給別人增添麻煩，讓所有組織成員處於不利的局面。
- 得了好處便食髓知味而得寸進尺，養成貪小便宜的惡習便開始做不該做的

---

2 「紱」音「服」。「朱紱」，古代禮服上有紅色蔽膝為一般官服。在此則指官員的俸祿。

事情、講不該講的話，終於惹禍上身。（錯，22 賁九三）

- 沒出息的小人，自認懷才不遇而怨天尤人；有修養的君子，會自我檢討持續改進，爭取別人的諒解並重新受到重視。（綜，48 井九三）
- 嚴以律己、寧嚴勿縱，是立身處世的基本條件與管理眾人的最低標準，可避免製造更多的小人，回過頭來困住自己。（互，37 家人九三）
- 面對困境，自身能力本就不足，卻仍舊剛愎自用，只會讓事情變得愈不可收拾，最後連所有的老本都全賠進去。（之，28 大過九三）

爻旨：天作孽猶可違，自作孽不可逭；困辱本非憂，自取困辱方為憂，故不可心存僥倖而妄動。

九四：來徐徐，困于金車[3]，吝，有終。象曰：來徐徐，志在下也；雖不當位，有與也。

慢慢下來相應合並解決困境，卻受困於當前不利的大環境以致使不上力，難免會有遺憾，但最終會有好結局。象曰：慢慢向下來相應合，是指心志在照顧基層群眾；雖然居位不當，但畢竟與基層有相應合。

【補充說明】

- 九四與初六正應，代表身處困境卻不改救助下民的宏願，但由於現實環境的阻礙實在太大，因此行動遲緩且成效有限。
- 為擺脫小人的糾纏，必須完全捨棄表面工夫，或許一時無法讓別人理解，但仍應堅守平淡務實的作風而堅持到底。（錯，22 賁六四）
- 為了一勞永逸擺脫困境，應有長遠的眼光，從根本上改善體質，不斷充實新的知識與技能，針對問題從源頭上尋求解決。（綜，48 井六四）
- 在艱困環境中，身為承上啟下的角色，應先滿足大家的基本需求，然後才能得到團隊當中所有成員的充分配合。（互，37 家人九四）
- 在困境中事奉上司應低調謹慎，為了協助基層脫困，方法要靈活而不拘常規，可就實際需要採取變通的手段。（之，29 坎六四）

爻旨：君命難違加上群眾受困待援，但全盤情勢險峻，應有保持低調謙卑與忍

3　上卦兌五行屬金，下卦坎乃多眚之輿，以金車比喻全局。九四乃綜理全盤局勢之輔佐者，故稱困於金車。

辱負重的精神，不疾不徐，一步一步的慢慢將困難排除。

九五：劓刖，困于赤紱[4]，乃徐有說，利用祭祀。象曰：劓刖，志未得也；乃徐有說，以中直也；利用祭祀，受福也。

因群小之亂，心中就像遭到割鼻削足般的懲罰，也受困於權臣的壓抑，有施展不開的無奈；但要以耐心保持平和的態度，事緩則圓將可漸得人心，且能將例行工作保持正常。象曰：心中想像遭到嚴懲，象徵一時不得志；若能耐心以待，使得事緩則圓，是指能守持中道與正直；保持例行的祭祀工作，是指如此做必定能獲得福祐。

【補充說明】

- 九五居中且正但受重陰凌乘，象徵乃身居困境的領導者，能夠頂得住巨大壓力，並具備忍辱負重的精神，以及抱定破釜沉舟的決心，帶領團隊走出困境。
- 雖然身處困境，卻能秉持簡樸務實的作風並率先躬行，同時也展現絕對的誠意，使組織成員能受到感化而響應其號召。(錯，22 賁六五)
- 領導者應先樹立威望與誠信，爭取群眾的信賴；對於許下的承諾務必兌現，才能夠使誤入歧途的小人早日改過自新。(綜，48 井九五)
- 全局雖因小人而困，小人也因而自困，故應視為難得的經歷與考驗；經溝通化解衝突，可重建有效率與和諧的團隊。(互，37 家人九五)
- 領導者應求之於勢不責於人，先改變環境再讓環境影響眾人；當多數人開始從善如流之後，小人的行徑自然銷聲匿跡。(之，40 解六五)

爻旨：領導者必須發揮堅忍不拔的精神，展現最大的包容與決心，才有機會帶領團隊走出困境。

上六：困於葛藟[5]，于臲卼[6]，曰動悔，有悔，征吉。象曰：困于葛藟，未當也；動悔有悔，吉行也。

4　「赤紱」赤色之蔽膝，大夫所穿著之禮服。在此引喻為權臣。

5　「葛藟」音「葛壘」，爬藤蔓生植物，形容身心遭受困境的纏繞。

6　「臲卼」音「鎳物」，形容動搖不安穩狀。

處於極度窮困，有如被困在葛蔓藟藤之境，感受到動盪不安而困擾，這叫作動輒生悔；若能有所悔悟，行動必獲吉祥。象曰：處於極度窮困，乃因居位不當之故；雖動輒有悔但知錯能改，則屬正確趨吉的行為。

【補充說明】

- 上六象徵沒見識的資深長者，不但堵住眾人出路，讓領導人難堪，同時也給自己製造困擾；但也不時對自己的行為感到懷疑而後悔。
- 陷入重大困境也是一種機遇，未經大風大浪磨練的人，很難體會平安是福的道理；惟歷經困境而能脫困者，能珍惜現有並能以平淡的心情看待人生。（錯，22賁上九）
- 心繫天下蒼生，故所作所為皆為公不為私；因此遇到再重大的災難，都能感化與團結群眾，協同合作化解危機走出困境。（綜，48井上六）
- 困阻不安時，資深長者的一言一行，皆足以影響民心士氣；因此要以恩威並濟的手段，協助領導人鞏固領導威信。（互，37家人上九）
- 資深大老經驗豐富，但也容易沉迷在過去成功的經驗，跳脫不出爭強好勝的思維，此舉絕對無助於團隊的和諧與進步。（之，06訟上九）

爻旨：生而知之者寡，學而知之者短期內看不出成果，困而知之便成為陷入困境時唯一的解惑之道。

《序卦傳》：困乎上者必反下，故受之以井。

工作當中遇到重大困境，可能是缺乏一些眼前所需要的知識、能力與應急的資源；但也可能是基礎條件太差，短期內又不能獲得解決。因此，要下定決心自我檢討，必須從根本上解決問題；就如同池塘乾涸，連一滴水都沒有，只能鑿井來面對旱象。所以，接下來，就讓我們進入下一卦，在「井」卦的情境當中，了解要如何開發自己與生俱來的潛能？以及如何讓自己像一口水井，不但可以自我調適、自我充實，並且可以源源不斷的為群眾服務。

48 ｜井卦：慎始善終的施惠於民

表 3-18　井卦要點提示

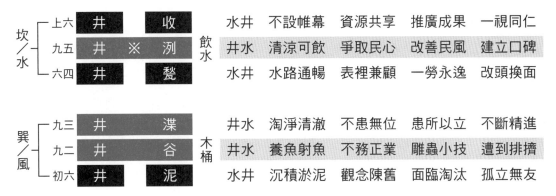

坎／水	上六	井	收		水井	不設帷幕	資源共享	推廣成果	一視同仁
	九五	井 ※ 洌		飲水	井水	清涼可飲	爭取民心	改善民風	建立口碑
	六四	井	甃		水井	水路通暢	表裡兼顧	一勞永逸	改頭換面
巽／風	九三	井	渫		井水	淘淨清澈	不患無位	患所以立	不斷精進
	九二	井	谷	木桶	井水	養魚射魚	不務正業	雕蟲小技	遭到排擠
	初六	井	泥		水井	沉積淤泥	觀念陳舊	面臨淘汰	孤立無友

【卦象與讀法】

下卦巽，巽為風；上卦坎，坎為水，全卦讀成「水風井」。

【卦時】

- 「井」是指水井，也有法度、條理等意涵。
- 《雜卦傳》：井，通。君子應當不斷自我充實品德與能力，並且要以無私無欲與通情達理的精神，持之以恆的服務群眾，使得所有事物都能暢通交流，互通有無達到政通人和的目的。
- 井卦也可以用「有條不紊」、「澤被大眾」、「開發潛能」與「自我修煉」等等這些類似的概念來引申與推論，或者也可以用「施恩於無緣，慎德於小事[1]」的情境來比擬。

1　出自《菜根譚》。原文為「謹德須謹於至微之事，施恩務施於不報之人」。

【卦辭】

井：改邑不改井，無喪無得，往來井井。汔²至，亦未繘³井，羸⁴其瓶，凶。

井卦，說明水井的功能。人類居住的村邑可遷徙，但水井不曾跟著離開；井水汲出再多也不會乾枯，水不斷注入也不會溢滿，來來往往的人有條不紊的前來汲水使用。汲水時眼看就要提出井口，井水還沒完全汲上來，但汲水的瓶子傾覆毀壞了，則肯定會有凶險。

【彖傳】

彖曰：巽乎水而上水，井，井養而不窮也。改邑不改井，乃以剛中也；汔至亦未繘井，未有功也；羸其瓶，是以凶也。

順著地下水路鑿井，並汲水而上，這就是象徵水井的井卦；井水養人的功德，是沒有窮盡的。城池村邑可遷徙，但水井從不離開，是指陽剛君子居中永恆的守正。井水尚未提出井口，是指尚未完成井水養人之功。汲水的瓶子傾覆破壞，則將會有凶險。

【補充說明】

- 井卦教人自我充實，養民不窮，是為民服務的工作平台；由於本身處於不變動的地位，所以能夠感化民風而遷善。如果某人可以無條件的利益眾生，心志堅定不移，也不思回報，便可斷定，這是一位能夠明辨義利的正人君子，故《繫辭傳》有言：井，德之地也，居其所而遷，且可辨義也。
- 河水與井水不同源，互不侵犯；泉水與井水同源但所在地偏遠；湖水與井水同性質但水質污濁不能飲用，只有井水最適合養人。
- 把水井人格化，乃說明一個人有了充分的學識與能力，必須適才適用，而且應積極的建功而不居功。
- 井以水為用，六爻由下向上逐漸完成，以三陽爻象徵井水，三陰爻象徵水井，而且愈往上也愈能發揮養人之功。

---

2 「汔」音「氣」，幾乎。

3 「繘」音「育」，用繩索汲水。

4 「羸」音「雷」，毀壞。

- 水井扮演的抽象意義有二：其一，與土地長相廝守不離不棄；其二，永不溢滿也不乾涸，如同一個人在團隊當中盡忠職守忠貞不二，能夠適時適切的付出，而且所付出的是眾人所必需。
- 水井的功能如同學校，學生進進出出不知換了多少，但老師還是老師，教室還是教室，學生無論學了多少，學校的無形資源永遠不會減少；但是，如果有一天教學設備設施破舊不堪，或老師教學不得要領，學生便開始轉至他校就讀。

【大象】

象曰：木上有水，井；君子以勞民勸相。

木桶上盛裝著水，象徵從水井當中汲水上來的井卦；君子應當效此而為民操勞，勸勉百姓互助互勉。

【補充說明】

- 下卦巽，巽為木；上卦坎，坎為水。故有以木桶盛水，比喻由井中汲水而上的井卦。水井養人大公無私且無怨無悔，有井之地必有民聚；人們應效法其精神，進而做到守望相助、疾病相扶、出入相友[5]。
- 為了把井水打上來，要準備木桶以及繩子等工具；就像村民為了得到民生用品，必須相互協助，相互提供必要的支援。

【爻辭/小象】

初六：井泥不食，舊井無禽。象曰：井泥不食，下也；舊井無禽，時舍也。

一個人得不到重用，就像水井污泥沉澱，井水污濁不能飲用；觀念陳舊，就像廢井年久失修，連鳥禽都不來光顧。象曰：井水污濁不能飲用，是指由於居位卑下；鳥禽都不來光顧，是指跟不上時代而遭淘汰。

【補充說明】

- 初六失位屈居全卦最底層，有沉淪之象；與上無應，象徵高層無人識用，乃因知識落伍過時且無謀生能力，得不到別人的關心與協助。

5　出自《孟子・滕文公上》。

- 培育人才應重視好習慣的養成；在初始階段，就應把過時的觀念與落伍的知識革除，才不至於造成日後學習的障礙。（錯，21 噬嗑初九）
- 由於自身無才無德且行徑怪僻而陷入困境，遭致眾人的排斥與孤立；若想起死回生，應先主動與其他小人劃清界限。（綜，47 困初六）
- 一個人的條件再差，但也有一些可取之處，只要有心發覺，便可發揮一定作用；所以，我們應多留意身邊的事物，不放棄任何機會幫助想上進的人。（互，38 睽初九）
- 與不良環境保持適當距離，可免於不當的誘惑，更不會陷入難以自拔的困境，但要有恆心與耐性不斷的自我充實能力。（之，05 需初九）

爻旨：品德沒修養、才能沒培養，肯定不會受到別人的歡迎，更沒人願與其為伍，故應及早覺悟，回頭是岸。

九二：井谷射鮒，甕敝漏。象曰：井谷射鮒，無與也。

盡做一些無關緊要的小事，就像井底僅剩的水，只能養些小魚，或供人們射魚取樂，擱置一旁汲水的甕瓶也破舊不堪。象曰：盡做一些無關緊要的小事，是指所作所為無法讓人接受，因此不會受到提拔與協助。

【補充說明】

- 九二失位，對上無應，親比初六；象徵一個人有最基本條件，但盡做一些不務正業、親近小人，以及微不足道且不利社會大眾的事。
- 為了避免鑄成大錯，應施以略過嚴苛的懲罰，給予必要的警惕，避免將來落入無可救藥的地步。（錯，21 噬嗑六二）
- 即使能力品德都沒問題，但所處的環境與時機不對，難免會遇到困窘的情況；故應持續修正自己言行，以便逐次導入正軌。（綜，47 困九二）
- 對於某些行為偏差者，可能礙於顏面等因素，不便在正式場合與其溝通；故宜採取變通的方法，才能達成教化的目的。（互，38 睽九二）
- 困境雖非自己造成卻遭受危害，若怨天尤人無濟於事；不如無怨無悔盡棄前嫌共謀對策，否則自己也跟著遭到無情的淘汰。（之，39 蹇六二）

爻旨：長期不務正業並養成惡習，以至於遭到他人的排擠，只能做些微不足道的瑣碎小事。

九三：井渫[6]不食，為我心惻，可用汲，王明，並受其福。象曰：井渫不食，行惻也；求王明，受福也。

開始充實而小有成就，就像井水經過清理，水質變得清澈卻無人取用，心中感到難過；井水可以汲上來飲用，如果得到英明領導者的重視，百姓一定能得到福祉。象曰：小有成就卻無人認同，此舉著實令人悲傷難過；企盼君王賢明認同，乃是希望眾人都可得到福澤。

【補充說明】

- 九三得位與上六正應，但受制六四之凌乘；象徵有作為、肯上進者，但一時受到阻擾或工作出現瓶頸，感到懷才不遇而悲傷難過。
- 明明自己沒有任何錯誤，卻遭到別人的誤解；此時不可盡怪罪於人，應虛心自我檢討，自己是否有顧慮不周的地方。（錯，21 噬嗑六三）
- 有旺盛的企圖心，也要慎重考量實際的能力；即便有天大的才華，也不可心存僥倖，更不可太過主觀而自以為是，否則會換來自取其辱的下場。（綜，47 困六三）
- 受到無端掣肘而感到委屈，應冷靜下來勇敢面對現實，儘量與人溝通化解誤會，才有可能釐清真相，並爭取該有的權益。（互，38 睽六三）
- 解決了眼前的問題，又出現另一個新的問題，這代表全盤情勢還沒穩定下來，所以不必急著展現成果，應有高度的耐力與信心，持續不斷的累積實力。（之，29 坎六三）

爻旨：君子不患無位，患所以立，萬一得不到重用，應認真自我反省與檢討改進，不可盡怪罪他人。

六四：井甃[7]，无咎。象曰：井甃无咎，修井也。

持續自我精進更臻成熟，就像對整個水井的修治，是不會有災害的。象曰：持續自我精進，就像整修水井，可收一勞永逸之功。

【補充說明】

- 六四得位，對下無應，上承九五，代表公正行事，能排除私事干擾並專注本務，小心謹慎奉承長上，是一位公而忘私的輔佐人才。

6　「渫」音「謝」。疏通、消散、止歇。在此以「淘去污泥」解。

7　「甃」音「宙」，井壁，入秋後水位下降，可整修清理井壁。在此以「整修井壁」解。

- 以剛正不阿的精神與公正超然的態度面對挑戰，徹底改頭換面，對工作要表現盡善盡美，才可建立一勞永逸的行為規範。（錯，21 噬嗑九四）
- 必先得到群眾的諒解與信任，才能順利推動事業的發展；但不可操之過急，要以忍辱負重的精神，力求全局的穩定。（綜，47 困九四）
- 想要得到一勞永逸的效果，應勇敢面對群眾，發揮最大的誠信，接納不同的觀點，滿足廣大群眾的需要。（互，38 睽九四）
- 當大局開始由劣勢轉為優勢時，要珍惜得來不易的成果，絕對不要再受到其他瑣碎事物的干擾。（之，28 大過九四）

爻旨：要改進就應該做得徹底，不但格局要大，眼光要遠，並且要著眼全局與表裡兼顧。

九五：井冽[8]，寒泉，食。象曰：寒泉之食，中正也。

終於得到眾人的認同，井水就像清涼清澈的甘泉，可以放心飲用。象曰：得到眾人的認同，是指以陽剛中正之德，建立良好的名聲。

【補充說明】

- 九五中正，乃才德兼備的領導人，身居君位，可充分發揮中庸之道，德澤普施，故能得到廣大民心而使之感恩戴德。
- 展現光明正大與公正無私的態度，保持彈性合理的作風，使得名副其實的美譽遠近馳名，創造最有利的工作環境。（錯，21 噬嗑六五）
- 之所以不受歡迎，是因為言行受到群眾誤解；若能勇於面對現實，疑惑將煙消雲散，無須為不存在的事情，枉自驚疑恐懼。（綜，47 困九五）
- 所謂「柔遠人則四方歸之，懷諸侯則天下畏之」，是能以大公無私的精神，消除溝通的障礙，並以屈己下人的態度，化解彼此間的衝突。（互，38 睽六五）
- 用柔順的態度禮賢下士，用無私的精神普施德澤；使群眾普遍提升生活品質與工作技能，提升組織在社會上的地位，並強化對外的競爭力。（之，46 升六五）

爻旨：了解群眾的需要，爭取群眾的認同，強化為民服務的能力，而且能夠付

---

8 「冽」音「列」，寒冷、澄清也。在此以「清涼清澈」解。

出愈多，表示自己的成就愈大。

上六：井收，勿幕，有孚，元吉。象曰：元吉在上，大成也。

井水被汲上來飲用之後，不可覆蓋井口拒絕外人汲用；應展現誠信，不必擔心井水大量使用而造成損失，會得最大的吉祥。象曰：位高而不亢，故最為吉祥，因為井水以上出為功，能夠德澤普施才算大功告成。

【補充說明】

- 上六可充分表現井卦乃修德之地，因水井默默的付出，能慎德於小事，施恩於無緣，是一個能夠充分展現美德的工作舞台。
- 勸勉民眾並潛移默化，使社會善良的本質自然發揮；更能以平常心積小善為大善，使民眾原本不良的習性能止於未萌。(錯，21噬嗑上九)
- 困境中悟出的道理，比在順境中更為深刻；能在困境中分辨是非對錯，比在順境中更為精準。因此，經過艱困環境淬鍊過的人，行事風格將更為成熟豁達，也具備更開闊的視野。(綜，47困上六)
- 有了重大成就之後，不可露出一絲驕態，以免令人生厭，也不可劃地自限，徒增各方敵視；即使是過去的冤家宿敵，更需要藉此盡釋前嫌，不分彼此共享成果。(互，38睽上九)
- 所謂德澤廣被並非毫無原則的付出，對於企圖不良或貪得無厭者，應審慎斟酌，以免讓善心美意變成助紂為虐的愚行。(之，57巽上九)

爻旨：發揮長者的風範，時刻體恤民眾的需求，無私無我的奉獻，無怨無悔的付出，以及沒有分別心的推廣成果。

《序卦傳》：井道不可不革，故受之以革。

水井要持續發揮養民功能，就必須經常清理淤積的污泥，更新破舊的工具，整修損壞的井壁，才能常保井水的清澈。就如同一部先進的機器，日久也會磨損，必須按時保養；再好的制度，也必須隨環境變化而適時改革，所以，無論是個人或組織，都需要擁有最新的知識與技能，並能與時俱進的變革而汰舊換新，否則會逐漸不受群眾歡迎。所以，接下來，我們繼續進入下一卦，在「革」卦的情境當中，了解要如何才能做到循序除舊？如何才能改變過時的觀念？以及推翻不符民眾利益的舊體制，有哪些應當特別留意的地方。

49 ｜革卦：革除舊制的成功因素

表 3-19　革卦要點提示

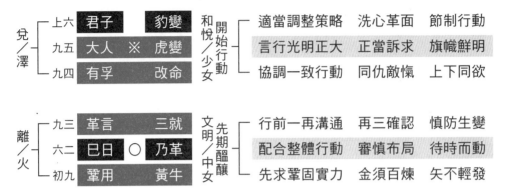

【卦象與讀法】

下卦離，離為火；上卦兌，兌為澤，全卦讀成「澤火革」。

【卦時】

- 「革」字本義有去舊、變革、革命等意涵。

- 《雜卦傳》：革，去故也。準備發動革命推翻舊政權，改變落伍過時的制度，應衡量全面發展的趨勢；同時理由要正當、時機要適合，以便爭取民眾高度的配合；而且計畫要周密務實，不可輕率行動。

- 革卦也可用「循序除舊」、「重新定位」、「系統重建」以及「洗心革面」等等這些類似的概念來引申與推論，或者也可以用「推翻舊制，革命須順天應人」的情境來比擬。

【卦辭】

革：巳日[1] 乃孚；元亨，利貞，悔亡。

1　「巳日」是指適當時機，有三種版本：「巳」、「己」、「已」。「巳」在 12 地支排行第六，居中而達半數，且五行屬火，符合下離本義；「己」在十天干排行第六，也象徵超過半數。以上兩者皆有半數或過半之意涵，表示受到多數群眾認同，以及時機業已成熟之暗示；而「已」則表示時機已到，故三者之中雖不確定何者為原文，但皆可適用。

革卦象徵革命，應慎重選定適當時機行動，才可以得到人們的信任，能得到至大的亨通；但要守持正道才能得利，悔恨終將消失。

【彖傳】

彖曰：革，水火相息，二女同居，其志不相得，曰革。巳日乃孚，革而信之。文明以說，大亨以正，革而當，其悔乃亡。天地革而四時成，湯武革命，順乎天而應乎人。革之時大矣哉。

革卦象徵革命，猶如水火相息相滅而不相容，也像兩女同居一室，由於心志不相合而發生衝突，因此產生重大變革。掌握適當的時機再行動，是指如此進行才能取信於人。因有光明正大的美德使人民心悅，所以能有最大的通達並堅守正道，以及行動穩健適當，先前的悔恨必然消失。天地有變革，才有四季的形成；歷史上的商湯滅桀、武王伐紂，乃順乎天道應乎人心。所以，革命行動時機的選擇是非常的重要！

【補充說明】

- 所謂「利不百不變法，功不十不易器」[2]，此言可能略顯保守，但也是一種警示，意指改革訴求應有充分的把握，保證能給民眾帶來安定的生活與希望，否則不可輕言採取行動。
- 革命必須有崇高的理想與願景，即便是階段性的目標，也要能夠讓民眾理解而有所感，對民眾的權益也必須得到充分的保障，否則一切免談。
- 革命必先醞釀造勢，先得到多數人的認同與支持，然後再付諸行動才有勝算；而且一旦開始行動便沒有回頭路，必須義無反顧的堅持到底。
- 完成工作計畫與策略相對容易，但難在改變組織成員的習慣與價值觀；所以，要有明確完整的方案與各個階段的主題，方可順利進行。
- 先用和平手段進行，萬一非動武不可，方能提高革命行動的正當性；況且面對頑固保守勢力的負隅頑抗，更應保持彈性而不必強行攻堅。

---

2 出自《商君書》。本義是：利益若沒有增加百倍，就不變更法令制度；若不能取得十倍的功績，就不要更換所使用的人才。

【大象】

象曰：澤中有火，革；君子以治厤明時。

沼澤當中出現烈火焚燒，象徵大環境開始丕變的革卦；君子觀此現象，則宜重新修治曆法制訂時序，律定作息日程與工作進度。

【補充說明】

- 下卦離，離為火、中女、光明；上卦兌，兌為澤、少女、愉悅。故有水火不容而有激烈變革之象，以及姐妹雖相處一室，但各自有不同的需要與愛好而發生爭執；另外，也可表示內心光明正大，使得群眾心悅而願意配合等多重意涵。
- 澤水乾涸長滿野草，因乾燥而釀成火災；這種重大的變革現象，是長時間所形成，且與季節的變化有關，並非一朝一夕形成，故應制訂曆法，明訂時序，讓民眾作息有所依循，以便掌握四時與節氣變化，降低農事莊稼與其他生活上的損害。

【爻辭／小象】

初九：鞏用黃牛之革。象曰：鞏用黃牛，不可以有為也。

革命初期應以穩固基礎為原則，就像用堅韌的黃牛皮把自己牢牢綑住。象曰：牢牢綑住自己以鞏固基礎，因為條件不成熟，不宜有所作為。

【補充說明】

- 初九地位卑微，上與九四敵應，下與六二逆比，象徵此時此刻必須排除雜務以便全心全力的各項準備工作，並且要接受最嚴密的管制。
- 急於求成，類似服用特效藥，只能得到短暫效果，不利長遠發展；故應施以必要的約束，防止因躁動而破壞全盤計畫。(錯，04 蒙初六)
- 革命工作準備階段應設法排除從中掣肘的勢力，糾正一些特別熱心卻又無知的外行人，確保工作夥伴在觀念上的統一與思想上的純正。(綜，50 鼎初六)
- 既然決定採取革命就應「夷關折符無通其使，屬於廊廟以誅其事」[3]，所有

3　詳見《孫子兵法・九地篇》。係指言行要知所節制，對外保密防禍，對內密治其事。

言行都要嚴密管控，不得有浮躁不安的舉動。（互，44 姤初六）

- 雖有崇高理想與遠大抱負，但客觀條件尚未成熟；所以，必須保持冷靜，絕對不可僅憑滿腔的熱血，就盲目採取行動。（之，31 咸初六）

爻旨：欲推翻舊體制，應先鞏固實力，最忌諱抱持僥倖心理或盲目行動，以致暴露企圖而種下失敗的因素。

六二：巳日乃革之，征吉，无咎。象曰：巳日革之，行有嘉也。

經過醞釀與準備，時機逐漸成熟，隨時聽命行動，不動則已，時機一到就可放手一搏，必能順利吉祥且無災害。象曰：時機成熟才可行動，是說如此做才會有好的結果。

【補充說明】

- 六二中正，乃工作團隊中的基層骨幹，一舉一動都得配合上級政策，當時機已逐漸成熟，則應隨時聽命，按計畫採取行動。
- 革命大業的準備工作必須面面俱到，應鉅細靡遺備妥各種方案；只要付諸行動，一定能夠順利達到預期的目標。（錯，04 蒙九二）
- 不斷充實能力，才能做到有備無患，對外可應付各種威脅與挑戰：對內則可防止不同的意見所產生的矛盾。（綜，50 鼎九二）
- 對於不確實的訊息或偶發的意外事故，應有效制止並及時排除，避免正在進行的工作受到無謂干擾，以致影響團隊的士氣。（互，44 姤九二）
- 凡事豫則立，不豫則廢，行動全程都必須做到內防突變、外防突襲，不斷增強實力，並持續修正各種不同的應變方案。（之，43 夬九二）

爻旨：採取行動的時機已逐漸成熟，應主動與上司保持連繫，所有動作都要配合革命領導中心的指導。

九三：征凶，貞厲，革言三就，有孚。象曰：革言三就，又何之矣？

急於採取行動必有凶險，應守正防危，行動之前對計畫再三確定，對下屬的要求再三叮嚀，使上下有一致的信心。象曰：對計畫再三確定，對下屬再三叮嚀的做法，難道還有其他方法更為有效嗎？

【補充說明】

- 九三過失位，居下離之終，火勢漸弱易遭澤水所滅，象徵個性衝動，易遭

意外傷害，尤其革命行動即將進行之前，應再三確認每個細節；因為一旦開始行動之後，如果再發生任何錯誤，都很難回頭修正。

- 第一聲槍響之前的心理狀態最為緊繃，很容易出現心不在焉或其他不該發生的錯誤；故寧可慢也不要亂，必須非常穩健的跨出成功的第一步。（錯，04蒙六三）
- 出發時間已到，但內部溝通仍不順暢，某些細節尚未完成協調定論；此時應當依當時情況，妥慎權變處理。（綜，50鼎九三）
- 有些人身處時機緊迫的情況下，會顯得坐立難安而影響其他人的心情，因此要有安撫人心的動作，防止群眾心理受到感染。（互，44姤九三）
- 行動直前，對於非關鍵事物該捨就捨，務必擺脫無必要的負擔，集中全力放在對目標達成最有利的方面。（之，17隨六三）

爻旨：革命行動在即，計畫應再三確認與叮嚀，以防中途生變，力求上下一心一德，行動協同一致。

九四：悔亡，有孚改命，吉。象曰：改命之吉，信志也。

之前的煩惱全部消失，得到上下的信任與一致的信念，可藉以改變現行落伍的體制，必獲吉祥。象曰：改革舊制必獲吉祥，是指如此做，可以展現變革的決心。

【補充說明】

- 九四剛居柔位，居進退無恆的關鍵時刻，箭在弦上不得不發；所以，要表現充分的自信與勇氣，用承上啟下的精神化解疑慮。
- 革命必須付出相當的代價，而最現實的莫過於對群眾心中的困惑，能及時給予合理的解釋與溝通，方能順利的持續進行。（錯，04蒙六四）
- 開始行動之後力求一步一步穩健的進行，避免暴衝而功虧一簣，更不可憑血氣之勇，勉強做出能力或計畫以外的事。（綜，50鼎九四）
- 先得到民心，再發動革命，豈有不成功的道理；故絕對不可遠離群眾，或與群眾的訴求相違背，以免讓煮熟的鴨子給飛走。（互，44姤九四）
- 號令只要一下，成敗全在此一舉；但即便條件都具足，也不能保證行動不會發生意外，故仍須有各種備案，慎防百密一疏。（之，63既濟六四）

爻旨：必須先爭取群眾的信任，凝聚上下一致的信念，培養同仇敵愾的心理，才能得到最大的成功勝算。

九五：大人虎變，未占`有孚`。象曰：大人虎變，其文炳也。

領導人氣勢不凡，像猛虎一樣，果斷推動革命，改革的理由正當，旗幟鮮明，因此，不須占問便可確信必能成功。象曰：像猛虎一樣果斷推動革命，是指它的美德昭然易見，可以得到功業彪炳的成就。

【補充說明】

- 九五居中且正，下應六二，象徵領導者秉持中庸之道，言行光明正大，革命訴求易懂易行，凡事以身作則率先躬行，可得到群眾的向心。
- 「知之為知之，不知為不知，是知也[4]」，是指以實事求是，勇敢面對問題、解決問題，此乃革命成功的重要條件之一。（錯，04 蒙六五）
- 革命起義的領導者，應具備成熟穩健的作風，能營造上下之間的信任；也能以虛己下人的胸襟，凝聚廣大群眾的力量。（綜，50 鼎六五）
- 領導人順應時勢包容各方人才，期能獲得廣大群眾的向心，並能採取擴大爭取面、縮小打擊面的策略，減少過程中的障礙。（互，44 姤九五）
- 為了吸納志同道合者，應捐棄私見展現求才若渴的態度；而且改革訴求要明確，理由要正當，用以激勵群眾的士氣。（之，55 豐六五）

爻旨：改革的訴求要正當，號召的旗幟要鮮明，行動要剛毅果決，才能得到群眾熱烈的響應。

上六：君子豹變，小人革面，`征凶`，居`貞吉`。象曰：君子豹變，其文蔚也；小人革面，順以從君也。

革命行動勢如破竹，君子像豹聞風而動迅速配合變革，小人只是勉強在表面上順從；此時應保持冷靜適可而止，才能獲得吉祥。象曰：君子迅速配合，是因為能了解其煥然一新的美德；小人只是勉強順從，是指對一般人只要求在表面上順從就可，不宜要求太高。

【補充說明】

- 上六得位，下應九三，象徵資深大老能夠明大義、識大體，率先響應革命行動，並積極協助九五與其分憂；小人們雖一時積習難改，但也因此不得

4　出自《論語·為政》。其原意是：懂就是懂，不懂就是不懂，這是正確的學習態度。在此則指革命行動應本著實事求是的精神，不虛偽、不造假，面對現實，解決實際問題。

不勉強接受現實。

- 用柔中帶剛的方式，導引群眾走向正途，比暴力脅迫式更為有效；因此，在舊體制瓦解之後，強制性的手段應適可而止。（錯，04 蒙上九）
- 革命行動到了最後階段，應該適時降溫，像手持玉製的溫潤鼎杠，不疾不徐、可收可放的靈活運用，以免提供少數頑劣分子暗中掣肘的藉口。（綜，50 鼎上九）
- 革命行動初期，通常艱難險阻，且無充分把握，故應盡全力為之；但當進行特別順利或大勢已定，則應防範過度偏激，造成殘餘勢力負隅頑抗的情況。（互，44 姤上九）
- 革命雖然沒有達到百分之百的理想目標，然而已有八九不離十的成果，如果能給對方留一些餘地，可免造成物極必反與心生怨懟，將有利於後續復原工作的進行。（之，13 同人上九）

爻旨：當革命行動進入最後階段，會有習慣性骨牌效應而難以叫停；因此要有適當的終戰指導，逐步調整策略，以利後續的建設工作。

《序卦傳》：革物者莫若鼎，故受之以鼎。

舊政權被推翻之後，接著要重新建立新的制度，若要讓眾人熟悉與遵守，必須經過一段時間的調適，這就是破壞後的建設。歷史經驗告訴我們，建設工作所花費的時間比革命階段更長久，投入的人力也更多元，所付出的精神體力也不比革命階段少；所以說，草創不易、守成更難。在日常生活中，我們要把不成熟的事物變成可以使用的工具，最明顯的例子就是把生冷的食材，烹調成熱騰騰美食的鼎器。所以，接下來，讓我們繼續進入下一卦，在「鼎」卦的情境當中，了解為何必須不斷充實專業技能？如何培養新體制的治理人才？以及在除舊布新的過程中，應特別注意哪些事項。

50 | 鼎卦：推動新政的優先順序

表 3-20　鼎卦要點提示

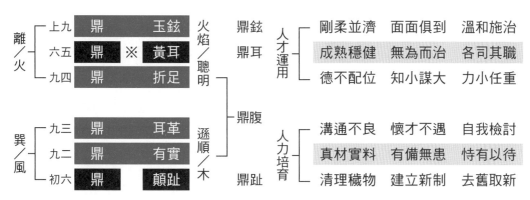

【卦象與讀法】

下卦巽，巽為風；上卦離，離為火，全卦讀成「火風鼎」。

【卦時】

- 「鼎」為鼎器，亦有顯貴、盛大之義，以及權力的象徵。
- **《雜卦傳》：鼎，取新也。** 當舊勢力被推翻後，新的政權便開始執政，首先應建立新的社會秩序，優先考慮解決民生問題，排除殘餘舊勢力的干擾，同時也要重視治理國家人才的培育與任用。
- 鼎卦也可以用「充實取新」、「各就定位」、「重振旗鼓」以及「任賢用能」等等這些類似的概念來引申與推論，或者也可以用「制定新法，施政以民生為先」的情境來比擬。

【卦辭】

鼎：元吉，亨。

鼎即指鼎器，象徵取得權力開始推行新政，故最為吉祥，而且通達。

【彖傳】

彖曰：鼎，象也，以木巽火，亨[1]飪也。聖人亨以享上帝，而大亨以養聖賢。巽而耳目聰明，柔進而上行，得中而應乎剛。是以元亨。

鼎，是用烹飪養人的器物取象，架起木柴順勢升起火焰，以便烹飪食物。聖人用鼎器烹飪食物來祭祀上帝，用極為豐盛的食物奉養聖賢。由於能順應時勢，因此耳聰目明，以柔順的美德向上發展而穩居尊位，發揮中庸之道並與剛健的人才應和，因而能得到最大的亨通。

【補充說明】

- 革除舊體制，並不代表革命成功，因為百廢待舉；此時仍須繼續努力，以鞏固新政權的正當性與合理性，所以會有更辛苦的災後重建工作。

- 運用鼎器，把生冷的食材，烹調成可享用的美食；其過程就像透過教育訓練，把一個徒有滿腔熱血，但專業技能欠缺的人，培養成可以為國家社會服務的中堅分子。

- 衣食足而後知榮辱，倉廩實而後知禮節[2]，革故的目的在於鼎新；若不能滿足人民基本生活需求，則崇高的願景與先前的奮鬥將毫無意義。

- 推翻舊體制取得政權之後，容易犯下驕縱懈怠的毛病，所以要特別提醒：恃治而怠者必亂、恃勇而驕者必怯、恃強而懈者必弱[3]。

- 將生冷食材煮成佳餚，就像舊政權推翻後，所提出新的制度與施政方針；而鼎器用來裝盛食物，就像個人充實品德修養與知識技能，負起推動建設的責任。

- 舊社會的秩序開始瓦解，也是新社會秩序重建的開始，兩者之間不可間斷，否則情況會更糟；不過，攻守易勢之後，應改弦更張，要爰引適合新體制的人力與合乎新環境的管理辦法。

---

1 「亨」在此唸「烹」，義同。

2 出自《管子・牧民篇》。

3 引用《孫子兵法・兵勢篇》，原文：亂生於治，怯生於勇，弱生於強。

【大象】

象曰：木上有火，鼎；君子以正位凝命。

木柴之上燃燒著熊熊烈火，象徵正在烹飪食物的鼎卦；君子效此，應當嚴守崗位，隨時待命行動。

【補充說明】

- 下卦巽，巽為木；上卦離，離為火。以木升火有烹飪之象，並取鼎器為卦名，象徵國家培養人才，以及對人才的有效運用。
- 過去在舊體制下，由於理念不同，無法展現才華；如今已開始進行秩序重建，則應義無反顧，端端正正的嚴守崗位，實踐自己的承諾；就像烹飪食物，須隨時在旁盯住整個過程，不可隨意離開，否則無法烹出美食。

【爻辭 / 小象】

初六：鼎顛趾，利出否，得妾以其子，无咎。象曰：鼎顛趾，未悖也；利出否，以從貴也。

徹底顛倒鼎器，有利於清除陳舊污穢之物，就像娶妾生子而能繼續傳宗接代，沒有災害。象曰：徹底顛倒鼎器，並不違背常理；而有利於清除陳舊污穢之物，是為了取得珍貴的新材料。

【補充說明】

- 初六上承九二，上應九四，代表雖然才柔位卑但有先見之明，能積極進取配合組織既定策略，優先排除殘餘勢力與改變陳年陋規，以達去故取新的目標。
- 推動新政，為了能夠居於不敗之地，應先求穩定、次求發展；因此不動則已，一出手就必須讓群眾樂意配合與遵循。（錯，03 屯初九）
- 重建工作要先求鞏固基本，有危害因素應先完全排除；故採取任何行動之前，應先確定安全無虞，才能夠放心的進行。（綜，49 革初九）
- 用激烈手段改變現狀似乎比較容易，但要求群眾適應新的規則相對較難；所以，不可用打天下的方法，來治理天下。（互，43 夬初九）
- 推翻舊勢力之後，容易造成精神鬆懈；在新政權建立基礎未穩之際，與人交往應格外謹慎，避免樹敵而增加無謂的麻煩。（之，14 大有初九）

爻旨：舊體制的殘餘勢力必須完全汰除，新的體制與社會秩序才能順利的建立與運作；同時，建設性的人才也必須儘早著手培育。

九二：鼎有實，我仇有疾[4]，不我能即[5]，吉。象曰：鼎有實，慎所之也；我仇有疾，終無尤也。

鼎器裝滿食物，就像個人有強大實力，即便有仇敵的嫉恨，也不會加害到我，故而吉祥。象曰：個人實力強大，也要謹言慎行；若一時不被重用或遭他人嫉恨，終究不會有怨尤。

【補充說明】

- 六五因上承上九，凌乘九四，故短期內不克回應九二，加上有九三、九四的橫阻；這種不利的情況，反而促使九二不斷自我充實與茁壯。
- 推翻舊體制後，仍堅守既定政策不受眼前利益所誘，亦不受局部挫折而喪志，若有疑慮或障礙，亦可及時了解並積極排除。（錯，03 屯六二）
- 在適當時機與場合，做適切的調整，合情合理與名正言順的推動新政，可化解舊勢力的疑慮，降低冤家宿敵的潛在威脅。（綜，49 革六二）
- 欲改變現況建立新規則，難免會造成人心浮動與既得利益的反彈；故應時時警惕，儘量備妥各種應變計畫的預備方案。（互，43 夬九二）
- 推動新政必須有萬全的計畫與準備，應置重點於有利國計民生的法案，爭取群眾的配合，杜絕舊勢力反撲的藉口。（之，56 旅六二）

爻旨：具有真材實料，不必擔心不受重用，更不須畏懼舊勢力的反撲，但也應儘量避免大動干戈。

九三：鼎耳革，其行塞，雉膏不食；方雨虧悔，終吉。象曰：鼎耳革，失其義也。

鼎器因握把發生變化而不能移動，美食無法供人使用，象徵內部有矛盾，可能個性過於偏激；若能改變態度讓自己冷靜下來，悔恨方可消除，而得到吉祥。象曰：鼎器握把發生變化，是指失去了適當的配合。

---

4 「仇」指敵對勢力，反改革勢力。「疾」忌恨。「我仇有疾」指敵對勢力對我表示不滿與威脅。

5 「不我能即」應屬倒裝句，本意應為「不能即我」，不能影響我或打擊我。

【補充說明】

- 九三雖當位，但無比無應且過剛不中，雖有充分準備但個性剛烈，待人處事態度不夠成熟，難以受人引薦；加上受阻於競爭者的掣肘，因此沒有揮灑才華的空間。

- 才華不受重用、行事遇到阻擾，究其原因多半是自己的問題，因此要當機立斷改頭換面並自我檢討反省，不可一錯再錯。（錯，03 屯六三）

- 進行內部檢討再三確定無誤，但所提意見仍然不受到當局的重視，應進一步了解全盤的原委，適時修正不合時宜的做法。（綜，49 革九三）

- 為了建立新秩序，在沒有萬全把握之前應保持冷靜，不動聲色暗中布局；待情況明朗，時機成熟之後，再伺機公開進行。（互，43 夬九三）

- 政權初建，新的政令方才頒布，執行上應多方考慮切忌躁進；然而一旦確定對全盤情勢有利，則應義無反顧的全面性推動。（之，64 未濟六三）

爻旨：若感到懷才不遇，首先應靜下來自我檢討，加強溝通並多方面了解形成的原因，不可盡怪罪他人。

九四：鼎折足，覆公餗[6]，其形渥，凶。覆公餗，信如何也？

勉強行事而惹禍，就像鼎器不堪負重，折斷了鼎足，把王公大臣們的美食翻覆在地上，食物骯髒不能食用，場面極為難堪，必有凶險。象曰：把王公大臣的美食翻覆在地上，代表信用掃地，豈能繼續得到重用？

【補充說明】

- 九四過剛不中且身處多懼之位，本應剛而能柔整合全局，然而好大喜功勉強做出超越能力所及與不符身分地位的事，必然闖下大禍。

- 身為近君大臣應著眼全局，禮賢下士，整合各方意見；不可為了奉承阿諛，而搶用屬下的工作來表現自己。（錯，03 屯六四）

- 高階管理者應具備審時度勢的能力，以便能有效整合團隊力量，必須在適當的時機，展現團隊協作的成果。（綜，49 革九四）

- 拿不定主意而坐立不安，可能代表事情發展已進入瓶頸；應審慎評估，聽取各方意見之後，再採取適當的行動。（互，43 夬九四）

6　「餗」音「素」。指鼎中煮熟的美食。

- 重建新政令的工作，事前應周詳縝密規劃；一旦決定就得義無反顧全力以赴，不容有動輒反悔與進退維谷的舉動。（之，18 蠱六四）

爻旨：若要展現成果，應當選擇適當時機與場合並量力而為，絕對不可勉強行事或過度表現，避免做出德不配位的舉動。

六五：**鼎黃耳，金鉉**[7]，**利貞**。象曰：**鼎黃耳，中以為實也。**

除舊佈新，能秉持中庸之道；就像鼎器上配有金黃色的鼎耳，以及握著堅實的金製鼎鉉，守持正道必將有利。象曰：能秉持中庸之道，是指有中順之德，並得到實質上最大的功能。

【補充說明】

- 六五柔居剛位，上承上九，下應九二；象徵新政權的主政者，施以無為而治，權力下授的策略，同時也得力於經驗豐富的大老，讓組織成員各盡其責使組織上下都能相得益彰。
- 新政權重建，資源可能會有所短缺，因此要開源節流，但也不可因噎廢食，該支出就應儘量滿足各階層基本需求。（錯，03 屯九五）
- 推動新政旗幟要鮮明、訴求要正當，所頒佈法規要簡單易懂易行，才能得到群眾的信賴與配合，順利達成災後重建的目標。（綜，49 革九五）
- 除舊佈新，必須有果敢的決心與毅力，不畏艱難堅持到底；但也不可忽略最基本的人情世故，才能減少重建工作的障疑。（互，43 夬九五）
- 無論是改革或被改革者，都免不了承受前所未有的衝擊；因此在體制重建的過程中，領導人要展現寬大為懷的包容心，鼓舞各方人馬的士氣。（之，44 姤九五）

爻旨：新體制的領導人應秉持中庸之道與無為而治的精神，使組織上下各盡職責，展現團隊協作最大的功能。

上九：**鼎玉鉉**[8]，**大吉，无不利**。象曰：**玉鉉在上，剛柔節也。**

---

7 「鉉」音「眩」，乃移鼎之器。「金」則為剛堅之物。「鼎黃耳，金鉉」是指能得剛強者的支援，並堅守中道精神處事。

8 「玉」溫潤之物。「鼎玉鉉」則指能夠剛柔並濟，有適當調和的作用。

除舊佈新的大功即將告成，始終秉持剛柔並濟的作風，有如手執溫潤玉製的鼎杠，可得到最大的吉祥，沒有任何不利。象曰：秉持剛柔並濟的作風，是指剛柔要適當調和，有助於圓滿完成重建工作。

【補充說明】

- 上九象徵無私無欲的開國元勛或前朝大老，能夠發揮老當益壯的精神，以及剛而能柔的作風，在青黃不接的時刻，傾全力輔佐新主。
- 凡事起頭難，推行新政更是難上加難，但往往在極度困頓之際，也是即將撥雲見日之時；若得力資深大老出面響應，可舉全國之力一起衝破難關。（錯，03屯上六）
- 新政全面推動之後，應考慮各方的適應力以及休養生息，發揮剛柔互濟與恩威並施的精神，力求得到事半功倍的效果。（綜，49革上六）
- 若能堅持目標，講究改革方法，那麼不合時宜社會秩序與腐敗的政權將為萬民所唾棄，而新政受到歡迎是必然的而無須擔心。（互，43夬上六）
- 所謂窮則變、變則通、通則久，是指改變現況可以讓事業永續經營；但也需要穩定的環境來厚植實力，絕對不可為了改變而改變，而導致新政權的失序。（之，32恆上六）

爻旨：才德兼備的資深大老，平時沒沒無聞，在關鍵時刻卻能發揮剛柔並濟與折衷協調的作用，使得重建工作更臻圓滿。

《序卦傳》：主器者莫若長子，故受之以震。

　　掌握鼎器，也象徵掌握國家至高無上的權力，但能夠擔當此重任的人，不一定是能力最強或名望最高，而是有決心、有毅力、肯上進、有擔當，受到大家信任的人。就像一個家庭裡，能繼承父業開創新局面，主持重大家務的嫡長子。經過翻天覆地的變革之後，這個組織的接班人應該具備哪些條件？或許我們可以設想，應該是在萬分恐懼的情況下，是否能夠保持臨危不亂而處變不驚呢？會不會出現慌亂無章、雜亂無序的負面現象呢？所以，接下來，讓我們繼續進入下一卦，在「震」卦的情境當中，了解組織接班人應該具備哪些基本的特質與條件？以及在動盪不安的時代中，如何帶領群眾安然度過。

51 │ 震卦：繼承大統的重要條件

表 3-21　震卦要點提示

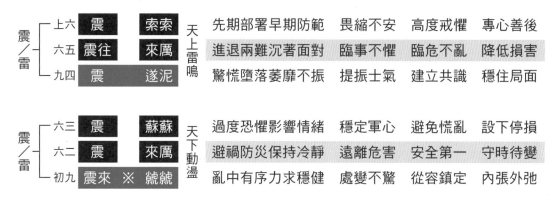

				先期部署早期防範	畏縮不安	高度戒懼	專心善後
震／雷	上六	震	索索	天上雷鳴			
	六五	震往	來厲		進退兩難沉著面對	臨事不懼	臨危不亂	降低損害
	九四	震	遂泥		驚慌墮落萎靡不振	提振士氣	建立共識	穩住局面

					過度恐懼影響情緒	穩定軍心	避免慌亂	設下停損
震／雷	六三	震	蘇蘇	天下動盪			
	六二	震	來厲		避禍防災保持冷靜	遠離危害	安全第一	守時待變
	初九	震來 ※ 虩虩			亂中有序力求穩健	處變不驚	從容鎮定	內張外弛

【卦象與讀法】

下卦震，震為雷；上卦震，震為雷，全卦也讀成「震為雷」。

【卦時】

- 「震」字本義有行動、震撼、振奮等意涵。
- **《雜卦傳》：震，起也。**為使國家社會能度過風雨飄搖，再度興起重新立足國際社會，領導人應懷著內心戒懼、外表沉著的態度，勇敢擔起責任，並且以身作則，修省改過，使全國上下都能保持鎮定，以面對各種嚴厲的考驗。
- 震卦也可用「胸有成竹」、「從容應對」、「人在其位，慎謀其政」以及「風狂雨驟時站得穩」等等這些類似的概念來引申與推論，或者也可以用「臨事而懼、好謀而成」[1]的情境來比擬。

1　出自《論語・述而》。意思是指做事小心謹慎，並且善於謀劃才能成功。

【卦辭】

震：亨。震來虩虩[2]，笑言啞啞[3]，震驚百里，不喪匕鬯[4]。

震卦象徵震動與驚恐，也因而得以亨通。震雷驟起，萬民恐懼，惟我臨危不亂談笑自如；震雷威力使方圓百里動盪不安，卻不影響我正在進行的祭祀，能夠從容鎮定，沒有掉落祭器或灑出祭酒。

【象傳】

象曰：震，亨，震來虩虩，恐致福也；笑言啞啞，后有則也；震驚百里，驚遠而懼邇也。出可以守宗廟社稷，以為祭主也。

發生重大變動，反而導致亨通；因震驚恐懼而謹慎收斂，是指突如其來的震驚反而會帶來福分；臨危不亂而談笑自如，是說驚懼之後能遵守政令而不致犯錯；震雷般的震懾天下，是說無論遠近都能感受到恐懼。即使君王公出巡視，嫡長子也可以長久穩健的在內主持國政。

【補充說明】

- 平時就保持戒慎恐懼的心情與做好最壞的打算，遇有重大天災與人禍，仍然可以維持正常的運作，減少災害的發生。所以說，知道會有危險反而不危險，看不到危險反而是最危險的。
- 突如其來的變動，把承平時期看不到的問題全部掀出檯面；此乃天意在提醒我們該及時檢討，把平時想做卻做不好的事趁機補正。
- 震驚與喜悅，是兩種心理狀態的相互影響。事前保持戒慎恐懼，一旦出現狀況仍然談笑風生；若事前鬆懈無備，一有狀況肯定亂成一團。
- 有膽識、有魄力的組織領導人，一旦身處劇烈變動面臨生存威脅的關鍵時刻，仍然可以集中注意力，保持敏銳的觀察力與精準的判斷能力。
- 不斷自我鞭策而脫胎換骨，讓性格更為成熟，面對再困難的局面，要有泰山崩於前面不改色的本領，才能承先啟後、承擔重任。

---

2 「虩」音「細」，本是一種昆蟲蠅虎，動作異常敏銳。「虩虩」則形容戒慎恐懼。

3 「啞」多音字，在此唸「俄」去聲。指怡然自若笑語之聲。

4 「匕鬯」音「比唱」。古時宗廟祭祀所用的器具，「匕」，勺子，「鬯」，香酒。

【大象】

象曰：洊雷，震；君子以恐懼修省。

連續不斷的雷聲，象徵劇烈震動的震卦；君子應當保持惶恐戒懼，並且修養身心，砥礪美德，並省察過錯。

【補充說明】

- 上下卦皆為震卦，象徵裡裡外外都有雷擊以及嚴厲的警示，可讓組織當中所有成員，都能夠有所警惕而不敢妄為。
- 上下裡外都在震動，也象徵大環境將進行雷厲風行的變革；因此要提高警覺，進行全面性的檢討，可藉機調整組織的體質。

【爻辭 / 小象】

初九：震來虩虩，後笑言啞啞[5]，**吉**。象曰：震來虩虩，恐致福也；笑言啞啞，後有則也。

重大事件的發生，仍能保持戒慎恐懼，臨危不亂而談笑自如，必能吉祥。象曰：發生重大事件而保持戒慎恐懼，會因而帶來福分；面對巨變卻談笑自如，是指能夠遵循既定規則而不自亂陣腳。

【補充說明】

- 初九當位居社會最底層，對環境變化感受最靈敏，面對突如其來的變化，也最能適應與承受；因此，能夠從容應付而不致驚慌失措。
- 處理重大危機的黃金時間有限，除了要有敏銳的觀察力與正確的判斷力之外，也要具備乾綱獨斷的魄力，切忌優柔寡斷。（錯，57 巽初六）
- 有備才能無患，事前計畫階段能夠精準預判且鉅細靡遺，一旦遇到突發狀況，便可駕輕就熟的妥善處理，而不致焦躁不安。（綜，52 艮初六）
- 勇於面對突如其來的重大衝擊，可以看到平常不易看到的錯誤，這種情況反而是一種契機，可退一步冷靜自我修正錯誤。（互，39 蹇初六）
- 環境稍有變動便驚慌不已，可見逃避現實的性格恐已養成，因此，更要勇敢面對並徹底改正，否則，無緣克紹箕裘擔當重任。（之，16 豫初六）

5　「啞啞」發音「俄俄」，形容笑聲。

爻旨：有泰山崩於前面不改色的特質，逢重大巨變才能從容鎮定應付，並能掌握運用關鍵黃金反應時間。

六二：震來厲，億喪貝，躋於九陵，勿逐，七日得。象曰：震來厲，乘剛也。

震雷響起，預示有重大災情，有大量財物喪失，此時應到最安全的高處避險，不要急著追尋，再過一段日子，情況將會改變以致失而復得。象曰：預示有重大災情，乃因本身陰虛且凌乘陽剛之故。

【補充說明】

- 六二中正但凌乘初九，象徵屬下太能幹，自己相對柔弱，但能運用組織的力量，能夠不疾不徐保持冷靜，處理當前所面臨的難題。
- 為顧全大局與整合不同意見，放低身段並非自卑；採取以迂為直，反而看得清實況，因此能找到最適當的解決方案。（錯，57 巽九二）
- 堅持己見，會造成更大的損害；遷就現實，難免心不甘情不願，但情況緊迫且情勢明顯不利，故應以大局為重，採取暫時退避待機為宜。（綜，52 艮六二）
- 造成當前局勢動盪，乃因大環境發展所致，並非局部問題；但為了突破困境，必須上下一心、共體時艱，同心協力、共度難關。（互，39 蹇六二）
- 雖逢重大衝擊，但也不改柔順之道，能明大義、識大體；即便條件不足、能力有限，也能全心全力的配合。（之，54 歸妹九二）

爻旨：遭受突如其來的變故與打擊，應保持冷靜並著眼全局，先求避禍而不可盲目硬拚，也別太在意身外之物，以免因小失大。

六三：震蘇蘇[6]，震行無眚。象曰：震蘇蘇，位不當也。

逢巨大變動，導致精神渙散與驚慌失措；若能因恐懼而小心謹慎行事，將不會有災禍。象曰：精神渙散與驚慌失措，乃居位不當之故。

【補充說明】

- 六三處下震之極、互坎之始，故內有動亂、外逢險境，因而驚慌失措進退失據；若能及時收斂與警惕，設下停損點，避免遭受更多的損害。

6　「蘇蘇」，恐懼不安狀。

- 過度震驚而勉強順從，乃顧及大局無可厚非；只要內心維持不為物役、貧賤不移、威武不屈的精神，自然可以心安理得。（錯，57異九三）
- 有臨危不亂的本領，才能控制混亂的局面；但如果驚慌失措而亂了腳步，不但不能穩定局面，甚至將引發更大的不安。（綜，52艮九三）
- 不小心誤闖險境，造成極大震驚；但能及時調整策略，與其冒進不如退守待機，重新反省檢討修正計畫，等情勢好轉，再做下一步的打算。（互，39蹇九三）
- 因變動太大而陷入情勢昏暗，造成人心惶惶，應克制自己的情緒，保持心平氣和的心情，才不至於過度的驚慌失措。（之，55豐九三）

爻旨：過度恐懼肯定造成軍心動亂，但若能因此心生警戒恐懼之心，凡事小心謹慎，反而可以減少災害的發生。

九四：震遂[7]泥。象曰：震遂泥，未光也。

因驚慌失措而陷入泥濘，不能有所作為。象曰：驚慌失措陷入泥濘，不能有所作為，是指恐懼修省的功夫做得不夠，陽剛之德無法施展。

【補充說明】
- 九四居互坎之中、上震之始，象徵深陷險境且又將面臨另一波的動盪，以至於墜入泥淖萎靡不振，短時間內不能有所作為。
- 保持冷靜可以降低恐懼不安的情緒，也能避免剛愎自用，進而能得到上司的信任與同僚的配合，也能讓自己重建信心。（錯，57異六四）
- 處在局勢動盪不安的環境，應以沉著冷靜的態度，起帶頭作用穩定民心，緩和恐懼的情緒，進而讓群眾慢慢的重建信心。（綜，52艮六四）
- 捐棄成見建立共識，重新整合不同意見，吸取經驗教訓，以便發揮總體力量；對於所面臨的巨變，將會有正面的助益。（互，39蹇六四）
- 從小養成臨危不亂的精神，逢重大動盪，眾人皆慌，惟我穩如泰山，有這種特質的人，才有能力撥亂反正與扭轉不利的局勢。（之，24復六四）

爻旨：面臨重大變故卻出現慌張失措的醜態，故唯有在平時養成泰山崩於前面不改色的性格，才有能力在動亂中穩住局面。

---

7 「遂」通「墜」。

六五：震往來厲，億無喪[8]，有事。象曰：震往來厲，危行也；其事在中，大無喪也。

局勢動盪時，來來往往都會有危險；但只要慎守中道，便可萬無一失，並可長久維持祭祀的工作。象曰：來來往往都會有危險，是指在危險中行動；做任何事都要秉持中道，則是指如此才不會有重大的損失。

【補充說明】

- 六五居中以柔履剛，上下無比無應且又凌乘九四，因此孤立無援且往來皆有危險，只能在險中行事，故必須堅守中庸之道，維持正常工作，在危險當中穩固掌握全局。
- 事前有計畫、有準備，臨事不恐懼；開始行動之後，依情況修正步調，可減少意外狀況的出現，可將損害降到最低。（錯，57 巽九五）
- 說起話來言而有序、言而有物，可以安定自己心情，也能安撫群眾情緒；因此不會節外生枝，保持正常工作的推行。（綜，52 艮六五）
- 德不孤必有鄰，雖然蒙受重大震撼與危機，但有魄力、有擔當，以及穩如泰山的風骨，故能廣受眾人竭盡所能的協助。（互，39 蹇九五）
- 疾風知勁草，路遙知馬力，在動亂不安時，能保持臨危不亂的領導者，能讓群眾感到安心，並且獲得高度的信任。（之，17 隨九五）

爻旨：全盤情勢雖然明顯不利，但只要慎守中道精神，並且想盡辦法保持正常的運作，可將損害降到最低。

上六：震索索[9]，視矍矍[10]，征凶，震不于其躬，于其鄰，无咎；婚媾有言。象曰：震索索，中未得也；雖凶无咎，畏鄰戒也。

因恐懼而畏縮難行，目光顯得惶恐不安，前行必有凶險，如果在尚未震及自身而僅及於鄰近就能事先防備，則沒有災害；但此時若不知提高警覺，或盡做一些與防患未然無關的閒事，會惹來議論。象曰：因恐懼而畏縮難行，是指未能處於適中的地位；雖面臨凶險而終究無災害，乃因見鄰近有災禍而能先期防備。

8　「億无喪」即萬無一失。

9　「索索」，畏縮難行之狀。

10　「矍」音唸「決」，本義為因吃驚而睜大眼睛。「矍矍」形容旁顧不安之狀。

【補充說明】

- 上六居上震之極，因過度恐懼而嚇到自己，顯得非常膽怯心驚而毫無自信；但也因此比別人更加謹慎，做出更多、更早期的防備。
- 隨著年歲增大日益成熟，要表現長者風範，言行要成為後生晚輩榜樣；不可像不懂事的小孩，整天不知天高地厚的過日子。（錯，57 巽上九）
- 身居高位者閱歷豐富，理當有先知先覺的智慧；在災難發生前或尚未殃及自身，便採取防範措施，讓大家都免於受災。（綜，52 艮上九）
- 從善如流廣結善緣，以及心無旁騖專心致志，並且能捐棄己見而得到眾人的協助，以便整合內部資源共同成就大業。（互，39 蹇上六）
- 由於偏聽流言、偏信道塗，對諄諄告誡的忠言視之如敝屣，以致該防範的不設防，不該表現的卻到處炫耀，肯定遭致重大傷害而悔不當初。（之，21 噬嗑上九）

爻旨：不必過度緊張或杞人憂天，在災禍尚未波及自身之前，就有完成萬全的準備，可以避免造成損害，也有利於善後處理。

《序卦傳》：震者，動也，物不可以終動，止之，故受之以艮。

震，是指震動。能夠經得起大風大浪考驗的人，才能夠擔起重大責任，此人無論面對外在環境多麼險惡也不會心隨境轉。但從另方面來看，一個成熟的人，必須具備該動才動、該停便停的功夫，況且任何事物不可能永遠動個不停，總有歇息的時候。所以，接下來讓我們繼續進入下一卦，在「艮」卦的情境當中，學習古人的智慧，了解應如何才能做到動靜皆不失其時？如何才能做到自我節制？並塑造成為一個有沉穩性格的人，凡事都可以行其當行、止其當止，以及進退得宜與進退由心的工夫。

52 │ 艮卦：穩如泰山的修練過程

表 3-22　艮卦要點提示

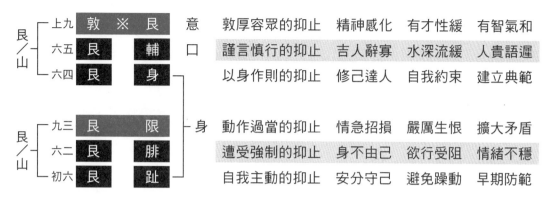

艮／山	上九	敦	※	艮	意	敦厚容眾的抑止	精神感化	有才性緩	有智氣和
	六五	艮		輔	口	謹言慎行的抑止	吉人辭寡	水深流緩	人貴語遲
	六四	艮		身		以身作則的抑止	修己達人	自我約束	建立典範
艮／山	九三	艮		限	身	動作過當的抑止	情急招損	嚴厲生恨	擴大矛盾
	六二	艮		腓		遭受強制的抑止	身不由己	欲行受阻	情緒不穩
	初六	艮		趾		自我主動的抑止	安分守己	避免躁動	早期防範

【卦象與讀法】

下卦艮，艮為山；上卦艮，艮為山，全卦也讀成「艮為山」。

【卦時】

- 「艮」字本義有靜止、停止、堅硬、穩定等意涵。
- 《雜卦傳》：艮，止也。一個人先把內心的欲望儘量降低，然後外在行為才能夠自我克制而達到「行所當行、止所當止」的境界；對自己的言行舉止，能自然而然的自我約束，根本不需藉由外力的協助。
- 艮卦也可以用「不動如山」、「止於至善」、「不在其位，不謀其政」與「花繁柳密處撥得開」等等這些類似的概念來引申與推論，或者也可以用「淡泊明志、無欲則剛」的情境來比擬。

【卦辭】

艮：艮其背，不獲其身；行其庭，不見其人，无咎。

艮卦，象徵抑止與安定，就像欲望被抑止於無感的後背，不會隨意念行動；在庭院中行走也不會打擾到任何人，讓別人感受不到自己的存在，也無須留意別人的評論，不會有任何災害。

【彖傳】

彖曰：艮，止也。時止則止，時行則行，動靜不失其時，其道光明。艮其止，止其所也；上下敵應，不相與也；是以不獲其身，行其庭，不見其人，无咎也。

艮，是指抑止；該停止的時候就停止，該行動的時候就行動，無論是動是靜，都能舉措適當而不失其時機，因為抑止之道可使明心見性。艮卦所說的抑止，是要抑止在最適當之處，卦中各爻均上下同性而不相應和；所以說，不受制於身體本能而隨意行動，因此行走在庭院時，不會打擾到任何人，讓別人感受不到自己的存在，也不會造成任何災害。

【補充說明】

- 無論是雷擊、陣風、流水、火勢、沼澤，都有可能出現相互交流的作用；唯獨兩座山並立，永遠不會有互動，象徵各自獨立不相干擾。

- 安分守己者，能夠心安理得、聚精會神專注工作；喜歡打聽或干預別人私事者，通常都是有物質缺陷或心理障礙，一時無法得到解決的人。

- 對於並非自己工作權責範圍內的事情，不得參與其中；但如果已任職在某一職務，就應該想盡辦法把該項職務的工作，做到盡善盡美。

- 用安靜面對安靜是享受，用安靜面對喧嘩是修養；但用喧嘩面對安靜是一種干擾或挑釁，而用喧嘩面對喧嘩則是製造衝突的媒介。

- 有選擇性聽而不聞、視而不見的功夫，不會受到閒言閒語的干擾；有出污泥而不染的修為，才有條件與三教九流之徒打成一片。

【大象】

象曰：兼山，艮；君子以思不出其位。

重重的山峰重疊並立，象徵綿延不斷卻又靜止不動的艮卦；因此，君子應效此而抑止慾望，所思慮的事不超出自己的權責範圍。

【補充說明】

- 上下卦皆為艮卦，象徵兩座山並立，雖然老死不相往來，但卻相看兩不厭；雖有不同的立場，卻能相互欣賞而互不干預。

- 前胸從未見過後背，左耳不曾與右耳照面，如果兩兩之間能夠有效的分工各司其職，即使從未謀面也能完成共同任務。

- 艮為止，乃止於至善，故為人君，止於仁；為人臣，止於敬；為人子，止於孝；為人父，止於慈；與國人交，止於信[1]，皆屬思不出其位。

【爻辭 / 小象】

初六：艮其趾，无咎，利永貞。象曰：艮其趾，未失正也。

能及早抑止私欲，有效的管控腳趾就不會亂動，也不會有災害；但必須長久堅持才會有利。象曰：儘早抑止私欲的做法，並未違失正道。

【補充說明】

- 初六居艮卦之最底，取腳趾為象，象徵受到最強烈的壓制，凡事起心動念都能夠自動管控並堅持正道，日積月累之後將習以為常。
- 一開始走錯方向，想回頭勢必大費周章，故應心平氣和保持平常心與人和悅相處，一開始就能夠防止出現重大的錯誤。(錯，58 兌初九)
- 上醫治未病，抑制不良言行應禁於未發；如今既已遭到制止，應保持嚴肅冷靜的心情，面對詭譎多變的環境。(綜，51 震初九)
- 只要氣定神閒安詳自若，自然不會出現嚴重錯誤；對於各種不當誘惑，因有高度的警覺故能夠早期預防，行動自然比較順利。(互，40 解初六)
- 言行舉止應配合身分地位，才不會逾越分寸，也可以給別人留下良好的印象，有利於日後的協調合作。(之，22 賁初九)

爻旨：及早抑止私欲而不擅自行動，就不會誤入歧途，可避免造成失之毫釐、謬以千里的遺憾。

六二：艮其腓，不拯其隨，其心不快。象曰：不拯其隨，未退聽也。

行動受制於他人而不能自主，就像被抑止在小腿肚，被迫隨他人行動心裡不愉快。象曰：不能自主被迫隨其行動，是指主導者不接受建言。

【補充說明】

- 六二中正，但又上承九三；象徵本有能力正常行動，卻受制於頂頭上司，自己的行動不能自主，故而心中相當不悅。
- 心中充滿誠信與人和悅相處，或許可以降低緊張氣氛，讓彼此間有良好的

1 　出自《大學‧止於至善》。

溝通，建立互信的機制，進而化解沒必要的誤會。（錯，58 兌九二）

- 因溝通不良產生誤解，造成滯礙難行，可能只是暫時的現象；故應堅持原定計畫，等待適當時機，再繼續溝通協商化解。（綜，51 震六二）
- 為了化解彼此間的誤會，應以公正無私的態度，找出影響雙方正常溝通的關鍵因素，針對重點持續協商，解決共同的問題。（互，40 解九二）
- 處理長時間累積下來的弊端，應區分輕重緩急，不要為了表面上的雞毛蒜皮小事而大作文章，更不可流於意氣之爭。（之，18 蠱九二）

爻旨：由於心不甘、情不願，身不由己被迫受制他人，根本無法做自己想做的事，導致心中十分不悅。

九三：艮其限[2]，列其夤[3]，厲薰心。象曰：艮其限，危薰心也。

過於粗暴而抑止過當，該止而不能止，就像抑止在腰胯，使上下之間聯繫的夾脊肉斷裂，有如烈火燒灼其心。象曰：抑止過當，其危險的程度，有如烈火燻烤其心志。

【補充說明】

- 九三重剛而不中，上下都是陰爻，象徵勸阻手段太過激烈，造成上下之間嚴重的衝突，以及進退之間的拉鋸，呈現一片焦慮不安的情形。
- 用諂媚的方式取悅對方，雖然出發點是為了要抑止不當的行為；但卑躬屈膝易遭人鄙視，會得到相反的效果而得不償失。（錯，58 兌六三）
- 抑止他人行動而陷入極度緊張狀態，為了要避免造成慌亂，應先自我檢討言行有無不當之處？是否動作太過激烈？（綜，51 震六三）
- 矯枉過正會帶來反作用而憑添更多誤解，使原本就有的嫌隙，不斷擴大以致節外生枝，進而製造更多難以化解的問題。（互，40 解六三）
- 若無法做到兩全其美，則應集中在最重要或最急切的方面，不必考慮太多枝節細瑣小事，也不必顧慮太多人情世故，而造成自己的躊躇不前。（之，23 剝六三）

爻旨：過度抑制只會增加彼此的矛盾；所以，勸阻別人也需要把握剛柔並濟的

---

2 「限」指人體上下交接的腰部。

3 「列」通「裂」。「夤」音「銀」，指夾脊肉。

原則，避免擴大矛盾而造成更嚴重的衝突。

六四：艮其身，<mark>无咎</mark>。象曰：艮其身，止諸躬也。

能夠自我抑止，就像控制自己的身體使其不再妄動，必無災害。象曰：能夠自我抑止，是指如此做便可以抑止全身各部位。

【補充說明】

- 六四居互震與互艮之間，有下欲止而上欲動之象，代表之前不當抑制所產生的後遺症即將解除，整個組織體系將全面恢復正常運作。
- 透過不斷溝通協商，讓大家了解為何要抑止行動的原因，可解除彼此間的疑慮，並且能夠斷然隔絕與避開負面的影響。（錯，58 兌九四）
- 即將接近目標卻受到抑止，心中肯定非常懊惱；此時應當迅速了解並釐清當前狀況避免造成誤會，陷入無法自拔的下場。（綜，51 震九四）
- 自知有躁動不安的毛病，應先徹底改正，否則難有作為；身旁若有不願配合或唱反調的人，應及時予以糾正或隔離，以免影響其他團隊成員的工作情緒。（互，40 解九四）
- 雖得到一定的社會地位，卻無法展現個人的才華，難免心中不暢快；但為大局著想，仍應勉為其難的配合別人的行動，以樹立良好的榜樣。（之，56 旅九四）

爻旨：「己身正不令而行，己身不正雖令不從」[4]；故應有先見之明，以及自我約束的能力，以做為修己達人的典範。

六五：艮其輔[5]，言有序，<mark>悔亡</mark>。象曰：艮其輔，以中正也。

言語有條不紊，就像能抑止自己的口舌；講話中肯有條有理，可避免講不該講的話而造成悔恨。象曰：言語有條不紊，是指具有中正的美德。

【補充說明】

- 六五以柔居君位，於上艮之中，上承上九，象徵領導者凡事都能時而後言，故言而有序，言而有物，講該講的話，做該做的事，故人不厭其言，可彌

4　出自《論語・子路》。

5　「輔」，臉頰，或指說話器官。

補失位過柔的缺點。

- 弱主受制位高權重的老臣，擔心爾等有企圖影響決策之嫌；姑不論動機如何，都要時時小心應對以免造成傷害。（錯，58兌九五）
- 遇重大變革會讓事實真相表面化，並且出現裡外都是問題的情況；所以在動盪不安時，更要謹慎言語並三思而後行。（綜，51震六五）
- 組織領導人的一言一行要中肯得體，才能建立恩威並施的形象，使得個性軟弱與行為游移者，能及時得到感召而順服。（互，40解六五）
- 組織領導人必須用循序漸進的方法，發揮苦口婆心的精神，才能讓團隊成員了解「行所當行，止所當止」的道理。（之，53漸九五）

爻旨：所謂吉人之辭寡，是指優質領導人，應具備言而有序、言而有物的特質，不需要用華麗的辭彙，更用不著為達目的而討好群眾。

上九：敦艮，吉。象曰：敦艮之吉，以厚終也。

保持敦厚篤實的本性，可抑止亢進的慾望，能止於至善，可得吉祥。象曰：保持敦厚篤實的本性可得吉祥，是指敦厚的美德能堅持到底並慎始而善終。

【補充說明】

- 上九居重艮之上，象徵一山還有一山高，自己穩坐泰山之頂，可發揮抑止的最大功能，同時也用最敦厚篤實的精神感化群眾。
- 以不正當的利益，引誘別人配合自己的做法，姑且不論動機是否合理，都會留下不良的後遺症，因此不可輕忽而僥倖為之。（錯，58兌上六）
- 能洞察細微徵兆與防患未然者，往往會採取某些特別的方法而無法讓人理解，但只要持之以恆，一定會讓結果得到證實。（綜，51震上六）
- 為了清除盤根錯節的惡勢力，單憑領導人是力有未逮的；須仰賴有經驗與敦厚容眾的大老，方能用剛柔並濟的手段來擺平。（互，40解上六）
- 如果仍有不願接受制止而擅自主張的人，可充分運用謙卑敦厚的美德，做為訓斥的工具，以便能營造團結和諧的氣氛。（之，15謙上六）

爻旨：始而无咎，乃因小心謹慎與面面俱到，勉為其難的自我抑制；終而能吉，則因能發揮敦厚容眾的精神，與堅持到底的務實作風。

《序卦傳》：艮者，止也，物不可以終止，故受之以漸。

艮，是指抑止。凡事都應無過之亦無不及，對於超出能力或權責範圍以外的事，將會因人因時而有所抉擇，此即所謂「能仕則仕，不能仕則隱」的道理。因為任何事物不可能永遠被抑止，只要大環境許可，不利的情況改善之後，就自然而然的繼續走下去。通常，經過長期歲月修練的人，心智會比較成熟，凡事都能夠保持穩健的作風，而且也比較懂得慢工出細活的道理。接下來，我們可以從下一卦，在「漸」卦的情境當中，了解按部就班與循序漸進的精義，以及在長期執行某項深遠工作的各個階段，可能會出現哪些情況，以及要如何一步一腳印的達成目標。

53 ｜漸卦：循序漸進的累積成果

表 3-23　漸卦要點提示

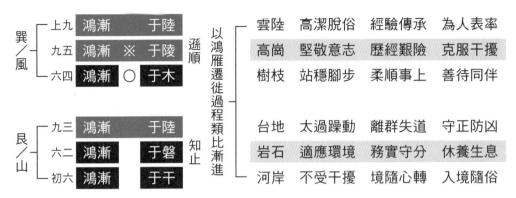

【卦象與讀法】

下卦艮，艮為山；上卦巽，巽為風，全卦讀成「風山漸」。

【卦時】

- 「漸」字本義有徐緩、漸進、疏導等意涵。
- 《雜卦傳》：漸，女歸，待男行也。任何事物的發展，都必須順應自然，按部就班與循序漸進，切忌急於求成；就像女子出嫁，要遵循既有的風俗與程序，等待男方展現最大的誠意，再斟酌情況做出適當的回應，以示相互尊重，並保證婚姻的美滿。
- 漸卦也可以用「循禮而行」、「漸入佳境」、「移風易俗」、「雁行有序」以及「急事緩辦，慎防忙中有錯」等等這些類似的概念來引申與推論，或者也可以用「循序漸進，一步一腳印」的情境來比擬。

【卦辭】

漸：女歸吉，利貞。

漸卦，象徵循序漸進，猶如女子出嫁應按禮儀逐步進行可獲吉祥，守持正道必將有利。

【彖傳】

彖曰：漸之進也，女歸吉也。進得位，往有功也；進以正，可以正邦也。其位，剛得中也；止而巽，動不窮也。

漸，就是指循序漸進，如同女子出嫁按照風俗禮儀逐步進行，可獲吉祥。若漸進而得正位，必能建立功業；漸進同時又能堅守正道，必能端正邦國。所處的位置，陽剛又能秉持中道，先止而不動然後再以遜順之姿，如此行動才不至於窮困。

【補充說明】

- 欲成就大事業，必須循序漸進方能成其事，就像女子出嫁應遵循既定風俗，按照納采、問名、納吉、納徵、請期、親迎等六步驟，不可省略，更不可走捷徑或鑽後門。
- 鴻雁按季節遷徙從不失信，飛行時井然有序，偶有落後脫隊的情形也會發揮互助合作的精神，彼此協同一致相互勉勵，一起到達目的地。
- 長期承受逆境折磨的人，比較能夠體會承平順境的可貴；因此再也不會出現好高騖遠與一步登天等等不切實際的想法。
- 企圖心太過旺盛，或急於成事以致著重近利的行為，或許可以得到眼前一時的成就，但終究因為不夠踏實而無法長久維持成果。
- 「登高必自卑、行遠必自邇」[1]，有守有為的人無畏閒言閒語，不求非分之得，與人合作無間且行動穩健，可作為後生晚輩的榜樣。

【大象】

象曰：山上有木，漸；君子以居賢德善俗。

山上的樹木逐漸成長，象徵循序漸進的漸卦；君子應默默耕耘日積月累蓄積美好的品德，進而能夠移風易俗。

【補充說明】

- 下卦艮，艮為山；上卦巽，巽為木。高山上的大樹，看似靜止不動；實際上，時時刻刻都在變化，只是成長的速度緩慢難以察覺，故以山上樹木的成長過程比喻循序漸進。

1　語出西漢・戴聖《禮記・中庸》。

- 一個人的修養品德必須日積月累不得間斷，而移風易俗也非一朝一夕可成，必須以循序漸進的步驟進行潛移默化。

【爻辭／小象】

初六：鴻漸于干，小子厲，有言，无咎。象曰：小子之厲，義无咎也。

漸進之始應心平氣和，就像鴻雁攜帶幼雛飛到河邊堤岸棲息，可能會有危險，引起閒言閒語，終究沒有災害。象曰：攜帶幼雛飛到河邊堤岸棲息，可能會有危險，但只要不與之計較，自然不會有危害。

【補充說明】

- 初六失位上接互坎，象徵位卑勢弱者走到河邊引起旁人的關切，故能提醒自己將要面臨危險的考驗，因此在一開始便知道凡事都要循序漸進，終究沒有災害。
- 眼前遇到小小的障礙便受困，代表還有更多的障礙在後面等著你，所以要有心理上的準備，接受更多的挑戰。
- 條件不夠、地位卑微，做事每每不順，只要是聰明人都知道這是難得接受考驗的機會，故能表現不屈不撓的精神；但不明究裡的人，只會抱怨連連而無濟於事。(綜，54 歸妹初九)
- 初入社會的年輕人應先放慢腳步，等確認進入職場的時機與通往目標的方向後，再按既定計畫進行，行動才會比較順利。(互，64 未濟初六)
- 年輕人血氣未定容易衝動，加上閱歷有限，應先期給予必要的規範，謹慎防範不當的誘惑，以奠定長遠發展的基礎。(之，37 家人初九)

爻旨：剛進入新環境，宜低調保守累積實力，按照既定的計畫與步驟循序而為，不要在意別人對你的指指點點。

六二：鴻漸于磐，飲食衎衎，吉。象曰：飲食衎衎，不素飽也。

平順漸進，就像鴻雁飛到磐石，得到穩固處所，能安心和樂的飲食，可獲吉祥。象曰：能安心和樂的飲食，是因為條件俱足並非坐享其成。

【補充說明】

- 六二居下艮之中並進入互坎，上承九三，象徵雖面臨險境，但也循序向前跨出一步找到可供休憩之處，但經過長途舟車勞頓，宜有適當整補，以便能走更遠的路。
- 無論當下的環境是好是壞，也只是長途跋涉當中的一站；自己該做好的事，必須堅持到底，絕不受外在環境的干擾。（綜，54 歸妹九二）
- 雖然一路平順，但仍然要自我節制，隨時有停下來的準備，確實做到自給自足與自食其力，盡量減少對別人的依賴。（互，64 未濟九二）
- 遇到情況不明，要低調卑順的面對，不厭其煩的查詢與求證；因為姿態擺得愈低，愈能觀察到更細微的徵兆。（之，57 巽九二）

爻旨：要適應環境變化，穩健踏實的前進，不投機取巧，也不可占人便宜，時刻不忘自我充實，以備不時之需。

九三：鴻漸于陸，夫征不復，婦孕不育，凶，利禦寇。象曰：夫征不復，離群醜也；婦孕不育，失其道也；利用禦寇，順相保也。

漸進時過於躁動，就像鴻雁獨自飛到丘陵台地，宛如丈夫一去不復返，家中妻子懷孕卻不敢生育，會有凶險；應發揮同舟共濟的精神，排除外來威脅。象曰：丈夫一去不回，是指獨自離群而違背群居的常則；懷孕而不敢生育，是指有違夫婦相處的正道；共同合作排除外來威脅，是指應當和順勿躁，相互合作確保平順。

【補充說明】
- 九三與六四逆比，雙雙不中不正，象徵行為偏激，容易見利忘義而孤注一擲；若能保持冷靜一致禦外，至少可以確保平安順利。
- 孤鳥單飛，易受不當的誘惑或遭到惡勢力的威脅；故凡事應當以和順的態度，彼此間要有溝通管道，如有不同的意見，要與夥伴保持協商。
- 理想太高過分期待，往往造成更大的失望；異想天開不切實際，肯定破壞全盤計畫。唯有循規蹈矩，才能確保一路平順。（綜，54 歸妹六三）
- 面臨凶險，不可輕率行動；但若有周詳計畫及絕對勝算，則不妨進行有計畫的冒險，將會有利於長遠目標的達成。（互，64 未濟六三）
- 先了解自己的能力及所處的地位，再考慮進行下一步行動，畢竟團隊當中個人的一言一行，都應配合整體的安全與計畫。（之，20 觀六三）

爻旨：愈是順利，更要避免剛愎自用或貪功冒進，以免造成孤傲離群；因為剛

強的本性，是用來團結內部、抵禦外侮與拒絕誘惑。

六四：鴻漸于木，或得其桷，无咎。象曰：或得其桷，順以巽也。

踏實穩健的漸進，就像鴻雁飛到高人的樹，找到平直可站穩的樹枝，故無災害。象曰：找到平直可站穩的樹枝，是因為有柔順與卑遜的態度。

【補充說明】

- 六四當位進入上巽，但無比無應，象徵循序漸進已步入關鍵階段，隨時都要小心謹慎以因應各種突發狀況，故應伺機調整腳步，因此需要得到一個可靠的立足點。
- 「欲窮千里目，更上一層樓」[2]，但也相對「高處不勝寒」[3]。在光鮮亮麗的背後總是暗藏著許多陷阱，故應先得到安身立命之地，再計畫下一步行動。
- 情況不利或目標尚未明朗之前，應先放慢腳步觀察情勢發展，暫不急於作出決定，寧可保持現狀而不做無謂的冒險。（綜，54 歸妹九四）
- 在臨門一腳的情況下，應發揮堅持到底的精神，往往在這關鍵時刻變數特別多，所以要有臨機應變與處理危機的能力。（互，64 未濟九四）
- 到了決定進退的關鍵時刻，應當斬斷俗念，集中精力專注於達成目標的工作，絕不可因分心而造成功虧一簣。（之，33 遯九四）

爻旨：謙卑遜順善待夥伴，才可以找到相互支援的對象；忠心不貳順承上司，才能夠得到穩定的依靠。

九五：鴻漸于陵，婦三歲不孕，終莫之勝，吉。象曰：終莫之勝吉，得所願也。

已接近目標，就像鴻雁飛到高崗之上，即便外來阻擾不斷，像是妻子長期未能懷孕的困擾，但這些外來的阻擾終究無法得逞，可得吉祥。象曰：外來阻擾不斷但終得吉祥，是指只要堅持到底，肯定能達成願望。

2　出自唐・王之渙〈登鸛雀樓〉：白日依山盡，黃河入海流。欲窮千里目，更上一層樓。

3　出自宋・蘇軾〈水調歌頭・明月幾時有〉詞：我欲乘風歸去，又恐瓊樓玉宇，高處不勝寒。

【補充說明】

- 九五居尊位與六二正應，但遭九三所阻，但雙雙居中且正，象徵循序漸進時能堅守正道，故無論過程多麼艱辛困厄，終究會如願以償的結合。
- 進入最後關頭情勢愈是險峻，因為表面上的危機已是強弩之末，實際上已逐漸脫離險境，且即將到達目標，故應慎防敗在這臨門一腳。
- 愈是樸實低調，愈能應付突發狀況；因為華麗的外表對於達成目標，沒有任何幫助，甚至還會帶來難以預期的損害。（綜，54 歸妹六五）
- 能夠挺到最後關頭，表示業已通過各種考驗；此時，更當表現明智與誠信，以便有效的帶領群眾，進行最後的衝刺。（互，64 未濟六五）
- 眼看目標在望，只有堅持到底別無選擇，所以不可節外生枝；因此，一言一語務必中肯適宜，一舉一動更要有條不紊。（之，52 艮六五）

爻旨：帶領群眾長途跋涉，難免會有各種阻擾；所以要發揮堅定不移的意志，以及忍辱負重的精神，克服外來所有的干擾。

上九：鴻漸于陸[4]，其羽可用為儀，吉。象曰：其羽可用為儀，吉，不可亂也。

漸進到達高潔脫俗之境，就像鴻雁飛到雲氣覆蓋的雲路，它的羽毛可以作為儀飾供人觀賞與效法，可獲吉祥。象曰：羽毛可做為儀飾供人觀賞與效法，是指它的心志高潔而不會被擾亂。

【補充說明】

- 上九剛居柔位，似乎過亢，而且不中不正，無比無應，本屬大凶；然而漸卦本義乃漸入佳境，因此能將原有不利的因素完全排解。
- 歷經千山萬水與重重阻礙，能循序漸進的排除所有障礙，故有必要將此經驗做出完整的展現，以告誡後人，引以為借鑑。
- 無論成果如何飛黃騰達，但貨真價實的內涵最為重要，寧可外表平淡樸實，該有的絲毫不可或缺；否則，即便成果豐碩，也很難長久維持。（綜，54 歸妹上六）
- 大功告成後，依舊秉持純樸與誠信待人，以為後生晚輩的模範；如果因興奮過度而失態，必損及之前美好的形象。（互，64 未濟上九）

4　指雲路，上卦巽為風，又居下卦山之上，因高山之上有山嵐霧氣相伴，故稱雲路。

・為人表率的作用是在鞏固組織的實力，而非炫耀功勞；對經驗不足的晚輩，要給予必要的指點迷津與傳授寶貴的經驗教訓。(之，39 蹇上六)

爻旨：能夠循序漸進堅持到底，必能超脫於世俗之外；除了要將經驗傳承外，也讓自己成為眾人景仰與仿效的楷模。

《序卦傳》：漸者，進也。進必有所歸，故受之以歸妹。

漸，是指循序漸進。能夠改變以往陳腐的想法，適時調整策略，並且有計畫、有節奏的前進，自然可以得到豐碩的成就，達成夢寐以求的目標，心安理得的回到自己應有的歸宿。但若急於求成，想要在短時間內得到成果，恐怕只會帶來更大的災難。故除了秉持按部就班與循序漸近的要領之外，可能事前還需要進一步對所追求的目標加以分析。接下來，我們繼續進入下一卦，在「歸妹」卦的情境當中，探討為何在決定重大政策之前，都須先行判斷，在過程中可能會出現的種種問題，然後再決定如何採取行動。

54 ｜ 歸妹卦：永續發展的經營理念

表 3-24　歸妹卦要點提示

震／雷	上六	承筐	無實	長男／行動	虛浮不實的偏房	醜態畢露	金玉其表	敗絮其中
	六五	帝乙 ※	歸妹		受到尊敬的正妻	求真求實	貴而不顯	華而不炫
	九四	歸妹	愆期		待機行事的偏房	精挑細選	寧缺勿濫	堅守原則
兌／澤	六三	歸妹 ○	以須	少女／喜悅	急於求成的偏房	輕佻投機	理想過高	期待落空
	九二	利幽	人貞		恬淡幽靜的偏房	靜觀變化	低調求證	固守本分
	初九	歸妹	以娣		善盡本分的偏房	堅守正道	不計名分	善盡職責

【卦象與讀法】

下卦兌，兌為澤；上卦震，震為雷，全卦讀成「雷澤歸妹」。

【卦時】

- 「歸妹」本義為少女出嫁。

- **《雜卦傳》：歸妹，女之終也。** 女大當嫁理所當然，但婚嫁不可急就強求，否則無法得到幸福美滿的婚姻，同時也推論至社會各階層，凡事應先考慮最後可能的結局，以及過程中會出現的情況而有應變方案，才不至於中途受到挫折使全盤計畫停滯。

- 歸妹卦也可以用「慎終如始」、「靜候佳音」、「寧缺勿濫」、「幽靜恬淡」以及「貴而能卑，講究實質內涵」等等這些類似的概念來引申與推論，或者也可以用「實事求是，欲速則不達」的情境來比擬。

【卦辭】

歸妹：征凶，无攸利。

歸妹卦象徵女子出嫁，若太過心急或主動，就有可能造成一步錯，步步錯的下場，而且會有凶險，沒有任何好處。

【彖傳】

彖曰：歸妹，天地之大義也。天地不交，而萬物不興；歸妹，人之終始也。說以動，所歸妹也。征凶，位不當也；无攸利，柔乘剛也。

女子出嫁，是天經地義的大事。天地之氣不相交合，宇宙萬物便不能繁衍興旺；女子嫁出，人類才能終而復始傳宗接代。內心平和欣悅而後才能行動，是說明女子出嫁的過程。若心急著嫁人，是因為沒有看清楚身分地位之故；終究沒有任何好處，是指陰柔者凌乘於強勢的陽剛。

【補充說明】

- 不待明媒正娶急著嫁給心儀對象，多半都不會有好結果；因為正常的婚姻關係，應該是男動於外，女悅於內，此乃人之常情，同時也可以讓雙方都能夠正確的判斷與理性的抉擇。

- 以男歡女愛的激情，取代夫妻義重的婚嫁，則婚姻難以長久維繫；因為前者講求浪漫而不切實際，後者是講求情深義重的人倫之始。

- 壯男有所行動，少女則百般附和；或女子不分場合，凡事承順壯男。此舉雖因內心喜悅，但外在行為不符倫常，所以不會有好結果。

- 一個人沒有長遠的打算，只考量眼前利益，忽視整體的需求，則充其量也只能做個凡夫俗子，不可能受託肩負重任。

- 天下太平日子過久了，漸漸失去危機意識，往往會忽略事前的詳細評估，冒然做成重大決定，肯定會遭致重大的損失。

【大象】

象曰：澤上有雷，歸妹；君子以永終知敝。

澤上有震雷，澤水隨之而動，象徵少女受壯男吸引而急著嫁人的歸妹卦；君子應了解哪些因素會影響全程正常發展，然後才能著手防範。

【補充說明】

- 下卦兌，兌為澤、少女、喜悅；上卦震，震為雷、為動、長男；故有澤水隨著震雷而波動，或心悅的少女主動承順壯男的行為。

- 事前先審其害，後計其利，可使錯誤發生的機率降低，萬一發生也能即時有效處理。因此，只要推動重大工作，應先決定最後目標，再依序區分完

成各階段計畫與施行細則，最後才正式著手行動。

【爻辭 / 小象】

初九：歸妹以娣[1]，跛能履，**征吉**。象曰：歸妹以娣，以恆也；跛能履，吉相承也。

　　少女隨姐姐陪嫁充當偏房，雖無名分但工作都能勝任，就像腳有毛病卻能正常行走，如此作風行事必得吉祥。象曰：少女出嫁充當偏房，乃婚嫁恆常之道；無名分但工作都能勝任，是說以偏助正，能相互承順，而得吉祥。

【補充說明】

- 初九位卑居下兌之始，乃無名分的小妾或助手，但有賢慧之德，善盡自己的職責，順從長上，無怨無悔的圓滿完成每一件工作。
- 條件不夠但有自知之明，因此不主動表示意見，凡事尊重主導者，要認清自己所處的時機與地位，分辨出哪些事必須做？哪些事不該做？
- 處在人生地不熟的環境要謹言慎行，不必太在意閒言閒語，也不要有怨言，全力配合主導者完成工作即可。(綜，53 漸初六)
- 身為輔佐者，眼看大功即將告成，應隨時保持各種應變的準備，不可有任何輕浮的舉動，以免造成掛一漏萬的遺憾。(互，63 既濟初九)
- 無論採取任何一個動作之前，都應先確定沒有後遺症，也要預想可能出現的狀況，事先備妥應急方案，才不會出現臨時摸不著頭緒的窘境。(之，40 解初六)

爻旨：雖然地位卑微，但仍有一定的職責與工作，故應堅守正道、善盡本分，不可因而灰心喪志。

九二：眇能視，**利幽人之貞**。象曰：利幽人之貞，未變常也。

　　遇人不淑而難以協助正室，就像只用一隻眼勉強瞻視，此時應保持恬淡幽靜堅守正道。象曰：恬淡幽靜堅守正道，是指並未改變人倫的常理。

【補充說明】

- 九二剛居柔位上應六五，但與六三逆比，象徵女子意志堅定，卻遇到陰柔

1　「娣」音「弟」，古姐妹同事一夫，年長者稱年幼者為娣。

失正之男，但依然能夠善盡本分，履行輔佐之責。

- 由於成長環境不同，各人生活習慣多少有異；當進入新環境，若因不同理念而有摩擦時，最好睜隻眼閉隻眼，千萬不要把小事釀大。
- 堅持穩健踏實的作風，可彌補先天不足的缺憾，可以心安理得占有一席之地，而且會很快適應各種情況的變化。（綜，53 漸六二）
- 要著眼於大局，不管發生任何事，都不改變既定方向，也不計較一時得失，更不會因無關瑣碎小事而斤斤計較。（互，63 既濟六二）
- 時時保持危機意識，始終鎮定若然，雖處環境險惡而造成損失，但能著眼大局而不致患得患失，終能保持安然無恙。（之，51 震六二）

爻旨：雖然遇人不淑，但仍能堅守原則，做該做的事不可藉故推辭，宜靜觀情勢發展並低調行事。

六三：歸妹以須 [2]，反歸以娣。象曰：歸妹以須，未當也。

期待過高，就像少女出嫁期待成為正室，最終還是嫁作偏房。象曰：之所以會期待過高，是因為居位不當之故。

【補充說明】

- 六三不中不正又凌乘陽剛，象徵企求太高、不切實際、作風偏頗或心術不正，或心存虛幻的期待，結果肯定要落得一場空。
- 無自知之明者往往會高估自己，終究高攀不起；或低估別人，而遭到對方的輕視與侮蔑；或錯估客觀情勢結果期待落空。
- 企圖心太旺或過於強勢，會造成人見人躲落得孤鳥單飛的下場，故應先認清自己的身分地位與能力，才不至於好高騖遠。（綜，53 漸九三）
- 奸邪小人，用不正當的方法得利；但理想過高者，往往會逸失良機而一無所得。故應隨著客觀環境變化調整目標配合手段，才不會造成期待落空的下場。（互，63 既濟九三）
- 作風太過強勢，就算動機純正、條件充分也相當危險；因為這種作風，會被人誤認為是仗勢小人的行為而受到排斥。（之，34 大壯九三）

爻旨：不當的期待或期待過高，往往都會落空，這種個性輕佻做事不著實際的

---

2 「須」，期待也。在此以期望過高解。

人，根本成就不了大事。

九四：歸妹愆³期，遲歸有時。象曰：愆期之志，有待而行也。

少女出嫁推延婚期，遲遲未嫁靜待時機成熟。象曰：推延婚期的心志，是因為在等待理想的對象，並不急於求成。

【補充說明】

- 九四居上下無常、進退無恆之位，其質剛而用柔，不失時機也不因循苟且，能精準拿捏，象徵女子過時未嫁，但能靜處守正寧可保守而不冒險行事，也不急於求成而能耐心等待。

- 對已約定的事一再拖延並非失信，而是不願將錯就錯；譬如：所進行的工作，由於之前的疏忽，做出錯誤的決定，如今才發現，因此寧可違約受罰也不可一錯再錯。

- 欲成大事者須著眼大局與保持柔軟的身段，方能見機行事並適應各種情況的變化，等適當的時機出現，才可大膽放手去做。(綜，53漸六四)

- 卓越的才華不輕易使用，華麗的衣裳不隨興穿著；當事業開始步入正軌的關鍵時刻，更應保持戒慎恐懼，時時守正防變。(互，63既濟六四)

- 面臨重大抉擇，應親自了解實際情況，才能作出適切的決定；切忌道聽塗說、貴耳賤目，以至於陷自己於最不利的局面。(之，19臨六四)

爻旨：對於重大關鍵事物的追求不可輕率決定，更不可因心急而顯得飢不擇食、慌不擇路的模樣，必須堅持寧缺勿濫的原則。

六五：帝乙歸妹，其君之袂⁴，不如其娣之袂良，月幾望，吉。象曰：帝乙歸妹，不如其娣之袂良也，其位在中，以貴行也。

王室之女下嫁臣民，作為正妻的衣飾，不如陪嫁的偏房華麗；猶如月亮即將滿而不過盈，可獲吉祥。象曰：正妻的衣飾不如偏房華麗，是因為居位尊貴且守中不偏，以高貴的身分行儉樸之道。

---

3 「愆」，錯過、延誤。

4 「袂」音「妹」，衣袖，或指全部衣飾。

【補充說明】

- 六五柔居剛位，象徵得到較高的社會地位之後，能夠把身段放低；有過人的才華，應當懂得藏才隱智；有較俊美的外表，打扮必須講求簡樸；一旦得到大筆財富，應能儘量施捨，如此才能讓群眾敬服。
- 身在職場難免發生人際間的衝突，如果能表現低調圓融，便可留下較多的轉圜空間，將有利於協商並能排除溝通上的障礙。（綜，53 漸九五）
- 事業極盛的背後，多少隱藏盛極而衰的根苗，還不如剛剛起步時來得實在；因此，無論日用或節慶，只要誠意夠又何必鋪張？以免給自己埋下走向腐敗墮落的種子。（互，63 既濟九五）
- 只要身處尊位，自然形成眾人爭相巴結的對象，也提供小人取悅引誘的機會；故寧可保持純淨樸實，避免染上奢華的惡習。（之，58 兌九五）

爻旨：高尚的品德修養與實質內涵，遠比外在的儀表裝飾與繁文縟節的儀式，更容易得到人們的尊敬。

上六：女承筐，無實，士刲羊，無血，无攸利。象曰：上六無實，承虛筐也。

女子手托著竹筐，筐內空無一物；男子殺羊祭祀，卻不見羊血，將不會有任何好處。象曰：上六爻陰虛無實，正如手承空虛的竹筐。

【補充說明】

- 上六象徵缺乏正當良好基礎的嫁娶，徒有表面盛華的假象；也引喻男子能力差辦不了正事，女子則毫無婦德沒有任何內涵。
- 婚而論財，其夫婦之道也喪；女子滿腦算計如何掌控夫家的財勢，男子滿腦盤算如何以最少的代價獲得芳心，這算哪門子的婚姻！
- 唯有純潔高尚的品格，永遠不會褪色；唯有超脫世俗的心志，能夠屹立不搖。反之，若太重視表象，勢必忽略實質內涵，就算地位再高，也難以為人表率。（綜，53 漸上九）
- 因一時成就而沖昏了頭，以至於加油添醋，盲目做一些沒有任何意義的動作；結果招來別人的質疑，暴露自己的弱點。（互，63 既濟上六）
- 由陌生到熟稔的過程，難免有質疑與求證的必要；唯有心正意誠坦率交流，才能減少彼此猜忌，否則相互的期待肯定落空。（之，38 睽上九）

爻旨：過度強調金玉其表者，往往是敗絮其中之徒，到頭來肯定像竹籃子打

水，落得一場空。

《序卦傳》：得其所歸者必大，故受之以豐。

無論做任何有意義的事，都應先確定方向與目標正確無誤之後，然後按計畫進行，如此一來才能順利達成願望，收穫必然豐盛；加上主事者行事正大光明，堅持正道，必然會得到民心的歸向。但是，當我們開始進入豐盛的時代，就要認真考慮如何善待這些得來不易的成果，避免淪於坐吃山空的境地。接下來，讓我們繼續進入下一卦，在「豐」卦的情境當中，了解身處豐盛的時代，要如何保持豐盛的成果？以及追求豐盛成果的同時，可能會遇到有哪些棘手的問題？會不會因而造成盛極而衰呢？要如何防止因太過豐盛而造成經濟上的衰退？

55 ｜豐卦：窮極豐盛的負面效應

表 3-25　豐卦要點提示

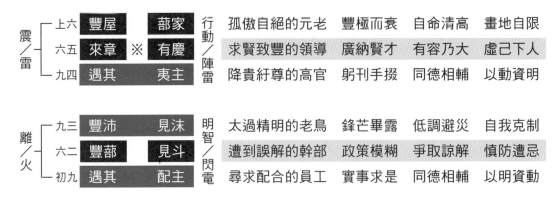

震／雷	上六	豐屋		蔀家	行動／陣雷	孤傲自絕的元老	豐極而衰	自命清高	畫地自限
	六五	來章 ※	有慶			求賢致豐的領導	廣納賢才	有容乃大	虛己下人
	九四	遇其		夷主		降貴紆尊的高官	躬刊手掇	同德相輔	以動資明
離／火	九三	豐沛		見沬	明智／閃電	太過精明的老鳥	鋒芒畢露	低調避災	自我克制
	六二	豐蔀		見斗		遭到誤解的幹部	政策模糊	爭取諒解	慎防遭忌
	初九	遇其		配主		尋求配合的員工	實事求是	同德相輔	以明資動

【卦象與讀法】

下卦離，離為火；上卦震，震為雷，全卦讀成「雷火豐」。

【卦時】

- 「豐」字本義有增多、盛大、富裕等意涵。
- 《雜卦傳》：豐，多故也。事業發展到達極為豐盛的階段，可能會出現一些不曾謀面的遠親，以及表現出富貴而驕、自遭其咎的錯誤行為，因而造成難以預料的挫折，以至於造成盛極而衰。
- 豐卦也可用「聲勢浩大」、「持盈保泰」、「保持成果」、「財聚人散」與「富在深山有遠親」這些類似的概念來引申與推論，或者也可用「輝煌騰達可能暗藏的危機」的情境來比擬。

【卦辭】

豐：亨，王假之，勿憂，宜日中。

豐卦象徵盛大並且可以通達，君王追求豐碩的成果與成就偉大的事業，不須憂慮但要具備憂患意識，才能維持這種如日中天之勢。

【彖傳】

彖曰：豐，大也，明以動，故豐。王假之，尚大也；勿憂，宜日中，宜照天下也。日中則昃，月盈則食，天地盈虛與時消息，而況於人乎？況於鬼神乎？

豐是指盛大，內心光明，行動活躍，所以才會盛大。君王企圖讓國家社稷富強盛大，是指君王崇尚盛大的成果。無須憂慮，必須保持如日中天之勢，是說應以盛大的成果普照天下。太陽到了中天就會偏斜，月亮滿盈必將消蝕，天地有盈滿與虧虛的不變規律，隨著時間變化而消亡與生息，更何況是人呢？何況是鬼神呢？

【補充說明】

- 以正大光明之德行付諸行動，而獲得豐盈盛大的成果，但背後多少隱藏一些盛極而衰的因子；所以事業愈盛大，愈要保持高度的警覺。

- 在豐盛的時代難免會出現人心渙散與怠惰的情事，必須拿出辦法來遏阻真小人乘機為非作歹，也要慎防偽君子的藉故混水摸魚。

- 物極必反乃天道循環的常態，不須太過擔憂；但為了長久維持豐碩的成果，應始終抱著兢兢業業的態度，避免因太過豐盛而導致衰敗。

- 當情勢一片大好，許多細瑣的小毛病反而不容易察覺，成為組織轉型當中的燈下之黑。因此要趁日正當中，借用光明的力量，辨別是非，排除內部的隱患。

- 企業經營主要目的在求永續發展，長期維持最佳狀態，是企業主夢寐以求的願望；所以發展到了一定程度，應適度調整，避免暴衝而失控。

【大象】

象曰：雷電皆至，豐；君子以折獄致刑。

震雷與閃電同時出現，象徵事業經營成果豐碩的豐卦；君子應效法震雷的威嚇效果與閃電的明察能力，公正合理的審理訴訟案件，施用刑罰。

【補充說明】

- 下卦離，離為閃電、光明；上卦震，震為雷鳴、行動。以雷電交加、光明照耀，來形容豐大與壯盛；因此內心要保持正大光明的態度，隨環境變化而採取必要的行動，以維持既有豐盛成果。

- 震雷加閃電威力無比，一時氣勢雄偉，象徵盛大的景象，可伺機清理多年

來難以解決的老問題。並藉著天威明察秋毫、洞察是非，以達公正無私的判決，給有罪者適當的懲罰，發揮嚇阻與震懾的效果。

【爻辭 / 小象】

初九：遇其配主¹，雖旬²无咎，往有尚。象曰：雖旬无咎，過旬災也。

向上尋找能夠與自己配合的對象，只要在一定的範圍內共事，是不會有過錯，如此前往必能得到相互的尊重與禮遇。象曰：行動控制在一定的範圍不會有過錯，是指如果超出限度，便會有災禍。

【補充說明】

- 初九居豐盛之始，本屬潛龍之格不宜攀談私交，但若有所行動，則應把握實事求是的精神，與志同道合者一起搭配，並且只做該做的事。
- 地位低下、能力也不足，縱有高尚的理想也難成事；若能藉助可靠的奧援，也有共同的目標，成功的機率相對可以提高。（錯，59 渙初六）
- 凡事大處著眼小處著手，不受繁瑣小事而自縛手腳；若能在特定時空範圍相互協助，則一山容此二虎又有何妨？（綜，56 旅初六）
- 徒有雄心壯志卻不得其門而入，乃英雄無用武之地；然而，誠心誠意求人協助，使對方樂意攜手共行，以致相得益彰。（互，28 大過初六）
- 為了長遠發展，可在一定時空範圍內變通行事；如果超出限度而失去控制，不但無法達到目標，甚至會得到相反的效果。（之，62 小過初六）

爻旨：向高層尋求可以合作的對象，態度要不亢不卑，言行不可輕率，也不可太過招搖，必須在一定限度範圍內進行。

六二：豐其蔀³，日中見斗⁴，往得疑疾，有孚發若，吉。象曰：有孚發若，信以發志也。

太過豐盛造成視界被遮掩，就像光線被布簾遮蔽眼前一片漆黑；有如日正當中

1　「配主」指可以相配合的對象。

2　「旬」十日一旬，或指在一定時間範圍內。

3　「蔀」音「部」。指光線被外部之物遮蔽。

4　「斗」指北斗七星。

看到北斗七星，如此前往將受到猜疑，若能將誠心展現於外，可得吉祥。象曰：誠心展現於外，是指用誠信來表現正大光明的心志。

【補充說明】

- 六二中正為基層主管，眼見高層政策模糊，但又無法與其溝通，只能保持正常工作，並展現一貫的誠信原則，靜待上級明確指示。
- 在是非曲直難以分辨的情況下，首應調整自己的情緒，並尋求最安穩的立足點與忠實可靠的工作夥伴，共謀因應對策。（錯，59渙九二）
- 追求心中理想的合作對象，要有萬全的準備與周密的計畫，同時也應釋出最大的善意，爭取對方的認同與配合。（綜，56旅六二）
- 為克服眼前困難，不妨改變舊有的思考模式，採取變通的作法並大膽嘗試，使陷入膠著的不利情勢能夠重現生機。（互，28大過九二）
- 為了撥雲見日保持壯盛的局面，無論在策略規劃或行動，都要保持中庸之道與適度的節制，並且不厭其煩與人維持互動。（之，34大壯九二）

爻旨：對上級政策不清楚，或得不到諒解，因而一時陷入迷失，此時應表現高度誠信，才有機會撥雲見日。

九三：豐其沛[5]，日中見沫[6]，折其右肱，无咎。象曰：豐其沛，不可大事也；折其右肱，終不可用也。

太過豐盛造成視界被遮掩，就像光線被幡幔遮蔽，眼前一片漆黑，有如在日正當中看到小星星；若能低調保守，如同折斷右臂屈己慎守，則不致招來災害。象曰：太過豐盛造成視界被遮掩，是說此時不可做大事；折斷右臂屈己慎守，是指終究不可展現才華。

【補充說明】

- 九三過剛不中，為基層資深人員，眼見政策混亂、無所適從而表現激烈與不滿，然此時必須保持冷靜，暫時不要有所作為，靜待情勢發展。
- 當工作受到嚴重阻礙而呈現分崩離析，想要力挽狂瀾卻無能為力，不如捨棄己見而順應現實，反而有利於對真相的釐清。（錯，59渙六三）

---

5 「沛」音「配」。指光線被內部之物遮蔽，故其暗更甚於蔀。

6 「沫」指小星星。

- 因個性剛烈而遭到不明的打擊，乃意料中的事；當務之急就是自我控制情緒不再出現大動作，才能讓不利的情勢緩和下來。（綜，56 旅九三）
- 由於手段太過激進，無形中得罪不少人，故而受到重大誤解陷入困境；如今只能退而求其次，守住最基本的立足點。（互，28 大過九三）
- 成果太豐碩導致競爭者敵視的反擊，造成心中極度驚慌；此時應冷靜自我檢討，調整工作態度並改善人際關係。（之，51 震六三）

爻旨：即便工作績效良好，但動作太過激烈，或鋒芒畢露，都有可能得罪權貴而不自知，此時最好不要有所作為，要保持冷靜並觀察待變。

九四：豐其蔀，日中見斗，遇其夷主[7]，吉。象曰：豐其蔀，位不當也；日中見斗，幽不明也；遇其夷主，吉行也。

太過豐盛導致視界被遮掩，就像光線被布簾遮蔽眼前一片漆黑，猶如日正當中看到北斗七星；若能在群眾當中得到賢人的協助，可獲吉祥。象曰：太過豐盛導致視界被遮掩，乃居位不當之故；白天看到了北斗七星，是指心境幽暗難見光明；得到賢人的協助，是指此舉必能相得益彰。

【補充說明】

- 九四剛居柔位，上逆比，下敵應，象徵自己的努力，並未受到重視；但可尋求志同道合者的協助，證明自己的能力，重新獲得信任。
- 上下不能溝通開始呈現離心離德的現象，不妨推動組織重整，趁機延攬新血重建新的工作團隊，以便能維繫豐盛的成果。（錯，59 渙六四）
- 追求盛大應慎選合作夥伴，使得手段能配合身分；對資源的運用要考慮正當性與必要性，才能心安理得的行其所行。（綜，56 旅九四）
- 擺脫前所未有的障礙，固然要尋求可以合作的對象，但也要避開不必要的干擾，不可受到其他不相關因素的拖累。（互，28 大過九四）
- 察知阻礙工作推動的關鍵因素，應當機立斷採取必要的措施；必要時不惜另起爐灶，不可因陋就簡而苟延時日。（之，36 明夷六四）

爻旨：因感到上級政策不明而一時陷入迷失，應主動在基層當中尋求有能力者合作，共謀可行的策略一起突破困境。

---

7 「夷主」指能力均等可合作的對象。

六五：來章，有慶譽，吉。象曰：六五之吉，有慶也。

主動向下呼喚，爭取賢能之士前來集思廣益，必然得到喜慶與名譽，必獲吉祥。象曰：六五所獲的吉祥，是說果真如此，必定得到慶賀。

【補充說明】

- 六五柔居君位且凌乘陽剛，乃平庸無德的領導人，起初昏昧貪圖享樂，但終能覺醒而捐棄成見，從善如流招來普天下能人志士，共同維繫豐盛的局面。

- 欲成就大事業，組織領導人需要有堅定的決心與毅力，並且有秉持公正公開與光明正大，以及令出必行的強勢作風。(錯，59 渙九五)

- 為了保持豐盛的局面，不計較短期利益與一時得失，必須付出相當的代價，才能爭取到各方人才的認同與支持。(綜，56 旅六五)

- 遇到特殊情況，看來情況不利，若略微變通可出現轉機；雖然尚未徹底解決，但至少眼前的難關已得到階段性的緩解。(互，28 大過九五)

- 事業轉型或變革，其訴求必須正當明確，使大家易懂易遵循；而且主要論述必須要有深度與內涵，才能得到眾人的信服。(之，49 革九五)

爻旨：昏君終於覺悟了，為了追求長治久安，必須展現有容乃大、廣納賢才，以及虛己下人的作風，以維繫豐盛的事業。

上六：豐其屋，蔀其家，闚其戶，闃[8]其無人，三歲不覿[9]，凶。象曰：豐其屋，天際翔也；闚其戶，闃其無人，自藏也。

豐盛至極，則大興土木擴建房屋，反而遮蔽了自家；從門縫往裡看，一片寂靜杳無人煙，長時間看不到人影，必然會有凶險。象曰：豐盛至極卻遮蔽了自家，是指自命清高像飛鳥遠離地面；向內察看不見人影，是指孤傲不群，把自己藏起來。

【補充說明】

- 上六象徵一個自恃豐盛而自蔽自藏的長者，嚴重腐蝕既有豐盛的成果，最終也導致身敗名裂的下場。

- 功成名退選擇返璞歸真、遠離權力核心是正確的，但先決條件必須讓大家

8　「闃」，寂靜也。

9　「覿」，見也。

心裡沒有後顧之憂，而非逃避現實或置身事外。（錯，59 渙上九）

- 孤傲不群者多半容易遭人矇騙，所作所為，可能一開始志得意滿，等到東窗事發，哭得死去活來，也沒人會給予同情。（綜，56 旅上九）

- 太過豐盛而大興土木，逐漸失去理想而開始腐化；因為「由儉入奢易，由奢返儉難」[10]，以致積重難返造成盛極而衰，實屬必然而無可尤。（互，28 大過上六）

- 恃功而驕的下場多半飲恨而終，因此對於高傲自大、自絕人群的行為，應採必要的防範與懲治，以免加速組織的腐化與墮落。（之，30 離上九）

爻旨：得到豐盛的成果之後，更應表現平易近人的作風；如果自私自利、畫地自限，無異自尋絕路。

《序卦傳》：豐者，大也，窮大者必失其居，故受之以旅。

豐，是指盛大。任何事物只要有豐盛的成果，自然會有衰退的因素隱藏其中。能夠百年永續經營的老店，可說鳳毛麟角，如果業主只顧到眼前的豐盛，而不能防止衰退的因素蔓延，那麼，好不容易得來的成就勢將毀於一旦，而且也會讓員工流離失所。接下來，我們進入下一卦，在「旅」卦的情境當中，體會一下，萬一身處這種居無定所的環境當中，要有哪些心理上的準備？如何早日脫離虎落平陽、龍游淺水的日子？如果正在過著羈旅在外與寄人籬下的生活，應把握哪些待人處世的原則才能平安無恙？

---

10 出自北宋・司馬光〈訓儉示康〉。

56 │ 旅卦：羈旅異鄉的處世之道

表 3-26　旅卦要點提示

離/火			依附光明	難逃兔死狗烹	得意忘形	樂極生悲	無人聞問
	上九 鳥焚	其巢		難逃兔死狗烹	得意忘形	樂極生悲	無人聞問
	六五 射雉 ※	矢亡		努力獲取認同	放下身段	不計得失	敦親睦鄰
	九四 旅	于處		表面有所成就	勉強遷就	心存疑慮	客隨主便

艮/山			內心平靜	過亢遭到報復	積習難改	氣勢凌人	自我招災
	九三 旅焚	其次		過亢遭到報復	積習難改	氣勢凌人	自我招災
	六二 旅	即次		暫時得到喘息	保持警覺	珍惜成果	有備無患
	初六 旅	瑣瑣		初期淪落異鄉	入境隨俗	過卑取辱	維持尊嚴

【卦象與讀法】

下卦艮，艮為山；上卦離，離為火，全卦讀成「火山旅」。

【卦時】

- 「旅」字本義有羈旅、飄泊、不定等意涵。

- 《雜卦傳》：親寡，旅也。漂泊在外居無定所而無依無靠，即使天天都出現在人潮裡，也不會有人在乎你是否存在。所以，在這種艱苦的環境中，更應堅持正道，保持低調順應現實；但不可因過卑而取辱，更不可因高亢而樹敵。

- 旅卦也可用「四處奔波」、「力求安定」、「隨遇而安」、「勢盡人欺」與「窮在鬧市無人問」這些類似的概念來引申與推論，或者也可用「異鄉謀生可能面臨的考驗」的情境來比擬。

【卦辭】

旅：小亨，旅貞吉。

旅卦象徵羈旅在外，必須謙柔小心才能求得最小程度的亨通；羈旅之時，應堅守正道，方可獲得吉祥。

【彖傳】

彖曰：旅，小亨，柔得中乎外，而順乎剛，止而麗乎明，是以小亨；旅貞吉也。旅之時義大矣哉。

羈旅天涯可得最小限度的亨通，是指小心謹慎、謙柔待人、行為中規中矩以免受辱，順應陽剛者而不招禍，內心保守依附於光明方能識時務知彼己，因此可得到最小限度的亨通；身為異鄉客必須時時守正才能獲得吉祥。羈旅在外，要因時制宜的意義是多麼的重大！

【補充說明】

- 在家千日好，出門一時難。因為在家裡即使有一些欠妥的行為，家人並不會太在意；但出門在外，出現小小的過失很可能招來眾人的非議。
- 所謂強龍不壓地頭蛇，是指處於勢單力薄的情況下，應適度收斂自己的行為來遷就現實，但也不可因失去守正的原則而隨波逐流。
- 一旦被迫出外而到處奔波，應秉持謙卑柔順、小心謹慎與低調保守的態度，並且要堅守正道，才能避免遭到當地人的反感。
- 當一個人事業不順利，工作不正常，收入拮据入不敷出，為討生活四處張羅，就如同隻身在外地的異鄉客，過著寄人籬下的生活；因此，只能在最小限度的範圍活動，不能有太大的動作。
- 淪落到居無定所的生活，就當成接受上天的考驗，嘗試不同的價值觀與生活方式，藉以自我反省，進而脫胎換骨。

【大象】

象曰：山上有火，旅；君子以明慎用刑而不留獄。

滿山遍野燃燒著大火，火勢蔓延不止，象徵無處容身而羈旅天涯的旅卦；君子觀察此情此景，應及時動用刑罰，明察慎審訴訟案件並公正斷案，不可延宕而誤事。

【補充說明】

- 下卦艮，艮為山、為止；上卦離，離為火、光明。故有山上著火迅速蔓延，使得行動受限，無法久留一地；也象徵居無定所的出外人，不時的在趕路；以及人在江湖，身不由己，必須馬不停蹄的轉換居所，隨時都在尋找可以

暫時容身之地。

- 火勢蔓延速度很快，就像時間一過永不回頭，因此要妥善處理當下的問題，以免有遺珠之憾；尤其面對訴訟案件，必須慎重查明真相，更不容隱匿或積壓而造成冤獄。

【爻辭 / 小象】

初六：旅瑣瑣，斯其所取災。象曰：旅瑣瑣，志窮災也。

羈旅在外猥瑣卑賤，盡做些枝微末節的小事，如此的行為將會自招災禍。象曰：行為猥瑣卑賤，是因為自己沒目標、沒方向而招來的災禍。

【補充說明】

- 初六失位居下艮之始，象徵身分卑微者初始羈旅在外，被止於山下只能做些瑣碎小事，但又向上與九四相應，有違以柔順剛卦旨，可能會因忽略別人的感受，而造成言行猥瑣卑賤的形象。
- 羈旅在外，言行舉止要多加節制，凡事看時機與場合，不可出現較大的動作，也不可隨意突顯自己的個性或偏好。（錯，60 節初九）
- 想安定下來應先理出頭緒，並尋找志同道合者共商大計；但要保持不亢不卑的態度，合作的對象要與自己有適當的互補。（綜，55 豐初九）
- 對環境陌生且陷入困境時，需要得到適當的引導與協助，才能徐圖脫困，故應具有前瞻的眼光與較為寬廣的格局。（互，28 大過初六）
- 企圖尋找依附的對象，要保持恭敬的態度與最基本的尊嚴，也不可顯得浮躁不安，否則會被當成乞討者般的羞辱。（之，30 離初九）

爻旨：千里不同風，百里不同俗，何況在人屋簷下，不可固執過去的習性；但人雖窮志不可窮，應維持基本的尊嚴，避免言行過卑而招災取辱。

六二：旅即次[1]，懷其資，得童僕，貞。象曰：得童僕，貞，終無尤也。

羈旅在外，得到暫時棲身之所與必要的錢財，也有可供差遣的助手，應堅守正道。象曰：得到當地的助手，應守正謙卑才不致招災。

---

1 「次」指客舍。

【補充說明】

- 六二既中且正，上承九三，象徵羈旅天涯仍能保持中順美德，並有萬全的準備，故能安穩居住在暫時休憩之所，得到最基本的生存條件。
- 當時機好轉必須加強實力，爭取對自己有利的條件，與身旁的人改善關係；雖然不可有太大的動作，但也不可太過於保守。（錯，60 節九二）
- 羈旅在外因身分特殊，言行受人側目，此時應當謹言慎行並展現誠意，才能讓別人祛除疑慮，而不致造成無謂的傷害。（綜，55 豐六二）
- 四處漂泊無依無靠，內心仍要保持樂天知命的態度，應隨環境需要而變通行事，才能出現柳暗花明、絕處逢生的機會。（互，28 大過九二）
- 有暫時容身之處，接下來要建立良好的人際關係，累積更多的資源，才不會受到別人的歧視，或遭到意外的打擊。（之，50 鼎九二）

爻旨：得到喘息的機會與暫時落腳的處所，仍需保持危機意識而不可鬆懈，並且要有應付不時之需的各種準備。

九三：旅焚其次，喪其童僕，貞厲。象曰：旅焚其次，亦以傷矣；以旅與下，其義喪也。

羈旅在外言行過亢，暫時容身的住處遭火焚燒，隨從童僕也不知去向，若趾高氣昂將會有更嚴重的危害。象曰：暫時容身住處被焚燒，實在令人悲傷；身為異鄉客卻頤指氣使當地下人，乃自招災禍實屬必然。

【補充說明】

- 九三因個性太過剛烈，身為異鄉客，依然大少爺模樣，對當地人頤指氣使，因而招來意想不到的橫禍，落得上無片瓦、下無寸土的窘境。
- 異鄉討生活，不可用在家鄉的習性與人相處，應當入境隨俗，節制欲望與控制情緒，避免造成自取其辱的下場。（錯，60 節六三）
- 外鄉人若想與當地人競爭，心理上應有最壞的打算；如果妄想一切都能公平公正而大展身手，結果將大失所望，將會得到適得其反的結局。（綜，55 豐九三）
- 羈旅在外諸多不便，如果太過挑剔，或動輒亂發牢騷嫌東嫌西，那麼，隨時隨地都可能遭到當地守舊勢力的打擊。（互，28 大過九三）

- 既然淪落到寄人籬下的地步，就應當積極爭取，得到當地人的信任與認同；否則連基本的立足點，都很難保得住。（之，35 晉六三）

爻旨：龍游淺水遭蝦戲，虎落平陽被犬欺，羈旅在外切忌高亢，以免遭到小人們的落井下石。

九四：旅于處，得其資斧[2]，我心不快。象曰：旅于處，未得位也；得其資斧，心未快也。

羈旅他鄉日子久了，獲得較長期的居留，也得到一些錢財與權勢，但心中仍然不十分暢快。象曰：羈旅他鄉獲准居留，但畢竟是外來客無正當地位；雖得到一些錢財與權勢，心中仍有所顧忌並不十分暢快。

【補充說明】

- 九四剛居柔位，故能剛而能柔、委曲求全，因此得到可觀的收益，使得生活條件顯著改善；但這並非一勞永逸之計，心中仍舊不夠踏實。
- 出門在外生活起居應順其自然遷就現實，即便有不如意之處，也要入鄉問俗而安然接受，以示對當地人的尊重。（錯，60 節六四）
- 為了早日結束流浪生涯，應不恥下問，積極尋求可以協助自己的人，以彌補能力不足，早日得到安定的生活。（綜，55 豐九四）
- 雖距理想目標還遠，但至少已有穩定的局面，所以要格外珍惜，避免受到其他細瑣小事的干擾，避免因小失大。（互，28 大過九四）
- 出門在外言行舉止應自我約束，一切行動要看準場合與時機，不可妄言妄行，以至於遭受到意想不到的損害。（之，52 艮六四）

爻旨：人在異鄉，雖得到俸祿與較為固定的居所，但畢竟並非自己完全所擁有，心中仍感到不夠踏實。

六五：射雉，一矢亡，終以譽命[3]。象曰：終以譽命，上逮也。

羈旅他鄉展現柔順中道美德，就像射取野雞，雖然失去一枝箭，卻得到美譽並獲賜爵命。象曰：得到美譽並獲賜爵命，乃由於一心承上之故。

2　「斧」，除荊棘工具。在此引申為權勢。

3　此處「命」是指受命封爵。

【補充說明】

- 六五柔居剛位，居上離之中，上下皆鄰陽剛，象徵羈旅在外的人，努力進取，能委曲求全不計一時得失而該捨就捨，得到當地主政者的延攬，賦予相當的美譽與爵位，不必再四處奔波。

- 天下沒有白吃的午餐，想爭取得到當地人的認同，要比在地人更為努力；若想受到異鄉主人心甘情願的接納，自己應先要心甘情願的付出。（錯，60節九五）

- 為了爭取當地主人破格重用你這個異鄉客，首先必須放下身段，不計較個人得失，也不必在意是否高能低就。（綜，55豐六五）

- 在極度危急的情況下，為了求生存，應先考慮當前最急待解決的問題，不計較個人的毀譽，力求儘早的安定下來。（互，28大過九五）

- 要有破釜沉舟的決心，與高度的智慧，看好時機帶領組織成員，一起擺脫東漂西泊的困境，步入安定和諧的生活。（之，33遯九五）

爻旨：為求安定，不計個人的一時得失，用謙卑的態度與當地人維持良好的關係，才會受到最起碼的尊重。

上九：鳥焚其巢，旅人先笑後號咷，喪牛于易[4]，凶。象曰：以旅在上，其義焚也；喪牛于易，終莫之聞也。

羈旅他鄉得意忘形，以至於高高在上的居所被焚燒；羈旅在外的人先喜笑顏開之後號咷大哭，就像在田野丟失了牛而無人聞問，必遭凶險。象曰：羈旅在外的人表現高姿態，所以居所遭到燒毀；在荒野丟失了牛，是指不能保持柔順的本分，遭逢重大變故終究無人聞問。

【補充說明】

- 上九象徵出外人當中輩分較高者，但終究是異鄉人，應保持高度謙卑的心態與低調的言行，以免遭到莫名的打擊與傷害。

- 長期羈旅在外，言行固然要保守，但對於明顯十分不合理的對待，也不可太過勉強遷就而遭到人格上的踐踏。（錯，60節上六）

- 身為異鄉客不改孤傲不群的本性，無異自尋死路，何況以外人身分卻居高

---

4 「易」與「場」通用，詳見大壯卦六五爻解。

位本就容易遭忌，所以更應保持平易近人的作風。(綜，55 豐上六)

- 非常時期要有非常的作為，但是也要有最起碼的限度，尤其寄人籬下卻擺出高居上位的動作，只會把災難引進門來。(互，28 大過上六)
- 即便立下大功而受到獎賞與重用，但到底還是外人不宜與其他人同功同酬；充其量只能略表心意的領受，才能確保平安。(之，62 小過上六)

爻旨：明明是異鄉客，即便得到一時的尊重，也不會改變自己是外來人的身分；如果處事態度稍有瑕疵，極可能遭到兔死狗烹的下場。

《序卦傳》：旅而無所容，故受之以巽。

羈旅在外居無定所的人，凡事要看人臉色，所以個性自然會被磨得愈來愈卑順，同時也覺得自己很難被人接受，尤其是基本的生活條件也變得難以維繫時，內心肯定亟思改變現況。如同在一個沒有制度的部門工作，每天都面臨不同的狀況，隨時隨地都在處理突發事件，實際上也等於羈旅在外而飄泊不定；生活在這種環境中的人，無不希望能早日安定下來，期盼能夠早日走入正常的工作與正常的生活。所以，接下來，讓我們進入下一卦，在「巽」卦的情境當中，看看老祖先教我們如何做到不亢不卑？以及不同身分地位的人，應如何適當表現謙卑遜順？

57 ｜巽卦：以屈求伸的務實作法

表 3-27　巽卦要點提示

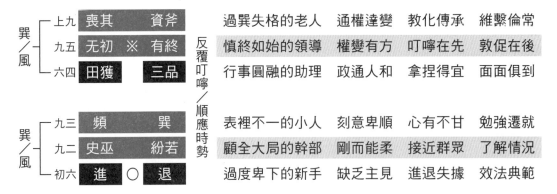

巽/風	上九	喪其　　資斧		過巽失格的老人	通權達變	教化傳承	維繫倫常
	九五	无初 ※ 有終		慎終如始的領導	權變有方	叮嚀在先	敦促在後
	六四	田獲　　三品	反覆叮嚀／順應時勢	行事圓融的助理	政通人和	拿捏得宜	面面俱到
巽/風	九三	頻　　　巽		表裡不一的小人	刻意卑順	心有不甘	勉強遷就
	九二	史巫　　紛若		顧全大局的幹部	剛而能柔	接近群眾	了解情況
	初六	進 ○ 退		過度卑下的新手	缺乏主見	進退失據	效法典範

【卦象與讀法】

下卦巽，巽為風；上卦巽，巽為風，全卦也讀成「巽為風」。

【卦時】

- 「巽」字本義有卑順、消散、怯懦等意涵。
- 《雜卦傳》：巽，伏也。為人處世應當低調遜順，始終秉持以柔順剛的作風，但不可因而畏縮自卑、優柔寡斷或無條件的馴服於他人，必須因應不同的時空環境，適切的變通，保持不亢不卑的態度。
- 巽卦也可用「以退為進」、「順勢而為」、「反覆告誡」以及「屈伸自如」等等這些類似的概念來引申與推論，或者也可以用「進退得宜，不驕不躁」的情境來比擬。

【卦辭】

巽：小亨，利有攸往，利見大人。

巽卦象徵遜順，只能在某一範圍之內得到亨通，如此行動，必將有利；也利於謁見有能力、有作為、有見識以及有擔當的人。

【彖傳】

彖曰：重巽，以申命；剛巽乎中正而志行，柔皆順乎剛，是以小亨，利有攸往，利見大人。

上下皆遜順，象徵反覆曉諭命令；陽剛尊者有中正之德，故能履行志向，所有陰柔者均能順從陽剛，因此才會在一定範圍內得到亨通，而行動將無往不利，利於謁見有能力、有作為、有見識以及有擔當的大人。

【補充說明】

- 巽卦教人遜順有度，能屈能伸，待人處世拿捏恰到好處，凡事都能順應天時，合乎人情；所以不必顯山露水，卻能順利達到目的，就算遇到突發狀況，也能通權達變永保正道，故**《繫辭傳》有言：巽，德之制也，稱而隱，以行權也。**
- 陣風吹拂，無物不與、無孔不入，而且風無形無相又無所不至，代表軟實力的作用，它可以用來彌補硬實力難以完成的工作。
- 隨著身分地位與年歲的增長，對於卑順表現的方式，應隨之調整而非一成不變；尤其年高德劭的長者，應以培養下一代卑順的美德為己任。
- 卑順的終極目的並非消極退縮或逃避，而是為了讓工作更為順利、更積極，充分發揮以柔克剛的精神，使得成果更為圓滿。
- 領導者的卑順，是為了凝聚組織的力量與共識；而部屬的卑順，是為了與工作夥伴之間有良性的互動，使工作團隊能發揮協作的功能。
- 真正懂得遜順之道的人，並非僅止於保持柔軟的身段，而是能在有利的情況中會想到不利的一面；在不利的條件下，能看到有利的機會。[1]

【大象】

象曰：隨風，巽；君子以申命行事。

陣風相隨吹拂大地，草木皆隨「風行而草偃」[2]，象徵萬物順服於自然之道的巽卦；君子效此而不厭其煩的反覆曉諭命令，然後再推動政務。

1　引用《孫子兵法・九變篇》。原文：是故智者之慮，必雜於利害，雜於利而務可信也，雜於害而患可解也。

2　出自《論語・顏淵》。原文：君子之德，風，小人之德，草；草上之風，必偃。

【補充說明】

- 上下皆為巽卦，就像連續不斷的陣風，象徵君子之德如風，小人之德如草，陣陣清風吹過，地面的叢草必偃。

- 陣陣清風拂面而來，有如一再叮嚀告誡，使得傳遞訊息明確清晰，並能到達每一角落；君子觀此現象，在施政之前必先反覆叮嚀清楚宣導，方能深植人心，落實政令的推行。

【爻辭／小象】

初六：進退，利武人之貞。象曰：進退，志疑也；利武人之貞，志治也。

因太過卑順缺乏主見，行動猶豫不決，宜效法果敢勇武之人，具備剛毅果決且慎重其事的作風。象曰：行動猶豫不決，是指心志懦弱存有疑懼；宜效法果敢勇武者，乃在激勵與培育剛毅果決的意志。

【補充說明】

- 初六陰柔居下巽之主，其先天能力不足且位階最低，面對強勢上司，表現過度卑順而略顯失格，以至於出現進退失據的行為。

- 外表謙恭卑順，但內心要有堅定的意志與縝密的構思；面對突如其來的動盪，才能表現出從容鎮定與臨事無懼的氣質。（錯，51 震初九）

- 和顏悅色與人相處，固然可以培養隨順和睦的氣氛，但過於柔順而造成沒有底線的讓步，並不符合屈伸自如的原則。（綜，58 兌初九）

- 愈是感到力不從心，愈要勇敢面對現實而不可逃避，讓習慣成為自然，日久逐漸茁壯成熟，才能應付各種突發狀況。（互，38 睽初九）

- 位卑才疏，做起事來難免猶豫不決與進退兩難；因此要儘早接受磨練，從小就能獨立自主，將來才能勝任各種挑戰。（之，09 小畜初九）

爻旨：為卑順而卑順，以致進退失據的行為，在追求目標的過程中，會遭到別人的猜疑，故應效法武人剛直勇毅的精神以彌補之。

九二：巽在床下，用史巫紛若[3]，吉，无咎。象曰：紛若之吉，得中也。

3　「紛若」指勤勉紛繁狀。

降低規格放下身段而卑處下位，參照祝史與巫覡的作法，保持謙卑奉祀神祇的態度行事，可獲得吉祥，而無災害。象曰：保持謙卑奉祀神祇的態度行事能獲得吉祥，是指言行能保持中道之故。

【補充說明】

- 九二剛居柔位，象徵極盡人臣之幹才，表面雖顯得略過卑順，卻藏有剛中之德，以卑遜勤敏的態度敬上謙下，向民眾解釋說明上級政策。
- 心中要有所本，面對各種不預期的情況都能應付自如，也能低調冷靜向群眾諄諄善誘，讓民眾感到欣慰並得到安全保障。（錯，51 震六二）
- 以誠取信於人，從不憑藉個人的機巧與權勢，或操作利害關係，因此不必繁文縟節或刻意遷就，便可順利推動各項政令。（綜，58 兌九二）
- 繁雜的政策難以讓民眾了解，往往受限於僵化的規則；若能排除形式上的限制，可讓這種滯礙難行的窘境得到改善。（互，38 睽九二）
- 要保持上下之間的良性互動，應以平常心順其自然發展，並付出相對的代價，才能夠營造和諧與穩定的工作環境。（之，53 漸六二）

爻旨：主動屈居下位，誠心誠意待民如上賓，此舉是為了顧全大局，並且能夠看清真相，以便於申命行事。

九三：頻巽，吝。象曰：頻巽之吝，志窮也。

皺著眉頭勉強順從於上，會造成遺憾。象曰：勉強順從於上會造成遺憾，是因為心志困窮而力有未逮。

【補充說明】

- 九三過剛不中，下無比上無應，又有重陰凌乘；象徵個性過於剛烈，放不下身段又受制於人，以至於心不甘、情不願勉強遷就現實。
- 遭到嚴重打擊，一時心慌意亂，若不及時補救，勢將一蹶不振；故應發揮不屈不撓的精神與堅定的意志，才能穩住陣腳。（錯，51 震六三）
- 逢迎屈就，有違職場倫理；勉強做自己不願做的事，也會演變成關係的惡化；故應勇敢面對現實，加強溝通找出共識。（綜，58 兌六三）
- 因個性剛愎而遭受掣肘，又擔心受到報復心有不安，但仍應冷靜面對，澄清各種不合理的現象，進而化解不必要的誤會。（互，38 睽六三）
- 有捨才有得，遇到公私之間意見相左時要著眼於全局，先拋棄私利與成見，

才能及時化解組織面臨渙散的危機。（之，59 渙六三）

爻旨：表裡不一的勉強順從，無助於團隊的和諧；應透過觀念溝通與理性協商，改善彼此間的關係。

六四：悔亡，田獲三品。象曰：田獲三品，有功也。

　　想要讓悔恨消失，必須謙順奉上、待人和睦、自我充實，就像田獵時獲三種獵物，可供祭祀、宴客與自食。象曰：能做到謙順奉上、待人和睦、自我充實，是指如此做肯定會成功的。

【補充說明】

- 六四上承九五，對下無應，象徵事上以忠，凡事都能分怨共過；待下以誠，可多方兼顧，使緊張氣氛轉為和諧，推動政令可達事半功倍之效。
- 由於能力有限，加上壓力承受過重，一時陷入困境；但因責任在身，必須發揮低調謙卑的精神，爭取協助共同解決問題。（錯，51 震九四）
- 不斷協調商議，並排除與團隊無關或不合適的事物，保留對大家都有利的部分，才能取得各部門都願意接受的辦法。（綜，58 兌九四）
- 愈是感到一籌莫展時，與你怒目相視的對手，很可能就是你當下的貴人；因為對方恐怕和你一樣，處在相同的情境之中。（互，38 睽九四）
- 以包容萬物的胸懷待下，就不會失去屬下的支持；用謙恭卑順的態度事上，就不會失去上司的信任；能與上下之間保持和諧往來，就不會失去本就屬於自己的東西。（之，44 姤九四）

爻旨：謙恭卑順的主要目的，是在爭取對大家都能得到的利益，包括對自己、對上司以及對同事，都有正面的幫助。

九五：貞吉，悔亡，无不利。無初有終，先庚三日，後庚三日[4]，吉。象曰：九五之吉，位正中也。

　　固守正道可得吉祥，悔恨將消失，且無所不利。雖然開始阻力重重但結局美滿順利；計畫推動前要反覆叮嚀，實行之後要不斷檢討修正，必獲吉祥。象曰：九五之所以能得吉祥，乃因居位端正，守持中道之故。

4　詳見 18 蠱卦《象傳》補充說明。

【補充說明】

- 九五中正，與六四正比，象徵表面雖顯得卑順，內在卻有不變的原則與堅定的毅力及權變有方，因而能夠顧全大局。
- 遇到重大阻礙，組織領導人展現從容鎮定的態度與臨危不亂的作風，故不致造成太大的損害，並能維持正常工作的運作。（錯，51 震六五）
- 對屬下本著用人不疑的原則適當授權，但不可偏聽偏信；因此要反覆考察與驗證，以免遭到矇蔽而影響正常工作的推動。（綜，58 兌九五）
- 既然建立密切合作關係，就應開誠布公協調商議，不計前嫌擴大合作，使得工作效率提高，如虎添翼般的創造工作績效。（互，38 睽六五）
- 對體制內陳年陋規的改革，應尊重專業並合情合理的修正，本著去蕪存菁的原則，共同維護美好的聲譽，不可惡言相向。（之，18 蠱六五）

爻旨：把握叮嚀在先、揆度在後的原則，可以保持應變與彈性，上下之間容易磨合相互適應，故能無往不利。

上九：巽在床下，喪其資斧，貞凶。象曰：巽在床下，上窮也；喪其資斧，正乎凶也。

資深大老太過遜順而自處卑下，將喪失剛直決斷與應變能力，若不知通權達變必招凶險。象曰：太過遜順而自處卑下，是指遜順之道已達窮極；喪失剛直決斷與應變能力，是指此種行為必凶無疑。

【補充說明】

- 上九象徵年高德劭長者，本有陽剛之實卻遜順過度，失去了教化眾人學習遜順的能力；造成年輕人不知敬老尊賢與不屑於卑順的錯誤觀念。
- 資深長者要以過來人的身分，在年輕人還沒養成惡習之前，教導其謙恭遜順；若等惡習養成再來糾正，則一切為之晚矣。（錯，51 震上六）
- 年紀增長地位提高，應採取當仁不讓與正大光明的態度，成為年輕人尊敬的對象；而不是裝模作樣假惺惺屈居下位，此舉會造成因心虛而企圖引誘別人親近自己之嫌。（綜，58 兌上六）
- 太過謙卑，有懷詐之嫌，過於緘默，有藏奸之虞；這些不正常的現象，只會讓人心裡感到孤立與不安，造成杯弓蛇影的氣氛，無助於團隊的和諧與進步。（互，38 睽上九）

- 年高德劭的大老，應不吝傳承經驗教化晚輩，若人人都自私自利、自命不凡而保留一手，人類文明進程恐將停滯甚至倒退。(之，48井上六)

爻旨：德高年劭的長者，應誘導教化年輕人學習謙遜卑順，不可放棄自身應扮演的角色。

《序卦傳》：巽者，入也，入而後說之，故受之以兌。

巽，是指遜順方能進入合宜處所。出門在外初期或許會有些新鮮感，但久了就想回家。一個長年四處流浪而能得到安定的人，一定感到相當的喜悅，待人接物的態度也會變得更為謙卑，因而能化解緊張氣氛，增進彼此間的信任，加深互助合作的動力，使得團隊運作更為順暢，讓工作夥伴們身心感到愉悅。所以，接下來就讓我們進入下一卦，在「兌」卦的情境當中，探討要如何與工作夥伴保持和睦的關係，營造團隊合作的氣氛？但是在相互取悅的過程中，會不會發生齟齬或造成其他不妥的問題？應當如何避免？

58 │兌卦：與人和悅的正當手段

表 2-58　兌卦要點提示

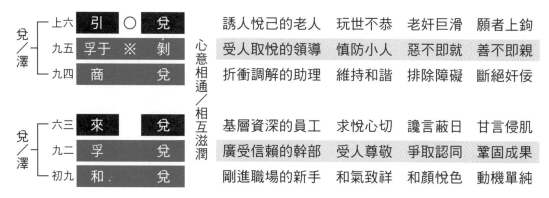

兌/澤	上六	引 ○ 兌	心意相通／相互滋潤	誘人悅己的老人	玩世不恭	老奸巨滑	願者上鉤
	九五	孚于 ※ 剝		受人取悅的領導	慎防小人	惡不即就	善不即親
	九四	商 兌		折衝調解的助理	維持和諧	排除障礙	斷絕奸佞
兌/澤	六三	來 兌		基層資深的員工	求悅心切	讒言蔽日	甘言侵肌
	九二	孚 兌		廣受信賴的幹部	受人尊敬	爭取認同	鞏固成果
	初九	和. 兌		剛進職場的新手	和氣致祥	和顏悅色	動機單純

【卦象與讀法】

下卦兌，兌為澤；上卦兌，兌為澤，全卦也讀成「兌為澤」。

【卦時】

- 「兌」字本義有和悅、喜悅、更換與鋒利等意涵。
- 《雜卦傳》：兌，見。喜悅的心情，很自然的表現在外，可藉此與人保持良性的互動，但也應當具備光明正大的態度與純正的動機，才能增進彼此間的互信與諒解；所以，要慎防不正當的和悅，包括諂媚取悅、逢迎巴結與誘人悅己等不當的行為。
- 兌卦也可用「相互學習」、「內方外圓」、「交流成長」以及「謹防口舌」等等這些類似的概念來引申與推論，或者也可以用「和衷共濟，相互砥礪」的情境來比擬。

【卦辭】

兌：亨，利貞。

兌卦象徵欣悅，讓周邊的人都感到欣悅，必然可致亨通；但要守持正道，才能順利。

【彖傳】

彖曰：兌，說[1]也。剛中而柔外，說以利貞，是以順乎天而應乎人。說以先民，民忘其勞；說以犯難，民忘其死。說之大，民勸矣哉。

兌的本意，就是欣悅。陽剛居中內心踏實，外表柔順和悅，與人和悅相處必須守持正道才會有利，所以，對上要順乎天理，對下要應乎人情。施政能先天下之憂而憂讓民眾先感到欣悅，人民便會忘記勞苦；若能以德政讓人民願意冒險犯難，人民就會公而忘私不畏危險。與人和悅的意義如此重大，人民便可以自動自發的相互勸勉！

【補充說明】

- 民之所好好之、民之所惡惡之，是指當政者所作所為，都在促使民眾可以過正常的生活，以彰顯其政權的正當性，這是正大光明的取悅。
- 為了個人的私利，用曲意承歡的態度取悅於人，則屬不正當的取悅；濫用職權，誘使別人對自己和悅，是一種恬不知恥、違法亂紀的行為。
- 所謂聞譽則恐，是指得到別人的讚美，應先自我反省檢討，是否空有虛名；若屬明顯過度不實的讚美，則應了解對方的目的與動機。
- 面諛之辭，有識者未必悅心，聰明人寧可接受當面之議，也不任其歌功訟德，以免提供阿諛奉承之徒，有侵蝕善良風俗的機會。
- 背後之議，受謗者常若刻骨，智者寧可聞過則欣，萬萬不可聞過動怒，以免提供擅長挑撥離間的小人，有施展醜陋身手的空間[2]。

【大象】

象曰：麗澤，兌；君子以朋友講習。

澤水之間相互流通與滋潤，象徵人與人之間，和悅相處的兌卦；君子應當仿效此種現象，與朋友討論研習學問，相互切磋、教學相長。

【補充說明】

- 上下都是兌卦，宛若澤與澤之間相互依存、流通與滋潤，象徵同聲相應、

---

1 「說」音「悅」同音同義，本段以下同。

2 引用《格言聯璧》。原文：面諛之詞，有識者未必悅心；背後之議，受憾者常若刻骨。

同氣相求，產生相互和悅的動力。此外，在和悅的環境中相互切磋學習與成長，行事可達事半功倍之效。

- 有朋自遠方來不亦樂乎！是指相互切磋能夠增進智慧，因為有相同的需求與相同問題待解決的兩個人，比較容易溝通與意見交換；也可以藉此促進彼此間的信賴，達成「以文會友、以友輔仁」[3]的目的。

【爻辭／小象】

初九，和兌，吉。象曰：和兌之吉，行未疑也。

以平和清淨之心、和顏悅色與人和睦相處，可獲得吉祥。象曰：以平和欣悅的態度待人而得吉祥，是指彼此間行為端正而無所猜疑。

【補充說明】

- 初九當位具潛龍之格，遠無應近無比，剛健而不陷，不必攀親帶故，便可與眾人正常交往，加上社會地位較低、責任較輕，故不必考慮太多人情因素，只要保持單純的動機，便很容易與人和睦相處。
- 進入新環境，對於不確定的人與事，都能夠先行過濾並審慎交往，因此所作所為，不會有太大的偏差。(錯，52艮初六)
- 由於對環境陌生或經驗不足，容易造成進退失據的情況，故應提高警覺，可「擇其善者而從之，其不善者而改之」[4]。(綜，47巽初六)
- 事前有周密的防範，不等事態嚴重再來補救；與人互動亦然，一開始就應有主動結交益者三友，避開損者三友[5]的打算。(互，37家人初九)
- 對於交往的對象一時難以確定，必須小心查證不可隨興遷就，以免造成尾大不掉，把自己陷入進退維谷的境地。(之，47困初六)

爻旨：保持純正無邪的動機與人互動，言行要一致、表裡要相通，才會讓人有發自內心的喜悅，可順利排除溝通的障礙。

3　引用《論語‧顏淵》。原文：君子以文會友，以友輔仁。

4　引用《論語‧述而》。原文：三人行，必有我師焉；擇其善者而從之，其不善者而改之。

5　引用《論語‧季氏》。原文：子曰：益者三友，損者三友。友直，友諒，友多聞，益矣。友便辟，友善柔，友便佞，損矣。

九二：孚兌，吉，悔亡。象曰：孚兌之吉，信志也。

心懷誠信與人和睦相處，可獲得吉祥，之前的悔恨將會消失。象曰：心懷誠信與人相處而獲得吉祥，是指誠摯的心志獲得別人的信任。

【補充說明】

- 九二剛居柔位並受六三凌乘，象徵所處的地位，容易受到小人的諂媚引誘；但如有堅定的信念，並恪守一貫誠信的原則與道德規範，便不至於陷入小人所設計的圈套。

- 若一時大意而受到小人的擺布，行動受制於他人而感到十分後悔，則必須當機立斷決心擺脫，才能重獲工作夥伴的諒解。（錯，52 艮六二）

- 用低調柔順的態度與人保持良好的互動，可以看到最真實的一面，進而深入了解彼此的優缺點，增進相互間的諒解與包容。（綜，47 巽九二）

- 基層主管對於既定的政策，不應有不同的意見，避免遭人見縫插針並給團隊帶來困擾，也可使得心懷不軌的人無機可乘。（互，37 家人六二）

- 基層主管凡事須以既定政策為考量，若遇到兩難抉擇，必須以組織整體的利益為優先，如此才能建立個人信守承諾的形象。（之，17 隨六二）

爻旨：發揮高度誠信，堅定既定志向，以爭取員工的信任，對外可爭取志同道合者的附和，對內可鞏固既有的成果。

六三：來兌，凶。象曰：來兌之凶，位不當也。

曲意承歡向下取悅討好他人，必致凶險。象曰：曲意承歡向下取悅討好他人，乃因居位不適當之故。

【補充說明】

- 兌由大壯而來，六三原為六五，先凌乘九四，復又下來凌乘九二，象徵弱勢領導頻頻向下曲意取悅於人，此舉已嚴重失格。

- 過分親近小人將使正人君子失望，也會引起其他未得勢小人的反彈，以致上下猜忌到處樹敵，甚至會造成組織嚴重的分裂。（錯，52 艮九三）

- 為了特定目的，強裝笑臉勉強取悅他人，這種行為有夠委曲，但為了情面而接受別人的曲意取悅，同樣也是在折磨自己。（綜，47 巽九三）

- 團隊和諧固然是理想目標，但須以守法守紀為前提，若不能兩全其美，寧可略微嚴苛，也不可為了取悅群眾而破壞規矩。（互，37 家人九三）

- 不要把情緒寫在臉上，否則心中所想很容易被人摸透，將提供投機分子討好或擺布的目標。（之，43 夬九三）

爻旨：曲意承歡而獲取和悅，多半是投機取巧或失意政客，用來遮掩內心不當企圖，此舉或可得逞一時，如寸雲蔽日，很快的就會穿幫露餡。

九四：商兌未寧，介[6]疾有喜。象曰：九四之喜，有慶也。

保持和悅的態度，不厭其煩與人協調商量，但難以讓人滿意，若能斷然阻斷小人的糾纏，則會有喜兆。象曰：為了團隊的和諧，進行折衝協商，終必能獲得嘉許與慶賀。

- 九四身分特殊，處多疑多懼之地，凡事先要有最壞的打算，同時也要了解與掌握全盤情況的發展，才能順利處理繁雜的工作。
- 學習自我約束，言行舉止恰如其分；至於何事可做？何人可交？都有主觀的意見與客觀的判斷，自然不受到負面干擾。（錯，52 艮六四）
- 順從組織的政策指導，排除妨礙團結的各種因素，營造和悅的工作環境，可讓小人知難而退，達成政通人和的目標。（綜，47 巽六四）
- 凡事能夠精打細算量入為出，以組織的利益為依歸，嚴守分際有功不求賞，有過必先扛，全力協助領導使其無後顧之憂。（互，37 家人六四）
- 爭取上司的理解與信任，才能得到有彈性的授權；要與屬下充分的溝通互通有無，才能使大家心無罣礙的安心工作。（之，60 節六四）

爻旨：為謀求組織內部的和諧，不厭其煩的進行協商，但過程要正當合理，方能理出頭緒與排除障礙。

九五：孚于剝，有厲。象曰：孚于剝，位正當也。

信任並重用諂媚阿諛的奸邪小人，沉溺其中必有危殆。象曰：之所以會受到小人的諂媚與迷惑，是因為處在容易受到小人取悅的地位。

【補充說明】

- 九五位高權重，想對其攀權附貴的人很多，其中不乏想藉以圖謀私利之人，因此五花八門的取悅動作，將源源不斷的出現。

6　「介」，兩者之間之謂，在此作「斷絕」解。

- 領導人要有「聞惡不即就，聞善不急親」[7]的警覺；因為掌握最大資源與決策權的人，難免會與一些企圖想從中得利者有近距離的接觸。

- 面對似是而非的流言蜚語，個人不須太過在意；但為了正本清源與防制散播，必須有條不紊，義正嚴詞予以駁斥，使其詭計無法得逞，並能令其知難而退。（錯，52艮六五）

- 下達決策前要詳細評估，實施後要不斷檢討修正，採用多數人可以接受的方案，讓阿諛諂媚者不得其門而入，也讓誣陷忠良之徒無計可施。（綜，47巽九五）

- 多關心成員的正常作息，就不會有結黨營私的小團體出現；專注組織任務的成敗，就不會出現阿諛奉承的小人。（互，37家人九五）

- 領導者追求奢華虛榮，屬下個個都成為愛慕虛榮的小人；領導者崇尚儉樸，屬下個個將成為勤勉務實的君子。（之，54歸妹六五）

爻旨：高高在上的領導者，要時時慎防奸邪小人的包圍與獻媚，因為甘言似隙風侵肌而不覺其損，等到發現恐已晚矣。

上六：引兌。象曰：上六引兌，未光也。

設法引誘他人對自己諂媚取悅。象曰：倚老賣老者私心太重，其言行無法公諸於世，故一點也不光明磊落。

【補充說明】

- 上六乘剛，象徵過氣老人眷戀以往權勢，雖已經無影響力，卻習慣性做出倚老賣老的動作，企圖影響眾人而結黨亂政。

- 一個資深長者應具備「行其所當行、止其所當止」的能耐，一舉一動不礙於外也無傷於己；言行要作為後生晚輩的表率，以維持和悅的人際關係。（錯，52艮上九）

- 血氣既衰的大老，不懂「戒之在得」[8]的道理，妄想和年輕人一爭長短，此

7　引用《菜根譚》。原文：聞惡不可就惡，恐為讒夫洩怒；聞善不可即親，恐引奸人進身。故「聞惡防讒，聞善防奸」是組織領導人最基本的常識。

8　引用《論語・季氏》。原文：子曰：君子有三戒：少之時，血氣未定，戒之在色；及其壯也，血氣方剛，戒之在鬥；及其老也，血氣既衰，戒之在得。

舉非但無助於團隊的進步，也會嚴重破壞組織的形象。(綜，47 巽上九)

- 資深大老社會地位崇高，是建立在內心的誠信與外表的威嚴；故絕不可追求虛浮名利，或以不正當手段影響正常的決策。(互，37 家人上九)
- 工作推展已經結束，成敗良窳業已定案，應回頭檢討得失並累積經驗教訓，以傳承後生晚輩；而不是藉機鑽營名位，進行分贓、牟取私利。(之，10 履上九)

爻旨：誘人悅己是老奸巨猾的行為，愚昧無知者會像飛蛾撲火般的自動上鉤，唯有心如止水者，能洞察是非而永不上當。

《序卦傳》：兌者，說也，說而後散之，故受之以渙。

兌，是指和悅。人們沉浸於和悅當中，很容易得意忘形而失去戒心，以至於造成精神渙散的局面。所以，當一個團隊營造出和睦相處的環境之後，應當要有最基本的規則，以防止組織紀律的鬆懈。萬一控制不好而出現亂象，要怎麼補救呢？接下來，讓我們一起進入下一卦，在「渙」卦的情境當中，去了解如何拯濟渙散，並且要如何才能做到散而不亂，以及在拯濟渙散的同時，會出現的各種情況與應對的策略。

59 ｜渙卦：亂中有序的動態管理

表 3-29　渙卦要點提示

巽／風	上九	渙血　　　去逖	木舟／陣風	協助善後的資深元老	根絕危害	遠離是非
	九五	渙汗　※　大號		令出必行的單位領導	開誠布公	財散人聚
	六四	渙群　○　有丘		著眼大局的高階幕僚	渙散小群	凝聚大群
坎／水	六三	渙躬　　　无悔	河水／危險	率先躬行的資深幹部	捨棄私利	成就大我
	九二	渙奔　　　其机		穩定局勢的基層主管	尋求依托	凝聚實力
	初六	用拯　　　馬壯		先見之明的新進員工	借助奧援	加強準備

【卦象與讀法】

下卦坎，坎為水；上卦巽，巽為風，全卦讀成「風水渙」。

【卦時】

- 「渙」字本義有散亂、離散、鮮明等意涵。
- 《雜卦傳》：渙，離也。當組織出現人心離散與鬆懈的現象，必須在適當時機，採取適當的手段使其重新凝聚；但也說明事物的發展過程中，該散就散，該聚就聚，而且能保持散而不亂，聚而能用的境界。
- 渙卦也可以用「分崩離析」、「好聚好散」、「凝聚力量」以及「亂中有序」等等這些類似的概念來引申與推論，或者也可以用「聚散離合，安時處順」的情境來比擬。

【卦辭】

渙：亨，王假有廟，利涉大川，利貞。

渙卦象徵渙散，若能有效運用事物的聚散，反而能夠順利通達；君王藉由宗廟祭祀以廣聚民心，並可渡過艱險，但要守持正道才會有利。

【彖傳】

彖曰：渙，亨，剛來而不窮，柔得位乎外而上同。王假有廟，王乃在中也；利涉大川，乘木有功也。

渙散反而能夠通達，是指陽剛下來居群眾當中而不致窮困，陰柔獲得正位於外，與在上的陽剛尊者同心同德。藉由宗廟祭祀展現誠意，是指君王位居正當可聚合眾人；之所以能克服艱險，是指同舟共濟必能成功。

【補充說明】

- 陣風吹過水面掀起波濤，風一停止馬上恢復平靜，象徵事物都會經歷有聚有散的過程；因此渙散並非全然壞事，關鍵在於如何抓住機會，適時拯渙使其重新聚合。

- 當一個組織結構老化導致積弊難改，一旦出現分崩離析的現象，反而是改革的契機，所以要能夠有效的掌握與運用。

- 對某些重大爭議事件，因意見太過分歧無法溝通協商，這時，不妨斟酌情況適度打破建制，或採取組織重組的手段重新整合。

- 為了要拯救人心渙散，不能只靠苦口婆心，必須講究方法，並得到適當的協助；然而由聚而散易，由散而聚相對困難，故不可妄想一蹴而就，應採取適當的步驟與有效的手段配合，才有成功的可能。

- 管理鬆散的單位，可藉著重新分配工作的機會，增進工作效率；這必須看領導者是否能拿出魄力與辦法，讓原本不合理的事情攤在陽光下，得到公開檢討調整的機會。

【大象】

象曰：風行水上，渙；先王以享于帝立廟。

風在水面上吹拂，興起波瀾，象徵分崩離析的渙卦；歷代君王觀此現象，建立宗廟採取祭祀天帝的方式，用以聚合人心。

【補充說明】

- 下卦坎，坎為水、危險；上卦巽，巽為風、木舟。故有風行水上，波瀾必作之象，以及可乘舟渡越艱險大川之意涵。

- 動盪不安的局面，應防止過度渙散，減少日後聚合的難度；但如果組織太

老化，或個人的思想觀念太陳舊，偶爾製造適度的動盪，也可以達到啟瞶振聾的效果。

- 用慎終追遠與祭祀祖先的儀式，透過群眾的聚集凝聚人心，並展現誠意，建立共識與精神上的號召，使渙散的局面得以重新凝聚。

【爻辭／小象】

初六：用拯馬壯[1]，吉。象曰：初六之吉，順也。

尋求強壯有力的馬匹，拯救渙散的局面，可獲吉祥。象曰：初六之所以吉祥，是由於能夠順應時勢發展並上承陽剛。

【補充說明】

- 初六地位低下與九二正比，象徵能力不足也無應援，所幸有見微知著的先見之明，承順頂頭上司並得其協助，使渙散局面不至於擴大。
- 為了拯濟渙散，應尋求有能力又可靠的人，但必須配合其行動，並保持均衡與和諧關係，同時也不能喪失自己的立場。（錯，55 豐初九）
- 為拯濟渙散，但條件不足，不可冒然出手；應先避開鋒頭先求自保，再依情況借助適當的奧援，順應時勢發揮整體的力量。（綜，60 節初九）
- 自己有能力不應隨意求人幫忙；但若事情緊迫又無力排除危機，可主動尋求協助對象，自己也必須在能力範圍內全力配合。（互，27 頤初九）
- 遇到困難無法解決而亟待協助，應審慎評估求助的對象；一旦確定就應配合其行動，不可疑神疑鬼破壞互信。（之，61 中孚初九）

爻旨：地位卑微能力不足，應趁此渙散局面尚未擴大前，積極尋找可以協助自己的對象，厚實拯濟渙散的實力與準備工作。

九二：渙奔其机[2]，悔亡。象曰：渙奔其机，得願也。

面對渙散的局面，奔向可以憑依之處，先求立於不敗之地，悔恨將會消失。象曰：先得到可恃憑依之處，才能實現拯濟渙散的願望。

1 　同 36 明夷卦六二爻註解，壯馬係指九二。

2 　「机」通「丌」，承物可使安定之物，指初六。

【補充說明】

- 九二以剛居柔，象徵雖有實力但處坎險之中，故應得到可靠的依托，先求立於不敗之地，然後再依客觀情勢的發展，進行拯濟渙散的工作。
- 在沒有萬全的把握或立足未穩之際，企圖改變渙散的局面，動機會遭旁人質疑；所以要先穩定下來，爭取別人的信任。（錯，55 豐六二）
- 時機不成熟便冒然行動會有風險，行動過於保守也會喪失良機；若能先置身於進可攻、退可守的位置，可保持較大的彈性。（綜，60 節九二）
- 捨近求遠協助並非明智之舉，而就近求援也應分辨可行性，必須合情合理，並符合以最小的代價換取最大的利益為原則。（互，27 頤六二）
- 面臨渙散局面的困擾，對全盤情況也一知半解，故不宜高調現身成為挨打的出頭鳥；故應暫居暗處，等情況明瞭後再行動。（之，20 觀六二）

爻旨：應先讓自身得到最大的安全與穩定，以及凝聚相當的實力之後，再配合組織的力量共同拯濟渙散的局面。

六三：渙其躬，无悔。象曰：渙其躬，志在外也。

先求渙散私人利益，再拯濟組織渙散的局面，必無悔恨。象曰：渙散自己的私利，是指其心志能與高層的目標相配合。

【補充說明】

- 六三在下坎之上，且唯一有上應之爻，象徵即將出險可積極向上求援拯渙，但為顧及整體，不容本位主義先去私利，並且本著無成有終的精神，抱著犧牲小我、成就大我的精神，一切都要以大局為重。
- 大環境已分崩離析，災禍根本躲不掉；此時不能有重大作為，但必須捐棄己見，低調避開災禍，並依據組織的指令行動。（錯，55 豐九三）
- 應先控制自己的情緒與言行，勇敢面對複雜的情勢，才有機會扭轉渙散的局面，否則只會將事態弄得更難收拾。（綜，60 節六三）
- 在分崩離析的情況下，企圖力挽狂瀾，必須循規蹈矩用正當的手段拯濟，切忌亂出點子或違反常理使用不正當的手段。（互，27 頤六三）
- 當情況變得不利於自己時，更應堅定信心，不可存有三心兩意或虎頭蛇尾的心態；否則，只會讓渙散的情況更為惡化。（之，57 巽九三）

爻旨：率先躬行，捨棄個人的私利與成見，帶動其他人同心協力遏止災情蔓延，將有利於整體拯濟渙散的計畫。

六四：渙其群，元吉，渙有丘，匪夷所思。象曰：渙其群，元吉，光大也。

先渙散小團體，必獲最大的吉祥，此舉會因而成就大團體，將有意想不到的成就。象曰：渙散小團體而得到最大吉祥，因此才會功德圓滿。

【補充說明】

- 六四當位象徵高階輔佐，具備為而不恃、長而不宰的特質，充分發揮無智名、無勇功的精神，使團隊成員拋棄本位主義，專心拯濟渙散。
- 在秩序混亂失控的情況下，正常工作無法運作；可藉由組織重整、人員重新洗牌的機會，找到適合搭配的對象攜手合作。（錯，55豐九四）
- 順應時勢協調各方意見，以心平氣和的態度，把有限的資源適當調節分配，讓群眾心無罣礙的配合，共同參與拯濟工作。（綜，60節六四）
- 心地光明、大公無私打破常規，整合資源有效集中運用，使得組織各個部門得以均衡發展，總體力量得以重新凝聚。（綜，27頤六四）
- 在某些情況下，與其投入無止境的資源，不如放棄一些無意義與無效率的計畫，以便集中力量置重點於最關鍵的地方。（之，06訟九四）

爻旨：對於不利組織發展的小團體，應想辦法給予以瓦解，使力量早日集中，此舉將會得到意想不到的成就。

九五：渙汗其大號，渙王居，无咎。象曰：王居无咎，正位也。

領導人如同渙散汗水一樣的令出必行，散盡所有財物以聚合人心，必無災害。象曰：散盡財物聚合人心而無咎，因為所處的地位乃責無旁貸。

【補充說明】

- 九五中正象徵領導者有正大光明、無私無欲的特質；在渙散局面中，公開宣示令出必行，並能以身作則散盡資財，帶頭拯濟渙散。
- 雖備有各種可行策略，但組織渙散缺乏動力，應廣招延攬賢能之士參與其事，並且要身先士卒，帶領組織成員共體時艱。（錯，55豐六五）
- 領導者能夠起帶頭作用，所有組織成員也義無反顧心甘情願的追隨，共同拯濟組織渙散的局面，重新凝聚強大實力。（綜，60節九五）

- 為了早日完成拯濟渙散，應竭盡所能爭取各方參與，包括已退離但有能力、有意願者，都應列為被爭取的對象。（互，27 頤六五）
- 組織領導人應以謙卑為懷的態度廣納建言，以及不恥下問的精神勇於求教，一旦做出決定，務必勇於負責到底堅持到底。（之，04 蒙六五）

爻旨：拯救渙散應當展現開誠布公、以身作則的作風，以及具備令出必行的強勢領導中心。

上九：渙其血[3]，去逖出，无咎。象曰：渙其血，遠害也。

渙散至極，勢將重新聚合，應將所有危險的因素徹底排除而不再出現，沒有災害。象曰：渙散所有危害的因素，可讓團隊徹底遠離危害。

【補充說明】

- 上九象徵拯濟渙散的最後階段，應慎防掛一漏萬或有漏網之魚；身為有經驗的大老，具備人生豐富的經驗，故應對其建言須格外重視。
- 要記取經驗教訓，之所以造成身心渙散，多半因太過豐盛而養成驕縱荒怠或迷戀成功經驗以致日益昏庸，養成不食人間煙火的身段所導致。（錯，55 豐上六）
- 離心力與向心力，在一事物上同時存在；當舊的危安因素開始遠離，新的危機也開始潛伏，因此拯渙工作愈到最後，愈要平衡精準的拿捏才能維持最佳的狀態。（綜，60 節上六）
- 時時放心不下，更以天下興亡為己任，故應邀重出江湖；此舉雖非常態，但為了化解渙散為聚合也義無反顧，但要把握分寸以免造成偏頗的言行。（互，27 頤上九）
- 不走正道妄想脫離渙散，則一開始便註定失敗；已開始好轉卻不知珍惜而隨興輕舉妄動，將再度陷入更嚴重的危機。（之，29 坎上六）

爻旨：拯渙大功即將告成，應當徹底清除殘餘勢力，將所有可能死灰復燃的因素徹底清除。

《序卦傳》：渙者，離也，物不可終離，故受之以節。

3　「血」指血泊，喻危險。

渙，是指離散。事物不可能永遠呈現分崩離析的狀態，當出現離心力的同時，也自然會有向心力的平衡。如同一個人得意忘形，肯定會受到挫折，而受到挫折之後，便又自動自發的提高警覺。同理，在職場裡，沒有一個單位可以無止境的渙散下去，公司營運不好，遲早要歇業，所以要檢討修正作業流程；一個部門若士氣低迷沒有績效，正好提供人力運用調整的機會。這些必要的措施，本質上就是一種調節的作用。接下來，讓我們進入下一卦，在「節」卦的情境當中，探討為何一切事物都必須保持動態的平衡？以及在不同的時空，對於不同事物的調節與管制要領。

60 ｜節卦：順乎自然的協調管控

表 3-30 節卦要點提示

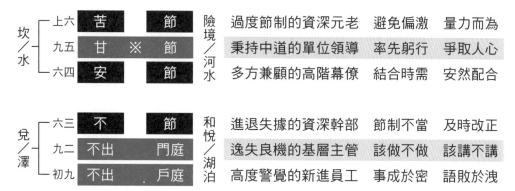

坎／水	上六	苦	節	險境／河水	過度節制的資深元老	避免偏激	量力而為
	九五	甘 ※	節		秉持中道的單位領導	率先躬行	爭取人心
	六四	安	節		多方兼顧的高階幕僚	結合時需	安然配合
兌／澤	六三	不	節	和悅／湖泊	進退失據的資深幹部	節制不當	及時改正
	九二	不出	門庭		逸失良機的基層主管	該做不做	該講不講
	初九	不出	. 戶庭		高度警覺的新進員工	事成於密	語敗於洩

【卦象與讀法】

下卦兌，兌為澤；上卦坎，坎為水，全卦讀成「水澤節」。

【卦時】

- 「節」字本義有約制、調整、規律、步驟、關鍵等諸意涵。
- 《雜卦傳》：節，止也。無論對個人的言行舉止，或事物的管控，必須適當的節制，就如同河川與湖泊之間相互調節的作用，要維持正常出入而不逾越常規；因此，節制不當或過度節制，都會出現相反的效果。
- 節卦也可以用「調節管制」、「維持均衡」、「建立制度」以及「控制情緒」等等這些類似的概念來引申與推論，或者也可以用「水滿則溢，月盈則虧」的情境來比擬。

【卦辭】

節：亨，苦節不可貞。

節卦象徵適當的節制，可讓事情變得順利亨通，但如果把過度節制當成習以為常，是不合乎正道的。

【彖傳】

彖曰：節，亨，剛柔分，而剛得中；苦節不可貞，其道窮也。說[1]以行險，當位以節，中正以通；天地節而四時成。節以制度，不傷財，不害民。

適度節制可致亨通，因為剛上柔下調節得宜，使陽剛居上下卦中而不過度；所謂過度的節制不合正道，是因為如此做的話，會使節制之道遭致窘困。抱著和悅的心情度過險難，君臣各就定位能有效節制；採行中庸之道，凡事暢通順利。由於天地運行有所節制，四季得以形成。君王設立典章制度進行節制，既不會浪費資源，也不會危害國計民生。

【補充說明】

- 節制必須合乎人性，依循自然的規律；如果違反常理，以致超過身心負荷，或不符合時宜的節制，都會造成相反的效果。

- 節制本身就是一種中庸之道，年輕時需要下功夫才能養成，等年紀大了各種習性已定了型，便成了一個人的品牌。孔子說：凡事都能隨心所欲，但也都不會破壞規則，便是最理想的節制修為。[2]

- 節制的目的是為了維持現況的平衡與穩定，但也不能忽略整體長遠的發展；因此在適當的時機，必須適度的調整，不可一成不變。

- 新進人員就像河水注入湖中，而離開的人就像湖中的水流到河裡；這種有進有出的現象，如同河水與湖泊兩者正常的調節作用。

- 如果一個組織長期沒有人員進出，就是一灘死水；或者有進沒出，或只出不進，則代表即將發生嚴重的問題。

【大象】

象曰：澤上有水，節；君子以制數度，議德行。

沼澤之外有水向內注入，象徵湖泊與河水相互調節的節卦；君子效此制定合乎當時需要的行為準則，藉以評斷各種行為是否合乎標準。

---

1 「說」音「悅」同音同義。

2 引用《論語・為政》。原文：子曰：吾十有五而志於學，三十而立，四十而不惑，五十而知天命，六十而耳順，七十而從心所欲不踰矩。

【補充說明】

- 下卦兌，兌為沼澤、喜悅；上卦坎，坎為河水、危險。故有河水與湖泊相互調節保持正常水位，提供河上行舟與農民灌溉之利，同時也可避免洪水泛濫成災。

- 組織當中的行為準則，固然要有一定的標準，但更需要有適當的調節與緩衝的空間；使不同程度的人都能上手工作，同時也便於人事方面的考察評估與運用。

【爻辭 / 小象】

初九：不出戶[3]庭，无咎。象曰：不出戶庭，知通塞也。

適切節制設定禁區，不隨意走出房門到庭院，以確保自身的安全，必無災害。

象曰：不隨意走出房門，是指可以掌握該進與該出的時機。

【補充說明】

- 初九具潛龍勿用之格，本著樂則行之，憂則違之的原則，堅持守正待機而動，因此能在工作初始階段，儘量保守潛藏不露，以免將內心的意圖與該保密的資訊，不經意的洩漏，造成對自己不利的後果。

- 初入新環境應低調行事，但不可太過卑躬屈膝而自招屈辱；要保持最起碼的隱私與尊嚴，以及得到最基本的尊重。(錯，56 旅初六)

- 地位卑微力量薄弱，需要借助強而有力的協助；故應積極充實自我與尋找合作對象，摒除無關事物與閒雜人事的干擾。(綜，59 渙初六)

- 臨淵羨魚不如退而結網，儘管未來的憧憬多麼的完美，還是要先閉門練功自我節制與自我精進，以備將來不時之需。(互，27 頤初九)

- 新進人員對情況陌生，萬一被迫捲入是非爭端，恐怕很難應付，所以最好安分不要隨意出頭，避免誤闖重重的陷阱。(之，29 坎初六)

爻旨：事成於密，語敗於洩[4]；當狀況不明，應保持高度節制，若沒必要就不應該四處串門。

3　《說文解字繫傳》。戶：護也，半門為戶，亦可指房間的出入口。

4　出自《韓非子・說難篇》。是指事情由於保守機密而成功，而說話不慎洩露機密會導致失敗。

九二：不出門庭，凶。象曰：不出門庭，凶，失時極也。

不當的節制，該出門外，卻把自己限制在大門內，一定會招來凶險。象曰：該出門卻把自己關在門內，是指該行動時卻不能把握機會。

【補充說明】

- 九二為互震之始，但又面臨互艮，本應走向坦途，卻又不時受阻，若不能及時發揮見龍在田的精神想辦法走出去，將不利後續發展。
- 情勢即便能夠控制暫時穩定了局面，但也不能就此鬆懈，或懈怠自滿，應著眼於長久的需要，維持必要的應變能力。（錯，56 旅六二）
- 尋找依托而得到安定，是為了避開鋒頭與累積實力；但該出面解決問題時，則必須挺身而出，否則便失去韜光養晦的目的。（綜，59 渙九二）
- 做事有原則，應依身分、地位、能力與時機做當下該做的事，不可無事到處串門，但也不可把自己鎖在門內與世隔絕。（互，27 頤六二）
- 雖然面臨重重危機，但不出門永遠無法了解真相；因此要把所有情況先期打探一清二楚之後，才有條件採取行動。（之，03 屯六二）

爻旨：當情況逐漸明朗，應該展現才華，卻又畏首畏尾自我設限，甚至自縛手腳，勢必錯失良機。

六三：不節若，則嗟若，无咎。象曰：不節之嗟，又誰咎也！

行動不加節制，卻為自己不當的行為嗟嘆不已；若能及時避災，亦可无咎。象曰：不知節制卻能嗟嘆悔改，又有誰能使他受到災害呢？

【補充說明】

- 六三為下兌與互艮交接重疊之位，象徵河水與澤水調節不當，澤水不能適時放水造成河水水位偏低；或者河水不能適時引水入澤，造成湖泊乾涸或河川潰堤；如同一個人行為不加節制，頻頻出事又沒能力善後。
- 遭到人為的災害，往往肇因於自己言行不知節制而得罪他人，故與人交往要保持適度距離，發生衝突才有調節緩衝的空間。（錯，56 旅九三）
- 太過主觀而造成剛愎自用，必然到處樹敵；如果能看清事實而捐棄成見反躬自省，尊重不同的看法，情況自然會改善。（綜，59 渙六三）
- 會落到惡名昭彰無人聞問，多半是以不正當手段待人且不知節制並習以為常；若不及時悔悟而改善，將永無翻身的機會。（互，27 頤六三）

- 不知天高地厚、自以為是到處亂闖的人，往往會給自己招來災禍，也會給旁人帶來困擾，所以要認清自身所處的環境。(之，05 需九三)

爻旨：能力不足行為也不知節制，卻又舉棋不定與進退失據，肯定無端禍患接踵而至，應及時調整心態，糾正錯誤節制失當的言行。

六四：安節，**亨**。象曰：安節之亨，承上道也。

讓人們心安理得的節制，可得亨通。象曰：心安理得的節制而得亨通，是指能順從上司而配合其節制之道。

【補充說明】

- 六四當位上承九五，下應初九，象徵能承上啟下，凡事都能順應時勢發展，並掌握全局情況的需要，該進就進，該止便止，可使群眾安心樂意的配合，絲毫不必勉強，此乃高階幕僚的重要職責。
- 即便有所斬獲得到重用，也必須入境隨俗，才能讓別人徹底安心，也讓自己心平氣和，對長遠發展才會有正面的作用。(錯，56 旅九四)
- 有一些小團體會影響組織正常的運作，人心也會隨著浮動不安；因此要適度節制小團體的成長，才能發揮組織正常的功能。(綜，59 渙六四)
- 尋求有能力者出面協助需要幫助的人，回收挹注過多的資源，轉用於不足之處，重新合理合情的分配，可使人心平和安定。(互，27 頤六四)
- 對政策的推動與協商，要講求權力平衡、利益共享，排除不合理與不公平的現象；才能讓上司安心授權，讓屬下安心配合。(之，58 兌九四)

爻旨：調節管制，要考量組織實際情況配合進行，使團隊上下都能安然自在，並且都能充分樂意的配合。

九五：甘節，**吉**，往有尚。象曰：甘節之吉，居位中也。

讓民眾心甘情願配合節制，可獲吉祥，此舉將倍受尊崇。象曰：讓民眾心甘情願配合節制，乃因位居適中不偏，所作所為無過之亦無不及。

【補充說明】

- 九五中正，身為團隊領導人，首先必須鼓舞群眾，讓群眾心中充滿熱情，對政策形成最大的共識，並且能心甘情願配合政令的推行。
- 有作為的領導者，為求永久的安定，不計較一時得失；為了脫離惡劣環境，

必須能夠忍辱負重與心甘情願的付出。(錯，56旅六五)

- 領導者應率先躬行，同時也要做到令出必行與開誠布公，先求取信於民，然後才能讓群眾心甘情願與無怨無悔的配合。(綜，59渙九五)
- 領導人心繫民眾安危與福祉，不計代價放下身段為民請命，通權達變，運用各種可用資源照顧群眾，必能廣獲民心的歸向。(互，27頤六五)
- 運用長期累積的知識，轉化為管理層面的智慧引導群眾，讓原本猶豫不決的游移分子，心甘情願成為主動積極的參與者。(之，19臨六五)

爻旨：積極倡導於先，平和推動於後，以身作則率先躬行，使群眾心甘情願配合政策的推動。

上六：苦節，貞凶，悔亡。象曰：苦節貞凶，其道窮也。

過度節制令人感到厭煩，長久下去肯定會有凶險；若能調整心態止所當止，則其悔乃亡。象曰：過度節制造成凶險，是指不宜節制卻勉強行之，必然走向窮困。

【補充說明】

- 上六乘剛，象徵節制過度而習以為常，並干預組織運作而造成凶險；然因其動機單純，相對容易受到制約，故也不至於造成太大的災難。
- 過度節制，短期間或許不會出現反彈，但長久積怨難免表露，可能造成更大的誤解，導致更嚴重的衝突與災難。(錯，56旅上九)
- 當階段目標達成後，應優先清理善後，迅速恢復常態運作，力求休養生息，切忌習慣性繼續節制，節外生枝製造新的問題。(綜，59渙上九)
- 臨時性與較特殊的工作，本質上是例外的個案，雖有正當性與必要性，但執行上不可過度，以免造成將例外變常態，以致埋下衝突的因子。(互，27頤上九)
- 即使節制的方向正確、成就斐然，也應考慮適可而止；若無止境的節制，追求不切實際的虛名，只會令人心生厭惡。(之，61中孚上九)

爻旨：調節管制工作應適時適切，若無原則的節制，或超出極限而勉強為之，將使群眾在能力上無法配合，心理上也會有所排斥。

《序卦傳》：節而信之，故受之以中孚。

待人接物能夠知所節制，凡事保持中庸之道不偏不倚，不但可以建立良好的社

會形象，也會得到別人的信賴。尤其在職場當中的人際關係，需要講求相互間的信任，團隊的協作才會順利，因此人人都需要對自己的情緒與言行有所節制，節制愈適當，愈能取信於人。接下來，讓我們進入下一卦，在「中孚」卦的情境當中，探討如何才能得到別人的信任？如何才能長久維繫相互信任的人際關係？

61 ｜ 中孚卦：獲得信任的基本要求

表 3-31　中孚卦要點提示

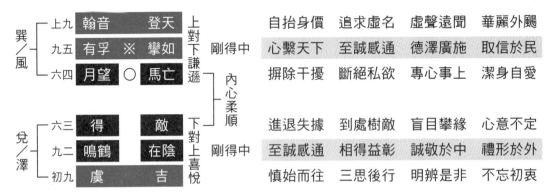

巽／風	上九	翰音	登天	上對下謙遜		自抬身價	追求虛名	虛聲遠聞	華麗外颺
	九五	有孚 ※ 攣如		剛得中		心繫天下	至誠感通	德澤廣施	取信於民
	六四	月望 ○ 馬亡			內心柔順	摒除干擾	斷絕私欲	專心事上	潔身自愛
兌／澤	六三	得	敵	下對上喜悅		進退失據	到處樹敵	盲目攀緣	心意不定
	九二	鳴鶴	在陰	剛得中		至誠感通	相得益彰	誠敬於中	禮形於外
	初九	虞	吉			慎始而往	三思後行	明辨是非	不忘初衷

【卦象與讀法】

下卦兌，兌為澤；上卦巽，巽為風，全卦讀成「風澤中孚」。

【卦時】

- 「中孚」是指心中充滿誠信。
- 《雜卦傳》：中孚，信也。欲立足於社會與人相處共事，必先發自內心高度的誠信，建立良好的形象，而且動機要單純，目標要正確，言行要合理，永遠保持中道精神，才可以得到群眾的理解與認同。
- 中孚卦也可以用「至誠无妄」、「心無繫念」、「虛懷若谷」以及「虛心實腹、弱志強骨」[1] 等等這些類似的概念來引申與推論，也可以用「桃李不言，下自成蹊」[2] 的情境來比擬。

【卦辭】

中孚：豚魚，吉，利涉大川，利貞。

1　出自《道德經・3章》，原意是指處於無所欲求狀態，使賣弄智慧的人不敢胡作非為。

2　出自《史記・李將軍列傳論》，比喻一個人只要心正意誠，則無須刻意表現就能感動別人。

中孚卦象徵內心誠信，連愚鈍無知、冥頑不靈的小豬小魚都能受到感應，故得到吉祥；可以順利涉越艱險，但必須守持正道才會有利。

【彖傳】

彖曰：中孚，柔在內而剛得中，說³而巽，孚乃化邦也；豚魚吉，信及豚魚也；利涉大川，乘木舟虛也；中孚以利貞，乃應乎天也。

內心有誠信，是說二陰爻居全卦之內，上下卦的中爻都是陽剛者，心中喜悅而行為柔順，因此可用誠信來教化邦國。連小豬、小魚都能感受到誠意而得吉祥，是指誠信能感化原本難以馴服的小豬、小魚。至於能順利涉越艱險，是說可以隨風乘坐舟船渡河。心存誠信且堅守正道，是指能與天地自然生化之道相應和。

【補充說明】

- 堅持一貫以誠信待人才會獲得人心，並願意與之共體時艱冒險犯難，無論上山下海都能團結一致。
- 以誠信待人的先決條件，必須始終堅守正道，否則會誤入歧途；就如同黑社會成員愈是講求義氣，對國家社會的破壞力也愈嚴重。
- 種瓜得瓜、種豆得豆，此乃天經地義的事；以誠信待人終會得到對方的真心回饋，而投機取巧的行為，終究會遭到相對的回應。
- 心中充滿誠信的人，連小豬小魚這種卑賤愚昧的動物，都能受到感應，何況是人？證明天地之間的一草一木都具有靈性，都能經過相互之間的心靈感應而得到良好的溝通。

【大象】

象曰：澤上有風，中孚，君子以議獄緩死。

沼澤之上有微風掠過，風之感應水能受之，讓人感受無微不至如沐春風與心中充滿誠信的中孚卦；君子應深入細查具有爭議的重大案件，為避免冤案而暫緩執行。

---

3 「說」音「悅」，同音同義。

【補充說明】

- 下卦兌，兌為悅、為澤；上卦巽，巽為風、遜順。有高層謙遜，使民眾喜悅之象；以及池塘之水氣，經由陣風吹向四方，所散發清涼之意，讓人們有如沐春風的感受。

- 風無形卻能撼動靜止之水；誠無相亦能感化萬事萬物。而感化人心，莫過於天有好生之德；故對重大案情，應一再重審，以免造成錯假冤案。

【爻辭／小象】

初九：虞[4]吉，有它[5]不燕。象曰：初九虞吉，志未變也。

安守誠信，仔細研判再做決定，才會吉祥，不可三心兩意，否則會不順利。象曰：安守誠信，仔細研判再做決定，是指言行不改初衷。

【補充說明】

- 初九當位上應六四，象徵朝中有人的基層員工，但始終小心謹慎不敢大意，凡事三思後行，言行中規中矩。

- 為追求理想目標，必須從小處著手，切忌貪而無厭與好高騖遠，凡事應先穩固自己厚植實力，再做進一步的考量。（錯，62 小過初六）

- 本來就有既定行程，應當照計畫執行；如果受到外界虛幻景象的影響而三心兩意，忘了自己的本能與初衷，肯定會被冠上貪得無厭的標籤。（互，27 頤初九）

- 能力不足但受命必須執行重要工作，應借助有經驗且可靠的幫手，不可逞強做出超越自己能力的事，而破壞整體的計畫。（之，69 渙初六）

爻旨：行事要慎始善終，沒有充分把握不可輕率決定，一旦下定決心就不可三心兩意或心懷不安。

九二：鳴鶴在陰[6]，其子和之，我有好爵，吾與爾靡之。象曰：其子和之，中

4　「虞」本是多義字，包括憂慮、懷疑、預料等，也可通「娛」、「安樂」。在此以安守誠信解。

5　「它」音「拖」，指其他，指懷有二心。

6　「陰」在此指陰暗處，而非陰陽之陰。

心願也。

誠信美名遠播，就像鶴鳥在陰暗處鳴叫，同類以聲相應和，我有佳餚美食願與您分享。象曰：同類以聲相應和，是指此乃心中初始的願望。

【補充說明】

- 九二居中與初九正比，象徵強而有力、剛而能柔的基層主管，以至誠之心待人處世，與所有志同道合者產生共鳴，共同攜手合作無間。
- 唯至誠者能相互感通，因為萬物都有靈性，即便在無人聞問之地發出訊息，也能得到同類的共鳴；若心懷不軌，就算有權有勢，身邊的人也會與你貌合神離。
- 由於能夠通權達變，有些事雖做得有些逾越，結果卻顯得更合情理；有些事雖做得不到位，卻符合實際情況的變化。（錯，62 小過六二）
- 能夠心無雜念相互感應，便可在動盪不安的情況下，以及兩難之間做出適切的選擇，而不至於首鼠兩端猶豫不決。（互，27 頤六二）
- 誠心誠意與人交往，可以得到對方相對的回應；獲得適當的資源，能妥善合理的運用，並能禮尚往來，回饋四方與利益眾生。（之，42 益六二）

爻旨：萬物都有天賦的靈性，但唯有心懷至誠者，能夠相互感通應和，引起共鳴而相得益彰。

六三：得敵，或鼓或罷，或泣或歌。象曰：或鼓或罷，位不當也。

誠信不足到處樹敵，突然擊鼓進攻，忽又鳴金收兵；或因懼怕而哭泣，忽又欣喜高歌。象曰：擊鼓進攻復又鳴金收兵，因居位不當之故。

【補充說明】

- 六三以柔履剛上應上九，象徵能力有限，卻企圖依賴在高層的關係，因此只要出現重大狀況，根本就經不起考驗，以致惶惶不可終日。
- 由於誠信不足，加上有顯山露水的習性而鋒芒畢露，造成到處樹敵卻又無一可靠之友，以致心無定見身處被動，落到進退失據的下場。
- 個性激烈又急躁，總把小事當成大事處理；面對與自己不同的意見，便露出十分不悅的態度，因此處處碰壁而孤立無援。（錯，62 小過九三）
- 以不正當的手段追求利益，加上個性善變造成敵友不分，落得四面楚歌草木皆兵，甚至還會造成上下之間的離心離德。（互，27 頤六三）

- 長期用不對等的利益與人交往並習以為常，會逐漸加深對別人的依賴，日子久了肯定反目相向，以致爆發嚴重的衝突。（之，09 小畜九三）

爻旨：因誠信不足而心生多疑，加上不夠務實又盲目躁動，肯定會招來莫名其妙的打擊而不知所措。

六四：月幾望，馬匹亡，<mark>无咎</mark>。象曰：馬匹亡，絕類上也。

確保長久以來的誠信，就像保持月圓而不盈滿的狀態，任由馬匹走失，不會有災害。象曰：任由馬匹走失，是指斷絕下屬的奉承，專心一意事上。

【補充說明】

- 六四當位與初九正應，象徵位居萬人之上的近君大臣，應主動擺脫與工作無直接關係的所有雜務，才能夠專心一意做好輔佐的工作。
- 有些熱門的事，乍看之下理由正當，但對整體而言毫無助益，應斷然捨棄；有些冷門的事，做了吃力不討好，但卻有利於整體長遠的發展，則應不計毀譽堅持推動。（錯，62 小過九四）
- 有擔當、有眼光的輔佐者，能夠整合有限資源統一管理，有效重新分配使用，確保政策能夠正常運作，避免資源的浪費。（互，27 頤六四）
- 用伴君如伴虎的態度，面對所有工作夥伴；以戒慎恐懼的精神，處理大小事務；保持臨淵履薄的心情，協助剛健無比的上司，唯有如此小心謹慎，才能全身而退。（之，10 履九四）

爻旨：輔佐人才首重忠誠，因此，必須先摒除雜務而專心事上，以維護組織利益與鞏固領導威信。

九五：有孚攣如，<mark>无咎</mark>。象曰：有孚攣如，位正當也。

以至誠之心維繫天下安危，必無災害。象曰：能以至誠之心維繫天下安危，是因為居位正當之故。

【補充說明】

- 九五象徵領導人營造同聲相應、同氣相求的氣氛，一舉一動，將成為群眾的模仿對象；故應展現無私無我、言出必行的精神，使得上行下效，凝聚團隊的實力。

- 領導者放低身段向下求賢而上下同心，就像用一條無形的繩子把所有成員牢牢繫在一起，形成最堅固的堡壘而無懈可擊。(錯，62 小過六五)
- 為照顧群眾，不惜犧牲個人的地位與尊嚴，並採變通的作法雖有違常則，但在特殊情況下有其必要，展現愛民如子的作風。(互，27 頤六五)
- 領導者無怨無悔的自損益下，以最大誠意感動群眾，自然會得到相對的回饋，甚至加倍奉還，這種現象是無庸置疑的。(之，41 損六五)

爻旨：要以至誠無私之心，廣繫天下萬民；然後透過教化形成風尚，可得一勞永逸之功。

上九：翰音 [7] 登於天，貞凶。象曰：翰音登於天，何可長也。

雞鳴之聲上於九天之外；象徵一味追求虛名，必招致凶險。象曰：雞鳴之聲上於九天之外，此種現象怎能長久？

【補充說明】

- 上九過亢，十二生肖當中最講誠信的是雞，但雞鳴報曉的對象是地上的人類，而不是天上的眾神。如果我們的行為太過高亢，就像上九這隻不自量力與自我膨脹的公雞，充其量也只是在自我陶醉、孤芳自賞；看在旁觀者眼裡，根本就是無知與幼稚。
- 言行過於高亢或企圖心太過強盛的突兀行為，一定招來旁人的側目，同時也會造成內部空虛與孱弱，陷自己於曲高和寡，終究還是一場空。(錯，62 小過上六)
- 經驗豐富的大老，受託委以重任，勢必得心應手而應付自如；但如果忘記身分，行為過於高亢，則暴露倚老賣老的習性，勢將抵銷之前所有的努力。(互，27 頤上九)
- 心懷誠信待人，必得到高度的信賴，因此可以放心大膽而通權達變；但日久養成習以為常而變動不已，其造成的混亂局面，比起死守原則更難善後。(之，60 節上六)

---

7 「翰」天雞，赤羽也，《說文》。「翰音」指雞在地而叫聲上達於天，比喻居非其位而聲過其實。

爻旨：好利者害顯而淺，好名者害隱而深[8]，尤其自抬身價追求不切實際的虛名，以及自吹自擂、華麗外揚的行為，只會讓人心生厭惡。

《序卦傳》：有信者必行之，故受之以小過。

在眾人心目中建立高度誠信的形象，博得大家充分的信任，也會讓眾人對你放心而獲得更多的授權，自己也更有底氣而能大刀闊斧的展現實力。就像我們在日常生活與工作當中，有些事情如果有較大的彈性並保持較多的緩衝，做起事來更能得心應手。所以，接下來讓我們進入下一卦，在「小過」卦的情境當中，探討為何要小有過度，以及在哪些情況下可以小有過度，方能權宜變通行事？讓原本不易做到的事情，能夠順利圓滿的完成。

8　引用《菜根譚》。原文：好利者逸出道義之外，其害顯而淺；好名者竄入道義之中，其害隱而深。

62 ｜小過卦：保持緩衝的權宜之計

表 2-62　小過卦要點提示

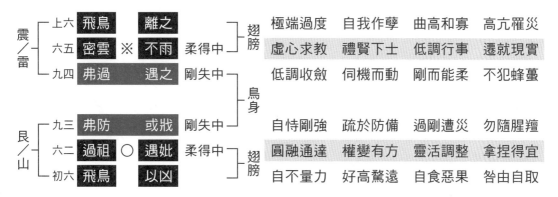

震／雷	上六	飛鳥	離之	翅膀	極端過度	自我作孽	曲高和寡	高亢罹災
	六五	密雲※	不雨 柔得中		虛心求教	禮賢下士	低調行事	遷就現實
	九四	弗過	遇之 剛失中		低調收斂	伺機而動	剛而能柔	不犯蜂蠆
艮／山	九三	弗防	或戕 剛失中	鳥身	自恃剛強	疏於防備	過剛遭災	勿隨腥羶
	六二	過祖○	遇妣 柔得中	翅膀	圓融通達	權變有方	靈活調整	拿捏得宜
	初六	飛鳥	以凶		自不量力	好高騖遠	自食惡果	咎由自取

【卦象與讀法】

下卦艮，艮為山；上卦震，震為雷，全卦讀成「雷山小過」。

【卦時】

· 「小過」是指小有過度或保持緩衝。

· **《雜卦傳》：小過，過也。** 在某些情況下，進行一些非關鍵的小事，可以略微過度，反而會得到更好的結果；但如果超越一定的限度，或太過刻意，則可能會出現嚴重的謬誤。

· 小過卦也可以用「便宜行事」、「保持彈性」、「過以就正」以及「勇於嘗試、小心求證」等等這些類似的概念來引申與推論，也可以用「高度設防，低調行事」的情境來比擬。

【卦辭】

小過：亨，利貞，可小事，不可大事；飛鳥遺之音，不宜上，宜下，大吉。

小過卦象徵小有過度，保持彈性與緩衝結果得以亨通，守持正道才會有利，但只可用在一般事務，不可施用於重大決策；就像飛鳥飛過後所遺留下的微小聲音，此時不宜飛得太高，愈向上飛，愈容易遭到不測，愈向下飛，愈為安全，如此必獲大吉祥。

【彖傳】

彖曰：小過，小者過而亨也；過以利貞，與時行也；柔得中，是以小事吉也。剛失位而不中，是以不可大事也。有飛鳥之象焉，飛鳥遺之音；不宜上，宜下，大吉，上逆而下順也。

小過，是指有些小事稍有過度可以獲得亨通；稍有過度必須守正方能有利，是說應當配合適當的時機為之；陰柔者處在上下卦的中位，所以只能在一般事務獲得吉祥。陽剛者失位且不居中位，所以不能推動重大決策。卦中有飛鳥的象喻，就像鳥飛過會遺留一些微小的聲音；不宜向上只能向下而得到大吉，是說向上必將違逆現實而遭災，向下才會平安順利。

【補充說明】

- 當無能力、無遠見的人負責決策而有能力、有遠見的人負責執行，在這種客觀情勢下，瑣碎的小事是可以推動的，重要的工作就不宜了。
- 小有過度也是一種例外，有原則必然有例外，否則就不是原則而成為定律；然而太多的例外，會造成本質上的改變，將會失去了原則。
- 凡事太過拘謹，連一絲一毫都不曾逾越的人，將失去臨機應變的能力；而且在變動不居的環境中，也會顯得寸步難行，終究落得一無是處。
- 執行小有過度的原則如下：對於需要精準計算的事，是不被允許的；但對於日常生活當中許多經常性且容許變通的事物，是有其必要。
- 做生意為了翻本，不惜以重金投資；或因學生晚交作業就把學生打得傷痕累累，或者拿著大砲打小鳥，類似這些情況並不符小有過度的原則。
- 如果是本來就應做好而被忽略的細節，或者是有重要的事急待處理，那麼就理所當然要有特別的準備。

【大象】

象曰：山上有雷，小過；君子以行過乎恭，喪過乎哀，用過乎儉。

雷打在山上的迴音比打在平地要多一些，象徵小有過度的小過卦；君子當效此，言行舉止可以稍過恭敬，參與喪禮時表情可以稍過悲哀，日常費用與開支可以稍過節儉。

【補充說明】

- 下卦艮，艮為山；上卦震，震為雷。象徵山上雷擊鳴聲響，因有阻抗而顯得較大，但經過山谷的迴音而銳減，就像飛鳥掠過之後的遺音，很快的化為烏有。
- 行為舉止略為恭謹，可以緩和緊張的人際關係；服喪時稍過哀傷，可以表現慎終追遠的精神；花費時稍過節儉，可以導正奢侈浮華的流弊。

【爻辭 / 小象】

初六：飛鳥以凶。象曰：飛鳥以凶，不可如何也。

動作太過莽撞，就像飛鳥逆勢向上必然會遇凶險。象曰：行事動作太過莽撞，像飛鳥逆勢上翔而致凶，乃咎由自取，無可奈何也無藥可救。

【補充說明】

- 初六上應九四，有違不宜上的卦旨，象徵勉強做出超越自己能力範圍以外的事情，是相當的危險；就像幼童不能單獨走太遠，若脫離父母視線可能會發生意外。
- 目標經確定後就不能三心兩意，必須堅持到底；因此，在沒有十足把握之前，不可輕舉妄動，以免造成事與願違的遺憾。(錯，61 中孚初九)
- 勢單力薄又是初展身手，最好借助必要的引導才能順利進入狀況並減少阻力，否則寧可暫緩腳步，等時機成熟。(互，28 大過初六)
- 條件不足不可行動，就算有人願意配合，也要仔細評估，若沒有絕對的把握，則不宜採取行動，否則一定會吃大虧。(之，55 豐初九)

爻旨：自不量力、好高騖遠的行為，或錯估情勢而躁動妄行，最後肯定會落得自食惡果的下場。

六二：過其祖，遇其妣；不及其君，遇其臣，无咎。象曰：不及其君，臣不可過也。

言行雖略有過度但能避開正面交鋒，繞過祖父與保持緩衝的祖母相見；雖未及時跟上君王，卻巧遇君王身邊的近臣，如此不會有災害。象曰：未跟上君王卻巧遇近臣，是指身為人臣本就不應越過君王。

【補充說明】

- 六二上承九三，象徵小心謹慎安分守己的基層主管，不主動與長官親近；但若有要事須專程登門晉見，卻因故不克謀面僅由助理轉達；一則展現誠意，二則保有緩衝，效果或許更佳。

- 有些行為雖略有逾越，但過程更為圓融；有些行為雖不夠積極，卻能滿足當事人的習慣，結果更為圓滿。

- 萬物皆有靈性，唯至誠者能得到感應，尤其人與人的互動，並非全靠死板的規則，必要時，採取合宜的應變措施，可發揮調節與緩衝的功能。(錯，61 中孚九二)

- 為了緩和緊張氣氛或克服工作上的阻礙，應在大家可以接受的範圍內，略為變通修改規則，或許可以得到更好的結果。(互，28 大過九二)

- 不偏不倚的均衡現象，是讓事物在變動中保持平衡狀態，而非秤桿上的平衡點，這種能伸能屈的行為，可充當潤滑的功能。(之，32 恆九二)

爻旨：避免陷入困境，要能夠順應環境的變化，依實際需要採取權宜措施，行為雖略有過度，但結果反而更順利與圓滿。

九三：弗過防之，從或戕之，凶。象曰：從或戕之，凶如何也？

沒有略加過度的防範措施，將遭到不預期的傷害，必有凶險。象曰：遭到不預期的傷害，是指情況難以預料，若不加防範怎能面對險境？

【補充說明】

- 九三過剛不中，上應上六，亦有違不宜上卦旨，象徵自恃剛強放縱不羈，言行逾越常規且疏於防備而遭致傷害；因為個性剛烈又活躍的人，往往是潛在對手伺機攻擊的目標。

- 個性剛強的人受到外力不當刺激，可能一時控制不住情緒，會出現莽撞躁動的行為，容易受到有心人的利用與擺布。(錯，61 中孚六三)

- 能力強企圖心也旺盛，加上行事風格強硬的人，容易造成剛愎自用而缺少親切感，甚至會把一件小事弄得難以收拾。(互，28 大過九三)

- 為了急於成事而刻意討好某人，或過分遷就某事而疏於防範，結果會造成吃力不討好落得事與願違的結局。(之，16 豫六三)

爻旨：害人之心不可有，防人之心不可無，但主觀意識較重或過於執著的人，最容易陷入小人所設計的圈套。

九四：无咎，弗過遇之，往厲必戒，勿用，永貞。象曰：弗過遇之，位不當也；往厲必戒，終不可長也。

剛而能柔不易遭災，言行不逾越則有機會遇合，如有逾越將有危險，故不宜展現才華應永守持正道。象曰：言行不逾越才有機會遇合，指目前所處的位置不適當；逾越必有危險，要心存戒懼，因為不可能長久無災害。

【補充說明】

- 九四身處多懼之位剛而能柔，符合可小事、不可大事之卦旨，象徵隨遇而安的高階輔佐，凡事都能先行周密分析然後再採取行動，因此每逢困境都能有效排除並能全身而退。
- 對於難以接受的要求，為了維持和諧應當進行協商解決；但若情況急迫並有影響大局之虞則須斷然拒絕，不可為了息事寧人而損害組織的利益。（錯，61 中孚六四）
- 具備良好的條件，可得到適當的協助而順利完成工作；但要慎防自己的無心僭越及不當的誘惑，嚴守身為人臣的本分。（互，28 大過九四）
- 身居要津，能了解工作的重點，掌握關鍵的問題，對組織有益的事才處理；否則，該隔離便隔離，該婉拒則婉拒。（之，15 謙六四）

爻旨：在不思進取的氛圍中，有能力的人更應保持低調，不可隨意展現才華，應遵循既定政策的指導，做自己該做的事。

六五：密雲不雨，自我西郊，公弋取彼在穴。象曰：密雲不雨，已上也。

陰柔凌駕陽剛，不能成就大事，就像烏雲密布而不降雨，雲氣升騰起自城邑的西方，王公貴族用帶有細繩的箭，射取隱藏在洞穴的猛禽狡獸。象曰：烏雲密布而不降雨，是指陰柔過盛而高居陽剛之上。

【補充說明】

- 六五剛居柔位，代表領導者能力有限，不足以成大事，需要別人的支援才能做些例行性工作；所幸能守持中庸之道，而不致遭到嚴重的損失。

- 條件不足，只能做一些非關鍵性的工作，或採取無為而治的精神來維持現況，但要加強防範避免受到有心人的利用。(錯，61 中孚九五)
- 刻意展現美好的一面可達拋磚引玉之功，但也只能得到一時的效果，這種點綴式的應急方案，並不值得大肆推廣。(互，28 大過九五)
- 既然能力不足，就不要多攬太多事，否則不但給自己添亂，也給團隊帶來麻煩，該做的事儘量授權有能力的下屬完成即可。(之，31 咸九五)

爻旨：領導者的主觀能力與客觀條件均不足，應禮賢下士、充分授權，並且盡量遷就現實低調行事。

上六：弗遇過之，飛鳥離之，凶，是謂災眚。象曰：弗遇過之，已亢也。

陰柔超過陽剛甚極，不但不向下遇合，反而逾越常規向上離去；就像飛鳥飛得太高而遭到危厄，必然有凶險，這時天災與人禍將至。象曰：不知向下遇合而直接逾越常規向上，是指已太過高亢了。

【補充說明】
- 上六居上震之極，象徵久居高位養成高傲的姿態，不經協調溝通，便自作主張強行超越；如同飛鳥強行高飛而遭到傷害，實乃咎由自取。
- 經驗豐富的資深大老，本身的價值在於傳承經驗與協助單位主管；如果妄想自抬身價進行老人干政，其危害程度，並不亞於外來的災害。(錯，61 中孚上九)
- 情勢發展到難以收拾的地步，就算有勇有謀也難以挽回頹勢；故應在災害還沒鑄成之前，就能當機立斷回頭是岸，否則將會成為悲劇的主角。(互，28 大過上六)
- 高亢忘形者，往往因先期得意而開懷暢笑，最後遭受打擊才號啕大哭，以致無人聞問；所以，居高位者，心志要豁達開朗，切忌冥頑不靈而固執己見。(之，56 旅上九)

爻旨：資深大老企圖過盛，造成曲高和寡與過度招災的後果，將嚴重影響團隊正常運作。

《序卦傳》：有過物者必濟，故受之以既濟。

我們日常生活所做的事情，只要正當合理，雖然過程與方法略有過度而能採權

宜之計，但並沒有影響正常作息，如此行為不但合情合理，更可說是有其必要。因為天有不測風雲，有備才能無患，能在無形中降低風險，總比亡羊補牢來得高明。但是，當成功在望之時，難免會因過度興奮而造成一些疏忽。接下來，讓我們進入下一卦，在「既濟」卦的情境當中，了解古聖先賢的經驗教訓，告訴我們要如何迎接勝利的到來？以及當成功在望時，應有哪些心理上的準備，以維護得來不易的成就？

63 ｜既濟卦：守成不易的千古諍言

表 3-33　既濟卦要點提示

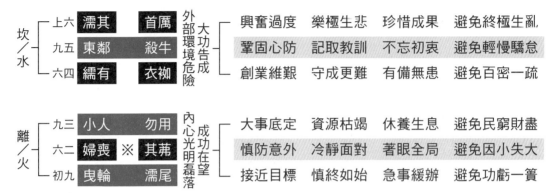

坎／水	上六	濡其	首厲	外部環境危險	大功告成	興奮過度 樂極生悲 珍惜成果 避免終極生亂		
	九五	東鄰	殺牛			鞏固心防 記取教訓 不忘初衷 避免輕慢驕怠		
	六四	繻有	衣袽			創業維艱 守成更難 有備無患 避免百密一疏		
離／火	九三	小人	勿用	內心光明磊落	成功在望	大事底定 資源枯竭 休養生息 避免民窮財盡		
	六二	婦喪 ※ 其茀				慎防意外 冷靜面對 著眼全局 避免因小失大		
	初九	曳輪	濡尾			接近目標 慎終如始 急事緩辦 避免功虧一簣		

【卦象與讀法】

下卦離，離為火；上卦坎，坎為水，全卦讀成「水火既濟」。

【卦時】

- 「既濟」是指到達目標或大功告成。
- 《雜卦傳》：既濟，定也。目標已達成，所有事物也已到達定位，但為了維繫得來不易的成果，應保持戒驕防怠的心理以防生變；對於未來可能出現新的挑戰，應有萬全的防備，絕對不可自滿與大意。
- 既濟卦也可以用「萬事皆備」、「居安思危」、「福禍相依」以及「終而復始，防患未然」等這些類似的概念來引申與推論，也可用「事已成，不可得意忘形，要慎防生變」的情境來比擬。

【卦辭】

既濟：亨小，利貞，初吉終亂。

既濟卦象徵事已完成，包含細瑣小事也應得到亨通；但要始終堅守正道才能有利，否則初始雖吉祥而最終會導致衰亂。

【彖傳】

彖曰：既濟，亨，小者亨也；利貞，剛柔正而位當也；初吉，柔得中也；終止則亂，其道窮也。

事已完成，萬事亨通，包括小事也應得到亨通；堅守正道才能有利，是因為陰爻、陽爻全都當位，表示邪道不行、非正不利。初始吉祥，是因為六二爻居下卦之中而諸事皆順；終而最終導致衰亂，是指安定久了易生懈怠而生亂，因為凡事窮極必然生變。

【補充說明】

- 人無千日好，花無百日紅，萬物變化無常，不可能永遠處於順境；尤其當大功告成之日，往往也正是走下坡的開始。

- 創業維艱故宜節儉，守成不易要戒奢華；惟草創諸難皆俱往矣，而守成之難盡在當下；故大功告成之日，仍應以未完成的心情面對。

- 居安要思危，思危則必有備，有備方可無患；故應預判大功告成之後，可能面臨各種不預期事件，並做好應變的準備，才能保證萬無一失。

- 當功成名就之後，因大權在握容易隨心所欲，可能會疏於自我約束，因而開始放鬆戒心而驕縱淫逸，一點一滴摧毀自己得來不易的成果。

- 我們常聽到一句「失敗為成功之母」的名言，但在現實的環境中不乏「成功為失敗之母」的例子，因此要謹防驕矜自滿而導致危亂。

- 水與火各司其職則可相濟，否則相剋，假設兩造間始終相處融洽，如同火在下，正在烹煮上方的水，出現水火相濟的畫面。但是否能長久維持？是否會因不小心打翻了水而澆熄了火，造成水火相剋的結局呢？

- 凡事不能慎終如始，必然走向盛極而衰；之所以形成這種不利的後果，多半是沒有居安思危的警覺，以及迷戀成功的經驗所致。

【大象】

象曰：水在火上，既濟；君子以思患而豫防之。

坎水居上其性潤下，離火居下其性炎上，象徵水火相濟而有大功告成的既濟卦；君子觀此現象，應當居安思危，謹防生變。

【補充說明】

- 下卦離，離為火、光明；上卦坎，坎為水、危機，故有烹飪完成之意涵。因水潤下、火性炎上，兩者相濟，象徵大功告成。從另一個角度觀察，內心主觀已認為前途一片光明，但外在客觀環境仍有潛在的危機。

- 水火相濟能發揮濟物之功，但也應當防止發生水火無情的可能，而出現水火相剋的情況。

【爻辭 / 小象】

初九：曳其輪，濡其尾，无咎。象曰：曳其輪，義无咎也。

當事成之初，應謹慎其行，如同拖曳住車輪，使其不得疾駛；就像小狐渡河讓尾巴沾濕，緩慢前進，才不致有災害。象曰：拖曳住車輪，讓車子不得疾駛，是指如此做就不會有災害的。

【補充說明】

- 初九居難知之位，象徵雖然成功在望，仍應本著初出茅廬的精神慎始而往。就像飛機準備降落，駕駛要盯住進場的跑道；火車準備進站，駕駛應輕踩剎車減速慢行，避免衝出跑道或走錯月台。

- 預想到達目標之後，可能還有許多的新任務，思考如何進行下一階段的工作計畫，自然不會出現自滿與懈怠的心理。(互，64 未濟初六)

- 不預警進入目標區之前的種種阻礙，應及時停下來而不可硬闖，以便能夠冷靜下來思考，如何對這些障礙有效的排除。(之，39 蹇初六)

爻旨：行百里而半九十，凡事都應慎終如始，不可急於求成或鋒芒畢露，以免敗在臨門一腳，造成功虧一簣的遺憾。

六二：婦喪其茀[1]，勿逐，七日得。象曰：七日得，以中道也。

當事成之初出現一些小狀況，應靜守待機；就像貴婦弄丟了頭上的首飾，這時不要急著尋找，一段時間內它自然會失而復得。象曰：在一段時間內會失而復得，是指能以柔順的態度堅守中道而不偏激。

1　「茀」原指婦女頭上首飾，亦可指其乘坐車蓬上的飾物。

【補充說明】

- 六二中正，所作所為正當合理，故不必疑其所行。因此在到達目的地時，雖有遺漏細瑣小事，自然不會去理會而不必造成因小失大的後果。
- 工作即將結束但酬勞尚未獲得，緊接著又要進行下一階段的工作；如果你是當事人，應考慮先求得到酬勞？還是先準備下一階段的工作？
- 隨時保持蓄勢待發，才能應付不預期情況；但為了永續經營，也必須保持改弦易轍的準備，以便能適應變動不居的環境。（互，64 未濟九二）
- 事情做得再好也難免會有雜音，就像新的儀器也會出現雜訊，不理它便沒事，如果太在意，則小問題會演變成大問題。（之，05 需九二）

爻旨：大功即將告成，應著眼大局，開始考慮下一步行動，不可斤斤計較一些微不足道的小細節，以免因小失大。

九三：高宗伐鬼方[2]，三年克之，小人勿用。象曰：三年克之，憊也。

大功告成但資源也快耗盡，有如當年殷高宗討伐鬼方，歷經多年努力才克服，因此在善後問題的處理方面，不可重用小人。象曰：歷經多年才克服困難，是指此時國力已疲憊不堪。

【補充說明】

- 九三處多凶之位，應本朝乾夕惕的精神方能無咎。故目標雖已達成但仍不可懈怠，如同長途行車到達目的地，人與車都需要適當的休養，其他相關補給品，包括零附件與各種耗材，都應該得到必要的補充。
- 大功雖已告成，相對國力也疲憊不堪；接下來所需要的人才，是能夠專心參與重整家園的君子，而非貪圖權位與追求富貴的小人。
- 階段性任務雖告一段落，接下來還有更遠的路要走，因此需要休養生息與充實整補，並開始計畫下一階段的行動方針。（互，64 未濟六三）
- 看準時機冒險犯難的精神與作法，適合在事未成或面臨困境之時，而不是用在成功在望，有這種不當心思的人，十之八九都是諉罪掠功的投機分子，有識之士不可不防。（之，03 屯六三）

爻旨：大功雖然告成，但資源也將消耗殆盡；接下來不是大擺慶功宴，而是重

2　「高宗」為殷王武丁。「鬼方」地名，殷人西北邊境民族。

建家園，因此需要任用適當的人才。

六四：繻有衣袽³，終日戒。象曰：終日戒，有所疑也。

事成之後應居安思危，即使有華麗的衣服，也寧願穿著舊衣裳，時時戒備以防禍。象曰：時時戒備防禍，是指身為人臣本應常懷戒懼之心。

【補充說明】

- 六四居多懼之位，象徵雖已功成名就，卻仍保持勤勞儉樸作風，因為順中有逆、福禍相依，除了要謹慎全力盡輔佐之責外，也要假設各種可能發生的情況，備妥必要的應變方案。

- 大功告成之後，可能會有心防鬆懈的現象，故不宜過度興奮；尤其接近權力核心的重要職位，更要以戒慎恐懼的心情謹防局勢生變。

- 為了成功所付出的代價愈高，也愈容易出現恃功而驕的行為，因此當任務圓滿完成後，要讓大家了解得來不易的成果，乃經歷多年並舉全國之力，而非僅是少數人的功勞。（互，64 未濟九四）

- 行百里者半九十，即便革命成功，也留下滿目瘡痍有待善後，故需得到群眾的支持，上下一心共體時艱，進行災後的重建。（之，49 革九四）

爻旨：任務完成，切忌恃功而驕，要記取創業維艱，守成更難的教訓，時時保持戒慎恐懼，避免百密一疏而造成遺憾。

九五：東鄰殺牛，不如西鄰之禴祭，實受其福。象曰：東鄰殺牛，不如西鄰之時也；實受其福，吉大來也。

事成之後，須誠敬儉樸；東邊鄰國盛大祭祀，還不如西邊鄰國用儉樸的薄祭，唯有誠心誠意才會得到上天的庇祐。象曰：盛大的祭祀，反不如適時儉樸的薄祭；真實受到上天的庇祐，吉祥如意才會降臨。

【補充說明】

- 九五多功但也隱藏多過，因為大功告成之後的祭祀，場面盛大隆重但也開始心生懈怠，還不如草創階段的祭祀，場面簡單樸素但誠意十足；這是難

3　「繻」音「需」，彩帛，指華麗衣服。「袽」音「如」，敗絮，指破舊之衣。「繻有衣袽」係比喻居安要思危。

以避免的人性弱點，對有遠見的領導人來說則應引以為鑑。

- 大功告成之後便刻意展現成果與大肆慶祝，只能滿足一時虛榮；但招來嫉妒與樹立暗敵的危害，則難以逆料，有智慧的人會這麼做嗎？
- 為保持既有成果並能更上層樓，領導人應抱著居安思危的精神而虛心納賢，本著一貫誠信的原則，凝聚更雄厚的實力。（互，64 未濟六五）
- 之所以樹大招風，全是自己招來的禍。因此，當眾人表面興奮，而內心沉醉；惟我沒沒無聞，但耳聰目明，不為光鮮亮麗的表象誤導。（之，36 明夷六五）

爻旨：達成目標之後，應當一本初衷繼續努力，不可因而鬆懈心防，避免得意忘形與輕慢驕怠，在不知不覺當中盛極而衰。

上六：濡其首，厲。象曰：濡其首，厲，何可久也。

當事成之後，可能出現盛極而衰的現象，以致頭腦不清盲目行動；就像小狐渡河沾濕頭部，必招危害。象曰：頭腦不清楚而盲目行動招來危害，得來不易的成果怎能長久維持？

【補充說明】

- 上六居既濟之極又凌乘陽剛，象徵陰虛不實難以自持，以致出現龍戰于野而為其嫌於無陽的心理，做出不合時宜的舉動。
- 當天下太平河清海晏，往往團隊的鬥志也開始消沉；原本一致對外的向心力開始鬆懈，開始轉成內部的競爭成為內鬥的動力。
- 任務圓滿完成，就該收手不要戀棧；如果不知見好就收，一味貪求權勢與利益，肯定又要開始回到當初百業待興的情況。
- 大功告成之後，必要的享樂與慶賀並不為過，何況對於出生入死的同伴，有必要給予適當的關懷與回饋；但要適度、適時，也要避免養成驕縱奢華的行為。（互，64 未濟上九）
- 對勞苦功高的功臣，要表示感激與賞賜，不致背上鳥盡弓藏、兔死狗烹的惡名，但也要慎防驕兵悍將與專橫跋扈；應以恩威並濟的手段，讓不利後續發展的各種因素，禁於未發，止於未萌。（之，37 家人上九）

爻旨：千萬不可被成功沖昏了頭，也不可停止改革的腳步，要珍惜得來不易的成果，避免形成終極而生亂的下場。

《序卦傳》：物不可窮也，故受之以未濟。

事情做得再圓滿，過了一段日子，還是會有新的需求；因為十全十美本身就不完美，就像天地日月星辰的運行周期，未曾出現過剛好的整數，所以會出現閏年、閏月、閏日，甚至閏時與閏秒的調節，使得現行曆法能長久適用。因此，我們能夠體認到凡事不可能永遠都保持圓滿，否則這個宇宙早就不存在。接下來，我們繼續進入《周易》的最後一卦，也就是在「未濟」卦的情境當中，感受一下老祖先的智慧，給我們解開宇宙生生不息、終則有始的祕密。

64 ｜未濟卦：終則有始的自然規律

表 3-34　未濟卦要點提示

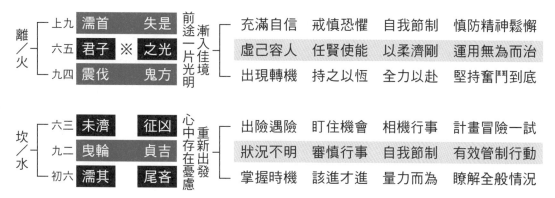

離／火	上九	濡首	失是	前途漸入一片光明	充滿自信	戒慎恐懼	自我節制	慎防精神鬆懈
	六五	君子 ※ 之光			虛己容人	任賢使能	以柔濟剛	運用無為而治
	九四	震伐	鬼方		出現轉機	持之以恆	全力以赴	堅持奮鬥到底
坎／水	六三	未濟	征凶	重新出發心中存在憂慮	出險遇險	盯住機會	相機行事	計畫冒險一試
	九二	曳輪	貞吉		狀況不明	審慎行事	自我節制	有效管制行動
	初六	濡其	尾吝		掌握時機	該進才進	量力而為	瞭解全般情況

【卦象與讀法】

下卦為坎，坎為水；上卦為離，離為火，全卦讀成「火水未濟」。

【卦時】

· 「未濟」是指事未完成或未竟全功。

· **《雜卦傳》：未濟，男之窮也。**所有事物都不在定位，像一個男人出門在外，該有的條件全無；也仿如屋裡家具到處亂放，屋裡堆滿工具卻無一放在定位，代表事情尚未完成或有待整頓。因此要抱持樂觀積極的態度，秉持始終如一的精神，再接再厲。

· 未濟卦也可用「堅持到底」、「終則有始」、「永無止境」以及「調整腳步，繼續前進」等等這些類似的概念來引申、推論，也可用「事未成，不可半途而廢，要全力以赴」的情境來比擬。

【卦辭】

未濟：亨，小狐汔濟，濡其尾，无攸利。

未濟象徵工作尚未完成，預判可順利通達；但如果處事不謹慎，像小狐狸渡河快到終點，尾巴被沾濕了，可能會功虧一簣。

【彖傳】

彖曰：未濟，亨，柔得中也；小狐汔濟，未出中也；濡其尾，无攸利，不續終也。雖不當位，剛柔應也。

工作尚未完成，但可順利通達，乃因柔順而能恪守中道；小狐狸渡河快到終點，是說此時仍未脫離在坎險之中；尾巴被沾濕，得不到任何好處，是指不夠努力且不能堅持到底。雖然六爻全都不在定位，但上下全部陰陽相應和，所以努力可以成事。

【補充說明】

- 周易強調憂患意識與終則有始的中心思想，完全反映在未濟卦，未濟的本義，除了事未成之外，還包括事物不可窮的意涵。

- 成功是相對而非絕對；某一事件，自己的成功可能是別人失敗的襯托，當下的成功可能是過去的失敗所換來；因此，一時的成功也可能會埋下未來失敗的種子。

- 所以，真正的成功是沒有止境，就像天體剛健永恆的運行，終而復始與生生不息；若自認大功告成而停止努力，無異自甘墮落。

- 當大功告成之後，容易讓人鬆懈並得意忘形而開始走向腐敗；相對的，身處險境而朝向既定目標前進，也要小心謹慎保持正常的運作。

- 既濟只是一種理想目標與願景，我們人類一生的過程中，絕大多數的時間，都處在未濟情境之中，因此未濟才是常態。

- 因為大部分的事物都不可能長久在定位，所以才有機會讓我們將其放回定位，如果宇宙間萬事皆備、十全十美的話，那麼，這個世界還需要我們人類嗎？

- 造成事情不盡圓滿或尚未完成的原因何在？應該如何調整目標與步驟？這些都是生而為人，每天都要面臨最現實的功課。

【大象】

象曰：火在水上，未濟；君子以慎辨物居方。

離火在上，其性炎上續向上升，坎水在下，其性潤下續向下沉；象徵事物放置錯亂且背道而馳，不能發揮水火相濟的未濟卦；君子應審慎分辨事物的類別，並使

各居其所。

【補充說明】

- 下卦為坎，象徵水、危險；上卦為離，象徵火、光明。故有水火背道而馳，不能發揮相互濟物的功能。或謂外在客觀環境雖然一片光明，但內部仍有問題尚待克服；因此內心要小心謹慎保持應變，對外要鎖定正確目標而堅定不移。
- 水火不相濟，象徵天地不相交、陰陽不相合，無法發揮濟物之功；故應重新檢討與調整事物的定位，並重新賦予新的功能。

【爻辭 / 小象】

初六：濡其尾，吝。象曰：濡其尾，亦不知極也。

當事未成時又不能適時而進；就像小狐渡河沾濕了尾巴，以致未能成行必有遺憾。象曰：小狐渡河沾濕了尾巴，是指事前沒有規劃達成目標的策略與方法。

【補充說明】

- 初六才柔位卑，不中不正，象徵一個人高估自己、低估情勢，眼看事情沒辦好，便急於求成冒然向前推進，導致一開始就受到挫折。
- 出現有利的徵兆，總是讓人心動；但若能仔細觀察與分析利弊，反而會比較平靜與客觀，這時才能按既定的進度推動工作。
- 車輛開始起動或到達終點前，這兩種情況同樣油耗較多、車速也較慢，這都是著眼於穩定與安全；濟難解危的道理也相同，必須慎始善終。(互，63既濟初九)
- 濟難解危千頭萬緒，若一時得不到協助而顯得緊張，更應坦然面對，才能在陌生的環境中，慢慢的融入而導入正軌。(之，38睽初九)

爻旨：時空明顯不利，凡事量力而為，不可冒然躁進，應先確定方向、目標與各階段的工作重點，以確保一路平順。

九二：曳其輪，貞吉。象曰：九二貞吉，中以行正也。

當事未成，必須謹慎行事；就像拖曳住車輪使其不隨意急行，可獲吉祥。象曰：九二守正得吉，因守中不偏，且能持恆守正之故。

【補充說明】

- 九二上應六五，象徵強臣遇弱主但身陷坎險之中，故應自我克制與主動擔當，發揮見龍在田的精神，全力配合上級的政策。
- 即便工作順利也必須自我節制，不可為提高工作績效而過度激進；就像開車，必須持隨時隨地都能剎得住車，才可放心大膽的加速行駛。
- 出現有利徵兆，理當順勢擴大成果，但經研判仍照原訂計畫，因為捨棄小利、著眼大局的作法，在未濟的情境下是正確的。（互，63 既濟六二）
- 由於前行路上詭譎多變，雖然充滿希望與動力，但時機尚未成熟，必須心懷戒懼，適時調整步驟，才能力求先穩定下來。（之，35 晉六二）

爻旨：情況尚不明朗，應有效控制行動，隨時隨地都必須有叫停的準備，並做最壞的打算，不可心存僥倖。

六三：未濟，征凶，利涉大川。象曰：未濟，征凶，位不當也。

當事未成，急於前進必有凶險；但亦可以視情況進行有計畫的冒險，以求早日完成工作。象曰：事未成，急行有凶險，是因為目前所處的地位不適當。

【補充說明】

- 六三處多凶之位，但在種種不利因素都出現之後，反而可以清楚的看到機會，或許是面臨轉變的關鍵；這時，除了要求自保也應設法一舉突破脫穎而出。
- 準備步出險境，隨時可能會遭到打擊，因此要以臨淵履薄與戒慎恐懼的心情行事，只要過這一關，便可順利的進入光明大道。
- 處險境不可妄動，否則將招災惹禍；但若不能及時脫身，無異死路一條。面臨兩難，需具有膽識與有眼光的人，才能承擔此一重任；千萬不可偏聽偏信，或任用小人而遭災。（互，63 既濟九三）
- 狀況不明行動無法密切配合，以致進退不得，乃由於協調溝通不夠；應多方面接觸，想辦法找到適當的出路而步入正軌。（之，50 鼎九三）

爻旨：急於求成必有凶險，但面臨轉變的關鍵時刻，應當有為有守，必要時可以進行有計畫的冒險，力求突破困境。

九四：貞吉，悔亡，震用伐鬼方，三年有賞於大國。象曰：貞吉，悔亡，志行也。

開始出現轉機，堅守剛健的精神涉險成功，悔恨之事將會消失；以雷霆萬鈞之勢討伐鬼方，歷經多年的奮鬥，終於完成任務而被封賞為大諸侯。象曰：堅守剛健之德必能吉祥，乃因具有堅定求濟的心志。

【補充說明】

- 九四進入上離，象徵已開始脫離險境步入光明境界，但並不代表完全脫困，而是進入另一階段，故應繼續奮鬥並堅定意志，避免中繼無力。
- 情勢發展到極為艱困之時，往往是扭轉勝負的關鍵；故應把握契機，奮戰到底，就像滴水穿石，並非恃其蠻力，而是要展現持之以恆的精神。
- 再完美的事物，都會有致命弱點，何況面對艱困的任務，隨時都有可能出現非預期狀況，因此絕不容許絲毫的疏忽。（互，63 既濟六四）
- 要有堅持到底的決心，以及正當理想與抱負，在團隊成員當中，必須排除缺乏自信、孤僻自處以及不敢面對現實者的參與。（之，04 蒙六四）

爻旨：雖已脫險開始步入正軌，但仍須保持既定的原則，持之以恆、奮力不懈，才有機會得到圓滿的結果。

六五：貞吉，无悔，君子之光，有孚，吉。象曰：君子之光，其暉吉也。

開始出現轉機，應堅持柔順之德禮賢下士，必能吉祥，沒有悔恨；君子之德如日中天，能夠以誠待人，故而吉祥。象曰：君子具有光明磊落的德業，是指其光輝照耀，給群眾帶來吉祥。

【補充說明】

- 六五以柔履剛，但上有上九穩重老臣，身旁有九四幹練能臣，下有九二良將，因此有充分的條件做到用人之長、補己之短。
- 見賢而思齊，見不賢而自省，是成功領導者應具備的涵養；傲慢固執、剛愎自用及信口開河，乃失敗領導者的特徵。
- 成功的美名與功績不必是我，但過程與付出卻不能沒我；因為成功的果實對己對人都有利，所以燃燒自己照亮他人，最後還是會成就自己。
- 事成之時，大擺場面的祭祀，其內心多少存有慶賀與炫耀；最好還是保持當年草創時期簡單隆重的祭祀，完全都是誠心誠意在祈求上天保祐。（互，

63 既濟九五）

- 成功的領導者，採取重大的決定，都必須有正當的訴求，使得師出有名且無後顧之憂，可獲得群眾信任並全力的配合。（之，06 訟九五）

爻旨：領導者能夠虛心納賢、禮賢下士、屈己下人，在最後關頭身先士卒帶領團隊，完成共同追求的目標。

上九：有孚於飲酒，无咎；濡其首，有孚失是。象曰：飲酒濡首，亦不知節也。

當未濟之道轉為既濟，自信滿滿的安然飲酒，不會有災害；但表現過當、高興過度，連酒都倒在頭上，將失去眾人的信任。象曰：高興過度以致太過自信，連酒都倒在頭上，如此行為也太不知節制了。

【補充說明】

- 上九處易知之位，但有過亢之虞，故有告誡：成功是上天正在考驗自己的操守；而失敗是上天在考驗自己的毅力；人生本就起起落落，勝敗乃兵家常事，故不以物喜，也不以己悲[1]。
- 《道德經》有言：戰勝，以喪禮處之：乃在提示後人，成功值得慶祝，但不可得意忘形；若飲酒作樂以致爛醉如泥，這種格局也太小了。
- 完成任務，慶賀並不為過，但要適可而止，因為這只是一小段過程而已，為了避免造成心理上的鬆懈，高興一天就好。（互，63 既濟上六）
- 濟危解難者必須具備最重要的條件，首推有萬全的準備，以及除惡務盡與成功不必在我的決心；而最大的禁忌，則是患得患失與恃功而驕的心態。（之，40 解上六）
- 六十四卦以「未濟」結束，乃在提示凡事終必有始，一切都如天地日月運行不止；同時也以「有孚失是」為末爻的警語，乃在告誡人們，要自信但不可太過自信，要盡人事但也要聽天命。

爻旨：事情即將成功，心情肯定亢奮無比，但仍要保持戒慎恐懼，絕對不可得意忘形，以免造成精神鬆懈的情況出現。

1　出自范仲淹〈岳陽樓記〉。原意為：不因外在事物的好壞和自己工作的得失而影響情緒。

《序卦傳》：終焉。

《周易》下經以論人事為主，始於咸、恆兩卦，從男女與夫婦關係開始，進入大功告成的既濟，復又以未濟啟動另一個新的開始；這個道理，就是在勸勉世人，凡事一開始都必須要抱定樂觀進取與勇於創新的精神，以及不辭辛勞與協調配合的態度，然而一路走下去更要小心翼翼的堅持到底。人世間任何事物，都能夠做到有始有終、終而復始，才能創造宇宙繁衍綿延、生生不息的生命。

學員學習心得分享與推薦 -5

2019 年暑假我返台探親，經友人介紹認識宋家興老師，初次見面即一見如故，我與老師有許多相同的喜好，尤其對國學有一股說不出的熱衷。老師能順口用泉州古音吟詠宋詞當中的《虞美人‧聽雨》與《青玉案‧元夕》，使我想起童年在南部鄉下，每逢廟會演出歌仔戲與布袋戲的腔調，感到無比的驚訝與新奇。席間，又得知老師有開班講授《易經》，便請老師幫我批個流年，不料，得到的回應：「你還是請教命理師吧！」原來老師是透過《易經》的義理與各種變化規則，結合現代企業管理的理論，印證古聖先賢的智慧。有一句流傳民間的老話：「一代看吃、二代看穿、三代看文章。」從老師的言傳與身教，可驗證古人所說，肯定是出自書香名門之後。

2022 年因疫情回到台灣，在一家高階人才的管理公司擔任獵才顧問，為有助於我工作的順利，因此，宋老師特別從新竹，寄給我一本上課的講義《周易經傳通釋》，希望能參加他的線上教學，我心想既然擔任管理顧問，難得機緣可以一窺《易經》之奧義，更可利用機會增廣見聞，於是，就以隨班附讀的方式，跟著宋老師學習了一段時間。老師就我當時不甘蟄伏的心境，特別重覆解說「需卦」的內容，所以我對「需卦」特別有所領會。

「需卦」是在探討不同階段的待機之道。當一個人處在距離目標遙遠時，威脅並不在外，而是心中的焦慮；當機會開始隱現時，外部的威脅與干擾便隨之而來；當機會出現在眼前，目標垂手可得時，勢必陷入強敵環伺的局面；一旦達成目標後，則裡裡外外危機四伏；從需卦的爻辭：需于郊、需于沙、需于泥、需于血、需于酒食、不速之客，分六階段分析的非常貼切，因此，我更堅信，只要能活在當下、把握現在，則「時時是好時、日日是好日」。

非常謝謝宋老師，讓我剛過知天命之年，即順利進入《易經》的學習領域，我更願意向中壯年的朋友們推薦，只要您認真閱讀這本《周易經傳通釋》，肯定可以了解更多的古人智慧，並能弘揚孔孟聖道，同時也讓自己的人生更精進與多采多姿，因為，五十以學《易》，可以無大過矣！

欣展管理顧問有限公司資深顧問

楊芳榮

2023.10.6

第四篇

說卦傳

第一章

昔者聖人之作易也，幽贊於神明而生蓍。參天兩地而倚數，觀變於陰陽而立卦，發揮於剛柔而生爻。和順於道德而理於義，窮理盡性以至於命。

上古聖人創作《周易》，是在冥冥中得到上天的啟迪，利用蓍草的靈性來進行占筮之術。用代表天的奇數，與代表地的偶數，建立陰陽奇偶的運用，從觀察宇宙現象的變化當中，發現萬物都是陰陽相對關係，據以推演八卦並確立六十四卦；將事物陽剛或陰柔的本質，賦予陽爻與陰爻的符號。並列舉適當事理蘊含於卦爻辭當中，讓我們從而了解自己所追求的事物，是否順應宇宙自然規則？是否符合道德規範？聖人之所以窮究萬事之理，竭盡萬物之性，是在告訴我們，只要誠心正意，順應自然規律，便能探求與掌握自己天命的造化。

【補充說明】

- 本章為《說卦傳》總論，說明創作《周易》的動機、過程與目的。
- 所謂陰陽變化，範圍涵蓋宇宙一切事物，包括日夜、明暗、生死、男女、雌雄、上下、高低、好壞、難易、大小、福禍、吉凶等等。
- 主要在解說八卦的創作原理，所引申的意涵。八卦是構成宇宙萬物的基本元素，可將萬物歸納成八種抽象的系統之中。

第二章

昔者聖人之作易也，將以順性命之理。是以立天之道，曰陰與陽。立地之道，曰柔與剛。立人之道，曰仁與義。兼三才而兩之，故易六畫而成卦，分陰分陽。迭用柔剛，故易六位而成章。

聖人創作《周易》，乃順應萬物本性與大自然規律。首先確立天道的法則——陰與陽，包括晝夜、寒暑、陰晴等。確立地道的法則——剛與柔，包括山川、陸海、險易等。確定人道的法則——仁與義，包括君子小人、是非、善惡等。每卦有六爻，兼備天地人三才，各以兩爻配之，上、五兩爻為天格，三、四兩爻為人格，初、二兩爻為地格，因此《周易》以六爻成一卦，各卦當中分別有陰爻與陽爻，更替輪流變化。六爻有固定的位階，成為每一卦的基本結構。

- 本章主要在說明從垂直面向的「三才」，天道、地道與人道，以及水平面向的「兩儀」，陰與陽，兩者交互構成一個卦的基本元素。

第三章

天地定位，山澤通氣，雷風相薄，水火不相射，八卦相錯。數往者順，知來者逆，是故易，逆數也。

人居天地之間，以人的立場觀察天地，天在人之上，地在人之下，因而確定天與地的定位。山聳立在高處，澤聚積於低處，澤地潮濕，水氣上升成雲，遇山受阻向上冷卻而降雨，山上受雨滋潤萬物，故能相互通氣。風起雲湧，雲層隨風相互摩擦形成天閃雷鳴，二者切近故能相互助長聲勢。火就燥，水流濕，二者性質相反，彼此不容，卻又不相厭棄而並存。象徵天地、山澤、風雷、水火的八卦，就是透過這種相互交錯的關係而形成。了解過去的事，是經由現行已知的果推知過去的因，比較容易做得到；但要了解未來的進展，必須從當下的因，預測未來不確定的果，則相對較難。所以說，《周易》是一門鑑古知今與推測未來的學問。

【補充說明】

- 本章主要講述先天八卦最明顯的現象與最原始的功能，以及相互之間的作用。

第四章

雷以動之，風以散之，雨以潤之，日以烜[1]之，艮以止之，兌以說[2]之，乾以君之，坤以藏之。

震為雷，其作用在振作萬物。巽為風，其作用在散播萬物。坎為水，其作用在滋潤萬物。離為火，其作用在照明萬物。艮為山，其作用在抑止萬物。兌為澤，其作用在欣悅萬物。乾為天，其作用在君臨萬物。坤為地，其作用在儲藏萬物。

1　「烜」音「選」，照明、乾燥之義。

2　「說」音「悅」，同音同義。

【補充說明】

- 本章簡述先天八卦所象徵的八種自然現象，及所具備的主要功能。

第五章

帝出乎震，齊乎巽，相見乎離，致役乎坤，說[3]言乎兌，戰乎乾，勞乎坎，成言乎艮。

萬物起源於春分的震卦，一齊生長於立夏的巽卦，繁茂顯現於夏至的離卦，獲得役養於立秋的坤卦，成熟歡欣在秋分的兌卦，渡過節氣接替在立冬的乾卦，疲勞止息於冬至的坎卦，成就並續待發於立春的艮卦。

萬物出乎震？震，東方也。齊乎巽？巽，東南也；齊也者，言萬物之絜齊也。離也者，明也，萬物皆相見，南方之卦也；聖人南面而聽天下，嚮明而治，蓋取諸此也。坤也者，地也，萬物皆致養焉，故曰致役乎坤。兌正秋也，萬物之所說也，故曰說言乎兌。戰乎乾？乾，西北之卦也，言陰陽相薄也。坎者，水也，正北方之卦也，勞卦也，萬物之所歸也，故曰勞乎坎。艮，東北之卦也，萬物之所成終而所成始也，故曰成言乎艮。

萬物為何起源於震卦？因為震卦象徵日升物萌的東方。為何一齊成長於巽卦？因為巽卦位居萬物蓬勃旺盛的東南方；所謂一齊成長，是指生長整潔齊一。離卦是光明的象徵，萬物得以相見，乃因陽光普照的南方；聖人面向光明的南方聽天下之政並治理，因而取道於此。坤卦是大地的象徵，為西南廣大平原，萬物因而獲得滋養，因此是獲得役養的坤卦。

兌卦象徵正秋收割季節，萬物都充滿喜悅，因此是成熟欣悅的兌卦。乾卦象徵刮起西北風，進入秋冬陰陽節氣交接迫近之時地。坎卦象徵北方冰封的河川，一年的疲憊到此得以止息，因此說是疲憊止息的坎卦。艮卦象徵東北方的山地，也是萬物完成一年的生長與任務終結，準備新一年的開始。因此可說是成其舊功與重新萌發的艮卦。

3　同第四章註，讀「悅」。

【補充說明】

- 本章主要說明後天八卦所代表的方位，以及萬物成長的順序與時令季節的關係，顯示萬物周而復始的自然現象。

第六章

神也者，妙萬物而為言者也。動萬物者莫疾乎雷，撓萬物者莫疾乎風，燥萬物者莫熯乎火，說萬物者莫說[4]乎澤，潤萬物者莫潤乎水，終萬物始萬物者莫盛乎艮。故水火相逮，雷風不相悖，山澤通氣，然後能變化，既成萬物也。

所謂神奇奧妙的功用，是指化育天地萬物而言。例如：鼓動振作萬物的行為，沒有比雷更震撼。至於能撓動吹拂萬物的行為，沒有比風更迅捷。乾燥萬物的行為，沒有比火更燥熱。和順欣悅萬物的行為，沒有比澤水更令人感到和悅。滋潤育養萬物的行為，沒有比水更濕潤。抑止萬物又復萌萬物的行為，沒有比山更盛大穩定。所以水火的相及相濟，雷與風不相違背，山與澤相互通氣，如此才能構成宇宙的變化而能生成萬物。

【補充說明】

- 本章進一步詳述後天八卦所象徵的自然現象，以及如何善用本身的功能，孕育與生長宇宙萬物。

第七章

乾，健也。坤，順也。震，動也。巽，入也。坎，陷也。離，麗也。艮，止也。兌，說[5]也。

乾卦，代表剛健。坤卦，代表柔順。震卦，代表行動。巽卦，代表進入。坎卦，代表險陷。離卦，代表附麗。艮卦，代表靜止。兌卦，代表欣悅。

【補充說明】

- 本章說明八卦的卦德，或稱之為性情。揭示八卦的本質，乃探索《周易》

4　同第四章註，讀「悅」。

5　同第四章註。

義理方面最基本的常識。

- 以人際互動的工作態度譬喻：乾卦的健，表示強勢作風。坤卦的順，代表柔順應對。震卦的動，顯示活力或急躁。巽卦的入，象徵保守與低調。坎卦的陷，說明遇到困惑或正在苦思。離卦的麗，表現活躍與積極參與。艮卦的止，表示有阻礙或停滯。兌卦的說，代表喜悅與討好。

第八章

乾為馬，坤為牛，震為龍，巽為雞，坎為豕，離為雉，艮為狗，兌為羊。

在動物世界中，乾卦象徵馬。坤卦象徵牛。震卦象徵龍。巽卦象徵雞。坎卦象徵豬。離卦象徵雉。艮卦象徵狗。兌卦象徵羊。

【補充說明】

- 從第八章至十一章，揭示八卦的象徵意義，對照《繫辭傳》下篇第二章：聖人仰則觀象於天，俯則觀法於地，觀鳥獸之文，與地之宜，近取諸身，遠取諸物，於是始作八卦，以通神明之德。是研究《周易》在象數方面最基本的常識。

第九章

乾為首，坤為腹，震為足，巽為股，坎為耳，離為目，艮為手，兌為口。

以人體而言，乾卦用頭部象徵。坤卦用腹部象徵。震卦用腳部象徵。巽卦用腿股象徵。坎卦用耳朵象徵。離卦用眼睛象徵。艮卦用手部象徵。兌卦用嘴巴象徵。

第十章

乾，天也，故稱乎父。坤，地也，故稱乎母。震一索而得男，故謂之長男。巽一索而得女，故謂之長女。坎再索而得男，故謂之中男。離再索而得女，故謂之中女。艮三索而得男，故謂之少男。兌三索而得女，故謂之少女。

在家庭中，乾為天，比擬父親。坤為地，比擬母親。震卦，首先獲得男子，故稱之長男。巽卦，首先獲得女子，故稱之長女。坎卦，再度獲得男子，故稱之中

男。離卦，再度獲得女子，故稱之中女。艮卦，三度獲得男子，故稱之少男。兌卦，三度獲得女子，故稱之少女。

第三至十章歸納整理表如下：

表 4-1　《說卦傳》第 7-10 章綜整

先天卦序	卦名	符號	口訣	自然現象	後天方位	後天季節	卦德	動物世界	身體部位	家庭成員
01	乾	䷀	三連	天	西北	秋冬	健	馬	首	父
02	兌		上缺	澤	西	秋	說	羊	口	少女
03	離		中虛	火	南	夏	麗	雉	目	中女
04	震		仰盂	雷	東	春	動	龍	足	長男
05	巽		下斷	風	東南	春夏	入	雞	股	長女
06	坎		中滿	水	北	冬	陷	豕	耳	中男
07	艮		覆碗	山	東北	冬春	止	狗	手	少男
08	坤		六斷	地	西南	夏秋	順	牛	腹	母

第十一章

乾為天，為圜，為君，為父，為玉，為金，為寒，為冰，為大赤，為良馬，為老馬，為瘠馬，為駁馬，為木果。

乾卦象徵天、圓形、國君、嚴父、玉器、金屬、寒冷、冰、大紅、良馬、瘦馬、運貨的馬、樹上的果實。

坤為地，為母，為布，為釜，為吝嗇，為均，為子母牛，為大輿，為文，為眾，為柄，其于地也為黑。

坤卦象徵大地、慈母、布匹、鍋子、精打細算、面面兼顧、生育眾多小牛的母牛、大車、文采、群眾、握柄；就地而言，象徵黑色的土地。

震為雷，為龍，為玄黃，為旉，為大塗，為長子，為決躁，為蒼筤竹，為萑葦；其於馬也，為善鳴，為馵足，為作足，為的顙；其于稼也，為反生。其究為健，為蕃鮮。

震卦象徵雷、龍、青黃相雜之色、綻開的花朵、大馬路、嫡長子、決策急躁、青嫩的竹子、蒼青的蘆葦；就馬而言，象徵善於嘶鳴、左後足長白毛、雙足齊舉、額上長白毛；就禾稼作物而言，象徵倒著生長的作物；震卦的行動象徵剛健無比，也象徵植物生長繁盛鮮明。

巽為木，為風，為長女，為繩直，為工，為白，為長，為高，為進退，為不果，為臭；其于人也，為寡髮，為廣顙，為多白眼，為近利市三倍，其究為躁卦。

巽卦象徵木、風、長女、繩索與墨線、女紅、潔白、有長度、有高度、猶豫、寡斷、氣味；就人而言，象徵頭髮稀少、額頭寬闊、眼睛白多黑少，象徵買賣獲利多倍，若巽順到極點則轉變為躁動。

坎為水，為溝瀆，為隱伏，為矯輮，為弓輪；其於人也，為加憂，為心病，為耳痛，為血卦，為赤；其於馬也，為美脊，為亟心，為下首，為薄蹄，為曳；其于輿也為多眚；為通，為月，為盜；其于木也為堅多心。

坎卦象徵水、排水溝、隱而不現、矯正與彎曲、彎弓與轉輪；就人而言，象徵憂心重重、疑神疑鬼、耳部有毛病，象徵鮮血的卦，象徵紅色；就馬而言，象徵背脊很美、性情焦急、頭部下垂、不斷用蹄踢地、拼命拖曳；就車而言，乃易肇事的車；象徵通順、月亮、偷盜；就木而言，象徵堅硬多心的植物。

離為火，為日，為電，為中女，為甲冑，為戈兵；其于人也為大腹，為乾卦，為鱉，為蟹，為蠃，為蚌，為龜；其于木也為科上槁。

離卦象徵火、太陽、閃電、中女、盔甲、兵器；就人而言，象徵大腹便便，象

徵乾燥的卦，象徵鱉魚、螃蟹、田螺、蚌類、烏龜；就木而言，象徵中空枯槁上方易燃的植物。

艮為山，為徑路，為小石，為門闕，為果蓏，為閽寺，為指，為狗，為鼠，為黔喙之屬；其于木也為堅多節。

艮卦象徵山、小路、小石頭、進出門戶、地上的果實、內外守門人，象徵手指、狗、老鼠、黑嘴鳥類；就木而言，象徵堅硬多節的植物。

兌為澤，為少女，為巫，為口舌，為毀折，為附決；其于地也為剛鹵；為妾，為羊。

兌卦象徵沼澤、少女、巫師、口舌是非、毀滅摧折、附和決斷；就土地而言，象徵堅硬貧瘠；也象徵側室，象徵羊。

表 4-2　歷代易學研究學者對八卦象徵意義之補充（修正新表如下）

乾	荀氏：龍、直、衣、言。 來氏：郊、帶、旋、知、富、大、頂、戎、武。 其他：戰、剛、遠。
坤	荀氏：牝、迷、方、囊、裳、黃、帛。 來氏：邑、末、小、能、明、戶、敦。 其他：厚、役、藏、重、十。
震	荀氏：玉、鵠、鼓。 來氏：官、青、升躋、奮、官園、禾稼、老、筐、春耕。 其他：起、聲、告、出。
巽	荀氏：楊、鸛。 來氏：命、浚、魚、草茅、宮人、老婦。 其他：伏、潛、撓、散、齊、權。
坎	荀氏：宮、律、可、棟、叢棘、蒺藜、桎梏。 來氏：沫、泥塗、孕、酒、臀、淫、兆、幽、浮、智。 其他：狐、役、勞、下、信、毒、心、冬藏
離	荀氏：牝牛。 來氏：苦、朱、焚、泣、歌、號、墉、城、不育、害、三、南。 其他：見、網、貝、文明、知識、上、燥、烜、夏耘。

艮	荀氏：鼻、虎。 來氏：光、床、握、終、宅、盧、丘、篤、章、尾。 其他：膚、背、童、敦。
兌	荀氏：常、輔頰。 來氏：笑、五、食、跛、眇、西。 其他：虎、悅、潤、秋收。

第五篇
繫辭上傳

第一章

天尊地卑，乾坤定矣；卑高以陳，貴賤位矣。

站在人的角度，天在人之上故感受其尊貴，地居人之下故認為相對卑微，因此人們用「乾」代表天、用「坤」代表地，所象徵的性能及功用便確定了；因為有這種自卑下而尊上的排列方式，以至於將各種人、事、物進行類比，包括卦中的各爻，也根據這種層次表現出爻位的高貴與低賤。

動靜有常，剛柔斷矣；方以類聚，物以群分，吉凶生矣。

事物的變動或靜止有一定常則，所以將變動與靜止的現象，用陽剛或陰柔做為判定的標準；各種不同的理念與意見與不同性質的事物，也將各自分類成群，那麼聚散是否得宜所產生的後果，可用吉祥或凶險來判斷。

在天成象，在地成形，變化見矣。

天上有日月、風雲、雷雨的變化，大地有山川、湖泊、與動植物的形態，所有事理的變化，都從這些動態的現象與靜止的形態中顯現出來。

【補充說明】

- 《周易》的理論基礎，乃建構於現實世界存在的事實，以天地萬物變化的現象，推論出一套嚴謹的理論系統。
- 天尊地卑是站在人的立場，對自然現象產生直覺的感受；由於天高不可及，地卻被踩在腳下，為了概括此種上尊下卑的概念，發明了至為抽象的「乾」與「坤」兩個字，用來象徵實象的「天」與「地」。
- 援引上尊下卑的概念，在觀察天地間有高高低低的日月星辰、山川湖泊及萬物自然現象之後，發展出「貴」與「賤」的人為價值判斷。
- 再進一步觀察事物的發展，包括「動」與「靜」的各種樣態，分別用「剛」與「柔」來概括其內涵。
- 事物或聚或散、或分或合的過程當中，是否合乎情理？是否切合時機？因而產生了對「吉」與「凶」的結果推測。譬如：羊入羊群，安然無恙故吉；羊入虎群，必遭分食故凶。又如：不蹈無人之室、不入有事之門、不處藏物之所，則平安無事，否則，肯定會惹是生非。

- 至於事物變化的規則，乃源自於天上變幻莫測的景象，以及地上形形色色的活動，據此衍生出人事的消長與進退應對之道，這就是所謂「觀天象，論人事」的道理。
- 天與地的自然現象，最大的區別在於成象與成形。天高不可及，人無法控制其變化，只能仰觀其變化莫測，故言象；大地與人接近，可以親近與利用，也能俯察其具體的形狀，故言形。

是故剛柔相摩，八卦相盪，鼓之以雷霆，潤之以風雨，日月運行，一寒一暑。

因此，從最基本的陽剛與陰柔，二者相互搓摩與交感為基礎，產生代表八種元素的八卦。然後，經由八卦激盪推移，產生六十四卦；從大地春雷叫醒萬物，到風雨滋潤充分助長，其間經過日月運行的推移，以及寒來暑往的交替，構成我們感官上的現實世界。

乾道成男，坤道成女。乾知大始，坤作成物。乾以易知，坤以簡能。

乾之道為陽，象徵雄性行為特徵；坤之道為陰，象徵雌性行為特徵。乾陽的功能在於主導開創萬物，坤陰的功能在於孕育生成萬物。乾為天，天道無私無欲，歷歷分明，從不掩飾而平易近人；坤為地，地道順從天道不須造作，可簡單順利的盡其所能。

易則易知，簡則易從。易知則有親，易從則有功。有親則可久，有功則可大。可久則賢人之德，可大則賢人之業。

平易近人容易讓人理解；簡單明瞭容易讓人遵從。容易理解方便人們親附；容易遵從有利功能發揮。有人親附事業可以長久經營，發揮功能事業可以擴大規模。長久經營是賢人的美德，擴大規模是賢人的事業。

易簡而天下之理得矣。天下之理得，而成位乎其中矣。

明白乾坤所象徵平易與簡約的道理，天下普遍的法則也就能理解。既然能夠理解天下普遍的法則，那麼人在天地之間的地位也隨之確定了。

【補充說明】
- 《周易》是一種強調變化的學說，動力有二：其一，既對立又統一的陰陽

合一論；其二，八種構成宇宙萬物的元素：天、澤、火、雷、風、水、山、地的相互作用。這兩個層面的動力不斷交互發生關係，構成了象徵宇宙萬事萬物的六十四卦。

- 乾坤兩卦為入門之卦，必先深入了解，其餘各卦都蘊含乾、坤兩卦的基因，透過錯綜互動的變化與取象類比，引喻出更豐富的內涵。

- 乾、坤兩卦在人事具體作為方面，主要表現在「主導」與「配合」，同時也強調「理想」與「事功」並重。

- 主導者的企圖心應昭然若揭，方能使追隨者有明確的目標；規則與辦法應簡單易懂易行，方能使執行者容易遵循。

- 天地萬物，有往有來、有隱有現、有榮有枯、有死有生，變化萬千。此乃聖人觀天、觀地、觀鳥獸與地之宜，取諸身諸物之心得。故未有易之前，乾坤已定，貴賤已位，剛柔已斷，吉凶已生，變化已見。此乃孔子所言「述而不作」的道理。

- 旗幟鮮明可提供天時的優勢，容易遵循可提供地利之便，促成人和而終究能夠圓滿。故主導與配合、構想與推動、計畫與執行，乃事理層面的陰陽互動關係。

第二章

聖人設卦觀象，繫辭焉而明吉凶，剛柔相推而生變化。

聖人所創設的卦象，是觀察宇宙各種現象歸納的結果。附上卦爻辭聯繫在後，便於說明吉祥或凶險的道理。在六十四卦當中，各卦由卦中陰陽爻相互推移，來顯示事物變化的軌跡。

是故吉凶者，失得之象也。悔吝者，憂虞之象也。變化者，進退之象也。剛柔者，晝夜之象也。六爻之動，三極之道也。

因此，卦爻辭所顯示的吉祥或凶險，乃人事上或失或得的象徵。後悔或遺憾，乃表示心中憂愁或有疑慮。反映在事物上的變化，則指該事物有前進或後退的現象。陽剛與陰柔，泛指光明與幽暗的交替。六爻相互變化互動，則表現了天、地、人三才的普遍道理。

是故君子所居而安者，易之序也。所樂而玩者，爻之辭也。是故君子居則觀其象而玩其辭，動則觀其變而玩其占。是以自天祐之，吉无不利。

因此，君子日常生活之所以能安於其位，是由於能遵卦中各爻的初終順序。之所以會樂於研究探索，是能體驗卦爻辭蘊涵豐富且深奧的意涵。因此，君子靜處時，應觀察卦象，品玩卦爻辭，以增長智慧；若有所行動，就應觀察卦爻的變化，揣摩與推測發展的趨勢，方能洞燭機先。如此一來，就能獲得上天的祐助，吉祥而無所不利。

【補充說明】

- 從大自然種種跡象包括人事方面的活動，都以六十四卦來規範。每一卦都存在人與天地之間的關係，包括人在天地之間的定位。
- 如果將《周易》視為六十四套分析工具，那麼平時就應深入了解不同的內涵與功能，一旦遇到相關的問題便能熟練運用自如。
- 如何做到居則觀其象而玩其辭？首先，要認識卦象、了解各卦的宗旨，各爻爻際間的關係。其次，了解卦、爻辭表面的意思，然後，探索卦、爻辭究竟在引喻、類比哪些事物。
- 如何做到動則觀其變而玩其占？首先，要了解卦爻的變化，包括錯卦、綜卦、互卦、之卦，以及卦變的原理，將這些卦爻的變化與卦爻辭所類比的事物相結合並綜合研判。
- 研究《周易》，應從卦爻辭當中，了解自身所處的地位，讓自己立身處事皆能恪守天地之道，把自己安置在天地之間最適當的定位。
- 卦、爻辭當中所顯示的吉與凶，並非結果宣告，而是附有條件的預告。有智慧的人會選擇「趨吉避凶」，無知迷信者屈服於宿命，或惹是生非之後，才異想天開的試圖去「逢凶化吉」。

第三章

象者，言乎象者也；爻者，言乎變者也。吉凶者，言乎其失得也。悔吝者，言乎其小疵也。无咎者，善補過也。

各卦的卦辭，乃總結該卦所象徵的意義。而爻辭的作用，在分別說明各爻的爻象與剛柔變化。至於卦爻辭所顯示的吉祥與凶險，是指人事上的失與得。而後悔與

惋惜，是指處事當中的小缺失。之所以沒有災害，是指能夠善於補救之前所犯下的過失。

是故列貴賤者，存乎位。齊小大者，存乎卦。辨吉凶者，存乎辭。憂悔吝者，存乎介。震无咎者，存乎悔。

所以，列出貴賤尊卑的地位，表現在不同的爻位。顯示陽大陰小不同的比例，表現在各卦的卦體。分辨事物的吉或凶，應仔細品味卦爻辭的內容。憂慮悔恨與惋惜的現象，在於能夠防範細微的徵兆。若想以戒慎恐懼的態度防止災害，必須常存悔改之心。

是故卦有小大，辭有險易。辭也者，各指其所之。

所以說，卦體雖有陰小陽大之分，卦爻辭兼有險難與平易之別，但總結卦爻辭的功能，全都是指引人們應走的正確方向。

【補充說明】

- 本章主要在澄清一般常用的占辭，其基本概念與意涵，力求盡量有一致的說法，避免出現過多的歧義，徒生無謂困擾。這些最重要的占辭，包括：吉、凶、悔、吝、無咎。

- 在吉、凶、悔、吝四象中，吉乃一般人所追求，凶則極力避免，悔吝居其間，通常因知悔可趨吉，過吝而致凶。

- 現實世界的種種現象，有順境、有逆境，有平易、有險峻，至於如何趨吉避凶，皆顯示在卦爻辭當中。

- 悔恨與惋惜，乃因過與不及所造成，應及時改正，並常存悔改之心，故而能使之無悔、悔亡或無咎。因此，無所謂好卦或壞卦，若卦爻辭所言為吉，則表示如此發展必有祥兆，應掌握機緣；若所言為凶，則表示如此發展必有惡果，應及時避開。

- 《道德經·58章》：「禍兮福之所倚，福兮禍之所伏。」人之所欲得吉祥，只有四分之一的機會，其吉，必與其他三象推移、互動所得之。按朱熹所言：「吉凶相對，悔吝居其中；因悔而自凶趨吉，因吝而自吉變凶。」構成了吉、凶、悔、吝的循環作用。

第四章

易與天地準，故能彌綸天地之道。仰以觀於天文，俯以察於地理，是故知幽明之故。原始反終，故知死生之說。精氣為物，游魂為變，是故知鬼神之情狀。

易理效天法地，與天地間各種變化規則相同，所以能周遍經緯天地之間的道理。對上綜觀日月星辰等天象，對下細察山川湖海原野的現狀，因此能得知造成光明與黑暗的原因。推究事物的起源，反求事物發展的經過與結局，所以能明瞭事物生滅的道理。理解精神氣質聚成生物，以及魂魄隨著生老病死而變化，因此也能夠理解鬼神究竟為何物。

與天地相似，故不違。知周乎萬物，而道濟天下，故不過。旁行而不流，樂天知命，故不憂。安土敦乎仁，故能愛。

易理與天地變化規則相符，因此研究《周易》不可違背自然法則。知道易理涵蓋萬物，又能匡濟天下，所以行為不會偏激。能普遍推行於世，不會隨波逐流而迷失方向，樂從天道謹守本分，因此不致因窮困而憂心。安處現況，以敦厚涵養推行教化，故能以仁心仁術兼愛天下。

範圍天地之化而不過，曲成萬物而不遺，通乎晝夜之道而知，故神無方而易無體。

易理廣博可化育天地萬物卻毫不逾越，曲盡其妙使萬物順利發展而絲毫不遺漏，可通達晝夜陰陽自然變化規律的道理，因此研究《周易》應隨環境變化而變化，充分發揮神妙的作用，不侷限於某一形體與原則。

【補充說明】

- 易理能彌之無縫處，巧思天工，極細尚有可指，可謂道之神奇；而綸之有理處，歷歷分明，極大尚有可量，可知易理之深遠莫測。
- 若彌而不綸，終究淪於空談；若綸而不彌，難免做不切實際的事。故研究《周易》，最終仍然要落實在實務上的應用。
- 長期觀察天地間一切事物「變化的規律」與「演變的現象」，歸納出萬物變化的普遍原則，故《周易》的功能，可推廣至現實世界各個領域。
- 卦爻辭皆屬抽象比喻，故應依不同時空需要據以推理論事，以免觀書徒於

章句，也不致論事謬於聖賢。

第五章

一陰一陽之謂道，繼之者善也，成之者性也。仁者見之謂之仁，知者見之謂之知，百姓日用而不知，故君子之道鮮矣。

陰陽調和與變化是一切事物存在的法則，即所謂「道」。陰陽相繼變化，是朝著至善的方向，承繼此道而開創萬物為主要目標；順應此道而生成化育萬物乃其本質。惟易理無遠弗屆，故仁者只見到仁的一面，智者只見到智的一面，一般庶民天天使用，遵循此道各自營生卻渾然不知，因此君子所體會出來的道理，很少人可以理解。

【補充說明】

- 陰與陽乃事物的一體兩面或兩種內涵；但不可分割，只是成分比重大小不同，而且處於隨時都在變動的均衡狀態。
- 萬物都是陰陽二元所構成，無論是抽象、具象或量化、非量化，都有相對應的存在關係。

顯諸仁，藏諸用，鼓萬物而不與聖人同憂，盛德大業至矣哉！富有之謂大業，日新之謂盛德，生生之謂易。

易理體現在化育萬物造化之德，寄身於運籌帷幄之中。鼓動萬物的生機實乃出於無心，因此，《周易》與聖人的憂國憂民境界有所不同，易理的功業實在太偉大了！它使萬物成長的條件無缺，故稱偉大的事業；它能日久常新永恆不朽，故稱偉大的德業。天地生生不息，便是《周易》的精髓。

成象之謂乾，效法之謂坤。極數知來之謂占，通變之謂事，陰陽不測之謂神。

開創天地統御萬物，在卦中稱之為乾；效法天道生成萬物，在卦中稱之為坤。推究事理而知預測未來，乃占筮之道；能通達事理變化者，可謂之實事求是；非人為可掌控的陰陽變化，稱之為神妙。

【補充說明】

- 宇宙的概念是人想像出來的，古聖先賢把觀察到的自然界種種現象，歸納

到極致，成了一陰一陽的變化，以及陰中有陽、陽中有陰的基本概念，這便是中國人最早定義的天地之道。

- 前述「一陰一陽之謂道」的抽象概念，人們經過長期的適應，已完全融入日常生活，卻渾然不知其所以然。今天我們研究《周易》，不能不了解這個道理。

- 中國歷史從神話階段進入哲學化之後，在沒有宗教基礎的傳統社會裡，由《周易》衍生出來的儒家經典，逐漸成為維繫社會秩序的一股力量，取代了宗教對人的約束作用。

- 但《周易》本質上並不像西方的宗教，它不談天堂與地獄，也不談論輪迴與投胎，因此，身處被西方強勢文化凌駕的社會當中，想順利推廣《周易》的精髓，恐怕得花費更多的心思。

- 到了 21 世紀的今天，《周易》仍被許多知識分子誤認為是一部宗教經典，或只是拿來算命的工具，完全忽略其具備嚴謹縝密與有系統的邏輯思考，以及對事物發展趨勢的推斷功能。

第六章

夫易，廣矣，大矣！以言乎遠則不禦，以言乎邇則靜而正，以言乎天地之間則備矣。

易理所包括範圍廣博，浩大！其所說的道理無遠弗屆，傳播再遙遠都不會受阻，即便是身邊的事物，也是虛靜無欲與守正無誤，論及充塞天地之間的事也完備無遺。

夫乾，其靜也專，其動也直，是以大生焉。夫坤，其靜也翕，其動也闢，是以廣生焉。廣大配天地，變通配四時，陰陽之義配日月，易簡之善配至德。

乾道剛健無比，靜止時專一不二，動起來則勇往直前而不撓，所以能產生最堅強浩大的主動力。坤道柔順之至，靜止時收斂深藏不露，動起來則大開散發於外，所以具備最寬廣厚實的受動力。乾與坤所散發出浩大與寬廣的能量，可涵蓋天地萬物的運行，它變化流通的規律，有如四季更替；而陰陽調和的作用，有如日月交替運行，掌握容易與簡約的功能，乃聖人至高無上的美德。

- 易道之廣，無所不在、無所不包。如《清靜經》所言：大道無形，生育天地；大道無情，運行日月；大道無名，長養萬物。
- 乾陽無比剛健，但也有專一冷靜的一面；坤柔至為柔順，但也能發揮堅忍不拔的精神。
- 剛健的行為需要有柔順一面的牽制，可避免過亢而剛愎自用；柔順的行為需陽剛的底氣支撐，可避免因過柔而造成柔極剋剛。
- 中國人傳統十二生肖當中的六組陰陽搭配，就有明顯的代表性，能說明「一陰一陽之謂道」的道理。

第七章

子曰：《易》其至矣乎！夫《易》，聖人所以崇德而廣業也。知崇禮卑，崇效天，卑法地。

孔子說：《周易》的道理實在是高明到了極點！乃是聖人有感古聖先賢崇高的德行，而推廣此一功業。了解貴以賤為本，高以下為基的道理，故智慧的追求尊崇其高，對禮節的要求則自謙卑入手；因此，對上要敬仰天道的剛健永恆與自彊不息，對下要取法地道的謙卑柔順與厚德載物。

天地設位，而易行乎其中矣。成性存存，道義之門。

當天地尊卑之位確定後，易理也就能廣行於天地之間，也可以助長萬物的本性。人為萬物之靈，故應具備合乎天地之間的本性，才以確保萬物的存續，這就是《周易》深奧的道理所產生的法門。

【補充說明】

- 對於知識與智慧的追求，要效法天道的精神，勇於任事、自強不息；對於立身處世的培養，應效法地道的精神，立己達人、厚德載物。
- 人介於天地之間，因此，必須頂天立地，兢兢業業，存誠務實的發揮天地之道。

第八章

聖人有以見天下之賾，而擬諸其形容，象其物宜，是故謂之象。

聖人可以看到天下萬物深奧繁雜的道理，因而將其模擬成抽象的符號，用來取象類比於其他適合的事物，這就是所謂的卦象。

聖人有以見天下之動，而觀其會通，以行其典禮，繫辭焉以斷其吉凶，是故謂之爻。

聖人看到天下萬物變動不居的規律，因而觀察事物會合與變通的道理，據以推行各種典章禮儀，並用文辭聯繫用來預判事物的吉祥與凶險，這就是六十四卦的卦辭與三百八十四爻的爻辭。

言天下之至賾而不可惡也，言天下之至動而不可亂也。

《周易》能闡述天下萬物深奧微妙的實相，而不致感到厭倦。《周易》能闡述天下一切事物錯綜複雜的變化，而不致造成混亂。

擬之而後言，議之而後動，擬議以成其變化。

先將心中的構想，模擬某一物象，再說出其中的道理；其次，就已知的事實加以議論，然後揭示變動的規律，透過這種先擬後議的過程，可以預測事物變化的方向與結果。

【補充說明】

- 古聖先賢用萬物現存的實相、歸納變化的規律，但這些深奧的道理無法用言語文字進行完整的表達，所以要借用其他相對應的事物來比擬。
- 欲將複雜的事物化繁為簡，整理出頭緒，最直接的方法，就是用類比取象，可達到簡單、易懂以及聯想的作用。
- 類比取象，也就是用類比推理的方法，能兼顧各種不同的立場與意見，得到集思廣益的結果，並揭示該事物未來發展的方向與規律。因此，《周易》不但不迷信，甚至非常的科學。

鳴鶴在陰，其子和之，我有好爵，吾與爾靡之。子曰：君子居其室，出其言

善，則千里之外應之，況其邇者乎？居其室，出其言不善，則千里之外違之，況其邇者乎？言出乎身，加乎民；行發乎邇，見乎遠。言行，君子之樞機，樞機之發，榮辱之主也。言行，君子之所以動天地也，可不慎乎？

鶴在陰暗處鳴叫，同類亦隨之應和；我有美酒佳餚，願與大夥分享。孔子說：君子平日言行合情合理，千里之外的人也會響應，何況身邊的人呢？若平日所言不合情理，千里之外的人也會背離，何況身邊的人呢？可見言語雖只是發乎己身，卻能及於萬民；行為出現在近處，卻能影響到遠方。所以，言語和行為，是君子立身處世的關鍵，這關鍵因素只要一動，便決定了個人的榮辱。可見，言語和行為，是君子之所以能感化影響萬物的關鍵，怎麼可以不慎重呢？

【補充說明】

- 本段孔子加註 61 中孚卦六二爻。君子的一言一行，務必小心謹慎，因為身居高位，其一言足以興邦，亦足以喪邦。

- 樞，指轉軸、戶樞、樞紐；機，弓弩上的發射器。樞機在此專指立身處世成敗的關鍵。

同人，先號咷而後笑。子曰：君子之道，或出或處，或默或語，二人同心，其利斷金，同心之言，其臭如蘭。

誠心誠意與人推心置腹，初始無法達到願望而痛哭，直到後來如願以償而歡笑。孔子說：君子立身處世，無論出仕為官或靜處隱居，無論是保持緘默或抒發議論，只要兩人同心協力，其功效如鋒利刀劍，可切斷堅硬的金屬，因為心意相同的語言，氣味就如蘭花一樣芳香。

【補充說明】

- 本段孔子加註 13 同人卦九五爻。要找到同聲相應、同氣相求者，並非一蹴可幾，必須經過層層嚴格嚴厲考驗，才能獲得真正的知己。

- 君子不應計較一時得失，與人交往應有耐心並堅守正道，才有機會達到與人和同的目標。

初六：藉用白茅，无咎。子曰：苟錯諸地而可矣，藉之用茅，何咎之有？慎之至也！夫茅之為物薄，而用可重也。慎斯術也以往，其無所失矣。

以敬慎的態度事上，就像在祭祀，墊在禮器之下的襯墊，是不會有過錯。孔子

說：假如將禮器直接放在地上也可以，如今藉用茅草襯墊，怎麼會有害處呢？這麼做是多麼慎重啊！茅草本身價值微不足道，但產生的作用卻相對重大，因為慎守恭謹的態度行事，是不會有過錯的。

【補充說明】

- 本段孔子加註 28 大過卦初六爻。初入社會，人生地不熟，若能保持內心卑順，外表和悅，每事必請教資深者，即便略微過度的謹慎也無妨。
- 以敬慎態度承上，不會有過失。對於地位卑微的人，也能略微恭敬；對於不重要的事，也能略微認真執行，這種待人處世的態度，將顯得更為完美無缺。

勞謙，君子有終，吉。子曰：勞而不伐，有功而不德，厚之至也。語以其功下人者也。德言盛，禮言恭。謙也者，致恭以存其位者也。

君子始終堅持勤勞又謙卑到底，必將有成就且吉祥如意。孔子說：非常勤勞而不自我誇耀，有卓越功績而不據為己有的行為，真是敦厚至極。以上所言，是指那些有功勞而能謙下的人。如此德行才稱得上完美；如此禮讓才稱得上恭敬。所以，謙卑的意涵，就是致力於恭謹，不但得到別人的尊重，也保存自己的地位。

【補充說明】

- 本段孔子加註 15 謙卦九三爻。立下功績而馬上得到重賞與表彰，結果功績被抵銷歸零；若能做到有功卻不居功，才能得到眾人永久的尊敬。
- 《道德經・2 章》：「聖人處無為之事，行不言之教，生而不有，為而不恃，功成而弗居，夫唯弗居，是以不去。」
- 明初方孝孺名言：「謙者眾善之基，傲者眾惡之魁。」有智慧的人，當有成就時就必須時時戒驕，方能保有其位。
- 王陽明《傳習錄》：「為子而傲必不孝，為臣而傲必不忠，為父而傲必不慈，為友而傲必不信。」

亢龍有悔。子曰：貴而無位，高而無民，賢人在下位而無輔，是以動而有悔也。

行為高亢的龍一定會後悔。孔子說：因過分自貴，卻沒有實質權位，因自恃過高，而缺乏百姓擁戴，使得賢人永遠屈居下位，所以無法得到他們的輔助，因此動

輒必得咎而有悔恨。

【補充說明】

- 本段孔子加註 01 乾卦上九爻。龍代表高度的智慧，亢龍則象徵言行有所越逾，以至於智慧退化，造成悔恨莫及。
- 升斗小民犯個小錯，無人注意；大人物言行舉止不當，必遭無情撻伐。
- 《道德經 • 9 章》：「富貴而驕，自遺其咎。」
- 《孟子 • 離婁上》：「不仁而在高位，是播其惡於眾。」

不出戶庭，无咎。子曰：亂之所生也，則言語以為階。君不密則失臣，臣不密則失身，幾事不密則害成，是以君子慎密而不出也。

不隨意走出戶外，自然不會惹禍。孔子說：禍亂之所以發生，主要是言語不慎為媒介。君主如果不能守密，可能喪失臣屬；身為人臣不能守密，有可能惹禍上身；軍國大事若不能守密，就會造成重大災害。所以，君子必須縝密而不輕易行動。

【補充說明】

- 本段孔子加註 60 節卦初九爻。條件不夠或時機未到，不可輕易行動或言語，否則會暴露企圖，以至於遭受到非常嚴重的損害。
- 《韓非子 • 說難篇》：「事以密成，語以泄敗。」

子曰：作《易》者其知盜乎！《易》曰：負且乘，致寇至。負也者，小人之事也；乘也者，君子之器也。小人而乘君子之器，盜思奪之矣。上慢下暴，盜思伐之矣。慢藏誨盜，冶容誨淫。《易》曰：負且乘，致寇至。盜之招也。

孔子說：《周易》的作者大概知道招致盜寇的原因吧！《周易》有言：小人搬運重物卻乘坐華麗車轎，勢必招來盜賊的搶奪。背負重物是小人的本分，而車子是君子的交通工具；小人乘坐君子的交通工具，自然引來盜賊的搶奪。對上輕慢，對下暴虐，盜寇就想乘機攻伐。財物沒有收藏好會引來盜賊，打扮過於妖豔會引人心起淫亂。所以《周易》有言：小人身負重物而乘車，盜賊必前來。此乃招引盜賊的原因。

【補充說明】

- 本段孔子加註 40 解卦六三爻。言行舉止不能與身分地位相配合，企圖以低

能而高就，是非常醜陋的行為，往往造成開門揖盜與自我招災的下場。因為盜竊亂賊之所以能得逞，乃因本身有虛可乘。

- 《朱子・治家格言》：德不配位，必有災殃，倫常乖舛，立見消亡。
- 《道德經・36 章》：國之利器不可以示人。

第九章

天一，地二，天三，地四，天五，地六，天七，地八，天九，地十。天數五，地數五，五位相得而各有合。天數二十有五，地數三十，凡天地之數五十有五，此所以成變化而行鬼神也。

天為陽數，陽數屬奇；地為陰數，陰數屬偶。河圖之十個數，代表天的有五個奇數，代表地的有五個偶數，其總數都是奇偶相加而相得。天數一、三、五、七、九，合計二十五；地數二、四、六、八、十，合計三十。天地之數共五十五，構成易理的變化之道，而通行造化鬼神的作用。

大衍之數五十，其用四十有九，分而為二以象兩，掛一以象三，揲之以四以象四時，歸奇於扐以象閏，五歲再閏，故再扐而後掛。

大型演算的占筮推演，使用五十根筮草，實際上只用四十九根，其中一根象徵太極；將四十九根筮草隨意分成兩半，象徵兩儀或天地；左半陽儀可象徵天，右半陰儀象徵地，人從地生，故自右手當中取一根象徵人，掛在左手小指與無名指之間，這也象徵天地人三才。依次先將右手邊的筮草，以四根為單位，一組一組數出，象徵春夏秋冬四季的運行，將最後一組或一或二或三或四根所餘之筮草掛在左手無名指與中指之間象徵閏月，然後再將左手邊的筮草，同樣以四根為單位，一組一組數出，再將最後一組或一或二或三或四根所餘之筮草掛在左手中指與食指之間象徵五年再次的閏月；爾後再別起一卦反覆揲算。

乾之策，二百一十有六，坤之策，百四十有四，凡三百有六十，當期之日。二篇之策，萬有一千五百二十，當萬物之數也。是故四營而成易，十有八變而成卦。八卦而小成。

乾卦的著數有二百一十六，坤卦的著數有一百四十四策，總共三百六十策相當

一年的日數。若總計六十四卦的蓍數，以陰陽各半計共一萬一千五百二十策，這正是萬物的總數。因此照占筮之法，由分二、掛一、揲四、歸奇四個步驟便可完成《周易》某一卦的卦形。經過三變一爻的循環，只要做好十八變就得到六十四卦其中的 一卦。而其中兩次的九變所出現的三爻，即聖人所作八卦，是為小成之象。

引而伸之，觸類而長之，天下之能事畢矣。顯道神德行，是故可與酬酢，可與祐神矣，子曰：知變化之道者，其知神之所為乎！

由此引申發展，順其類而推求，由八卦演成六十四卦，三百八十四爻，可涵蓋宇宙萬事萬物。能通曉以上這套發展規律，便可弘揚大道，使德行提升以至神化，也可用於處世應對，以及贊天地化育之功。孔子說：能知道卦爻變化的道理，就能具備神妙造化的作用。

【補充說明】

- 乾之策 216=9×6×4。坤之策 144=6×6×4。
- 二篇之策 11520=(216×32)+(144×32) 或 (36×192)+(24×192)
- 大衍之數的占筮，是在問事的方法上，有別於遠古先民的占卜。把依賴鬼神指示的成分儘量降到最低；把運用人類智慧推斷的功能大幅提高。

第十章

《易》有聖人之道四焉，以言者尚其辭，以動者尚其變，以制器者尚其象，以卜筮者尚其占。

《周易》當中有古聖先賢累積的四種智慧。1. 重點運用在言語方面，必須注重所繫之卦爻辭。2. 重點運用在行動指導方面，必須注重卦爻之間的各種變化。3. 重點運用在創作具體器物方面，必須注重卦象所傳達的外觀形狀。4. 重點運用在預測事物的發展，必須注重卜筮後的綜合判斷。

是以君子將有為也，將有行也，問焉而以言，其受命也如響，無有遠近幽深，遂知來物，非天下之至精，其孰能與於此？

於是，君子將有所作為，或有所行動，可透過占筮以就教於繫辭。所求得的卦爻辭，如同接受天命般的回應，不論遠近幽深的疑問，都能得到解答，而能知曉未

來即將發生的事物。假如《周易》不是天下最精深的道理，又怎能達到這種地步呢？

參伍以變，錯綜其數，通其變，遂成天下之文，極其數，遂定天下之象。非天下之至變，其孰能與於此？

反覆多次的分析比較，運用錯綜互動引申類推，明白其中各種變化，形成天地萬物的特色，窮盡其分合的數理，於是形成天下萬物的物象。如果《周易》不是天下最能揭示變化的規律，又怎能達到這種地步呢？

易無思也，無為也，寂然不動，感而遂通天下之故。非天下之至神，其孰能與於此？

《周易》本身沒有自己的思慮，也沒有自己的作為，它寂然不動如山，卻能透過陰陽交感而通曉天下萬物。如果不是天下最神奇奧妙的道理，又怎能達到這種地步呢？

夫《易》，聖人之所以極深而研幾也。唯深也，故能通天下之志；唯幾也，故能成天下之務；唯神也，故不疾而速，不行而至。子曰：《易》有聖人之道四焉者，此之謂也。

《周易》是聖人極盡幽深，研究神機莫測的學問。也因惟其深奧，所以能通曉天下人的心志；惟其細微，所以能成就天下的一切事物；惟其神妙不可測，所以能不急而自然迅速，不必行動而自然到達。孔子說：《周易》含有聖人之道的四大特色，正是這個道理。

【補充說明】

- 對《周易》的研究與運用，首先透過卦爻象，來解說卦爻辭其所從出的依據；再根據該卦的卦旨與時位關係，推論至其他方面，可靈活應用錯、綜、互、之卦與卦變原理，分析推測事物發展的趨勢。
- 占字，有估計、推算、窺察、揣度、徵兆等多種意涵。
- 占卜與占筮的作用，都是協助分析事物與預測發展的方法，而卜筮的行為，應遵循不誠不占、不義不占、不疑不占等三不原則，我們可以敬鬼神而遠之，但絕對不可褻瀆鬼神。

第十一章

子曰：夫《易》何為者也？夫《易》，開物成務，冒天下之道，如斯而已者也。是故聖人以通天下之志，以定天下之業，以斷天下之疑。

孔子說：《周易》有何用途？《周易》可以開創宇宙萬物，並成就一切事物，涵蓋天下所有的規則，如此而已。所以，聖人可以通曉天下的人心，奠定天下的事業，決斷天下所有的疑惑。

是故蓍之德圓而神，卦之德方以知，六爻之義易以貢。聖人以此洗心，退藏於密，吉凶與民同患，神以知來，知以藏往，其孰能與於此哉？古之聰明睿知，神武而不殺者夫！

所以，占筮的性能是圓融而神妙，卦體的本質是方正而明智，六爻的義理是透過變化而呈現出來告之於人。聖人藉此洗滌心中成見，教化社會人心，又能退居幕後深藏不露不顯其功，無論吉凶都與群眾同甘共苦，其神妙能預測未來，也能蘊藏以往的經驗，不斷累積智慧，又有誰能達到這種境界呢？只有古代聰明睿智者，以及神聖英武、仁民愛物者能做得到！

是以明於天之道，而察於民之故，是興神物以前民用，聖人以此齋戒，以神明其德夫！

因此，能明瞭大自然的變化之道，體察社會的現實情況，運用占筮的功能，作為指導民眾的行動指南，聖人正是為此而齋戒沐浴以修身自戒，使自己的德行能上通神明。

是故闔戶謂之坤，闢戶謂之乾，一闔一闢謂之變，往來不窮謂之通，見乃謂之象，形乃謂之器，制而用之謂之法，利用出入，民咸用之，謂之神。

以門戶為喻：關閉門戶的動作是坤道，而打開門戶的動作是乾道，一閉一開的動作叫作變化，進出來往而不止叫作通順，變化顯現可觀察的叫作物象。有形象、有尺度大小與圖形的叫做器具，製造器具而供民用的叫做法度。反覆不斷普遍的運用，百姓都不知不覺卻普遍的使用叫作神妙。

是故《易》有太極，是生兩儀，兩儀生四象，四象生八卦，八卦定吉凶，吉凶生大業。

所以，《周易》從太極開始，接著產生陰陽兩儀，兩儀產生老陽、少陰、少陽、老陰等四象，四象產生乾、兌、離、震、巽、坎、艮、坤等八卦，八卦相重可以推算出代表萬事萬物的六十四卦，用以辨明吉凶，然後遵循《周易》趨吉避凶的原則，來造就聖人的事業。

【補充說明】

- 《道德經·42章》：「道生一，一生二，二生三，三生萬物」之意涵，與此處「太極生兩儀，兩儀生四象，四象生八卦，八卦定吉凶」之間，實有異曲同工之妙。
- 道就是「太極」，道所生的一，是指「一次元的陰與陽」；由一所生的二，是指「二次元的四象」；由二所生的三，是指「三次元的八卦」；而由三所生的萬物，則是指由八卦相重後的六十四卦。

是故法象莫大乎天地，變通莫大乎四時，縣象著明莫大乎日月，崇高莫大乎富貴。備物致用，立成器以為天下利，莫大乎聖人。探賾索隱，鉤深致遠，以定天下之吉凶，成天下之亹亹者，莫大乎蓍龜。

所以，取法的現象沒有比天地更廣大，變通的程度沒有比四季更清楚，懸掛的物象沒有比天上的日月更明顯，人世間沒有比富裕尊貴更為崇高。備有物資供民使用，製作器物利益眾人，沒有比聖人更能幹。探究難懂深奧的道理，尋找隱伏的意涵，追求更深遠的道理，精確判定天下的吉凶，成就天下勤勉不懈的功業，沒有比蓍草與龜甲更靈驗。

是故天生神物，聖人則之。天地變化，聖人效之。天垂象，見吉凶，聖人象之。河出圖，洛出書，聖人則之。

出現蓍草與龜甲等天生神物，聖人便取用為卜筮的工具。天地有四時的變化，聖人便取法它的規律。從大自然的變化看到了吉祥與凶險，聖人取法它。黃河出現龍馬的負圖與洛水出現神龜的數書，聖人便遵循運用。

《易》有四象，所以示也；繫辭焉，所以告也；定之以吉凶，所以斷也。

《周易》有老陽、少陰、少陽、老陰等四象，用以顯示各種變化的徵兆；在卦爻之後繫上文辭，乃告知因應情況變化而指引何去何從；根據卦爻象與文辭確定吉凶，可以預判行事後果的得失。

第十二章

《易》曰：自天祐之，吉无不利。子曰：祐者，助也。天之所助者，順也；人之所助者，信也。履信思乎順，又以尚賢也。是以自天祐之，吉无不利也。

《周易》有言：自己能得到上天的助祐，吉而無往不利。孔子說：祐，是幫助之意。能得到上天幫助的人，是因為順從天道；能得到人幫助，是因為堅守承諾。履行誠信且能順應天道，做人尚賢崇德，故能得到上天的祐助，吉祥且無所不利。

【補充說明】

- 本段孔子加註 14 大有卦，上九爻：順應天道，取信於人，是君子立身處世的基本法則。
- 天道無親，惟德是輔。天乃無私無欲、大公無私，卻有一定常則可循。因此，人若想得到上天的幫助，必須順應天地自然之道。
- 民心無常，惟惠之懷。指凡人七情六欲，故有不同需求與想法，因此，想得到人們的支持與協助，必先得到人們的信任。

子曰：書不盡言，言不盡意。然則聖人之意，其不可見乎？子曰：聖人立象以盡意，設卦以盡情偽，繫辭焉以盡其言，變而通之以盡利，鼓之舞之以盡神。

孔子說：文書不能寫盡想要表示的言語，言語也難以完全表達心中的本意。難道聖人立言以垂教後世的作用，就這樣失真了嗎？孔子說：聖人創造卦象，可彌補文字語言難以完整傳達內心所有本意的遺憾；賦予各卦明確的情境與各爻的定位，可顯示一切真相與表象；附上卦爻辭，可充分闡發聖人的微言大義或未盡之言；善用卦爻象的變化，可使萬物皆能盡其所用；推動並發揮精闢的道理，可得天地自然造化與生生不息之功。

【補充說明】

- 人與人之間賴以傳達書信的文字，相對用口語溝通的語言，顯得十分簡略與充滿歧義，因此很難用書寫的方式，充分表達所要的敘述。

- 人類大腦的思緒相當細膩快速且因人而異，但彼此間溝通的語言相對於心中的想法，往往顯得不足，因此言語也難以完整傳達內心的意圖。
- 《周易》是人類第一本圖文並茂的書，聖人用卦象做為輔助工具，可以彌補書不盡言、言不盡意的先天缺陷，以便傳達更為明確的意圖，以及更完整記錄所講述的內容。

乾坤，其《易》之縕邪？乾坤成列，而《易》立乎其中矣。乾坤毀，則無以見《易》。《易》不可見，則乾坤或幾乎息矣。

乾坤兩卦果真的是《周易》的精髓嗎？乾坤兩卦完成定位後，《周易》的道理就在其中了。乾與坤都毀而不存，則無法見到《周易》的道理；如果《周易》的道理無從理解，則天地化育萬物的規律與作用也就停滯了。

【補充說明】

- 純陽的乾卦與純陰的坤卦是了解《周易》的門戶，其餘六十二卦都是經由乾坤兩卦演化出來，或多或少含有這兩卦的基因。因此，解讀各卦卦辭與爻辭之前，必須徹底了解乾坤兩卦的精義。

是故形而上者謂之道，形而下者謂之器，化而裁之謂之變，推而行之謂之通，舉而錯之天下之民，謂之事業。

所以說，超越形體、抽象的稱之為「道」；有形體、具象的稱之為「器」；化育並裁成萬物稱之為「變」；順著變化而推廣稱之為「通」，將這些道理教給天下人使用，便是對社會「有貢獻的事業」。

是故夫象，聖人有以見天下之賾，而擬諸其形容，象其物宜，是故謂之象。聖人有以見天下之動，而觀其會通，以行其典禮，繫辭焉以斷其吉凶，是故謂之爻。

因此，《周易》所說的象，是聖人所看到天下萬物深奧複雜的道理，將其比擬歸納成抽象符號，用來象徵事物的適當意義，所以設卦而定為「卦象」。聖人看到天下萬物的變化運動，觀察其間的會合變通之道而制定禮儀規範，並附上適當的言辭來判定事物的吉凶，這就叫做「爻」。

極天下之賾者存乎卦；鼓天下之動者存乎辭；化而裁之存乎變；推而行之存乎

通，神而明之，存乎其人；默而成之，不言而信，存乎德行。

　　窮極天下萬事萬物的深奧道理，在於六十四卦；鼓動天下萬事萬物運動的變化，在於卦爻辭；化育萬物而加以裁成的，在於能夠變化；將這種變化順而推廣，叫做通權達變；對於易理的神奇奧妙能夠真正明白，完全在於各人的領會；能在潛移默化當中得天地之化而有成，能夠不必言語便取信於人，就在於是否具有真誠的德行。

第六篇

繫辭下傳

第一章

八卦成列，象在其中矣。因而重之，爻在其中矣。剛柔相推，變在其中矣。繫辭焉而命之，動在其中矣。

象徵各種基本元素的八卦確定之後，大自然各種現象便包含在其中。但仍不足以道盡繁雜事物的變化，因此，聖人將八卦兩兩相重，而得到六十四卦，以應實際需要，同時也包括三百八十四爻，都在其中了。經過陰陽兩爻相互推移，宇宙間所有事物變化的現象都在當中。在每一卦、每一爻之後寫下卦、爻辭，所有事物變化的規則與過程也都在其中。

吉凶悔吝者，生乎動者也。剛柔者，立本者也。變通者，趣時者也。吉凶者，貞勝者也。天地之道，貞觀者也。日月之道，貞明者也。天下之動，貞夫一者也。

無論吉祥、凶險、悔悟、遺憾，都是在變動中形成的。其中，陽剛與陰柔兩個元素，乃構成事物的本體。陰爻與陽爻的互動，必須合乎時宜，並掌握適當的發展趨勢。至於吉凶的道理，是指守持正道才能穩操勝算。天地運行的道理，是指守持正道之後才能受人仰望。日月運行的道理，是指守持正道才能使光明交替輝映。因此，概括天下萬物行動準則，必須守持正道並且定位在這一個不變的常則。

夫乾，確然示人易矣。夫坤，隤然示人簡矣。爻也者，效此者也，象也者，像此者也。爻象動乎內，吉凶見乎外，功業見乎變，聖人之情見乎辭。

乾道開創宇宙，是以堅定的態度展現平易的政策以昭示天下。坤道孕育萬物，是以委婉的態度展現簡單的規則而利益眾生。卦中的爻，是仿效乾坤易簡的性能，而所產生的象，是表現乾坤易簡所展現的功用。卦中爻象的變動，是決定於內部自身，而吉凶則是反映外在行為上的失或得。盛德大業必須適切應變求通，而聖人崇德廣業與仁民愛物的情志，也都體現在卦爻辭當中。

天地之大德曰生，聖人之大寶曰位。何以守位？曰仁。何以聚人？曰財。理財，正辭，禁民為非，曰義。

天地最大的功能，在於生生不息的生成萬物，聖人之所以能成就偉大的事業，在於善用各種名位。要如何把握這個原則呢？仁民愛物澤被眾生。憑什麼聚集百姓

呢？資源合理分配運用。無論管理錢財，或提倡正確言論，甚至使民眾不至於為非作歹，都必須合情合理的推動。

第二章

古者包犧氏之王天下也，仰則觀象於天，俯則觀法於地，觀鳥獸之文，與地之宜，近取諸身，遠取諸物，於是始作八卦，以通神明之德，以類萬物之情。

上古伏羲氏之所以能治理天下，先是上觀天上日月星辰與晝夜四時的變化，然後下觀地上高下尊卑的形勢現況，分析飛禽走獸的情態，以及地上山林川澤等適宜生長的環境；從近處取法自身的特徵，從遠處取法各種不同的物象，於是歸納創造出代表宇宙萬物的八卦。用以對上可融通神明造化之功，對下可符合萬物的各種情態。

【補充說明】

- 古印度哲學家認為，地、水、火、風是構成現實世界的四個基本元素。近代西方科學家迄今已發現一百一十八個化學元素，而遠古時代的中國人，則以八卦為構成宇宙萬事萬物的基本元素。

作繩結而為罔罟，以佃以漁，蓋取諸離。

伏羲氏教人以結繩作網用來圍獵與捕魚，大概是採取 30 離卦的象徵意義吧！

【補充說明】

- 本段係以制器尚象的原則，解說 30 離卦的功能。
- 罔，本義同網。罟，網的總稱；佃，指田獵。
- 大約在七千年前，我們的祖先仍處於漁獵社會。田獵野獸，需靠捕獸的罟網；在水裡捕魚，則仰賴筌籠。這些謀生的工具，就像離卦網目相連的卦象。

包犧氏沒，神農氏作，斲木為耜，揉木為耒，耒耨之利，以教天下，蓋取諸益。

伏羲氏死後，神農氏興起，教人砍削堅木製作犁頭，烘彎柔木做成犁柄，並將這些耕田除草的工具，教天下百姓使用，大概是採取 42 益卦所象徵的意義吧！

【補充說明】

- 本段係以制器尚象的原則，解說 42 益卦的功能。
- 距今約四千至五千年間，神農氏發現耕種的方法與工具，便開始進入農耕社會。
- 斲，砍、削木。揉，來回擦搓。耜，犁頭。耒，犁柄。耒耜，用農耕工具進行除草、翻土、耕耘的總稱。
- 42 益卦由 12 否卦而來，否上卦乾為金，三四五爻互巽為木，二三四爻互艮為手，象微手持斧頭砍入木中的動作。
- 益卦的上卦巽為柔木，下卦震為堅木、為足；三四五爻互艮為手，二三四爻互坤為地，有手握犁柄、腳將犁頭踩進入地中進行除草、翻土、耕耘的動作之意涵。

日中為市，致天下之民，聚天下之貨，交易而退，各得其所，蓋取諸噬嗑。

約定日正當中為市集交易時間，招致天下人民，聚集天下貨物，交換物品後便離去，且能各取所需，大概採取 21 噬嗑卦所象徵的意義吧！

【補充說明】

- 本段係以制器尚象的原則，解說 21 噬嗑卦的功能。
- 從漁獵社會，演變為農耕社會，為期甚久；從最初自給自足到以物易物的趕市集，成為當時社會生活的一種特色。
- 為了取信於人，趁日正當中，光線充足，手持貨幣與貨物，與人進行交易活動，然後各得所需的返回。
- 噬嗑卦上卦離為日，三四五爻互坎為信、為憂、為盜；二三四爻互艮為正手、為徑路；下卦震為大塗、反手；象徵各地人馬、貨物經由大街小巷前來會集，並擔心受騙也為取信於人，選擇日正當中與人公開交易。
- 上離為目、三四五爻互坎為水，二三四爻互艮為山、下震為行動，象徵人潮湧向山水交錯之處，方便四方人馬交換各種貨物。

神農氏沒，黃帝、堯、舜氏作，通其變，使民不倦，神而化之，使民宜之。易窮則變，變則通，通則久。是以自天祐之，吉无不利。黃帝、堯、舜垂衣裳而天下治，蓋取諸乾坤。

神農氏死後，黃帝、堯、舜相繼興起，有感於當時社會演進日益繁榮，舊日典章制度已不適用，為使百姓不致懈怠，必須隨時代演進而創新，以符合實際需要。《周易》的道理是事物窮極必有變化，變化之後才能通達，通達之後才能長久維持。因此，能獲得上天的助祐，且吉祥而无不利。此乃黃帝、堯、舜等聖人，制定上衣下裳等禮儀規範，大概是採取 01 乾、02 坤兩卦的意涵吧！

【補充說明】

- 本段係以制器尚象的原則，解說 01 乾、02 坤兩卦的功能。
- 陽極而變陰，則不必過卑；陰極而變陽，則不必過亢。如此方能循環無端、不斷變化，以便長久維持興盛而不流於安樂而墮落，此乃能變則通、能通則久之精義。
- 制定上衣下裳，為人之服飾，必須相互搭配合宜並配合身分地位穿著，以明辨尊卑貴賤與上下主從的關係，便於遵守最基本的禮儀。
- 就如同乾、坤兩卦的交替變化，以及飛龍在天相對於黃裳元吉的爻旨。

刳木為舟，剡木為楫，舟楫之利，以濟不通，致遠以利天下，蓋取諸渙。

鑿空木材成為舟，砍削木材成為槳，舟船與槳櫓的便利，可渡過隔絕不通的河川到達遠處，有利天下人，大概是採取 59 渙卦所象徵的意義吧！

【補充說明】

- 本段係以制器尚象的原則，解說 59 渙卦的功能。
- 刳，挖空、剖鑿。剡，斬削。早期先民視河川為天險，根本無法涉越；直到聖人發明舟楫可用，並且善用自然風力的協助，能順利渡河。
- 59 渙卦由 12 否卦而來，否之上乾為金、為遠，三四五爻互巽為木，二三四爻互艮為手，象徵以手握金斧鑿空木材成為舟，砍削木材成為槳。
- 渙卦上卦巽為風、為木舟、為槳櫓，三四五爻互艮為手，二三四爻互震為行動，下卦坎為危險、為河川，象徵手執槳櫓，乘風划舟渡越艱險河川之意象。

服牛乘馬，引重致遠，以利天下，蓋取諸隨。

馴服了牛，騎乘著馬，使其為人服役，可以載運重物到遠方，以便利天下的人，大概是採取 17 隨卦所象徵的意義吧！

【補充說明】

- 本段係以制器尚象的原則，解說 17 隨卦的功能。

- 人類開始群居之後，除了分工更為細密外，也開始馴服牛與馬，使其願意協助人類搬運重物。

- 17 隨卦由 12 否卦而來，否卦上乾為馬、為遠；下坤為牛、為重；是指馬能走遠，牛能負重。

- 隨卦上卦兌為和悅，下卦震為行動，象徵蠻牛野馬經過馴服之後，無條件受人指使，並且行動時心情保持和悅。

重門擊柝，以待暴客，蓋取諸豫。

設置多重門闕巡夜敲擊木柝，以防備盜賊，大概是採取 16 豫卦，用木敲擊以示警闔戶的象徵意義吧！

【補充說明】

- 本段係以制器尚象的原則，解說 16 豫卦的功能。

- 柝，舊時巡夜人打更所敲擊的木梆。遠古時代的社區守望相助，以夜間巡邏打更為代表。

- 豫卦本有預防之意，上卦震為足、行走，二三四爻互艮為手、為堅多節之木，三四五爻互坎為盜，下坤為闔戶、為夜間，合起來便有夜間手持木棍，巡邏打更以防盜之意象。

- 另互艮為門闕，上震為反艮，亦有設置重門之意象。

斷木為杵，掘地為臼，臼杵之利，萬民以濟，蓋取諸小過。

砍斷樹木做成舂杵，挖掘土地做成舂臼，杵臼搗米的功能，可讓天下百姓得以溫飽，大概是採取 62 小過卦所象徵的意義吧！

【補充說明】

- 本段係以制器尚象的原則，解說 62 小過卦的功能。

- 稻子成熟，仍需要用杵臼舂搗之後才能食用。

- 小過卦上震為堅木、為動，三四五爻互兌為毀折，二三四爻互巽為進入，下艮為石、為止，有杵動於上，進入下方將稻殼搗開，而石臼在下，呈現出舂米之意象。

弦木為弧，剡木為矢，弧矢之利，以威天下，蓋取諸睽。

彎木上弦而做成弓，砍削樹木而成矢，弓矢的功用，可以威震天下，大概是採取備有兵器、消滅震懾反叛的 38 睽卦，其所象徵的意義吧！

【補充說明】

- 本段係以制器尚象的原則，解說 38 睽卦的功能。
- 弦，弦索，當動詞用；弧，弓也；當人類發展出私有資本之後，便會出現你爭我奪的情況。
- 睽卦本就有違背之意，上離為戈兵，三四五爻互坎為弓輪，二三四爻互離亦為戈兵，下兌為毀折，有用武力防衛與震懾叛離分子之意涵。

上古穴居而野處，後世聖人易之以宮室，上棟下宇，以待風雨，蓋取諸大壯。

上古民眾穴居野處，後來聖人改良住宅建造宮屋，上有棟樑下有屋宇，用來遮風避雨，大概是採取 34 大壯卦所象徵的意義吧！

【補充說明】

- 本段係以制器尚象的原則，解說 34 大壯卦的功能。
- 遠古先民從居住洞穴與曠野，經過聖人的創意與改進，演變成建造宮室，以改善人民生活條件。
- 大壯卦上震為動、為木，象徵上有棟樑屋頂可抵外面風雨陣雷；下卦乾、為大、為郊，象徵下有寬敞空間可進住遠郊眾人，抵禦風雨取代野處而能安居。

古之葬者，厚衣之以薪，葬之中野，不封不樹，喪期無數，後世聖人易之以棺槨，蓋取諸大過。

古時喪葬的辦法，是用柴草將屍體裹起來，埋於荒野，沒有樹立墳墓與墓碑，也沒有喪期與禮數；後代聖人改以棺槨殮葬，大概是採取 28 大過卦卦象所象徵的意義吧！

【補充說明】

- 本段係以制器尚象的原則，解說 28 大過卦的功能。
- 直到近古時期，人們對亡者遺體的處理，才開始有像樣的禮儀。
- 大過下卦巽為木，上卦兌為反木，猶如棺槨，中爻互乾居人位，象徵往生

者入殮於棺槨之中，成為靈柩。

- 上卦兌為說，下卦巽為入，中爻互坤為土，亦有入土為安之意涵。

上古結繩而治，後世聖人易之以書契，百官以治，萬民以察，蓋取諸夬。

上古無文字而以結繩記事，後世聖人造字以文記作書契，有利於百官的治理事物，對萬民能夠考察，大概是採取 43 夬卦所象徵的意義吧！

【補充說明】

- 本段係以制器尚象的原則，解說 43 夬卦的功能。
- 從結繩記事，發展到用文字示人後，更進一步希望把經驗流傳後代，或與人訂下契約，因此聖人便在金屬器上刻下記號。
- 夬卦上兌為口、為毀折；下乾為金屬、為言，象徵記錄重要刻印文書或烙印記號；把口中想要講的話，以文字書寫在金屬器上，使得言語可通，彼此健固不忘，以為憑證或便於遵循。

第三章

是故《易》者，象也。象也者，像也。彖者，材也。爻也者，效天下之動者也。是故吉凶生而悔吝著也。

所以說，《周易》的本質是用抽象的語言文字符號來輔助說明某一事物的「實像」。這一個假設性的「實像」，可以讓我們模擬而找到「真像」。彖辭又叫做卦辭，是裁定或總結某一卦的要旨。而爻與爻辭，是仿效萬物運作與變化所產生的結果。因此只要有得意或失意的情況發生產生吉凶，那麼緊接著就有煩惱、悔恨或遺憾，貪求的心理反應也跟著出現。

【補充說明】

- 《周易》以六十四卦的卦象做為架構，用來規範各卦的情境；並以簡要的卦辭，描述全卦的宗旨；各爻的爻辭，是在所規範的情境當中，說明變動的過程，提供可能出現的吉凶悔吝等警語，誘導人們趨吉避凶。

第四章

陽卦多陰，陰卦多陽，其故何也？陽卦奇，陰卦耦。其德行何也？陽一君而二民，君子之道也；陰二君而一民，小人之道也。

陽卦中陰爻居多，陰卦中陽爻居多，什麼緣故呢？因為奇數為陽卦，偶數為陰卦，而物以稀為貴。它們各自象徵何種德行呢？陽卦乃一個君主兩個臣民，是君子之道；陰卦乃兩個君主一個臣民，是小人之道。

【補充說明】

- 本章是以三爻的八卦論述陰陽的關係，大體而言，以陽為主，以陰為輔；奇數為陽，偶數為陰。譬如：震、坎、艮三個陽卦皆為一陽二陰；巽、離、兌三個陰卦皆屬一陰二陽。
- 引而申之：凡事成於一敗於二三。有如君子有道，一君統率二民，則號令一致；若屬小人無道，二君統率一民，則亂必生也。

第五章

《易》曰：憧憧往來，朋從爾思。子曰：天下何思何慮？天下同歸而殊塗。一致而百慮，天下何思何慮？

《周易》有言：心緒不寧來回擺動，但朋友終將附和你的想法。孔子說：萬物都順乎自然，又何必苦思焦慮？天下萬物雖然各有來路，但終究同歸於一個方向，思慮互異，但都離不開天理，又何必苦思焦慮呢？

日往則月來，月往則日來，日月相推而明生焉。寒往則暑來，暑往則寒來，寒暑相推而歲成焉。往者屈也，來者信也，屈信相感而利生焉。

譬如：日月的往來運轉不息，使得宇宙光明持續照耀。又如：四季的交互輪替，使萬物各得其利而生生不息。過往的事代表潛隱收縮，就讓它過去吧！未來的事伸展與展望，應張開雙手迎接它。這一來一往、一收一張，便能交互感應各得其利，且生生不已。

尺蠖之屈，以求信也，龍蛇之蟄，以存身也。精義入神，以致用也。利用安

身，以崇德也。過此以往，未知或知也。窮神知化，德之盛也。

像尺蠖這類昆蟲的屈縮是為了前進，而龍蛇的蟄伏是為了生存。探求精研義理要達到出神入化的境界，是為了經世致用。利用各種方法安頓身心，是為了達到崇高的理想。如果超過上述境界者，也許就不知道了。若能體會這種神妙變化，便可了解聖人德行的最高境界。

【補充說明】

- 本段孔子加註 31 咸卦九四爻。天下本無事，庸人自擾之，本來無一物，何處惹塵埃。自作聰明，反被聰明所誤，不如抱著敬天地、畏鬼神的態度，順其自然發展。

- 處在狀況不明的情況下，只要能堅守正道並且保持鎮定，便不會受到外界不利因素的干擾。

《易》曰：困于石，據於蒺藜，入於其宮，不見其妻，凶。子曰：非所困而困焉，名必辱；非所據而據焉，身必危。既辱且危，死期將至，妻其可得見邪？

《周易》有言：闖入亂石堆而受困，滿身都是荊棘、鮮血淋漓，好不容易逃回到家，卻看不到妻子，必有凶險。孔子說：本不該受困卻自取其困，勢必身敗名裂；本不該憑據之處卻執意憑據，勢必性命有危險。聲名狼藉且性命危險的人，命在旦夕，甚至連累家人，妻子哪有不逃離之理？

【補充說明】

- 本段孔子加註 47 困卦六三爻。一個人之所以聲名狼藉，甚至生命受到危害，是因為不能識時務，以至於自討苦吃與自作自受的結果。

- 盡做恣意逞強之事，自找麻煩與自亂陣腳，以致弄到走投無路的下場，就如《尚書・太甲中》所言：天作孽，猶可違；自作孽，不可逭。

《易》曰：公用射隼於高墉之上，獲之，无不利。子曰：隼者，禽也；弓矢者，器也；射之者，人也。君子藏器於身，待時而動，何不利之有？動而不括，是以出而有獲，語成器而動者也。

《周易》有言：王公親自出馬，射下高牆上的惡鳥並擒獲，無往不利。孔子說：隼是惡鳥，弓矢是器物，使用弓矢的是人。君子隨身帶著工具，必要時採取行動，如此，哪有辦不到的事呢？只要準備充分便沒有阻礙，行動就有收穫；這就是

說：要有萬全的準備，然後才能行動的道理。

【補充說明】

- 本段孔子加註 40 解卦上六爻。凡事有備無患，平時要蓄積龐大能量，才能伺機而動，這也是兵法中所說：「勝兵先勝」的道理。

- 欲清除高高在上、積習難改的惡徒，還得靠豐富經驗、有備無患的大老出面收拾。

子曰：小人不恥不仁，不畏不義，不見利不勸，不威不懲。小懲而大誡，此小人之福也。《易》曰：屢校滅趾，无咎，此之謂也。

孔子說：小人不會因行為不仁，而感到羞恥，也不會因行為不義，而感到畏懼；看不到眼前利益，則勸不動，不施嚴厲的威嚇，就無法懲治他。若能對其輕罪重罰，對小人來說也是一種福分。所以《周易》有言：給初犯者戴上腳銬遮住腳趾，只是受點肌膚之傷，不會造成更嚴重的後果，便是這個道理。

【補充說明】

- 本段孔子加註 21 噬嗑卦初九爻。對於有犯罪動機，但罪行較輕的初犯施以略重的懲罰，可得到較大警惕，避免將來鑄成大錯。

- 給尚未染上惡習的幼童施以因果教育，可達先期預防的效果。譬如：帶幼童進城隍廟，介紹青面獠牙諸鬼神懲罰惡人的故事，使其從小就杜絕犯罪動機。

善不積不足以成名，惡不積不足以滅身。小人以小善為無益而弗為也，以小惡為無傷而弗去也，故惡積而不可掩，罪大而不可解。《易》曰：何校滅耳，凶。

善行不累積則不足以成名天下，惡行不累積也不足以遭殺身之禍。但小人認為小的善行對己無利而不屑為之，以為小的惡行無傷大雅而恣意妄為，因此重大惡行累積到不可掩飾的地步，其罪過也大到不可開脫的地步。《周易》有言：給犯人戴上木枷，甚至毀傷了耳朵，真是凶險至極。

【補充說明】

- 本段孔子加註 21 噬嗑卦上九爻。《資治通鑑》有言：從善如登，從惡如崩。若誤以為「善小而不為，惡小而為之」，因而小過不斷，久而久之，累積到罪不可赦的地步，屆時即便知道要悔改，也為時已晚。

子曰：危者，安其位者也。亡者，保其存者也。亂者，有其治者也。是故君子安而不忘危，存而不忘亡，治而不忘亂，是以身安而國家可保也。《易》曰：其亡！其亡！繫於苞桑。

孔子說：之所以發生危機，是因久安其位。之所以會滅亡，是因以為能長久存在。之所以會混亂，是自以為是太平盛世。所以說，君子居安而不忘有危殆的可能，存在而不忘有滅亡的可能，身處太平盛世而不忘有造成混亂的可能；有這種警覺，才能使自身得以平安，國家得以保全。《周易》有言：或有危亡！或有危亡！這一來，國家社稷就像繫在枝葉茂盛的桑樹下，如此般的穩固。

【補充說明】

- 本段孔子加註 12 否卦九五爻。孟子曰：入則無法家拂士，出則無敵國外患者，國恆亡，然後知生於憂患而死於安樂也。
- 長期處於逆境，不必灰心意冷，也不可懷憂喪志，時時做好準備，只要出現否極泰來的契機，便可及時掌握順勢走出困境。

子曰：德薄而位尊，知小而謀大，力小而任重，鮮不及矣。《易》曰：鼎折足，覆公餗，其形渥，凶。言不勝其任也。

孔子說：德行淺薄卻居尊位，智慧不高卻圖謀大事，能力不足卻擔負重任，有這種情況，很少能躲過災禍。《周易》有言：鼎足折斷了，把王公的美食翻覆地上，自己也弄得狼狽不堪，必遭凶禍。這就是說，因能力不足以勝任所造成的危害。

【補充說明】

- 本段孔子加註 50 鼎卦九四爻。勉強做一些超出自己能力或職責範圍以外的事，基本上都是德不配位。因為過度的表現，往往不會有好的下場。
- 《論語‧憲問》：不患人之不己知，患其不能也。真正聰明的人寧可高能低就，也不會異想天開盡做一些自己做不到的事。

子曰：知幾其神乎？君子上交不諂，下交不瀆，其知幾乎！幾者，動之微，吉之先見者也。君子見幾而作，不俟終日。《易》曰：介於石，不終日，貞吉。介如石焉，寧用終日？斷可識矣。君子知微知彰，知柔知剛，萬夫之望。

孔子說：能事先知道事情的徵兆嗎？君子與在上位者交往不諂媚，與在下位者

交往不輕慢，如此通情達理便可察明徵兆吧！所謂徵兆，是指事物變動的關鍵所在，可以預先估判情勢發展。君子能把握事情的關鍵而行動，不會終日等待。《周易》有言：耿介的性格甚於堅石，何須終日等待？此乃守正得吉的行為。既然性格如此堅定不移，哪還須整天等待？隨時都可洞燭機先。君子知道事理的微妙與彰顯，也明白剛柔的互濟與運用，因而得到天下萬民的景仰。

【補充說明】

- 本段孔子加註 16 豫卦六二爻。能夠做到擇善固執，堅守中道並保持高度警覺與剛正不阿，可避免受到不預期的傷害。

- 當眾人皆醉，惟我獨醒；熱鬧場中，眾人向前，惟我落後；是非圈裡，眾人用口，獨我用耳，這才算是個聰明人。

子曰：顏氏之子，其殆庶幾乎！有不善，未嘗不知；知之，未嘗復行也。《易》曰：不遠復，無祇悔，元吉。

孔子說：顏回這個人，幾乎可說是接近完美，只要有一點不妥當之處，馬上就能察覺出來；一旦知道，就不會再犯。《周易》有言：剛偏離正道不遠就能回復正常，所以不至於後悔，還可獲得最大的吉祥。

【補充說明】

- 本段孔子加註 24 復卦初九爻。《孟子‧告子下》：舜發於畎畝之中，傅說舉於版築之間，膠鬲舉於魚鹽之中，管夷吾舉於士，孫叔敖舉于海，百里奚舉於市；故天將降大任於是人也，必先苦其心志，勞其筋骨，餓其體膚，空乏其身，行拂亂其所為，所以動心忍性，曾益其所不能。

- 一個從不犯錯的人，固然值得尊敬；然而一個曾犯小錯，卻能及時回復正道並且永不再犯的人，就如浪子回頭金不換，可以得到人生最寶貴的經驗與教訓。同理，一個，從沒歷經磨難的人，即使各方面條件再好，似乎不易得到天所降之大任。

天地絪縕，萬物化醇，男女構精，萬物化生。《易》曰：三人行，則損一人，一人行，則得其友。言致一也。

天地陰陽二氣交感融合，使萬物化育醇厚完滿，男女陰陽交合其精，使萬物得以生生不息。《周易》有言：三人同行，各有主張，行動難以一致，勢必冷落其中

一人；若一人獨自前行，反而容易得到志同道合的夥伴。這是說明，陰陽搭配，才能得到和合專一的道理。

【補充說明】

- 本段孔子加註 41 損卦六三爻。陰陽調和、剛柔相濟，乃事務圓滿的先決條件，因此三人共事一段時間後，勢必產生失衡現象，但也隨著啟動自行調節機制，而歸復平靜。

- 這種損其有餘，以補不足的現象，是保持均衡狀態，以及維持和諧的一種自然規律。與 15 謙卦大象：君子以裒多益寡，稱物平施，實有異曲同工之妙，保持一陰一陽的動態平衡。

子曰：君子安其身而後動，易其心而後語，定其交而後求，君子修此三者，故全也。危以動，則民不與也。懼以語，則民不應也。無交而求，則民不與也。莫之與，則傷之者至矣。《易》曰：莫益之，或擊之，立心勿恆，凶。

孔子說：君子要先安定自身然後行動，先平靜心情之後再發表言論，確定有一定的交情後才能求助，君子若有這三種修養，於人於己均能設想周到。如果仍有危險卻妄動，則人民不會心服與配合；心中有疑懼卻大言不慚，則人民不會回應；交情不夠卻求助於人，則人民根本不加理睬。一旦無人能協助與配合，會傷害他的人也就要出現了。《周易》有言：無人能協助，甚至會遭到傷害，是因為沒有恆心且居心不善，必有凶險。

【補充說明】

- 本段孔子加註 42 益卦上九爻。沒有建立良好的人際關係，即使勤勉務實，披星戴月的努力工作，也難保不會落到眾叛親離的下場。

- 養成貪婪習性後，再也難以損己益人，甚且益己不已。這種行徑，一旦有難，勢必求救無門，肯定遭致落井下石的命運。何況，要長久付出方能博得眾人信任，但貪而無厭的舉動，只要一次就能使前功盡棄。

第六章

子曰：乾坤其《易》之門邪！乾，陽物也；坤，陰物也。陰陽合德，而剛柔有體，以體天地之撰，以通神明之德。其稱名也，雜而不越。於稽其類，其衰世之意

邪！

孔子說：乾坤兩卦應該是研究《周易》的門徑吧！乾卦代表陽性事物，坤卦代表陰性事物。陰陽的功能互補，剛柔合而為一體，可體察天地化育萬物的功能，可以貫通神妙光明的德行。《周易》各卦的名稱，雖然繁雜卻不相重疊，而各有其不同的情境與功能。考察各卦當中所引用的事類，大概是處於衰微時代的產物吧！

夫《易》，彰往而察來，而微顯闡幽，開而當名辨物，正言斷辭，則備矣。其稱名也小，其取類也大，其旨遠，其辭文，其言曲而中，其事肆而隱。因貳以濟民行，以明失得之報。

《周易》的作用可以彰顯過去的往事，並察知未來的變化，使細微的事理顯著，將奧祕的道理加以闡述，開創適當的名稱，選擇合理的言論，進而辨明各卦的性質，用準確的言辭斷定結果，得到最完備的程度。卦爻辭中所陳述的名稱雖然簡單細小，但所取象類比的事物卻十分廣大；它的意義深遠，但用辭富贍文雅；它的言語曲折但切中事理，敘述雖直接明白但深奧道理深藏其中。運用吉凶占斷來濟助百姓，可以明白成敗得失與吉凶的應驗。

第七章

《易》之興也，其於中古乎？作《易》者，其有憂患乎！

《周易》的興起，大概在殷商末期與周朝初年之間吧！《周易》的作者，大概心中有強烈的憂患意識吧！

【補充說明】

- 從《周易》的成書年代與作者的身分，可以看出這是一部充滿憂患意識的著作，在亂世當中啟發人們的處世智慧，以及如何自我充實與淬鍊。

是故履，德之基也。謙，德之柄也。復，德之本也。恆，德之固也。損，德之修也。益，德之裕也。困，德之辨也。井，德之地也。巽，德之制也。

第一陳：說明所選修九個卦的本質與德行的關係：

所以說，履卦，教人謹言慎行，循禮而行，是建立品德的起點。謙卦，教人謙虛禮讓，屈己下人，是施行品德的著力點。復卦，教人回復正道，趨仁向善，是導

正品德的根源。恆卦，教人堅守正道，持之以恆，是維繫品德的保證。損卦，教人自損不善，減少過失，是精進品德的修煉。益卦，教人增進美德，充實善念，是充實品德的要領。困卦，教人脫困解厄，守正不亂，是明察品德的虛實。井卦，教人自我充實，養民不窮，是推廣品德的場所。巽卦，教人謙順有度，能屈能伸，是自我控管品德的手段。

履，和而至。謙，尊而光。復，小而辨於物。恆，雜而不厭。損，先難而後易。益，長裕而不設。困，窮而通。井，居其所而遷。巽，稱而隱。

第二陳：說明所選修九個卦的特性與修德的過程：

履卦，因為循規蹈矩，故可平和順利的達到目的。謙卦，因為輕己重人，故能受人尊敬使德行光大。復卦，由於知錯能改，故雖卑微卻能明辨關鍵事物。恆卦，為了長久發展，有必要摻雜新的議題使其不致厭倦。損卦，為了自我磨鍊，先期可能難適，日久習慣成自然。益卦，必須持續施於人，故能主動充實而不必扭捏造作。困卦，在逆境中成長，因此能夠窮則變，變則通。井卦，由於處於不變動地位，所以能夠感化民風而使其遷善。巽卦，因言語謙順行動合宜，故不必顯山露水的建立事功。

履，以和行。謙，以制禮。復，以自知。恆，以一德。損，以遠害。益，以興利。困，以寡怨。井，以辨義。巽，以行權。

第三陳：說明所選修九個卦的具體功能與效應：

履卦，由於掌握分寸，所以能祥和順應行事。謙卦，由於兼顧各方，故可用以制約禮數。復卦，由於能及時回頭，表示有自知之明。恆卦，由於能夠立不易方，因而永保常道。損卦，強調懲忿窒欲，自然遠離災害。益卦，能夠遷善改過，故能興利事業。困卦，由於致命遂志，自然減少怨尤。井卦，為了教化民眾，故應先明辨道義。巽卦，為了維持不亢不卑的原則，必須能夠權宜行事。

【補充說明】

孔子特別專挑這九卦注釋的理由並不清楚，但從各卦所組成的三爻單卦中發現獨缺離卦，離代表光明，應指居亂世無以見光明。研判這九卦應該是個人修行當中心理建設的一種順序與要領，綜整如下：

・履卦：首先要分清適當的人際關係，確定自身所處的地位，方可正確無誤

做到循禮而行，也才能夠腳踏實地的在險中求勝。

- 謙卦：強調既要內斂才華又要立下事功，必須像一個人蹲得愈低，才能跳得愈高，因此，當面臨難度愈大的工作，也愈能得心應手。

- 復卦：陰盡陽始、萬物復萌的情勢，就像山窮水盡之後，接下來可能出現柳暗花明的契機，故應即時掌握，讓自己及早回頭是岸。

- 恆卦：為了堅持完成既定不變的目標，必須把握有所變、有所不變的原則，適切精準研判與取捨，才能維持組織的凝聚力。

- 損卦：為了安身立命與開創事業，必先自損不善與降低需求，方能得到別人的認同與支持，減少前進路上的障礙。

- 益卦：為了廣施仁德而自損益下，必須有見善則遷、有過則改的胸襟，方能持續增進自身美德，與時俱進的與群眾打成一片。

- 困卦：當身處困境，才華無以施展時，須堅持處困而不受困的意志，方可分辨是非正邪，並能齊心協力的走出困境。

- 井卦：展現無私、無欲與無為的精神，使民風自然趨向純樸，充分展現「行不言之教」的功能，做到施恩於無緣，慎德於小事的境界。

- 巽卦：卑遜的態度可順乎天理應乎人情，言行舉止進退得宜，故能掌握權變，促成群眾之間的和諧，使得凡事不至於過柔或過剛。

第八章

《易》之為書也，不可遠；為道也屢遷，變動不居，周流六虛，上下無常，剛柔相易，不可為典要，唯變所適。

《周易》做為一本經世致用的書，人們不可須臾遠離；陰陽的推移也經常變遷，不可拘泥於一爻一卦，能周遍流行於各卦的六爻之間，或向上或向下也沒有一定的法則，陽剛與陰柔也相互變易。所以，不能執著於固定的規則，才能順應環境的變化，找到適合的行動綱領。

其出入以度，外內使知懼。又明於憂患與故，無有師保，如臨父母。初率其辭，而揆其方，既有典常。苟非其人，道不虛行。

《周易》的道理可啟發進退應對之道，一進一出之間都充滿了各種變數，人們

無論處世或隱居時，都能心存戒懼。進而探索憂患的原因，雖然沒有師長的監護，卻好像有父母在旁指導。起初遵循卦爻辭，進而思索揆度其中的道理，就會找到變化的規律。《周易》如果沒有用這種精神去研究，再精微的易道也不會憑空推行。

【補充說明】

- 宇宙萬象變動不居，剛完整表述某種情境的下一秒，情況已開始出現落差，因此我們分析一件事情，必須掌握「時間」與「空間」的因素，也就是所謂「時」與「位」的關係。

- 所以說，不能執著於固定的規則，也不宜凡事都引用固定的前例。因為所有的卦辭、爻辭，都是言簡意賅的金玉良言，但也都只是原理原則，而非具體的行動準則，所以，要順應環境的變化而找到適當的策略，以因應實際的需要。

- 從最基本卦爻辭表面上的陳述，到理解其中蘊含的道理，要經過豐富的人生閱歷，並融會到《周易》當中的研究，才能得到有效的運用。

第九章

《易》之為書也，原始要終以為質也。六爻相雜，唯其時物也。

《周易》作為一本闡明事理的書，可推究事物的初始，以及探求事物的終結，為其主要的本質。以卦中的六爻，在陰陽相互錯雜中，反映在特定時空當中，各種事物的變化。

其初難知，其上易知，本末也。初辭擬之，卒成之終。

初爻代表事物發展的初期，只見端倪無法深入了解細節，而上爻已歷經滄桑閱歷豐富，因此容易明白整個過程。初爻反映事物的開始，上爻反映事物的結局。初爻是對事物的擬議，而上爻乃說明事物的總結。

若夫雜物撰德，辨是與非，則非其中爻不備。噫！亦要，存亡吉凶，則居可知矣，知者觀其彖辭，則思過半矣。

以物象撰述陰陽德行，以及分辨事物的是非得失，若無當中的二三四五爻，無法全面了解。是啊！只要了解當中四爻，事物存亡吉凶的大要，即便平時居家，也可理解其大要。若進一步觀看卦辭，則其卦義也泰半能夠理解。

二與四同功而異位，其善不同。二多譽，四多懼，近也。柔之為道，不利遠者，其要无咎，其用柔中也。

二爻與四爻同樣具有以柔順剛，輔佐五爻的功能，但所處的地位不同，所以面臨的時位與吉凶善惡也自然不同。二爻雖遠離核心，但居中通常不遭君王猜疑而有稱譽；四爻接近權力核心且未居中，故言行雖謹慎，但動輒得咎，而不時憂懼，是因為伴君如伴虎之故。陰柔的法則，若有過於遠大的作為將有不利，它只能降低需要，得到无咎便可；因為用柔之道，必須柔順居中，方能有利。

三與五同功而異位，三多凶，五多功，貴賤之等也。其柔危，其剛勝邪？

三爻與五爻同樣具有陽剛的功能，但所處的地位不同。三爻居下卦之極，過剛不中且在臣下之位，通常多凶險；五爻居上卦之中且居君位，故多見功勳，此乃因為它們有貴賤尊卑的差別。那麼，陰居陽位常有危險嗎？而陽居陽位往往就能勝任嗎？

【補充說明】

《周易》六十四卦，每卦情境不同，但六爻的地位，各有不同的等級，如下舉例陳述：

- 初難知：童年、深閨、元士、百姓、趾尾、布施、一般員工。
- 二多譽：少年、庭院、大夫、小吏、足股、持戒、基層主管。
- 三多凶：青年、門闕、三公、遠臣、腰限、忍辱、技術人員。
- 四多懼：中年、屋外、諸侯、近臣、心胸、精進、高階幕僚。
- 五多功：壯年、大塗、天子、君王、耳目、禪定、領導中心。
- 上易知：老年、曠野、宗廟、老臣、頭腦、般若、資深元老。

此一普遍原則，可以類比在人事與管理方面，舉例說明請參考：

- 初難知：萬事起頭難，新手上路總是覺得前途茫茫，目標遙不可及。
- 二多譽：人人都希望有好的開始，因此起跑的那一刻，掌聲特別多。
- 三多凶：艱鉅的工作一定會遇到瓶頸，如果無法突破，勢必滿盤皆輸。
- 四多懼：即便通過重重障礙，仍面臨更上層樓的考驗，應格外謹慎。
- 五多功：工作順利完成，原定目標必須完全實現，才稱得上功德圓滿。
- 上易知：大功告成之後，回顧過去的經歷，總覺得也不過如此而已。

第十章

《易》之為書也，廣大悉備，有天道焉，有人道焉，有地道焉。兼三才而兩之，故六。六者非它也，三才之道也。

《周易》做為一本多功能的書，範圍廣大而無所不備；有講天的道理，有講人的道理，有講地的道理。三畫卦兩兩成列，總共六爻；而這六爻並非別的，正是闡述天地人三才的道理。

道有變動，故曰爻。爻有等，故曰物；物相雜，故曰文；文不當，故吉凶生焉。

《周易》的道理是變動不居的，所以設立仿效萬物運動與變化的「爻」；而「爻」有陰、陽、上、下不同的等級，體現各種不同類別的「事物」；不同的「事物」相互錯雜，反映這種事物之間的互動關係叫作「文理」。「文理」有適當與不適當的現象，所以或吉或凶的情況就出現了。

【補充說明】

- 三爻卦，初爻為地格，二爻為人格，上爻代表天格。六爻卦，初、二爻代表地格，三、四爻代表人格，五、上爻代表天格。
- 萬物相生相對，天有晝夜，人有男女，地有水陸；爻位的排列，也是一陰一陽兼兩爻為一格。亦可自行區分，天格有可見之天與天外之天；人格有檯面上人與檯面下之人；地格有大地之上與大地之下的不同表述。
- 六爻非陰即陽，由於相互間的承、乘、比、應關係不同，形成吉、凶、悔、吝。相對於人與天地之間的關係，若互動合宜則吉，否則有凶。

第十一章

《易》之興也，其當殷之末世，周之盛德邪！當文王與紂之事邪！是故其辭危，危者使平，易者使傾，其道甚大，百物不廢。懼以始終，其要无咎，此之謂《易》之道也。

《周易》的興起，應當在殷商末期，周室德業正盛的年代吧！大概是談有關周文王與商紂王的事吧！因此，《周易》的卦爻辭多含有危懼警戒之義。危懼警戒可

使之平安，若掉以輕心容易造成傾覆。《周易》的道理多麼宏大，所有事物都不能違背此原則，自始至終保持戒懼而不懈，主要在於避免災害，這是易學的道理。

【補充說明】

- 本章重複說明《周易》的成書年代與作者，再度強調《周易》具備高度的憂患意識。而此種憂患意識，在卦爻辭中屢屢出現，並且佔了相當大的比例。

- 得到吉祥是人人心中所願，凶險則是人人所厭，但了解《周易》精髓的人都知道，能夠常做到「避免災害」才是上上之策。

第十二章

夫乾，天下之至健也，德行恆易以知險。夫坤，天下之至順也，德行恆簡以知阻。能說諸心，能研諸(侯之)慮，定天下之吉凶，成天下之亹亹者。

乾卦是天下最剛健的象徵，其功能產生的效應，是恆久、容易並知曉艱險的事。坤卦是天下最柔順的象徵，其功能產生的效應，是恆久、簡單並知曉困阻的事。了解以上道理能使人內心愉悅，能研判所有人的思慮，確定天下事物的吉或凶，成就天下人的勤勉之功業。

是故變化云為，吉事有祥。象事知器，占事知來。

因此，根據易理的變化來指導行動，吉祥之事必有祥瑞之兆。觀察卦象可以知道如何運用器物，透過占筮可以推測事物未來的變化。

天地設位，聖人成能，人謀鬼謀，百姓與能。八卦以象告，爻彖以情言，剛柔雜居，而吉凶可見矣。

根據天地尊卑的定位，聖人創作《周易》而成就其功能，無論是人為的謀慮或鬼神的介入，普通百姓也能參與占事。八卦用卦象表示其內涵，六十四卦的卦爻辭，則依實情敘述變動的道理，剛柔相交錯處於卦中，吉凶的情況就產生了。

變動以利言，吉凶以情遷，是故愛惡相攻而吉凶生，遠近相取而悔吝生，情偽相感而利害生。凡《易》之情，近而不相得，則凶，或害之，悔且吝。

各爻的變動，旨在告訴人們求利之道。至於是吉或凶，則多半是人情上的或迷或悟所形成。彼此間愛勝惡則吉，惡勝愛則凶；遠而相應與近而相比的取捨適當與否，乃導致或悔或吝的結果；真情相感或虛情相交的不同，也會導致利與害的不同。大凡《周易》的情理，爻與爻近鄰卻不相合，就多有凶險，甚至會有外來的傷害，蒙受悔恨與遺憾也就免不了。

將叛者其辭慙，中心疑者其辭枝，吉人之辭寡，躁人之辭多，誣善之人其辭游，失其守者其辭屈。

將要背叛的人，言辭慚愧不安；心中疑惑的人，言辭枝節散漫；而正當吉祥的人，言辭簡潔精鍊；心地焦躁的人，言辭雜亂繁多；誣害他人者，言辭游移不定且言不由衷；有虧職守的人，言辭理不直氣不壯而顯得有些委屈。

【補充說明】

- 本章再次說明《周易》的特色，並強調乾坤兩卦的主要功能，以及靈活運用到各個層面的普遍性。
- 本章最後一段的體裁與表達方式，與之前整部《繫辭傳》明顯不同，或許是錯簡所造成，但也提供了非常精準的「以辭相人」之術，足以做為後世面相學的理論源頭。

參考文獻

- 《易程傳》，程頤 著，宋代。
- 《周易本義》，朱熹 著，宋代。
- 《來註周易圖解》，來知德 著，明代。
- 《道德經講義》，宋龍淵 著，清代。
- 《孫子兵法》，孫武 著，先秦。
- 《菜根譚講話》，聖印法師 編著，吳修齊 印贈，1983。
- 《格言聯璧全解》，馮作民 評著，東進文化事業有限公司，1984。
- 《易經雜說》，南懷謹 著，老古文化事業股份有限公司，1987。
- 《易經繫辭傳別講》，南懷謹 著，老古文化事業股份有限公司，1991。
- 《新譯周易讀本》，郭建勳 注譯，黃俊郎 校閱，三民書局，1996。
- 《中國人的性格》，李亦園、楊國樞 主編，桂冠圖書股份有限公司，1992。
- 《中國人的性格》，亞瑟‧亨‧史密斯 著，三聯書店 (香港)，2000。
- 《新譯周易繫辭傳解義》，吳怡 著，三民書局，2011。
- 《易卦精蘊》，陳文章 著，睿煜出版社，2013。
- 《易經哲學講義》，黃振華 著，王菡 編，時英出版社，2015。
- 《易經與論語》，吳秋文著，易立文化出版有限公司，2018。

網路資料：

- 易學網 https://www.eee-learning.com/user/register

國家圖書館出版品預行編目資料

周易經傳通釋：象數為基礎解讀《周易》義理，
引用管理學概念/宋家興 著. -- 初版. -- 臺北市：
五南圖書出版股份有限公司, 2024.01
　　面；　公分
　　ISBN 978-626-366-828-7(平裝)

1.CST: 易經 2.CST: 注釋

121.12　　　　　　　　　112020118

1F2K

周易經傳通釋
象數為基礎解讀《周易》義理，
引用管理學概念

作　　　者－宋家興

發 行 人－楊榮川

總 經 理－楊士清

總 編 輯－楊秀麗

主　　　編－侯家嵐

責任編輯－侯家嵐

文字校對－許宸瑞　葉瓊瑄

封面完稿－姚孝慈

排版設計－ theBAND・變設計

出 版 者－五南圖書出版股份有限公司

地　　　址：106 臺北市大安區和平東路二段 339 號 4 樓

電　　　話：(02)2705-5066

傳　　　真：(02)2706-6100

網　　　址：https://www.wunan.com.tw

電子郵件：wunan@wunan.com.tw

劃撥帳號：01068953

戶　　　名：五南圖書出版股份有限公司

法律顧問：林勝安律師

出版日期：2024 年 1 月初版一刷

定　　　價：新臺幣 750 元

經典永恆・名著常在

五十週年的獻禮——經典名著文庫

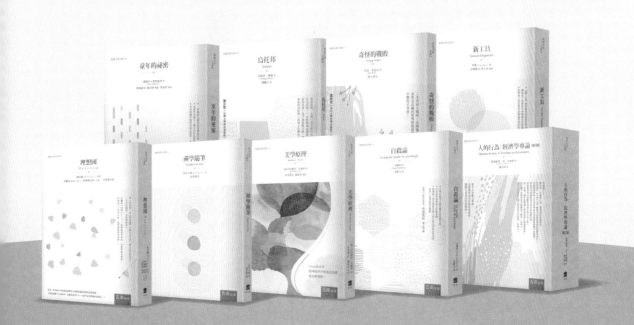

五南，五十年了，半個世紀，人生旅程的一大半，走過來了。

思索著，邁向百年的未來歷程，能為知識界、文化學術界作些什麼？

在速食文化的生態下，有什麼值得讓人雋永品味的？

歷代經典・當今名著，經過時間的洗禮，千錘百鍊，流傳至今，光芒耀人；

不僅使我們能領悟前人的智慧，同時也增深加廣我們思考的深度與視野。

我們決心投入巨資，有計畫的系統梳選，成立「經典名著文庫」，

希望收入古今中外思想性的、充滿睿智與獨見的經典、名著。

這是一項理想性的、永續性的巨大出版工程。

不在意讀者的眾寡，只考慮它的學術價值，力求完整展現先哲思想的軌跡；

為知識界開啟一片智慧之窗，營造一座百花綻放的世界文明公園，

任君遨遊、取菁吸蜜、嘉惠學子！